Thomas Ettl
Das bulimische Syndrom

psychosozial reprint

Thomas Ettl

Das bulimische Syndrom

Psychodynamik und Genese

Psychosozial-Verlag

Bibliografische Information der Deutschen Nationalbibliothek
Die Deutsche Nationalbibliothek verzeichnet diese Publikation
in der Deutschen Nationalbibliografie; detaillierte bibliografische Daten
sind im Internet über http://dnb.d-nb.de abrufbar.

Neuauflage der Ausgabe von 2001 (edition diskord, Tübingen)
© 2013 Psychosozial-Verlag
Walltorstr. 10, D-35390 Gießen
Fon: 06 41 - 96 99 78 - 18; Fax: 06 41 - 96 99 78 - 19
E-Mail: info@psychosozial-verlag.de
www.psychosozial-verlag.de
Alle Rechte vorbehalten. Kein Teil des Werkes darf in irgendeiner Form
(durch Fotografie, Mikrofilm oder andere Verfahren) ohne schriftliche
Genehmigung des Verlages reproduziert oder unter Verwendung
elektronischer Systeme verarbeitet, vervielfältigt oder verbreitet werden.
Umschlaggestaltung: www.imaginary-world.de
Druck: CPI books GmbH, Leck

Printed in Germany
ISBN 978-3-8379-2302-5

Inhalt

Vorwort		9
DER ESSANFALL		11
I.	Einleitung	11
II.	Der Symptomverlauf	14
III.	Die Auslösesituation	24
IV.	Der „Hunger"	32
	Die Spannung und das „Nirwanaprinzip"	34
	Die Funktion des „Hungers"	38
	Die traumatische Reizwirkung	45
	Die Introjektion	50
	Der Ausfall der Affektbewältigung	54
	Zwei Phasen der Spannungsverarbeitung	64
	Eine zentrale Funktion des Eßanfalls: die Externalisierung	70
V.	Die Bedeutung der Nahrung	85
	Die Idealisierung der Nahrung	86
	Die Entwertung der Nahrung	98
VI.	Das Überich / Ichideal	104
	Das regressiv personifizierte Überich	105
	Der Aufstand gegen das Überich	111
VII.	Die Dissoziation	131
	Das bulimische wahre Selbst	134
	Die metaphorische Darstellung des bulimischen wahren Selbst	149

DAS ERBRECHEN 157

- I. Die Folgen des Eßanfalls — 157
- II. Die Rückkehr des Überichs — 171
- III. Die Psychodynamik des Erbrechens — 177
  - Das Emetikum und die Erbrechtechniken — 182
  - Der Kampf mit dem Introjekt — 186
  - Der Triumph über das Introjekt — 192
  - Die Fäkalisierung, das Ungeschehenmachen und die Reinheit — 195
  - Das Schicksal des bulimischen wahren Selbst — 209
- IV. Die Pseudologie und die Kleptomanie — 218
- V. Das orale Ordal — 236
- VI. Die Folgen des Erbrechens — 251
  - Die mangelhafte Integration der Analität — 253
  - Die Assimilationsstörung — 256
  - Die brüchige Objektkonstanz — 265
  - Die Imitation des Aggressors — 269

PSYCHOGENESE 273

- I. Einleitung — 273
- II. Die „Bulimie-Mutter" — 277
- III. Die Mutter-Kind-Dyade — 282
  - Die Funktionalisierung und die Kindimago — 282
  - Das Kind als Container — 298
  - Die Mutter als „projective-identification-rejecting-object" — 300
  - Die Intrusion — 305
  - Der „osmotische Druck" und die Konstitution des Selbst — 312
  - Das „schmutzige" Kind — 316
  - Die Beinträchtigung des oral-analen Narzißmus des Kindes — 319
  - Die Symbiose und die „asymbiotische" Distanz — 322

	Die Überforderung des Kindes	333
	Das „gierige" Introjekt	340
	Die selektive Zuwendung und die Dissoziation im (Körper-)Selbst	343
IV.	Die Symptome der Kindheit	351
V.	Der „Bulimie-Vater"	363
	Der „schwache" Vater und seine Funktion	368
	Der Wunschvater	376
	Die Enttäuschung über den Vater	384
VI.	Die verhinderte Triangulierung	395
	Die „hilflosen" Eltern	400
VII.	Die Pubertät und Adoleszenz	405
	Das Körperbild	405
	Der Wunsch nach einem männlichen Körper	413
	Die Sexualität und die Sexualisierung	424
	Der Beginn der Eß-Erbrechanfälle	437
Bibliographie		443

Vorwort

An einem kühlen, windigen Septembernachmittag erwartete ich eine Patientin, die um Behandlung nachgesucht hatte, zum Interview. In Bonn war nach dreizehn Jahren gerade die SPD/FDP-Koalition zu Ende gegangen, und die Psychoanalyse betrauerte Alexander Mitscherlich, der im Juni verstorben war. Es klingelte stürmisch, und vor mir stand eine junge Frau mit dunklem, lockigem Haar, am Körper ganz Weib, im Gesicht noch unentschlossen. In der einen Hand hielt sie einen Fahrradkorb mit Mütze, Schal und Handschuhen, in der anderen einen Stadtplan. So blieb keine Hand zur Begrüßung frei. Nachdem sie Platz genommen hatte, schaute sie mich schweigend und erwartungsvoll aus blaßblauen Augen an. Ein verlegenes Lächeln umspielte ihre Lippen. Auf meine Frage, was sie zu mir führe, brachte sie unter leichtem Vorwurf als erstes ihre Sorge zum Ausdruck, mit der Tür ins Haus zu fallen. Sie hatte drei Wochen auf ihren Termin warten müssen. Und dann sprangen ihr die Worte nur so über die Zunge und stürzten sich ins Freie. Während sie von den dunklen Wolken, die in ihrer Brust dahinzogen, erzählte, musterte sie mit wachem Auge eine jede meiner Regungen. Kaum hatte sie die Zusage zur Behandlung, nestelte sie ihr Portemonnaie hervor, denn schuldig bleiben, so beeilte sie sich mich wissen zu lassen, wolle sie mir nichts. Mit einem intimen „Tschüs" war sie verschwunden. Ich hatte meine erste Bulimikerin interviewt, was ich allerdings erst nach Monaten ihrer Behandlung erfuhr. Im Vorgespräch und lange danach hatte sie ihre Eßstörung mit keiner Silbe erwähnt. Das Symptom unterlag zu jener Zeit noch der Geheimhaltung.

Seit jenem September 1982 habe ich dreizehn Bulimikerinnen behandelt und zehn in Supervision begleitet. Ihnen und der in der Literatur publizierten Kasuistik verdanke ich die zahlreichen und vieldeutigen Episoden, Phantasien und Geschichten, appetitliche wie unappetitliche, die (unerhörten) Begebenheiten, Fehlleistungen, Anekdoten und Träume, die die empirische Basis, sozusagen die „Nahrung", dieses Buches darstellen. Ihnen verdanke ich auch die Auskünfte über die „Bauchgefühle" (Groddeck) Ärger, Wut, Verzweiflung, Neid, Gier, Überdruß und Ekel, von denen sich die Bulimikerin beherrscht fühlt.

In diesem Buch wird die Bulimie u. a. als eine Störung in der Erlebnisverarbeitung und als Vermeidung der Objektbeziehung vorgestellt. In dieser Hinsicht kann sie als zeittypische Form des Mißlingens der Bewältigung der Reizüberflutung einer Erlebnis- und Informationsgesellschaft gelesen werden.

Ich habe dem Buch den Hauch einer Rahmenhandlung gegeben. Der Leser begleitet eine Kommission bei der Untersuchung eines rätselhaften (Be)Fundes.

Frankfurt am Main, im Januar 2001

Der Eßanfall

„Erst kommt das Fressen ..." (Brecht)

I. Einleitung

In den folgenden Abschnitten werde ich mich detailliert mit dem Eß- und Erbrechanfall beschäftigen und versuchen, die der Bulimie zugrunde liegende Psychopathologie sichtbar zu machen. Das Studium des Verlaufs der Anfälle und der sie begleitenden psychischen Prozesse ermöglicht Einblick in die inhärente Psychodynamik, ihre je unterschiedlichen Funktionen und erlaubt die Markierung jener Stellen, an denen bestimmte pathologische Phänomene auftreten bzw. wieder in den Hintergrund treten. Dabei wird sich erweisen, daß sowohl der Eß- als auch der Erbrechanfall nur Teil eines Syndroms mit im wesentlichen defensiver Funktion sind. Da die Bulimie eine ganz spezifische Weise des Umgangs mit der Nahrung vorführt, wird zu prüfen sein, ob die Beziehung der Bulimikerin zum lebenden Objekt denselben psychodynamischen Mustern folgt, die den Eßanfall und das Erbrechen bestimmen.

Ich stelle meiner Untersuchung einen Kriminalfall voran, den Reik (1925) in seinem Buch *Der unbekannte Mörder* schildert. Zum einen warnt er, sich nicht vom Augenschein trügen zu lassen, zum anderen bietet er mir die geeignete Metaphorik für mein Vorgehen. Lorenzer schreibt:

„Der Psychoanalytiker ist mißtrauisch. Er verhält sich – um einen bevorzugt von den Gegnern der Psychoanalyse benutzten Vergleich zu gebrauchen – wie ein Detektiv. Allerdings unterscheidet er sich – und das übersehen die Gegner – im entscheidenden Punkt vom Kriminalisten: Er hat keineswegs einen 'Tatbestand' im Kopf, auf den hin er die Mitteilung seines Gegenübers überprüft. Der Psychoanalytiker hat in der Therapie zwar einen 'Täter' vor sich, um im Vergleich zu bleiben, er muß aber das Tatgeschehen, das verborgene Tatgeschehen, erst herausfinden. (...). Freilich handelt es sich für die Psychoanalyse nicht um ein Taterereignis, ein 'Realgeschehen', dessen 'Spuren' der Kriminalist zu sichern hat. Es geht überhaupt nicht um ein Ereignis, sondern um Erlebnisse, um 'Tatentwürfe'; und auch da, wo etwas 'in der Realität geschehen ist', geht es nur um die 'Abdrücke' im Erleben. Die Bedeutung der Erlebnisfiguren – das ist es, wonach der Psychoanalytiker fahndet" (1986, 25 f.).

Das Gegenüber meiner Recherche ist freilich kein Patient, sondern eine Patientengruppe, die an einer bestimmten Krankheit leidet. Und auch ich bin nicht, um jedem Mißverständnis vorzubeugen, auf der Suche nach einem Täter, obgleich es um „Mord" gehen wird, sondern auf der Suche nach dem „verborgenen Tatgeschehen" im Symptom, den Mechanismen und der Bedeutung des Symptoms, also nach dem, was die an Bulimie Erkrankten in der Tiefe ihrer Seele beschäftigt. Hier also der Kriminalfall:

„In einem Fluß war der vollkommen nackte Leichnam eines Bauernmädchens gefunden worden. Man hatte – es war Hochsommerzeit – sofort die sichere Annahme bereit, daß es beim Baden ertrunken war. Die trotzdem veranlaßte Obduktion ergab, daß die Ertrunkene im vierten Monate schwanger war, und jetzt wurde wieder ebenso rasch behauptet, daß sie sich aus diesem Grunde ertränkt habe. Nun trug die Leiche aber längs des ganzen Rückens und über das Gesäß auffallende, parallel dunkelrote Streifen, die bei Einschnitt vitale Reaktion gezeigt hatten. Hierdurch wurde klar, daß die Verstorbene über einen Gegenstand gestreift worden sein mußte, der in gleichen Abständen Hervorragungen hatte. Weiter hatten aber die vitalen Reaktionen dargetan, daß die Verstorbene jenen Gegenstand passiert haben muß, als sie noch am Leben war. Man vermaß und zeichnete Streifen, ließ den Leichnam behufs etwa nötiger neuer Vergleiche usw. einstweilen nicht beerdigen und unternahm eine Wanderung längs des Flusses in der Richtung, wo der Leichnam hergekommen war" (Reik, 1925, 118). Auf dieser Wanderung entdeckte man im Wasser liegende Kleiderfetzen, die von dem Mädchen stammten, sie war also nicht nackt ins Wasser gekommen, ein Gendarm hatte inzwischen die Identität der Verstorbenen konstatiert, und die Kommission kam schließlich an der Behausung der Verunglückten vorbei, ohne entdeckt zu haben, was die striemenartigen Streifen am Körper des Mädchens erzeugt haben konnte. Von der Mutter der Toten konnte man erfahren, daß sie einen Geliebten hatte, der in einer mühlenartigen Einrichtung bedienstet war, die weiter stromaufwärts lag. Die Kommission fand dort das sogenannte Mühlfluder, von einem großen hölzernen Rechen durchquert. Messungen ergaben, daß die überragenden Querstäbe die kratzerartigen Streifen auf dem Rücken der Verunglückten verursacht haben mußten und daß sie wegen der vitalen Reaktionen der Striemen noch gelebt haben mußte, als sie über den Rechen geschwemmt wurde. Kurzum, der Liebhaber des Mädchens wohnte in der Nähe, „der auch der Vater des zu gewärtigenden Kindes war. Es wurde festgestellt, daß er vor zwei Tagen abends seine Geliebte zu sich bestellt und daß niemand seitdem das Mädchen lebend gesehen hatte. Es war kaum mehr daran zu zweifeln, daß er sie ins Wasser gestoßen hatte" (ib., 119 f.).

Reik bediente sich dieses Kriminalfalles, um zu demonstrieren, wie die Leiche zum Mörder führt, vorausgesetzt, man läßt sich nicht von voreiligen Schlüssen zu irreführenden Erklärungen verleiten. Erst die Wanderung entlang des Flusses, die Spurensuche am Leib der Toten und im Fluß, das „fortwährende genaue Besichtigen" ergaben, daß weder ein Unfall noch ein Selbstmord, sondern ein Mord geschehen war. Ich werde mich bei der Erörterung des Symptomverlaufs dieser Metaphorik bedienen und mit einer „erhebenden Kommission", den Autoren, die ich bei meiner Untersuchung zu Rate ziehe, eine Wanderung entlang des Flusses vornehmen – es wird eine „lange, mühsame Wanderung" werden –, wobei ich das bulimische Symptom als „Wasserleiche" betrachte. Wie der Körper der Toten die Geschichte seiner Ermordung erzählt, wird auch das Symptom eine Geschichte zu erzählen haben.

Augenscheinlich haben wir es bei der Bulimie mit Heißhunger zu tun, der gestillt werden muß. Das Verschlungene muß daraufhin erbrochen werden, um eine Gewichtszunahme zu verhindern. Ab einem bestimmten Zeitpunkt soll die Völlerei mit einer Diät unter Kontrolle gebracht werden, um die Häufigkeit der Eßanfälle zu reduzieren. Daraufhin könnten wir dann achselzuckend oder uns über soviel Freßlust moralisch entrüstend die „Wasserleiche" Bulimie dem Totengräber überlassen, in der „sicheren Annahme", es handle sich um eine Störung der Eßgewohnheiten. Was aber ist mit den „Striemen" am Symptom, den Auskünften der Patientinnen nämlich, daß sie sich trotz des vielen Essens leer fühlten, was mit der Scham, den Schuldgefühlen, der Kleptomanie, der sekundären Amenorrhoe, der Fülle an Symptomäquivalenten, die die Krankheit zeigt? Sollten sie ohne Bedeutung sein? Beerdigen wir also die Leiche „behufs etwa nötiger neuer Vergleiche" (Reik, ib., 119) lieber noch nicht.

Wenn ich mich zunächst ausschließlich mit dem Eßanfall beschäftige und ihn vom Erbrechen trenne, so hat das seinen Grund in der besseren Darstellbarkeit, aber auch darin, daß Eß- und Erbrechanfall unterschiedliche Abfuhr- wie auch Abwehrversuche mit jeweils eigener Psychodynamik sind, wenngleich es auch Entsprechungen gibt.

II. Der Symptomverlauf

Kann das je individuelle Eßverhalten auch sehr unterschiedlich sein, z. B. was die vertilgte Nahrungsmenge, die Art der Nahrung oder die Häufigkeit der Anfälle anbetrifft, so ist der Ablauf des Eßanfalls doch immer der gleiche. Hören wir eine Bulimikerin: „Auf einmal bekam ich einen riesigen Heißhunger und aß plötzlich mehr als eine normale Portion. Danach haßte ich mich und hatte eine wahnsinnige Wut. Aus Trotz verschlang ich noch drei Tafeln Schokolade" (Gerlinghoff, 1996, 23). Eine andere erzählt: „Zur Zeit überfällt mich jeden zweiten Tag ein Heißhungergefühl, und ich fresse alles in mich hinein. Ich verspüre dabei nie ein Sättigungsgefühl und futtere alles in mich hinein, bis mir schlecht ist" (Langsdorff, 1985, 19). Das sind Symptomschilderungen, wie man sie immer wieder hören kann. Es handelt sich um Beispiele für Eßanfälle, die wie aus heiterem Himmel zu kommen scheinen. Formulierungen wie „auf einmal", „plötzlich" oder „überfallen" deuten das Unvorbereitetsein an. Die Beispiele geben auch Einblick in die am Eßanfall beteiligten Affekte und vegetativen Sensationen: Wut, Trotz, Selbsthaß, Heißhunger, fehlendes Sättigungsgefühl, Übelkeit.

Aber ganz so unvorbereitet sind die Patientinnen nicht immer. Manche spüren, wenn ein Eßanfall auf sie zukommt. „Es steigt in mir auf wie Kohlensäure", sagte eine meiner Patientinnen. Sie müsse dann, wenn sie gerade mit jemandem im Gespräch sei, dieses abbrechen und sich entfernen, um alleine zu sein. Eine andere hörte in sich „eine Stimme, die mich zum Essen verführt, eine Stimme, die mich richtig aufgeilt". Nach dieser Stimme in ihr befragt, meinte sie, die käme vom „Teufelchen" in ihr.

Hier deuten sich bereits weitere Merkmale des Eßanfalls an. Ein Eßanfall hat Alleinsein zur Bedingung, die Anwesenheit anderer Personen wird gemieden. Die innere Stimme, die zum Anfall verführt, läßt zumindest die Aussagen jener Patientinnen, die sich vom Anfall überfallen fühlen, zweifelhaft erscheinen. Hier könnte freilich der Grad der Introspektionsfähigkeit ausschlaggebend sein, und man könnte davon ausgehen, die einen hörten eben besser in sich hinein als die anderen, was die Zweifel aber nicht auszuräumen vermag, zumal die bisherigen Ausführungen das Geschehen nur unzureichend skizzieren, denn – für einen „Anfall" irritierend genug – Bulimiker „planen ihre Heißhungerattacken im voraus. Sie wissen genau, daß sie die zugeführte Nahrung wieder erbrechen. Einige halten ihre Heißhungerattacken immer zu einer bestimmten Tageszeit ab. Wieder andere, die in Gemeinschaft leben, müssen sich mit ihren Freßanfällen nach den Zeiten richten, in denen sie glauben, ungestört zu sein" (Gerlinghoff, ib., 18 f.).

Tatsächlich reicht das Spektrum vom ad hoc und impulsartig den Patientinnen überkommenden Eßanfall bis hin zum zwanghaften, ritualisierten und zeremoniell gestalteten. So schilderte eine meiner Patientinnen, wie sie sich schon am Abend zuvor einen Anfall ausmalt und dann die ganze Nacht hindurch darüber grübelt: „Soll ich, soll ich nicht", dabei die Umstände abwägend, ob z. B. ihr Freund anwesend wäre, was einen Anfall verhindern würde. Von einer anderen hört man:

> „Vor einem Freßanfall konnte ich stundenlang überlegen und planen, was ich wann und in welcher Reihenfolge essen wollte. Die Mengen, die ich bei solch einem Freßanfall zu mir nahm, waren riesig. Ich kaufte Nudeln, Fleisch, Gemüse, Brot, Butter, Käse, Wurst, Kuchen und Obst, ausreichend für eine ganze Gesellschaft. Dazu kamen dann noch die ganzen Getränke. Ich trank große Mengen Cola und Milch zum Essen. Zeitweilig entwickelte ich eine regelrechte Sucht nach diesen Getränken, die ich gleich aus der Flasche in mich hineinkippte" (Gerlinghoff, ib., 22).

Diese Bulimikerin zeigt, daß dem Eßanfall nicht nur eine Zeitspanne vorausgehen kann, in der die Einkäufe für ihn sorgfältig geplant werden, sondern daß darüber hinaus auch so geplant wird, als hätte sie „eine ganze Gesellschaft" zu versorgen, ein „Striemen", der mich später noch beschäftigen wird. Halten wir vorläufig fest: Geplant sind der Zeitpunkt des Anfalls, die zu verzehrenden Nahrungsmittel sowie die Reihenfolge ihrer Einverleibung. Eine andere Bulimikerin notiert: „Nach Arbeitsschluß bin ich einkaufen gegangen, ganz bewußt mit dem Gedanken, zu Hause alles in mich hineinzustopfen und hinterher wieder auszubrechen" (Langsdorff, ib., 21). Grob schematisiert lassen sich also zwei Arten von Eßanfällen unterscheiden: Die eine ist die ungewollte, die mit einem Kontrollverlust einhergeht, der während der Mahlzeit zu einem bestimmten Zeitpunkt auftritt. Die andere ist der bewußt geplante, der antizipierte Eßanfall (vgl. Langsdorff, ib., 20).

Diese geplanten Anfälle hinterlassen den Eindruck, als hätten die Patientinnen sie unter Kontrolle. „Ganz bewußt" ginge sie einkaufen, um zu Hause alles in sich hineinzustopfen, erklärt obige Bulimikerin. Man kann fragen, ob ein Geschehen, das sich nach Zeit- und räumlichen Vorgaben richtet, das sich erst bestimmte Bedingungen für seinen Ablauf schafft, noch zu Recht die Bezeichnung

„Anfall" verdient. Zumindest ist die Vorstellung eines „geplanten Anfalls" irritierend.

Die Irritation löst sich schnell auf, wenn wir das Ohr näher an die Schilderungen der Patientinnen legen. Sie berichten nämlich, daß sie auch bei den geplanten Anfällen die Kontrolle über das Essen nur bis zum Beginn des Essens aufrechterhalten können. Geplant wird demnach ein normales Essen, kein Anfall. Der Beginn wird zunächst noch „oft als lustvoll erlebt (...) Auch werden die Speisen zu Beginn sorgfältig ausgewählt (...) und angeschaut. 'Ich liebkose die Kuchen und Früchte mit den Augen, sauge sie schon mit dem Blick auf'" (Schulte & Böhme-Bloem, 1991, 16). Eine Patientin berichtet: „Am Anfang fühle ich mich immer satt und glatt und zufrieden, wie ein selig lächelnder Säugling" (ib., 59). Im weiteren Verlauf des Essens kommt es dann zu jener bedeutsamen Veränderung, die dem geplanten Essen einen Verlauf gibt, der nun mit Fug und Recht als Eßanfall bezeichnet werden darf: „Schon eine Nudel zuviel, ein halber Apfel oder ein Stückchen Schokolade können hier in eine sich immer schneller drehende 'Schling-Spirale' führen. Die Eßsüchtige empfindet bei Beginn des Essens – wenn sie noch voller guter Vorsätze ist – echten Genuß beim Essen. Sie kostet jeden Krümel, jedes Bröckelchen voll aus und gönnt sich etwas. Von ihr selbst nicht registriert überschreitet sie während des 'Schlemmens' irgendwann die magische Grenze, die individuell sehr unterschiedlich ist. An diesem Punkt ist der Aspekt des Genusses vergessen" (Langsdorff, ib., 20).

Diese „magische Grenze" läßt sich nach den Erfahrungen von Schulte und Böhme-Bloem genau markieren:

> „Sehr bald, sobald der Leib sich etwas vorzuwölben beginnt oder der Magendruck ansteigt, schildern die Patientinnen Unbehagen, meist anfangs als zunehmende Angst (...) In dieser ängstlich-irritierenden Stimmung geht sie zum Angriff über. Christine A. schildert: 'Meine Stimmung schlägt dann um, ich beiße fester zu, zerbeiße auf einmal alles ganz bewußt, könnte mich selbst auffressen, kriege eine Wut auf das ganze Essen auf dem Tisch, auf die ganze Welt, auf meine Eltern, möchte etwas an mich reißen, am liebsten etwas rauben (...) Die Wut steigt an, das Essen wird zum Hinunterschlingen (...) aus dem Essen wird ein Freßanfall'" (ib., 60).

In diesem Moment kann der Impuls zu Selbstverletzungen auftauchen. „Manche Frauen schlagen sich auf den Bauch" (ib., 60). Eine meiner Patientinnen verspürte in solchen Momenten den Impuls, sich mit einem Messer in die Hand oder in den Leib zu stechen. Das

Ansteigen der Wut scheint verantwortlich für die Veränderung im Eßverhalten. Auch bei der Bulimikerin, die glaubte, „eine ganze Gesellschaft" versorgen zu müssen, wird der allmähliche Kontrollverlust trotz des vorausgehenden Planens gut sichtbar. Bei ihr läßt sich der Zeitpunkt, die „magische Grenze", an der der Kontrollverlust einsetzt, ziemlich genau bestimmen: Er erfolgt in dem Moment, in dem sie mit der Nahrung in *direkten* Kontakt kommt – beim Einkaufen. Und sie gibt, wie mir scheint, auch den Grund für ihren Kontrollverlust an: Sie kauft so ein, als müsse sie eine ganze Gesellschaft verköstigen. Mit diesem Bild will sie vermutlich ihre Maßlosigkeit, die bereits beim Einkauf von ihr Besitz ergreift, zum Ausdruck bringen.

Der Ablauf scheint also so zu sein, daß sich ein zunächst noch normales Eßverhalten sukzessive zu einem unkontrollierbaren Vorgang ausweitet. Die zunächst aufrechterhaltene Kontrolle und Voraussicht brechen zusammen. Das Absichtliche kehrt sich ins Unabsichtliche. Die Bulimikerin beginnt eine Unmenge von Nahrung zu verschlingen. „Meist ist die Art der verschlungenen Speisen durch hohe Kalorien, Süße und breiige Konsistenz gekennzeichnet" (Schulte & Böhme-Bloem, ib., 26); und: „Das Hineinnehmen, Einnehmen, Einsaugen, Einschlürfen ist der Hauptmodus der Nahrungsaufnahme. Die Patientinnen bevorzugen oft weiche oder halbflüssige Speisen (...), die man leicht aufsaugen kann" (ib., 58). Interessanterweise zeigt die Patientin, die die Reihenfolge dessen, was sie zu essen gedachte, plante, daß die zu sich genommene Nahrung sich nach und nach „verflüssigte" und schließlich bei der *Milch* endete. Die zunächst verzehrte feste Nahrung wurde durch literweise beigefügte Flüssigkeit zu einem (Milch-)Brei gemacht, der sich so zum Einsaugen oder Einschlürfen eignete. Diese feine, weil nahezu unauffällige regressive Entwicklung von fester zu flüssiger Nahrung, die sich in der Aufzählung der Nahrungsmittel zu erkennen gibt, läßt sich auch aus dem Bericht anderer Patientinnen erschließen: „Aber ich bin zur Not auch mit anderem zufrieden. Butterbrote, Käse, Nüsse, Müsli" (Langsdorff, ib., 19). Hier erfolgt die Regression vom Brot zum Brei. Im Verlauf des Anfalls kommt es demnach offenbar zu einer Objektregression.

Neben der Regression von zu kauender hin zu einsaugbarer Nahrung lassen sich weitere regressive Phänomene ausfindig machen. So geht der Kontrollverlust einher mit einem Verlust der Tischsitten: „Wenn ich am Anfang noch gesittet esse, wird es immer schneller, immer mehr wirr durcheinander, es muß alles weg" (Schulte & Böhme-Bloem, ib., 57). „Der Freßteil in mir ist das unkultivierte Kleinkind mit Greifreflex", diagnostizierte eine meiner Patientinnen, womit sie zum Ausdruck bringen wollte, daß sie im Anfall wahllos nach Nahrung greift. Dieser Teil in ihr sei völlig unempfindsam für Musik, während eines Anfalls sei Musik für sie nur „Gescheppere". Eine andere Patientin erzählte, daß sie dann, wenn sie einen Anfall kommen spüre, in ihrem Zimmer „Penner" spiele, womit sie meinte, sie werfe sich zum „Fraß" auf den Boden.

Entdifferenzierende Regression wird auch darin sichtbar, daß im Anfall weder Geschirr noch Besteck benutzt und große Brocken, ohne zu kauen, heruntergeschluckt werden (vgl. Gerlinghoff, ib., 19). „Ich durchstöbere alle Schränke, wo ich u. a. Süßes finden kann (...) Alles, was da ist, wird verschlungen. Kauen tue ich dann meistens nicht mehr richtig" (Langsdorff, ib., 19). Getränke werden gleich aus der Flasche getrunken. Das Füllen eines Glases würde Triebaufschub bedeuten und damit Toleranz erfordern, die im jetzigen Zustand nicht mehr aufgebracht werden kann.

Auch geht es im Verlauf des Anfalls längst nicht mehr um die Qualität des Einzuverleibenden, sondern nur noch um Quantität: „Ich achtete nicht mehr auf den Geschmack, sondern nur darauf, mir meinen Bauch bis zur Schmerzgrenze vollzuschlagen" (Gerlinghoff, ib., 22). Neben der Verlagerung von der Qualität zugunsten der Quantität der Nahrung erfolgt zugleich deren Entwertung. Nicht nur daß beim Essen Romane oder Zeitschriften gelesen werden, die die Patientinnen sonst aufgrund ihres niedrigen Niveaus ablehnen (vgl. Gerlinghoff, ib., 19 f.), sie also leicht zu konsumierende „Kost" suchen, nein, auch vor Nahrung mit abgelaufenem Verfallsdatum, vor Abfällen und Hundenahrung (vgl. Schulte & Böhme-Bloem, ib., 23) wird nicht haltgemacht. Das macht den Eindruck, als seien die Patientinnen regelrecht „auf den Hund gekommen", der sich ab einem bestimmten Zeitpunkt unterschiedslos genießbare wie verdorbene Nahrungsmittel einverleibt. Eine Bulimikerin berichtet: „Geschmack wird nur oberflächlich wahrgenommen – bin in extremen Fällen schon zu Mülltonnen gegangen" (Langsdorff, ib., 209). „Mein Leben", so berichtet eine andere Patientin, „bestand nur noch aus Nahrungssuche. Ich war in meinen Augen *kein Mensch* mehr. Ich fühlte ständig eine innere Spannung, nicht Hunger, nur abgeblockte Gier, die mich vor mir selbst erschrecken ließ" (Gerlinghoff, ib., 22). Manche Patientinnen ziehen sich im Anfall nackt aus, lagern am Boden, die Nahrungsmittel um sich in Griffnähe ausgebreitet und onanieren.

Die geschilderten Prozesse verweisen auf eine um sich greifende Entdifferenzierung sowohl bezüglich der Körperhaltung, der Grob-

und Feinmotorik als auch der Wahrnehmungsfähigkeit der Sinnesorgane, eine Entdifferenzierung an Hand, Mund und Ohr. Das Verschlingen von Hundenahrung oder Abfällen aus Mülleimern zeigt das passagere Erlöschen der Gefühle von Ekel und Scham. Der Anfall führt den Verlust der durch Sublimierung entstandenen Gefühle vor, es geht demnach um eine Regression in die Zeit, bevor sich diese sozialen Gefühle bilden (vgl. Abraham, 1908, 139 f.). Was sich im Verlauf des Eßanfalls ereignet, ließe sich mit instabilen, asymmetrischen Kompositionen in der Malerei vergleichen, die beim Betrachter ein Gefühl des Abrutschens, des Zusammenstürzens oder Fallens hinterlassen und die ihn in Unruhe zu versetzen vermögen, man denke z. B. an Peter Paul Rubens' „Das kleine Jüngste Gericht".

„Geschmack wird nur oberflächlich wahrgenommen – bin in extremen Fällen schon zu Mülltonnen gegangen" – was sich in dieser etwas atemlosen Schilderung einer Patientin textformal bescheiden, nämlich als kaum merkbare Lücke, meldet, ist gleichwohl Zeichen eines Prozesses von erheblicher Tragweite: das Fehlen des Personalpronomens. Das mag unbedeutend sein, eine Nachlässigkeit vielleicht, oder Zeichen einer getriebenen Atemlosigkeit. Dennoch: „Der Psychoanalytiker denkt anders; ihm ist nichts zu klein als Äußerung verborgener seelischer Vorgänge", schreibt Freud (1910c, 190). Heißt das Fehlen im Text, daß das „Ich" im Verlauf des Anfalls verlorengegangen ist? Hat sich das Subjekt im Laufe des Anfalls verabschiedet? Hat es sich im Es aufgelöst, und herrscht von nun an nur noch das Es? Die Schilderungen legen nahe, daß im Verlauf des Anfalls das psychische Geschehen zunehmend körperlich und konkretistisch wird, als erfolge sowohl eine Resomatisierung als auch eine Desymbolisierung. Die Konfrontation mit dem gierigen Partial-Selbst („der Freßteil in mir"), Wurmser (1986) nennt es „Teil-Identität", dem Tierischen, erschreckt die Patientinnen zutiefst. „Nur abgeblockte Gier, die mich vor mir selbst erschrecken ließ" (Gerlinghoff, ib., 22). Da sie sich verurteilt und entwertet fühlen, ist anzunehmen, daß das Ich sich zwischen gierigen Es-Impulsen und einem mißbilligenden Überich nicht mehr zu behaupten vermag und zu einem „bipolaren Ich" (Ferenczi, 1933, 520) schrumpft, welches nur noch aus Es und Überich besteht, ein Prozeß der sich dann in der Rede ohne Personalpronomen niederschlägt. Dazwischen steht ein Ich, welches nur ein Körperich ist, das nur körperlich empfinden kann, was im Hungerreiz zum Ausdruck kommt.

Auch unsere „Wasserleiche" zeigt also vitalisierbare Striemen, die zum Ursprung des Geschehens führen könnten. Zunächst läßt sich eine schrittweise Ich-Einschränkung durch die Einengung der Wahrnehmung und die Präokkupation durchs Essen beobachten, wie folgenden Aussagen von Bulimikerinnen zu entnehmen ist: „Mein Leben bestand nur noch aus Nahrungssuche" (Gerlinghoff, ib., 22); „Bevor ich mit 22 Jahren die Therapie (...) begann, habe ich bis zu zehnmal pro Tag gegessen und erbrochen, mein Leben drehte sich nur noch um die Bulimie" (ib., 72 f.). Das ganze Ausmaß der Ich-Einschränkung zeigt folgende Schilderung: „Manchmal fraß ich schon beim Frühstück. Ich ging dann gar nicht mehr aus dem Haus, sondern verbrachte den Tag mit Fressen. Manchmal blieb ich drei Tage zu Hause und tat nichts anderes mehr als fressen und kotzen" (ib., 22). Die Einschränkung bemächtigt sich hier des räumlichen und zeitlichen Bewegungsradius des Ichs, erfaßt schließlich aber weite Bereiche des Lebens: „Mein Studium hatte ich schon lange aufgegeben, ich war zu einer geistigen Arbeit nicht mehr in der Lage. Freude hatte ich längst nicht mehr. Ich habe mich, meinen Körper, meine Gesundheit und mein Lebensglück systematisch mit dieser Krankheit zerstört. Ich hatte in allem versagt und nie richtig gelebt" (ib., 24); „Als ich mich zur Therapie entschloß, bestand mein Leben nur noch aus Fressen, Kotzen, Lügen, Selbst-Quälen und Einsamkeit" (ib., 100). Die Ich-Einschränkung geht in eins mit einer Regression vom Sekundär- zum Primärprozeß, begleitet von einer Re-Somatisierung des Selbstbildes. Manche Patientinnen können den Prozeß dieser Re-Somatisierung bildlich darstellen, wie z. B. eine, die sich mit einem Vorstellungsbild in ihrer Therapiegruppe präsentiert: „In der Mitte meines Bildes befindet sich eine Spirale, die mich darstellen soll. Diese Spirale ist in verschiedenen Brauntönen gehalten und wird zum Mittelpunkt hin schwarz. Dieser Mittelpunkt ist auch gleichzeitig mein Mittelpunkt, das heißt mein Bauch. Um ihn dreht sich fast alles. Oft denke ich, daß ich *nur aus meinem Bauch bestehe*" (ib., 109). Das Körperbild dieser Patientin reduziert sich auf ein Bauchselbst. Ferner zeigen sich deutlich deneutralisierte Energien, es wird „tierisch". Anzeichen für eine die Ichregression begleitende Triebentmischung gibt es zur Genüge. Ich erinnere an die Patientin, die mitteilte: „Meine Stimmung schlägt dann um, ich beiße fester zu, zerbeiße auf einmal alles ganz bewußt, könnte mich selbst auffressen, kriege eine Wut auf das ganze Essen auf dem Tisch, auf die ganze Welt, auf meine Eltern, möchte etwas an mich reißen, am liebsten etwas rauben" (Schulte & Böhme-Bloem, ib., 60). Die Stelle zeigt, wie mit der Triebentmischung die

Objektbeziehungen oral- und analsadistische Züge bekommen (vgl. Zepf, 1973). Aber der Sadismus richtet sich auch gegen das Selbst. Ich erwähnte, daß sich manche Frauen auf den Bauch schlagen (vgl. Schulte & Böhme-Bloem, ib., 60), und die Patientin, die den Impuls verspürte, sich mit einem Messer in den Leib zu stechen. Selbst und (Nahrungs-)Objekt sind in diesem Zustand der regressiven Verschmelzung nicht mehr geschieden. Darum gelten auf dieser regressiven Ebene die Angriffe dem Selbst und dem Objekt, dem Selbst-Objekt eben. Schließlich kann mit zunehmender Verlagerung der Funktionsebenen vom Sekundär- zum Primärprozeß eine Auflösung von Raum- und Zeitgefühl erfolgen.

Gerlinghoff schreibt, Patienten mit Eßstörungen würden übereinstimmend berichten, „daß symptomatisches Verhalten, ob Hunger, Heißhunger oder Erbrechen, die Fähigkeit zu einer differenzierten Selbstwahrnehmung herabsetzt" (ib., 103). Tatsächlich klagen die Patientinnen über Desorientierung, Gefühlswirrwarr, über Unsicherheit bezüglich ihrer Bedürfnisse und darüber, nicht zu wissen, was sie wollten. Die Patientinnen beobachten bei sich einen allmählichen Ausfall ihrer Ich-Funktionen, namentlich der Steuerungsfunktionen und der Realitätsprüfung. Der Kontrollverlust im Anfall endet in einer Überschwemmung des Ichs mit Affekten. Das Chaos, das in ihnen darüber entsteht, scheint die verbleibenden Ich-Strukturen zu überfordern, viel „Lärm" in ihrem Inneren zu verursachen, denn sie äußern in Anfallszeiten das starke Bedürfnis nach „Ruhe". Der Zusammenbruch der Gegenbesetzung zum Eß-Impuls muß traumatisch sein, weil das Ich nicht länger fähig ist, Es-Erregungen zu integrieren (vgl. Winnicott, 1974, 184). Meiner Erfahrungen nach kommt hinzu, daß sich die Patientinnen von dem ständigen Alternieren von Spannungszuständen und Anfällen in ihrem Bedürfnis nach einem kontinuierlichen und gleichmäßig verlaufenden Befinden („continuity of being", Winnicott) gestört fühlen, weil sie sich gezwungen sehen, auf diese Reizeinwirkungen zu reagieren. Dieses ständige Reagierenmüssen auf nicht gewünschte Spannungsreize führt zu Überforderung und dem Bedürfnis nach Rückzug. Die Patientinnen klagen so: „Gerade jetzt, wo ich mich mal hätte meinen eigenen Dingen zuwenden können, das wieder." Andererseits sind solche (ungewollten) chronischen Ruhestörer, die Reaktionen erzwingen, existentiell für diese Patientinnen. Sie sind sozusagen die Nahrung für ihr Selbst. Es zeigt sich nämlich immer wieder, daß Bulimikerinnen gerade ihre Anfälle als das einzig Kontinuierliche in ihrem Leben empfinden.

Die genannten Beispiele führen vor Augen, daß sich die Patientinnen ausschließlich den Nahrungsmitteln, ihrem Erwerb und ihrem Verzehr zuwenden. Ihren Auskünften nach zu urteilen, ersetzt das Nahrungsmittel die übrige Welt, was sofort den Eindruck erweckt, als komme dem Nahrungsmittel eine ähnlich ausschließliche Bedeutung zu wie der Mutter in der frühesten Kindheit. Die Patientinnen erweisen sich als zunehmend desinteressiert an ihrer Umgebung, was eine Entleerung der Objektbesetzung (vgl. Fenichel, 1931, 70) zur Folge hat, die in den Patientinnen dem Gefühl innerer Leere entspricht. Fenichel schreibt: „Die Stelle der Realobjekte, von denen man sich enttäuscht abwendet, nehmen Phantasieobjekte der Kinderzeit ein" (ib., 89). Ich werde später genauer darauf eingehen, in welchem Umfang die Nahrung ein solches Phantasieobjekt ist. Im Augenblick mag der allerdings wichtige Hinweis genügen, daß auch im Rückzug auf den Körper die Hinwendung zum Objekt und zu Objektvorstellungen zumindest partiell erhalten bleibt. Rudimentäre Repräsentanzen, besser Teilimagines äußerer (Liebes-)Objekte, bleiben noch besetzt, was einen dauernden Realitätsverlust verhindert. Dabei sind es die objektgerichteten Strebungen des Es, die den Kontakt zum Objekt, zumindest die Verbindung zur (Ding-)Welt, der Nahrung, aufrechterhalten. Die Objektgerichtetheit wirkt der an die Ichregression gekoppelten regressiven Aufladung narzißtischer Bedürfnisse entgegen, was aber nur unzulänglich gelingt, wie die der Hypochondrie nahe Angst dieser Patientinnen vor einer Gewichtszunahme („fear of fat") zeigt. Diese Angst ist eng gekoppelt an Objektvorstellungen, z. B. ob der Körper für einen Mann noch attraktiv ist. Diese Bindung an ein äußeres Objekt wird allerdings dann, wenn die Patientinnen an einem Anfall gehindert werden, prekär. Ich habe angedeutet, daß sie glauben verrückt zu werden – „Ich benötigte mindestens vier Liter Flüssigkeit und wurde halb verrückt, wenn ich nicht genug davon hatte" (Gerlinghoff, ib., 22) –, die Gefahr eines Besetzungsabzuges vom Objekt vergrößert sich, und die Patientinnen ziehen sich auf die Nahrung bzw. den eigenen Körper zurück.

Ordnen wir die geschilderten Vorgänge, so finden wir „zwei parallel verlaufende Striemen": Neben der Objektregression, dem Zu-Brei-Werden der Nahrung, erfolgt im Anfall eine Ich-Regression: das Selbst regrediert zum Körperselbst, und dieses reduziert sich weiter auf ein Partialkörperselbst – den Bauch. Wir finden im Anfall quasi eine Gesamtregression auf eine Beziehung zwischen einem Partialselbst und einem Partialobjekt vor, die man als „Nahrung-Bauch-Beziehung" bezeichnen könnte.

Eingeleitet wird diese globale Regression von einer Verschiebung der Besetzung von einem lebenden Objekt auf ein unbelebtes, die Nahrung. Mit anderen Worten, diese Verschiebung leitet den Anfall ein. Erzwungen wird der Abzug der Besetzung von der belebten Objektwelt auf die Welt der Ersatzobjekte von der Angst vor Gefühlen und Phantasien, die im Kontakt mit anderen Personen entstehen und wegen ihrer Heftigkeit die Kapazitäten des Ichs überfordern und es zu überschwemmen drohen. Es handelt sich hierbei vorwiegend um Gefühle der Scham, des Neides und der reaktiven Wut. Hier gibt es Übereinstimmungen mit anorektischen Patienten, die „voller primitiver Affekte von äußerster Intensität" sind (Borecký, 1992, 46). Es ist diese *Heftigkeit*, die pathogen wirkt, weil sie überstimuliert, den psychischen Apparat überfordert und damit destruktive Folgen für das Ich hat. Wie heftig die Affekte sein müssen, kann man aus der Gegenübertragung erahnen. Hinz gibt ein Beispiel dafür:

> „Durch den Versuch zu verstehen und mittels der Deutungen, die aus den genannten Zusammenhängen abgeleitet waren, muß ich die Patientin manchmal erreicht haben. Eines Tages sagte sie mir jedenfalls: 'Sie sind der Einzige, der Zugang findet zu meiner bizarren und verrückten Welt'. Dieser Satz war für mich wie eine Oase in der Wüste. Sofort war ich erfüllt von einem starken Gefühl von Zuneigung, so heftig, daß ich mich befreien mußte von der Regung, ihr mitzuteilen, wie sehr ich sie in diesem Augenblick mochte. Es schien deutlich, daß sie mich mit ihrer Liebe projektiv identifiziert hatte. Es war so spürbar geworden, wie intensiv sie sich überwältigt fühlen würde, wenn diese Liebe, die auch den Wunsch nach Auflösung enthielt, in sie zurückkehren würde. Sie fürchtete also nicht nur ihre Liebe, sondern auch deren setting-sprengende Macht" (1995, 11 f.).

Man könnte die Bulimie als eine Erkrankung an der Intensität der Gefühle bezeichnen. Das Dilemma dieser Patientinnen ist, daß der defensive Rückzug auf die Nahrung als Ersatz für das lebende Objekt wiederum Angst erzeugt, jetzt diejenige, den zwischenmenschlichen Kontakt zu verlieren. So erzählte eine Patientin: „Ein Käsekuchen lachte mich an, ich war ihm verfallen und mußte ihn ganz aufessen. Dabei wurde mir plötzlich ganz mulmig, weil ich spürte, daß ich keine Lust mehr hatte, jemanden zu treffen, weil ich mich nur noch mit dem Kuchen beschäftigen wollte." Abgesehen davon, daß hier der Ersatz für eine Person deutlich ist, der Kuchen bekommt Objektcharakter: er lacht, wird aber auch die Angst sowohl vor dem Verlust ihres Selbst sichtbar, die sich darin äußert, daß die Patientin dem Kuchen „verfällt", als auch vor dem Verlust des Kontaktes zu anderen, sie hatte ja keine Lust mehr, jemanden zu treffen. Beide Ängste resultieren aus den Verschmelzungswünschen (vgl. Kohut, 1973a, 179).

Diese Aussage zwingt mich freilich, meine Darstellung zu präzisieren, denn nur vom Standpunkt des Beobachters geht es hier um einen Rückzug aus der Welt lebender Objekte. Aus der Sicht der Bulimikerin handelt es sich nach wie vor um eine (animistisch) „belebte" Welt, in der sie sich bewegt. Was für den Kuchen gilt, gilt generell für den Umgang der Bulimikerin mit der Nahrung: „Reagiert wird auf den symbolischen Gehalt eines Objektes" (Zepf, ib., 82), d. h. auf das, was die Nahrung dem einzelnen psychisch bedeutet, nicht auf die materielle Substanz.

Die Angst vor Kontaktverlust, die diese Patientin empfand, enthält noch ein anderes Moment, das für den Eßanfall typisch zu sein scheint und sich bereits andeutete: Es kommt zu einer Ausschließlichkeitsbeziehung mit dem Nahrungsmittel, zu einer Zweierbeziehung also, aus der Dritte ausgeschlossen sind. Es dürfte demnach im Anfall eine Regression aus der Welt triangulärer Beziehungen in dyadische Beziehungsformen erfolgen. Und da es sich beim Käsekuchen um ein Milchprodukt handelt, das fürs Unbewußte vermutlich ein Mutterobjekt darstellt, darf man vermuten, daß in der Regression des Anfalls Kontakt zum Primärobjekt gesucht wird.

III. Die Auslösesituation

Die Schilderungen der Patientinnen machen den Eindruck, die Eßanfälle kämen aus heiterem Himmel. Nicht nur bei den Ad-hoc-Anfällen, sondern auch bei den geplanten Anfällen scheint sie der Impuls dazu ohne Anlaß zu überkommen. Die genauere Exploration indes ergibt, daß weder die Idee, einen Anfall zu planen, noch der Ad-hoc-Anfall spontan erfolgt, sondern daß sich der Himmel längst mit dunklen Wolken verhüllt hatte, ohne daß die Patientinnen es allerdings bemerkt hätten. Und wir haben auch schon vermutet, daß heftige Gefühle dabei eine Rolle spielen dürften.

In der Regel lassen sich tatsächlich Situationen finden, die einen Anfall oder die Idee bzw. die Notwendigkeit dazu ausgelöst haben könnten. Am leichtesten tun sich die Patientinnen noch mit Auskünften über äußere, situative Anlässe. So sei die Zeit der Dämmerung oder des Einbruchs der Dunkelheit für sie kritisch. Ich hatte bei meinen Patientinnen manchmal den Eindruck, daß sie das

Schließen der Geschäfte wie einen „Einbruch der Dunkelheit" erlebten. Es können auch bestimmte Orte sein, die die Patientinnen an für sie wichtige, aber konflikthafte Personen und/oder unangenehme Situationen erinnern und so zum Auslösereiz werden. Allerdings würde ich äußere, eher zufällige Anlässe in ihrer Bedeutung nicht zu hoch veranschlagen. Was manchmal als Auslösesituation für einen Anfall genannt wird, kann von den Patientinnen durchaus auch aktiv hergestellt bzw. mit der Absicht aufgesucht werden, einen Anfall auszulösen, am deutlichsten dann, wenn sie z. B. einen Eßanfall benötigen, um erbrechen zu können. Das mahnt zur Vorsicht, Heißhungeranfälle nur als passives Geschehen einzuschätzen, Zweifel daran waren uns ja schon anläßlich der geplanten Anfälle gekommen.

Entscheidender werden im Verlauf der Erkrankung „innere" Anlässe: „Heißhungerattacken können auftreten (...) in Spannungssituationen, aus Einsamkeit, aus Langeweile, aus einem Gefühl der Leere, aus Gewohnheit" (Gerlinghoff, ib., 17). Eine Patientin beschrieb ihre innere Situation als „Mondlandschaft mit Kratern", eine Welt ohne Personen und Gefühle. Sie meinte damit ihre Verstimmung nach Kränkungen oder Enttäuschungen und ihre Vereinsamung. Ihre Eßanfälle begründete sie so: „Das Essen nimmt diesen Bildern ihre Schärfe", die Landschaft glätte sich und würde zu einer „sanften inneren Landschaft". Manche Patientinnen nennen als kritisches und verführerisches Moment „Zeit haben", was ihnen regelmäßig zum Auslöser für Anfälle würde. „Hatte ich beispielsweise eine Prüfung zu bestehen, setzte ich mich in der Vorbereitungszeit extrem unter Druck. Nach der Prüfung konnte ich dann gar nichts mit mir anfangen. Es war mir nicht möglich, mich zu entspannen (...) Die einzige Möglichkeit stellte eine Heißhungerattacke dar" (ib., 64). Bar äußerer Ablenkung, sind die Patientinnen in solchen „Leerzeiten" mit sich selbst konfrontiert, fühlen sich ihrem Inneren ausgeliefert und spüren ihre Einsamkeit und Leere. Eine Patientin bekam Angst, in solchen Zeiten „ohnmächtig" zu werden, eine andere erzählte, sie müsse sich „in Leerzeiten am Bettpfosten festhalten, um nicht in den Abgrund zu fallen".

Meinen Beobachtungen nach werden häufig Ansprüche und Erwartungen seitens anderer Personen, seien es reale oder phantasierte, von denen die Patientinnen sich überfordert fühlen, zum Anlaß für Heißhungeranfälle. Das Überforderungsgefühl ist dabei der entscheidende Auslöser und stürzt die Patientinnen regelmäßig in eine Krise. „Jetzt ist mir klar", so entdeckt eine Patientin, „in welchen Situationen ich automatisch zum Symptom gegriffen habe.

Es waren verschiedene Anlässe, wie z. B. Traurigkeit, Trauer, Einsamkeit, ein Gefühl der Leere, nach Kränkungen, in Überforderungssituationen, bei Wut, bei Kritik" (Gerlinghoff, ib., 104). So glaubte eine Stewardeß, für ihre Passagiere ein „Hotel" sein und „Kaffee in 300 Münder abfüllen" zu müssen. Mit der Hotel-Metapher meinte sie, „immer offen und dienstbereit für andere" zu sein, keinen eigenen Raum beanspruchen zu dürfen und fremde, ihr unvertraute Personen beherbergen zu müssen. Ein Klinikaufenthalt wegen ihrer Erkrankung hatte diese Patientin deshalb besonders beeindruckt, weil man dort keine „Forderungen" an sie gestellt habe. Und sie sei den ganzen Tag beschäftigt gewesen. Es gab also keine Leerzeiten. Nach ihrer Entlassung habe sie indes sofort angefangen zu essen, weil sie sich wieder überfordert gefühlt habe. Die Überforderung steht in engem Zusammenhang mit der Unfähigkeit dieser Patientinnen, „nein" zu sagen (vgl. Schneider-Henn, 1988, 133), worauf ich später noch zu sprechen kommen werde. Ich finde, die Hotel-Metapher beschreibt treffend die Haltung und Einstellung zur Welt und fügt sich auch gut in die Beobachtung, daß viele Bulimikerinnen in Dienstleistungsberufen tätig sind – oft unter ihrem Niveau.

Auch geringfügige Differenzen mit anderen Menschen können Anfälle auslösen: „Ich hatte die Idee (zum Anfall, T. E.) eines Abends nach einem winzigen Streit mit meinem Freund. Nicht imstande, dies auszuhalten, konnte ich einer Tüte Pralinen nicht widerstehen und futterte sie ganz schnell in mich hinein" (Gerlinghoff, ib., 61). Mit Anfällen reagieren die Patientinnen auch, wenn sie Entscheidungen treffen oder Verantwortung übernehmen sollen. „Wenn ich mit Leuten zusammengewohnt habe", so eine Patientin, „habe ich mich immer dargestellt als die arme Hilflose, die soviel essen muß, und irgendwie konnte ich mich da rausreden vor Verantwortung. Z. B. habe ich eben meiner Freundin andauernd Sachen weggegessen, und ich bin nie auf die Idee gekommen, das wieder zu kaufen, ich war ja die arme Eßsüchtige, ich brauche das ja nicht zu kaufen. Und so habe ich mich auch oft rausgeredet" (Aliabadi & Lehnig, 1982, 225). Eine andere Bulimikerin bekennt: „Wenn ich Streß, Frustration, Angst, Gefühle – auch positiver Art – glaubte nicht aushalten zu können, dann habe ich mich mit Essen betäubt. Meine eigentlichen Probleme, nämlich das Zusammenleben mit meinem Mann, meine Situation als Mutter zweier kleiner Kinder, ohne Berufsausbildung, Orientierungslosigkeit auf allen Gebieten, das zu frühe Gebundensein, beladen mit Verantwortung – und doch selbst so sehr auf der Suche nach mir –, das alles hat mir soviel

Angst gemacht, daß ich es vorgezogen habe, nur noch ein einziges Problem zu haben: meine immer schlimmer werdende Freßsucht" (Langsdorff, ib., 217 f.).

Zu einer geschärften Wahrnehmung ihres seelischen Befindens und Erlebens vor Ausbruch eines Anfalls gelangen viele Bulimikerinnen erst im Laufe ihrer Behandlung. Dann kann man Einblick in die Komplexität des Auslösevorgangs gewinnen, und es wird unmittelbar sinnfällig, weshalb die Patientinnen sich überfordert fühlen. So konnte eine Patientin erst im Zuge ihrer Analyse einen für sie charakteristischen Anlaß, aufgrund dessen sie eine Heißhungerattacke verspürte, genauer beobachten und schildern: Sie hatte ihren Vater kritisiert, weil er ihr zum Geburtstag ein Geschenk gemacht hatte, das eher für einen Sohn als für eine Tochter geeignet gewesen wäre, ein phallisches Werkzeug, mit dem sie nichts anfangen konnte. Auf ihre Beschwerde hin brach ihr Vater in Tränen aus. Obwohl sie ihren Vater davon in Kenntnis gesetzt hatte, was sie sich wünschte, fühlte sie sich angesichts seiner Tränen so im Unrecht, daß sie sich schwere Vorwürfe machte. Ihre Enttäuschung über den Vater, weil er *ihren* Geschenkwunsch und damit sie selbst in ihrer Person mit ihren Wünschen so wenig wahrnahm und respektierte, trat darüber ganz in den Hintergrund. Was die Patientin hier zum Heißhunger trieb, war das Zusammentreffen verschiedener psychodynamischer Prozesse, die sie schließlich überforderten. Leicht zu erkennen war, daß sie die Schuld ihres Vaters über seine Fehlleistung introjiziert hatte und sich ihrerseits nun schuldig fühlte, weil sie glaubte, ihren Vater in die für ihn schwierige Situation gebracht zu haben.

Die Verhältnisse waren jedoch komplizierter. Unbewußt hatte der Vater mit seinem Geschenk sowohl ins Zentrum des defensiven phallischen Selbstkonzepts seiner Tochter getroffen als auch seinem eigenen ihm unbewußten phallischen Konzept von seiner Tochter entsprochen. Er wünschte sich einen Sohn – und da es um einen Geburtstag ging, kann man annehmen, er wollte seine Tochter nachträglich zu diesem Anlaß noch mit einem Penis ausstatten. Schließlich wurde in der Szene auch eine von Vater und Tochter gemeinsam getragene, beiden unbewußte inzestuöse Phantasie agiert. Sowohl die Enttäuschung und die Schuldgefühle der Tochter als auch die Tränen des Vaters, die der realen Situation kaum, der unbewußt inzestuösen dagegen um so angemessener waren, waren also mehrfach determiniert. Diese Vielfalt an unbewußten Bedeutungen und zugehörigen Emotionen konnte die Patientin nicht länger auf psychischer Ebene halten. Sie bekam eine Denkstörung, konnte sich nicht mehr konzentrieren, wußte nicht mehr, was sie wollte, ob sie sich nicht vielleicht doch ein solches Werkzeug gewünscht hatte und wer sie war, ob Mädchen oder Junge, fühlte sich entscheidungsunfähig und schließlich verwirrt, eine Verwirrung, die ihren psychischen Apparat überforderte und einen Heißhungeranfall heraufbeschwor, zumindest den Impuls, denn „kurz vorm Absturz" sei ihr noch in den Sinn gekommen, mich anzurufen, ein Bedürfnis, das sie aber noch zusätzlich verwirrte, weil sie nicht wußte, ob sie das dürfe. Aber interessanterweise haben sie dann dieser Konflikt mit dem Anruf und die Beschäftigung mit mir als innerem Objekt, ihre Phantasien also, von einem Eßanfall und damit der Verschiebung auf einen Ersatz abgehalten.

Zu den intra- und interpsychischen Spannungen mit den das Selbst überschwemmenden Gefühlen von Enttäuschung, Aggression und Beschämung treten auch „Objektverluste" im weitesten Sinne als Auslöser für Anfälle hinzu. Eher selten handelt es sich dabei um Verluste realer Personen, meist sind die Verluste ideeller oder körperlicher Natur. So verspürte eine Patientin eines Tages Taubheitsgefühle im rechten Zeigefinger und fürchtete fortan einen „Muskelschwund", woraufhin sie einen Heißhungeranfall bekam. Die Verlustangst bezog sich hier auf zweierlei: zum einen auf den Verlust der Vollkommenheit und Integrität des Körpers („ich spüre einen Teil von mir nicht mehr"), zum anderen auf den Verlust ihrer sexuellen Autonomie und Befriedigung, denn mit besagtem Finger befriedigte sie sich beim Verkehr mit ihrem Mann selbst, weil sein Penis ihr kaum Lust bereitete. Der Finger war in doppelter Hinsicht Penisersatz. Sie konnte die Phantasie haben, sowohl einen Penis zu besitzen wie ihn auch noch bei sich selbst anzuwenden. Kurzum: Wegen des Taubheitsgefühls war die Omnipotenz in Gefahr.

Nicht behandelte Bulimikerinnen oder solche, die erst am Beginn ihrer Behandlung stehen, nehmen meist nur eine dumpfe, diffuse innere Spannung wahr, „eine schlechte Laune ohne Anlaß", so eine Patientin. Manche spüren ein Würgen im Hals oder haben Gefühle in den Eingeweiden, die sie als „Hunger" deuten. Andere suchen rationalisierend nach äußeren Anlässen, um dem Unerklärlichen und Angstmachenden in ihrem Innern einen Sinn zu geben. Oft aber fühlen sie sich einfach leer, „leer bis auf den Grund", meinte eine Patientin mit tiefer Stimme, als kämen ihre Worte aus der Tiefe eines leeren Kellergewölbes.

Einige Funktionen des Eßanfalls werden bereits deutlich, wenn man schaut, was passiert, wenn die Patientinnen durch äußere Umstände, sei es durch die Anwesenheit einer Person, sei es wegen eines Termines, einer Diät oder einer sonstwie für einen Anfall ungünstigen Situation, am Eßanfall gehindert werden und nicht zur alimentären Spannungsabfuhr greifen können. Die klinische Beobachtung zeigt, daß die Patientinnen in einem solchen Fall von Ruhelosigkeit und Hyperaktivität gepackt werden. Manche begeben sich flugs auf die Suche nach Möglichkeiten zur körperlichen Spannungsabfuhr und schrubben z. B. Töpfe oder ihre Wohnung. Aber über kurz oder lang kommt es zu einer obsessiven Beschäftigung mit Essensthemen und schließlich zu einem Rückzug aus der Objektwelt auf den eigenen Körper. Das beginnt mit einem nervösen Herumnesteln am Leib. Fingernägel werden gekaut, die Schäden dann überlackiert, es wird an sich herumgeputzt, Pickel ausgedrückt, an den Haaren gezogen und am ganzen Leib gekratzt, weil die Haut zu jucken beginnt, oder sie onanieren zwanghaft. Oder es bilden sich passager körperliche Symptome, von denen sich die Patientinnen dann in hypochondrischer Weise in Anspruch genommen fühlen. Andere werden depressiv oder aggressiv-wütend, ähnlich wie Psychosomatiker, wenn kein somatisches Symptom mehr vorhanden ist.

In welche Not die Patientinnen geraten, wenn sie am Anfall gehindert werden, kann man bisweilen in der Behandlung erschließen, wenn sie während der Stunde auf die Toilette müssen, dies aber nicht zu sagen wagen. So wirkte eine Patientin eines Tages auf der Couch zunehmend fahrig und unruhig, warf sich hin und her und zeigte alle Anzeichen einer Arbeitsstörung. Da sie nichts sagte, konnte ich den Grund nicht ahnen, aber in der nächsten Sitzung berichtete sie mir von ihrer Pein in der Vorstunde. Sie sei die ganze Zeit über mit der Unterdrückung ihres Harndrangs beschäftigt gewesen, aber es wäre ihr viel zu peinlich gewesen, wenn ich ihr Bedürfnis hätte sehen können. Da diese Not jedem spätestens seit der Schulzeit geläufig sein dürfte, kann man die Bedrängnis erahnen und nachempfinden, die entsteht, wenn die Patientinnen am Anfall gehindert werden.

Gleichwohl können Unzufriedenheit, Spannung, gestörtes Wohlbefinden usw. über eine gewisse Zeitspanne in Schach gehalten werden. Schließlich aber spüren die Patientinnen den Anfall unaufhaltsam näher kommen. Eine berichtete, sie fühle sich dann „wie ein Löwe im Käfig" hin- und herlaufend und würde „ganz rasend", wenn ihr Freund es wage, sie anzufassen. Dann aber „werde ich allmählich zum Kind, das ich füttern muß". Ist die „Raubtierfütterung" immer noch nicht möglich und muß der Anfall weiterhin unterdrückt werden, so bilden sich gravierende Symptome: Desintegrations-, Fragmentierungsgefühle sowie Derealisationserlebnisse mit Panikattacken. "Wenn ich keine Eßanfälle habe", so eine Patientin, „wird der Schmerz und die Traurigkeit so groß, daß ich manchmal Angst davor habe, verrückt zu werden, und mich vollkommen kaputtmache" (Vanderlinden et al., 1992, 88).

Die Schilderungen lassen den Schluß zu, daß das Symptom stabilisierende Funktion hat und der Abwendung drohender Dekompensation dient. In der bedrängenden und verwirrenden Vielfalt der Gefühle hilft dann die „Konzentration" auf nur eines: den Hunger und das Essen. Der Körperreiz wird zum stabilisierenden „Bettpfosten". Eine andere Patientin listet schließlich eine Reihe von „Nachteilen" auf, müßte sie auf ihr Symptom verzichten: „Es gestattet mir nicht mehr, Aggressionen loszuwerden (gegenüber anderen und mir selber); ich verliere meine Strategie gegen die Einsamkeit; ich kann andere Leute (vor allem meine Mutter) nicht mehr schocken; Wer werde ich sein, ohne mein Problem?; ängstlich, stolz auf mich selber zu werden; Ich werde mich leer und niedergeschlagen fühlen" (ib., 42). Die Patientinnen ahnen diese stabilisierende Funktion ihrer Anfälle, wenn sie fürchten, sie würden verrückt. Vermutlich fürchten sie den Zusammenbruch. Ogden schreibt:

„Die von Winnicott beschriebene 'Angst vor einem Zusammenbruch' stellt eine Form des Unvermögens, Erfahrung zu bilden, dar, bei der der Patient Angst hat, eine Katastrophe, die bereits stattgefunden hat, zum ersten Mal zu erleben. Das ganz frühe aus der Umwelt kommende Versagen, das die Katastrophe ausmachte, konnte zu dem damaligen Zeitpunkt nicht erlebt werden, denn es existierte noch kein Selbst, das dazu in der Lage gewesen wäre – d. h., das dazu fähig gewesen wäre, das Ereignis psychisch zu binden und zu integrieren, was jetzt dazu führt, daß der Patient für immer voll Angst seinen eigenen psychischen Zusammenbruch erwartet" (1995, 204).

Der Eßanfall hat hier, ähnlich wie bei der Perversion, „Plombenfunktion" (Morgenthaler), worauf Senf (1989) hinweist. Wenn die Bulimie auch nicht zur Perversion gehört, so erinnert der Eßanfall in seiner Funktion an den perversen Akt, wenn man vergleicht, wie z. B. Haesler die Perversion beschreibt:

„Für die perverse Organisation ist es charakteristisch, daß die Stabilisierungen, die sie vermittelt, meist recht prekär und nur von begrenzter Dauer sind, weshalb sie in immer neuen Anstrengungen der Angst- und Aggressionsbindung, in immer neuen Durchläufen der perversen Inszenierung immer wieder neu bestätigt werden müssen. Die defensiv-protektive Funktion des perversen Rituals wird besonders dort sichtbar, wo angesichts von begrenzenden äußeren Umständen die Möglichkeiten der Inszenierung des perversen Rituals begrenzt werden oder wo ein in Gang gebrachtes perverses Ritual unterbrochen wird. Dies kann dann Gefühle einer tiefen Beunruhigung, Bedrohung und Verzweiflung, aber auch aggressive Ausbrüche auslösen, wenn es nicht gelingt, die im perversen Ritual gebundene Angst und Aggressivität auf andere Weise in Schach zu halten" (1995, 149 f.).

Es dürfte diese Nähe zur Perversion sein, weshalb die Patientinnen gelegentlich die Sorge äußern, sie könnten an einer Perversion erkrankt sein. Die stabilisierende Funktion tritt insbesondere beim erzwungenen Aufschub zutage. Fraglos ist diese stabilisierende Funktion bei der Behandlung der Bulimie von außerordentlicher Bedeutung. Würde man den Verzicht auf das Symptom erzwingen, könnte folgendes Ergebnis eintreten: „Nachdem ich nun das Symptom aufgegeben habe, spüre ich nichts an Stärke, Kraft und Energie. Ich merke nur, daß ich viel verletzlicher und unausgeglichener geworden bin. Mir fehlt ein großer Teil meines vertrauten Lebens, und ich habe große Angst, vor einem Nichts zu stehen, wenn ich nicht mehr krank bin", sagte eine Patientin von Gerlinghoff (ib., 104).

Von Zeit zu Zeit kann man aber auch die Verleugnung der Angst vor Dekompensation beobachten, wenn die eine oder andere Patientin vorübergehend unsicher wird, ob sie überhaupt „etwas habe" bzw. ob ihr Symptom „echt" sei. Das entspricht dem Oszillieren auf Therapeutenseite bei der Behandlung von Hysterikern, worauf Brenman hinweist: „Wie wir wissen, können Analytiker oder Psychiater dahingehend beeinflußt werden, daß sie überzeugt sind, dem Patienten fehle nichts, oder daß sie zu der Überzeugung umschwenken, der Patient sei in Gefahr, über alle Maßen verrückt zu werden" (1997, 77).

Einen Anhaltspunkt für eine Plombenfunktion des Symptoms könnte auch die Tatsache abgeben, daß Bulimikerinnen außerordentlich an ihrem Symptom hängen, es ihnen „wertvoll" erscheint und sie es buchstäblich mit Zähnen und Klauen verteidigen. Das muß mit der defensiven Funktion zusammenhängen. Eine Patientin berichtete mir, sie erlebe sich ohne Anfälle wie ein „gerupftes Huhn, planlos, ziellos", ohne Schutz und orientierungslos. Bereite sie sich aber auf ihren Anfall vor, käme sie sich aktiv vor mit einem Ziel vor Augen. Zieht man in Betracht, daß „gerupft, planlos, ziellos" Merkmale der Kastration, im weiteren Sinne der Ohnmacht, sind, dann eröffnet das die Möglichkeit für eine ergänzende Interpretation: Mit dem Anfall soll die narzißtische Katastrophe der Ohnmacht ungeschehen gemacht werden.

Ist die defensiv-protektive, stabilisierende Funktion des Symptoms unstrittig, so ist auch erkennbar, daß die Bulimie primär keine Erkrankung wegen einer Triebversagung ist. Vielmehr kristallisiert sich allmählich heraus, ihr könnte eine tiefe Verletzung der narzißtischen Integrität zugrunde liegen, die mit dem Symptom kompensiert werden muß.

Bleibt noch nachzutragen, daß die Häufigkeit der Heißhungeranfälle gewöhnlich im Verlauf der Krankheit zunimmt (vgl. Gerlinghoff, ib., 18) und die verschlungenen Nahrungsmengen immer größer werden. Manche Patientinnen bringen ihre ganze freie Zeit damit zu, Nahrung zu beschaffen. Sie sind ständig auf der Suche nach etwas Eßbarem. Gerlinghoff spricht in diesem Zusammenhang nicht zu Unrecht von „Hungerregime" (ib., 18), ein Ausdruck, der das Diktatorische und Zwanghafte am Symptom aufnimmt. Langsdorff charakterisiert den Eß-Erbrechanfall als „Schling-Spirale" (ib., 20), womit das Unausweichliche und systematisch sich Verselbständigende am Symptom erfaßt ist.

IV. Der „Hunger"

Ich habe den Verlauf der Eßanfälle skizziert, mögliche Auslöser erwähnt und dazu kursorisch einige vorläufige Überlegungen angestellt, die nun der Explikation bedürfen. Ich habe erörtert, daß die einen Eßanfall auslösenden Situationen psychosozialer Natur sind, und wir haben von den Patientinnen gehört, daß sie auf die Auslöser mit Heißhunger, also somatisch-physiologisch, und scheinbar *nur* damit reagieren. Wie ist das zu verstehen?

Daß eine Kränkung oder eine Enttäuschung mit Hunger beantwortet wird, ist zwar eine bekannte Tatsache, gleichwohl scheint mir diese Reaktion einer genaueren Betrachtung wert. Es wäre doch eher mit Gefühlen des Bedauerns, der Trauer oder, wenn auch nicht so reif, mit Empörung, mit Wut, Zorn und Tränen zu rechnen, auf jeden Fall mit einer heftigen emotionalen Reaktion. Anstatt dessen verstummt die Bulimikerin, wendet sich ab, zieht sich zurück und ergeht sich in einem Freßanfall. Aber handelt es sich hierbei tatsächlich um Hunger? Zweifel kommen auf, weil der Hunger sich auch dann meldet, wenn kurz zuvor bereits gegessen wurde. Schon dieser Umstand verweist jede Vermutung, es könnte sich um einen physiologisch bedingten Hunger handeln, ins Abseits, zumal trotz der Mengen, die verschlungen werden, und der ständigen Wiederholungen der Anfälle (bis zu zwanzig pro Tag) keine Sättigung eintritt. Der Eßanfall bleibt diesbezüglich unbefriedigend. Wäre der Anfall befriedigend, müßte die bulimische Handlung uninteressant werden, den Patienten bald verleidet sein, und ein Versinken im Wohlbefinden, Stimmungshaften, im glücklichen Ende wäre zu erwarten. Doch davon kann bei der Bulimie keine Rede sein. Bei ihr endet das Essen in Erschöpfung. Schließlich aber sind es die geplanten Anfälle, die jeden Versuch, den bulimischen Hunger als einen unwillkürlichen, physiologisch bedingten zu bestimmen, zunichte machen. Man müßte ja von einem „geplanten" Hunger ausgehen. Nicht nur, daß der Eßanfall sozialer Kontrolle gehorcht, von äußeren Bedingungen abhängig ist – in Gesellschaft z. B. tritt das Symptom nicht auf –, läßt hellhörig werden, sondern auch, daß Eßanfälle schon am Abend zuvor, in der Frühe für den Abend usw. geplant werden.

Das alles macht es doch sehr unwahrscheinlich, daß aus einem physiologisch bedingten Hungergefühl heraus gegessen wird. Viel wahrscheinlicher ist, daß der Hunger der Bulimikerin ein neurotischer Hunger ist, für den nach Abraham charakteristisch ist, „daß er ganz unabhängig vom Füllungszustande des Magens auftritt, daß er in unregelmäßigen Zeitabständen kommt und daß er anfallsweise und unter quälenden Begleiterscheinungen einsetzt, wie sie dem normalen Nahrungsbedürfnis nicht zugehören. Besonders sind hier Angstgefühle zu erwähnen" (1916, 97). Abraham weist in diesem Zusammenhang außerdem darauf hin, daß besonders häufig Frauen mit diesem Symptom behaftet seien. Es scheint sich also um eine weibliche Reaktion zu handeln. Auch wenn es sich bei dem Hunger um keinen normalen handelt, bleibt nach wie vor offen, weshalb ein Hungerreiz auftritt, und auch die Tatsache, daß die Bulimikerin auf Enttäuschungen oder Kränkungen usw. somatisch reagiert, ist psychodynamisch noch ungeklärt. Nachfolgende Bemerkungen zeigen überdies, daß sich die Reaktion keineswegs auf den Magen beschränkt. Eine Patientin hatte bei Enttäuschungen z. B. ein heftiges Würgegefühl im Hals, eine andere schwelgte: „Ja, solche Pakete, ganz frisches Brot, wo du auch gar kein richtiges Sättigungsgefühl hast, sondern nur so ah, es schlingt sich so runter, und du möchtest das nächste haben, und es ist überhaupt kein Genuß, nicht mal ein Sättigungsgefühl, das habe ich bei Vollkornbrot noch, (...) nur immer schlingen, dieses Gefühl im Hals zu haben, daß der Hals voll wird, (...) das war so das Wichtige da dran" (Aliabadi & Lehnig, ib.,

217). Bei dieser Patientin spielen Hungergefühle keine Rolle, ihr geht es um das „Gefühl im Hals", darum, daß der „Hals voll wird", was zwar an einen vollen Magen denken läßt, nach wie vor geht es aber nicht um Sättigung, sondern hier um die sensorische Erregung beim Passieren der Nahrung durch die Speiseröhre. Diese Patientin zentriert das Anfallsgeschehen aufs Herunterschlingen, auf einen ösophagealen Genuß, den sie mit einem lustvollem „ah" untermalt. Daß sie beim Schlucken den Genuß gleich wieder leugnen muß, soll hier nicht weiter stören, es gehört zum Wesen ihrer Erkrankung. Man könnte ihr Erleben als orale Penetration bei ösophagealer Frigidität verstehen. Vor allem aber gemahnt die Patientin, sich der zwei Funktionen bei der Nahrungsaufnahme zu erinnern: 1. der Nahrungsaufnahme selbst, die Hunger stillt, und 2. der Spannungsabfuhr, man könnte auch sagen: der Befriedigung der Mundschleimhaut durch die Tätigkeit von Lippen, Zunge, Gaumen und Nasenrachenraum beim Saugen (vgl. Spitz, 1980, 231). Da die Befriedigung im Eßanfall ausbleibt, kann es sich bei ihm nicht um die Befriedigung von Hunger, sondern nur um eine Maßnahme zur Spannungsabfuhr handeln.

Die Spannung und das „Nirwanaprinzip"

Balint schreibt, daß für alle dem Koitus ähnlichen Erscheinungen wie dem epileptischen Anfall, dem Wutausbruch, der Panik und der traumatischen Neurose charakteristisch sei „die unerträgliche Spannung, welche unaufhaltsam zu bestimmten Bewegungen führt; diese sind beinahe oder ganz unkontrollierbar, reflexartig, dennoch rhythmisch, müssen auch eine bestimmte Zeit andauern, um die Spannung verschwinden zu lassen" (1965, 87 f.). Er schreibt weiter: „(...) die Herrschaft des Lustprinzips wurde interimistisch aufgehoben, d. h., es war nicht mehr ausschlaggebend, ob lustvoll oder peinlich, es sollte nur die Erregung – um welchen Preis auch immer – vermindert werden" (ib., 88). Ich meine, diese Merkmale lassen sich auch beim Eßanfall finden. Je stärker der Reiz, desto mehr tritt die Lust in den Hintergrund, und der Drang, die Spannung loszuwerden, wird primäres Ziel, allerdings erfolgt keine Lösung. Die Unlust wegen der unerträglichen Spannung überlagert bei der Bulimikerin bei weitem alle anderen Bedürfnisse.

Daß der Nahrungsverzehr keine befriedigenden Spuren hinterläßt, weder im Magen noch im Hals, geschweige denn in der Seele, schließlich hat das viele Essen keinerlei Trostwirkung, erinnert an bestimmte von Spitz beobachtete Säuglinge: „Wenn der Säugling

(...) z. B. schreit, weil sein Nahrungsbedürfnis nicht sofort befriedigt worden ist, reagiert er nicht auf die Brustwarze, selbst wenn sie in seinen Mund eingeführt wird, sondern schreit weiter (...) Hier wird das propriozeptive System des Säuglings durch das Erlebnis der Unlust in Anspruch genommen, infolgedessen ist der Säugling unfähig, den bedürfnisbefriedigenden Reiz in seinem Mund zu bemerken" (ib., 67). Spitz nennt dieses Nichtbemerken der Brustwarze das „Nirwanaprinzip" und fährt fort: „Sobald Unlust (Spannung) entsteht, muß sie durch (motorische, stimmliche usw.) Abfuhr beseitigt werden. Solange diese andauert, funktioniert die Außenwahrnehmung nicht. Wenn der Säugling wahrnehmen soll, müssen Unlust und Abfuhr aufhören; das heißt, das sich selbst fortsetzende Wirken des Nirwanaprinzips muß durch einen Eingriff von außen her angehalten werden. Nur wenn dies geschieht, kann die Außenwahrnehmung wieder aufgenommen werden und der bedürfnisbefriedigende Reiz wahrgenommen werden" (ib., 68).

Die Mechanismen des Nirwanaprinzips könnten hilfreich sein für das Verständnis dessen, was sich bei Bulimikerinnen innerpsychisch im „Hungerzustand" abspielen dürfte. Sowenig der Säugling auf die Brustwarze reagiert, sowenig reagiert die Bulimikerin, was die Sättigung anbetrifft, auf die Nahrung. Das würde erklären, weshalb Bulimiker so unkonzentrierte Esser sind, obgleich sich ihre Gedanken mit nichts anderem befassen. Der starke Spannungszustand, den man als kontinuierlich störenden inneren Reiz verstehen kann, und das durch ihn erzeugte Gefühl der Unlust dürften auch bei ihnen das propriozeptive System so stark beanspruchen, daß die Fähigkeit der Sinnesorgane zur Wahrnehmung anderer Bereiche, z. B. der Körperoberfläche und der Außenwelt, der Nahrung etwa, beeinträchtigt wird. Wir haben ja gesehen, daß wesentliche Ich-Funktionen ausfallen. Die klinische Beobachtung lehrt, daß gerade die schwindende Fähigkeit z. B. zur Körperwahrnehmung besonders heftige somatische Reizsetzungen als Gegenmaßnahme erforderlich macht: „Ich achtete nicht mehr auf den Geschmack, sondern nur darauf, mir meinen Bauch bis zur *Schmerzgrenze* vollzuschlagen, um die *Erleichterung* durch das Erbrechen zu *spüren*" (Gerlinghoff, ib., 22, kursiv v.T. E.). Ich habe von einer Patientin berichtet, die beim Eßanfall den Impuls verspürte, sich mit einem Messer in die Hand oder in den Leib zu stechen. Was sich später auch als Haß auf das Selbst-Objekt zu erkennen geben wird, hat im hiesigen Zusammenhang die Funktion, die Körperrealität zu stabilisieren bzw. sich des Körpers zu versichern, einer drohenden Derealisation entgegenzuwirken.

Wie aber ließe sich das Nirwanaprinzip, das „Nichtbemerken" der Nahrung, mit der hohen Besetzung der Nahrung bei der Bulimie vereinbaren? Zwar wirkt die Nahrung nicht sättigend, aber immerhin rückt sie nach Auskünften der Patientinnen ins Zentrum ihrer Beschäftigung. Das kann nur heißen, daß die Bulimikerin dem Nahrungsmittel eine andere Bedeutung als die eines Nahrungsmittels gibt. Nicht die materielle Substanz, sondern die Funktion, die die Nahrung im Seelenhaushalt der Patientinnen erfüllen soll, dürfte es sein, die so hoch besetzt ist. In einen Nirwana-Zustand gerät die Bulimikerin ja nicht wegen eines Essensmangels, also wegen Hungers wie der Säugling, den Spitz beschreibt, sondern wegen Enttäuschung, Verlustgefühlen und dergleichen. Essen dient ihr als Abhilfe, d. h., es ist hoch besetzt als Spannungslöser, z. B. als Erbrechmittel. Es hat also nicht die Bedeutung der Brustwarze bzw. der Milch, sondern die Nahrung bekommt m. E. vielmehr die Bedeutung jenes Objektes, das „durch einen Eingriff von außen" dem Nirwanaprinzip ein Ende machen soll. Wenn Spitz schreibt, daß das Nirwanaprinzip durch einen solchen Eingriff angehalten werden muß und nur dann die Außenwahrnehmung wiederaufgenommen und der bedürfnisbefriedigende Reiz wahrgenommen werden könne, so erinnert das an die Auskunft der Bulmikerin, daß sie sich vor einem Anfall geschützt fühle, wenn andere Personen zugegen seien oder wenn sie Termine wahrzunehmen habe. Unter diesen Bedingungen könne sie normal essen, d. h., die „Brustwarze" wahrnehmen. Ich weise hier der Nahrung dieselbe Funktion wie einer Person zu, setze unterderhand also Nahrung und Person gleich, eine Gleichsetzung, die berechtigt ist, wie ich später zeigen werde.

Wie die Verhältnisse im einzelnen auch liegen mögen, die Beschreibungen warnen davor, sich bei der Bulimie zu sehr auf Bauch und Heißhunger zu konzentrieren. Die Nichtspezifität bei der Suche nach Organsensationen, diese Austauschbarkeit von Magen und Hals, läßt es doch sehr zweifelhaft erscheinen, daß es sich bei den Reizzuständen um physiologisch bedingte handelt. Zweifel werden auch dadurch genährt, daß Diätkuren bei diesen Patientinnen scheitern. Aber die Auskünfte der zitierten Patientinnen bestätigen den Eindruck, den man auch aus Auskünften anderer gewinnt, daß sie nach einer Auslösesituation keine oder kaum Gefühle, sondern somatisch empfinden.

Halten wir demnach vorläufig fest: Angst, Wut, Neid oder Enttäuschung treten bei vielen Bulimikerinnen in den Auslösesituationen, also *vor* dem Anfall, nicht als Gefühl, sondern lediglich als somatischer Reiz, oft nur als diffuses somatisches Unbehagen, ins Bewußtsein. Orientiert man sich am Erleben der Patientinnen, daß sie Heißhunger empfänden, so könnte man davon ausgehen, daß sie einem physiologischen Irrtum, einer Verwechslung von Kränkung, Enttäuschung oder Verlust mit Hunger aufsitzen. Oder sollte es doch eine direkte Verbindung zwischen diesen und Hunger geben? Spitz weist darauf hin, daß körperliche Spannungszustände sowohl *Vorläufer* als auch *Äquivalente* der Affekte sind (ib., 236). D. h., wenn die Patientinnen seelische Zustände mit körperlichen verwechseln, könnte in der Auslösesituation eine Regression vom Affekt auf den Körper, eine Resomatisierung (Schur) von Affekten, stattgefunden haben – und zugleich: wenn sie keinen Affekt mehr spüren, sondern nur noch Körperreize, dann könnten das die körperlichen Äquivalente der Affekte sein. Beides flösse also in der Auslösesituation zusammen: der Hungerreiz als Affektäquivalent *und* als regressives Phänomen. Die Affektäquivalenz könnte überdies erklären, warum Affekte in Auslösesituationen nicht wahrgenommen werden.

Möglicherweise aber „denkt" die Bulimikerin wie jene von Spitz beschriebene Mutter, deren Säugling wegen Überfütterung schreit und die seine Spannung mit Hunger verwechselt: „Man darf mit Sicherheit annehmen, daß eine übertrieben besorgte Mutter dazu neigt, auf jede Unlustäußerung des Säuglings damit zu reagieren, daß sie ihn füttert oder stillt" (ib., 230); und an anderer Stelle: „Während dieser unplanmäßigen Fütterung wird durch die orale Tätigkeit und das Schlucken ein Teil der Spannung abgeführt; das Kind beruhigt sich für eine Weile. Die Nahrung, die das Kind wieder zu sich genommen hat, überlastet jedoch von neuem das Verdauungssystem, steigert die Spannung, ruft ein erneutes Auftreten des Unlustzustandes hervor und führt so wieder zu Kolik und Geschrei. Die ängstlich besorgte Mutter kann das Schreien ihres Kindes nur im Rahmen des 'self-demand'-Prinzips deuten und wird den Säugling von neuem füttern; so geht der circulus vitiosus immer weiter" (ib., 232). Bei der Bulimikerin dürfte eine ähnliche Verwechslung von Hunger und Spannung, also eine Differenzierungsschwäche vorliegen wie bei diesen Kolik-Müttern. Auffällig ist zumindest, daß die Patientinnen im Eßanfall mit sich selbst ebenso verfahren, wie die von Spitz beschriebene Mutter mit dem Säugling. In diesem Fall wäre es die Mutter, die die Weiche falsch stellt. Und auch die Reaktionen des Säuglings entsprechen den Reaktionen der Bulimikerinnen: durch das Schlucken wird zwar ein Teil der Spannung abgeführt, aber durch die Überlastung steigert sie sich erneut.

So wie sich die Kommission bei Reiks Toter am Fluß bald von der Annahme trennen mußte, die Tote sei beim Bade ertrunken bzw. habe sich selbst ins Wasser gestürzt, so müssen wir uns nach kurzer Wegstrecke bereits von der Annahme trennen, beim bulimischen Symptom handle es sich um einen physiologisch bedingten Hunger, gar um eine Störung des Eßverhaltens, die zweckmäßig mit Diäten zu beheben sei. Allzu viele „Striemen" am Symptom weisen in Richtung somatisierter seelischer Spannungen.

Schaut man sich die Funktion an, die der „Hunger" bei der Bulimie zu übernehmen hat, so kann das somatische Reagieren verständlich werden. Abraham meint, daß „starke libidinöse Regungen, gegen deren unverhülltes Auftreten das Bewußtsein sich wehrt, sich besonders gut hinter einem Hungergefühl – wie hinter einer Maske – verbergen (können). Hunger, und auch einen übermäßigen, darf man sich selbst und anderen eingestehen. Keiner, auch der Patient selbst nicht, ahnt, aus welcher Quelle das neurotische Symptom seine Macht bezieht. Diese letztere ist in einzelnen Fällen so groß, daß die Kranken genötigt werden, dem krankhaften Nahrungsbedürfnis ihre ganze Lebensführung anzupassen und unterzuordnen. Ebendiese Gewalt, welche der neurotische Hunger über die Kranken erlangt, gestattet uns Rückschlüsse auf die Heftigkeit der verdrängten Triebregungen, die sich in ihm einen Ausdruck gesucht haben" (1916, 97 f.). Der neurotische Hunger hätte demnach die Funktion einer Maske, hinter der sich verpönte Wünsche vor dem Überich verstecken, diente also einem defensiven Zweck. Dies trifft für die Bulimie durchaus zu, ich muß mir aber die Ausführung für später vorbehalten. Abraham fährt fort:

> „Das Verhalten solcher Kranker, die in kurzen Abständen nach Nahrung begehren und Qualen erleiden, wenn ihr Verlangen nicht befriedigt wird, erinnert anderseits in überraschender Weise an dasjenige der Morphinisten und mancher Trunksüchtiger. Hinsichtlich dieser Zustände ist der Psychoanalyse der Nachweis gelungen, daß das berauschende Gift dem Kranken eine Ersatzbefriedigung für ihm versagte Betätigungen seiner Libido gewährt. Das übermäßige, unter einem krankhaften Zwange erfolgende *Essen* mancher Neurotiker muß in ganz gleicher Weise bewertet werden" (ib., 98).

Anpassung der gesamten Lebensführung an das krankhafte Nahrungsbedürfnis und damit verbundene Qualen haben wir als Merkmal der Bulimie kennengelernt. Einzig, daß es sich um eine Ersatzbefriedigung für versagte Libidobetätigung handelt, scheint mir für die Bulimie nicht zuzutreffen. Alles deutet eher auf eine versagte narzißtische Betätigung hin.

Einen weiteren Hinweis, der zur Erhellung der Funktion des Hungers beitragen könnte, erhalten wir von Fenichel:

> „Tatsächlich läßt sich auch eine wesentliche Übereinstimmung zwischen den Ideen Strafe – Verzeihung und Hunger – Sättigung feststellen. Beidemal handelt es sich um ein Ausbleiben bzw. Wiederkommen von zur Befriedigung notwendigen äußeren Zufuhren (hier der Milch, dort des narzißtischen Gefühls des Geliebtwerdens). Strafe und Liebesentzug von seiten der Erzieher werden als Analoga des Hungerzustandes perzipiert und die Absolution wie damals die Sättigung angestrebt. Und wie zu den Erziehern verhält sich das Ich auch nach erfolgter Introjektion zu seinem Überich. In der Depression fühlt sich das Ich von seinem Überich nicht mehr geliebt, d. h. in seiner oralen Wunschwelt im Stich gelassen, in der Manie ist die verzeihende orale Liebesvereinigung mit dem Überich wieder eingetreten" (1931, 128).

Daß Milch und narzißtische Zufuhr identisch sind, würden Bulimie-Patietinnen sofort bestätigen. Eine sagte immer dann, wenn ich ihr eine Deutung gab, die ihren Narzißmus befriedigte: „Das geht runter wie warme Milch." Insofern wäre unmittelbar verstehbar, weshalb auf eine Enttäuschung, einen Verlust oder eine Kränkung Hunger entsteht. Es wird aber auch sichtbar, wonach Hunger besteht. Führe ich beide Klassiker der Psychoanalyse, Abraham und Fenichel, zusammen, so könnte man sagen, hinter der Maske Hunger verberge sich eine Gier nach narzißtischer Zufuhr, die aber vor dem Überich verborgen werden muß.

Moderne Auffassungen schlagen – wenn ich es richtig verstehe – eine andere, eine entgegengesetzte Richtung ein.

> So berichtet Ogden von einem jungen Mädchen, das „versuchte mit ihrer rasenden Esserei nicht einem Bedürfnis nachzukommen oder einer Begierde zu folgen; ihr Problem lag darin, daß sie keinen psychischen Raum schaffen konnte, in dem es möglich war, Bedürfnisse oder Begierden zu erzeugen. Die Patientin hatte daher in hohem Maße das Gefühl, daß sie bereits psychisch tot sei, und dieses Gefühl hatte sie in einen Zustand der Panik versetzt. Paradoxerweise wollte die Patientin ein Hungergefühl herstellen, indem sie voll Verzweiflung aß. Genauer gesagt aß sie, um die Illusion zu erzeugen, daß es ihr möglich wäre, ein Hungergefühl zu empfinden – als Beweis dafür, daß sie lebte" (ib., 217 f.).

Demnach ißt die Bulimikerin nicht wegen eines Hungergefühls, nein, sie ißt, um sich einbilden zu können, daß sie zu (Hunger-) Gefühlen imstande ist. Mit anderen Worten: Wer Hunger hat, der lebt. Diese Sicht fügt sich durchaus den Auskünften anderer Patientinnen. Nicht nur, daß ihnen der Magen Organ ist, mit dem Gefühle erkannt werden, wie bei jener Patientin, die eines Tages feststellte: „Habe ich keinen Hunger, bin ich verliebt" – wohlgemerkt, sie sagte nicht: Bin ich verliebt, so habe ich keinen Hunger; ihr Magen war es, der ihr Auskunft über ihre Gefühle erteilte –, nein, mit der Völlerei soll auch ein körperlicher Reiz, ein Schmerz, erzeugt werden, der Bauch soll spannen, um sich dann Erleichterung zu verschaffen, die wiederum dazu dient, ein Gefühl der Reizbefreiung zu erzeugen, das auf andere Weise nicht zu haben ist, und sich ein Daseinsgefühl zu geben. Das alles muß leibnah agiert werden, mit dem Geschmacks-, dem Geruchssinn und der Taktilität, weil die Seele unempfindlich ist und psychisches Wohlbefinden nicht wahrnehmen kann. Auge und Ohr, die die Imagination anregen und in Anspruch nehmen, treten im Anfallsgeschehen ganz in den Hintergrund. Diese Suche nach einem Daseinsgefühl kann risikoreich sein bis hin zu Suizidphantasien. Manche Patientinnen stürzten sich in ihren Tagträumen in Wagnisse, so daß erregte Spannung auftrat, die ihnen das Gefühl gab zu leben. Sie setzten sozusagen ihr Leben aufs Spiel, um zu fühlen, daß sie am Leben sind. Unsere Spaß- und Eventkultur stellt ihnen dazu viele Möglichkeiten bereit. Jacobson berichtet von Peggy, einer Patientin, die in vielem Bulimikerinnen ähnelt: „Meine Ängste sind der einzige Wert, der mir geblieben ist. Ich muß diese Gefahren am Leben halten, denn durch sie habe ich wenigstens Gefühle, und das ist besser als völlige Leere. Mein eigenes Selbst würde sterben, wenn ich meine Ängste überwinden könnte. Weder Gefahr noch Lust blieben übrig. Die Gefahr, die in mir lebt, verspricht mir, daß es in Zukunft auch wieder Lust geben wird" (1977, 277 f.).

Wir sagten, der Hunger könnte eine Maske sein, mit der die Gier nach narzißtischer Zufuhr verborgen werden soll. Um das genauer zu verstehen, muß man sich die Bedeutung der Auslösesituationen vornehmen. Für viele Patientinnen ist der Einbruch der Dunkelheit oder wenn die Geschäfte schließen (für manche dasselbe) eine kritische Zeit, weil der Geschäftsschluß zum Hindernis bei der Nahrungsbeschaffung wird. Das bedeutet, die „Brust" ist weg; dadurch entstehen „Leerzeiten". Ich nannte ferner als Auslöser Einsamkeit, ein Gefühl der Leere, Streit. Ein wenig pauschalisierend, könnte man die Auslösesituationen alle als Trennungssituationen bezeichnen. Auf irgendeine Weise geht ein Objekt, das kann auch eine Idee, eine Illusion sein, verloren. Mit dem Verlust kommt eine diffuse, mitunter panische Angst vor Trennung auf, erlebt als organismisches Unbehagen, weil das Objekt zwangsläufig als eigenständig anerkannt werden muß. Schon Abraham hat als quälende Begleiterscheinung des Hungers Angstgefühle erwähnt. Das wird besonders deutlich aus dem Umstand, daß die Patientinnen prompt mit Eßanfällen reagieren, wenn sie sich kritisiert fühlen, nicht gleich verstanden werden oder – besonders kritisch – wenn jemand eine Forderung an sie richtet. Sie bekommen sofort das Gefühl, nicht geliebt zu werden; das Objekt wird als fremd und distanziert erlebt, und ihr Selbstgefühl gerät ins Wanken.

Die Reaktionen machen den Eindruck, als ginge ein (Selbst-) Objekt verloren, als sei die Illusion der Harmonie zertrümmert, und das bedeutet Konfrontation mit der Kränkung der primären Kastration. Das Objekt leistet den omnipotenten Wünschen, z. B. denen der Kontrolle über das Objekt, Widerstand. Die Auslösesituation wird offenbar wie ein abrupter Entzug von narzißtischer Zufuhr erlebt, etwa so, wie bei einer Ungeheuerlichkeit der Atem stockt. Die Patientinnen erleben sich dann als „leer", was zu einer Herabsetzung des Ichgefühls, zur Ichverarmung führt. Bei der Bulimie macht das verlorene Objekt nicht die Welt, sondern das Ich arm und leer (vgl. Freud, 1916-17g, 431), ein sicherer Hinweis, daß es sich um ein Selbst-Objekt gehandelt haben dürfte, das verlorenging. Ist aber erst die Selbstachtung bedroht, leiden die Ich-Funktionen – ein Grund für deren Ausfall.

Die durch den Verlust aufsteigende Verlassenheitsangst erzeugt eine Sehn-"Sucht" nach Fusion mit einem „guten" Objekt, mit der die Trennung aufgehoben und darüber die Trennungsangst abgewehrt wäre. Im Eßanfall erfolgt die Fusion mit dem Nahrungsmittel und soll das durch die Auslösesituation entstandene Distanz- und Einsamkeitsgefühl beseitigen. Daß die Fusion mit der Nahrung ein Mittel gegen die Einsamkeit ist, kann man allenthalben beobachten. Eine Patientin unmißverständlich: „Bin ich alleine, gehe ich mit Kartoffelbrei ins Bett." Eine andere meinte, wenn sie auf ihr Symptom verzichten müsse, verliere sie ihre „Strategie gegen die Einsamkeit" (Vanderlinden et al., ib., 42). Obige Patientin, die diagnostizierte, verliebt zu sein, wenn sie keinen Hunger habe, meinte im nächsten Satz: „Werde ich verlassen, dann habe ich Hunger", was an Totenmahlzeiten erinnert. Für Schulte und Böhme-Bloem ist die Leere, die nach dem Verlust des Objektes entsteht, der Grund für die Suche nach einem Ersatzobjekt:

„Wenn wir bei den Schilderungen von Unruhezuständen noch weiter zurückgehen können, dann müssen wir oft annehmen, daß die Unruhe auftritt, um einem Leeregefühl zu begegnen, also schon eine Reaktion auf das Gefühl der Leere und des Alleinseins ist, daß sich somit die Leere wie eine zentrale Befindlichkeit durch die Schilderung der meisten Frauen zieht. Die Leere kann leicht in Verlassenheitsangst oder bei stärkerer Desintegration in Todesangst einmünden, wie wir dies bei einer schweren Angstneurose oder bei der Depression kennen. Bei den Bulimikerinnen ist sie die Drehscheibe zum Ersatzobjekt hin, die Patientin bekommt oder verspürt dauernd Appetit" (ib., 57).

Daß die einen Eßanfall auslösende Trennungsangst als somatischer Spannungszustand, als Hunger, empfunden wird, zeigt die Tiefe der Regression an, mit der auf die Auslösesituation reagiert wird, denn das organische Unbehagen ist der genetische Vorläufer der späteren Trennungsangst (vgl. Spitz, ib., 236) und verweist auf die frühinfantil noch fehlende Differenzierung zwischen Psyche und Soma. Für den Anfall als regressives Phänomen dürfen wir deshalb annehmen, daß auf die Zeit vor der Differenzierung regrediert wird. Und es ist die Tiefe dieser Regression, die das pathognomonisch Ausschlaggebende ist. Die sensorische Differenzierung der Spannungszustände bricht zusammen, weswegen eine Überflutung mit „unmastered tension" (vgl. Zepf, ib., 54) droht.

Wir können also vorläufig sagen, daß der Hunger der Bulimikerin eine Reaktion auf Trennungsangst zu sein scheint. Doch gehen wir der Reihe nach vor. Die Auslöser stellen in der Regel überstarke Reize dar, die heftige Affekte auslösen. Man kann sich davon einen Eindruck verschaffen, wenn man zuhört, wie die Patientinnen von den Auslösern berichten. Sie mokieren sich darüber, scherzen, kommentieren ironisch oder gehässig, alles Zeichen einer gespielten Nonchalance. Es fällt dabei auf, daß nicht die Auslösesituation selbst, vielmehr deren affektive Bedeutung und insbesondere die Bedeutung des kränkenden Objektes in dieser Situation verleugnet werden, was nicht ausschließt, daß scheinbar belanglose Dinge der Auslöseszene erinnert werden. Mit anderen Worten: Die Patientinnen reagieren traumatisiert. Belanglosigkeiten verdecken ja häufig schwer traumatische Erlebnisse. Die Hungerreaktion zeigt diese Verleugnung: „Ich habe nichts als Hunger, und Du bist mir eh Wurst", sagte eine Patientin zu ihrem Freund, der sie geärgert hatte. Diese verärgerte Bemerkung ist natürlich für unseren Zusammenhang von größter Bedeutung, zeigt sie doch, wie das kränkende Objekt blitzschnell zum verschlingbaren Objekt gemacht wird bzw. wie die Introjektion defensiv gegen Kränkungen eingesetzt wird. Im ersten Moment freilich erzeugt die Separation Angst und heftige Wut. Sie entsteht, weil die Illusion, das Objekt sei beherrschbar, nicht länger haltbar ist. Die anal-narzißtische Kontrolle über das Objekt – und später über das Selbst – geht verloren. Grunberger schreibt über im Analstadium Fixierte: „Die geringste Einschränkung der Objektbeherrschung stürzt sie in eine echte Angstkrise" (1976, 173). Wir werden später sehen können, welche Rolle die Analität bei dieser Erkrankung spielt. Diese *Krise* ist das Entscheidende: Die Affekte, die die Auslösesituation hervorruft, Angst und Wut, überfordern und überwältigen wegen ihrer Heftigkeit und Intensität den psychischen Apparat. Die Funktionstüchtigkeit der Ich-Funktionen wird ja zum großen Teil durch Gefühlszustände reguliert. In der Folge kommt es zur Zerstörung der Symbolisierungsfähigkeit, die in anfallsfreien Intervallen durchaus funktioniert, aber störanfällig ist. Unter dem Druck der Affektintensität bricht sie zusammen, was dem Gefühl der Patientinnen, schnell überfordert zu sein, entspricht. Segal beschreibt einen Patienten, der in der Lage war, „auf einer depressiven Ebene den größten Teil der Zeit zu funktionieren. Er konnte über Symbolisierungen kommunizieren und besaß zahlreiche Sublimierungsmöglichkeiten. Dieser Entwicklungsgewinn aber war unsicher, und in Streßsituationen pflegte er massive projektive Identifizierungsmechanismen einzusetzen, die von einer Regression auf konkretistische Verhaltensebenen begleitet wurden" (Segal, 1957, 217). Zu den Affekten tritt die Vielfalt der Bedeutungen und schließlich die Quantität von Eindrücken von außen wie von innen hinzu, die in ihrer Gesamtheit nicht nur die Symbolisierungsfähigkeit, sondern gleichermaßen die Synthetisierungsfunktionen des Ichs überfordern und den regressiven Prozeß einleiten. Fortan werden weder Gefühle noch Bedeutungen wahrgenommen, nur noch Heißhunger. Bei der Patientin, die von ihrem Vater ein Geschenk bekam, konnten wir diesen Prozeß der Überlastung verfolgen. Sie hielt nur der Gedanke, mich anzurufen, sozusagen der „Eingriff von außen" (Spitz), davon ab, dem Nirwanaprinzip zu verfallen. Der regressive Prozeß, der hier zur Debatte steht, dürfte dem von Jacobson als „regressive Konkretisierung psychischer Realität" bezeichneten entsprechen.

> „Die Verleugnung hat eine infantile Konkretisierung der psychischen Realität zur Voraussetzung, die ihrerseits denjenigen, die diesen Abwehrmechanismus gebrauchen, ermöglicht, daß sie mit ihren psychischen Strebungen umgehen, als handle es sich bei diesen Strebungen um konkrete, wahrgenommene Objekte. (...); die seelischen Vorgänge

werden betrachtet, als handle es sich um konkrete Teile der Objekte oder des Selbst. Unlustvolle Erlebnisse verschwinden aus dem Blick und werden durch lustvolle ersetzt, indem die Besetzung von schmerzlichen Wahrnehmungen wie auch Auffassungen abgezogen wird, während erwünschte Wahrnehmungen stärkere Beachtung finden und überbesetzt werden" (1977, 165).

Jacobson führt weiter aus, daß nicht mit spezifischen Affekten reagiert würde, sondern mit Stimmungszuständen allgemeinerer Art. Patienten klagten, es fehlten ihnen in toto Gewissen, Leidenschaften, Ideen, sexuelle Bedürfnisse, Aggression oder Lust. Anstatt sich mit den jeweiligen Konflikten, die quälende Gefühle weckten, auseinanderzusetzen, würden die Aufmerksamkeit sowohl von den äußeren Reizen wie auch von seinen inneren Reaktionen abgezogen und Erinnerungen an alle inneren und äußeren Erlebnisse gelöscht, die den betreffenden störenden Konflikt umgäben (vgl. ib., 167). Das erinnert an Ogden: „Wenn sich im paranoid-schizoiden Modus jemand von einem Objekt enttäuscht fühlt oder ihm zürnt, erlebt er dieses nicht mehr als dasselbe, sondern als ein neues Objekt. Diese Erfahrung der Diskontinuität von Selbst und Objekt über einen Zeitraum schließt die Entstehung von Geschichtlichkeit aus. Statt dessen kommt es zu einer kontinuierlichen defensiven Modifizierung der Vergangenheit" (ib., 13). Solche Diskontinuität kann man bei Bulimikern in der Behandlung immer wieder beobachten, wenn z. B. die Thematik der Vorstunde verlorengegangen ist, weil die Patienten sich nicht erinnern können. Das hängt zum einen mit der schizoid-paranoiden Verarbeitung von Enttäuschung zusammen, auch mit der später zu erörternden Störung in der Identifizierung mit den Introjekten, der Assimilierungsstörung, und schließlich mit der regressiv-konkreten Verarbeitung von psychischen Inhalten. Ich erinnere an die Patientin, welche zu einer Deutung meinte: „Das geht runter wie warme Milch". Obwohl klar war, was sie sagen wollte, war ihre Bemerkung nicht ganz zutreffend, und sie korrigierte sie selbst implizit mit der späteren Beobachtung, daß sie meine Deutungen als „warmes Gefühl im Bauch" erlebe. Das kam der Sache näher: Die Deutung ging nicht runter *wie* warme Milch, sondern die Deutung *ist* warme Milch. Was ich *inhaltlich* gesagt hatte, wußte sie im nächsten Moment nicht mehr! Der Inhalt war durch die Milch ersetzt. Die regressive Konkretisierung hat zur Folge, daß psychische Inhalte als Erinnerung nicht mehr zur Verfügung stehen. Segal berichtet von einer Patientin, die an Bulimikerinnen erinnert: „Ihre Symbolik war zuweilen sehr konkretistisch.

Sie entwickelte Zustände körperlicher Erregung, bizarrer körperlicher Sensationen, psychosomatische, hypochondrische sowie hysterische Symptome und beklagte sich oft darüber, keine Gefühle, nur physische Sensationen zu haben. Häufig reagierte sie mit einer körperlichen Sensation auf Deutungen. Wörter wurden als konkrete Dinge erlebt und fühlten sich wie ein Klumpen in ihrem Innern an" (1957, 219).

Es sieht demnach so aus, als würde die Separation deshalb als „Hunger" erlebt, weil unter dem Druck der Heftigkeit der Affekte die Fähigkeit zur Differenzierung und Symbolbildung zusammenbricht. Die Getrenntheit löst eine starke Sehnsucht nach Fusion aus und äußert sich wegen der nun fehlenden Symbolisierung körperlich als quälendes Gefühl im Magen, als „böse" somatische Empfindungen. Das als getrennt erlebte Objekt wird nicht als abwesend, sondern als „böse" erlebt, da Abwesenheit im Unbewußten keine Repräsentanz hat: „Eine Vorstellung von Abwesenheit ist kaum vorhanden" (Segal, ib., 207), bzw. eine abwesende Brust ist eine „böse" Brust (vgl. ib.).

Die traumatische Reizwirkung

Ich sagte zuvor, die Reaktion der Patientinnen auf die Auslösesituation mache es wahrscheinlich, daß sie wegen ihrer überstarken Reizwirkung als traumatisch erlebt wird: „Trauma ist jedes Ereignis in der Innenwelt oder Außenwelt, das imstande ist, durch seine Plötzlichkeit, durch die Quantität oder auch durch die Qualität der Reizzufuhr das Ich für kürzere oder längere Zeit außer Tätigkeit zu setzen" (A. Freud, 1967, 14). Es ist leicht zu erkennen, daß die hier genannten Merkmale für die Spannungszustände, die sich als Heißhunger melden, zutreffen, insbesondere was die Quantität der Reizzufuhr, also die Heftigkeit der Affekte Wut und Angst, anbetrifft. „Wenn das geschieht", so A. Freud, „und das Individuum sich aller Ich-Funktionen und Abwehrmechanismen beraubt findet, wird auf das Ereignis mit primitiven, archaischen, oft *somatischen* Mitteln reagiert. Statt zu flüchten oder zu verdrängen, zu verleugnen, zu projizieren usw., setzen Verhaltensweisen ein, die aus der Zeit *vor der Differenzierung des psychischen Apparates* stammen: panikartige Zustände anstelle des Angstsignals, Lähmung der Motilität oder *unzweckmäßige motorische Aktionen, endlose Wiederholungen* usw." (ib., 14, kursiv v. T. E.). Die kursiv gesetzten Stellen treffen allesamt auf den Eßanfall zu.

Abraham nennt einen Grund, weshalb Auslösesituationen dieser Art für ·Manisch-Depressive so traumatisch sind: „Erst eingehende Analyse enthüllt uns die Zusammenhänge zwischen Erlebnis und Erkrankung. Regelmäßig erfahren wir dann, daß der Anlaß zur aktuellen Erkrankung nur darum eine pathogene Wirkung entfalten konnte, weil er vom Unbewußten des Patienten als eine Wiederholung seines ursprünglichen traumatischen Erlebens in der Kindheit aufgefaßt und verwertet werden konnte. Die zwanghafte Tendenz zur Wiederholung des einmal Erlebten ist mir bei keiner anderen Neurosenform so stark erschienen wie bei der manisch-depressiven Erkrankung" (1924, 145 f.). Die Bulimie steht der manisch-depressiven Erkrankung diesbezüglich in nichts nach. Über das Traumatische der Auslöser kann auch nicht hinwegtäuschen, daß in manchen Fällen der Spannungszustand und die konsekutiven Anfälle narzißtisch besetzt werden können, was sich zu einer „Traumatophilie" (Abraham) auswachsen kann. Wir sind dem bei den geplanten Anfällen mitunter begegnet, wenn die Patientinnen gelegentlich behaupteten, sich auf den Anfall zu freuen. Was so positiv besetzt wird, ist der später zu erörternde Triumph über das Überich im Anfall, ein ungeheurer narzißtischer Aufwind, der eine temporäre Hypomanie auszulösen vermag.

Gleichwohl: Das Trauma muß näher spezifiziert werden. Ich habe erwähnt, daß Patientinnen, die bereits länger in Behandlung sind, einen differenzierteren Einblick in ihre Befindlichkeit während der Spannungszustände und des Anfallsgeschehens zu geben vermögen. Sie beschreiben in der Regel das „Hungergefühl" als manifeste oder latente seelische Qualen, die mehr oder weniger bewußt deutlich spürbar oder diffus sein können und die sie fahrig und nervös werden lassen. Diese Beschreibung ist wohl zutreffender. Zwar beklagen auch diese Patientinnen gelegentlich noch Heißhungergefühle, aber sie beschreiben genau besehen ein gestörtes *Wohlbefinden*, d. h. eine Diskrepanz zwischen der seelischen Repräsentanz des aktuellen, derzeitigen Selbst und einer Idealform des Selbst. Die Grundform der Unlust bei dieser Störung ist nach Joffe und Sandler „ein affektives Erleben seelischen Schmerzes (...) Mangelnde Selbstachtung, Minderwertigkeits- und Unwertgefühle, Scham und Schuld sind alles spezielle differenziertere Abkömmlinge des Grundgefühls Schmerz" (1967, 163). Diese „seelischen Schmerzen" sind es, die die oben erwähnten überstarken Reize von innen erzeugen. Das Hungergefühl erspart das Erleben solcher seelischer Schmerzen. Deshalb werden lediglich die somatischen Äquivalente der Affekte wahrgenommen. Anstatt eines Schmerzes in der

Seele lieber Schmerzen im Bauch, weil sie leichter zu beheben zu sein scheinen. Der Hunger hat auch aus dieser Perspektive Abwehrfunktion: Er erspart Gefühle, und es versteht sich auf Anhieb, daß ein Hungerreiz wegen der großen Griffnähe des Essens leichter zu lindern ist als ein seelischer Schmerz, der von einem Objekt verursacht wurde, welches sich gerade nicht durch „Griffnähe" auszeichnet, wie die Patientinnen in der Auslösesituation erfahren mußten. Der Hunger bietet sich als probates Mittel zur Vermeidung von Problemen mit Personen an. Mit anderen Worten: Der „Hunger" ist Symptom einer Beziehungsphobie. Er erlaubt, sich diskret zurückzuziehen. Und zu guter Letzt: Da der Hunger den Magen zum schmerzenden Organ macht, wird die Besetzung notwendigerweise von jenen Ich-Funktionen abgezogen, die zur Wahrnehmung von psychischer Realität, z. B. von unangenehmen Gefühlen, die den Selbstwert bedrohen, erforderlich sind. Die Wahrnehmung von Gefühlen wird skotomisiert oder – wie Wilhelm Busch vom Zahnkranken meldet –: „Einzig in der engen Höhle des Backenzahnes weilt die Seele."

Neben der fehlerhaften Differenzierung zwischen psychischen und somatischen Empfindungen dürfte es sich bei der Bulimie zusätzlich noch um eine ungenügende sensorische Differenzierung innerhalb verschiedener körperlicher Spannungszustände, eine Störung in der Differenzierung der die Affekte begleitenden somatischen Äquivalente, handeln. Schließlich müssen wir auch das Körperbild der Patientinnen in Rechnung stellen, das sich stets als recht lakunär erweist, so daß auch von daher eine Differenzierung innerhalb des Organismus erschwert wird.

Das gestörte Wohlbefinden, von dem introspektionsgeschulte Patientinnen berichten, weist zuverlässig darauf hin, daß die Auslösesituation als Trennung erlebt wurde, denn der Idealzustand des Wohlbefindens ist Joffe und Sandler zufolge eng mit Gefühlen von Sicherheit und Geborgenheit verbunden (vgl. ib., 163). Nehme ich noch die Definition für eine narzißtische Störung, die die Autoren vorschlagen, hinzu, so zeichnet sich hier eine zutreffende Diagnose des Zustandes ab, in dem sich die Patientinnen befinden:

„Als ihr Hauptmerkmal würden wir einen offen zutage tretenden oder latenten Schmerzzustand bezeichnen, mit dem sich das Ich ständig auseinandersetzen muß (...) Die entwicklungsmäßigen Ursachen dieses Schmerzzustandes können sehr verschieden sein, und der betreffende Mensch kann fast ausschließlich darauf konzentriert sein, den Schmerz zu bewältigen oder zu verhindern, daß er auftritt. Diese Aktivität kann verschiedene Formen annehmen: das sogenannte 'Suchen nach narzißtischen Zufuhren', Überkompensation in der Phantasie, Identifizierung mit idealisierten und omnipotenten Gestalten, pathologisch übertriebene Arten narzißtischer Objektwahl, die zwanghafte Pseudosexualität (...) viele Aspekte homosexueller Aktivität (...) Verschiedene Arten der Selbstbestrafung können zutage treten, wenn hauptsächlich Faktoren des Überichs den Schmerz verursachen. Tendenzen, das Selbst zu schädigen oder zu erniedrigen, können sexualisiert und durch masochistische Züge verstärkt werden" (ib., 163).

Einigen der hier gesammelten Merkmale sind wir bereits begegnet, andere werden wir beim weiteren Absuchen nach Spuren antreffen. An dieser Stelle möchte ich nur festhalten, daß es sich bei der Auslösesituation offenbar um ein Trauma handelt, das sich als narzißtische Katastrophe bezeichnen läßt, und es wird schnell durchsichtig, weshalb viele Patientinnen ihre Anfälle vorausplanen: Sie möchten dieser Katastrophe zuvorkommen bzw. sie abwenden. Ihr Planen ist eine Traumaprophylaxe. Die Patientinnen wissen ja um die Realität ihrer Anfälle aus der Vergangenheit. Beim Planen meinen sie noch die Freiheit zu haben, selbstbestimmt handeln und dem Anfall Einhalt gebieten zu können. Ich sagte, es wird ein normales Essen geplant. Sie möchten nicht nur der Gefahr einer Kränkung zuvorkommen, sondern jeden Zusammenhang von Kränkung, Enttäuschung und Verlust mit ihren Eßanfällen verleugnen, als habe das eine mit dem anderen nichts zu tun. „Mich kann niemand und nichts kränken", triumphierte eine Patientin und verfiel eine Viertelstunde später in tiefe Verzweiflung darüber, daß sie in ihrer studentischen Arbeitsgruppe nicht die gewünschte Anerkennung erfuhr. Das Planen soll den inneren Spielraum sichern und erhalten, und es sieht auch so aus, als könnte das Ich in der Planungsphase auf Sekundärprozeß-Niveau operieren. Tagträumerisch spiegeln sich die Patientinnen im Planen andere, für ihr Selbstwertgefühl günstigere Verhältnisse vor. Wenn man von dem planenden Einkaufen, das nicht mehr zum Tagtraum gehören mag, einmal absieht, finden wir in letzterem an sich befriedigende Szenen vorausgedacht und die Utensilien dafür bereitgestellt. Meist geht es um peinliche, Scham oder Schuld erzeugende bereits erlebte Kontrollverluste, die nun in der Phantasie vom Patientinnen wunschgemäß umgestaltet, d. h. zu einer Situation umgedichtet werden, in der der Träumer sich unter Kontrolle behält und es keinen Anlaß für Scham geben wird, er im Gegenteil zum großartigen Bezwinger jeder Kränkung wird. Der Tagtraum macht die narzißtische Katastrophe immer wieder ungeschehen. Und der Tagtraum ist ein Triumph über das Nahrungsmittel, das als beherrschbar gilt. Später, in der nächsten kränkenden Situation, werden diese Phantasie-Konstrukte allesamt hinfällig.

Wurmser berichtet von der Impulshandlung eines Patienten, die tagträumerisches Vorausplanen erkennen läßt: „Wenn ich z. B. mit meinem Vater oder meinem Bruder Schach spielte, kam es immer so, daß ich alles genau vorausplante und voraussah und ruminierte über jeden Zug von mir, alles, was ich tun würde, um nicht überwältigt zu werden; aber ich plante es in einer sehr repetitiven, stereotypen Weise, die seinen nächsten Zug völlig außer acht ließ, und plötzlich sah ich mich geschlagen" (1986, 97). Diesem Patienten ging es um die Vermeidung einer narzißtischen Katastrophe: die Unterlegenheit dem Vater gegenüber. Planen und Ruminieren sollen einem plötzlichen Ereignis, von dem traumatisches Überwältigtwerden befürchtet wird, zuvorkommen. Ich habe allerdings etwas Mühe, die von Wurmser geschilderte Szene als Impulshandlung zu verstehen. Sie scheint mir eher an einen Tagtraum zu erinnern, in dem eine bereits erfahrene traumatische Realität unter Kontrolle gebracht und vor allem wunschgemäß, nämlich nicht kränkend, umgestaltet werden soll. Das Tagträumerische bei diesem Beispiel sehe ich darin, daß das Objekt bzw. dessen Reaktionen (die Schachzüge des Vaters/Bruders) überhaupt nicht in Betracht gezogen, also nicht antizipiert werden, sondern der Patient ausschließlich plant, was *er* tun wird, er also ganz im Mittelpunkt des Geschehens steht, Objekte als eigenständig und unabhängig Handelnde hingegen nicht vorkommen, mithin Selbst-Objekte des Träumenden sind. Die Beziehungsfigur, die hier entworfen wird, ist typisch für Tagträume, wobei der Patient überdies das Unkreative der Tagträume bestätigt, wenn er sagt, er habe in repetitiver, stereotyper Weise geplant!

Ich führte aus, daß die Patientinnen nicht die Auslösesituation selbst verleugnen, sondern deren emotionale Bedeutung samt der des Objektes in dieser Situation. Mit anderen Worten: Sie leugnen die Separation, wie Jacobson ausführte. Die Tatsache, daß sie mit Hunger reagieren, zeigt, daß die Enttäuschungen und Kränkungen auf einer Störung der Beziehung zum Objekt beruhen, und „Störungen der Beziehung des Ichs zu Objekten spiegeln sich in Störungen der Symbolbildung wider. Insbesondere führen Störungen der Differenzierung zwischen Ich und Objekt zu Störungen der Differenzierung von Symbol und symbolisiertem Objekt und deshalb zu dem konkretistischen Denken, das die Psychosen kennzeichnet", schreibt Segal (ib., 206). Die Störung läßt sich mit Ogdens Hilfe spezifizieren: „Analog vermißt man im paranoid-schizoiden Modus auch nicht ein verlorenes oder abwesendes Objekt; man leugnet den

Verlust, umgeht das Gefühl der Traurigkeit und ersetzt das Objekt (die Person) durch eine andere Person oder durch sich selbst. Da die neue Person oder der Aspekt des Selbst dem verlorenen Objekt gefühlsmäßig gleichwertig ist, hat sich nichts verändert; es besteht keine Notwendigkeit, etwas zu betrauern, das noch immer gegenwärtig ist" (ib., 25). Da dies der Weg ist, den die Bulimikerinnen mit ihrem Ersatzobjekt Nahrung, das dem verlorenen Objekt gleichgesetzt wird, einschlagen, können wir daraus schließen, daß sie auf die Separation paranoid-schizoid reagieren, daß sie die Separation nicht auf dem Niveau der depressiven Position verarbeiten – zumindest was das Anfallsgeschehen anbetrifft. Sie erleben keine Ambivalenz, keine Schuld und keinen Verlust, nur Hunger, und der ebnet ihnen den Weg, sich ein Ersatzobjekt einzuverleiben, welches sie für geeignet halten, die erlittene Separation ungeschehen zu machen bzw. zu verleugnen. Sie haben eine Möglichkeit gefunden, das verlorene Objekt wieder in Besitz zu nehmen. Das Nahrungsmittel, in größerer „Griffnähe" als das enttäuschende oder kränkende menschliche Objekt, wird zum bequemen, weil raschen und widerstandslosen Ersatz. Inwieweit es die Griffnähe der Nahrung ist, die ihrerseits das Hungergefühl erzeugt, ob also das Angebot das Bedürfnis, die Nahrung den Hunger hervorruft, wüßte ich nicht zu entscheiden.

Die Introjektion

Verlassen wir vorerst das Thema Heißhunger und wenden uns einem der für die Bulimie zentralen Mechanismen zu: der Introjektion bzw. der Einverleibung. Die Bulimikerin reagiert auf Separationserlebnisse sofort mit einer Introjektion, wobei die Einverleibung als die tiefste Schicht der Objektbeziehungen die materielle Basis der Introjektion ist (vgl. Fenichel, 1931, 97). Allerdings sind Introjektion und Inkorporation, wie Hinshelwood schreibt, „schwierig auseinanderzuhalten. Obwohl man das Problem löste, indem man beschloß, mit dem einen Begriff die unbewußte Phantasie des Patienten und mit dem anderen die objektive Beschreibung desselben Prozesses durch den Analytiker zu bezeichnen, zeigt sich in der kleinianischen Literatur noch immer eine starke Tendenz, die Begriffe beliebig auszutauschen. Dies hängt mit dem Problem der beiden Ebenen zusammen: eine objektive Wissenschaft des Subjektiven" (1993, 461). Ich werde durchgängig den Begriff Introjektion gebrauchen, weil bei der Bulimie nicht nur das Nahrungsmittel als konkretes, materielles Objekt einverleibt wird, sondern immer auch die ihm von den Patientinnen unbewußt zugeschriebene Bedeutung und Funktion samt der die Einverleibung begleitenden Affekte. Allerdings verändern sich die Bedeutungen naturgemäß im Laufe des psychischen und biologischen Verdauungsprozesses durch die sich ändernden Affekte und Phantasien. Zwar entspricht der psychische Verdauungsprozeß nicht dem biologischen, aber die Phantasie orientiert sich am letzteren, und er kann als Metapher verstanden werden. Abraham spricht demzufolge von „psychosexuellem Stoffwechsel" (1924, 158).

Die Introjektion wird in der Bulimie als Abwehrmechanismus eingesetzt. „Ich muß alles in den Mund nehmen, damit es mir keine Angst macht", erklärte mir eine Patientin. Was von Kleinkindern in den Dienst der Erkundung der Welt, der Realitätsprüfung, der Erkenntnis, der Wahrnehmung gestellt wird, dient bei dieser Patientin der Angstabwehr. Die Introjektion ermöglicht ihr die Tilgung der Angst, sie wird *weg*gefressen. Hinshelwood schreibt: „Obwohl man mit dem Begriff 'Introjektion' die psychische Repräsentation einer oralen Triebregung beschreibt, stellt sie auch einen Abwehrmechanismus dar. Das bedeutet – im theoretischen Rahmen Kleins –, daß eine unbewußte Phantasie entwickelt wird, um bestimmte Erfahrungen abzuwehren" (ib., 460). Für die Bulimie heißt das konkret: das Objekt und die Separationsangst werden vertilgt. Das verlorene Objekt und die Angst befinden sich fortan im Inneren und liegen als Reiz im Magen, und die reale, enttäuschende Szene draußen ist verschwunden.

Legt man die Sequenz Auslöser –> Hunger –> Einverleibung unters Mikroskop, kann man feine Zwischenschritte erkennen, die dem bloßen Auge verborgen bleiben. Es zeigt sich nämlich, daß in dem Moment, in dem das auslösende Ereignis eintritt, *sofort* das Objekt samt der kränkenden oder enttäuschenden Situation introjiziert wird, das sind Wahrnehmungsbilder der örtlichen Umgebung, anderer beteiligter Personen und situative Details, die unter Umständen genau erinnert werden, oft Details, die scheinbar absolut nebensächlich sind, sich aber in den Vordergrund drängen und deren Erinnerung wiederum Abwehrfunktion hat. Mit der unmittelbaren Introjektion der gesamten Szene ist sie als äußere erst einmal getilgt. Ich sagte, daß sie den Patientinnen zwar noch gegenwärtig, aber emotional bedeutungslos geworden sei. Diese gesamte Szene befindet sich fortan als Introjekt im Innern und erzeugt dort einen starken Reiz, welcher dann irrtümlich als „Hunger" diagnostiziert wird. Die Auslösesituation befindet sich also bereits im Innern, *bevor* das Hungergefühl kommt, sie löst sozusagen den Hunger erst aus, der dann mit der Einverleibung von Nahrung beseitigt werden soll. Die Einverleibung erfolgt also erst nach der Introjektion. Da aber Introjekte nach einem oder mehreren Merkmalen des äußeren Objekts modelliert werden, demnach keine treuen Abbilder sind, da sie z. B. durch Phantasien und Projektionen mitgeprägt werden (vgl. Schneider, 1995, 16), müssen wir hinzufügen, daß die Phantasien und Affekte, die unmittelbar in der enttäuschenden oder kränkenden Szene auftreten, also Angst und Wut, ins Introjekt mit eingehen und zu dessen Bestandteil werden. Diese Gefühle werden daraufhin von den Patientinnen nicht mehr wahrgenommen. Mit anderen Worten: Was im Magen als Hungerreiz liegt, ist die Auslöseszene samt der durch sie ausgelösten Affekte und Phantasien. Der Blick durchs Mikroskop ergibt also ein etwas verändertes Bild. Die Sequenz lautet demnach: Auslösesituation –> Introjektion dieser Situation –> Somatisierung der introjizierten Auslösesituation zum Hunger –> Einverleibung –> „magische Grenze" –> unkontrolliertes Einverleiben.

In der Auslösesituation wird das böse Außenweltobjekt samt der situativen Bedingungen unmittelbar introjiziert, um es in der Außenwelt zu löschen. Das böse Objekt ist jetzt als böses Introjekt im Inneren. Nun muß ein gutes Objekt inkorporiert werden, um das böse zu entfernen. Innerhalb des Introjektionsprozesses selbst erfolgt demnach eine Regression in Form einer „Abwehr durch Konkretisierung" (Wurmser, 1993, 219), eine Regression von der Introjektion zur Inkorporation, von einem psychischen zu einem körperlichen Vorgang. Wie später zu zeigen sein wird, mißlingt dieser Abwehrprozeß aus mehreren Gründen, z. B., weil sich das Nahrungsmittel nicht als das gute Objekt erweist, und es kommt zum wütenden Eßanfall. Wir sind ja dem Phänomen begegnet, daß die Patientinnen zunächst normal essen und erst nach der „magischen Grenze" der eigentliche Anfall beginnt.

Ein neuneinhalbjähriger Junge kann den Prozeß, den ich als Abstraktion unter dem Mikroskop habe, sinnlich-konkret machen. Mahler erzählt von Aro: „Er war unfähig, sich weiter als einige Blocks von seinem Elternhaus zu entfernen, und stimmte ein Protestgeschrei an, wenn seine Mutter sich anschickte, das Haus zu verlassen. Bestand sie darauf, würgte er und erbrach sich. Der Vater (...) berichtete, daß dieser sich mit Essen vollstopfte, sobald die Mutter das Haus verlassen hatte. Er aß eine Unzahl heißer Würstchen und schüttete unglaubliche Mengen von Limonade in sich hinein" (Mahler, 1972, 141). Hier ist gut zu erkennen, daß die sich trennende Mutter sofort introjiziert wird: Aro würgte und erbrach sich, als die Mutter ging. Erst dann stopfte er sich mit Essen voll! Vor der Einverleibung der Nahrung erfolgte die Introjektion der „bösen", weil ihn verlassenden Mutter, wie Würgen und Erbrechen zeigen, ein Verlauf, den ich auch bei der Bulimikerin vermute. Die Szene „Sich-trennende-Mutter" dürfte die „Urszene" und das Modell aller späteren Auslösesituationen für Eßanfälle sein, nur daß es später nicht mehr um die sich räumlich entfernende Mutter geht, sondern um Szenen mit einem als vom Selbst getrennt erlebten mütterlichen Objekt. McDougall schildert bei einer erwachsenen Patientin, wie man sich diesen Vorgang vorstellen kann.

> „Ich möchte nun auf eine unbewußte Diebstahls-Phantasie einer homosexuellen Patientin eingehen, die unter einer Brechphobie litt. Nach einigen Jahren Analyse gelang es ihr eines Tages, den auslösenden Faktor für ihre plötzlichen Schwindelanfälle, Übelkeiten und Erstickungsgefühle zu fassen. Das geschah unter folgenden Umständen: Bei einem Empfang stand sie im Mittelpunkt der Unterhaltung, als sich ein anziehender Mann der Gruppe näherte und die Aufmerksamkeit auf sich lenkte. Daraufhin wurde ihr übel, sie konnte kaum noch atmen, so daß sie sich schließlich zurückziehen mußte. Erst als sie nach Hause kam, wurde ihr klar, daß sie *vor dem Auftauchen* der Symptome kurz heftige Eifersucht und mörderische Wut gegen diesen Mann empfunden hatte. Daraus konnte sie entnehmen, daß sie den Unbekannten in der Phantasie kastriert und sich seinen Penis einverleibt hatte" (1981, 278, kursiv v. T. E.).

Was sich bei dieser Patientin als Übelkeit und Atembeschwerden in dem Moment, als sie die *Aufmerksamkeit verlor*, kundtat, ist bei der Bulimikerin das Hungergefühl, welches im übrigen auch von Atembeschwerden, Übelkeit, häufig auch Migräneanfällen begleitet werden kann. Aber diese Symptome sind bereits das Ergebnis der ersten Introjektion. Migräne wie Eßanfall erlauben den Rückzug von der Objektwelt. Beide geben sich jetzt schon als Restitutionsversuche und mithin als Heilungsversuche zu erkennen.

Daß die Patientinnen das introjizierte böse Objekt, das die Enttäuschung und Kränkung verursacht hat, als quälendes Gefühl im Magen empfinden, rückt die Bulimie in die Nähe der Depression. Ein Patient Heimanns mit einer depressiven Symptomatik fühlte beim Anblick seiner toten Mutter „something cold in his stomach" (1948/49, 61). Andere Patienten spüren das Introjekt eher personifiziert, wie Heimann es von einem Mann berichtet, der wegen vager depressiver Symptome und Arbeitsstörungen in Behandlung kam. Sie schreibt: „A young man (...) opened his analysis by telling me that he felt he had a little white cotten-wool man in his stomach who turned black when the patient did something wrong" (ib., 61). In der kleinianischen Theorie haben introjizierte Objekte einen konkret-realistischen Charakter. Bei der Bulimie zeigen sich die introjizierten Objekte konkret-körperlich im „Hungerreiz". „Innere Objekte", so Hinshelwood, „werden als körperlich real und innerhalb des Ichs befindlich wahrgenommen, d. h., es handelt sich um ein Erleben innerhalb des Körpers (...). Sie unterscheiden sich von Bildern und Vorstellungen, die, wenn wir sie wahrnehmen, ihre Flüchtigkeit oder Vergänglichkeit beibehalten" (ib., 455).

Der Ausfall der Affektbewältigung

Beim Blick durch das Mikroskop kann man auch die Stelle erkennen, an welcher die Symbolbildungsfähigkeit gestört wurde: kurz nachdem die Auslösesituation introjiziert wurde und die Einverleibung wegen des Hungers beginnt. Die Introjektion der Auslösesituation hat die Symbolisierungsfähigkeit offenbar überfordert, das aufkommende Hungergefühl ist Zeichen ihres Ausfalls. Dieser Vorgang könnte erklären, weshalb die Patientinnen zu Beginn des Essens noch genießen können und eine gewisse Sättigung verspüren, was noch auf Phantasietätigkeit schließen läßt. An der „magischen Grenze" läuft die Symbolisierung dann aus dem Ruder. Wulffs Patientin sagte ja: „(...) ganz unmöglich, jetzt weiterzuleben (...) Für immer bin ich so ekelhaft, schmutzig, verdorben, wie ein Tier geworden und werde nie mehr Mensch sein können" (zit. n. Senf, ib., 89). Das „Tier" signalisiert metaphorisch, daß die humanspezifische Funktion Symbolisierungsfähigkeit verlorengegangen sein muß und die Spannungszustände nicht länger symbolisiert werden können. Phantasie und Denken als „Digestif", so die Metaphorisierung einer Patientin, bezeichnenderweise keine Bulimikerin, fehlt den Patientinnen in dem sich nun überstürzenden und konkretistischen Anfallsgeschehen. Jetzt geht es nur noch um somatische Spannungsabfuhr, die im weiteren Ablauf keine Phantasien mehr begleiten.

Da im Anfall die Phantasie als Mittel zur Bewältigung traumatischer Einbrüche der Realität in das Wohlbefinden, als Mittel gegen ein Überwältigt- und Überflutetwerden von der Realität, mithin als Mittel gegen eine Überstimulierung, also Reizschutz, ausfällt, kann die erfahrene Trennung und Kränkung nicht abgefedert werden. Eine Fusion zur Abwehr der Separation kann also nicht mehr phantasiert werden, sondern muß real durch Einverleiben vorgenommen werden. Daß mit der realen Fusion die Fähigkeit zum Symbolgebrauch schwindet, ist folgerichtig, denn diese ist an die Differenzierungsfähigkeit von Selbst und Objekt gebunden. Differenzierung aber soll gerade mit der Fusion aufgehoben werden. Die erwähnte metaphorisierende Schilderung der Patientin, sie fühle sich „wie ein Tier", ist eine *nachträgliche* Schöpfung aus der Zeit nach Rückkehr aus der Fusion, wenn die Metaphorisierung wieder funktioniert.

Der Ausfall der Symbolisierungsfähigkeit hat zur Folge, daß „körperliche Empfindungen als Ersatz für die fehlenden Sinnesdaten von psychischer Qualität dienen" (Bion, 1990, 103). Grubrich-Simitis spricht von der „Ichfunktion der Metaphorisierung" (1984, 17), ein Begriff, der mir im Zusammenhang mit der Bulimie gefällt, weil exakt diese Funktion ab der „magischen Grenze" ausfällt. Sie schreibt: „Dabei scheint die Fähigkeit zur Metaphorisierung eines der wirksamsten Mittel zu sein, die dem Ich in seinem Kampf um Triebregulierung und Triebzähmung zu Gebote stehen. Wo diese Fähigkeit beeinträchtigt ist, hat das in der gesamten psychischen Struktur, auch im Es- und Überich-Bereich Konsequenzen" (ib.). Es bliebe kein Raum mehr zum Phantasieren als Probehandeln in einer Modalität des Als-ob, so die Autorin. Für unseren Zusammenhang bedeutet das u. a., daß für die Gefühle in der Trennungssituation, namentlich Angst und Wut, keine Bilder mehr gefunden werden können und eine Fusion in der Modalität des Als-ob nicht erfolgen kann.

Mit dem Fusionswunsch kommen neue Probleme auf die Patientinnen zu. Er bringt die Angst vor dem Verschlungenwerden, also vor einem Identitätsverlust, mit sich. Verschlingen und Verschlungenwerden sind auf dieser regressiven Ebene nicht mehr unterscheidbar. Diese Angst kollidiert mit der Trennungsangst, so daß es zu einem Kollaps der Synthetisierungsfunktion kommt, der das Ich, welches in diesem Zustand, wie beschrieben, bereits erheblich geschwächt ist, zusätzlich strapaziert. Nicht mehr nur die Intensität der Gefühle wirkt jetzt desintegrierend, sondern auch deren Inkompatibilität.

Der Verlust der Metaphorisierung hat noch eine weitere Konsequenz, auf die Mendel hinweist und die mir von einiger Bedeutung zu sein scheint:

> „Wenn daher, zumindest als blitzartige Augenblicksphänomene, Phantasiezustände vorkommen können, an denen die Vaterbilder nicht beteiligt sind, so kann, wie wir glauben, das Umgekehrte: Phantasiezustände ohne maternalen Anteil, nicht stattfinden. Jeder Phantasiezustand ist im

Unbewußten mit einer Mutteridentifikation verbunden" (1972, 66). Mendel nennt als Beispiel die Madeleine-Phantasie von Proust, die nach dem großen Vorspiel des »lange Zeit bin ich früh schlafen gegangen« *Die Suche nach der verlorenen Zeit* eröffnet: „Viele Jahre nach Combray, als der Erzähler an einem Winternachmittag durchfroren nach Hause kommt, 'bedrückt durch den trüben Tag und die Aussicht auf den traurigen folgenden', schlägt ihm seine Mutter vor, eine Tasse Tee und eine Madeleine zu sich zu nehmen: 'In der Sekunde nun, als dieser mit dem Kuchengeschmack gemischte Schluck Tee meinen Gaumen berührte, (...) (hatte) ein unerhörtes Glücksgefühl, das ganz für sich allein bestand und dessen Grund mir unbekannt blieb, (...) mich durchströmt. Mit einem Schlage waren mir die Wechselfälle des Lebens gleichgültig, seine Katastrophen zu harmlosen Mißgeschicken, seine Kürze zu einem bloßen Trug unserer Sinne geworden. (...) Ich hatte aufgehört, mich mittelmäßig, zufallsbedingt, sterblich zu fühlen.' In deskriptiver Hinsicht wäre hierzu zu sagen, daß ein Zustand der Frustration von einem Stimmungszustand narzißtischer Beglückung, hervorgerufen durch eine sensorische Erregung (hier der erogen oralen Zone), abgelöst wird – einem Zustand, der nur sehr kurze Zeit andauert, nicht willentlich herbeigeführt werden kann und von keinerlei Vorstellungen, weder Bildern noch gedanklichen Inhalten, begleitet wird. Eben das kennzeichnet in unseren Augen den exemplarischen Phantasiezustand" (ib., 60 ff.).

Die Ausführungen Mendels sind in zweierlei Hinsicht von Interesse. Zum einen zeigt das von Proust beschriebene Glücksgefühl Ähnlichkeit mit demjenigen, das die Bulimikerin zu Beginn ihres Essens, d. h. vor Erreichen der „magischen Grenze", noch zu empfinden vermag (vgl. Langsdorff, ib., 20). Die Nahrungsaufnahme wird zunächst noch „oft als lustvoll erlebt (...) Auch werden die Speisen zu Beginn sorgfältig ausgewählt (...) und angeschaut. 'Ich liebkose die Kuchen und Früchte mit den Augen, sauge sie schon mit dem Blick auf'" (Schulte & Böhme-Bloem, ib., 16). Eine Patientin berichtet: „Am Anfang fühle ich mich immer satt und glatt und zufrieden, wie ein selig lächelnder Säugling" (ib., 59). Die Autoren weiter: „So lange die Assoziationen 'wohlige Gewichtigkeit', 'satter Säugling', 'Wärme', Zufriedenheit' möglich sind, so lange sind Verschmelzungsphantasien vorherrschend" (ib., 60). Diese anfänglich vorhandene Genußfähigkeit steht scheinbar in Widerspruch zu Ogden, der sagt, „Patienten, die an Eßstörungen leiden, einschließlich nervöser Anorexie und Bulimie, berichten regelmäßig, daß ihr übermäßiges Essen oder ihre Weigerung zu essen mit Appetit nichts zu tun haben. Diese Patienten sind selten in der Lage, einen emotionalen/physiologischen Zustand herzustellen, den sie sinngemäß als Appetit, als Verlangen, Nahrung aufzunehmen, erkennen. Die psychische Schwierigkeit, die der Unfähigkeit dieser Patienten, Appetit zu entwickeln, zugrunde liegt, beeinträchtigt beinahe jegliche Fähigkeit, Begierde zu entwickeln, einschließlich sexuellen Verlangens, Lernbegierde, Arbeitslust, des Verlangens, mit anderen Leuten zu sein, und des Verlangens, allein zu sein" (ib., 217 f.). Dieser Widerspruch lehrt indes, wie wichtig es ist zu kennzeichnen, *welche* Phase des Eßanfalls zur Debatte steht. Geht es um die Zeit vor oder um die nach der „magischen Grenze"? Die „magische Grenze" scheint mir tatsächlich als Zäsur in diesem Kontext wichtig. Ich meine, entscheidende Ich-Funktionen, über die die Bulimikerin verfügt, wenn sie auch nicht stabil sind, gehen erst an der „magischen Grenze" verloren, und erst von da an fehlen jene Fähigkeiten, die Ogden erwähnt. In den *Vorlesungen zur Einführung in die Psychoanalyse* diskutiert Freud den entscheidenden Unterschied zwischen den Symptomen der Aktualneurosen und denen der Psychoneurosen und schreibt: "Aber die Symptome der Aktualneurosen, ein Kopfdruck, eine Schmerzempfindung, ein Reizzustand in einem Organ, die Schwächung oder Hemmung einer Funktion haben keinen 'Sinn', keine psychische Bedeutung. Sie äußern sich nicht nur vorwiegend am Körper, wie auch z. B. die hysterischen Symptome, sondern sie sind auch selbst durchaus körperliche Vorgänge, bei deren Entstehung alle die komplizierten seelischen Mechanismen, die wir kennengelernt haben, entfallen. Sie sind also wirklich das, wofür man die psychoneurotischen Symptome so lange gehalten hat" (1916-17a, 402). Spätestens ab der „magischen Grenze", so meine ich, haben wir es mit einem aktualneurotischen Zustand, mit einem Geschehen „ohne Sinn" zu tun.

Doch zurück zum Befinden vor der „magischen Grenze". Auch Mendels Hinweis auf das Fehlen von Vaterbildern im Zustand „narzißtischer Beglückung" dürfte von Interesse sein. Wir hatten ja schon bei der ausschließlichen Beschäftigung der Patientinnen mit der Nahrung den Eindruck, daß es sich um eine Dualunion unter Ausschluß von Dritten handelt. Mendel fährt fort:

> „Vom psychoanalytischen Standpunkt aus kann man unter Berücksichtigung des Kontextes hinzufügen, daß das Glücksgefühl, die 'Beseligung' mit der Verinnerlichung des Mutterbildes und einer unbewußten Fusion mit der Imago der 'guten Mutter' zusammenhängt: Proust spricht von diesem Zustand als von einer 'betäubenden Ungewißheit, ähnlich derjenigen, die man mitunter, eine unaussprechbare Vision vor Augen, in der Sekunde des Einschlafens empfindet'. Er registriert ferner eine gewisse Benommenheit und Wärmeempfindungen. Somit scheinen gute Gründe dafür zu sprechen, daß man den Phantasiezustand in seiner

Reinheit und Besonderheit kurzerhand der unbewußten Fusion mit der guten Mutterimago, der Regression zur ursprünglichen Mutterbeziehung, (...) gleichsetzt" (ib., 60 f.).

Das bedeutet, daß vor der „magischen Grenze" die Fusion mit der „guten Mutter" noch gelingt. Danach jedoch scheint diese Imago nicht mehr verfügbar, was die These vom Zerfall der Symbolisierung stützt.

Der eigentliche Eßanfall, das Geschehen jenseits der „magischen Grenze", zeigt nichts mehr von diesem Glücksgefühl und führt zu keinerlei Wohlbefinden, sondern endet in Erschöpfung. Demzufolge dürfte am Eßanfall keine Phantasie mehr beteiligt sein, denn: „Jeder Tätigkeit, die uns ein Gefühl der Erfüllung vermittelt, liegt eine unbewußte Phantasie zugrunde" (ib., 67), so Mendel. Ist die fehlende Erfüllung Zeichen fehlender Phantasie, so heißt das zugleich, daß den Patientinnen im Eßanfall die guten maternalen Anteile verlorengehen, sie sozusagen mutterlos wären, denn Phantasie ohne maternale Anteile gibt es Mendel zufolge nicht. D. h., mit dem Ausfall der Phantasie könnte der Betreffende nicht mehr auf eine gute Mutterimago zurückgreifen. Der Ausfall dieser Imago schwächt empfindlich das für ein Wohlbefinden so entscheidende Übergewicht der guten gegenüber der bösen Mutterimago und erklärt, weshalb die Realpräsenz und ständige Zufuhr von äußeren guten Objekten für diese Patientinnen so existentiell ist. Wenn also ab der „magischen Grenze" die Phantasie ausfällt, muß etwas mit der Verinnerlichung des Mutterbildes, d. h. mit der Stabilität der guten Imago, nicht in Ordnung sein. Orientiert man sich an diesem Konzept, so könnte man sagen, daß ab der „magischen Grenze" den Patientinnen zunächst die Ich-Funktion der Metaphorisierung und im weiteren Verlauf die gute Mutterimago verlorengehen. Daß dieser Zerfall wegen der Intensität der narzißtischen Wut erfolgt, werde ich erläutern, wenn es um die Bedeutung des Nahrungsmittels für diese Patientinnen gehen wird. Auch wie es sich mit der Vaterimago verhält, die ja im Symbolbildungsprozeß eine entscheidende Rolle spielt, werden wir später sehen. Ich will hier festhalten, daß das Planen der Anfälle anzeigt, daß ursprünglich auch Vaterimagines beteiligt sind, die helfen sollen, die Fusion mit der guten Mutterimago zu steuern, um nicht Opfer der bösen, mächtigen Mutterimagines zu werden. Warum das so ist, kann erst die Genese der Erkrankung erhellen.

Wenn meine Vermutung zutrifft, daß die Symbolisierungsfähigkeit zunächst vorhanden ist, dann aber unter dem Druck der Intensität der Affekte versagt, so muß es im Vorfeld des Eßanfalls neben Glücksgefühlen zu Beginn des Essens weitere Anhaltspunkte für eine Phantasietätigkeit geben. Meines Erachtens finden wir eine solche – wie bereits angedeutet – bei den geplanten Anfällen. Gerade die Planungen haben sich ja noch etwas vom Charakter der Tagträume als Dichtungen ersehnter Szenen erhalten, und die intensive gedankliche Beschäftigung mit dem Essen ist, ganz wie die Phantasie auch, als Versuch zu verstehen, den als traumatisch erlebten Anfall vorwegnehmend seelisch zu bewältigen.

Aber nicht nur das Planen ist ein Hinweis auf Phantasietätigkeit. Oft zeigt sich, daß auch nicht geplante Anfälle keineswegs aus heiterem Himmel kommen müssen, sondern *Phantasien* zum Auslöser haben können, und daß zwischen Auslöser und Anfall viele Zwischenschritte möglich sind. Diese Phantasien können natürlich am ehesten die Natur der Auslösesituation und den weiteren Ablauf erhellen, weil sie die Prozesse metaphorisch darstellen. Der Ablauf ist in der Regel folgender: Zunächst existiert eine Phantasie. Deren Unerfüllbarkeit bereitet schmerzende Gefühle, z. B. Sehnsucht, die unerträglich werden, so daß daraus ein Spannungszustand entsteht, der schließlich – wie ausgeführt – regressiv-konkretistisch durch Einverleibung abreagiert werden muß. Stern vermutet, daß die Qualität des Unerträglichen und die Reaktion darauf evolutionär verankert seien. Überreste reflektorischer Instinktreaktionen seien z. B. reflektorische Saugbewegungen. „Man kann weiter vermuten, daß die unbedingte Notwendigkeit, dem Unerträglichen per se zu entkommen, auch den Trieben, die im Dienst des Überlebens stehen, den zwanghaften Charakter verleiht" (1972, 917).

> Die analytische Behandlung bietet – sofern man Raum dafür läßt – viele Gelegenheiten, die einem Eßanfall vorausgehenden Phantasien und Tagträume zu studieren. Eine meiner Patientinnen hatte um die Weihnachtszeit die Phantasie, ihre Handtasche vor meiner Praxistür abzustellen, „damit der Nikolaus etwas hineinlegt". Sie dachte an einen „Schokoriegel". Mit dem „Nikolaus" war ich gemeint, nicht nur, weil die Phantasie vor meiner Praxis spielte, sondern auch, weil der Patientin einfiel, daß sie am Wochenende darüber nachgedacht hatte, wie ich wohl esse, und dann, wie wir zusammen essen gehen würden. Sie malte sich aus, daß sie dann „Fisch und Pilze" äße. Es ging ihr wohl unbewußt um die Einverleibung meines „Schokoriegels", also um eine Fellatiophantasie. Auf tieferer Ebene bedeutete 'mit mir essen gehen' allerdings: *mich* essen gehen. Hatte sie zunächst beim Erzählen dieser Phantasien keine Probleme, so fing es ihr dann doch nach und nach an peinlich zu werden, und sie meinte, das Weitere wäre nun undenkbar,

„das, was nach dem Essen kommt". Aber das hatte sie ja bereits "gedacht": Mein „Riegel" sollte in ihre „Tasche". Als sie darüber nachdachte, wie ich wohl esse – sie glaubte natürlich, so unmäßig wie sie –, dachte sie über ihre Vorstellungen vom Verkehr nach und wie ich „es" wohl mache. Plötzlich aber überfiel sie eine tiefe Enttäuschung darüber, daß dies alles mit mir nicht möglich sei. „In solchen Situationen", so erklärte sie, „fällt mir nur noch Fressen ein".

Nach Bion wäre der Schokoriegel ein „böses Objekt", denn „alle Objekte, die benötigt werden, sind böse Objekte, weil sie einen darben lassen" (ib., 138). Dieses Bedürfnis löste bei der Patientin zunächst die Phantasie aus, mit mir „essen zu gehen". Da ich den Wunsch nach dem Riegel und die zugehörigen Phantasien nicht befriedigte, wurden die Gefühle, die darüber erzeugt wurden, schließlich zum schmerzenden Verlangen, damit unverdaulich und zum „Beta-Element" (Bion), und sie versuchte durch Einverleibung eines guten äußeren Objekts das böse innere Objekt aus sich zu entfernen. Aber der Heißhungeranfall selbst spielte sich bei der Patientin noch in der Phantasie ab, er blieb im Bereich der Vorstellung, sie mußte ihn nicht agieren. Der Behandlung war es bereits gelungen, den Somatisierungsprozeß zu stoppen und die Heißhungeranfälle auf die Ebene der Gedanken und Phantasie zu heben, wie das auch bei einer anderen Patientin der Fall war, die eines Tages damit begann, von Heißhungeranfällen zu träumen, ohne ihnen real nachgehen zu müssen. Bei beiden war es offenbar gelungen, Beta-Elemente zu metaphorisieren. Eine weitere Patientin erzählte eines Tages einen Traum, in welchem sie sich eine Mahlzeit sehr sorgfältig und mit viel Liebe zubereitet hatte. Auf mein Erstaunen hin antwortete sie etwas entrüstet: „Ja ich esse doch nicht alles!" Ihre Eßanfälle waren schon ichdyston geworden.

Von fehlender Phantasie kann zumindest bei der „Schokoriegel"-Patientin keine Rede sein, vielmehr sind es hier der versperrte Weg zur Umsetzung, die Aussichtslosigkeit der Realisierung von Phantasien, deren Unerfüllbarkeit, die Enttäuschung über die Separation und die Sehnsucht, die ihr unerträglich wurden. Mit anderen Worten: Die Patientinnen erkranken nicht am Mangel an Phantasie, sondern an der Heftigkeit der Affekte, insbesondere der Wut, der Angst, der Sehnsucht und der damit einhergehenden Übererregtheit, die durch ihre Phantasien evoziert werden und die die Symbolisierungsfähigkeit zusammenbrechen lassen. Eine Differenzierung zwischen den einzelnen Gefühlen ist nicht mehr möglich, "Quantität spielt die bestimmende Rolle, nicht Qualität" (Bion, ib., 57). Dadurch, daß die Phantasie nicht in Erfüllung geht, ist die narzißtische Vollkommenheit bedroht, die in den Phantasien immer mitschwingt. Der Wunsch nach dem Schokoriegel dürfte ja der Wunsch nach einem Phallus gewesen sein, wie ihn Grunberger definiert: „Wir werden versuchen, beide Formen der phallischen Integrität, die narzißtische und die triebhafte, zu untersuchen, und sprechen von nun an von 'Penis', wenn es sich um den Triebfaktor, von 'Phallus', wenn es sich um den narzißtischen Faktor handelt" (1976, 233); und: „Der Phallus kann – auch wenn er seine ursprüngliche Penisform behält – seine rein triebhaften Qualitäten verlieren und eine nur noch narzißtische Bedeutung annehmen. An diesem Punkt verschwindet der Geschlechtsunterschied, und der Besitz des Phallus bedeutet nicht länger, Mann oder Frau zu sein, sondern narzißtisch *vollkommen zu sein,* d. h. das zu sein, was man ist" (ib., 238).

Obige Episode zeigt auch, daß die Ursprungsphantasie genitalsexuellen Inhalts war. Wurmser schreibt:

> „Mehrere Gleichungen sind bei diesen Fällen besonders wichtig. Eine Gleichung ist folgende: Füllen der Vagina (mit dem Penis) = Füllen des Mundes (mit Nahrung) = Füllen des Körpers (mit Gewicht = Kot) = sich den penetrierenden Blicken der anderen zu öffnen und preiszugeben = penetriert werden überhaupt. Alle Teile dieser Gleichung sind äußerst schambeladen: der Anfang ist genitale, oft ödipal zentrierte Sexualität, die sich dann, dank der zwingenden Macht der Scham, regressiv auf Mund, Körperinhalte und das Wechselspiel der Wahrnehmungen verschiebt (...) Fressen bedeutet, den Trieben nachgeben – nicht primär, wie es den Anschein hat, oralen, sondern genitalen Trieben. Die Beschäftigung mit dem Essen lenkt von sexuellen Konflikten ab (...) Therapeuten und Analytiker lassen sich nicht selten von der üppigen oralen und analen Symbolik sowie dem symbiotischen Verhalten und den symbiotischen Phantasien dieser Fälle irreführen. Indes dient all dies machtvoller Verteidigung gegen jene erwähnten Gleichungen – letztlich Gleichungen zwischen phallisch-vaginaler Sexualität und sadomasochistisch erlebten Wahrnehmungs- und Ausdrucksvorgängen. Tatsächlich gibt es ein Kontinuum von Fällen mit vornehmlich phallischen Konflikten, die durch diese Verschiebungen auf Essen und Wahrnehmung verschleiert werden, bis zu schwer regressiven Fällen, bei denen diese archaisch symbiotischen Konflikte vorherrschen (obwohl sie von ödipal-phallischen entzündet und angefacht werden)" (1993, 218 f.).

Die Phantasien meiner Patientinnen bestätigen Wurmsers Einschätzung. Es bleibt gleichwohl die Frage, weshalb die genitale Sexualität für diese Patientinnen so problematisch ist und überdies in oralen Metaphern beschrieben wird, ferner weshalb wesentliche Ich-Funktionen versagen. Ich vermute, es liegt an den instabilen Ich-Funktionen und einer allgemeinen Prämorbidität, deren Ausmaß erst die Erörterung der Genese dieser Erkrankung voll erhellen kann. Wichtig scheint mir noch zu erwähnen, daß es sich bei der Nikolausszene um eine Geschichte voller Heimlichkeit und Anonymität handelte: Nicht nur, daß sie sich *vor der Tür* abspielt, nein, die Patientin ist selbst nicht anwesend, nur ihre Handtasche. Kurzum, ich wüßte gar nicht, mit wem ich es zu tun hätte bzw. wessen „Handtasche" ich füllen würde.

Ich muß an dieser Stelle auch darauf hinweisen, daß die Interpretationen der Episoden dieses Buches nicht immer identisch sind mit denen, die ich mit den Patientinnen erarbeitete, weil die Episoden hier oft der Erhellung anderer Zusammenhänge dienen, als es in der Behandlung der Fall war. In diesem Fall sagte ich der Patientin z. B. nur, daß sie vermeiden möchte, daß ich sehen könnte, was sie sich von mir wünscht, weil sie fürchte, ich könnte sie verurteilen, und sie deshalb ihre Wünsche lieber „vor der Tür" lasse, womit ich die Heimlichkeit und die Wirkung des Überichs fokussierte. Wegen der besonderen Funktion der Sexualität bei diesen Patientinnen – nämlich als Flucht vor der Mutter zum Vater – halte ich die Deutung der Triebwünsche solange für kontraindiziert, solange die Sexualität diese Funktion hat.

> Manchmal kann man auch beobachten, wie eine Phantasie vor einem Anfall allmählich ihre Funktion verliert, Gefühle zu ertragen und Spannung in Schach zu halten. Eine Patientin, die eine starke Übertragungsliebe im Sinne der „primären Objektliebe" (Balint) entwickelt hatte, konnte sich noch eine Zeitlang mit der Vorstellung, wir würden „es gemeinsam auf meinem Schreibtisch treiben", „über Wasser halten", wie sie meinte, oder damit, daß sie im Schatten, den die Lampe im Behandlungszimmer auf die Wand warf, Brüste und weibliche Hinterteile sah, eine dezente Aufforderung an mich, wo ich bei ihr hinschauen sollte. Schließlich aber forderte sie verdrossen: „Ich will was Konkretes", sie müsse mich jetzt „endlich körperlich spüren". Da ich diesen Wunsch nicht erfüllen konnte, aß sie zum Ersatz Dinge, die „auf der Zunge brennen", introjizierte mich also körperlich spürbar und brachte damit zugleich noch ihr „brennendes" Verlangen zum Ausdruck.

Dieses Vorgehen erinnert nicht nur an jene zitierte Patientin, die nach starken körperlichen Sensationen im Hals suchte, sondern es wird nahezu von allen Patientinnen in mehr oder weniger krasser Form angewendet, weil es ihnen darum geht, sich durch Essen ihrer Existenz zu versichern, sei es durch „Brennen auf der Zunge" oder

„bis der Bauch schmerzt". Psychisch „frigide", benötigen sie drastische Mittel, um das Selbst und das Objekt körperlich zu spüren. Eine Patientin wollte mich immer zu Triebdeutungen verführen und natürlich, wie sich bald zeigte, zu sexuellen Handlungen an ihr, was dasselbe gewesen wäre. Dadurch hätte sie sich in ihrer Identität bestätigt gefühlt, dann wäre sie existent gewesen. Die Onaniephantasie einer Patientin hatte nämliches zum Inhalt: Ich liege mit erregtem Gesicht auf ihr. Dabei war ihr peinlich, daß sie mein Gesicht benutzte, um sich zu befriedigen. Genauer betrachtet stellte sich heraus, daß ihr meine Erregung unabdingbar für ihre Erregung war. Das war nun einerseits ihre Abhängigkeit, aber gravierender war ihre Angst vor einer Fragmentierung, die sie stets, besonders beim Erbrechen, empfand und mit dem Gefühl der Erregung abzuwehren versuchte. Die Erregung in meinem Gesicht war ihr notwendiger Spiegel zur Versicherung ihrer Identität und Existenz, nach dem Motto: Er ist erregt, also bin ich. Die defensiv-stabilisierende Funktion, die hier der Erregung zukommt, kann auch eine sado-masochistische Praktik bzw. ein sadistischer Partner übernehmen. Die Lebensgeschichten der Patientinnen sind voller Erfahrungen dieser Art. Eine Patientin erzählte, wie ein Freund einmal eine brennende Zigarette auf ihrer Haut ausdrückte, eine andere, wie ihr Vater sie als Kind immer so heftig abgetrocknet habe, daß Haut „abriß". Auch schmerzhafter Analverkehr kann diese Funktion übernehmen. „Der Po tut weh, so weiß ich wenigstens, daß ich lebe," meinte eine Patientin. Ihre Entwertung hatte damit einen „Sinn". Den sadomasochistischen Umgang mit dem eigenen Körper führt letztlich das Eß-Erbrech-Symptom vor. Es geht dabei weniger um einen lustvollen sexuellen Sado-Masochismus, vielmehr soll der Schmerz vor dem Zerfall des Selbst schützen wie bei hospitalisierten Kindern, die mit dem Kopf gegen die Wand stoßen. Weil die Phantasie bzw. die Realität die Existenz nicht bestätigt, wird das Agieren mit Nahrung zur primären Quelle des Erlebens. Es ist wie bei Ogdens Patientin: „Genauer gesagt aß sie, um die Illusion zu erzeugen, daß es ihr möglich wäre, ein Hungergefühl zu empfinden – als Beweis dafür, daß sie lebte" (ib., 218).

Aber auch meiner Patientin, der ich auf der Zunge brannte, gelang es letztlich doch noch, sich in einen quälenden, unerträglichen, weil überstimulierten Zustand zu versetzen, indem sie sich vorstellte, von mir vergewaltigt und schließlich „erdrückt" zu werden, was ihr entsetzliche Angst bereitete, weil sie, wie sich herausstellte, fürchtete, diese starken Körperempfindungen nicht länger unter dosierende Kontrolle zu bekommen. Sie mache dann „den Rolladen zu". Wir finden also auch hier einerseits den Wunsch nach heftigen Körperreizen, andererseits zugleich eine große Angst vor dem Überwältigt- bis Ausgelöschtwerden sowohl vom Objekt als auch vom Körperreiz. Beides aber brauchen die Patientinnen, um ein Lebensgefühl haben zu können. Was aber letztlich auch hier die Phantasien zum Beta-Element werden läßt, sind die Emotionen, die durch die Phantasien hervorgerufen werden: unerfüllte Sehnsucht, unerträgliche Angst, tiefe Enttäuschung und Ohnmacht. Das sind die beherrschenden „Beta-Emotions" (Haas, 1997).

Halten wir also fest, daß diese Patientinnen durchaus über Phantasietätigkeit verfügen, mit der sie zunächst versuchen, das „Bedürfnis nach der Brust" (Bion) zu eliminieren, daß die Phantasien aber entweder keine guten Gefühle auslösen, weshalb sich das „Bedürfnis nach der Brust" verstärkt, oder aber solch heftige Gefühle, daß sie unverdaubar werden und der Eßanfall den Gefühlen ihre Heftigkeit nehmen soll, so wie es eine Patientin formulierte: „Ich will mit Essen meinen Schmerz einbetonieren." Das bedeutet aber, daß zu den Spannungszuständen, die von äußeren Ereignissen erzeugt werden und die ich eingangs als Auslöser für Eßanfälle ausfindig gemacht habe, ein Spannungszustand hinzutritt, der von der Phantasietätigkeit seinen Ausgang nimmt. Die Störung muß also im Bereich des psychischen Apparates und dort im Bereich der symbolischen Affektverarbeitung liegen.

Beide erwähnten Phantasien stehen repräsentativ für viele andere. Beide zeigen die Befangenheit in Inkorporations- und Fusionswünschen. Ob es darum geht, mit mir essen zu gehen oder mich auf der Zunge zu spüren, es geht allemal um die hohe Besetzung der Introjektionsvorgänge, ob am Mund oder am Genitale. Die Phantasien erinnern an Bemerkungen wie: „Ich denke den ganzen Tag ständig nur ans Essen. Es ist das Wichtigste in meinem Leben. Doch es sind keine schönen Gedanken" (Langsdorff, ib., 19). Befangenheit aber ist ein Charakteristikum des Tagtraumes. Diese Phantasietätigkeit hat Grübelcharakter und ist eher ein Ruminieren. Sie endet nicht in sanftem Wohlbefinden, sondern in Verzweiflung und ist somit dem Eßanfall vergleichbar, dem körperliche Erschöpfung ein Ende macht.

Zwei Phasen der Spannungsverarbeitung

Versucht man in das Geschehen eine gewisse Ordnung zu bringen, so könnte man das anfängliche Essen, das noch annähernd genußvoll sein kann, als die erste Stufe des Versuches begreifen, den durch die Introjektion entstandenen Spannungszustand zu verarbeiten. Die Zeit vor der „magischen Grenze" könnte man Plassmann zufolge als „Prodromalphase" bezeichnen. Er schreibt: „Die am eigenen Körper vorgenommene Manipulation ist Ergebnis einer formalen, qualitativen Regression des Bewußtseins. Bestimmte Auslösesituationen (sexuelle Erlebnisse, ärztliche Maßnahmen am Körper, Objektverluste) aktivieren pathologische Zonen im Körperselbst und die darin fixierten körperfusionären Phantasien. In einer Art Prodromalphase können diese bislang unbewußten Inhalte noch abgewehrt, d. h. in Distanz gehalten werden, allerdings unter starker Angstentwicklung und oft verbunden mit einem immer stärker werdenden Derealisationserleben" (1993, 273). Weil sich die Patientinnen in der Prodromalphase noch in Kontrolle wähnen, befinden sie sich in Hochstimmung. Dieses Hochgefühl besteht auch deshalb, weil sie zu Beginn des Essens mit dem omnipotenten Selbst-Objekt verschmelzen und dadurch wieder Kontakt zum grandiosen Selbst finden. Ich erwähnte Gefühle wie 'wohlige Gewichtigkeit', 'satter Säugling', 'Wärme', Zufriedenheit' (vgl. Schulte & Böhme-Bloem, ib., 60). Auch Mendel schreibt: „Die Einnahme von Drogen und Betäubungsmitteln, der Genuß von Alkohol bewirkt allem Anschein nach eine momentane Überbesetzung derjenigen Vorstellungen, die die Imago der guten Mutter konstituieren" (ib., 92). Ich bezeichne diesen Fusionszustand als benigne Fusion. Diese Stufe im Ablauf des Eßanfalls würde nach allerdings bereits zur „Manipulationsphase" gehören: „Der Übergang in die Manipulationsphase bringt psychisch zunächst Entlastung. Der Widerstand gegen die körperfusionären Phantasien wird aufgegeben, die Patienten tauchen ein in ihre pathologische Organwelt, sie aktivieren ihre psychotischen (toten oder fusionären) Zonen im Körperselbst" (Plassmann, ib., 273). Die körperfusionären Phantasien konzentrieren sich bei der Bulimikerin auf den Mund, den Hals und den Bauch. Bei der Einverleibung stehen Mund und Auge als Aufnahmeorgane im Vordergrund. Die Fusion kann aber über verschiedene Wege erfolgen, z. B. über die respiratorische Introjektion. Auch Hören und Riechen sind introjektive Vorgänge. Der Volksmund, ein gewitzter Metaphernproduzent, hat mich kürzlich mit einer mir bis dato unbekannten Introjektionsweise bekannt gemacht, als er mir die Formulierung „Arsch frißt Hose" zuspielte. Gemeint ist eine Hose, die im Schritt zu eng ist, oder ein String-Tanga. Die Introjektion durch den Anus wurde allerdings von van Ophuijsen bereits 1920 beschrieben und hat mich verstehen gelehrt, warum manche dieser Patientinnen, wenn sie, vor mir hergehend, das Behandlungszimmer betraten, bisweilen ihre Hand wie schützend vor ihr Gesäß hielten. Es handelt sich dabei freilich um eine Geste mit vielen Bedeutungen, deren Erörterung noch Vorarbeit erfordert. Ich werde beim Erbrechen darauf zurückkommen.

Der Eßanfall zeigt, daß das anfängliche Glücksgefühl nicht gehalten, die Spannungssituation nicht länger mit psychischen Mitteln bewältigt werden kann. Dieser erste Verarbeitungsversuch scheitert. Es kommt zur Somatisierung, einer unbewußten „Verschiebung eines inneren Konflikts auf den Körper, indem organisches Leiden verursacht wird, das zuweilen erträglicher erscheint als psychisches Leid. Mentale Phänomene verwandeln sich dann in Sinneseindrücke, die als solche keine Bedeutung haben. Das heißt, ihnen fehlt der psychische Inhalt, und daher ersparen sie dem Subjekt die Erfahrung unerträglichen Affekts und unterwerfen es statt dessen einer bloßen physischen Empfindung – körperlichem Schmerz" (Grinberg, 1997, 64). Aus dem seelischen Schmerz wird ein Körperreiz: der Hunger. Es kommt zu einer „physiologischen Regression" (Schur), gemeint ist „eine Regression zu den Vorläufern von Denkprozessen, Affekten, Trieben und Abwehrhandlungen, die aber hier ausschließlich auf somatischer Ebene zum Ausdruck kommen" (Schur, 1955, 367). Landauer würde von „somatischem Kurzschluß" (1925, 78), Stephanos von „psychosomatischer Regression" (zit. n. v. Rad, 1979, 151) und Jacobson (1977) von „regressiver Konkretisierung" sprechen. Kurzum, es kommt zu einer Regression, die weite Bereiche der Persönlichkeit erfaßt. Es wird nicht mehr gedacht, nicht mehr gesprochen, weder zu anderen noch zu sich selbst, es wird gehandelt: „Ich muß immer wieder zuschlagen! Muß dann alles reinstopfen und verschlingen, was ich an Essen finden kann" (Senf, ib., 97). An die Stelle der Phantasie, der Gedanken, des Träumens tritt das Agieren mit Nahrungsmitteln. Es kommt zur malignen Fusion. Die Auslösesituation hat längst keine Bedeutung mehr, sie verfällt im weiteren Ablauf der Amnesie. Die Bulimikerin reagiert nun mit einem pathologischen reaktiven Abwehrmanöver, auf das sie sich in der Folge fast ausschließlich konzentriert.

Dieses Abwehrmanöver wäre die zweite Stufe des Verarbeitungsversuches der traumatischen Auslösesituation. Es beginnt, wenn die Patientinnen die „magische Grenze" erreicht haben. Hierbei handelt es sich nicht mehr um ein absichtsvolles, symbolvermitteltes Handeln. Der starke Imperativ zum Handeln, den die Bulimikerin jetzt empfindet, ist nicht Wesen der Phantasie. Es handelt sich um ein Agieren, das ebenso unkreativ, weil zwanghaft ist wie die Tag-

träume des Planens. In dieser Hinsicht nimmt das Planen den Eßanfall schon vorweg.

Die Regression ins Agieren mit Nahrungsmitteln zeigt, daß die Patientinnen keine andere Möglichkeit mehr finden, mit ihren Spannungen fertig zu werden. Die Tatsache, auf ein externes Objekt angewiesen zu sein, zeigt, daß der Bulimikerin ein inneres gutes Objekt, auf welches Gesunde in Spannungszuständen normalerweise zurückgreifen können, fehlt. Wir wissen, es fehlt das gute maternale Element: die Phantasie. Es-Abkömmlinge können fortan ungehindert und impulshaft durchbrechen und zu körperlichem Handeln drängen.

Eine Alternative zur Spannungsabfuhr mittels Essen stellt das sexuelle Agieren dar. Die Patientinnen lassen sich in einem solchen Fall „unten füttern", wie das eine Mutter ihrer Tochter gegenüber wenig einfühlsam zwar, gleichwohl treffend formulierte. Mit dieser vaginalen Fütterung, begleitet von fusionären Phantasien, geht dann die Spannung scheinbar fürs erste weg (vgl. Plassmann, ib.). Eine Patientin beklagte eines Tages verärgert, daß „ausgerechnet am Freitag" ihre Menses gekommen sei. Die Vorstellung, am Wochenende, an dem sie nicht arbeiten mußte und „Leerzeiten" fürchtete, keinen Sex mit einem Mann haben zu können, war ihr unerträglich. Die Menses stand ihr bei der Abfuhr von Spannung mittels Sex im Wege. Sexuelle Erregung übernahm für sie die Funktion einer „nicht schmerzlichen Emotion" (Grinberg, ib., 71), also eines guten Objektes, mit der der schmerzhafte Zustand seelischer Spannung gelöscht werden sollte. Die Sexualität stand damit im Dienst eines nichtsexuellen Bedürfnisses und blieb für die Patientin weitgehend unbefriedigend, so wie das ungestüme Verzehren der Nahrung auch. Man könnte sagen, daß die Menses hier dem freilich aussichtslosen Versuch der Transformation von Beta-Elementen über die sexuelle Fusion in Alpha-Elemente im Wege stand. Das ständige Bereithalten des Körpers für die Möglichkeit sexueller Spannungsabfuhr dürfte eines der Motive für die sekundäre Amenorrhoe bei der Bulimie sein.

Ich ging davon aus, daß am Anfang eines Eßanfalls ein beträchtlicher Spannungszustand besteht, und sagte, die Patientinnen stünden unter der Wirkung eines starken inneren Reizes, der erhebliches Unwohlsein bereite und als narzißtische Katastrophe traumatisch sei. Durch den Spannungszustand würde die „continuity of being" (Winnicott) massiv gestört, weil die Reize wie „Übergriffe" (impingements) wirkten und Reaktionen erforderlich machten, d. h., die Patientinnen fühlten sich gestört und gezwungen zu reagieren.

„Dauernd muß ich essen, wann werde ich endlich in Ruhe gelassen?" klagte eine Patientin. Winnicott schreibt: „Die Alternative zum Sein ist Reagieren; Reagieren unterbricht aber das Sein und vernichtet. Sein und Vernichtung sind die beiden Alternativen. Die Hauptfunktion der haltenden Umwelt besteht deshalb darin, die störenden Übergriffe, auf die der Säugling reagieren muß, woraus eine Vernichtung personalen Seins folgt, auf ein Minimum zu reduzieren" (1974, 60 f.). Das läßt ahnen, daß in der Auslösesituation neben Kränkung und Trennungsangst die viel bedrohlichere Vernichtung lauert, so daß der Zusammenbruch der Symbolisierung unter dieser Bedrohung noch verständlicher wird.

Wie aber die vernichtenden Übergriffe mit Essen bezwingen? Zur Beantwortung will ich mir die „Manipulationsphase" genauer anschauen. Wir sagten, daß es im Eßanfall um eine Introjektion gehe, und haben auch deren Doppelfunktion benannt. Zum einen soll das enttäuschende Objekt draußen durch Vertilgen entfernt, zum anderen soll ein gutes Objekt ins Innere aufgenommen werden, um die in der Auslösesituation verlorene Omnipotenz zurückzugewinnen. Prima vista klingt das nun aber nicht nach Beseitigung von *inneren* Reizen. Die wäre doch eher durch Externalisierung zu erreichen. Weshalb also nicht gleich erbrechen, sondern den Umweg über den Eßanfall nehmen? Die simpelste Erklärung wäre, daß etwas erst im Magen sein muß, um es erbrechen zu können, was aber der Erklärung entspräche, eine nackte Wasserleiche im Hochsommer müsse beim Baden ertrunken sein. Diese Möglichkeit ist natürlich nicht von der Hand zu weisen, zumal die Patientinnen es auch so sehen. Dann ginge es der Bulimikerin letztlich nicht ums Essen, sondern nur ums Erbrechen, um den quälenden Reiz externalisieren zu können. In diesem Fall wäre die Introjektion Werkzeug der Projektion, das Essen sozusagen Erbrechmittel oder -hilfe. Es gibt tatsächlich Bulimikerinnen, bei denen das Nahrungsmittel diese Funktion hat. Aber es ist eben nur eine von vielen. Ich werde beim Erbrechen darauf zurückkommen.

Die Sache mit dem Eßanfall dürfte indes – wie bei der Wasserleiche – um einiges komplizierter sein. Das zeigt sich, wenn wir die Introjektion resp. die Einverleibung unters Mikroskop legen. Reik schreibt: „Dort, wo sich der Fluchtreflex nicht ermöglichen läßt, wird das Individuum andere Maßnahmen ergreifen, um den gefährlichen Reiz zu bewältigen. Es wird sich z. B. bemühen, die Reizquelle zu entfernen, was primär durch die Einverleibung, das Fressen, geschieht" (ib., 307). Mit dieser Maßnahme wäre ein äußerer Reiz beseitigt. Bei der Bulimikerin kommt der Reiz aber von innen, den ursprünglich äußeren Reiz, die kränkende Situation, hat sie bereits, wie von Reik beschrieben, per Introjektion entfernt. Damit aber ist der äußere, schmerzhafte Reiz lediglich durch einen inneren ersetzt, vor dem zu fliehen ungemein schwieriger ist. Wir müßten jetzt die Situation vorfinden, die Ferenczi (1933) in den Blick nimmt. Im Sinne Reiks schreibt er zunächst: "Durch die Identifizierung, sagen wir Introjektion des Angreifers, verschwindet dieser als äußere Realität und wird intrapsychisch, statt extra", und fährt dann fort: „(...) das Intrapsychische aber unterliegt in einem traumhaften Zustande, wie die traumatische *Trance* einer ist, dem Primärvorgang, d. h. es *kann,* entsprechend dem Lustprinzip, gemodelt, positiv- und negativ-halluzinatorisch verwandelt werden. Jedenfalls hört der Angriff als starre äußere Realität zu existieren auf" (519). D. h., der innere Reiz kann leichter als der äußere wunschgemäß manipuliert werden. Das ist aber bei der Bulimikerin nicht der Fall, denn sie kann diesen inneren Reiz nicht modeln und halluzinatorisch verwandeln, sondern muß ihn schnellstmöglich entfernen, weshalb sie nach der Introjektion der Auslösesituation die introjizierte Szene sofort somatisiert. Der von Ferenczi beschriebene Mechanismus wäre für die Bulimikerin sicher wünschenswert, würde er ihr doch einen Eßanfall ersparen. Die Bulimie aber operiert auf körperlichem und nicht auf psychischem Terrain, so daß Ferenczis Mechanismus, der sich auf die psychische Verarbeitung bezieht, nicht mehr greift. Wenn Gerlinghoff schreibt, daß viele Patientinnen eine entscheidende Funktion der Symptome darin sähen, schmerzliche oder intensive Gefühle, Wahrnehmungen und Erlebnisse nicht mehr hautnah spüren zu müssen (vgl. ib., 104), so will die Bulimikerin auch ihren Hungerreiz nicht mehr „hautnah" spüren, sondern ihn externalisieren. Sie sucht demnach den „Reizschutz nach innen" (Fenichel), d. h., die Sucht nach Nahrung setzt ein mit der Suche nach Reizschutz (vgl. Fenichel, 1931, 68). Das würde den Berichten der Patientinnen entsprechen, daß Nahrungsbeschaffung und -verzehr ins Zentrum ihres Denkens und Tuns rücken. Die Somatisierung der Gefühle zum Hunger war der erste Versuch des „Reizschutzes nach innen".

Die Patientinnen sehen sich gezwungen, nach Reizschutz zu suchen, um die „continuity of being" zu sichern, vor allem aber um der Vernichtung durch die „Überfälle", die Reize also, zu entkommen. Das Essen verliert seine eigentliche Funktion und wird zum Reizschutz. Fenichel schreibt: „Denkbar wäre auch der umgekehrte Vorgang, daß irgendein als 'Reizschutz nach innen' angewandtes Mittel sekundär sexuelle Bedeutung annimmt und die sexuelle

Struktur und Organisation verändert. Das scheint der Fall zu sein bei einer den Impulshandlungen sehr verwandten und oft ihr zugerechneten Krankheitsgruppe, den Süchten" (ib., 61 f.). Dieser umgekehrte Vorgang könnte dazu beitragen, daß die Bulimie zur Frauenkrankheit wird, denn die Einverleibung zum Zweck des „Reizschutzes nach innen" läßt sich leicht mit den introjektiven Merkmalen der weiblichen Sexualität verlöten. Die vaginale „Einverleibung" des Penis, das „Von-unten-gefüttert-Werden" kann solchem Reizschutz dienen. Ich werde später von einer Phantasie berichten, bei der über die Sexualität die als lästiger Reiz erlebte „böse" Mutterimago beseitigt werden sollte. Diese Sichtweise relativiert Wurmsers Einschätzung, denn nach Fenichel könnten die Eßanfälle sekundär sexuelle Bedeutung bekommen und nicht umgekehrt. Aber nun steht die Untersuchungskommission wie in Reiks Kriminalfall am Ufer des Flusses und streitet über die Todesursache der schwangeren Leiche, konfrontiert mit der „negative capability" (Bion), der Notwendigkeit, das Nicht-Wissen auszuhalten, anstatt zu vorschnellen Urteilen zu greifen (vgl. Lüders, 1997).

Eine zentrale Funktion des Eßanfalls: die Externalisierung

Ich will mich derweil damit beschäftigen, wie das mit der „bösen" Reizquelle gemeint ist, die „primär durch die Einverleibung, das Fressen", entfernt wird, wie Reik, Bion darin vorgreifend, meinte. Bion sagt, daß durch Stillen die „böse Brust" ausgeschieden wird, wobei „böse Brust" meint: „Bedürfnis nach der Brust". Diese böse Brust müsse gegen eine gute Brust ausgetauscht werden (vgl. ib., 84), aber das Kind empfände nicht, daß es sich eine gute Brust wünsche, sondern es fühle, daß es wünscht, eine schlechte auszuscheiden (vgl. 81). Das ist der entscheidende Punkt. Indem ein Objekt der Außenwelt ins Innere genommen wird, kann ein inneres böses Objekt ausgeschieden werden. Der Patient bemerkt eine böse Brust in sich, eine Brust, die nicht da ist und ihm deshalb quälende Gefühle bereitet. „Nach seinem Gefühl wird dieses Objekt (...) durch den Vorgang, eine befriedigende Brust zu 'verschlucken', ausgeschieden (...). Unter gewissen Bedingungen, abhängig von der Persönlichkeit, werden der Saugvorgang und die ihn begleitenden Gefühle mit der Ausscheidung der bösen Brust gleichgesetzt" (ib., 108 f.), d. h., die Befriedigung eines Bedürfnisses wird als Ausscheidung des Bedürfnisses empfunden (vgl. ib., 110). Der Eßanfall kann aus Bions Perspektive der Versuch sein, durch Einverleiben von Nahrung das schlechte Gefühl, die böse, die fehlende Brust,

d. h. den Hunger, aus dem Inneren zu vertreiben, so wie es eine Patientin sagte: „In der Bulimie konnte ich mittels Freßanfällen meine Einsamkeit und die Traurigkeit darüber wegessen. Solange sich meine Gedanken ums Essen drehten, blieb keine Zeit für all meine Sorgen, Ängste und Selbstzweifel" (Gerlinghoff, ib., 64). Die Nahrung hat also die Funktion eines Medikamentes, das nicht sättigt, sondern z. B. Schmerzen beseitigt.

Wir können bei dieser Patientin übrigens sehen, daß bereits Gedanken über das Essen die Funktion eines Ausscheidens von Beta-Elementen („keine Zeit für all meine Sorgen, Ängste und Selbstzweifel") haben. Das wirft ein Licht auf die Funktion des Planens der Anfälle. Da diese die rein gedankliche, sekundärprozeßhafte Lösung der Spannung, diese Ausstoßungsfunktion, nicht hinreichend erfüllt – sie ist nicht konkret, also körperlich genug, um die Patientinnen die sensomotorisch spürbare Entspannung erleben zu lassen, die sie so dringend brauchen, um ihre Vernichtungsangst abzumildern bzw. sich ihr Daseinsgefühl zu bestätigen –, werden weitere Ausstoßungsmaßnahmen erforderlich. Aber zumindest temporär scheint die gedankliche Spannungsabfuhr möglich gewesen zu sein. Das könnte ein weiterer Grund sein, weshalb bei den vorausgeplanten Anfällen noch eine Zeitlang zunächst gegessen wird, als hätten die Gedanken teilweise ihre Aufgabe erfüllt und einen Teil der Spannung vorübergehend gemildert, was sich mit unseren Überlegungen zum Tagträumerischen des Planens deckt. Aus dieser Perspektive betrachtet, hätte die Introjektion also nicht nur die Funktion, etwas in sich aufzunehmen, sei es, um es draußen zu löschen, sei es, um es als etwas Gutes in sich zu haben, sondern die für die Bulimie viel entscheidendere, etwas Böses, Schlechtes auszuscheiden.

Nun könnte die Kommission ihren Abschlußbericht schreiben und die Akte schließen, wenn da nicht eine Schwierigkeit aufträte: Der Zustand der Patientinnen verschlechtert sich! Ganz abgesehen davon, daß sie das Essen nicht genießen, verlieren sie auch nicht den quälenden Reiz, sondern klagen, sie fühlten sich nach dem Eßanfall *leer* und ihr Befinden sei in schlimmerem Zustand als zuvor. D. h., das Inkorporieren erzeugt ein weiteres schlechtes, „böses" Gefühl. Nun, die Leere, so mag man denken, könnte doch Zeichen des Gelingens sein: Das böse Gefühl, die böse Brust ist weg. Aber den Auskünften der Patientinnen zufolge ist das nicht der Fall. Die Leere macht ihnen angst, quält sie, und sie finden sie schrecklich. Sie erleben dieses Ausstoßen durch Inkorporation keineswegs als Befreiung, wie etwa beim Defäzieren, nein, sie haben eher das Gefühl, der Hunger sei doch irgendwie noch latent in ihnen vorhanden, und sprechen vom „Einbetonieren" der Gefühle oder davon, sie nur verdeckt zu haben: „Ich decke meine ganzen Gefühle, meine Sehnsucht, mein sexuelles Verlangen mit Müll zu, als ob man Sand aufs Grab werfe", womit das Fressen gemeint war. Da die bösen Gefühle ihrem Erleben nach *nicht* ausgeschieden werden, sich im Gegenteil noch verstärken, muß bei diesem Introjektionsprozeß zwecks Ausscheidens eine Störung aufgetreten sein. So könnte das quälende Gefühl „Leere" z. B. das Ergebnis einer mißlungenen projektiven Identifizierung sein. Auch muß man fragen, warum die Patientinnen, wenn sie sich doch zunächst wie ein „satter Säugling" fühlen, sich nicht damit zufriedengeben. Warum wird der Anfall überhaupt nötig?

Der Grund für diese Verschlechterung des Zustandes liegt im „physiologischen Irrtum". Der Trick mit der Somatisierung rächt sich jetzt. Die Patientinnen versuchen, ein psychisches Problem – den „neurotischen Hunger", hinter dem sich nach wie vor alle unangenehmen Gefühle tummeln, sie sind ja nur „einbetoniert" – auf somatischem Wege zu bewältigen. Sie kämpfen sozusagen auf falschem Terrain. Warum?

Wenn die Gefühle zu Beta-Emotionen werden und nicht weiter verarbeitet werden können, sondern eine derartige Spannung erzeugen, daß nur Externalisieren übrigbleibt, so könnte es sein, daß die Alpha-Funktion gestört ist. Bion schreibt: „Wenn Alpha-Funktion gestört und deswegen außer Kraft gesetzt ist, bleiben die Sinneseindrücke, die der Patient bemerkt, und die Emotionen, die er erlebt, unverändert" (Bion, ib., 52). Diese unveränderten Sinneseindrücke und Emotionen, die bereits erwähnten „Beta-Elemente sind nicht für Traumgedanken verwendbar, wohl aber für projektive Identifikation. Sie beeinflussen die Tendenz zum Ausagieren. Sie sind Objekte, die ausgestoßen werden" (ib., 53), und zwar in „einem Ausstoßungsvorgang ähnlich den Muskelbewegungen, Veränderung der Mimik etc., die Freud so beschrieb, daß sie der Entlastung der Persönlichkeit von Reizzuwächsen dienen und nicht dazu, Veränderungen in der Umgebung zu bewirken" (ib., 59). Diese Entlastung von Reizzuwächsen bzw. Reizschutz ist Ziel des Eßanfalls, das aber verfehlt wird, weswegen sich die Patientinnen unter permanentem Ausstoßungsdruck befinden, dem sie mit rasendem Fressen oder der Wiederholung der Anfälle zu entsprechen versuchen. Bion fährt fort: „Wenn der Patient seine emotionale Erfahrung nicht in Alpha-Elemente umwandeln kann, kann er nicht träumen" (ib., 53). Die Alpha-Funktion hingegen mache es möglich, Erfahrungen zu spei-

chern. Bei der Bulimie muß also diese Alpha-Funktion gestört sein, wie die beeinträchtigte Symbolbildung schon andeutet. In der Folge kommt es zu einer Speicherstörung, der wir bei der Erörterung der Kleptomanie begegnen werden, bzw. zu einer Störung bei der Assimilation der Introjekte, der introjektiven Identifizierung.
Erfahrungen speichern? Der klinische Alltag mit diesen Patientinnen zeigt in der Tat, daß sie sich damit außerordentlich schwertun.

Ich erinnere mich an eine Bulimie-Patientin, die regelmäßig in eine diffuse, aber heftige Unruhe geriet, wenn sie vor einer Behandlungsstunde glaubte, nichts zu erzählen zu haben. Obwohl ihr bisher in solchen Stunden stets doch etwas einfiel und sich überdies gerade diese Stunden vom Material her als fruchtbar erwiesen, war sie nicht in der Lage, diese beruhigende Erfahrung in die Hoffnung bzw. Gewißheit zu transformieren, daß es in der nun vor ihr liegenden Stunde auch gehen würde. Ihre Unruhe war zu groß, um aus ihrer Erfahrung (voraus-)denkend zu lernen und zu profitieren. Die Unruhe vor den Stunden blieb eine unveränderbare Beta-Emotion, weil bei der Patientin die Alpha-Funktion, die die Transformation von Beta-Elementen in Alpha-Elemente hätte bewerkstelligen und die Intensität neutralisieren können, vermutlich gestört war (vgl. Lüders, ib., 89). Versagt die Alpha-Funktion, so kommt es zu einer Akkumulation von Partikeln unverdauter Sinnesdaten (vgl. Hinshelwood, ib., 335). Ich konnte ihre Unruhe immer sehen und hatte eine Zeitlang den Eindruck, es handele sich um einen Widerstand, bis ich den Defekt, ihre Unfähigkeit, aus Erfahrung zu lernen, wahrnahm. Die Patientin selbst muß den Defekt gespürt haben – ohne ihn artikulieren zu können –, denn sie versuchte ihre Unruhe mit einem Eßanfall vor der Sitzung zu verscheuchen. Die Nahrung bekam die Funktion einer Droge, denn sie diente nicht als Ersatz für geliebte oder liebende Objekte bzw. für eine Beziehung zu ihnen, wie das sonst bei der Bulimie der Fall ist, sondern als Ausgleich für einen Defekt in ihrer psychischen Struktur (vgl. Kohut, 1973a, 66).
Bezeichnenderweise spürte ich die Unruhe meiner Patientin bei mir in Form zunehmender Unbehaglichkeit. Ich rutschte unruhig in meinem Sessel hin und her und begann nun meinerseits, mich vor Gesprächspausen zu fürchten, ein Hinweis darauf, daß sie dieses Beta-Element per projektiver Identifizierung in mich verlagert hatte und ich den Impuls verspürte, das, was sie in mich projizierte, durch Reden auszustoßen, was aber nur ein Überbrücken von Pausen gewesen wäre. Meine Unruhe kam ihr natürlich wie eine Bestätigung ihrer Angst vor. Erst als ich, auf meine Gegenübertragung gestützt, ihre Unruhe beim Namen nennen konnte, also meine Alpha-Funktion benutzte, bemerkte sie ihre eigene diffuse Unruhe, die sie vor der Stunde empfand, und konnte sie in die Bemerkung fassen: „Ich hasse es, wenn ich nichts zu erzählen habe." Erst dann ließ sich ihre Unruhe als Angst verstehen, ich könnte unwirsch

ob ihres Schweigens werden, aber auch als Folge des sich selbst auferlegten Drucks, ihre Stunden dadurch zu nutzen, daß sie möglichst viel redete. Ihr Überich billigte den Defekt nicht und verurteilte sie. Die Unruhe aber und ihr Haß (auf mich, weil ich ja Reden forderte, wie sie glaubte) störten das Denken und Erinnern dessen, was sie beschäftigte. Das Beispiel zeigt überdies, daß Beta-Elemente ihre Entstehung auch einem strengen Überich verdanken, welches im vorliegenden Fall ein Schweigen nicht duldete, was sie u. a. auf mich projizierte, indem sie meinen Unwillen fürchtete. Es scheint mir überhaupt ein Merkmal dieser Patientinnen zu sein, daß Gefühle bei ihnen deshalb unerträglich und zu Beta-Elementen werden, weil ihr Überich Gefühle schnell als nicht angemessen, als unerwünscht und „kindisch" verdammt.

Ich spürte den Defekt schließlich, nachdem ich die Erfahrung bei ihr gemacht hatte, daß Deuten nicht wirkte. Anstatt zu deuten, erinnerte ich sie in der darauffolgenden Zeit kontinuierlich an ihre Erfahrungen mit solchen für sie kritischen Stunden, bewahrte die Erfahrung also an ihrer Statt auf, worüber sich allmählich ihre Unruhe verflüchtigte und sie eines Tages ihren Defekt sehr treffend ins Bild zu setzen vermochte, indem sie sagte: „Ich bin wie ein Sieb, bei mir bleiben nur dicke Brocken hängen."

Diese dicken Brocken waren Berge von Beta-Elementen, die sich „zusammenballen und Ansammlungen bilden (...). Diese Akkumulationen werden nicht durch das Denken von Gedanken zu Träumen oder Theorien verarbeitet, sondern ausgeschieden. Der Ausscheidungsprozeß entspricht der pathologischen Form der projektiven Identifizierung, die von Klein beschrieben wurde" (Hinshelwood, ib., 335). Wir waren indes schon dem Phänomen begegnet, daß die Bulimikerin diese „Brocken" auch dringend benötigt, um das Gefühl zu haben, am Leben zu sein. Dies aber scheint erst der Fall zu sein, wenn die Akkumulation die Schmerzgrenze erreicht. Es besteht also durchaus auch ein Bedürfnis nach Beta-Emotionen, so daß der Hunger und das Einverleiben von Nahrung auch die Funktion haben, Beta-Elemente in Form von Unmengen von Nahrung im Magen zu akkumulieren, um Schmerzen zu empfinden und erbrechen zu können. „Ich achtete nicht mehr auf den Geschmack, sondern nur darauf, mir meinen Bauch bis zur Schmerzgrenze vollzuschlagen, um die Erleichterung durch das Erbrechen zu spüren" (Gerlinghoff, ib., 22). Man muß zwangsläufig zu dem Schluß kommen, daß diese Patientinnen aus ihrem Defekt, sei es die Störung der Alpha-Funktion, sei es die Unfähigkeit, aus Erfahrung zu lernen (Bion), eine „Tugend" machen, indem sie die Akkumulation von Beta-Elementen provozieren, um sich über die „dicken Brocken" dann Schmerzgefühle, und das heißt Existenzgefühle, zu machen, ein Vorgang, der den Patientinnen einen traumatophilen Zug verleiht. Obige Patientin kam irgendwann zu der für uns beide überraschenden Erkenntnis, daß sie die „Unruhestunden" brauchte, um zu spüren, daß sie in Behandlung ist. Sie verweigerte also ein Lernen durch Erfahrung auch, weil ihr andernfalls das Gefühl, in Behandlung zu sein, ihr Existenzgefühl bei mir, zerbröselt wäre. Das war es, was ich als „Widerstand" gespürt hatte.

Bei dieser Patientin handelte es sich übrigens um eine Frau, die fast nie träumte, nach Bion ein Zeichen für eine gestörte Alpha-Funktion. Der einzige Traum, den ich mitgeteilt bekam, war allerdings bezeichnend. Mit angewiderter Geste erzählte sie, ich hätte meine beiden Hände auf ihre Oberschenkel gelegt. Sie hat mich im Traum also so nah an sich herankommen lassen, daß kein Zwischenraum uns trennte, als hätte ich direkt nach ihrem Schoß gegriffen. Ihr Traum – ein geträumter Übergriff – war ihr zum Beta-Element mit oben genannter Funktion geworden.

Ein weiteres Indiz für eine mögliche Störung der Alpha-Funktion ist der „physiologische Irrtum", dem die Patientinnen aufsitzen, wenn sie ihre seelischen Spannungen mit Hunger verwechseln, denn gerade die Alpha-Funktion ermöglicht die Unterscheidung zwischen psychischen und physischen Sinneseindrücken; Beta-Elemente hingegen „exist in the mind but they are experienced, as if they were almost physical" (Britton, 1990, zit. n. Rothhaupt, 1997, 144).

Wie kommt es zur Störung der Alpha-Funktion? Wenn Bion sagt, daß Beta-Elemente nicht für Traumgedanken, „wohl aber für projektive Identifikation" (ib., 52) verwendbar seien, so muß für diese Kommunikation ein Partner bereitstehen, ein Empfänger, der den projizierten Inhalt in sich aufnimmt. Bion nennt den Empfänger Container. Dieser Container muß den aufgenommenen Inhalt bewahren, verstehen und benennen, „entgiften" (vgl. ib., 57), wozu seinerseits bestimmte Voraussetzungen erforderlich sind, wie z. B. träumerische Gelöstheit (rêverie), der freischwebenden Aufmerksamkeit ähnlich, und die Bereitschaft, die aufgenommenen Inhalte so zu verändern, „daß der Säugling es in einer erträglichen Form in seine eigene Persönlichkeit zurücknehmen kann" (ib., 57), die Alpha-Funktion also, die für die Transformation von Beta-Elementen in Alpha-Elemente sorgt. „Das Kind introjiziert diesen Prozeß (den Container-Contained-Apparat) und erwirbt damit eine höhere Form des Denkens und Bewußtseins, die der Säugling als Möglichkeit der Bewältigung von Frustrationen benötigt" (Plassmann, 1993, 266). Normalerweise wird der Container-Contained-Apparat introjiziert, d. h., mit der Milch wird die Beziehung zur Mutter introjiziert und wird so zur Alpha-Funktion des Kindes. Vieles spricht für die Annahme, daß bei der Bulimie mit dieser Container-Funktion bzw. der Introjektion des Container-Contained-Apparates etwas nicht stimmt, weil die Patientinnen trotz des Introjizierens nicht satt werden und kein Wohlbefinden empfinden können.

Das viele Träumen der Patientinnen, von dem ich berichten konnte und werde, mag zunächst als Widerspruch zu Bions These erscheinen, daß Beta-Elemente für Traumgedanken nicht verwendet werden könnten, oder ich definiere hier die unerträglichen Affekte fälschlicherweise als Beta-Elemente. Der Widerspruch könnte sich indes auflösen, wenn man zwischen Träumen unterscheidet, zu denen assoziiert wird, und solchen, die nur erzählt werden, ohne daß der Patient dazu etwas Weiteres sagt. Letztere findet man tatsächlich häufig bei Bulimiekranken. Grinberg schreibt über Borderline-Patienten: „Übrigens sind diese Patienten kaum je dazu fähig zu träumen; wenn sie dennoch träumen, dann weisen ihre Träume jene sonderbaren Merkmale auf, die für 'evakuative' Träume kennzeichnend sind. Das vordringliche Ziel evakuativer Träume ist die unmittelbare Abfuhr der Angst, die von bedrohlichen internalisierten Objektbeziehungen ausgeht. In der Regel versucht der Patient, wenn der Traum erst einmal berichtet worden ist, seine Reintrojektion zu vermeiden; daher greift er zu verschiedenen Mitteln, den Analytiker davon abzuhalten, ihn zu deuten" (ib., 64). Ich habe an anderer Stelle mitgeteilt, daß bei Bulimie-Patienten kein Interesse an der Interpretation ihrer Träume besteht (vgl. Ettl, 1988). Sie erleben ihre Träume als unangenehmes, angstmachendes, böses inneres Objekt. Das Abhalten vom Deuten erfolgt dadurch, daß zu diesen Träumen nicht assoziiert wird. Es handelt sich bei diesen evakuativen Träumen also nur um das Ausstoßen von Material, d. h., sie haben die Funktion, Erleichterung zu verschaffen. Sie sind Erbrechensäquivalente, wobei es darum geht, möglichst schnell viel von dem quälenden Inneren nach außen zu befördern, eine Aktivität mit Ventilfunktion zur Entlastung von Beta-Elementen. Das Erzählen dieser Träume ist reine Abfuhr, eine Art impulshaftes Projizieren, und so werden sie auch erzählt. Obwohl sie etwas mitzuteilen haben, sind sie nicht als Mitteilung gedacht. Für diese Träume wird entweder kein Container mit Alpha-Funktion gesucht, es handelt sich um ein Ausschütten in den objektlosen Raum, oder sie stellen eine Art verstohlener Mitteilung, einem Trojanischen Pferd vergleichbar, dar, bei der der Container nicht bemerken soll, daß er als ein solcher benutzt wird. Die Genese wird diese Heimlichkeit verständlicher machen. Liotti schreibt über die Träume seiner Patientinnen: „Sie wurden immer als eine Möglichkeit genutzt, Informationen, die mit zu viel Angst und Scham verbunden waren, zu vermitteln und direkt mitteilen zu können. Zu beachten ist, daß diese Informationen keineswegs *unbewußt* waren, aber sie waren einfach *nicht in einer direkten Art mitteilbar*" (1989, 35). Leider ist nicht zu erfahren, ob Liottis Patienten zu ihren Träumen assoziierten oder ob er die latente Mitteilung erspürt hat. Es kann also über eine mögliche evakuative Funktion nur spekuliert werden. Bei Bulimikerinnen tritt meiner Erfahrung nach hinzu, daß sie eine Deutegier, eine Sinnsaugerei beim Analytiker fürchten und Angst vor einem Beraubtwerden haben. Normalerweise werden Träume erzählt, damit sie über einen Container und dessen Alpha-Funktion ihre Unverständlichkeit und damit ihren Status als fremdes inneres Objekt verlieren. Danach kann sie der Träumer reintrojizieren und sie assimilieren. Die Bulimikerin hingegen empfindet Neid auf diese Funktion und gesteht sie dem Analytiker nicht zu.

Viele der hier berichteten Träume stammen allerdings von Patientinnen, die sich schon eine geraume Weile in Behandlung befanden. Ihr Träumen könnte ein Behandlungseffekt sein, d. h., es könnte ihnen gelungen sein, die Alpha-Funktion zu introjizieren, so daß sie die Beta-Emotionen zumindest teilweise bereits selbst in Alpha-Emotionen umzuwandeln vermochten und damit traumfähig machten.

Trifft zu, daß die Alpha-Funktion bei diesen Patientinnen gestört ist, dann stellt sich die Frage, ob es Hinweise auf Störungen im ursprünglichen Containment zwischen Mutter und Kind gibt, die es daran gehindert haben, die Alpha-Funktion zu introjizieren. Bei der Spurensuche kann man hin und wieder von Patientinnen hören, daß sie ihrer Erkrankung eine bestimmte Funktion zuweisen, die hellhörig werden läßt: „Meine Bulimie ist wie eine gute Freundin für mich", sagte eine meiner Patientinnen, „sie ist immer da, und man kann in sie alles hineinlegen." Lassen wir den für andere Überlegungen wichtigen Aspekt, daß die „Freundin immer da" ist, vorerst beiseite, so verweist die Formulierung „man kann in sie alles hineinlegen" deutlich darauf, daß die Krankheit für diese Patientin Container-Funktion übernehmen soll. Sollte das heißen, daß sie sich mit der Krankheit einen Container erschaffen mußte, weil es ihr an einem solchen bisher gemangelt hat und sie deshalb die Alpha-Funktion nicht internalisieren konnte? Hören wir dazu eine andere Patientin, die von ihren Erlebnissen mit ihrer Mutter berichtet:

„Meine damalige Beziehung zu ihr läßt sich am besten in folgender Szene beschreiben: Ich hatte das Bedürfnis, ihr etwas zu erzählen: 'Mami, hast du mal kurz Zeit für mich?' – 'Ja, ja.' Sie lief durchs Haus, ich hinterher und erzählte. Sie ging immer weiter, erledigte hier etwas, holte da etwas. Vom Schlafzimmer ins Bad, durch Küche und Wohnzimmer. Ich redete und redete, erzählte immer mehr, hatte das Gefühl, sie hört mich kaum. In der Waschküche angekommen, blieb sie endlich stehen, guckte fragend. Ich erklärte ihr alles noch einmal. Ihre Antwort blieb aus, sie erzählte etwas von '... blaue Wäsche waschen'. Einen Tag später fragte sie genau nach dem, was ich ihr bereits erklärt hatte, erinnerte sich an gar nichts mehr (...) Sie hat sicher versucht, alles für uns zu tun; sie sagt heute noch, daß wir der einzige Sinn ihres Lebens waren. Doch Zeit zum Zuhören hatte sie nie. Ich habe ihr viel erzählt, aber die Dinge, die mich wirklich beschäftigten und ängstigten, hat sie niemals verstanden. Um dennoch ihre Aufmerksamkeit zu bekommen, wurde ich mit zwölf Jahren zur Vorzeigetochter" (Gerlinghoff, ib., 74 f.).

Ich finde, hier artikuliert eine Patientin unüberhörbar ihr Bedürfnis, ihre Mutter möge containen, was sie „wirklich beschäftigte und ängstigte", ein Versuch, der offenbar mißlungen ist. Was sie schildert, kann keine nebensächliche, sondern muß eine hochsignifikante Szene gewesen sein, denn die Patientin weist ausdrücklich darauf hin, daß diese Szene *am besten* die Beziehung zu ihrer Mutter charakterisiere. Vom Versuch, in der Behandlung einen Container zu finden, berichtet auch U. Grunert, wenn sie von ihrer Heißhunger-Patientin erzählt: „Ein auffallender Stundenbeginn in dieser Zeit bestand darin, wie in einem Ritual – anstelle von freier Assoziationen – minutiös alles zu berichten, was seit der letzten Stunde an Ereignissen, Gefühlen, Vorstellungen gewesen war. Ich hatte ganz passiv da zu sein und nur aufzunehmen. Jedes Wort von mir erlebte sie als ausgesprochene Irritation" (1981, 30). Andere Patientinnen artikulieren umstandslos, sie suchten im Analytiker einen „Müllabladeplatz". U. Grunerts Beispiel zeigt auch, daß die Übermittlung des Materials von Person zu Person nicht durch Fragen, Kommentare oder Deutungen unterbrochen werden darf und nebenbei, daß ein Schweigen des Analytikers auch bei frühen Störungen nicht per se kontraindiziert ist, sondern daß es sehr auf die Situation ankommt, welche Technik der Patientin am hilfreichsten ist. Auch die Patientin von Hinz (ib.) benötigte ihren Analytiker dringend, um für ihre heftigen Liebesgefühle in ihm einen Container zu finden und sie mittels seiner Alpha-Funktion verträglich zu machen. Hinz schreibt: „Es war so spürbar geworden, wie intensiv sie sich überwältigt fühlen würde, wenn diese Liebe, die auch den Wunsch nach

Auflösung enthielt, in sie zurückkehren würde. Sie fürchtete also nicht nur ihre Liebe, sondern auch deren setting-sprengende Macht. D. h., sie hatte nicht nur ihre Liebe, sondern auch ihre Impulse, diese zu agieren und zu pervertieren, in mich verlagert, damit diese zunächst stellvertretend in mir modifiziert würden" (1995, 11 f.).

Eine meiner Patientinnen schilderte mir einmal die Vorgeschichte eines Eßanfalls. Sie hatte eine Tagung besucht und freute sich darauf, am Abend ihrem Freund von allen ihren Erlebnissen zu erzählen, schließlich hatte sie einige Leute getroffen, die er auch kannte, und durfte von daher mit seinem Interesse rechnen. So dachte sie zumindest. Am Telefon vereinbarte sie mit ihm, er werde ein Essen zubereiten und sie empfangen. Gut gelaunt, voller Eindrücke und von einem großen Mitteilungsbedürfnis beseelt, eilte sie abends dem Freund entgegen, fand ihn aber zu ihrer großen Enttäuschung depressiv im Bett vor. Nicht nur, daß er keinerlei Vorbereitung für ein Essen getroffen hatte, nein, zu allem Überfluß wollte er auch von ihren Erlebnissen nichts hören. So klagte sie bei mir, wobei die implizite Kritik an mir nicht zu überhören war. Da ihr Freund die ihm zugewiesene Containerfunktion wegen seiner depressiven Verstimmung nicht übernahm, blieb die Unglückliche auf ihren Tagungserlebnissen regelrecht sitzen. Diese rührte sie in ihrer Seele daraufhin mit ihrer Enttäuschung und ihrem Zorn über den „Schlaffi" zu einem scharfen Brei aus Beta-Elementen an. In ihren Worten ausgedrückt, wurde zunehmend „alles Scheiße". Unruhe ergriff sie. Ahnend, was kommen würde, vermochte sie einen Anfall noch eine geraume Weile hinauszuzögern, bis sie ihm dann erlag. Beim anschließenden Erbrechen flogen die Tagungserlebnisse, der „Schlaffi" und Teile von ihr in hohem Bogen in die Toilette.

Eine andere Patientin beklagte in einer Sitzung Übelkeitsgefühle. Auf meine Frage, wen oder was sie in ihrem Bauch zu haben glaube, meinte sie, sie habe große Angst, daß ich ihr nicht abnähme, was sie hier erzähle, und deshalb halte sie die Dinge lieber zurück. Sie fürchtete, ich würde mich ihr als Container verweigern. Eine meiner Patientinnen hatte – ähnlich wie in U. Grunerts Beispiel – den Wunsch, ich möge *alles* von ihr wissen, jede Einzelheit ihres Seelenlebens, ohne daß ich dazu etwas sagen sollte, was sofort an die evakuativen Träume erinnert. Bei ihr hatte dieses Anliegen allerdings auch Beichtcharakter, sie wollte sich entlasten vor ihrem Gewissen und war an meiner „Entgiftungsfunktion" nicht interessiert. Container wurde ich dennoch, indem sie mich zum Mitwisser ihrer kleptomanischen Impulse machen wollte. Neben der Beimischung von seiten des Überichs, das zur Entlastung drängte, spielte bei ihr vor allem ihr Neid auf meine Alpha-Funktion eine erhebliche Rolle, so daß sie von einer Rücktransformation ihres Materials auch deshalb nichts wissen wollte.

Was die Alpha-Funktion zerstört, ist „Neid, der durch eine Brust erregt wird, die Liebe, Verständnis, Erfahrung und Weisheit vermittelt. Diese Zerstörung läßt Brust und Kind leblos erscheinen mit nachfolgendem Schuldgefühl, Angst vor Selbstmord und Angst vor Mord, in der Vergangenheit, Gegenwart und Zukunft" (Bion, ib., 56). Diesen Neid hatte die Patientin – wie die Analyse zeigen konnte – bereits mit der Muttermilch introjiziert, denn ihre Mutter war schon voller Neid auf ihre Tochter, wofür viele biographische Hinweise sprachen, zumal auch die Psychopathologie ihrer Mutter eigene erheblich mißlungene Container-Erfahrungen vermuten ließ.

Ich möchte aber betonen, daß es sowohl bei U. Grunerts Patientin als auch bei der eben von mir beschriebenen darum ging, „minutiös alles zu berichten", also – zumindest bei meiner Patientin – auch die *guten* Erfahrungen und Gefühle, als müßten auch sie evakuiert werden. Meine Patientin mit den Tagungserlebnissen hat das schon gezeigt. „Wenn ich Streß, Frustration, Angst, Gefühle – auch positiver Art – glaubte nicht aushalten zu können", so eine andere Patientin, „dann habe ich mich mit Essen betäubt" (Langsdorff, 217 f.). Was heißt das? Ich denke, es ist die Mahnung, nicht davon auszugehen, es seien immer nur die schlechten Gefühle, die zu Beta-Elementen würden, sondern daß es – zumindest bei Bulimikerinnen – ebenso auch die guten Gefühle oder Sinneseindrücke sein können, was freilich nicht überrascht, denn zumeist geht es bei diesen Patientinnen darum, daß die *Intensität* der Gefühle, weniger die Qualität, vom psychischen Apparat nicht verkraftet werden kann, so daß ein Ausstoßen sowohl der schlechten wie der guten Gefühle durch Inkorporation eines Objektes erforderlich wird. Immer wieder hört man die Klage: „Es war so schön, daß es nicht zum Aushalten war." Es muß eben alles, was die verdaubare Intensität überschreitet, nach außen befördert werden.

Die Logorrhoe mancher Bulimikerin habe ich bisher als ein Evakuieren, als Erbrechensäquivalent verstanden (vgl. Ettl, 1988). Das war zwar nicht falsch, aber unvollständig. Wenn diese Patientinnen so viel sprechen, dann binden sie die Aufmerksamkeit des Zuhörers, und diese Zufuhr an Aufmerksamkeit wird von ihnen wie ein Gestillt-Werden erlebt, und darüber scheiden sie die „böse Brust", das Bedürfnis nach Zuwendung, aus. Zudem lehrt die Patientin, die immer mehr redend hinter ihrer nicht zuhörenden Mutter herlief, daß sich hinter dem vielen Reden auch die Angst verbergen kann, die Aufmerksamkeit des Gegenübers nicht zu erreichen, so daß die Logorrhoe die szenische Wiederholung eines mißlungenen Containings sein könnte, zumal meiner Erfahrung nach noch hinzukommt, daß es die Patientinnen nach der gewaltsamen Unterbrechung ihres Redeflusses regelrecht dürstet, um sich über den Schmerz der Kränkung wegen der Unterbrechung zu spüren, damit unbewußt ein Containing-Trauma wiederholend. Der Reigen an Funktionen der Logorrhoe ist jedoch noch nicht beendet, denn über das Reden kann auch eine Forderung des Überichs befriedigt werden, denn sie sehen sich „fleißig am Erzählen", ein Fleiß, von dem sie glauben, der Analytiker fordere ihn. Und zugleich haben sie darüber auch noch den Analytiker unter Kontrolle, denn er kommt nicht zu Wort, er kann nichts „Überraschendes" sagen, und zu guter Letzt kann damit auch der Exhibitionismus befriedigt werden. Der Therapeut soll jede Einzelheit des Seelenlebens wissen und zugleich auch nicht: Die Patientinnen kleiden (sich) in Worte. Tatsächlich dient die Logorrhoe ja nicht nur dem Sich-Zeigen, sondern auch dessen Abwehr, denn sie trägt zur Verwirrung des Analytikers bei, zumindest wußte ich nach „Logorrhoe-Stunden" nicht mehr, wo mir der Kopf stand oder – um im Bild zu bleiben – wo ich zuerst hinschauen sollte. Auch das erinnert an die evakuative Funktion, so daß die Logorrhoe ein Angriff auf die Container-Funktion des Analytikers sein dürfte. Lüders schreibt:

> „Der Patient mag vom Analytiker eine emotionale Beziehung einfordern und diesen dann gleichsam damit 'stehenlassen'. Der Analytiker erinnert sich deshalb nicht, was in der Stunde passiert ist. Nun wird zunächst klar, daß der Patient dem Analytiker Informationen vorenthält, er hat – unvermeidbar – Gefühle geweckt, hält aber Material zurück, das ein Wirken der Alpha-Funktion erlauben würde. Alpha-Funktion würde dem Analytiker helfen, sich zu erinnern und zu verstehen. Das wäre schließlich auch für den Patienten hilfreich, weil die Kommunikation nicht abgebrochen würde. Bion fragt, warum es nicht genüge, einfach zu sagen, der Patient hielte Material zurück, und antwortet: weil es um eine nicht genutzte Erfahrung geht. Der Patient verweigere Alpha und verliere damit das Gefühl für die Realität" (ib., 98).

Bei der folgenden Episode dürften einige der erwähnten Momente eine Rolle gespielt haben. Eine Patientin gab mir gleich im Interview zu verstehen, daß sie mich nicht „erotisch" fände, und deshalb könne sie mir offen von allen ihren sexuellen Phantasien erzählen. Damit war ich neutralisiert und als geeigneter Container präpariert, der die Übermittlung der sexuellen Phantasien nicht stört. Bin ich nicht erotisch, kann sie ungestört alle sie beunruhigenden Phantasien in mich projizieren. Ich bin sozusagen „still", wie es U. Grunert bei ihrer Patientin sein sollte. Offenbar aber war meine Patientin in einen überstimulierten Zustand geraten, denn im Laufe des Interviews sprach sie mich plötzlich mit „Du" an. Die Fähigkeit der Differenzierung war zugunsten der Fusion verlorengegangen. Sie mußte ihre Übererregtheit in mich projizieren, damit ich sie an ihrer Stelle verarbeite und sie für ihr Ich erträglicher werden konnte. „Erregtsein vor anderen Menschen ist gleichbedeutend mit Gefahr und wird daher mit Angst besetzt" (Balint, ib., 190). Einige Tage später rief sie an, um mir mitzuteilen, daß sie ihre sexuellen Phantasien im Griff hätte, ich solle mir keine Sorgen machen. Die Tolerierung durch das Interview war offenbar partiell gelungen, blieb aber noch lange Thema, denn in der Analyse äußerte sie irgendwann die Vermutung, ich hätte sie deshalb in Behandlung genommen, weil ich sie nicht erotisch fände und ich so vor einer Verliebtheit in sie geschützt wäre. Ich sei viel zu gehemmt, um ihre große Liebe zu beantworten. Ferner mißtraute sie meiner Kontrolle über mich. Sie fürchtete in mir ihre eigene Überstimulierung. Jetzt war die Projektion deutlich. Ferner glaubte sie, die Beziehung zu mir dadurch gefährdet zu haben, daß sie mich in ihrer Phantasie benutzt hatte. Aber, obwohl das ödipal klingen mag und auch ihre sexuellen Phantasien solchen Inhalts waren, es ging letztlich um etwas anderes. Das Bedrängende, das Unkontrollierte, unzensiert Sexuelle in ihrer Kontaktaufnahme zeigte, daß ihr daran gelegen war, meine Aufmerksamkeit zu gewinnen. Ihre sexuellen Phantasien dienten ihr als „Seil", um mich an sie festzubinden. Mit den Phantasien wollte sie mich erregen, aus lauter Angst, in mir überhaupt keine Spuren zu hinterlassen. Sie fürchtete, ich sei ohne starke sexuelle Reize zu keiner emotionalen Beziehung, zu keiner Objektkonstanz fähig und sie uninteressant für mich. Das wäre aber bedrohlich gewesen, denn wenn sie nicht erregend wäre, so wäre sie nicht erwünscht, mithin nicht existent. Diese Patientin kam aus einem Geschäftshaushalt. Vater und Mutter standen den ganzen Tag hinter dem Ladentisch und mußten den Anliegen ihrer Kunden lauschen. Für ihre Tochter hatten die todmüden Eltern abends keine Zeit mehr. Ich werde später aber zeigen, daß es noch innere Gründe gibt, weshalb diesen Patientinnen eine fehlende körperliche Attraktivität lebensbedrohlich erscheint.

Manche Patientinnen finden symbolvermitteltere Formen der Spannungsverarbeitung, z. B. das Malen. Als Darstellungsmöglichkeit in präsentativer Symbolik scheint es ihnen ein gutes Ventil für starke Gefühle zu sein. Das Malen nimmt eine Zwischenstellung ein zwischen dem konkretistischen Agieren mit Nahrungsmitteln und den diskursiven Formen des Bewältigens, wie z. B. Tagebuchschreiben oder Sprechen in der Behandlung. „Kreativität beispielsweise ist deshalb eine Form der Vermeidung von Krankheit, weil potentiell krankmachende Erlebniswirklichkeiten aktiv versprachlicht oder verbildert, d. h. durch Zeichenbildung bewältigt werden" (Plassmann, 1993., 277). Ich verstehe das Malen dieser Patientinnen so: Das Papier hat Container-Funktion, dem die Affekte anvertraut werden, Papier ist bekanntermaßen geduldig, still (U. Grunerts Patientin forderte das!) und immer verfügbar; die Farben stehen für das zu Containende, und die Tätigkeit des Malens wäre eine Spielart der projektiven Identifizierung wie bei einer Patientin, die dicke Farbschichten so auf das Papier auftrug, daß sich bergähnliche Gebilde wie aus Schiefergestein auftürmten, die wirkten, als habe sie auf das Papier defäziert, was in gewisser Weise dann zutraf, wenn sie das Papier zum Bemalen auf den Boden legte. Die Bilder, die ich von Patientinnen zu sehen bekam, zeichneten sich durch Farbfluten, verschwommene und transluzide Farborgien aus, dadurch, daß die Farben ineinandergelaufen waren, konturlos blieben, wodurch zweifellos reizvolle Gebilde entstanden. Zum Teil erinnerten die Werke an den Abstrakten Expressionismus (vgl. Ettl, 1996). Waren die Bilder auch eine Armada großer Gefühle, so handelte es sich freilich nicht um eine theoriebewußte, selbstreflexive Malerei, vielmehr um impulshaftes Evakuieren.

Papier hat neben der Container-Funktion auch Spiegelfunktion. Die Bilder, in denen die Farbe quasi körperlos geworden war, ein labyrinthisches System aus Farbtropfen, bei anderen wieder hingeworfene Spritzer, Farbpartikel, waren Spiegel des des- bzw. noch unintegrierten inneren Zustandes der Patientinnen. Eine Patientin schilderte bezeichnenderweise ihren Zustand beim Malen als ein „Außer-sich-Sein, von heftigen Gefühlen getrieben".

Wenn die Bilder auch manchmal Ergebnis reiner Impulshandlungen waren, so waren viele Patientinnen doch zu kreativen Leistungen fähig. Ich erinnere mich an eine Patientin, die farblich fein abgestimmte Seidenmalerei produzierte, eine andere, die auf gehämmertes Papier filigrane Gebilde mit kürzelhaften Pinselstrichen ohne Thema zauberte und ihre Aquarelle mit Gedichten garnierte. Man kann also trotz der konkretistischen bulimischen Reaktionen nicht davon ausgehen, es fehle diesen Patientinnen an präsentativer und diskursiver Symbolisierung. Die Ich-Funktion der Metaphorisierung ist ausgebildet, sonst könnte ich bei meiner Untersuchung nicht immer wieder auf einen gewissen Bilderschatz der Patientinnen zurückgreifen. Aber sie bricht unter den weiter oben genannten Bedingungen zusammen.

Bleibt noch nachzutragen, daß auch in dem von Bulimikerinnen häufig gepflegten Schreiben von Tagebüchern nach den Behandlungsstunden, in welche mitunter die gesamte Behandlung eingetragen wird, m. E. ein Mißtrauen wegen schlechter Containing-Erfahrungen zum Ausdruck kommt. Im Tagebuch wird aufbewahrt, was sonst verlorenginge. Anne Frank schreibt am 12.6.1942 in ihr Tagebuch folgende Widmung: „Ich hoffe, daß ich Dir alles anvertrauen kann, wie ich es bisher noch niemals konnte, und ich hoffe, daß Du mir eine große Stütze sein wirst." Das Tagebuch wird zur imaginären Anderen, bei der man sein „Herz gründlich erleichtern" kann (vgl. Dalsimer, 1993, 72). Bulimikerinnen benutzen auch ihre Krankheit als eine solche imaginäre Andere: „als Freundin, in die ich alles hineinlegen kann". „Die Fiktion, daß das Tagebuch eine andere Person ist, wird leidenschaftlich aufrechterhalten; dennoch ist diese andere Person, ebenso wie die Mutter der frühen Kindheit, mit dem Selbst ununterbrochen verbunden. In diesem Kontext ist es von entscheidender Bedeutung, daß die imaginäre Vertraute in den Tagebüchern heranwachsender junger Mädchen immer weiblich ist" (ib., 75). Auch der Analytiker wird zum „Tagebuch" gemacht, wenn er schweigend und geduldig wie Papier zuhören soll, wie die Patientin von U. Grunert es forderte. Das Tagebuch verhilft dazu, daß die Illusion des Nicht-Getrenntseins aufrechterhalten werden kann. Schließlich ist das Tagebuch auch eine Klage darüber, daß die Behandlungsstunden nie ausreichen, und deshalb sind es auch diese Patientinnen, von denen ich die meisten Briefe „an meinen Analytiker" erhalten habe. Es kann aber auch der Versuch sein, die Behandlung zu verhindern, dann, wenn all die Arbeit an der Patientin vorbei ins Tagebuch fließt.

Zu den diskursiven Formen der Bewältigung von dem Hunger verwandten Spannungszuständen gehört meiner Erfahrung nach auch das Schreiben von Kritiken, dem ein mehr oder weniger intensives, aber zumeist rasches, umfangreiches Lesen, also Introjizieren vorausging. Viele Kritiken bzw. Rezensionen sind gespickt mit oralen Metaphern (vgl. Ettl, 1992), die ein „Bedürfnis nach der Brust" (Bion) offenbaren, als müßten Bücher verschlungen werden, um das „böse Gefühl", kein eigenes zu schreiben, externalisieren zu können.

V. Die Bedeutung der Nahrung

Ich habe vermutet, daß es beim Introjizieren zu einer Störung kommt, weil sich das erhoffte Wohlbefinden nicht einstellt, die Patientinnen vielmehr weiter über quälende Gefühle klagen. Die Absicht, mit einem guten äußeren ein böses inneres Objekt zu beseitigen, scheint vereitelt. Wir konnten die Vermutung wahrscheinlich machen, daß eine Störung im Container-Contained-Apparat vorliegt bzw. daß die Alpha-Funktion nicht hinreichend introjiziert werden konnte. Möglicherweise wird die Störung aber auch durch das Objekt, das introjiziert wird, verursacht. Werden der Speise Eigenschaften zugeschrieben bzw. von ihr erwartet, über die sie nicht verfügt? Unstrittig für uns, aber nicht für die Patientinnen dürfte sein, daß ein neurotischer Hunger nicht mit Nahrung beseitigt werden kann, es sei denn, die Nahrung bekäme eine andere, eine neurotische Bedeutung. Tatsächlich ist es schwierig, einen zutreffenden Begriff für das, was das Nahrungsmittel im Eßanfall darstellt, zu finden, denn nähren tut es ja nicht. Am ehesten noch könnte man die Nahrung – wie bereits angedeutet – als Medikament oder Droge bezeichnen, mit der sich die Patienten betäuben, um ihre starken Gefühle nicht wahrhaben zu müssen. Man könnte es auch als Verhütungsmittel drohender Verstimmungen, als Prophylaktikum gegen Verstimmung und gestörtes Wohlbefinden definieren. Das Verschlingen nach dem Trennungserlebnis zeigt wiederum, daß das Nahrungsmittel Trostspender, Balsam für die Seele, vor allem aber Objekt zur Ersatz-Fusion sein und die Trennung rückgängig machen soll.

Ersatzobjekt ist das Nahrungsmittel auch noch in anderer Hinsicht. Der Rückzug aufs Essen dient dazu, das lebende Objekt, das aus der Sicht der Patientinnen Urheber der Kränkung etc. war, vor der Aggression zu schützen. Die Wut auf das Objekt kann so am Verschiebungsersatz ausgelebt werden: „In die Bulimie habe ich meine Wut, die Rebellion gegenüber meiner Familie gesteckt" (Gerlinghoff, ib., 77). Mit diesem Ersatzobjekt kann die Beziehung zu Personen vermieden werden. Eine andere Bulimie-Patientin brachte es bündig auf den Nenner: „Fressen ist viel bequemer, als sich mit anderen herumzuschlagen." Diese Bemerkung zeigt sowohl das Gefürchtete als auch den Krankheitsgewinn. Gemieden wird die Beziehung einerseits wegen der Heftigkeit, der Intensität der Gefühle, die vom Ich nicht gemeistert werden können, andererseits wegen der Natur der Gefühle: Haß, Neid, Eifersucht, Abhängigkeit, Schuldgefühle, Ekel. Wir werden dieser für die Bulimie zentralen

Abwehr, der Vermeidung einer Objektbeziehung, bei der Kleptomanie wieder begegnen.

Die Idealisierung der Nahrung

Aber das Objekt ist nicht nur von der Wut wegen der Kränkung bedroht. Da die auslösende Trennung zugleich auch den Verlust der Omnipotenz bedeutet, muß diese zurückerobert werden, um den Narzißmus zu restituieren. Das verlangt das Ichideal (vgl. Chasseguet-Smirgel, 1981d, 178). Wie aber erfolgt diese Eroberung? Fenichel schreibt: „Man will das Insignum der Macht – den Körper des Mächtigen, seinen Penis, seinen Kopf – abhacken und essen, um sich dadurch an seine Stelle zu setzen, mit ihm eins werden. Bei den Primitiven werden die besiegten Feinde, wenn man ihre Kraft und Tapferkeit bewundert, gefressen" (1939, 169). Fressen aber kann die Bulimikerin das kränkende Objekt nicht, obwohl sie es am liebsten täte. Statt dessen introjiziert sie es, wie wir gesehen haben. Nun betont aber Fenichel mehrfach, daß die Identifizierung eine Form des Raubes von Machteigenschaften sei, um an der Macht des anderen teilzunehmen. „Die vollzogene Identifizierung ist ein Äquivalent des gewalttätigen Raubes", schreibt er unmißverständlich (ib., 162, vgl. auch 165). Was für die Identifizierung gilt, gilt in vollem Umfang auch für die ihr nahestehende Introjektion. Die Kennzeichnung der Identifizierung als Raub wird sich für die Erörterung der Bulimie als zentral herausstellen. Im Augenblick bedeutet das, daß das lebende Objekt nicht nur vor der narzißtischen Wut, sondern auch vor dem aggressiven Einverleibungswunsch, dem Raub, geschützt werden muß. Die Bulimikerin hat also gute Gründe, auf ein Ersatzobjekt auszuweichen, um sich vor Schuldgefühlen wegen einer Beschädigung des Objektes zu schützen. Sie bleiben ihr trotzdem nicht erspart, wie wir bald sehen werden. Über die Fusion mit der Nahrung als Ersatz soll die verlorene Macht zurückgewonnen werden. D. h. aber auch, im Nahrungsmittel werden omnipotente Eigenschaften vermutet, die introjiziert werden, um seine Macht zu übernehmen und in den Status narzißtischer Omnipotenz zurückkehren zu können und somit die Illusion vom grandiosen Selbst zu restaurieren. Das einverleibte Nahrungsmittel ist demnach Repräsentant eines wegen seiner „Kraft und Tapferkeit" bewunderten Objektes bzw. dessen Machtsymbol. Es hat mithin die Bedeutung des Phallus im Sinne Grunbergers (vgl. 1976, 238).

Die Machtübernahme mißlingt. Verweilen wir trotzdem noch einen Augenblick bei den Patientinnen und ihrer Illusion. Wenn das Nahrungsmittel ersatzweise die bewunderten Eigenschaften des Objektes annehmen können soll, muß es erst bewundernswert gemacht werden. Das läßt sich leicht bewerkstelligen. Die Nahrung kommt dem Omnipotenzwunsch entgegen, weil sie schnell und ohne viel Aufwand zu haben und zu inkorporieren ist. Das Objekt steht wegen seiner Griffnähe stets zur Verfügung, wenn es zur Fusion gebraucht wird. Es stellt keine Bedingungen, keine Ansprüche und ist somit ideales Objekt, „Freundin, die immer da ist", ein idealisierbares, omnipotentes Selbst-Objekt (vgl. Kohut, 1973, 541).

Wenn dies zutrifft, muß sich ein solches Objekt auch unter den für Bulimiker signifikanten Personen finden lassen, deren Funktion das Nahrungsmittel ersetzt. Dem ist in der Tat so. Insbesondere zu Anfang einer Beziehung kann man die Sehnsucht der Bulimikerin nach einem idealen Objekt gut beobachten. Regelmäßig erzählen die Patientinnen begeistert, wie toll sie sich z. B. mit ihrem neuen Freund unterhalten könnten, daß er sie rundum verstünde, daß man über *alles* reden könne und er so einfühlsam und zärtlich sei. Nun sind das fraglos Merkmale der Verliebtheit, aber das Geheimnis dieser fast magischen Übereinstimmung ist, daß die Patientinnen restlos, sozusagen mit Haut und Haaren, den Mann introjizieren.

> Nach einigen Monaten der Behandlung meinte eine meiner Patientinnen reichlich verärgert: „Mit Ihnen möchte ich nicht verheiratet sein, Sie sehen ja alles." Ihr Ärger rührte daher, daß ich etwas sah, was ich nicht sehen sollte. Obwohl sich die negative Übertragung bereits ankündigte, zeigte diese Bemerkung, daß sie mich zuvor zum omnipotenten Objekt gemacht haben mußte, mit dem sie „verheiratet" sein, also fusionieren wollte, denn um die Zeit, als diese Bemerkung fiel, hatte sie anläßlich einer Sitzung zum Betreten des Hauses, in dem sich meine Praxis befindet, gedankenverloren *ihren* Hausschlüssel aus der Tasche genommen, um damit die Tür zu öffnen, als würde sie bei mir wohnen. Erst als der Schlüssel nicht passen wollte, wurde sie ihrer Fehlleistung und der Tatsache, daß „ihr Schlüssel" in verschiedener Hinsicht „nicht paßte", gewahr.

„Sie sehen ja alles" entspricht der Erfahrung, daß Bulimikerinnen zu Beginn einer Beziehung dem Mann mit einem Idealisierungswunsch entgegenkommen und ihn mit Omnipotenz ausstatten. „Sie sehen ja alles" ist eine Projektion, denn diese Patientinnen möchten selbst alles sehen, wie es zu können eine andere einmal felsenfest von sich behauptete. „Alles sehen" heißt alles introjizieren, und darüber entsteht die Verschmelzung, der „Ein"-Klang. Es ist die Sehnsucht nach dem Einswerden mit der Welt, die als feindlich erlebt wurde (vgl. Fenichel, 1931, 178). „Feindlich" aber war für die Bulimikerin die Welt bis zu diesem Moment, weil dieser rauschhaften neuen Beziehung eine an einer Enttäuschung zerbrochene Beziehung vorausging, der neue Mann also Ersatz ist, der die Wunden der vorausgegangenen Beziehung, der Trennung und damit der primären Kastration heilen soll. Er soll die symbiotische Omnipotenz, die in der vorherigen Beziehung verlorenging, wiederbeschaffen, weshalb er idealisiert werden muß. Der neue Mann ist in der Funktion des „omnipotenten Nahrungsmittels". Der Gewinn dieser anfänglichen Vergötterung des Objekts besteht darin, daß die dem Objekt zugeschriebene Allmacht introjiziert werden kann, um daran zu partizipieren. Das introjizierte Objekt soll Aufwertung verschaffen, weil die Patientinnen sich nicht aus eigenen Quellen narzißtisch versorgen können. Um die Fusion zu ermöglichen, muß jedoch jeder Unterschied, vornehmlich der Geschlechtsunterschied und die Getrenntheit, geleugnet werden. Ich werde später zeigen, daß sich ein bestimmter Männertyp dazu besonders eignet. Das neue Objekt wird zum Selbst-Objekt gemacht, d. h. seiner Eigenschaften entkleidet, und verliert – wie das Nahrungsmittel auch, das zerkleinert und gierig verschlungen wird – zunehmend an Konsistenz, damit an Widerstandsfähigkeit, bis es sich zu einer „narzißtischen Kommunion" (Grunberger, 1976, 91), der Verschmelzung, eignet. Bei der Patientin, die im Interview meinte, sie fände mich nicht erotisch, konnten wir das schon beobachten. Ihre sexuellen Phantasien waren Fusionsphantasien mit vielen oralen Facetten. Um aber die Fusion phantasieren zu können, mußte sie mich „fusionierbar" machen, indem sie das sie Störende mit einer Verneinung mied. Bezeichnenderweise fragte sie mich am Ende des Interviews, ob ich in Supervision ginge, womit sie sich vergewissern wollte, ob ich ihren gierigen Impulsen gewachsen wäre oder ob sie mich ganz verschlungen hätte und ich Hilfe bekäme, mich wieder zu restaurieren.

Aus der bisherigen Darstellung könnte der Eindruck entstehen, das Nahrungsmittel sei Ersatz für Männer. Offenbar verhält es sich genau umgekehrt. U. Grunerts Patientin sagte: „Männer sind für mich wie Brötchen", als sie anstelle von Nahrung Männer konsumierte (vgl. ib., 27). Eine meiner Patientinnen meinte einmal: „Männer sind Leckerbissen", eine andere sagte, als sie von einem Mann erzählte, den sie nicht haben konnte: „Rolf sprang mir von der Zunge." Solche Bemerkungen signalisieren eher, daß die Männer Ersatz für Nahrungsmittel bzw. daß sie Nahrungsmittel sind. Die Bemerkungen gäben auch der Auffassung Fenichels recht, „daß irgendein als 'Reizschutz nach innen' angewandtes Mittel sekundär sexuelle Bedeutung annimmt und die sexuelle Struktur und Organisation verändert" (1931, 61 f.), im Gegensatz zu der Wurmsers, der meint, die Beschäftigung mit dem Essen lenke von sexuellen Konflikten ab (vgl. 1993, 219). Ich denke eher, daß die Männer und die Sexualität vom Essen ablenken, was der später zu erörternden These, daß es zu einer Flucht vor der Mutter zum Vater komme, entsprechen würde. Andererseits zeigt obige Bemerkung die Wirkung der regressiven Konkretisierung. Es scheint also nach wie vor schwer zu entscheiden, welche Sichtweise die zutreffende ist, wie es auch schwer ist, die Bedeutung der Nahrung präzise zu fassen, zumal die Patientinnen dazu neigen, auch noch eine regressive Personifizierung der Nahrung vorzunehmen, wie sie in der Bemerkung folgender Patientin sichtbar wird, die schwelgte: „Ein Käsekuchen lachte mich an, ich war ihm verfallen und mußte ihn ganz aufessen. Dabei wurde mir plötzlich ganz mulmig, weil ich spürte, daß ich keine Lust mehr hatte, jemanden zu treffen, weil ich mich nur noch mit dem Kuchen beschäftigen wollte". Als erstes macht sie damit den Ersatzcharakter des Essens deutlich. Der Kuchen hat den Kontakt zu anderen Menschen abgelöst. Er ist das einzige Bezugsobjekt, zumindest hat die Patientin Angst, er könnte es werden. Der Kuchen zeigt aber noch Objekteigenschaften: Er „lacht", d. h., die Patientin regrediert auf die magisch-animistische Stufe des Denkens und personifiziert den Kuchen. Sie zeigt damit ihren inneren Entwurf. Sie sucht die Nahrungswelt um sich herum nach Objekten ab, die ihrem Entwurf entsprechen, und die Dinge erscheinen ihr dann wunschgemäß, hierin wiederum ähnlich jener Patientin, die mich im Interview passend machte. Das Bedürfnis bestimmt das Erleben der Dinge. Der Wunsch der Patientin hier war der nach einem sie anlachenden Objekt. Dieses Anlachen zeigt zugleich, welche Aufgabe das personifizierte Ersatzobjekt zu erfüllen hat: Es soll freundlich sein, sagen wir ruhig, sie erwartet sich vom Kuchen narzißtische Zufuhr. Mit anderen Worten: Die Patientin zeigt in ihrem animistischen Denken den Wunsch nach einem Objekt, das ihr den „Glanz im Auge der Mutter" (Kohut, 1973a, 141) bietet. „Ein Käsekuchen lacht mich an" zeigt überdies beeindruckend, daß der Kuchen allein, die Brust, nicht das Entscheidende ist, wie immer wieder zu Recht betont wird, sondern die Brust zuzüglich der anerkennenden Geste, die beim Stillen lächelnde, sich freuende Mutter. Der Kuchen dürfte die *lächelnde Brust* sein.

Die Patientin setzt sich aber auch an die Stelle des Käsekuchens, der lachende Kuchen ist sie selbst, denn er beinhaltet die Aufforderung, ihn zu begehren, zu lieben, sprich: ihn zum Fressen gern zu haben. Das aber wünschte sich die Patientin sehnlichst. Die Szene: „Ein Käsekuchen lacht mich an" ist demnach eine ersehnte Szene, die heißen könnte: 'Die Brust stillt mich mit narzißtischer Zufuhr und hat mich zugleich zum Fressen gern.' Das wäre die benigne Fusion, die aber alsbald in eine maligne umschlägt, weil die Patientin Angst bekommt, Angst vor dem Verlust ihres Selbst, die sich darin äußert, dem Kuchen zu verfallen, und darin, den Kontakt mit der Wirklichkeit zu verlieren. Beide Ängste resultieren aus den Verschmelzungswünschen (vgl. Kohut, 1973a, 179). Fügen wir den vielen Bedeutungen des „lachenden Käsekuchens" noch die Information hinzu, daß die Patientinnen vor dem Eßanfall die Nahrung liebkosen – „Ich liebkose die Kuchen und Früchte mit den Augen, sauge sie schon mit dem Blick auf" (Schulte & Böhme-Bloem, ib., 16) –, so muß man zu dem Ergebnis kommen, die Beziehung der Bulimikerin zur Nahrung sei die einer „primären Objektliebe". Balint schreibt:

„Es fiel mir auf, daß zu Zeiten, nachdem die analytische Arbeit schon ziemlich tief vorgedrungen war, die Patienten bestimmte, sehr primitive Wunschbefriedigungen, hauptsächlich vom Analytiker, aber auch von ihrer Umgebung erwarteten, oft sogar forderten. (...) Ein liebevolles Wort vom Analytiker, die Erlaubnis, ihn beim Vornamen zu nennen, oder von ihm so genannt zu werden, ihn auch außerhalb der Stunden zu sehen, von ihm etwas auszuleihen, von ihm – selbst mit einer Kleinigkeit – beschenkt zu werden usw. Sehr oft gehört zu diesen Wünschen, den Analytiker berühren, ihn anfassen zu dürfen, oder von ihm berührt, gestreichelt zu werden (...). Falls ich aber später (...) auf die Erfüllung dieser kleinen Wünsche einging, kam ich aus dem Regen in die Traufe. Es brach ein beinahe manisch zu nennender Zustand aus. Die Patienten waren überglücklich, sie wollten weiter nichts, als nochmals und immer wieder die Befriedigung ihres Wunsches erleben. Die Symptome verschwanden – scheinbar –, die Patienten fühlten sich übergesund, solange sie sich sicher fühlen konnten, die so überaus wichtige Wunschbefriedigung auf Verlangen sofort erleben zu können; auch konnten sie zu solcher Zeit kaum bei der Arbeit gehalten werden. Das psychologische Bild ähnelt durchaus dem einer Sucht oder einer schweren Perversion – auch in seiner Labilität" (ib., 100).

Das gleicht doch sehr den Wünschen an den lachenden Käsekuchen, so daß man sagen kann, daß alle Wünsche, die in dieser regressiven Phase der Behandlung an den Analytiker gerichtet werden, bei der Bulimikerin dem Nahrungsmittel gelten.

Zum Bild der primären Liebe gehört auch, daß das ersehnte Nahrungsmittel, mit dem die Fusion hergestellt werden soll, ganz ins Zentrum des Erlebens tritt. Diese Ausschließlichkeit war uns ein zuverlässiger Hinweis auf seine maternale Bedeutung, mithin Hinweis auf die *frühe* Mutter, respektive auf die lachende, vollkommene Brust. Das Essen ist im Anfall gegen nichts mehr austauschbar, wie die Aussagen der Patienten belegen. Sie lassen sich von keinem anderen Objekt beeindrucken bzw. ablenken. Es wird „unverzichtbar, unersetzlich und für das Individuum überlebensnotwendig" (Green, 1997, 43), im wahrsten Sinne ein „Lebensmittel", wie es eine „lachende Brust" ja ist. Der kleinen Aro (vgl. Mahler, 1972, 141), zeigte, daß die Nahrung als Ersatzobjekt für die abwesende Mutter genommen wird. Die Nahrung ist dann die „anwesende Mutter", mit der, wenn wir Bion folgen, die introjizierte abwesende und damit 'böse' Mutter beseitigt werden soll. Diesen Verschmelzungsprozeß, bei dem die böse Mutter ausgeschieden werden soll, bezeichnet Mendel als kontralimitative Technik: „Unter kontralimitativen Techniken verstehen wir alle physiologischen oder künstlichen Mittel, die einen Zustand der Euphorie, der sensorischen Glückseligkeit herbeiführen, dem im Unbewußten die Fusion mit dem Bilde der 'guten' Mutter korrespondiert. Diese Techniken – fraglos so alt wie die Menschheit – dienen mit einem Wort dazu, den Einfluß der 'guten' Mutter auf das Subjekt zu verstärken" (ib., 242 f.). Daß aber die Bulimikerin letztlich, wie der kleine Aro auch, entsetzliche Bauchschmerzen bekommt, das vormals „gute" Nahrungsobjekt wiederum zum bösen wird und dann erbrochen werden muß, wobei Aro seinen Vater als Hilfsobjekt benötigte, also ein Objekt von außen, ist ein Spezifikum der Bulimie. Und an Aro zeigt sich, daß die Bulimie nicht ausschließlich eine Frauenkrankheit sein muß, sondern auch Männer an ihr erkranken, wie sich allmählich herausstellt.

Wenn ich vermute, das Nahrungsmittel sei die lächelnde Brust, zumindest zu Beginn, so betone ich damit den Partialobjektcharakter von Ersatz und Ersetztem und ferner, daß dieses Objekt nur eine ganz spezifische Funktion erfüllen soll. Wenn Kohut – wie bereits erwähnt – davon ausgeht, daß Süchtige an einzelne Aspekte archaischer Objekte fixiert blieben und sie in Form von Drogen fänden, die jedoch nicht als Ersatz für geliebte oder liebende

Objekte oder für eine Beziehung zu ihnen dienten, sondern als Ausgleich für einen Defekt in der psychischen Struktur (vgl. 1973a, 66), so trifft diese Feststellung für die Bulimie in dieser Ausschließlichkeit nicht zu, aber zweifellos erwartet die Bulimikerin vom Nahrungsmittel die Erfüllung einer bestimmten Funktion im Bereich des Narzißmus, die ihre eigene Psyche nicht zu übernehmen vermag: Das Essen soll Selbst-Objekt sein, das die zerstörte Omnipotenz repariert, damit das Selbst wieder grandios sein und über die Objekte herrschen kann. U. Grunerts Patientin gibt hierfür ein Beispiel: „Mit dem Symptom des Essens schuf sie sich die Illusion der Autarkie. Ihre im Verlauf der Analyse deutlich gewordenen unbewußten Phantasien waren: 'dann wachsen mir Brüste so groß, daß ich mich selber stillen kann; dann wächst mein Penis, so daß ich Mann und Frau zugleich sein kann'" (ib., 27). Hier wird deutlich, welche Omnipotenz dem Nahrungsmittel zugeschrieben, wie es als Ichideal introjiziert und zum Idealich wird. Die Patientin wird selbst zum Ideal, das seine Herkunft aus introjiziertem Vater und introjizierter Mutter nicht verhehlen kann. Das Ergebnis dieser Introjektion ist ein grandioses, hermaphroditisches Selbst. Die Nahrung ist die Brust der Mutter, die erwachsene Brust, die die erwachsene Patientin zwar längst selbst hat, die ihr aber zum grandiosen Selbst fehlt und folglich introjiziert werden muß, wenn sie im Anfall zum Kind regrediert. Zugleich enthält die Nahrung in der Phantasie der Patientin auch den Penis, den sie benötigt, um autark und unabhängig zu sein. Zumindest wird in ihr eine Ingredienz vermutet, die einen Penis wachsen läßt. Da ich aber im Eßanfall eine tiefe Regression unterstelle, könnte es sich bei der Introjektion ebensogut um die frühe phallische Mutter mit Brust und Penis handeln, denn der Regression des Selbst korrespondiert, wie eingangs betont, die Regression des Objektes. Wegen dieser regressiven Funktionalisierung des Partialobjektes spielt auch das Geschlecht der Person, an die sich ihre Wünsche richten, keine Rolle. Frauen wie Männer kommen für diese Patientinnen in gleichem Maße als „Brötchen" in Frage. Letztendlich aber dürfte die zentrale Bedeutung des Nahrungsmittels die des Phallus sein, wie U. Grunerts Patientin mit ihrer Phantasie, zum Hermaphroditen zu werden, deutlich hervorhebt. Sie will Mann und Frau zugleich, sich selbst ein kompetentes Elternpaar sein, denn die Imago der „kompetenten Elternschaft" ist es, wie ich später zeigen werden, welche der Bulimikerin fehlt. Deshalb das „Bedürfnis nach einer Brust", einem Phallus, der benötigt wird, weil er „einen darben läßt" (Bion, ib., 138). Nach diesem Objekt ist die Bulimikerin ständig auf der Suche, eine

Suche, die sich bei einer meiner Patientinnen darin äußerte, daß sie Ausbildung um Ausbildung absolvieren mußte, ohne jemals eine zum Beruf zu machen.

Das temporäre Gelingen dieser Suche belegen die Gefühle im Eßanfall, insbesondere der Triumph, der manisch stimmt. Das Nahrungsmittel kann für eine geraume Weile die omnipotente Funktion erfüllen, anders als das lebende Objekt. In der Manie meldet sich freilich alsbald die Angst vor einem weiteren Omnipotenz- und Kontrollverlust, die eine Patientin so artikulierte: „Lachen, ohne aufhören zu können". Daß die Nahrung langfristig nicht in den Zustand der Omnipotenz versetzen kann, liegt auf der Hand, und deshalb, so meine ich, kommt es zur eingangs skizzierten Störung bei der Introjektion. Auch eine weitere Funktion, die vom Nahrungsmittel erwartet wird, bleibt unerfüllt. Eine Patientin sagt: „Süßigkeiten haben mir alles ersetzt, Freunde und jede Freude. Sie waren jahrelang mein einziger Lebensinhalt in allen Lebenslagen" (Gerlinghoff, ib., 22). Die Hintergründe einer solchen Bemerkung sind uns inzwischen geläufig. Gleichwohl dürfen wir hier nicht haltmachen, sie besagt nämlich noch nichts über den Status der ersetzten Objekte, darüber, ob die Freunde z. B. als eigenständige, separierte Objekte erlebt wurden. Man kann aus solchen Bemerkungen nicht schließen, daß die Beziehung zum Nahrungsmittel eine reife Objektbeziehung ersetzt. Vieles deutet jedoch daraufhin, daß sie Selbst-Objekte gewesen sein dürften. Eine bereits zitierte Bemerkung einer Patientin bringt sehr deutlich zum Ausdruck, wie diese Objektbeziehungen zu verstehen sind bzw. auf welchem Niveau sie funktionieren: „Die Bulimie ist wie eine gute Freundin, sie ist immer da, und man kann in sie alles hineinlegen." Die Krankheit also als „All good"-Objekt, in das man seine Sorgen und schmerzlichen Gefühle projizieren kann? Das dürfte eher Hinweis auf eine unrealistische Beziehung voller Illusionen sein. Ich habe sie nach Balint „primäre Objektliebe" genannt. Und wir dürfen in dieser Bemerkung eine Spaltung vermuten. Die "Freundin" ist deshalb gut, nur gut, weil sie immer da ist und weil man in sie projizieren kann, was signalisiert, daß die Krankheit Containerfunktion übernehmen soll, die bei einer Person vermißt wurde. Beispiele hierfür habe ich gegeben. Daß Freunde vermutlich Selbst-Objekte sind, legt auch folgende Szene nahe. Die Patientin schilderte, daß sie sich immer für ihren Freund schämen würde. Sie schreie ihn z. B. in der Öffentlichkeit an, damit die Umstehenden glauben, er gehöre nicht zu ihr. Als sie einmal ihrem früheren Therapeuten begegnet sei, habe sie schnell die Hand des Freundes losgelassen.

Hier ist der Freund offenbar der dissoziierte Selbstanteil, der den guten Eindruck beim anderen stört.

Ich glaube aber, daß die Patientin, die ihre Krankheit als „Freundin" bezeichnete, nicht präzise in ihrer Darstellung war und sie nicht die Krankheit, sondern das Nahrungsmittel als Container damit meinte. Die Äußerungen jener anderen Patientin, die ihre innere Situation als „Mondlandschaft mit Kratern" beschrieb und damit ihre Verstimmungen, Enttäuschungen und ihre Vereinsamung bebilderte, geht in diese Richtung: „Das Essen nimmt diesen Bildern die Schärfe, die Landschaft glättet sich und wird zu einer sanften Landschaft." Für sie hatte die Nahrung offensichtlich Container- und Alpha-Funktion. Temporär, zumindest zu Beginn, bzw. illusionär trifft dies auf die Nahrung zu; das Ausmaß hängt freilich davon ab, inwieweit die Patientinnen in Laufe ihrer Entwicklung diese Funktion schon introjizieren konnten.

In der Beantwortung der Frage, warum am Anfang des Eßanfalls noch normal gegessen werden kann, sind wir nun vielleicht etwas weiter. Anfangs scheint noch Hoffnung auf eine gute Containing-Erfahrung vorzuliegen, daß sich das Nahrungsmittel für die projektive Identifizierung als geeignet erweisen und die Spannung durch Transformation von Beta-Elementen in Alpha-Elemente mildern möge, eine Hoffnung, die die Patientinnen auch deshalb vorläufig aufrechterhalten können, weil sie sich noch unter Kontrolle haben, ein Hinweis darauf, daß der Phallus – „der Kontrolle mächtig sein" – zumindest partiell introjiziert wurde.

Es sieht also so aus, als suchten die Patientinnen im Nahrungsmittel das nur gute Partialobjekt „lächelnde Brust", das narzißtische Zufuhr liefert und zugleich Container für die projektive Identifizierung sein soll. Dem Partialobjektcharakter entspricht, daß auch das Selbst nur ein Partialselbst, genauer: ein Partialkörperselbst, ist: „Ich bin nur noch Bauch" (vgl. Gerlinghoff, ib., 109). Auch wenn sich bei dieser Funktion bisweilen nur schwer zwischen dem Nahrungsmittel als Container oder einfach als Ventil zur Evakuation unterscheiden läßt, gilt in jedem Falle, daß der Eßanfall keinen einfachen Umweg oder eine Zwischenstation auf dem Weg zum Erbrechen darstellt. Bereits *im* Eßanfall besteht der Wunsch zur Projektion von Beta-Elementen – hier in das Nahrungsmittel. Wegen dieser Projektionen aber wird die Nahrung im weiteren Geschehen zum „schlechten Objekt". Es ist, als vergifteten sich die Patientinnen sozusagen selbst ihr Lebensmittel mit ihren Beta-Elementen, z. B. mit ihrer narzißtischen Wut. Dies dürfte der Hauptgrund sein, weshalb der Introjektionsprozeß gestört wird und die

Patienten sich nach dem Eßanfall noch schlechter als zuvor fühlen. Man muß sich das so vorstellen, als würde ein gesunder Apfel in einen Korb voller fauler Äpfel gelegt, deren Fäulnis ihn alsbald angreift. Bei der Erörterung der Genese werde ich zeigen, daß die Nahrung auch von den elterlichen Projektionen „vergiftet" wird.

Von Hirsch wurde in Erwägung gezogen, die Nahrung als Übergangsobjekt zu betrachten (vgl. auch Senf, ib.). Er kommt zur Auffassung, daß „bei der Bulimie eher die Nahrung als ein schon mehr äußeres Objekt als Übergangs-Objekt dient" (1989b, 80). Eine meiner Patientinnen könnte diese These bestätigen. Sie verglich das Essen mit ihrem „Tuchi", ein Tuch aus der Kindheit, an dem sie als Erwachsene noch hing, das sie sich um den Hals legte und an dem sie roch. Die Art des Gebrauchs des Tuches legt nahe, daß es sich um ein Übergangsobjekt handeln dürfte (vgl. Winnicott, 1973). Auch die von Abraham geschilderten Patientinnen, die unter Heißhungeranfällen litten und „auf der Straße oder an anderen Orten plötzlich von Hunger befallen werden und Vorsorge halber stets Eßwaren bei sich tragen" (1916, 97), schienen die Nahrung wie eine Art Übergangsobjekt bei sich zu tragen. Hirsch meint, daß es sich um eine „pathologische Beziehung zu einem Übergangsobjekt" handelt, „wohl aber der Versuch gemacht wird, die Nahrung als Vorläufer des Übergangsobjekts, dem mehr Ersatz- als Symbolfunktion zukommt, zu verwenden" (ib., 81). In jedem Falle ist festzuhalten, daß nicht das Essen als materielles Ding besetzt wird, sondern die Bedeutung, die dem Nahrungsmittel zukommt.

Aber handelt es sich nun um eine „pathologische Beziehung zu einem Übergangsobjekt" oder um ein – wie McDougall vorschlägt – „pathologisches Übergangsphänomen"? Gesteigerte Gefräßigkeit sei ein Beispiel, bei dem ein außermenschliches Objekt unbewußt die Rolle der *Mutter* in einer ersehnten Verschmelzung spiele. Sie vermutet, daß alle Sucht-'Objekte' in die Kategorie der pathologischen Übergangsphänomene gehörten (vgl. 1985, 427), und an anderer Stelle: „Im Grunde stellen alle Süchte, vom Alkoholismus und der Bulimie bis zur Einnahme von Schlaftabletten und Aufputschmitteln, Versuche dar, Gegenstände der Außenwelt anstelle fehlender symbolischer Objekte zu benutzen" (ib., 371). Damit wäre die Nahrung aber Ersatzobjekt und kein Übergangsobjekt. Schulte und Böhme-Bloem schreiben: „Es erscheint uns allerdings wichtig, darauf hinzuweisen, daß die Besetzung der Nahrung als Übergangsobjekt definitionsgemäß später wieder verlassen werden muß. Die Bezeichnung 'Übergangsobjekt' gilt nicht mehr für die erwachsenen bulimischen Frauen; hier sollte besser von 'Ersatzobjekt' gesprochen werden" (ib., 73).

Ich finde es schwierig zu entscheiden, ob die Nahrung ein Übergangsobjekt, also ein Symbol für die verlorene Einheit mit der Mutter ist oder nicht. Es gibt Argumente, welche gegen die Bedeutung der Nahrung als Übergangsobjekt sprechen. Da ist zunächst die Tatsache, daß Übergangsobjekte nicht introjiziert werden, sie müssen ein Bestandteil der Außenwelt bleiben und dürfen auch nicht zerstört werden. Beides aber erfolgt mit dem Nahrungsmittel. Übergangsobjekte werden auch nicht vergessen, nicht weggeworfen, sondern deponiert, man könnte sie noch mal brauchen. Die Bulimikerin operiert aber nach dem Ex-und-Hopp-Prinzip. Anderseits haben wir erfahren, daß das Essen so hoch besetzt ist, daß es zum einzigen, ausschließlichen Beschäftigungsgegenstand wird, was wiederum für die Bedeutung als Übergangsobjekt spricht. Auch ist durchaus denkbar, daß die Nahrung zunächst, z. B. in der Zeit des Planens, die Bedeutung eines Übergangsobjekts haben kann. Aber im Zuge der dann fortschreitenden Regression unter dem Einfluß der narzißtischen Wut kommt es auch zur Objektregression, wie ich eingangs deutlich gemacht habe. Will man also die Bedeutung des Nahrungsmittels bestimmen, kommt es meines Erachtens darauf an, sich zu vergewissern, welche Phase des Eßanfalls bzw. welches Stadium der Regression zur Debatte steht. Was vormals Gültigkeit besaß, kann diese im Regressionsprozeß verlieren, um sie später wiederzugewinnen. Am besten kann man sich den Bedeutungswandel an der Metamorphose des Objektes zum Introjekt vergegenwärtigen. Ist das Nahrungsmittel noch ein äußeres Objekt, könnte ich es mir als Übergangsobjekt denken, als Introjekt fügt es sich jedoch nicht der Definition. Es gibt aber noch ein Moment, das gegen die These vom Nahrungsmittel als Übergangsobjekt spricht. Ich werde später zeigen, daß es in der Kindheit der Bulimikerin zu keiner gewachsenen, d. h durch Übergangsobjekte gestützten Loslösung aus der Symbiose kommt, sondern zu einer forcierten Progression in die asymbiotische Distanz (vgl. Ettl, 1988), d. h. in die Pseudoautonomie, was auch erklären könnte, weshalb die Symbolbildung so anfällig für Störungen ist. Möglicherweise muß man von einer Pseudosymbolisierung ausgehen, ein Aspekt, der genauerer Untersuchung bedürfte.

Ich habe eben darauf hingewiesen, daß unbedingt in Rechnung gestellt werden muß, daß das Nahrungsmittel gleichzeitig Mehrfachbedeutung und -funktion haben kann (vgl. Willenberg, 1989). und diese sich zudem im „psychosexuellen Stoffwechsel" (Abraham) verändert. In der Planungsphase hat es eine andere Bedeutung als kurz vor bzw. nach dem Erbrechen. Zunächst ist es Außenobjekt, dann Introjekt, dann assimiliertes Objekt, zumeist aber Fremdkörper, mal ist es Liebesobjekt, mal Objekt der Wut und des Hasses. Die Bedeutungsverschiebung erfolgt aber entlang der Grundlinie eines zunächst guten, idealisierten Objektes, welches zu einem bösen, verfolgenden Objekt mutiert, wenn es sich im Inneren befindet. Kann also das Nahrungsmittel für ein und dieselbe Patientin in verschiedenen Stadien der Regression verschiedene Bedeutungen und Funktionen übernehmen, so kann dies auch von Patientin zur Patientin variieren. Um der Metamorphose, ferner der Vielfalt der Bedeutungen und Funktionen gerecht zu werden, die die Nahrung im Laufe des Anfalls durchlaufen kann, scheint es mir angezeigt, die Definition offenzuhalten und das Nahrungsmittel als ein Ersatzübertragungsobjekt im Sinne eines Nebenübertragungsobjektes zu bezeichnen, eine Definition, die sich auch der Beobachtung nicht verschließt, daß ebenso Selbstanteile in das Nahrungsmittel projiziert werden, es also Projektionsfläche für das Selbst ist. Definiert man das Nahrungsmittel als Ersatzübertragungsobjekt, so ist unmißverständlich, daß im Eßanfall auf das Nahrungsmittel übertragen und projiziert wird, und zwar als Ersatz, um die Beziehung zu Personen von Bedürfnissen, Affekten und Konflikten freizuhalten. Wir werden im Laufe der Untersuchung noch vielen Bedeutungen begegnen. Das Nahrungsmittel ist im wahrsten Sinne ein „Joker", der überall dort eingesetzt wird, wo sich ein Mangel auftut.

Gerade wenn man das Schicksal des Nahrungsobjektes verfolgt, wird eine weitere Bedeutung erkennbar: das Nahrungsmittel als exkrementelles Objekt, als Fäzes. Diese Bedeutung bekommt es aber nicht erst, wenn es sich in den Eingeweiden befindet, obwohl es dort den Phantasien der Patientinnen zufolge zum „nur schlechten" Objekt wird, nein, Fäzes-Bedeutung hat es oft schon als noch äußeres Objekt. Meltzer berichtet z. B. von einer „Idealisierung der Fäzes als Nahrung" (1967, 135). Ich habe anfangs erwähnt, daß Bulimikerinnen im regressiven Sog gegebenenfalls auch Dinge aus dem Mülleimer essen. Manche entwickeln eine Vorliebe für Abfälle, verdorbene Nahrung, für Nahrung, deren Haltbarkeitsdatum abgelaufen war. Für eine war letzteres nachgerade zur Bedingung geworden, um sie sich einzuverleiben. Es war ihr nämlich wichtig, daß andere Personen an dieser Nahrung kein Interesse mehr hatten. So brauchte sie keine Angst haben, jemandem etwas wegzuessen. Das war aber nur ein Teil der Erklärung für ihre Wahl. Ihre Mutter hatte die Angewohnheit, aus einer Laune heraus Dinge, die Bedeutung für die Patientin hatten, ohne deren Zustimmung in den Müll zu befördern, aus dem die Patientin sie dann nach langem Suchen wieder hervorzog, womit der „Abfall" zum einzigen und begehrten Objekt wurde, das „einen darben läßt" (Bion, ib., 138). Hier förderte die Mutter die Phantasie vom zu introjizierenden Objekt als Fäzes. Auch in der Bemerkung einer anderen Patientin wird die Fäzes-Bedeutung des Essens gut sichtbar: „Ich decke meine ganzen Gefühle, meine Sehnsucht, mein sexuelles Verlangen mit Müll zu", womit sie die Nahrungsmittel meinte.

Ich habe eingangs das Phänomen, daß trotz der Unmengen an Nahrung keine Sättigung eintritt, mit dem Nirwanaprinzip von Spitz verglichen und gesagt, daß die Besetzung der Nahrung nicht der materiellen Substanz, sondern ihrer subjektiven Bedeutung gilt, und daß die Nahrung aus der Enttäuschung und den Verlustgefühlen „durch einen Eingriff von außen" befreien soll, damit die Außenwahrnehmung wiederaufgenommen werden kann (vgl. Spitz, ib.). Der Nahrung kommt also eine ähnliche Funktion zu wie einer Person, die einen Tobsüchtigen fest in die Arme schließt, damit er sich beruhigen möge.

Die Entwertung der Nahrung

Ich sagte zuvor, im Eßanfall bestünde das Bedürfnis zur Projektion von Beta-Elementen in die Nahrung und daß wegen dieser Projektionen das vormals gute, idealisierte Nahrungsmittel vergiftet und zum „schlechten Objekt" würde. Es gibt aber noch andere Gründe, derentwegen sich trotz anfänglicher Zufriedenheit im Eßanfall letztlich kein Wohlbefinden einstellt, sondern sich der Zustand der Patientinnen verschlimmert. Wenn Bion sagt: „Ein Kind, das eine böse Brust 'Bedürfnis nach einer Brust' in sich hat, (kann) sie ausscheiden, indem es an der Brust saugt" (ib., 109), und ihm zufolge die Befriedigung eines Bedürfnisses als Ausscheidung eben dieses Bedürfnisses empfunden werden kann (vgl. ib., 110), so deutet alles darauf hin, daß dieser Versuch mit Hilfe des bulimischen Anfalls gründlich mißlingt.

Wir sagten, daß die Bulimikerin zum Nahrungsmittel eine Beziehung unterhält, die der „primären Objektliebe" sehr nahekommt. Balint schreibt über die Eigenschaften dieser Wünsche:

„Sie sind erstens ausnahmslos objektgerichtet, zweitens übersteigen sie nie das Vorlustniveau. Das heißt erstens: Nur die Außenwelt, die Umgebung kann sie befriedigen, eine autoerotische, narzißtische Erledigung ist bei ihnen unmöglich. Weiter, falls die Befriedigung im richtigen Zeitpunkt und im richtigen Ausmaß erfolgt, löst sie nur kaum beobachtbare Reaktionen aus, eben weil das Befriedigungserlebnis so leise verläuft. Man könnte dieses Lustgefühl als ein stilles, ruhiges Wohlbehagen beschreiben" (ib., 100). Was aber, wenn der Analytiker den Erwartungen nicht entspricht? Hören wir weiter: „Bleiben aber diese Wünsche unbefriedigt, so wird ihre Erfüllung ganz vehement gefordert, eine etwaige Versagung ruft die allerheftigsten Reaktionen hervor (...) Verlust der seelischen Sicherheit, das Gefühl der eigenen Wertlosigkeit, Verzweiflung, tiefe bittere Enttäuschung, das Gefühl der Unfähigkeit, sich je wieder einem Menschen anvertrauen zu können und dergleichen mehr. Dies, gemischt mit der gehässigsten Aggression, mit wildesten sadistischen Phantasien, mit Orgien der raffiniertesten Quälereien und Erniedrigungen des Analytikers. Dann wieder Angst vor der Vergeltung, die vollkommenste Zerknirschtheit, da man es für immer verspielt habe, vom Analytiker geliebt oder auch bloß mit Interesse und Wohlwollen weiterbehandelt zu werden, nie werde man von ihm auch nur eines guten Wortes gewürdigt werden usw. (...) Bei der ersten ernsten Versagung oder erheblichen Verspätung der Befriedigung bricht das ganze Gebilde dieser suchtartigen Glückseligkeit zusammen, und jäh schlägt die Stimmung in die oben beschriebene Form der Verzweiflung, des Hasses und der Vergeltungsängste um" (ib.).

Wir wissen, daß sich Wohlbefinden bei der Bulimikerin, wenn überhaupt, nur am Anfang einstellt, dann kommt es zu den „allerheftigsten Reaktionen", dem Eßanfall. Ersetzen wir den „Analytiker", der den Erwartungen nicht entspricht, durch das naturgemäß völlig passive Nahrungsmittel, so haben wir eine ziemlich präzise Darstellung des Anfallsgeschehens: Gehässigste Aggression, wildeste sadistische Phantasien, Orgien der raffinierten Quälereien und Erniedrigungen gelten dem Nahrungsmittel, und wir werden bald sehen, daß die Patientinnen – genau wie von Balint beschrieben – unter dem Verlust der seelischen Sicherheit leiden, dem Gefühl der eigenen Wertlosigkeit, Verzweiflung, unter tiefer bitterer Enttäuschung, dem Gefühl der Unfähigkeit, sich je wieder einem Menschen anvertrauen zu können.

Doch gehen wir Schritt für Schritt voran. Wir konnten feststellen, daß ein Spannungszustand temporär durch Essen gemildert wird, daß sich die Bulimikerin zumindest zu Beginn ihres Essens manchmal durchaus wie ein „selig lächelnder Säugling" (Schulte & Böhme-Bloem, ib., 59) erleben kann. Auch Hirsch schreibt, daß die Nahrung am Anfang des bulimischen Anfallsgeschehens noch als etwas Gutes erlebt würde, „wenn es sich nicht bereits verselbständigt hat und die entstehende große Gier nicht mehr zu begrenzen ist" (1989b, 81). Die Frage ist, warum es zu dieser von Hirsch erwähnten Verselbständigung der Nahrung und der großen Gier kommt. Hören wir eine Patientin: „Erst aß ich nur einen Apfel und war stolz, daß ich nicht mehr brauchte. Da ich mich aber nicht satt fühlte, mußte ich dann ein Brötchen essen. Aber ich spürte immer noch nichts, so aß ich noch eines, wieder nichts, dann noch eins, *dann fing das an mich zu ärgern,* und dann aß ich mehr und mehr, wobei ich *immer saurer* wurde." Das Beispiel zeigt, welche hohen Erwartungen diese Patientin an den Apfel hatte. Er allein sollte sie „satt" machen, obwohl sie lange vor seinem Verzehr nichts zu sich genommen hatte. Wir wissen, daß „satt werden" heißt, die Nahrung möge sich als idealisiertes Selbst-Objekt eignen und die Container-Funktion der Aufnahme der Beta-Elemente erfüllen. Bei ihr wurde der Apfel zunächst zum omnipotenten, idealisierten Objekt, und man kann darin ohne Mühe die frühen Erwartungen an eine omnipotente Brust erahnen, wie wir sie auch bei der Patientin von U. Grunert gesehen haben, die hoffte, ihr wüchsen große Brüste und ein Penis, so daß sie Mann und Frau zugleich wäre.

Aber der „Hunger", die böse Brust, verschwindet nicht, weil die Patientinnen in der Nahrung nicht finden können, was sie dringend benötigen. Die Kränkung darüber, daß das Nahrungsmittel nicht das ersehnte Wohlbefinden bringt, daß die an es gerichtete Hoffnung sich nach und nach als trügerisch erweist und es naturgemäß absolut passiv bleibt, kein Container ist, erzeugt narzißtische Wut. „Jeder neigt zwar dazu, auf narzißtische Kränkungen mit Beschämung und Ärger zu reagieren", schreibt Kohut, „quälendste Scham und heftigste narzißtische Wut entstehen jedoch bei jenen Individuen, für die ein Gefühl absoluter Kontrolle über eine archaische Umgebung unabdingbar ist, weil die Aufrechterhaltung ihres Selbst und ihrer Selbstachtung auf der bedingungslosen Verfügbarkeit der billigendspiegelnden Funktionen eines bewundernden Selbst-Objekts beruht oder auf der stets vorhandenen Gelegenheit zur Verschmelzung mit einem idealisierten Selbst-Objekt" (1973b, 541). Diese Wut über das Versagen der Container-Funktion der Nahrung tritt nun zu jener Wut hinzu, die durch die Auslösesituation provoziert wurde, potenziert diese und gerät darüber zur maßlosen, zur „unersättlichen Wut" (ib., 540). Ihre Intensität sorgt dafür, daß die Mahlzeit die „magische Grenze" erreicht. Hinzu tritt noch die Verzweiflung wegen der Abhängigkeit vom Nahrungsmittel, die, in die Nahrung projiziert, mit ihr introjiziert wird. „Liebe ist der allgemeinere Begriff; mehr Menschen und Dinge können geliebt als gehaßt werden, da Haß als zusätzliche Bedingung noch eine Verleugnung der Abhängigkeit verlangt", schreibt Balint und fährt fort: „Liebe kennt keine Schranken, alles und jedes kann geliebt werden, was jemals unsere Bedürfnisse befriedigt hat oder von dem wir in Zukunft irgendeine Befriedigung erwarten können. Um aber hassen zu können, müssen wir von den betreffenden Menschen und Dingen erst abhängig sein. Haß ist ein Maßstab der Ungleichheit zwischen Objekt und Subjekt; je geringer diese und je reifer das Subjekt ist, um so weniger bedarf es des Hasses" (Balint, ib., 161). Diese Abhängigkeit wiederum kränkt, weil sie die omnipotente Autarkie stört.

Die „magische Grenze" läßt sich jetzt entmystifizieren: Es ist die Stelle im Verlauf des Anfalls, an der die Patientinnen spüren, daß das Nahrungsmittel ihren Erwartungen nicht entspricht und sie über die Enttäuschung wütend werden. Die Wut aber verhindert jedes weitere sinnvolle Essen, denn die Situation ist ab jetzt dem „Nirwanaprinzip" (Spitz) vergleichbar: Die Nahrung wird – wie die Brustwarze – nicht mehr wahrgenommen. Deshalb kann auch aus dem Müll gegessen werden.

Die „unersättliche" Wut dürfte auch für die Triebregression, die an der „magischen Grenze" einsetzt, verantwortlich sein. Beinhalten Planen und normales Essen noch Kontrolle und Berechnung, womit sie der anal-retentiven Phase zuzurechnen wären, wird mit dem Verlust der Kontrolle die Markierungslinie zwischen anal-retentivem und anal-expulsivem Modus regressiv durchbrochen, und die Patientinnen befinden sich auf einer früheren Stufe der Analität. Es kommt ferner zu einem Wechsel in der Einstellung zum Ersatzobjekt, zum Umschlag von Idealisierung in Haß: Am Anfang noch mit narzißtischer Liebe einverleibt, wird die Nahrung in dieser Phase zunehmend zu etwas durch narzißtische Wut Kontaminiertem und als solches verzehrt. Der Anfall steigert sich zum wütenden Fressen, so als sagten sich die Patientinnen: Und bist du nicht willig, so brauch' ich Gewalt. Der im Haß verschlungene Apfel aber wird als Introjekt im Innenleben der Patientin eine gänzlich andere Wirkung zeigen als der mit Liebe verspeiste (vgl. Heimann, 1948/49, 64), er wird dort zum bösen Introjekt.

> Diese Ereignisse lassen sich auch auf der Ebene der Objektbeziehung beobachten. Eine Patientin hatte eine Reihe guter Erfahrungen gemacht. Ich hatte ihr in einer Vormittagssitzung ihren Fortschritt in der Analyse zeigen können, am selben Tag hatte man sie am Arbeitsplatz gelobt, Interesse an ihrer Arbeit gezeigt und sie entsprechend finanziell ent-

lohnt. Am Nachmittag sitzt sie in einem Café, am Nachbartisch ein Liebespaar. Ihre Gedanken wenden sich ihrem Freund zu, und sie bemerkt, wie sie ärgerlich auf ihn wird, weil er sie von ihrem Wunsch nach einem Kind abbringen will, obwohl sie es immer selbst war, die ein gemeinsames Kind verhinderte. Das Liebespaar am Nachbartisch hatte kurzfristig die Sehnsucht nach einem Kind bei ihr geweckt – ein Wunsch, der immer nur in Abwesenheit des Freundes gedacht werden durfte. In Gedanken hadert sie mit ihm und wirft ihm vor, daß das alles mit ihm nicht möglich sei. Ihre Stimmung verschlechtert sich, das Zerstörerische in ihr gewinnt die Oberhand, und ihre Phantasie gipfelt in der Vorstellung, dem Freund „die Eier abzuschneiden". Zuvor aber wollte sie mich anrufen, um die gute Erinnerung an den Freund bei mir zu deponieren. Wut und Zerstörungslust erfaßten nach und nach alle guten Ereignisse des Tages. Als sie zur nächsten Stunde kam, war alles Gute nur noch „Schwachsinn".

Ab der „magischen Grenze" wird aus dem normalen Speisen ein Eßanfall, der nun zu Recht den Namen „Attacke" verdient. Allerdings sind es nicht die Patientinnen, die attackiert werden, wie sie glauben, sondern sie selbst sind es, die eine Attacke gegen das Nahrungsmittel, das ihre Hoffnungen nicht erfüllt hat, reiten und dem sie fortan, vor Wut schäumend, die ihnen vorenthaltene Omnipotenz und narzißtische Zufuhr gewaltsam entreißen wollen. Beeindruckend schildert eine bereits zitierte Patientin: „Meine Stimmung schlägt dann um, ich beiße fester zu, zerbeiße auf einmal alles ganz bewußt, könnte mich selbst auffressen, kriege eine Wut auf das ganze Essen auf dem Tisch, auf die ganze Welt, auf meine Eltern, möchte etwas an mich reißen, am liebsten etwas rauben" (Schulte & Böhme-Bloem, ib., 60). Dieses Beispiel zeigt überdies, daß die Patientin ab jetzt nicht mehr zwischen Innen und Außen unterscheidet, denn ihre Wut gilt gleichermaßen der Nahrung wie dem Selbst. Nahrung und Selbst sind eins geworden, mehr noch: Sie ist mit sich und der „ganzen Welt" eins, wenn auch noch Reste von Subjekt-Objekt-Trennung durchschimmern, wenn sie den Impuls zum Rauben verspürt. Der Schritt von der benignen zur malignen Fusion ist erfolgt.

Weil die erhoffte Restitution des Wohlbefindens ausbleibt, steigert sich der „Hunger" zur Gier, aber nicht nach Nahrung, sondern nach narzißtischer Restitution. Auch diese Gier ist verantwortlich dafür, daß aus dem vormals guten Ersatzobjekt ein schlechtes wird, denn sie sorgt sowohl für die unverträgliche Menge an Nahrung, die einverleibt wird, als auch für das ungesunde Schlingen in Brocken, das zur Unverträglichkeit beiträgt.

Summa summarum ist die narzißtische Wut verantwortlich für die Verselbständigung und die Gier, die das Essen allmählich zum Fressen werden lassen. Das Objekt Nahrung erfüllt nicht die Alpha-Funktion, das „Bedürfnis nach der Brust" verschwindet nicht, das Ausstoßen der Beta-Elemente mißlingt, und die verlorene Omnipotenz läßt sich nicht zurückerobern. Die vorhandene Spannung erhöht sich. Die ausgesprochen prekäre narzißtische Befindlichkeit erhält einen zusätzlichen Tiefschlag, weil sich die Patientinnen nun auch noch mit ihrem Kontrollverlust konfrontiert sehen und überdies die gewünschte Beherrschung und Verfügung übers Objekt restlos verlorengeht. Der Anfall zeigt ja, daß es nicht mehr die Patientinnen sind, die die Nahrung beherrschen, sondern daß das Umgekehrte gilt, sie sind ihr völlig ausgeliefert. Auch müssen noch körperliche Beschwerden, die durch die Unmengen von Nahrung im Leib entstehen, ertragen werden. Die Nahrung ist also auf ganzer Linie unbefriedigend.

Die Parallelität von primärer Liebe zum Analytiker und zur Nahrung deutet schon an, daß Nahrungsbeziehung und Objektbeziehung nach gleichen Mustern ablaufen. Auch dort kommt es nach der anfänglichen Idealisierung des Objektes zur Enttäuschung, denn über kurz oder lang bricht diese Idealisierung in sich zusammen, weil auch die Männer – wie die Nahrung – nicht über die von den Patientinnen ersehnten Eigenschaften verfügen. „Bald wird deutlich", berichtet Trempler von seiner Patientin, „daß das Bild ihres Freundes weit entfernt ist von ihrem Ideal eines absolut starken Mannes, der sie trägt und der sie aushalten kann" (1991, 162). Im Erleben der Patientinnen stürzen die Männer entsprechend dem „Alles-oder-nichts"-Prinzip ab und werden zu Versagern. Nach meist heftigen Streitereien – der „magischen Grenze" – trennen sie sich tief enttäuscht. „Ich war nur in Arschlöcher verliebt", resümierte eine Patientin, und auch der „Käsekuchen" hat letztlich nicht gelacht. Das ist die Enttäuschung sowohl am Objekt wie an seinem Ersatz.

VI. Das Überich / Ichideal

*„Vor dem Sklaven, wenn er die Kette bricht,
vor dem freien Menschen erzittert nicht" (Schiller)*

Ich habe zuvor angedeutet, daß das Überich der Bulimikerin verantwortlich dafür sein könnte, daß Gefühle so unerträglich und damit zu Beta-Elementen werden, weil es sie nicht duldet bzw. als nicht angemessen, als „kindisch" verurteilt. Ich will mich dem Thema „Überich" zunächst über den Begriff „Anfall" nähern, der im Zusammenhang mit bewußt herbeigeführten, absichtlich geplanten Eßanfällen irritiert. Die gelegentlich auftauchende Bezeichnung „Freßorgie" würde der Sache gerechter, weil eine Orgie in der Tat geplant werden kann. Begriffe wie „Anfall" oder „Attacke" legen nahe, das Subjekt betrachte sich als Opfer eines Geschehens. Die passive Position aber liegt quer zum Planen als aktivem Vorgang, das doch eher an eine vorsätzliche Tat oder vielleicht – weniger forensisch gesprochen – an die Vorbereitung eines Rendezvous denken läßt. Wir werden später sehen, daß in gewisser Weise beides zutrifft. Hier will ich einstweilen festhalten, daß mir allein für die Ad-hoc-Anfälle dieser Begriff gerechtfertigt scheint. Andererseits muß man davon ausgehen, daß *alle* Anfälle in bestimmter Hinsicht „geplant" sind, ja werden müssen, schließlich ist die Abwesenheit von Zeugen Voraussetzung für einen Anfall, und die muß erst hergestellt bzw. abgewartet werden. Überdies haben wir erfahren, daß die Patientinnen eine Attacke auf das Nahrungsmittel vornehmen, sie also nicht nur Opfer sind. Aber für unsere Überlegungen muß das Erleben der Patientinnen wegweisend bleiben, und wir haben ja keinen Anlaß, an ihrem Erleben zu zweifeln, allenfalls an den Begründungen, die sie für ihr Erleben geben.

Das Unzutreffende des Begriffs wird also seinen Grund haben. Man könnte denken, es habe sich einfach eine unreflektierte Nachlässigkeit in den Sprachgebrauch eingeschlichen. Ich meine jedoch, daß ein Konflikt mit dem Überich hier seine Wirkung zeigt. Die Begriffswahl dürfte damit zu tun haben, wie die Patientinnen ihre Erkrankung erleben: als schuldhaftes Vergehen, das es zu rechtfertigen gilt. Die geplante Völlerei einen „Anfall" oder eine „Attacke" zu nennen könnte der Versuch sein, das Überich irrezuführen, um dessen Vorwürfe abzuwenden, denn für einen „Anfall" ist man ebensowenig verantwortlich wie für seine Träume, wie manche glauben. Die Begriffswahl hätte demnach Legitimations- bzw. Entlastungsfunktion. Möglicherweise hat die Bemerkung jener eingangs erwähnten Patientin, die „wie für eine ganze Gesellschaft" einkaufte, eine ähnliche Funktion: Wenn sie vorgibt, sie kaufe nicht nur für sich ein, könnte auch das eine Legitimation vor dem Überich sein. Ist die Rede vom „Anfall" also nur eine Schutzbehauptung vor dem Überich? Die Frage ist nicht eindeutig zu beantworten, denn ich werde später, wenn ich die szenische Bedeutung des Anfalls erörtere, zeigen, daß es mindestens einen guten Grund dafür gibt, diesen Begriff zu wählen.

Das regressiv personifizierte Überich

Zweck dieses Exkurses in die Begriffswelt der Bulimie war es, zu demonstrieren, daß auch bei der Bulimie, wie bei allen Eßstörungen, das Überich eine große Rolle spielen dürfte. Zwar macht das ungehemmte, zügellose Eßgebaren von außen gesehen nicht den Eindruck, als sei ein Überich wirksam, und auch die Tatsache, daß eine andere Person oder eine terminliche Verpflichtung eine die Patientinnen vor dem Anfall schützende Funktion, also eine Aufpasserfunktion, zu übernehmen vermag, könnte den Verdacht aufkommen lassen, das Überich fehle oder sei zumindest lückenhaft. Aber bereits 1931 resümierte Fenichel: „Alle Autoren sind sich darin einig, daß auch bei solchen Fällen (bei starken Triebdurchbrüchen in die Wirklichkeit, T. E.) ein vollkommener Mangel des Überichs wohl nie oder äußert selten vorliegt, sondern daß es sich um Anomalien in der Qualität des Überichs und seiner Beziehung zum Ich handeln muß" (191), und an anderer Stelle: „Man kann die Frage nach dem unbewußten Inhalt der Impulshandlungen nicht verlassen, ohne ausdrücklich zu erwähnen, wie diese Handlungen geeignet sind, nicht nur unterdrückten und entstellten Regungen des Es, sondern gleichzeitig solchen eines strengen Über-Ichs Genüge zu tun" 1931, 59). Von Essen und T. Habermas schreiben: „In der Bulimie hingegen nimmt das Subjekt die Verantwortung für seine Symptomhandlungen auf sich, wie die auf diese folgenden schweren Scham- und Schuldgefühle zeigen" (1989, 122), und Wurmser schreibt über die Impulshandlungen, zu denen er die Bulimie zählt: „Dabei ist es wichtig zu verstehen, daß diese Patienten nicht unter einem zu wenig, sondern unter einem zu stark ausgeprägten oder einem konfliktzerrissenen Überich leiden" (1986, 110).

Mit anderen Worten, wir müssen uns den Eßanfall noch mal vornehmen und wie den nackten Leib des Wassermädchens nach vitalisierbaren Spuren des Überichs absuchen. Sie sind schnell gefunden. Alle meine Bulimie-Patienten litten unter einem strengen Überich, welches allerdings nur selten die Rigidität desjenigen der Anorexie erreichte. Während sich die Anorexie von vornherein das Essen verbietet, nimmt sich die Bulimie erst, was sie braucht, um dann in heftige Konflikte zu geraten. Bei der Bulimie „kommt (erst) das Fressen, dann (...) die Moral" (Brecht). Manche beschrieben ihr Überich mehr oder weniger abstrakt, z. B. als „Gericht" oder als „schwarzen Kasten um den Kopf herum", andere wiederum gaben ihm, ohne viel Federlesens zu machen, den Namen ihrer Mutter. So konstatierte eine bündig: „Mein Gewissen heißt Mathilde." Als ich der Patientin zuhörte, konnte ich mir gut eine Frau mit verbissenem Gesicht, in eine Quäkerhaube zurückgezogen, vorstellen.

Die Patientinnen irren sich nicht, denn: „Das Überich ist ja nichts anderes als ein introjiziertes Objekt" (Fenichel, 1931, 84), und an anderer Stelle: „Es ist ein strukturell ausgezeichneter Teil des Ichs, durch Introjektionen von Außenweltpersonen entstanden, dem übrigen Ich mehr oder weniger gegenübergestellt, dasselbe beobachtend und an es Forderungen richtend, aber auch Schutz und Anerkennung gewährend – eine intrapsychische, desexualisierte Fortsetzung einer äußeren sexuellen Objektbeziehung" (1939, 176). „Aber", so Fenichel weiter, „das normale Überich ist in der Regel ein introjiziertes Objekt *gleichen* Geschlechts" (1931, 84), die Beziehung zu ihm wird von desexualisierter Libido ursprünglich homosexuellen Charakters gehalten (vgl. ib.). Das scheint mir allerdings nur für eine spätere Schicht des Überichs, die ödipale, zuzutreffen. Die früheren Schichten dürften allemal, auch bei Jungen, mütterlich sein, gleichwohl ist Fenichels Bemerkung für unseren Zusammenhang von Bedeutung, weil wir es vorwiegend mit einer Frauenkrankheit und insofern mit einem ursprünglich gleichgeschlechtlichen Introjekt („Mathilde") zu tun haben, mit dem sich die zu erörternden Probleme ergeben. Die Kennzeichnung des Überichs mit einem weiblichen Namen zeigt überdies seinen Entwicklungsstand an, nämlich als ein noch personifiziertes Überich, wie auch das Zitat Wurmsers, in dem er vom „konfliktzerrissenen" Überich spricht, nahelegt – und wie schließlich aus folgender Bemerkung einer Patientin ersichtlich wird: „Ich hungerte den ganzen Tag über, und am Abend fraß ich alles, was mir in die Finger kam, meist heimlich in meinem Zimmer, wenn schon alle schliefen (...) Süßigkeiten quollen aus allen Ecken, und ich hatte eine hämische Freude, dabei an *meine Mutter* zu denken, die uns als Kinder immer verboten hatte, Süßigkeiten zu essen" (Gerlinghoff, ib., 23, kursiv v. T. E.). Die hämische Freude gegenüber der verbietenden Mutter dokumentiert die „embryonale" Natur des Überichs (Green) bei der

Bulimie. Man müßte genau genommen von Überich-Vorläufern sprechen. Die Auskünfte machen den Eindruck, als sei es den Patientinnen nicht gelungen, ein eigenes, unabhängiges Überich zu bilden, vielmehr als wäre es noch ganz personifiziert, nicht neutralisiert, als Introjekt nicht assimiliert und im polymorphen Zustand. Für diese Annahme spricht, daß die Patientinnen sich von äußeren Autoritäten abhängig fühlen, reaktiv und nicht von innen gelenkt operieren. Damit wäre aber auch der Entwicklungsstand der Bulimikerin gekennzeichnet, denn: „Erst nach dem Zusammenbruch des Ödipuskomplexes kommt es zur völligen Internalisierung. Wenn die Wertmaßstäbe von der Umgebung völlig unabhängig sind, ist der höchste Reifegrad des Überichs erreicht. Freud war der Meinung, dies falle manchen Frauen darum schwerer als den Männern, weil ihre ödipale Abhängigkeit nicht so plötzlich endet wie die der Knaben. Sie bleibt oft noch längere Zeit bestehen, und damit auch die Abhängigkeit von den elterlichen Werten" (A. Reich, 1953, 942). Man kann sich leicht von der moralischen Abhängigkeit der Bulimikerin, von ihrer Abhängigkeit vom Urteil anderer, „von der Meinung der Leute" (ib.) überzeugen, wenn man sich ihre Abhängigkeit von gesellschaftlichen Normen, namentlich den Schlankheitsnormen, vor Augen führt. Die Abhängigkeit erzwingt, die eigenen Wertmaßstäbe ganz denen der Umgebung anzupassen, d. h., das Verhalten der Bulimiekranken wird vorwiegend von äußeren Objekten gesteuert.

Mit diesem personifizierten Überich gibt es offenbar heftige Konflikte. Die Entlastungsversuche mancher Bulimikerin legen diese Annahme nahe: „Grundlage des Aufhörens (mit der Bulimie, T. E.) war die Erkenntnis, daß ich kein Einzelfall bin, daß ich eben mit meinem Problem nicht allein bin" (Langsdorff, ib., 226). Die Entdeckung also, daß auch andere Frauen an Bulimie leiden, daß andere ähnlich fühlen und handeln, bietet Schutz vor Angriffen des Überichs und hat offenbar heilende Wirkung, ein Mechanismus, der an den Witz und die Funktion des Lachens der Zuhörer erinnert. Die Entlastung muß aber – und das entspräche ganz der These über den frühen Status des Überichs – von außen kommen. Freilich funktioniert das nur unter bestimmten Bedingungen. Eine Patientin, allerdings keine Bulimikerin, erklärte mir das so: Eine von ihr für stark gehaltene Frau mit einer Sucht schütze besser vor Gewissensbissen als eine von ihr für schwach gehaltene Frau. Letztere macht angst, weil sie das „schwache Ich" im Konflikt mit dem Überich repräsentiert, während die Identifizierung mit der starken Frau das eigene Ich stärkt und es somit für den Kampf mit dem Überich ausreichend wappnet. Es ist in diesem Zusammenhang interessant zu verfolgen, wie sich die Überich-Inhalte bei Bulimikerinnen im Laufe der letzten Jahre, in denen diese Erkrankung populärer wurde, verändern. Hat man Gelegenheit, Patientinnen zu sehen, die seit Jahrzehnten an Bulimie leiden, oder Bulimikerinnen in den frühen achtziger Jahren behandelt, so kann man sich ein Bild davon machen, wie sie damals, als diese Krankheit noch kaum bekannt war, unter ihrer scheinbaren Vereinzelung gelitten haben, weil ihr Überich sie als Aussätzige verurteilte wie bei obiger Patientin. Eine andere Patientin erzählt: „Ich habe ein Mädchen in meiner Klasse gehabt, der ging es ganz genauso wie mir, und wir haben uns daraufhin zusammengetan, uns aber nie über unsere Eßanfälle ausgesprochen (...) Aber die Konsequenzen erzählten wir uns, daß wir uns beide nicht trauten ins Schwimmbad zu gehen. Das fanden wir beide unheimlich faszinierend, daß es uns genauso ging, weil jede gedacht hat, sie wäre die einzige auf der Welt, die sich nicht traut (...) weil es im Grunde ja so lächerlich ist" (Aliabadi & Lehnig, ib., 228). Das ist heute kein Thema mehr.

An der Strenge und Kritik des Überichs hat die Popularität der Bulimie allerdings nichts geändert, beide scheinen sich nur in seinen anderen Teil, das Ichideal, hinübergerettet zu haben, und dann sieht die Veränderung so aus: Plagten sich die Patientinnen früher, weil sie glaubten, die einzigen zu sein, die so verwerflich verschwenderisch mit der Nahrung umgingen, so plagen sie sich heute mit der Kränkung herum, gerade nicht mehr die einzigen, eben nicht einzigartig zu sein. Das Überich drängt nun das Ichideal auf Erfüllung dieser Einzigartigkeit, letztlich auf Vollkommenheit. Die Popularität hat eine Verlagerung von der Angst vor Entdeckung und Strafe zu der vor Kränkung und Scham bewirkt. Es treten damit die narzißtischen Anteile dieser Erkrankung deutlich in den Vordergrund.

Ein zuverlässiges Indiz für die Existenz eines hochfliegenden Ichideals ist der Perfektionismus der Bulimikerin. Er ist Anhaltspunkt dafür, daß eine Störung in der Entwicklung des Narzißmus vorliegt. Er verlangt von ihr, nur ideale Seiten zu haben und viele Dinge gut zu machen, fordert also in erster Linie Perfektion in der Quantität, was dem oralen Modus entspricht. Eine typische Formulierung lautet: „Ich kann unheimlich viel essen, lasse kein Krümelchen übrig und werde nicht dick", eine illusionäre Erfüllung des Ideals auf ganzer Linie. Mahler sieht im Perfektionismus die Wirkung eines hohen Ichideals, das aber nie erreicht werden könne, weswegen das Selbstgefühl gering sei (vgl. Mahler, 1972, 35). Mit der Perfektion sollen die unerwünschten Selbstanteile bzw. die paranoiden Befürchtungen, die um diese Selbstanteile kreisen, abgewehrt werden. Wären die Patientinnen perfekt, so gäbe es keinen Anlaß für Verfolgung und Strafe seitens des Überichs und folglich keine Verlassenheitsangst. Jacobson schreibt über manisch-depressive Patienten, was mir auch für die Bulimie zuzutreffen scheint: „In der Tat halten diese Patienten für ihre eigene Person und für ihre Liebesobjekte an Wertmaßstäben fest, die viel zu hoch gesteckt sind, als daß sie erreicht werden könnten; hierin liegt der Grund, warum sich ihre Persönlichkeit durch narzißtische Kränkbarkeit oder Verletzbarkeit auszeichnet und warum sie schon auf kleinere Kränkungen oder Enttäuschungen mit einem tiefen Ambivalenzkonflikt reagieren müssen. Sie leiden also unter einer Instabilität ihres Selbstwertgefühls, die sich darauf zurückführen läßt, daß sie allzusehr abhängig sind von der narzißtischen Zufuhr und Liebe eines überschätzten Objekts, von dem sie erwarten, daß es ihnen alles geben kann" (1977, 325). Grunberger schreibt: „Da die Verdienste, die vor dem Ich-Ideal zählen, nur narzißtische Leistungen sein können, versucht das Subjekt diesen Forderungen zu genügen, indem es solche Leistungen erbringt und sich dabei u. U. für immer diesem Zwang unterwirft" (1976, 258 f.).

Schließlich hat die Perfektion auch Bußfunktion. Mit der Erfüllung des Ichideals kann das Überich, das auf dessen Erfüllung pocht, zufriedengestellt werden. Fenichel hat bereits auf diesen Zusammenhang hingewiesen, wenn er von einer Anomalie in der Beziehung zwischen Ich und Überich sprach (vgl. 1931, 191). Von dieser Anomalie kann man sich in der Behandlung überzeugen: Straft sie ihr Überich, klagen die Patienten über seine Strenge und erleben ihr Überich als verfolgend. Tut das Überich nichts, nämlich dann, wenn der Analytiker die Stelle des Überichs zugespielt bekommt, er aber nicht überichhaft agiert, dann haben die Patienten sofort das Gefühl, seine Liebe zu verlieren, nicht gemocht oder gar von ihm rausgeworfen zu werden, und Abhängigkeit vom Überich zeigt sich besonders deutlich. Wir haben es hierbei allerdings nicht mit der Projektion des Überichs zu tun, sondern mit einer infantilen Persönlichkeit, der es nie gelungen ist, ein unabhängiges Überich zu bilden. Diese Abhängigkeit ist A. Reich zufolge Zeichen einer unreifen Beziehung eines schwachen Ichs zu einem Objekt, das so stark und mächtig gesehen wird, wie das Kind einst die Eltern erlebt hatte (vgl. ib., 942).

Mit einem letzten Indiz für die Existenz und Strenge des Überichs will ich die „Beweisaufnahme" abschließen. Über die „grand lady" der Eßstörungen, Hilde Bruch, schreibt Böhme-Bloem: „'Vier Jahrzehnte Eßstörungen' überblickend hatte sie allerdings für die Bulimie nur ein paar moralisierende Sätze übrig. Ein wesentlicher Zug der Bulimiepatientinnen sei ein Defizit im Verantwortungsbewußtsein. Die Bulimikerinnen beklagten sich als hilflose Opfer ihrer Impulse und wollten sogar 'Essen ohne Geld' haben, ihrer Kleptomanie hilflos ausgeliefert" (1996, 9).

Führt man sich die Umstände eines Eßanfalls vor Augen, so kann kein Zweifel daran bestehen, daß ein solches Überich dieses Geschehen keineswegs billigt. Demzufolge erschrecken die Patientinnen, wenn sie im Anfall mit dem gierigen Partial-Selbst, dem Tierischen, konfrontiert werden: „Ich fühlte ständig eine innere Spannung, nicht Hunger, nur abgeblockte Gier, die mich vor mir selbst erschrecken ließ" (Gerlinghoff, ib., 22). Wie kommt es trotz der Strenge – Hinz spricht sogar von einem „archaisch-grausamen Überich" bei seiner Patientin (ib., 5) – zu den Eßanfällen? Die Möglichkeit, daß die Patientinnen überhaupt kein Überich gebildet hätten, scheidet aus. Die Patientinnen müssen irgendeinen Weg gefunden haben, um das Überich herum- oder an ihm vorbeizukommen.

Bei der Erörterung der Impulshandlungen kommt Fenichel zu dem Schluß, es müsse sich um eine Dysfunktion des Überichs handeln, da letzteres die Ausführung solcher Handlungen normalerweise verhindere. Die Auskunft, das Überich solcher Patienten sei von vornherein defekt, widerspreche der analytischen Erfahrung, die oft ein durchaus normales Überich nachweise. Aber schon die bloße Beobachtung zeige, daß das Überich nur zeitweise, bei der Ausführung der Handlung, mangelhaft funktioniere, während es in den Intervallen normal wirksam sei (vgl. 1931, 61). Während eine mögliche Dysfunktionalität des Überichs im Hinblick auf die Eßanfälle unbedingt in Erwägung gezogen werden muß, trifft die Beobachtung, es wäre in den Intervallen normal wirksam, für die Bulimie nicht zu. Schon die konstanten Perfektionsansprüche zeigen, daß auch zwischen den Anfällen das Überich nicht normal wirkt. Zwar ist hier das Ichideal maßgebend, aber das Überich drängt darauf – wie eben angedeutet –, seine Inhalte zu erfüllen, weshalb die Patientinnen ja die Auskunft erteilen, sie *müßten* perfekt sein, nicht, daß sie es wollten, und von Perfektions*zwang* sprechen. Aber zweifellos ist das Überich in den Intervallen reifer als im Anfall. Dort nämlich unterliegt es einem Regressionsprozeß.

Der Aufstand gegen das Überich

Welchen Weg haben die Patientinnen gefunden, an der Mißbilligung des Überichs vorbeizukommen? Fenichel schreibt: „Offenbar hat der Mensch einer ihn einschränkenden Macht gegenüber überhaupt nur zwei Möglichkeiten: Aufstand oder (mehr oder minder illusionäre) Partizipation, die es ihm möglich macht, die Unterdrückung zu ertragen, eine Unterordnung (mit mehr oder weniger masochistischer Sexualisierung), wobei aber die Feindseligkeit, der 'latente Aufstand' doch auch irgendwie erhalten ist" (1939, 177 f.).

Prüfen wir zunächst die Möglichkeit der Unterordnung unters Überich. Sie scheint beim Eßanfall keine Rolle zu spielen. Im Gegenteil: Die Kranken feiern im Anfall Triumphe. Ich erinnere an die Patientin, die heimlich fraß, als alle schliefen: „Ich hatte eine hämische Freude, dabei an meine Mutter zu denken, die uns als Kinder immer verboten hatte, Süßigkeiten zu essen" (Gerlinghoff, ib., 23). Das sieht nicht nach (masochistischer) Unterwerfung aus, vielmehr hat man den Eindruck, als würde im Anfall das Ich die Herrschaft über das Überich erringen und so Anlaß zu triumphieren geben. Da hier die Mutter an der Stelle des Überichs steht, was nach dem bisher Gesagten nicht überrascht, wird der Triumph über die „verbietende Mutter" errungen. Er bedeutet das Ende von Angst und Hemmung, die vom Überich ausgehen. Ich beziehe mich in meiner Darstellung einzig auf den Eßanfall. Beim Erbrechen finden wir andere Verhältnisse vor. Dort gibt es Zeichen solcher Unterwerfung.

Eine andere Möglichkeit, sich gegen das Überich zu verhalten, die nun für die Bulimie durchaus in Betracht gezogen werden muß, ist die der „Bestechung des Überichs" (Alexander, zit. n. Fenichel, 1931, 140). Hier sind es vor allem die geplanten „Anfälle", die den Eindruck machen, als versuchten die Patientinnen ihrem Überich zu signalisieren, daß sie seinen Forderungen nach Kontrolle ihrer Impulse bereitwillig entsprechen werden. Genaugenommen werden nämlich keine „Anfälle" geplant, sondern ein normales, freilich ausgiebiges Essen, aber eines ohne Kontrollverlust. Und genau das soll dem Überich „verkauft" werden. Das solchermaßen bestochene Überich wäre zur Triebbejahung überredet, etwa so, wie man es sich von jenen Mönchen erzählt, die beim Beten rauchten und vom Klostervorsteher deswegen gescholten wurden. Von ihrer Rauchlust geplagt, erhofften sich die Mönche Befriedigung ihrer verbotenen Gelüsten, mit der schmeichlerischen Frage, ob es denn gestattet sei, beim Rauchen zu beten. Der Abt, beglückt über seine frommen

Schäfchen, begrüßte ihr Anliegen zufrieden. So hatten die Mönche ihren Tabak, der Abt sein Gebet. Möglicherweise ist es die Notwendigkeit zur Bestechung des Überichs, die dem geplanten Anfall etwas von der Struktur eines Zwangssymptoms verleiht: Er beginnt mit dem Essen im Zeichen der Abwehr des Impulses und endet, während er diese anscheinend steigert, mit dem Durchbruch des Impulses, der umgeformten Wiederholung der verbotenen Tat.

Aber die Bestechung ermöglicht nicht nur den Eßanfall, sondern sie verspricht auch narzißtischen Gewinn. Mit dem Gefühl, sich unter Kontrolle zu haben, versetzt sich die Patientin in den Zustand erhöhten Selbstgefühls, um dann „nach vorangegangener Idealerfüllung" (Fenichel) ihren anstößigen Anfällen stattzugeben. D. h., die narzißtische Befriedigung bei den kontrolliert vorbereiteten Eßanfällen dürfte darin bestehen, das Ideal der Selbstbeherrschung erfüllt und die – freilich nur vorübergehende – Beherrschung des Nahrungsmittels erreicht zu haben.

Die These, die Bulimikerin besteche ihr Überich, um sich einen Eßanfall zu ermöglichen, hat freilich einen Haken: Bei den Eßanfällen geht es *nicht* um anstößige Triebbefriedigung. Sich den Bauch bis zum Erbrechen vollzustopfen gehört heutzutage zum „Lifestyle". Vielmehr sind die Abwehr einer narzißtischen Katastrophe und die Wiederherstellung des Wohlbefindens Ziel des Anfalls. Die stabilisierende, weil defensive Funktion des Eßanfalls hatten wir ja schon dingfest gemacht. Allein auch dieses Ziel dürfte das Überich nicht in Harnisch bringen. Ganz anders verhält es sich, wenn man die Mittel, mit denen dieses Ziel durchgesetzt werden soll, in Betracht zieht. Es dürften diese Mittel sein, die das Überich mißbilligt. Eines davon ist nämlich die Introjektion, und sie hat Fenichel zufolge die Bedeutung eines Raubens. Bei den bulimischen „Triebdurchbrüchen" geht es darum, daß sich das Ich auf Kosten des Überichs in die omnipotente Position bringen will, darum, wie ich im folgenden zeigen werde, das Überich zu entmachten – ein für die Bulimikerin uralter Kampf: Die einst ohnmächtige Tochter möchte über die Mutter triumphieren. Die Entmachtung soll das Selbstgefühl erhöhen und damit Wohlbefinden sichern. Fenichel schreibt: „Das 'ganz im Banne seiner narzißtischen Bedürftigkeit stehende Ich' bringt es fertig, eine unter anderen Umständen anstößige Triebregung 'als Mittel zur Idealerfüllung' aufzufassen, so daß nicht nur der Triebdurchbruch selbst, sondern unter Umständen sogar eine Glorifizierung dieses Durchbruchs erfolgt" (1931, 140). Eine Glorifizierung des Anfalls kann man überall finden, z. B. hier: „Ich schaffte einen großen Nußkuchen restlos – und das Schlimme:

Mir war nicht schlecht, ich fühlte mich wohl damit", so eine Patientin von Hirsch (1989b, 81). Mit anderen Worten: Sie hat den Kuchen restlos im Griff, er kann ihr nichts anhaben. Sie triumphiert über ihn und sonnt sich in der illusionär erworbenen Allmacht. Diese Aussage wirft auch ein Licht auf die Natur dieses „Wohlbefindens" – es ähnelt der Manie: „In der Manie gelingt es dem Ich irgendwie, den schrecklichen Druck seines Überichs los zu werden, den Kampf mit dem 'Schatten' des verlorenen Objekts durch völlige Einziehung des Überichs in das Ich zu erledigen und gleichsam einen Triumph über dieses Gelingen zu feiern. Denn nur das kann uns das gehobene Selbstgefühl und die herabgesetzte Gewissensfunktion des Manischen erklären" (Fenichel, 1931, 123).

Allerdings stellen sich nun weitere Fragen. Was ist damit gemeint, daß es dem Ich gelingt, „irgendwie den schrecklichen Druck seines Überichs los zu werden", und ferner, wo sollte das Überich geblieben sein? Und schließlich – wie verhält es sich mit der von Fenichel angedeuteten zweiten Möglichkeit des Umgangs mit dem Überich: dem Aufstand gegen das Überich, die auch von Wurmser (1986) in Erwägung gezogen wird?

Gehen wir zunächst der Frage nach, wo das Überich geblieben ist. Ich habe verschiedentlich erwähnt, daß einer Person die Aufgabe des Aufpassers zufällt und deren Anwesenheit einen Anfall verhindern kann. Fühlen sich die Patientinnen von einem Zusammenbruch der Kontrolle, von Desintegration und einer damit einhergehenden Hilflosigkeit bedroht, suchen sie Schutz bei einer solchen Person. Sie muß die Kontrolle für die Patientin übernehmen und ihr so das Essen mit dem Ziel der Sättigung ermöglichen, was in Gesellschaft funktioniert. Das Aufpasserobjekt dient zugleich dem Erhalt der Außenwahrnehmung, also der Realitätsprüfung, die durch einen Anfall bedroht wäre. Ich erwähnte bereits, daß bei der Bulimie – wie beim von Spitz beschriebenen Säugling – das sich selbst fortsetzende Nirwanaprinzip nur durch einen Eingriff von außen angehalten werden kann. Ob sich ein Anfall ereignet oder verhindern läßt, ist also in hohem Maße abhängig von der An- bzw. Abwesenheit einer Person. Es ist, als würde sich mit der Entfernung des Objekts auch die Moral entfernen. Das überrascht nicht. Die Abhängigkeit von äußeren Objekten hatten wir ja mit der Natur des Überichs bei diesen Patientinnen begründet, und diese Abhängigkeit ist ja ein zentrales Merkmal der Bulimie. Andererseits meiden sie in der Regel die Anwesenheit von Personen, weil sie sie als verbietend, kontrollierend und als Hindernis für einen Anfall erleben. Der Eßanfall wird in eine Zeit ge- bzw. verlegt, wenn niemand zugegen ist. „Manchen gelingt es, das Symptom über Jahre vor den Angehörigen zu verbergen (...). Wieder andere, die in einer Gemeinschaft leben, müssen sich mit ihren Freßanfällen nach den Zeiten richten, in denen sie glauben, ungestört zu sein" (Gerlinghoff, ib., 19). Es sind diese Maßnahmen zur Sicherstellung eines Anfalls, die mich zu der Auffassung brachten, *alle* Eßanfälle seien geplant. „Bulimikerinnen sind da ganz raffiniert", erklärte mir stolz eine Patientin, sie habe „sofort im Blick, ob die Gelegenheit für einen Anfall günstig ist", was mich lehrte, daß Gelegenheit nicht nur Diebe, sondern offenbar auch Bulimiker macht. Es hätte mich freilich nicht überraschen müssen, denn Fenichel hat mit seiner Definition der Introjektion als Raub diese Äquivalenz bereits angedeutet. Ich werde später zeigen, daß der Eßanfall tatsächlich wie ein Diebstahl zu verstehen ist. Spricht die Patientin von „Raffinesse", so idealisiert sie sich auf für Bulimiker charakteristische Weise: extrem abhängig, glaubt sie, die Abhängigkeit „raffiniert" im Griff zu haben. Der Triumph in dieser Bemerkung heißt: Ich bin kein hilfloses, ohnmächtiges Wesen, das alles mit sich geschehen lassen muß, sondern ich kann aktiv die Fusion herstellen, d. h. das Ohnmachtsgefühl und die Angst vor dem Getrenntsein, vor Leere und Zerfall wegen der Kränkung selbst aufheben oder rückgängig machen. Man könnte das die Illusion der autonomen Abhängigkeit nennen.

Aber ist die Aufpasserfunktion einer Person nun Zeichen dafür, daß das Überich noch ganz extern ist, oder wird es im Anfall reexternalisiert? Da in symptomfreien Intervallen ein Überich zweifellos wirksam ist, möchte ich vermuten, daß es erst unmittelbar vor dem Anfall zu einer Überich-Regression kommt, einer Regression eines allerdings ohnehin nicht ganz ausgereiften Überichs. D. h., ich meine, das Überich-System wird im Vorfeld des Anfalls repersonifiziert. Ich vermute es so: Die Regression beginnt, wenn die Patientinnen nach einem zeugenfreien Ort Ausschau halten bzw. einen solchen aufsuchen. Ab diesem Moment wäre das Überich bereits vergegenständlicht, also repersonifiziert und extern. Daß die Überich-Regression dem Anfall vorauseilt, entnehme ich der Beobachtung, daß eine anwesende Person, die für die Patientin bisher vielfältige Bedeutung haben konnte, z. B. als Liebesobjekt, rapide ausschließlich auf den Status eines nur noch störenden Anfallshindernisses reduziert wird, das gemieden wird, woraufhin der Anfall einsetzt. Aber zu diesem Zeitpunkt glauben die Patientinnen noch an ihre Kontrollfähigkeit, es muß also noch integrierte Überich-Anteile geben, die von dieser regressiven Repersonifizierung nicht betroffen sind. Im allgemeinen Regressionsprozeß des Anfalls, dann, wenn sich die Patientinnen der „magischen Grenze" nähern, regredieren auch noch diese und werden externalisiert. Mit anderen Worten: Es sieht so aus, als ginge der Regression des Anfalls eine Regression des Überichs zu seinen Ursprüngen voraus, als befände es sich wieder außerhalb und würde dort – wie die Aussagen der Patientinnen nahelegen – von den Eltern bzw. deren Surrogaten übernommen. Alle entwicklungsgeschichtlich späteren Schichten des Überichs spielen dann keine Rolle mehr. Die Überich-Regression reicht zurück bis zur Introjektion der basalen Bezugspersonen, den Primärobjekten. Deshalb tauchen in den Anfallsschilderungen der Patientinnen folgerichtig in irgendeiner Weise die Eltern auf, wie bei der hämischen Patientin oder z. B. hier: „In die Bulimie habe ich meine Wut, die Rebellion gegenüber meiner Familie gesteckt" (Gerlinghoff, ib., 77).

Die Antwort auf die Frage, wo das Überich im Eßanfall geblieben ist, lautet demnach: Es hat sich regressiv aufgelöst, es ist vom mehr oder weniger abstrakten, unpersönlichen Zustand repersonifiziert, als solches externalisiert und damit als innere Instanz außer Kraft gesetzt worden. Fortan haben wir es mit einer Art „Umwelt-Überich" zu tun, denn die gesamte Außenwelt, die erweiterte Familie, wird von der Bulimikerin so erlebt. Wir hätten es demnach mit einer „strukturellen Regression" (Lewin, 1982, 26) zu tun. Anstelle eines Strukturverhältnisses Ich/Überich finden wir fortan eine Beziehung zu einem äußeren, verbietenden Objekt vor, das auf ein einziges Merkmal reduziert ist: es stört.

Damit wäre zugleich die Frage nach dem „Wie", wie nämlich die Bulimikerin den Überich-Druck los wird, beantwortet. Der Druck kommt nicht länger von innen, sondern von außen, und dem kann durch Rückzug entkommen werden. Mit anderen Worten: Der Gewinn aus dieser Überich-Regression ist beträchtlich: Ist der interne Zeuge erst einmal externalisiert, auf diese Weise bei einem äußeren Objekt deponiert, wird das Überich *manipulierbar*: Es kann – wie beschrieben – je nach Bedarf herangezogen werden, um vor einem Anfall zu schützen, oder aber unter Vorwänden weggeschickt, ausgesperrt oder eingeschlossen und somit unter Kontrolle und auf Distanz gehalten werden, und die Patientinnen dürfen sich auf der Seite ihrer Impulse sicher wähnen. D. h., die an die Stelle des Überichs getretene Person ist *aktiv* ausgeschaltet, das Überich handhabbar geworden und läßt sich – verdinglicht – räumlich entfernen. Der Anfall erfolgt nun ungehindert, eben ohne Einspruch des Überichs, und über das durch Externalisierung kontrollierbar und manipulierbar gemachte konkretisierte und personalisierte Überich kann triumphiert werden. „Der narzißtische Elan entfaltet sich deshalb so leicht bis ins Absolute und Grenzenlose, weil sich ihm nichts Wirkliches entgegenstellt; die narzißtische Erfüllung ist um so stärker von einem spezifischen erhebend-erhabenen Gefühl begleitet, als sie konfliktlos und präambivalent und damit vor Schuldgefühlen geschützt ist" (Grunberger, 1976, 237).

Bei dem Versuch, sich den Verbleib des Überichs im Anfall bildlich vorzustellen, sind die Patientinnen hilfreich. Man muß ihre Schilderungen nur metaphorisch wenden, um Bilder für das, was geschieht, zu erhalten. Ich erinnere an die Bemerkung einer Patientin: „Am Abend fraß ich alles, was mir in die Finger kam, meist heimlich in meinem Zimmer, wenn schon alle schliefen" (Gerlinghoff, ib., 23), wobei sie an ihre Mutter dachte. Ja, warum das nicht als Bild nehmen und sagen: Während des Anfalls „schläft das Überich". Das wäre doch eine gelungene Metapher für die regressive Auflösung des Überichs im Anfall, denn schließlich bedeutet Schlaf auch Regression, und so wie gewartet wird, bis die Mutter schläft, so wird auch der Partner weg-, nämlich schlafen geschickt und in vergleichbaren Situationen auch der Analytiker. Ein „schlafendes Überich" aber ist ein ohnmächtiges Überich, denn es beobachtet, verfolgt, kritisiert nicht. Um es präziser zu sagen: Das räumlich getrennte oder in Schlaf versunkene Überich kann nicht *sehen*. Hier sitzt nämlich die Angst der Patientinnen: die Angst vor einem omnipotenten Überich, das „alles sieht", wie mir ja eine Patientin entrüstet vorwarf. Schneider-Henn erzählt: „Mit Esther ist es gar nicht so leicht, über das Thema Essen ins Gespräch zu kommen. Es ist ihr peinlich, denn sie empfindet ihre Freßlust als große Schwäche, möchte nicht daran denken, noch weniger davon sprechen. Während jeder andere Bereich ohne Scheu, ohne Zögern angesehen werden darf, berührt dieses Problem Esthers Intimsphäre" (ib., 135). Eine andere Bulimikerin sagte: „Ich habe meine Sucht fast sechs Jahre verborgen, es nie gewagt, mich irgendeinem Menschen anzuvertrauen. Selbst vor meinem Mann und den Kindern habe ich dieses Doppelleben geführt" (Langsdorff, ib., 217). In der Behandlung z. B. soll man auf keinen Fall die Abhängigkeit, nicht die narzißtische Bedürftigkeit, nicht den Wunsch, einzige Patientin sein zu wollen, usw. sehen. Diese Bedürfnisse werden vom Überich als „kindisch" scharf verurteilt. Die Behandlung verstößt naturgemäß permanent gegen diese Heimlichkeitswünsche, so daß die Patientinnen kontrollieren müssen, was der Analytiker sieht.

Ist das Überich manipulierbar gemacht, ist die Heimlichkeit des Anfalls gewährleistet. Die Heimlichkeit teilt das Symptom mit den

Tagträumen. Sie schützt die Patientinnen davor, in einer für sie äußerst peinlichen Situation gesehen zu werden. Heimlichkeit erspart Scham bzw. dient der Abwehr der Schamangst. Der Schmerz der Scham ist verbunden mit dem Scheitern an dem, was das Ichideal der Patientinnen bzw. das „Umwelt-Überich" fordert. Scham ist nach klassischer psychoanalytischer Auffassung eine Reaktionsbildung gegen exhibitionistische Impulse. Sind solche Impulse im Anfall zu finden? Zuhauf! Ich werde gleich zeigen, daß sich dort ein dissoziierter Selbstanteil meldet, der nach narzißtischer Zufuhr und Allmacht lechzt und die Hoffnung hat, all dies im Anfall zu finden. Man könnte sagen, der gesamte Anfall ist eine Zurschaustellung – aber ohne Zuschauer, und deshalb gerät er entgegen aller Hoffnungen zum psychoökonomischen und narzißtischen Desaster.

Scham wird häufig in einem Zuge mit Schuldgefühlen erwähnt. Ich lasse sie jedoch mit Absicht bei der Aufzählung weg, weil ich glaube, daß sie im Anfall keine große Rolle spielen. Auf Grund der Regression des Überichs finden wir nur noch eine rudimentäre Instanz vor, die man als „Angst vor Entdeckung" bezeichnen könnte. D. h., die Überich-Instanz wäre auf Angst reduziert und durch sie vertreten. Loch schreibt, sich auf Freud berufend, daß, solange der Gehorsam aus Furcht vor Strafe und Liebesverlust vorherrsche, wir eigentlich nur von einer Beschämung und Schande von einer Entdeckung reden könnten, und erst im zweiten Stadium, das durch die Aufrichtung des Überichs gekennzeichnet ist, könnte das Schuldgefühl als die dem Ich zugeteilte Wahrnehmung auftreten (vgl. 1972, 38). In der Tat läßt der Entwicklungsstand des Überichs die These, Bulimikerinnen litten an Schuldgefühlen, in Zweifel ziehen. Zumindest muß die Natur dieser „Schuldgefühle" genauer bestimmt werden. Ich werde dies gleich tun. Mir erscheint das Überich für echte Schuldgefühle noch nicht entpersonalisiert und integriert genug. Es befindet sich eben noch in dem Zustand, in welchem sich bei der Bulimie alle Introjekte befinden: im nicht assimilierten Zustand, d. h., es hat keine introjektive Identifikation stattgefunden.

Nachdem ich dem Verbleib des Überichs nachgespürt habe, will ich der Frage nachgehen, ob man den Eßanfall auch als Aufstand gegen das Überich verstehen kann. Ich meine, die Triumphgefühle legen eine solche Einschätzung nahe. Auch Bemerkungen wie folgende: „Als ich noch zu Hause wohnte, verzehrte ich hastig sämtliche Lebensmittel aus dem Kühlschrank, aß Unmengen von Brot (...) vor allem Lebensmittel, die ich mir jahrelang verboten hatte" (Gerlinghoff, ib., 65), und die folgende Einschätzung: „Beliebt sind leicht zu schluckende kohlehydrat- und fettreiche Nahrungsmittel – alles, was in Diäten und Fastenkuren verpönt und verboten ist" (ib., 19), lassen Aufständisches ahnen.

Für den Umgang mit dem Überich in mit dem Eßanfall vergleichbaren Situationen hat man immer wieder nach geeigneten Begriffen gesucht, um zu beschreiben, wie man sich diesen Vorgang vorzustellen hat. Auf irgendeine Weise treffen sie alle etwas von dem, was sich im Anfall zuträgt. So spricht Freud bei der Manie von „periodischer Auflehnung" gegen das Ichideal (1921c, 149), Fenichel von „intendierter Vertreibung durch die Impulshandlung" (1931, 60). Abraham schreibt: „Der Manische schüttelt somit die Herrschaft des Ichideals ab. Dieses letztere steht dem Ich nicht mehr kritisierend gegenüber, sondern es hat sich im Ich aufgelöst. Damit ist der Gegensatz zwischen Ich und Ichideal aufgehoben. (...) Der 'Schatten des Objektes', der auf das Ich gefallen war, ist wieder von ihm gewichen. Befreit atmet das Individuum auf und gibt sich einem förmlichen Freiheitsrausch hin" (1924, 157). Triumph, Freiheitsrausch, Rebellion, Vertreibung – all das findet sich im Anfall. W. Reich (1925) spricht von „Isolierung" des Überichs, die er für charakteristisch für triebhafte Charaktere hält (vgl. Fenichel, 1931, 192). Fenichel schreibt dazu: „Während sonst das Ich bestrebt ist, soweit wie möglich die Forderungen des Über-Ichs zu erfüllen (...), scheint es hier das Über-Ich in verdrängungsanaloger Weise konsequent aktiv von sich fernhalten zu wollen" (ib., 192), und Jacobson: „Hier möchte ich lediglich auf den massiven Angriff hinweisen, den das personifizierte, sadistische Überich gegen das schlechte Selbst ausführt. Während depressiver Phasen führt dieser Angriff zu einer allgemeinen Hemmung der Ich-Funktionen, in manischen Phasen führt er zum Sturz des Überichs und ermöglicht ein Bündnis zwischen dem Ich und dem Es" (1977, 172). Wurmser spricht wie Fenichel schon von „Aufstand gegen das Überich" (1986, 99) und schließlich Beland von „Ablenkung des Überichs" (1990, 43). Ob Rebellion, Abschütteln, Isolierung, Sturz, Aufstand oder Ablenkung – immer scheint es darum zu gehen, der Allgegenwart und Omnipotenz des Überichs zu entkommen, ihm Terrain abzujagen.

Ganz zufrieden stellen mich diese Begriffe nicht. Sie setzen viel Aktivität und Konsequenz, wie Fenichel oben sagte, seitens des Ichs voraus, die einer Ich-Stärke bedürften, gegen die jedoch bei der Bulimie zu viele Phänomene sprechen, man denke nur an die geringe Toleranz bei der Spannungsbewältigung. Allenfalls die erwähnte „Raffinesse" könnte man als stabile adaptive Ich-Funktion verstehen und als allerdings stumme, sprachlose Rebellion auffassen, sozusagen eine lautlose, um das schlafende Überich nicht zu wecken. Vor allem aber stellen sich diese Begriffe wieder quer zum Begriff „Anfall", der Passivität insinuiert, es sei denn, man verständige sich auf die Kompromißformel eines „Anfalls von Rebellion". Es stellt sich also die Frage, wer gegen das Überich rebelliert. Ist es das Ich, oder sollte es sich um eine Rebellion des Es gegen das Überich handeln, an dem das Ich nur partizipiert?

Eher unschlüssig und ein wenig ratlos, welche Einschätzung nun die zutreffende sei, will ich mir die „Wasserleiche" noch einmal vornehmen und nach vitalisierbaren Spuren suchen, die eventuell weiterhelfen könnten. Hören wir eine Patientin: „In die Bulimie habe ich meine Wut, die Rebellion gegenüber meiner Familie gesteckt (...) Außerdem hatte ich etwas Eigenes, das nur mir gehörte, auf das niemand Einfluß hatte. (...) Die Krankheit war Macht. Durch sie bekam ich Aufmerksamkeit, konnte Druck ausüben. Meine ganze Familie konnte ich mit der Krankheit tyrannisieren" (Gerlinghoff, ib., 77 f.). Das klingt in der Tat nach Aufstand. Macht, Druck, Tyrannei sind Zeichen offener Kampfansage. Eine meiner Patientinnen, die wegen ihrer Bulimie auf Geheiß ihrer Eltern in eine Klinik eingewiesen werden sollte, sagte erbost: „Die nehmen mir dort meine Krankheit, also muß ich jetzt noch die Sau rauslassen." Auch im Stundenbericht über eine Patientin mit Eßzwang wird die Rebellion gegen das Überich, die sich hier gegen die Analytikerin richtet, gut erkennbar. Die Patientin beginnt die nächste Stunde „wütend: 'Ich habe wieder unheimlich gegessen. Ich lasse mir das Essen von Ihnen auch nicht nehmen. Ich will essen. Ich habe alles außer Kraft gesetzt, was mich bestimmen könnte. Ich umgehe alle Zwänge. Alles ist unwirklich geworden. Es verändert sich nichts. Ich spiele mein Leben nur. Ich bin mein größter Feind und will es so'" (U. Grunert, ib., 29). Die Analytikerin versteht dieses Aufbegehren ihrer Patientin als „Trotz im Dienst der Selbstbehauptung" (ib.). Hier ist der Versuch, sich trotzig vom Überich-Druck zu befreien, augenfällig, wobei schön zu beobachten ist, wie sich das Überich ganz im Oszillieren zwischen Innen und Außen befindet: „Ich lasse mir (...) von *Ihnen* (...) *Ich* bin mein größter Feind". Es ist übrigens dieses Oszillieren, das die Beschreibung des Zustands, in dem sich das Überich befindet, und ob es extern, externalisiert oder projiziert ist, so schwierig macht, wobei überdies zu berücksichtigen ist, daß die Patienten im Anfall ihr Überich anders erleben als z. B. nach dem Anfall. Im Anfall regrediert, sind sie wieder Kind, wie folgender Schilderung zu entnehmen ist: „Süßigkeiten quollen aus allen Ecken, und ich hatte eine hämische Freude, dabei an meine Mutter zu denken, die uns als Kinder immer verboten hatte, Süßigkeiten zu essen" (Gerlinghoff, ib., 23), nach dem Anfall sind sie braves und angepaßtes Kind.

In den Zitaten kommen Affekte zur Sprache, die für den Eßanfall von größter Bedeutung sein dürften: Wut, Trotz, Häme und Jähzorn. Auch die folgenden Schilderungen haben diese Affekte zum Thema: „Meine Stimmung schlägt dann um, ich beiße fester zu, zerbeiße auf einmal alles ganz bewußt, könnte mich selbst auffressen, kriege eine Wut auf das ganze Essen auf dem Tisch, auf die ganze Welt, auf meine Eltern, möchte etwas an mich reißen, am liebsten etwas rauben" (Schulte & Böhme-Bloem, ib., 60), oder: „Aus Trotz verschlang ich noch drei Tafeln Schokolade, und die kamen mir plötzlich hoch, einfach so" (Gerlinghoff, ib., 23). Eine meiner Bulimikerinnen wurde einmal, als sie ärgerlich wurde, von ihrem Freund gefragt, ob denn nun wieder die „Hörnchen" kämen, woraufhin das „Böckchen" zornig nach ihm trat. Ein schönes Beispiel für den Zusammenhang zwischen Kränkung, Wut und Fressen findet sich bei Reik. Er berichtet von einem Patienten, „der in einem schweren Zerwürfnis mit seiner Familie stand, einem plötzlichen Impuls folgend, bei seinen Eltern zu Besuch erschienen (war). Er hörte zufällig, daß seine im Nebenzimmer versammelte Familie einige abfällige Bemerkungen über sein Verhalten machte. Er ergriff einen großen Kuchen, der auf dem Teetisch für die ganze Familie vorbereitet stand, lief damit, ohne ein Wort zu sprechen, davon und verschlang ihn in kürzester Zeit" (ib., 342). Mitscherlich berichtet von einem Koch, für den man ein probates Anti-Zorn-Mittel gefunden hatte: „Wenn unser Patient Grund hatte, sich über irgend etwas zu ärgern, so schob ihm seine Umgebung wortlos eine Kanne Milchkaffee hin. Hatte er sie ausgetrunken, dann war auch sein Zorn verraucht" (1967, 50).

Jetzt artikulieren sich endlich jene Affekte, die ich in der Auslösesituation vermißt habe und die von den Patientinnen dort auch nicht wahrgenommen werden, weil sie von der psychischen sofort auf die somatische Ebene ausweichen. Vornehmlich ist es die Wut, die erst im Laufe des Anfall gespürt wird, jetzt allerdings mit zunehmender Heftigkeit. Anlässe für diese Wut hatten wir ja bereits reichlich ausfindig gemacht: z. B. Enttäuschung über das Objekt, Kränkung, weil die Herrschaft über das äußere Objekt verlorengeht, ferner, weil das Ersatzobjekt Nahrung als idealisiertes Objekt versagt und die Erwartungen nicht erfüllt. Es ist diese narzißtische Wut, die das Überich wie alle Introjekte der Bulimikerin so streng und aggressiv machen, weil sie von dieser Wut beim Introjizieren aggressiv aufgeladen wurden.

Es sieht nun ganz so aus, als seien es diese Affekte, die dem Ich bei seiner Rebellion gegen das Überich Unterstützung geben. Folgen wir der Erzählung einer Patientin, weil sie noch ein anderes Moment im Umgang mit dem Druck des Überichs in den Blick zu rücken vermag.

> Gerade von der Teilnahme an einem „Happening" zurückgekehrt, erzählte sie, man habe sich mit Masken vorm Gesicht auf dem Boden eines belebten Platzes niedergelassen, um die Passanten auf einen (hier nicht näher zu bezeichnenden) Mißstand aufmerksam zu machen. Mit einer Spur Triumph in der Stimme erwähnte sie, daß es ihr „völlig egal" gewesen sei, ob sie von einer der herannahenden Straßenkehrmaschinen angefahren worden wäre. Diese subjektiv angstfrei erlebte, objektiv aber offenbar nicht ungefährliche Situation habe sie als „sehr befreiend" erlebt. Natürlich war es kein Zufall, daß es ausgerechnet eine „Kehrmaschine" war, vor der sie glaubte, sich nicht fürchten zu müssen, stand diese doch unzweifelhaft für ihre Mutter, die zu Hause ihre Familie damit tyrannisierte, daß sie ständig um deren Beine herumputzte und dabei den einen oder anderen ärgerlich beiseite stieß. Hinter einer Maske verborgen, glaubte die Patientin nun unerkannt dieser Kehr-Mutter-Maschine trotzen zu können.
>
> Die geschilderte Szene teilt einige Gemeinsamkeiten mit dem Eßanfall: Die Maske übernimmt die Funktion der Heimlichkeit bzw. die der Abwesenheit anderer Personen im Anfall. Die Patientin glaubte nämlich, weil sie hinter der Maske unerkannt blieb, sie wäre nicht vor Ort, Zeichen ihres magischen Denkens. Das Lagern am Boden wäre Ausdruck der Regression – nicht selten enden Eßanfälle ja dort; die Kehrmaschine respektive die putzende Mutter wäre das personifizierte Überich, und die Verleugnung der Gefahr in der Szene dürfte die nämliche sein, die auch im Eßanfall wirksam ist. Verleugnet wird aber keineswegs die Gefahr für am Boden Sitzende durch eine herannahende Kehrmaschine, verleugnet wird vielmehr die Gefahr für die *eigene* Person, weil die Patientin sich als abwesend phantasierte, weswegen sie davon ausgehen konnte, daß ihr die Kehrmaschine nicht gefährlich werden konnte. Tatsächlich erging sich diese Patientin immer wieder in lustvollen Phantasien risikoreichen Inhaltes, die präsuizidalen Charakter hatten, womit sie sich in die Reihe ihrer bulimischen Leidensgenossinnen einfügte, die alle das Risiko körperlicher Selbstzerstörung in Kauf nehmen.

Was sich hier im Trotz zur manischen Abwehr formiert, dürfte das grandiose Selbst sein, dem nichts passieren kann, wofür der Triumph in der Stimme der Patientin sprach. Die Antwort auf die Frage nach dem Verbleib des Überichs im Anfall könnte demnach dahingehend ergänzt werden, daß seine Existenz zwar anerkannt wird, diese Existenz aber für das eigene Selbst ohne Bedeutung ist. Das aber ist die gleiche Situation, die ich zuvor metaphorisch im „schlafenden Überich" zu fassen versuchte. Hier wie dort wird das Überich anerkannt, aber die Patientinnen wähnen sich immun dagegen. Auch in diesem Punkt gibt es Entsprechungen mit der Manie: „In der Manie erfolgt derselbe Vorgang in einer krampfhaften Weise, d. h., der plötzliche Wegfall bisher gültiger Überichansprüche erfolgt nicht durch 'Idealerfüllung', sondern durch die Anwendung des Abwehrmechanismus der 'Leugnung' gegenüber irgendwie fortwirkenden Überichansprüchen" (Fenichel, 1939, 179).

Es wird nicht überraschen, daß sich herausstellte, daß obige Patientin als Kind bereits diese Abwehr eingesetzt hatte, nur als „Maske" anwesend war, während andere Teile ihres Selbst mit zerstörerischen Phantasien beschäftigt waren, die damals ihrer Mutter galten und für diese risikoreich gewesen wären, bevor sie sie später in ihren suizidalen Phantasien gegen sich selbst wendete. Und es wird auch nicht überraschen, daß die Mutter dieser Patientin ihrerseits eine „Maske" trug, hinter der jede emotionale Regung verborgen blieb und die sie einer Maschine ähnlich erscheinen ließ, was der Patientin einerseits das Gefühl gab, ihre Mutter emotional nie erreicht zu haben, und sie andererseits die Maske auch als Symbol der Unnahbarkeit und Unverletzbarkeit ihrer Mutter verstehen ließ. In der Straßenszene hatte die Patientin ihrer Mutter diese Maske wie eine Trophäe entrissen, sich selbst angelegt und triumphiert. „Triumph ist der Wegfall von Angst und Hemmungen durch den Trophäenerwerb, Ausdruck der Vereinigung des bisher Ohnmächtigen mit der Macht", schreibt Fenichel (ib.).

Tatsächlich gibt es unter Bulimikerinnen solche, die ihre Anfälle genießen, weil sie scheinbar keinerlei Angst im Anfall spüren, im Gegensatz zu anderen, die panische Angst bekommen, so daß bei dieser Angstfreiheit die Verleugnung wirksam sein und es sich um eine pathologische Angstfreiheit handeln dürfte. Sie tritt neben den genannten Affekten und der Überich-Regression als weiterer Mechanismus im Anfall hinzu, so daß der Eßanfall auch als Maßnahme zur Abwehr der Angst vor dem Überich verstanden werden kann, denn anstatt unter Angst zu leiden, befinden sich die Patientinnen im Anfall in einer manieformen Hochstimmung. Verleugnung ist das unbewußte Nein gegenüber gewissen Wahrnehmungen: entweder gegenüber der Wahrnehmung bestimmter äußerer Tatsachen oder gegenüber der Wahrnehmung der Bedeutung solcher

Tatsachen, ihrer gefühlsbetonten Wichtigkeit (vgl. Wurmser, 1986, 95 f.). Wir waren dieser Verleugnung bereits begegnet, als es um die Reaktion der Patientinnen auf Auslösesituationen für Hungergefühle ging. Dort sagten wir, daß Gefühle nicht wahrgenommen würden. Verleugnet wird dabei nicht die Auslösesituation selbst – von ihr berichten die Patientinnen ja, als sei sie ihnen „völlig egal" –, verleugnet wird deren *Bedeutung*. Die Wirksamkeit der Verleugnung hat Wurmser für die Impulshandlungen aufgezeigt (vgl. auch Fenichel, 1939). Dort betreffe sie das Gewissen: „Während der Impulshandlung ist das Gewissen verleugnet worden, v. a. dessen Hohn und Verachtung" (1986, 101). Aus den Erzählungen der Patientin konnten wir entnehmen, daß es nun ihr Ich ist, welches im Eßanfall eine hämische, verachtende Einstellung dem Überich bzw. seinen äußeren Repräsentanten gegenüber einnimmt. D. h., dem Überich ist die Macht entrissen. Soweit man es als Außenstehender, als Zeuge ist man ja nicht zugelassen, aus den Symptomäquivalenten und den Schilderungen beurteilen kann, kommt es bei den Anfällen zu maniakalischen Gefühlen und Handlungen, bei denen das Ich sich grausam gegen das Überich verhält. Allerdings bekommen auch die „Genießer" unter den Bulimikern über kurz oder lang Angst. Erfahrungsgemäß liegt das daran, daß sie irgendwann beginnen, die Rache des Überichs zu fürchten, denn: „Wie dem Rausch der Kater kann auch dem Triumph die gesteigerte Angst vor der ihre Sonderexistenz fortführenden Trophäe folgen" (Fenichel, 1939, 179).

Ziehen wir kurz Zwischenbilanz. Die Patientinnen stellen in der Regression einen inneren Zustand her, als wäre die strenge Mutter aus dem Haus gegangen oder habe sich schlafen gelegt. Wir vermuteten ferner – und diese Vermutung fügt sich dem bisher Gesagten –, die Patientinnen seien, wenn im Anfall die Phantasie versagt, ohne „maternalen Anteil", sozusagen mutterlos. Ich habe vermutet, daß mit dem Ausfall der Phantasie auch die gute Mutterimago verlorengeht und die Patientinnen nicht mehr auf sie zurückgreifen können, weshalb im Anfall die Steuerungs- und Schutzfunktion des Überichs versagt, daß also ein Überich, das Nein zur Verschmelzung mit Entwicklungsrückschritt sagt und so vor Scham bewahren könnte, fehlt. Ich habe allerdings den später zu begründenden Verdacht, daß es sich hierbei um eine Rache des Überichs am Ich handelt, wenn es sozusagen schutzlos sich selbst überlassen bleibt. Ich vermutete auch, ein Motiv des Eßanfalls bestünde darin, die Sehnsucht nach dem paradiesischen Zustand vor Bildung des Überichs zu befriedigen und diesen Zustand über eine Art Aufstand gegen das Überich zu erreichen, als ginge es im Anfall „um die Erfüllung des Verschmelzungswunsches zwischen Ich und Ichideal mit den regressivsten Mitteln, die dem Lustprinzip eigentümlich sind: den kürzesten Weg einschlagen und alle Errungenschaften der Entwicklung beseitigen" (Chasseguet-Smirgel, 1981d, 85). Paradiesisch wird es zwar nicht, aber im Anfall der Kontrolle des Überichs entzogen, stellen sich die Patientinnen eine Situation her, die man einem Duty-free-shop vergleichen könnte. Sie empfinden das Symptom als Terrain, auf dem sie das Gefühl haben, sie „leben", ein Leben „ohne Eltern", wie sie erklären, und „leben" heißt für sie: die Kontrolle über das Überich/Eltern und damit den Triumph über es/sie zu erlangen. Ich erinnere mich an das triumphierende Gesicht einer Patientin, als sie mir erzählte, wie sie sich gegen die „Mutter Universität" bzw. gegen ihr Überich durchgesetzt hatte. Sie hatte sich ihre regressiven Wünsche erlaubt: erst gebadet, sich dann, in eine Decke eingewickelt, aufs Sofa gelegt, Kekse verdrückt und „der Diplomarbeit erst mal einen Tritt verpaßt". Ein ähnliches Schicksal drohte der Analyse.

Aus all dem muß man den Schluß ziehen, daß der Eßanfall nicht deshalb erfolgt, weil *kein* Überich vorhanden wäre, sondern weil es als streng und kritisch höchst präsent ist und die Sehnsucht nach einem überichfreien Paradies weckt. Freud (1921c) hat die Manie mit der Institution des Festes verglichen. Feste sind periodisch wiederkehrende Ereignisse, bei denen sonst gültige gesellschaftliche Verbote aufgehoben sind. Die Deutung Freuds für das Totemfest besagt bekanntlich, daß es eine symbolische Wiederholung der verbotenen Urtat darstellt, die Festeslaune der plötzlichen Freigabe der sonst in den nötigen Hemmungen gebundenen Energie entspricht. So wie ein Fest die bestehende gesellschaftliche Ordnung stabilisiert, so sollen die Eßanfälle das durch ein strenges Überich prekär gewordene narzißtische Gleichgewicht stabilisieren. Es ist ja dieses strenge und kritische Überich bzw. Ichideal, das die Patientinnen die Auslösesituation als so kränkend erleben läßt.

Um welches „Fest" aber handelt es sich bei der Bulimie? Vielleicht darf man es sich so vorstellen: „Berühmt war das jährliche Frauenfest im Demeter-Kult, von dem die Männer ausgeschlossen waren. Die Ehrung der Göttin des Ackerbaus gestattete es den freien Frauen, im Oktober oder November mehrere Tage und Nächte hintereinander im Tempel zu bleiben, von Familie und Haus getrennt. Zum Fest gehörten Obszönitäten, das Festmahl mit gebackenen Nachbildungen der Vulva, Phallen aus Teig und blutige Riten, mit der Opferung von Ferkeln verbunden. Das Fest war bei den Männern berüchtigt, aber es war Pflicht, die Frauen daran teilnehmen zu lassen. Angeblich konnte ein Mann, der den feiernden Frauen zu nahe kam, gefangengenommen und kastriert werden" (Ströter-Bender, 1994, 71 f.). Das Thesmophorienfest erinnert an eine Patientin, die sich regelrechte „Bulimieecken" eingerichtet hatte. Als ihr Freund eines Tages hinter ihre „Leidenschaft" kam, also ihren „Tempel" betrat, war sie tief beleidigt und schilderte ihn mir als den übelsten Versager auf allen erdenklichen Gebieten. Gleiches drohte auch mir, würde ich ihr ihre Bulimieecken „wegtherapieren" wollen.

Bisher habe ich das Überich behandelt, als sei es eine Einheit. Heißt das zwangsläufig, das Überich gehe als Ganzes „schlafen"? Ist die Moral tatsächlich vollständig beseitigt? Nein, das Überich ist keine Einheit, sondern es ist "konfliktzerrissen" (Wurmser, 1986, 110), gespalten, und so ist es auch im Anfall nicht ganz beseitigt, vielmehr sind Teile während des Anfalls durchaus wirksam. Man muß sich das etwa so vorstellen wie bei römischen Gelagen, bei denen die Liegeordnung bei Tisch genau festgelegt war. Es gab also trotz der Orgien eine Ordnung, Gesetze, die befolgt werden mußten. Bei der Bulimikerin ist es ähnlich. Hören wir dazu noch einmal die schon mehrfach erwähnte Schilderung einer Patientin: „Am Abend fraß ich alles, was mir in die Finger kam (...), und ich hatte eine hämische Freude, dabei an meine Mutter zu *denken*, die uns als Kinder immer verboten hatte, Süßigkeiten zu essen" (Gerlinghoff, ib., 23, kursiv v. T. E.). Dieses Denken an die Mutter dokumentiert die Präsenz des Überichs auch während des Anfalls, auch wenn es hier nur als Besiegtes anwesend ist.

Die Anfälle zeigen bei genauer Betrachtung durchaus „vitalisierbare" Spuren von Überich-Beteiligung. Eine dieser Spuren läßt sich z. B. in der Menge der vertilgten Nahrung finden, denn es muß alles aufgegessen werden, wie bei einem Kind, das seinen Teller restlos leeren soll: „Habe ich mich einmal entschieden zu erbrechen, esse ich weiter, damit es sich auch lohnt" (Langsdorff, ib., 22). Hier drängt das Überich auf Einhaltung des gesetzten Zieles und darauf, daß keine Nahrung verschwendet werden darf. Salopp formuliert Langsdorff: „Es ist ihr (der Bulimikerin, T. E.) unerträglich, daran zu denken, die 'wertvolle' Nahrung künstlich auszubrechen. Also ist sie im Vollzugszwang. 'Es muß sich doch auch gelohnt haben', dröhnt es in ihrem Hirn" (ib., 21). Überich-Spuren finden sich auch, wenn selbst der Anfall noch perfekt gestaltet sein muß. Auch folgende Bemerkung zeigt Spuren des Überichs: „Bei mir kommt es vor, daß ich mich mit Absicht vollesse *mit dem Bewußtsein, daß ich*

Mist baue, aber das ist mir dann egal, und ich steigere mich hinein" (Langsdorff, ib., 22, kursiv v. T. E.). Hier wird der Konflikt mit dem Überich bewußt in Kauf genommen und verleugnet. Nicht immer aber ist die Beteiligung des Überichs so deutlich zu erkennen. So erzählte eine Patientin, sie verschlinge nur Süßigkeiten, Fleisch hingegen verfüttere sie an ihre Katze. Nur diese Zuteilung war es, die mich aufmerken ließ. Es stellte sich heraus, daß sie nur das verschlang, was sie früher als Kind nie bekommen hatte, besagte Süßigkeiten eben. Fleisch hingegen habe ihre Mutter ihr „aufgezwungen". Das gibt sie heute ihrer Katze. In der Zuteilung steckt zwar der „latente Aufstand" (Fenichel) gegen ihre Mutter, gleichwohl bleibt ganz durch das mütterliche Gebot bestimmt, was sie ißt bzw. nicht ißt. Versteht man die Katze als Selbst-Objekt, wozu ich bei dieser Patientin Anlaß hatte, so erfüllte sie mit dem Umweg über die Katze das Gebot der Mutter. Es trifft also für den Eßanfall zu, was Wurmser über die Impulshandlung schreibt: „Schließlich ist die Impulshandlung ja nichts anderes als ein Versuch, aus den Schranken des Überichs auszubrechen – ein Versuch der eo ipso zum Scheitern verurteilt ist" (1986, 110). Am treffendsten wurde dieses Scheitern von einer Patientin auf die Formel gebracht: „Ich fresse *gezwungenermaßen* was ich will." Fenichel hat die Beteiligung des Überichs bereits klar benannt: „Man kann die Frage nach dem unbewußten Inhalt der Impulshandlungen nicht verlassen, ohne ausdrücklich zu erwähnen, wie diese Handlungen geeignet sind, nicht nur unterdrückten und entstellten Regungen des Es, sondern gleichzeitig solchen eines strengen Über-Ichs Genüge zu tun" (Fenichel, 1931, 59). Für uns bedeutet das, daß in der Regression des Anfalls das Überich nicht restlos beseitigt und externalisiert ist. Das ist nur subjektiv im Erleben der Patientinnen der Fall. Der Zustand im Anfall wäre demnach der Regression des Schlafes vergleichbar, in der die Traumzensur noch wirksam ist.

Die Präsenz des Überichs während des Anfalls erklärt, weshalb die Sehnsucht nach dem Paradies unerfüllt bleibt. Die Externalisierung gelingt nicht vollkommen. Allerdings darf die Spurensuche hier nicht haltmachen. Wir hatten Anlaß anzunehmen, das Überich befinde sich im personifizierten Zustand, was zu Wurmsers Bemerkung, das Überich bei Impulsneurosen sei „konfliktzerrissen", paßt. Wurmser geht von einem gespaltenen Überich aus. Es sieht ganz so aus, als zerfiele das Introjekt „Überich" in der Regression in zwei Teile, in einen strengen, kritischen und einen guten. Allerdings muß man in Betracht ziehen, daß das Überich die Reife der Spaltung oft noch nicht erreicht hat. Die mitunter überhaupt nicht zusammenpassenden Nahrungsmittel, die die Patientinnen verschlingen, von Qualitätsnahrung bis hin zum Abfall – von einer gelungenen, durchkomponierten Mahlzeit kann ja keine Rede sein –, lassen ahnen, wie es um die Objektimagines und deren Kohärenz bestellt ist: Es handelt sich um eine Ansammlung von Teilimagines, die noch nicht zu einer wenigstens gespaltenen Repräsentanz zusammengewachsen, sondern nur notdürftig montiert sind. Da das Überich wie die Nahrung ein Introjekt ist, kann man an Hand der Mahlzeit auch eine Vorstellung davon bekommen, wie es um dessen Beschaffenheit bestellt ist. Das Überich dieser Patientinnen dürfte eher den Charakter eines „collated internal object" (Khan, 1983) haben. Gerade weil seine guten und bösen Anteile sich noch nicht – vergleichbar der Triebmischung – zu einer für die Patientin milden, wohlwollenden Form zusammengefügt haben, das Überich überdies nicht idealisiert ist, können die einzelnen Aspekte, von anderen ungehindert, ihre volle Wirkung entfalten, so daß die Patientinnen fast gleichzeitig von den unterschiedlichsten Gefühlszuständen erfaßt werden. Ich habe schon auf die Gleichzeitigkeit von manischen und depressiven Gefühlen hingewiesen. So können sie neben einem Hochgefühl zugleich schwere Minderwertigkeitsgefühle plagen, neben Größe zugleich Scham, neben Befreiung zugleich Abhängigkeit.

Ein Blick auf die Objektbeziehungen gibt jedoch Anlaß, bei der Bulimie ein gespaltenes Überich in Erwägung zu ziehen. Oft unterhalten Bulimikerinnen zu zwei Personen eine enge, aber unterschiedliche Beziehung. Beide Personen dürfen sich niemals beggnen, die eine darf von der Bedeutung der anderen nichts wissen. Eine Patientin hatte gleichzeitig eine Beziehung mit zwei Männern, die in jeweils anderen Städten lebten und auf die sie ihre disparaten Anteile und Wünsche verteilt projizieren konnte. Bedingung war, daß diese Männer sich nie begegnen, sonst gäbe es *„einen Mord"*, wie sie sagte. Der eine Mann war der ausbeuterische, bei dem die Patientin ihre „Schuld" sexuell abbüßen konnte, der andere war der liebevolle, mütterliche Mann, doch auch der langweilige, wie sie mir erklärte. Beide aber waren Repräsentanten des Überichs. Vermutlich ist das Überich so gespalten, wie die Elternimago dieser Patientinnen auch „gespalten" ist, die Mutter als allmächtig/streng, der Vater als schwach/entwertet. Eine Patientin stand außer mit mir noch mit weiteren Therapeuten in Kontakt, die sie unter dem Vorwand, sich „weiterbilden" zu wollen, von Zeit zu Zeit aufsuchte. Stets waren diese im Gegensatz zu mir diejenigen, die im Leben schon viel mehr Erfahrung gesammelt hatten und Behandlungen anboten, die der meinen „weit überlegen" waren. Die Situation konnte sich schlagartig ändern, dann, wenn meine Deutungen ihr gefielen. Sofort war meine Behandlung allen anderen weit überlegen. Letztlich wollte sie wissen, ob ich ihre Ausflüge billige oder ob sie spalten muß.

Hilfreich für unsere Fragestellung scheint mir die Auffassung Jacobsons (ehemals Edith Jacobssohn) zu sein, auf die Fenichel hinweist: „Edith Jacobssohn hat zwei Fälle beschrieben, bei denen diese vom Schuldgefühl entlastende Glorifizierung so weit ging, daß man gleichsam von einem zweiten 'triebbejahenden' Überich sprechen konnte, das (in manischen Zuständen) die Herrschaft des gemeinen triebverneinenden Überichs ablöste. Sie erinnert daran, daß einer solchen doppelten Idealbildung die ursprüngliche Zerlegung der Elternfiguren in 'liebe' und 'böse' zugrundeliegen müsse" (1931, 140 f.). Bedeutsam ist diese Aufteilung insofern, als die klinische Erfahrung immer wieder zeigt, daß ein Teil des Überichs sich direkt am Anfall beteiligt, mehr noch: den Anfall sogar fordert und aus ihm Befriedigung zieht, ein Teil, den ich anstatt als triebbejahend als „gieriges Überich" bezeichnen möchte. Eine Patientin meinte „reichlich angenervt", sie habe so ein „gefräßiges Gefühl" in sich, das „gefüttert werden will", ein Gefühl, das sie wie eine Person erlebte, von der sie sich beherrscht fühlte. Bei obiger Patientin war das der „ausbeuterische" Freund. Ich werde später zeigen, daß es sich dabei um den introjizierten gierigen Selbstanteil der Eltern handelt. Im Eßanfall muß dem Anspruch dieses gierigen, den Patienten völlig beherrschenden Introjekts Folge geleistet werden. Der Anfall wäre demnach auch der wütende Versuch, den gierigen Anteil des Überichs zur Ruhe zu bringen, indem er befriedigt wird. Die knappe, verärgerte Bemerkung einer Patientin kann das illustrieren: „Immer muß ich meiner Mutter Männer zum Fraß vorwerfen." Dieser introjizierte Wunsch ihrer Mutter mußte in jedem Anfall zumindest mit befriedigt werden, als sei die Mutter wie ein männerverschlingender Bandwurm. Sie tat es zwar nicht mit Männern, sondern mit Essen, aber wir haben bereits erfahren, daß das keinen Unterschied macht. Die Beteiligung des gierigen Überichs am Eßanfall erklärt das Gefühl der Patientinnen, von einem Anfall wie von einem Tier – Schulte und Böhme-Bloem sprechen von „Bestie Freßanfall" (ib., 62) – in ihnen angefallen zu werden, und auch die Bemerkung jener Patientin, die vorgab, sie kaufe „wie für eine ganze Gesellschaft" ein, bekommt nun einen Sinn: Sie will zum Ausdruck bringen, daß sie viele Introjekte verköstigen muß. Hören wir die plastische Darstellung, die Fenichel von einer Patientin wiedergibt:

> „Eines Tages, als sie wieder davon sprach, wie sie einmal den Kindern die Milch hatte wegtrinken wollen, ergriff die Patientin heftige Angst vor ihrem mit voller Stärke einsetzenden Hunger, den sie plötzlich personifizierte und von sich loslöste. Nicht sie hat Hunger und will essen, der Hunger hat sie und will sie fressen. Der Hunger erscheint ihr als ungeheurer Drache mit einem fürchterlichen Rachen, der so unheimlich schwarz ist, daß er die Sonne verdunkelt. Der Hunger ist der Minotaurus; er wohnt auch in einem Labyrinth, und zwar im Darmlabyrinth der Patientin. Dort haust er als menschenfressender Parasit; er ißt alles mit, was sie ißt, und zehrt sie so von innen her auf; sie muß immerfort essen, um dem Unersättlichen zu fressen zu geben, andernfalls würde er ihre Gedärme auffressen. Der Hunger erscheint ihr also als ein gefährliches Ungeheuer, das sie einmal von außen her, ein andresmal von innen (aus ihrem Darm) her bedroht" (1925, 38).

Mit anderen Worten: Im Anfall ist sowohl das „triebverneinende" Überich als auch das „triebbejahende" Überich spurenhaft sichtbar, wobei es so zu sein scheint, daß das strenge Überich „besiegt" wird, das gierige Überich jedoch die Patientinnen beherrscht.

Geht man von einer Spaltung in ein den Anfall bejahendes und ein ihn verneinendes Überich aus, so eröffnet sich eine den lebensgeschichtlichen Verhältnissen besser entsprechende Interpretationsmöglichkeit für das, was mit dem Überich während des Essens geschieht. Es kommt nämlich zu einer Verbündung des Ichs mit einem den Anfall bejahenden gegen einen den Anfall mißbilligenden Überich-Anteil. Letzterer wird entmachtet bzw. „getötet", wie ich später zeigen werde. Dieser intrapsychische Vorgang entspricht ziemlich genau dem, was sich im Elternhaus dieser Patientinnen von früh an ereignet hat: eine heimliche Verbündung des Vaters mit seiner Tochter gegen die Mutter. Daß die Bulimie-Väter ihrerseits mit Abhängigkeitsproblemen verschiedenster Art zu kämpfen hatten, die der Billigung der Eßanfälle der Töchter Vorschub leisteten bzw. daran partizipierten, werde ich im Kapitel über die Genese der Erkrankung erörtern. Es kann aber ebenso zu einer Verbündung der Tochter mit gierigen Anteilen der Mutter kommen bzw. auch zu Verbündungen mit dem anfallsverneinenden Überich, wie es bei einer Patientin der Fall war, die Süßigkeiten versteckte, damit ihr süchtiger Vater sie nicht finden konnte, und sich über die Notwendigkeit dieser Maßnahme mit ihrer Mutter einig war. Selbst süßigkeitssüchtig, wollte sie mit dieser Maßnahme das gierige

Introjekt „Vater" in sich in Schach halten. Bleibt festzuhalten, daß es sich bei dem „gierigen Introjekt" nicht allein um ein von Projektionen aufgeplustertes Introjekt handelt, sondern auch um Realanteile der Eltern.

Wegen des Angriffs gegen das Überich würde mir der Begriff der Evakuierung des Überichs für das, was im Anfall geschieht, am besten gefallen, zumal er der Manipulierbarkeit mit Rechnung trägt, vor allem aber, weil er insinuiert, daß das Überich in Gefahr ist. Aufgrund des personifizierten Zustandes des Überichs müssen wir „Überich" ja durch „Mutter" bzw. „Vater" ersetzen. D. h., der Aufstand richtet sich gegen einen dieser Elternteile, der evakuiert werden muß. Das Warten z. B., bis die Mutter schläft, bzw. die „Raffinesse" ist ein solches Evakuieren. Die Patientinnen betonen stets, sie wollten ihrem Partner den Ekel ersparen, den er beim Anblick des Anfalls empfinden könnte. Das Objekt soll demnach *geschont* werden, aber zugleich enthüllt sich der Anfall damit als Angriff gegen eine Person. Bulimie-Mütter spüren diesen Angriff, denn sie machen ihren Töchtern regelmäßig wegen ihrer Krankheit den Vorwurf „Warum tust Du mir das an?". Diese Schonung des Objekts ist nicht immer unbedingt ein rein objektfreundlicher Akt, vielmehr wollen sich die Patientinnen Scham ersparen und zudem Angst vor der Rache des entmachteten Überichs vermeiden.

Ganz zufrieden war ich mit den Begriffen Aufstand, Rebellion etc. nicht. Sie schienen mir ein zu großes Maß an Aktivität vorauszusetzen. Inzwischen ist jedoch klar geworden, daß das Ich über einige Verbündete verfügt: Da sind die Unlust der Spannung und der Drang, Beta-Elemente zu evakuieren, angestachelt und sekundiert vom „gierigen Überich", das Befriedigung sucht, Verbündete, die vorübergehend stärker zu sein scheinen als das anfallsverneinende Überich und die das schwache Ich sozusagen zur Rebellion anstacheln. Als wesentliche Kraft tritt die narzißtische Wut hinzu, der Rachedurst mit seinem „unerbittliche(n) Zwang bei der Verfolgung all dieser Ziele, der jenen keine Ruhe läßt, die eine narzißtische Kränkung erlitten haben" (Kohut, 1973b, 535), der dem Aufstand gegen das Überich die Energie liefert. Die narzißtische Wut wird so zum „dritten Objekt", das dem schwachen Ich hilft, das mächtige Überich zu beseitigen. Die Rebellion als Abwehr gegen das Überich wäre also keine Abwehr eines Ichs mit gereifter Abwehrorganisation, sondern ein „Bündnis zwischen dem Ich und dem Es" (Jacobson, 1977, 172). Trotz, Wut, Jähzorn werden in den Dienst des Aufstandes gestellt und bekommen dadurch ihren rebellischen Charakter, wobei die Stärke des Affektes ausschlaggebend ist, um die Rebellion gegen das Überich durchzuführen. Von daher ist das bulimische Symptom keine Kompromißbildung, sondern reine Abwehr gegen das Überich. Letztlich muß man sich das wohl so vorstellen, daß das „ganz im Banne seiner narzißtischen Bedürftigkeit stehende Ich" (Fenichel, 1931, 140) sich über die Überich-Einsprüche ebenso hinwegsetzt, wie es die Körperbedürfnisse tun, wenn sie die Grenze des Aufschiebbaren erreicht haben. Sie setzen sich gegen alle Scham und Moral durch. Balint schreibt über den Wutausbruch: „(...) die Herrschaft des Lustprinzips wurde interimistisch aufgehoben, d. h. es war nicht mehr ausschlaggebend, ob lustvoll oder peinlich, es sollte nur die Erregung – um welchen Preis auch immer – vermindert werden" (ib., 88).

VII. Die Dissoziation

„Dank meiner Heimlichkeit wurde ich wahr" (Sartre)

Nachdem ich die Bedingungen skizziert habe, die den Eßanfall ermöglichen, kann ich mich der Frage zuwenden, was sich im Eßanfall jenseits der „magischen Grenze" ereignet, insbesondere der Frage, welche Selbstanteile im Anfall zum Zuge kommen. Zur Klärung könnte ein Philosoph und Schriftsteller beitragen, der in besonderem Maße mit einem Thema spielt, das für uns von Interesse ist: Jean Paul Sartre. In seinem autobiographischen Roman *Die Wörter* erzählt Sartre: „Hätte übrigens Karl (Sartres Großvater, T. E.) geruht, einen Blick auf diese Blätter zu werfen, dann wäre er in meinen Augen kein Leser gewesen, sondern ein oberster Richter, und ich hätte meine Verurteilung durch ihn befürchtet. Die Schreiberei, meine Schwarzarbeit, hatte kein Ziel, und plötzlich wurde sie zum Selbstzweck. Ich schrieb, um zu schreiben (...) Hätte man mich gelesen, so wäre ich in Versuchung geraten, Wohlgefallen zu erregen, ich wäre wieder bezaubernd geworden. Dank meiner Heimlichkeit wurde ich wahr" (1964).

Sartre meint, daß die Heimlichkeit des Schreibens ihn nicht nur vor der Verurteilung seines Überichs, dem Großvater, schützt, sondern sie schützt ihn auch davor, für den Großvater eine Rolle spielen, ihm gefallen und ihn entzücken zu müssen. Kurzum: Mit der Heimlichkeit, der „Schwarzarbeit", konnte er sich der Funktionalisierung durch den großväterlichen Narzißmus entziehen. Man könnte auch sagen: Hätte der Großvater ihn gelesen, hätte er sein „falsches Selbst" (Winnicott, 1974) vorführen müssen. Die Heimlichkeit hingegen ermöglichte ihm, so legt das Zitat nahe, das Ausleben seines „wahren Selbst" (ib.).

Ich will dieser Anregung nachgehen und prüfen, ob nicht, verborgen hinter der Heimlichkeit des Eßanfalls, auch so etwas wie ein wahres Selbst zum Leben kommen will. Hören wir – aus der neuen Perspektive –, was die Patientinnen mitteilen. Eine berichtet: „Am Anfang hatte ich noch eine eigene Wahrnehmung. Aber mit der Zeit wurde immer wichtiger, was alle anderen von mir erwarteten, denn nur wer das erfüllt, der wird gemocht, geliebt. Also habe ich versucht, so zu sein, wie die anderen mich haben wollten. Dabei habe ich mich selbst übergangen und mich mit meinen Bedürfnissen völlig in den Hintergrund gestellt, verleugnet" (Gerlinghoff, ib., 57). Diese Bemerkung läßt sich mühelos in unsere Überlegungen zum Überich einordnen, aber aus ihr wird auch deutlich, daß wir bei den Patientinnen ein falsches Selbst zu sehen bekommen, welches die Erwartungen der anderen bedient. Eine treffende Beschreibung des falschen Selbst gibt folgende Patientin:

> „Ich versuchte immer nur, allen anderen alles recht zu machen. Für jeden Gesprächspartner hatte ich ein 'neues' Gesicht. Ich konnte mich auf jeden perfekt einstellen, war aber nie ich selbst (...) Da ich mich immer neu einstellte, jedem mehr oder minder nach dem Mund redete und keine Konflikte aufkommen ließ, hatte ich auch keine Beziehung zu anderen. Ich war mit meiner netten Fassade und meinem höflichen Lächeln, meinen guten Umgangsformen, meiner Selbstverachtung und dem Bewußtsein, mich verloren zu haben, total allein (...) Weder mit Freude noch mit Schmerz, mir war niemand und nichts nah" (Gerlinghoff, ib., 60).

Diese Beschreibungen lassen an Deutlichkeit nichts zu wünschen übrig und sind m. E. repräsentativ für Bulimikerinnen. Ich habe zuvor von einer Patientin erzählt, welche, am Straßenboden liegend, hinter einer Maske verborgen, einer Kehrmaschine trotzte. Ich hatte das so verstanden, daß das Ich nur dann, wenn es sich tarnt, den Kampf gegen das Überich aufnehmen kann. Aus der jetzigen Perspektive betrachtet, wäre die Maske als das falsche Selbst, das dahinter verborgene Gesicht als Repräsentant eines wahren Selbst zu verstehen. Die Patientinnen finden für die Fassade, die man zu sehen bekommt und die sie selbst auch spüren, Bilder, die aber zwangsläufig im Klischeehaften verbleiben: „Schaufensterpuppe", „Marionette", „Kunstfigur".

Zum falschen Selbst gehört die von Bulimikerinnen immer wieder beklagte Unfähigkeit zum „Nein", die sie dazu zwingt, gegen ihre Bedürfnisse zu handeln. Sie vermögen die Spannung, die entstehen würde, würden sie sich verweigern, nicht durchzuhalten, wie beispielsweise bei einer Patientin, die unfähig war, das Separationsgefühl auszuhalten, das dadurch entstanden war, daß ein Mann, den sie nur kurz kannte, auf für sie entwürdigende Weise Sex mit ihr haben wollte. Zwar konnte sie zunächst sein Anliegen abweisen, fürchtete dann aber, seine Zuwendung zu verlieren, wenn sie nicht seinem Bild von ihr, das sie gerne erfüllt hätte, entsprach. Die Sexualität mit ihm versprach die Befriedigung ihrer Fusionsbedürfnisse, und so gab sie seinem Begehren nach und unterwarf sich sexuell. So konnte sie zwar am Überich partizipieren (vgl. Fenichel, 1939, 179), aber die Kapitulation vor dem Überich war es, die eine Attacke von mehreren Eßanfällen mit Erbrechen auslöste, in denen sie versuchte, die Unterwerfung rückgängig zu machen und das Trauma mit dem regressiv sexualisierten Überich umzukehren. Bei ihr hatten die Eßanfälle die Funktion, das intrusive Objekt, dem sie sich introjektiv abwehrend unterwarf, aus sich zu entfernen.

> Eine bereits erwähnte Stewardeß machte sofort im Interview ihre Unfähigkeit zum „Nein" zum Thema, die sie als qualvoll erlebte. Ihretwegen ließ sie während ihrer Abwesenheit andere Leute in ihrer Wohnung übernachten oder sah sich verpflichtet, Kollegen nach Flügen zu sich nach Hause zur Übernachtung mitzunehmen, obwohl sie stets „todmüde am Boden landete". Sie klagte ferner darüber, ihre Kleider teilen zu müssen oder sich nicht helfen lassen zu können, ohne gleich ein Geschenk machen zu müssen. Ihr falsches Selbst lautete: Ich muß immer für andere da sein (sie hatte als Heranwachsende viele jüngere Geschwister zu versorgen), ich darf keinen eigenen Raum beanspruchen. In ihrer Vorstellung mußte sie ein „Hotel" sein, Tag und Nacht dienstbereit geöffnet für andere – eine, wie mir scheint, treffende Metapher für das falsche Selbst. „Hotel" sein müssen kam einerseits ihren Omnipotenzgefühlen entgegen, denn „über 300 Mäuler" konnte sie im Flugzeug „stopfen", wobei sie die „mitstopfenden" Kolleginnen an Bord nicht mit einbezog, andererseits klagte sie darüber, sich von den 300 Mäulern völlig überfordert zu fühlen, wobei wieder die Kolleginnen verleugnet wurden. Sie hatte ein omnipotentes falsches Selbst gebildet, welches ihr in ihrem Beruf natürlich zustatten kam. Was ich in der Behandlung zu sehen bekam, war der Auftritt einer Geisha; auf leisen Sohlen trippelte sie ins Behandlungszimmer, wobei ein feines, maskenhaftes Lächeln ihre Lippen umspielte, als befänden wir uns an Bord. Sprach ich von ihrem Seelenleben, so nahm sie das regungslos in sich auf und verstand mich durchweg so, als forderte ich von ihr, ihr Verhalten zu ändern, als müsse sie eilen, um mir wie einem Fluggast einen Bourbon zu bringen. „Du bist so gekünstelt", sagte ein Freund zu ihr. Als Kind war sie gefügig, altklug, zu schnell gewachsen, frühreif, wie

von Ferenczi beschrieben: „Das sexuell angegriffene Kind kann die in ihm virtuell vorgebildeten zukünftigen Fähigkeiten, die zur Ehe, zur Mutterschaft, zum Vatersein gehören, und alle Empfindungen eines ausgereiften Menschen unter dem Drucke der traumatischen Notwendigkeit plötzlich zur Entfaltung bringen. Man darf da getrost, im Gegensatz zur uns geläufigen Regression, von traumatischer (pathologischer) Progression oder Frühreife sprechen. Es liegt nahe, an das schnelle Reif- oder Süßwerden von Früchten zu denken, die der Schnabel eines Vogels verletzt hat, oder an die Frühreife wurmstichigen Obstes" (1933, 522). Sexuell „angegriffen" war sie nicht, aber zweifellos traumatisiert. Ihre Krankheit erlebte sie wie eine „schlimme Angewohnheit", so wie sie auch ihre Onanie in den Kinderjahren bezeichnete. In der Behandlung eingehüllt in ein stummes falsches Selbst, meldete sich gleichwohl vor der Stunde ihr wahres Selbst um so lautstärker: Sie kam stets viel zu früh, und wehe, ich war beim ersten Klingelzeichen nicht sofort zur Stelle – dann klingelte sie Sturm.

Die knappen Ausführungen dürften genügend Hinweise auf ein ausgeprägtes falsches Selbst bei Bulimikerinnen enthalten. Auch Schulte und Böhme-Bloem sprechen von einer „funktionierenden Seite der Bulimikerin", die „unauffällig bis überangepaßt, arbeitsfähig und perfektionistisch" sei (vgl. ib., 62). Es überrascht nicht, von den Patientinnen zu hören, daß sie während der Urlaubszeit weitgehend, manche fast vollständig symptomfrei sind. Man kann das so verstehen, daß sie „Ferien vom falschen Selbst" bzw. vom Überich und seinen Forderungen nehmen. Es zeigt nur, wie „umgebungsorientiert" das falsche Selbst bzw. das Überich dieser Patientinnen ist.

Das bulimische wahre Selbst

Was aber verbirgt sich hinter der „Maske", dem „Hotel", der „Schaufensterpuppe"? Nun, wir wissen nicht, was Sartre in „Schwarzarbeit" verfaßte, aber wir wissen in etwa, was im Anfall geschieht. Bei Impulshandlungen ist es so, „als ob für kürzere Zeit – für Sekunden bis Stunden, gelegentlich Tage – eine andere Persönlichkeit, ein anderes Bewußtsein die Herrschaft an sich risse und alles Verhalten auf eine primitive Wunscherfüllung hinsteuere" (Wurmser, 1986, 95). Impulshandlungen, so Wurmser, dienten dem Zweck, die Teilidentität zu verleugnen, „die dem Teil des Überichs Folge leistet" (ib., 109). Aus der momentanen Perspektive ist diese Teilidentität das falsche Selbst, das dem Überich Folge leistet. Der Eßanfall dient demzufolge dem Zweck, diese Teilidentität „falsches

Selbst" zu verleugnen. Heißt das, daß mit dem Eßanfall dem wahren Selbst zum Leben verholfen werden soll? Es sieht ganz so aus, denn Wurmser zufolge könne die Impulshandlung auch dafür gebraucht werden, „die Klammer der allgemeinen Selbstverleugnung zu sprengen und plötzlich jener Seite zum Durchbruch zu verhelfen, die neidisch, gierig, trotzig und rachelüstern ist" (ib., 109), und von Essen und Habermas schreiben, daß es sich bei der Bulimikerin „um eine gewußte und erlebte 'Dissoziation' zwischen ihrem öffentlich dargebotenen, angepaßten und unauffälligen 'Selbst' und ihrem verheimlichten, als pervers und widerlich empfundenen 'bulimischen Selbst' (handelt)" (ib., 115). Dieser dissoziierte Teil, die „andere Persönlichkeit" bzw. das „bulimische Selbst", dürfte das wahre Selbst der Bulimikerin sein.

Doch hören wir die Patientinnen. Eine Musikerin diagnostizierte eines Tages in ihrer Behandlung knapp und bündig: „Der Freßteil in mir ist das unkultivierte Kleinkind mit Greifreflex", womit sie zum Ausdruck bringen wollte, daß sie im Anfall wahllos nach Nahrung um sich greife. Dieser Teil in ihr – ich berichtete davon – sei z. B. völlig unempfindsam für Musik, weswegen sie ihn als unkultiviert empfand. Sie hatte das Gefühl, sie gehe mit dem „unkultivierten Kind" in ihr schwanger und deshalb habe sie noch keine Kinder. Damit gibt sie einen entscheidenden Hinweis, in welche Richtung unsere Suche zu gehen hat. Es kommt im Eßanfall offenbar ein Selbstanteil zum Zuge, der im allgemeinen Entwicklungsprozeß nicht mitgewachsen zu sein scheint und sich demnach noch im unkultivierten Kleinkindstatus befindet. Wir dürfen daraus schließen, daß im Anfall ein Rückzug auf eine „andere Persönlichkeit" erfolgt, die an eine frühere Entwicklungsstufe fixiert geblieben ist und die überdies die Patientin an der Verwirklichung ihres Lebensentwurfes hindert: Sie hat wegen des Kindes in ihr noch kein eigenes Kind. Der eingangs erwähnte Agrammatismus spricht außerdem für eine solche Fixierung.

Ich werde im folgenden einige Aspekte dieses „unkultivierten" Selbstanteil vorstellen, wobei ich der Anregung von von Essens und Habermas', die von „bulimischem Selbst" (ib., 115) sprechen, gerne folge, allerdings diesen Begriff erweitern möchte und künftighin den unkultivierten Teil „bulimisches wahres Selbst" nennen werde, weil die Bulimikerin meinen Erfahrungen nach nicht nur ihr bulimisches, sondern auch ihr „öffentlich dargebotenes, angepaßtes und unauffälliges Selbst" als widerlich und pervers empfindet, weswegen es mir notwendig erscheint, den Selbstanteil, der speziell im Anfall zum Zuge kommt, vom angepaßten Teil genauer zu differenzieren. Auch Schulte und Böhme-Bloem schreiben: „Beide Anteile des Selbst muß die Bulimikerin hassen: In einem funktioniert sie zwar, ist aber beständig mit ihrer Einsamkeit und Leere, mit ihrer Beziehungsunfähigkeit konfrontiert, um im anderen Anteil zwar ihren Triebhaushalt befriedigender gestalten zu können, allerdings um den Preis des Ausgeliefertseins, der Scham und der Schuld in einem unentrinnbaren Teufelskreislauf" (ib., 65). Das bulimische wahre Selbst ist ein Selbstanteil, bestehend aus Bedürfnissen und Wünschen, die vom Überich verpönt und als z. B. egoistisch, schmutzig, antisozial diffamiert werden und demnach nicht erwünscht sind. Das bulimische wahre Selbst tarnt sich hinter dem „Hunger". Wir waren diesem „Hunger" ja schon als einer „Maske" begegnet. Mit „Hunger" läßt sich die Gier vor dem Überich legitimieren, vor allem aber auch die aggressive Beißlust, die von der kränkenden Auslösesituation provoziert wurde. Ich werde später zeigen, daß das bulimische wahre Selbst alle Selbstanteile der Tochter beinhaltet, die nicht mit der Kindimago der Eltern korrespondieren. Es handelt sich um Selbstanteile, um phasenspezifische Bedürfnisse, die sich zur elterlichen Funktionalisierung quer stellen und nicht gebilligt wurden, weil sie für deren Narzißmus nicht funktionabel waren und deshalb dissoziiert werden mußten, worüber sich früh ein „Nicht-Mutter-Selbst", eben das bulimische wahre Selbst, dem im Anfall zum „Leben" verholfen werden soll, bildete, was dem Anfall seine Protestnote verleiht.

Wenn Winnicott schreibt: „Das wahre Selbst kommt von der Lebendigkeit der Körpergewebe und dem Wirken von Körperfunktionen, einschließlich der Herzarbeit und der Atmung. Es ist eng verknüpft mit der Vorstellung vom Primärvorgang und ist am Anfang im wesentlichen nicht reaktiv gegenüber äußeren Reizen, sondern primär (...) und es bedeutet wenig mehr als die Gesamtheit der sensomotorischen Lebendigkeit" (1974, 193 f.), so lassen sich diese Merkmale eines wahren Selbst durchaus in den Eßanfällen finden, freilich keine reine Emanation desselben, weswegen ich diesen „neidischen, gierigen, trotzigen und rachelüsternen Teil" (Wurmser, 1986, 109) eben lieber bulimisches wahres Selbst nenne. Die bereits erwähnte Patientin Ogdens hatte in hohem Maße das Gefühl, daß sie bereits psychisch tot sei, und dieses Gefühl hatte sie in einen Zustand der Panik versetzt, ein Zeichen dafür, daß die Patientin im falschen Selbst dahindämmerte. Ogden interpretierte, daß diese Patientin paradoxerweise ein Hungergefühl herstellen wollte, um die Illusion zu erzeugen, daß es ihr möglich wäre, ein Hungergefühl zu empfinden – „als Beweis dafür, daß sie lebte" (ib., 217 f.).

Winnicotts Definition zufolge basiert das wahre Selbst u. a. auf der Wirkung der Körperfunktionen, d. h., das wahre Selbst operiert und empfindet körpernah. Ein Grund für den „physiologischen Irrtum" könnte demnach in der Körperlichkeit des wahren Selbst liegen. Wenn nun Ogdens Patientin ein Hungergefühl herstellen wollte, so dürfte sie damit versucht haben, ihr wahres Selbst zu aktivieren.

Jacobson beschreibt bei einem Jungen, was ich unter bulimischem wahrem Selbst verstehe und wie es im Anfall zum Vorschein kommt: Nachdem er erst das Gefühl hatte, daß er „tot sei und sein Selbst verloren" habe, folgte „ein plötzlicher Umschwung; der Patient rebellierte und brachte seinen Haß zum Ausdruck, den er gegen jegliche Einschränkung oder auf die Autoritäten, die diese Einschränkungen verkörperten, empfand. Vom einen zum anderen Tag tauchte das Es wieder auf und entfaltete seine ungemilderte, unverminderte Macht. Ein agitierter, paranoider psychotischer Zustand entwickelte sich, der mit pathologischer, anfallsartiger Freßgier und ununterbrochener Masturbation einherging; hinzu kamen Phantasien heterosexueller, homosexueller, polymorph-perverser Art, die sich ständig veränderten, und Mordimpulse" (1977, 173). Und auch Wurmser berichtet von einem Patienten mit „einer Art 'falscher', d. h. depersonalisierter Teilidentität, einer aufgezwungenen Zahmheit, Bravheit und unterwürfigen Annahme der Diktate von Eltern und Beruf. Dieser Teilidentität steht das 'böse', rebellische Kind gegenüber. In einem Traum treten diese beiden Selbstfiguren nicht sehr verhüllt auf: auf der einen Seite ein unschuldiges Kind, das aber auf Leute in Fahrzeugen schießt und sie auch trifft, und sein Traum-Ich, das das Kind niederzwingt und bindet. Oder es treten heulende Löwen, Tiger, wilde Hunde und Schlangen auf, die ihn in Panik aus dem Schlaf jagen. Oder er spielt in einer interessanten Umkehrung dumme Späße: daß er sich im Wandschrank versteckt und plötzlich heraus und auf seine Frau springt. Offen zum Vorschein kommt diese zweite Teilidentität aber in Wutanfällen, in denen er einem dreijährigen, schreienden und weinenden Kinde gleicht" (1986, 98 f.). Kurzum, das bulimische wahre Selbst scheint wie ein Pulverfaß zu sein. Alle seine Merkmale sind hypertrophiert, weil sie frühzeitig der Dissoziation verfielen und durch die Unterdrückung aggressiv aufgeladen wurden.

Die Patientinnen schildern immer wieder, daß während des Anfalls polymorph-perverse Gelüste zur Befriedigung drängten, daß sie onanierten, sich mit der Nahrung beschmierten, alles herumliegen ließen oder verschütteten, daß sie Nahrung aus dem Müll essen etc.

Eine Patientin erzählte eines Tages einen Traum, in welchem das polymorph-perverse Kind in ihr alle Register zog. Sie träumte sich nackt in einem fahrenden Omnibus auf der Rückbank liegend. Der Bus sei voller Fahrgäste gewesen, allesamt den Blick nach vorne gerichtet. Plötzlich habe der Bus ohne Grund angehalten, der Fahrer sei zu ihr gekommen, während die Fahrgäste starr in ihrer Position verharrten. Er liebkoste ihren Nacken und sei dann mit seinen Lippen an ihrem Rücken abwärts entlanggefahren, wobei er sie mit seiner Zunge kitzelte. Verschämt stockte ihre Erzählung, und sie meinte, das sei ihr nun doch sehr peinlich und am liebsten wolle sie jetzt unter die Couch kriechen. Ich, ahnend, was kommt, sagte nur, der Busfahrer habe sich wohl „verfahren". Sie schwieg, fuhr dann aber schließlich fort und erzählte, daß er seine Lippen weitergleiten ließ, bis er die Rundungen ihres Pos erreicht habe, dort anhielt, und während er ihren Anus mit seiner Zunge benetzte, sei einer seiner Finger in ihren Schoß geschlüpft, derweil sie am Daumen lutschte und ihr Blick ziellos aus dem Fenster schweifte.

Als Tagesrest erzählte sie folgendes Erlebnis: Vor einiger Zeit habe sie im Stau hinter einem Bus gestanden, der an einer Haltestelle Kinder aufgenommen habe, die aus dem Schwimmbad kamen und sich auf der Rückbank tummelten. Die ausgelassene Schar habe sich, um sich die Zeit zu vertreiben, ein Vergnügen daraus gemacht, den Autofahrern den nackten Po zu zeigen, um sich dann vor Lachen, die Zunge rausstreckend, in akrobatischen Verrenkungen hin- und herzuwerfen, so daß sie am Fenster mal Po, mal Beine, mal Zunge sah. Viele der staugeplagten Autofahrer hätten sich angesichts dieser „Peep-Show" köstlich amüsiert, andere seien der Provokation wegen empört gewesen.

Es war nicht schwer zu entziffern, daß der Bus mit den Fahrgästen meine Praxis mit den anderen Patienten darstellte und ich der Busfahrer war, der durch ihre hügelige Körperlandschaft fahren sollte. Deswegen ihre Verlegenheit. Man könnte an Liotti denken, der bei Bulimikerinnen von einer „inneren Welt delikater Gefühle und romantischer Tagträumerei" spricht (ib., 37). Während sie erzählte, fragte ich mich, ob ich ihr die geträumte devote Zuwendung würde zuteil werden lassen und wie ich dabei wohl empfände. Während mich die Vorstellung beschäftigte, wurde mir klar, daß dies eben ihre Frage an mich gewesen sein mußte: Nehme ich sie so an, wie sie ist, mit ihren polymorph-perversen Wünschen, mit ihrer schmutzigen, ausgelassen-provozierenden Seite, oder ist meine freundliche Haltung ihr gegenüber nur bedeutungslose Attitüde, bestenfalls eine „professionelle Geste", wie sie mir stets dann vorhielt, wenn sie enttäuscht von mir war? In solchen Momenten konnte sie mich durchaus trotzig wissen lassen, daß ich sie mal am ... Das war sozusagen die andere Seite ihrer im Traum bebilderten Zuwendungswünsche an den „Busfahrer". Mußte sie um so intimer fordern, je distanzierter sie mich erlebte? Natürlich war ihr Wunsch, alle Fahrgäste (Patienten) mögen sich umdrehen und zusehen, wie ich wegen ihr den Bus anhalte, sie allen anderen vorziehe, ihr meine Gunst erweise, damit alle neidisch würden. Es handelte sich hierbei um den Wunsch ihres exhibitionistischen Selbst, der im Wachleben hinter der Heimlichkeit verborgen wurde und den sie im Traum durch die starr nach vorne schauenden Fahrgäste abwehrte, die ja dadurch keine Zeugen des „Anfalls" waren. Es ging um die Befriedigung narzißtischer Wünsche, die die Träumerin sexualisiert hatte. Für diese Patientin waren die „starren Fahrgäste" Repräsentanten der Mutter, die sie mir stets „wie versteinert" schilderte. Daß der Busfahrer der Vater war, muß ich kaum erwähnen. Dieser Traum hatte noch weitere Erinnerungen und wichtige Interpretationen ermöglicht, wovon aber später die Rede sein wird. Hier bedarf es nur noch des Hinweises, daß die Rückbank des Busses als die örtliche Darstellung des bulimischen wahren Selbst, das ein „Schlußlichtdasein" führt, zu verstehen war, und schließlich kann man auch die Szene mit den ausgelassenen Kindern im Bus hinzunehmen, denn dieses bulimische wahre Selbst ist kindhaft und hat wegen seines regressiven Charakters und der narzißtischen Wut etwas sich trotzig-launisch-provozierend zur Schau Stellendes. Das exhibitionistische Selbst artikuliert sich oft über Fremdschilderungen. So erzählte eine Patientin entrüstet, ihre Freundin ginge ohne Slip auf die Straße. Häufig sind es narzißtische Träume, in welchen die Träumerin nackt über die Straße geht, wobei sie sich entsetzlich schämt, aber niemand ihre Nacktheit bemerkt. Eine andere Patientin wurde anläßlich ihrer Darbietung bei einem Tanztheater sehr gelobt, bekam aber die Anregung, sie solle noch „mehr Körper" zeigen. Die Erregung wegen dieser kritischen Anmerkung, die sie als Verführung zum „Nackttanz" verstanden hatte, ließ sie die ganze Nacht voller Anspannung wach im Bett liegen, bis sie schließlich den Impuls verspürte, mit Farben die Wände ihrer Wohnung zu beschmieren. Unbewußt versuchte sie damit einerseits ihren Körper libidinös zu besetzen, was ihr schwerfiel (weswegen sie kompensatorisch das Tanztheater aufsuchte), andererseits ihre Körper-„Wände" nachträglich mit Farbe zu bekleiden, als habe der Nackttanz stattgefunden. Die Schlafstörung rührte daher, daß sie ruminierend damit beschäftigt war, das erregende Objekt (den Regisseur und seine „Verführung") aus sich herauszubekommen.

Das bulimische wahre Selbst zeigt sich im Anfall als grandioses Selbst, aufgebläht durch den Sieg über das Überich. Es handelt sich dabei vorwiegend um ein Körper-Größen-Selbst mit magischen Fähigkeiten, das sich gelegentlich in der sportlichen Betätigung der Patientinnen äußert. Das grandiose Selbst wird auch bei der Patientin von U. Grunert in der bereits erwähnten Phantasie offenkundig: „Dann wachsen mir Brüste so groß, daß ich mich selber stillen kann; dann wächst mein Penis, so daß ich Mann und Frau zugleich sein kann" (ib., 27). Ich erinnere auch an die Patientin von Hirsch, welche einen großen Nußkuchen restlos aß – „und das Schlimme: Mir war nicht schlecht, ich fühlte mich wohl damit"

(1989b, 81). Das grandiose Selbst kommt zustande, so sagten wir, indem über das Essen die Fusion mit dem omnipotenten Selbst-Objekt gesucht wird, und wäre demzufolge ein Ergebnis des Anfalls, Ergebnis der Introjektion des allmächtigen Nahrungsobjektes.

Auch das Onanieren während des Eßanfalls (vgl. Schulte & Böhme-Bloem, ib., 59) dient weniger der Befriedigung sexueller Lust, sondern, der Zwangsonanie ähnlich, der Spannungsabfuhr und dem Bedürfnis, den Körper zu spüren. Durch heftiges Reiben der Schamlippen, Beschmieren mit Nahrungsmitteln, Einführen von Nahrung und anderen Gegenständen in die Vulva wollen sich die Patientinnen durch starke Körperreizung ihrer Existenz, besonders auch ihres wahren körperlich-femininen und nicht des falschen, phallischen Selbst versichern.

Was sich im Anfall abspielt, dürfte in etwa dem entsprechen, was Grunberger über das Kind in der analen Phase sagt:

> „Das Kind im Analstadium sagt nein und nimmt gerne eine herausfordernde Haltung an, einfach um seine Opposition gegen alles, was es umgibt, auszudrücken. Es erfüllt die Welt mit Lärm, den es wie seine Exkremente produziert und hinausschleudert: es zerreißt, zerbricht und erniedrigt alles, was ihm in die Hände fällt. Es gefällt sich in Schmutz und Unordnung und gibt sich gewalttätigen und zerstörerischen Handlungen aller Art hin. Wie wir wissen, braucht es dieses Verhalten, um seine neue narzißtische Position, nämlich die Selbstbestätigung mit Bezug auf die anderen, zu festigen. Anders ausgedrückt: Es handelt sich um eine notwendige Übung seiner Objektbeherrschung und hat nichts mit einer Konfliktsituation zu tun, die man zur historischen Rechtfertigung heranziehen könnte. (...) Das Kind macht auf diese Weise die für die Integration seiner analen Komponente unentbehrliche energetische 'Gymnastik', die ihm erlaubt, sein Ich zu bestätigen und es mit Kraft und wachsender Kohäsion auszustatten" (1976, 176 f.).

Was der Autor als Entwicklungsstufe, als Zeichen der Progression beschreibt: die Festigung einer neuen narzißtischen Position, muß man sich ins Regressionsmodell des Anfalls übersetzen. Dort geht es nicht um das Behaupten einer *neuen*, sondern um eine auf regressivem Wege angestrebte Rückeroberung einer *einst verlorenen* narzißtischen Position. Wenn wir es ferner so sehen, daß das wahre Selbst versucht, sich zum Leben zu bringen, seine Existenz zu sichern, anstatt zu üben, es also um „trotzige Selbstbehauptung" (U. Grunert) geht, dann hätten wir auch in dieser Hinsicht eine Analogie zum Anfall. Die Analogie läßt sich aber weitertreiben: Es ist nicht zu übersehen, daß das Zerbrechen, Zerreißen und Erniedrigen im Eßanfall mit der Nahrung geschieht und dem Analstadium zugeordnet werden muß. Das heißt aber, was im Eßanfall auf Anhieb oral anmutet, erweist sich bei genauerem Besehen als anales Symptom, und wir sind wieder gemahnt, an die Leiche des Wassermädchens zu denken. Die Spuren an der Krankheit weisen wie beim Leichnam in eine andere Richtung: So wie es dort nicht um einen Badeunfall oder Selbstmord ging, geht es beim Eßanfall nicht um ein orales Symptom, nicht um Hunger im physiologischen Sinne, nicht darum, sich aufzufüllen und der Völlerei zu frönen, sondern ums Gegenteil, um das Ausstoßen von Beta-Elementen, um sich von Schlechtem zu befreien, ferner um die anale Beherrschung des Objektes Nahrung anstelle von Personen, also um die Restitution des Narzißmus und schließlich um den Versuch, die Dissoziation des wahren Selbst aufzuheben.

Für die Dissoziation gibt es neben dem Überich noch einen anderen Grund. Hören wir dazu noch mal die Patientin, die ihrer Mutter hinterherlief, um sich Gehör zu verschaffen. Sie berichtete: „Ich habe ihr viel erzählt, aber die Dinge, die mich wirklich beschäftigten und ängstigten, hat sie niemals verstanden. *Um dennoch ihre Aufmerksamkeit zu bekommen, wurde ich mit 12 Jahren zur Vorzeigetochter*" (Gerlinghoff, ib., 74 f., kursiv v. T. E.). Die kursiv gesetzte Passage ist die für unsere jetzige Frage entscheidende. Finden die Bedürfnisse des wahren Selbst keinen Container, wird es aus der Kommunikation ausgeschlossen, ein Prozeß, der zur Bildung eines falschen Selbst, der „Vorzeigetochter", führt, wie hier nachvollziehbar geschildert wird. Das wahre Selbst, Zentrum der emotionalen Selbstidentifikation und des Selbsterlebens, kann nicht leben. Es wird zum dissoziierten Selbstanteil und zieht sich zurück. Die Patientinnen haben in der Regel das Gefühl von Bodenlosigkeit und fühlen sich innerlich nicht zu Hause, was sich in der Angst äußern kann, die Wohnung nicht halten zu können oder beruflich keinen „Unterbau" zu haben. Ich vermute allerdings, daß die Entwicklung zur Vorzeigetochter bereits wesentlich früher einsetzte, als die Patientin angibt, aber sie nennt den Grund für die Bildung des falschen Selbst und die Dissoziation: Sie benötigt so dringend die Aufmerksamkeit ihrer Mutter, und diese Abhängigkeit erzwingt die Dissoziation.

Die Patientin, die ein „Hotel" sein wollte, beschrieb damit ihr falsches Selbst. Zu diesem „Hotel" hatten zwei Männer Zugang, die ich zuvor als Repräsentanten ihres gespaltenen Überichs verstand. Aber sie waren mehr. Der eine beutete ihr falsches Selbst aus, indem er alle Dienste des „Hotels" in Anspruch nahm, als sei sie eine Prostituierte, der andere, eher fürsorglich veranlagt, verhalf ihrem wahren Selbst gelegentlich zu etwas Leben. Beide Männer durften sich nie begegnen. Es hätte, wie sie sagte, „einen Mord" gegeben. Beide Männer waren jeweils Repräsentanten des Dissoziierten, das Arrangement mit ihnen das der Dissoziation. Hatte sie den einen empfangen, mußte sie erst putzen und sich säubern, bevor der nächste kam. Das Putzen konnte Tage dauern, etwa so lange, wie sie brauchte, den einen aus ihrem Innern zu entfernen, um dem anderen Zutritt zu gewähren.

Winnicott benennt die Folgen der Dissoziation. Wo ein hoher Grad der Spaltung zwischen dem wahren Selbst und dem falschen Selbst bestehe, fänden sich eine nur schlecht ausgeprägte Fähigkeit des Symbolgebrauchs und eine Verarmung des kulturellen Lebens. Er schreibt: „An Stelle kultureller Aktivitäten beobachtet man bei solchen Menschen äußerste Ruhelosigkeit, Konzentrationsunfähigkeit und ein Bedürfnis, aus der äußeren Realität störende Einflüsse auf sich zu ziehen, so daß die Lebenszeit des Individuums mit Reaktionen auf diese Störungen ausgefüllt werden kann" (1974, 196). Aus dem von mir bisher zusammengetragenen Material lassen sich wohl ohne Mühe die Verbindungen zur Bulimie herstellen.

Patientinnen, die Kinder haben, berichten manchmal davon, wie dieses bulimische wahre Selbst, wenn sich bei ihren Kindern dessen eine oder andere Facette meldet, von ihnen bekämpft, bisweilen niedergeprügelt werden muß und welcher Haß in ihnen in solchen Momenten hochkommt. Aber es müssen nicht die Kinder sein, an denen dieser eigene Selbstanteil bekämpft wird.

Per Zufall – so schien es zumindest – wurde ich eines Tages nach einer Behandlungsstunde Zeuge folgender Szene: Eine Patientin, Hundebesitzerin, hatte ihr Auto direkt unter dem Fenster meines Behandlungszimmers geparkt, ihr Hund im Auto. Dieser mußte in der Zeit, während sie bei mir war, sein Geschäft im Kofferraum entrichtet haben, als habe er ihr aus Verärgerung oder Verzweiflung darüber, daß sein Frauchen so lange bei mir war, wie man so sagt, „vor den Koffer geschissen". Was ich vom Fenster aus zu sehen bekam, war ein Kontrollverlust meiner Patientin: Immer wieder beschimpfte, verprügelte, verprügelte und beschimpfte sie den Hund – mit hochrotem Kopf, als wäre sie außer sich vor Wut. Es hätte aber auch sein können, daß sie sich für ihren Hund schämte. Das war nicht genau festzustellen, wahrscheinlich beides.
Der Hund, so wußte ich, war ihr Kind, mit dem sie so umging, wie ihre Mutter mit ihr als Kind umgegangen war. Wenn er sich nicht so verhielt, wie sie es erwartete, und ihre Erwartungen bezogen sich vorwiegend auf

seine anale Kontinenz, so strafte sie ihn, immerhin eine Patientin, die selbst mit zehn Monaten sauber sein mußte! Ein Detail, dessen Bedeutung später sichtbar wird, wenn von den Bulimie-Müttern die Rede sein wird, muß noch erwähnt werden. Während sie ihren Hund beschimpfte, schaute sie die Straße auf und ab, ob es Zuschauer ihrer Strafaktion gäbe. Es gab sie, denn zumindest ich wurde durch das Geschimpfe auf der Straße aufmerksam und schaute aus dem Fenster. Offenbar wollte sie demonstrieren, wie sie ihr „Kind" unter Kontrolle hat, was mich auf die Idee brachte, die Röte ihres Gesichtes könnte auch Schamesröte sein, denn: War der Hund einerseits ihr Kind, dem gegenüber sie ihre Mutter sein konnte, so war er anderseits auch Repräsentant ihres dissoziierten bulimischen Selbst. *Beide* litten ja unter „Kontrollverlust". Immer wenn sie in der Behandlung von ihrem Hund sprach, hörte ich das Kind in meiner Patientin sprechen, denn, nicht nur, daß beide sich mit ihren dunklen zotteligen Haaren äußerlich glichen, nein, alles, was er trieb – bei Vernachlässigung riß er z. B. Kabel aus dem Auto oder holte Tüten vom Tisch und zerfledderte sie in der ganzen Wohnung –, alles, was er forderte – sie wies mich stets besonders auf seine *Zärtlichkeitsbedürfnisse* hin, die sie aber, ganz mit ihrer Mutter identifiziert, nicht annahm –, alles hatte sie sich als Kind immer gewünscht. Wie sie glaubte, daß er empfinde und sich fühle, paßte zu dem, was sie andere Male von sich als Kind erzählt hatte, und da ging es auch um das enttäuschte Kind, das vor Wut oder Verlassenheitsgefühlen in die Hose machte, wenn ihre Mutter sie immer wieder vergaß, zu spät abholte etc., was ihre beruflich geplagte Mutter ebenso in Rage versetzte, wie sie es mir nun nach der Stunde an ihrem Hund vorgeführt hatte. Natürlich war ihr höchst bedeutsam, wie andere auf ihren Hund reagierten, weil sie deren Reaktion als Auskunft darüber nahm, ob man sie mochte oder ablehnte, d. h. ob man ihr dissoziiertes Selbst, das Kind in ihr, akzeptierte oder nicht: „Liebst Du meinen Hund, so liebst Du mich." Sich ihrer Gefühle in einer neuen Beziehung ganz unsicher, überließ sie es ihrem Hund, in Erfahrung zu bringen, wie der Betreffende zu ihr stand. Seine Reaktion – freudiges Wedeln mit dem Schwanz oder drohendes Geknurre – war ihr Zeichen, ob *sie* – nicht der Hund – gemocht wird oder nicht. So halfen ihr jene Freunde, die mit ihrem Hund gut umgehen konnten, ohne es zu ahnen, dabei, ihr dissoziiertes Selbst Schritt für Schritt zu integrieren.

Halten wir noch fest, daß das bulimische wahre Selbst wegen der Dissoziation nicht mitreifen kann, es bleibt „unkultiviertes Kleinkind", und es kommt zu einer Fixierung an diesen Selbstanteil. Dabei handelt es sich um eine Dissoziation in zweierlei Hinsicht: Zum einen ist das bulimische wahre Selbst aus dem allgemeinen Entwicklungsprozeß, zum anderen ist es aus der Kommunikation mit anderen Personen ausgeschlossen, es darf ja nur hinter der

Heimlichkeit verborgen, also in Abwesenheit anderer, zum Zuge kommen, in „Schwarzarbeit" eben.

Den Zustand des Selbst dieser Patientinnen kann man sich mit dem Bild einer Baustelle vergegenwärtigen: Es ist so, als wären einige Räume des Gebäudes bereits fertiggestellt. Zeitweise hält sich das Selbst in diesen Räumen auf, und die Patientinnen sind symptomfrei. Dann betritt eine kränkende Person den Raum, und das Selbst wechselt in einen anderen Raum über, der sich noch im Rohbau befindet. Diesem Raum fehlen wichtige Funktionen wie Wasser, Licht, Wärme. Im Anfall geht es um einen solchen Raumwechsel, denn es werden Selbstanteile aufgesucht, die nicht mitgewachsen sind, ein Wechsel, der sich als Regression äußert. Mit dem Wechsel werden Differenzierungen des seelischen Apparates wieder aufgegeben, wie im Schlaf, wenn das Ich sich ins Es zurückzieht, aber auch in der Manie, wenn das Überich ins Ich zurückkehrt. Im Rohbau stehen notwendige Ich-Funktionen nicht zur Verfügung, wie z. B. die Fähigkeit zum Phantasieren, zur Symbolbildung etc. Hierbei geht es nicht um eine Spaltung im Selbst in gut und böse, das ist die Zuteilung, die das Überich vornimmt, welches den unkultivierten Teil als böse, als unartig und lästig bezeichnet, sondern um eine Spaltung in entwickelte und noch nicht entwickelte, nicht mitgewachsene Teile, um eine Spaltung in differenzierte und nicht differenzierte Selbstanteile, eine „Spaltung", die eher der borderlinetypischen Entwicklungsdiskrepanz gleicht.

Ich muß noch eine Ergänzung vornehmen. Das wahre Selbst wird zum bulimischen wahren Selbst, weil es im Zuge der fortschreitenden Dissoziierung mit narzißtischer Wut aufgeladen wird, weil es unterdrückt werden muß. Es bekommt dadurch pathologische Züge, was ich im Begriff bulimisches wahres Selbst zu fassen versuche. Ich habe diesen Prozeß bereits geschildert: Diese Wut liefert dem schwachen Ich die entscheidende Energie, um das Überich zu besiegen und einen Anfall in Gang zu bringen. Wir können jetzt sagen, daß die Wut dazu verhilft, dem wahren Selbst zum Leben zu verhelfen. Winnicott schreibt, daß „Es-Befriedigung zu einer sehr wichtigen Verstärkung des Ichs oder des wahren Selbst" werden kann. (vgl. Winnicott, 1974, 184). Die Wut stößt sozusagen das falsche Selbst ab und leitet den Rückzug aus dem falschen Selbst ins wahre Selbst ein. Die Wut gibt dem Anfall seinen Impulscharakter.

Einer der Anlässe für die narzißtische Wut ist aber auch, daß die Patientinnen so gekränkt sind, weil ihr falsches Selbst, das ja angepaßt ist und es allen recht machen will, zwangsläufig versagt. Die

Kluft zwischen Ich und Ichideal vergrößert sich darüber rapide, so daß das Selbstgefühl bedrohlich absinkt.

Das alles macht den Eindruck, als benötigten die Patientinnen ihre Eßanfälle, um diese Dissoziation zu überwinden und dem bulimischen wahren Selbst zum Leben zu verhelfen. Die Impulshandlung wird zur „Schaltung" (Wurmser) zwischen den voneinander dissoziierten Selbstzuständen. Es kommt zu einem „Durchbruch wilder und narzißtischer Geltungs- und Begehrsucht" (Wurmser, 1986, 95). U. Grunert spricht von „trotziger Selbstbehauptung". Eine Patientin in „Kunsttherapie" schreibt: „Mein erster Impuls war, meinen Namen groß, auffallend, kraftvoll, aggressiv auf das ganze Blatt zu bringen. Der Akt des Malens war energiegeladen und wild und hat mir viel Spaß gemacht. Ich wollte auffallen, ungehemmt und grenzenlos sein" (Gerlinghoff, ib., 109). Hier zeigt sich eindrucksvoll, wie das wahre Selbst Raum beansprucht und leben will: kraftvoll, aggressiv. Diese Patientin artikuliert auf präsentativem Wege ihren Wunsch, der im Eßanfall konkret befriedigt werden will. Eine andere hingegen schreibt: „Mein Name geht in dem Bild fast unter, wirkt filigran und zart. Ich habe ihn als erstes geschrieben und wollte nicht, daß er durch eine kräftige Farbe oder eine dicke Schrift zu sehr auffällt" (ib.). Sie muß den Wunsch abwehren, den die erste Patientin „kraftvoll" artikuliert. Bei der zweiten Patientin ist das falsche Selbst wie ein Filter wirksam. Und nebenbei bekommen wir als Geschenk einen zarten Hinweis auf ein Phänomen, das später von Bedeutung sein wird: die Tendenz von Therapeuten, diese Patientinnen narzißtisch zu funktionalisieren. Gerlinghoff nennt ihr Verfahren nicht etwa Maltherapie, sondern es muß eine „Kunsttherapie" sein.

Diese „Schaltung" zwischen verschiedenen Selbstzuständen, dem bulimischen Selbst und dem falschen Selbst, kann man sich mit dem Bild eines Schwarzwälder „Wetterhäuschens" verstehbar machen, bei dem je nach Wetterlage mal ein Mann mit Regenschirm, mal eine Frau im Sommerkleid heraustritt. Wurmser schreibt: „Es ist immer wieder eindrucksvoll, dieses seltsame Oszillieren zwischen zwei gegensätzlichen Teilidentitäten zu beobachten; diese Doppelheit tritt immer dann auf, wenn es sich um umfassende Verleugnungsvorgänge, wie namentlich auch bei Entfremdungszuständen, handelt. Die Anerkennung der einen Teilidentität schließt notwendigerweise die Verleugnung der andern Teilidentität mit ein – und damit eine mehr oder weniger radikale Verfälschung oder doch Einengung der Wahrnehmung. Das Wesentliche ist dabei natürlich nicht nur, daß diese beiden Teilidentitäten im Konflikt miteinander stehen, sondern die zentrale Rolle, die das Überich dabei spielt. Es sind oft ganz verschiedene Überich-Teile, die da im Kampf gegeneinander stehen und sich in diesen Identitätskonflikten widerspiegeln" (1986, 98 f.).

Wenn die Patientinnen mit dem Anfall die Dissoziation aufzuheben und beide Selbstanteile zu integrieren versuchen, um zu einer vollständigen Person, einem real existierenden Individuum, einem Gesamt-Selbst zu gelangen, um dem „psychischen Tod" zu entkommen, dann wäre eine Funktion des Anfalls, in Fühlung mit dem wahren Selbst zu kommen. „Im frühesten Stadium ist das wahre Selbst die theoretische Position, von der die spontane Geste und die persönliche Idee ausgehen. Die spontane Geste ist das wahre Selbst in Aktion. Nur das wahre Selbst kann kreativ sein, und nur das wahre Selbst kann sich real fühlen. Während ein wahres Selbst sich real fühlt, führt die Existenz eines falschen Selbst zu einem Gefühl des Unwirklichen oder einem Gefühl der Nichtigkeit" sagt Winnicott (1974, 193). Ich zögere etwas, einen Eßanfall als „spontane Geste" zu bezeichnen, aber die Nähe zum Impuls ist natürlich gegeben. Aber etwas wie ein wahres Selbst muß im Anfall zum Tragen kommen, denn die Patientinnen schildern häufig, daß sie sich in einem Anfall „real" fühlen und daß er ihnen deshalb so wichtig sei, wie ein „Personalausweis", also für ihre Identität, ihr Selbstgefühl von großem Wert. Ich würde den Anfall deshalb als impulsives Hervorbrechen des bulimischen wahren Selbst bezeichnen Wenn sie ihre Anfälle auch beklagen, so muß man wohl in Rechnung stellen, daß das Ausdruck der Entschuldigung vor ihrem Überich bzw. dem externalisierten Überich gegenüber ist, als wolle sich das wahre Selbst für die Inanspruchnahme seiner „Wohnrechte" entschuldigen. Da das wahre Selbst körperlich bzw. der Körper die Grundlage des bulimischen wahren Selbst ist – das Kleinkind –, würde das erklären, weshalb diese Patientinnen ihren Körper, vor allem wenn sie der Anorexie zuneigen, dissoziieren müssen und ihn als nicht zu sich gehörig erleben.

Ein Anfall wäre demnach ein Versuch zur Selbstheilung, der mißlingt und deshalb immer wiederholt werden muß. Winnicott, der eine Unterscheidung zwischen Wunsch und Bedürfnis trifft – beim regredierten Patienten spricht er von Bedürfnis –, meint, wenn ein Bedürfnis nicht erfüllt würde, „dann ist das Resultat nicht etwa Zorn, sondern nur eine Reproduktion der Situation des umweltlichen Versagens, das die Wachstumsprozesse des Selbst ursprünglich angehalten hat" (Winnicott, 1954, zit. n. Khan, 1973, XXI). Zwar ist die narzißtische Wut bei dieser Erkrankung nicht zu übersehen, wobei es bezeichnenderweise um eine „unersättliche" Wut (Kohut, 1973b, 540) geht, der Anfall aber endet in Erschöpfung, der Erschöpfung eines Säuglings, der vergeblich nach der Mutter schreit. Der Zorn erstickt in der Erschöpfung.

Da die Patientinnen wegen ihres falschen Selbst nicht in ihrem emotionalen Zentrum leben, empfinden sie, als hätten sie noch gar nicht zu existieren begonnen (vgl. Winnicott, 1974, 185), fühlen sich „psychisch tot" (Ogden). Da das wahre Selbst der Ort ist, der das so zentrale Gefühl der „continuity of being" ermöglicht, können die Patientinnen mit Fug und Recht behaupten, daß sie ihr regelmäßig wiederkehrendes Symptom als das einzige Kontinuierliche in ihrem Leben empfinden. Vor diesem Hintergrund ist auch die Panik, verrückt zu werden, wenn sie am Symptom gehindert werden, zu verstehen. Man muß diese Formulierung ja nicht nur im klinischen Sinne nehmen und an eine Psychose denken. Vielleicht ist es ratsam, es auch im Wortsinn zu nehmen, in der Bedeutung von „ver-rückt", als wollten sie sagen, daß sie sich aus ihrem emotionalen Zentrum gerückt fühlen oder durch „impingements" (Winnicott) aus der (Entwicklungs-)Bahn geworfen werden. Bei einer Patientin war die Kontinuität ihres Seins und damit ihr Wohlbefinden dadurch massiv gestört, daß ihre Mutter die Familie mit Suiziddrohungen in Atem hielt, so daß sie bereits als Kind permanent alarmiert war und sie sie auch dann, wenn keine reale Drohung im Raum stand, schließlich jederzeit befürchtete, bis sie sich eines Tages das Ereignis herbeiwünschte, „damit endlich Ruhe ist". So war sie als Heranwachsende ständig mit der Meisterung bzw. Abwehr der mütterlichen Drohung beschäftigt, was zur Heranbildung eines hypertrophen falschen Selbst führte, hinter welchem das wahre Selbst und andere Entwicklungsaufgaben zurückgestellt werden mußten.

Ich vermutete, der Anfall habe die Funktion, das wahre Selbst zum Leben zu bringen, ein Bedürfnis, auf dessen Befriedigung nicht verzichtet werden kann – es gilt immerhin den psychischen Tod abzuwehren. Deshalb äußert sich das Bedürfnis unerbittlich und artikuliert sich in einer Mischung aus Wut und Gier. Ich sagte, die Merkmale des bulimischen wahren Selbst seien durch die frühzeitige Dissoziation hypertrophiert und durch die Unterdrückung aggressiv aufgeladen. Das Bedürfnis wird darüber zur Gier. Balint schreibt:

„Für uns Erwachsene erscheint ein Kind (oder meine Patientin) gierig, da es, wenn man es enttäuscht oder warten läßt, außerordentlich laute, höchst dramatische und stürmische Symptome zeigt, während, sobald es befriedigt ist, der Außenstehende kaum mehr etwas wahrnehmen kann. Denn die Gewährung erzeugt nichts als ein ruhiges Wohlbefinden. (...) Ein sprechendes Beispiel für diese Art von Objektbeziehung finden wir in der Einstellung der Erwachsenen in bezug auf die Versorgung mit Luft. Ich nehme nicht an, daß irgendwer das Atmen als Ausdruck einer oralen Gier auffaßt, obwohl wir kaum jemals ein Zeichen von Befriedigung sehen können, solange der nötige Sauerstoffbedarf gedeckt ist. Dagegen kommt es augenblicklich zu äußerst heftigen und dramatischen Symptomen, sobald ein Lufthunger entsteht und Erstickung droht. Ferner wird ausreichende Versorgung mit Luft von uns allen für selbstverständlich angesehen, und es fällt keinem von uns ein, sich Gedanken darüber zu machen, ob die Luft es liebt oder nicht, von uns *ein-* und ausgeatmet zu werden. Unsere Haltung ist einfach die: Wir brauchen die Luft, und darum muß sie stets da sein" (ib., 155 f.).

Die Gier der Bulimikerin ist der Luftgier des Erstickenden vergleichbar. Auch ihr geht es um ein „Lebensmittel": um ein Leben im emotionalen Zentrum, um Wohlbefinden und Kontinuität. An allem mangelt es ihr. Darum „spricht" sie ständig davon im Eßanfall – bis zu zwanzigmal am Tag. "Spricht man über Brot, wenn es daran nicht fehlt?", fragt Sartre. Der Anfall soll bei ihr ähnlich stabilisierende Funktion wie eine ausreichende Versorgung mit Luft haben. Gier aber ist Abhängigkeit in Extremform und deshalb so kränkend und beschämend, so daß der Anfall nun seinerseits zur narzißtischen Katastrophe wird. Welche Angst die Patientinnen vor ihrer Gier haben, zeigt sich darin, daß sie sich schon dann als gierig erleben, wenn sie in der Behandlung oder bei anderen etwas erfragen müssen. Gierig ist die Bulimikerin noch aus einem anderen Grund. Weiter oben erwähnte ich die „unersättliche Wut" (Kohut), weil die Nahrung als Container versagt. Das extreme Fressen ist Ausdruck der Verzweiflung darüber, keine Möglichkeit zu finden, das „Schlechte" externalisieren zu können. Man könte von einer Unersättlichkeit nach Externalisierung sprechen. Fenichel sagt, Süchtigkeit setze mit der Suche nach Reizschutz ein (1931, 68).

Rekapitulieren wir kurz: Im Eßanfall als einem Aufstand gegen das Überich scheint es darum zu gehen, das bulimische wahre Selbst gegen das Verdikt des Überichs oder die Ignoranz der Bezugspersonen heimlich, in „Schwarzarbeit" durchzusetzen. D. h., im Anfall kommt das dissoziierte Selbst, meist „als Kind, das nicht leben durfte", zum Vorschein: polymorph-perverse Wünsche, bestimmte Affekte sowie entwicklungsbedingte Bedürfnisse müssen sich in einer Impulshandlung forciert zum Leben bringen. Das bedeutet auch, daß der Anfall ein „Nein" dem Überich gegenüber ist, das die Patientinnen sonst nicht wagen. Der Eßanfall erfolgt unter Zuhilfenahme des falschen Selbst. „Wenn das falsche Selbst in seiner Funktion erfolgreich ist, verbirgt es das wahre Selbst oder findet eine Möglichkeit, das wahre Selbst zum Beginnen eines Lebens zu befähigen" (Winnicott, 1974, 193). Über den Eßanfall soll der Anschluß an das dissoziierte wahre Selbst, das bisher nur ein geheimes Leben führen konnte, hergestellt werden. Die Lebendigkeit des wahren Selbst und die Starrheit der Abwehr des organisierten falschen Selbst (vgl. Winnicott, ib., 186) interferieren und kollidieren im Anfall. Das falsche Selbst sucht nach Bedingungen, die es dem wahren Selbst ermöglichen, zu seinem Recht zu kommen. Das macht es, wie wir hörten, „mit Raffinesse". Es kundschaftet Situationen aus, in denen keine Zeugen zugegen sind. Das falsche Selbst übernimmt hierbei quasi die Quartiermeisterfunktion für das wahre Selbst. Im Gegensatz zum gezielten (geplanten) Suchen wäre der Spontananfall eine Reaktion aus einer unmittelbaren emotionalen Notsituation heraus, wenn vitale Interessen bedroht sind oder aber die narzißtische Wut so stark wird, daß das wahre Selbst sich ohne „caretaker" (Winnicott), weil ohne Angst vor seiner Umgebung oder seinem Überich, sich zu seinem Lebensrecht verhilft. Dann wird die Abwehrorganisation falsches Selbst außer Kraft gesetzt. „Wenn dies geschieht, kann das wahre Selbst sich gegenüber dem gefügigen Selbst durchsetzen" (Winnicott, 1974, 195).

Die metaphorische Darstellung des bulimischen wahren Selbst

Was im Anfall sozusagen wie in einer Sturzgeburt zum Leben kommen will, kommt bei Patientinnen, welche sich bereits längere Zeit in Behandlung befinden, über andere Wege als Eßanfälle zur Darstellung, z. B. über Worte, Metaphern oder Träume. So meinte eine Patientin: „Ich bin ein Urwaldmensch, der ängstlich aus dem Gebüsch schaut." Der Urwaldmensch ist das nichtsozialisierte, dissoziierte Selbst, geschützt vom Gebüsch als Repräsentant des falschen Selbst, sozusagen prüfend, ob es sich an die kultivierte Öffentlichkeit wagen kann. Dieselbe Patientin betritt in einem Traum meine Wohnung, in der ich „viele Aussiedler" beherberge, als hätten sich all die Unzufriedenen, Gestrandeten und Heimatlosen bei mir eingefunden. Metaphern wie „Urwaldmensch", „Penner" oder „Aussiedler" deuten auf Merkmale, die dem bulimischen wahren Selbst nahe kommen, „Maske" und „Gebüsch" hingegen wären

Bilder für das falsche Selbst, die an die Heimlichkeit, hinter der die Bulimikerin ihre Eßanfälle verbirgt, denken lassen. Das bulimische wahre Selbst schaut natürlich nicht nur im Anfall oder in der Behandlung, sondern auch im Alltag „aus dem Gebüsch" und bekommt prompt von der Umgebung Namen zugeteilt. Eine Patientin wurde „freche Göre", eine andere „Pippi Langstrumpf" („Pippi Frechstrumpf" wäre treffender gewesen) genannt, oder auch das erwähnte „Böckchen". Man kann das bulimische wahre Selbst mitunter an der Kleidung erkennen, was den Patientinnen manchmal etwas kindlich-naives, temperamentvolles und Freches, aber auch provokant Verführerisches gibt.

In der Behandlung konnte ich auch eine „sanfte Geburt" des wahren Selbst beobachten. So gebar eine Patientin in einem Traum ein Mädchen aus dem Anus. Das könnte man als eine der üblichen, phasenspezifischen Geburtsphantasien (die anale Geburt) verstehen, der Traum hatte aber im Kontext der Behandlungsphase eine andere Bedeutung. Bei solchen Geburtsträumen hatten meine Patientinnen häufig das unabweisbare Gefühl, sich selbst zur Welt gebracht zu haben. Es sind wohl zumeist Wiedergeburtsträume. Loch schreibt: „Der Neubeginn, der in Balints Geschichte vom Purzelbaum so plastisch illustriert wird, erfüllt in Wirklichkeit die Kriterien eines schöpferischen Aktes. Neubeginn ist nicht mehr das Ergebnis einer Aufhebung der Verdrängung. Es ist vielmehr ein 'Wiedergeborenwerden', aber diesmal auf Grund eigener Bedingungen" (ib., 247). Nimmt man diese Träume genauer unter die Lupe, zeigt sich tatsächlich, daß eben das Kind, das bisher keine Existenz haben, sondern nur im Anfall „aus dem Gebüsch" treten durfte, zur Welt gebracht, d. h integriert wird. „Aus dem Gebüsch treten" dürfte ja eine Geburtsmetapher sein. Und so ging es bei dieser Patientin auch um ihre eigene Geburt, genauer die „Geburt" ihres wahren Selbst. Dem analen Gebären kommt dabei eine besondere Bedeutung zu, denn das „Kind", das bisher keine Existenz haben durfte, erleben viele Patientinnen wegen ihres Überichs als ein aus der Kloake kommendes und deshalb unwillkommenes, weil schmutziges Kind. Ich zeige später, daß die Mütter dieser Patientinnen ihr Kind als „schmutzig" erleben und diese Kindimago die Mutter-Kind-Beziehung wesentlich beeinflußt. Mit der analen Geburt wie mit dem Eßanfall auch bestätigen die Patientinnen diese Kindimago der „schmutzigen Tochter". Ein Detail des analen Geburtstraumes möchte ich nicht unerwähnt lassen. Traummutter und Traumkind zeigten sich nur im Dunkeln und in einen Pelz gehüllt, obgleich im Traum Hochsommer war. Der Kinderwunsch, die Geburt und das

Kind schließlich mußten vor dem Überich bzw. vor der Mutter verborgen werden. Das könnte die früher geäußerte Vermutung bestätigen, daß auch im Anfall das Überich bzw. das falsche Selbst beteiligt bleibt. Da ich eingangs von Reiks Kriminalfall berichtet habe, bietet es sich an, die schwangere Tote als Bild für die hiesige Situation zu nehmen: Der Leichnam wäre das falsche Selbst, der unlebendige Teil eben, der in sich als Fötus das wahre Selbst enthält. Und man könnte natürlich über den Hintergrund des Mordes an der Mühle spekulieren: Sollte das uneheliche Kind vor der Mutter bzw. vor der Öffentlichkeit verborgen bleiben, so wie obige Patientin alles hinter einem Pelz verborgen halten mußte?

Wie auch immer, zum Abschluß dieses Kapitels will ich noch von einer anderen Patientin, die auch im Traum Mutter ihres Selbst wurde, erzählen:

„Ich habe ein Kind bekommen, das ich aber nicht stillen konnte. Das Kind hat mir die Brustwarze abgebissen. Seltsamerweise hat es nicht geblutet. Ich habe überhaupt kein Gefühl zu dem Kind bekommen. Es wurde dann zu anderen Leuten in Pflege gegeben. Dort hat es Brot gegessen." Diese Patientin hatte ein schweres Stilltrauma in den ersten Lebenswochen erfahren, so daß angenommen werden kann, sie selbst sei dieses Kind, das einen wütenden Angriff gegen die Brust der Mutter startete, daraufhin Angst bekam und den Angriff im Traum ungeschehen machen mußte: Es hat nicht geblutet! Der Traum erinnert an die Angriffe gegen das Objekt bei de Sade: auch bei ihm bleiben die malträtierten Objekte letztendlich unversehrt. Auf den Traum trifft aber auch zu, was Freud sagt: „Ich meine aber, an diesem verräterischen Merkmal der Unverletzlichkeit erkennt man ohne Mühe – Seine Majestät das Ich, den Helden aller Tagträume wie aller Romane" (1908e, 220). Die Patientin hat in diesem Traum tatsächlich ein Merkmal ihrer Mutter, und – wie ich meine – der meisten Bulimie-Mütter, geträumt: ihre Tendenz, „unverletzlich" zu sein, d. h. immer die Helden sein zu müssen, unangreifbar, frei von Kritik, vor allem unberührbar. Zugleich aber bebildert der Traum die früh erlebte Ablehnung, die die Patientin durch ihre Mutter erfuhr und sich im Stilltrauma äußerte. Sie ist nun selbst diese Mutter, die nicht stillen kann. Auch hier haben wir, wie in der Szene der Patientin mit dem Hund, die Patientin als Kind und zugleich als Mutter. Der Traum zeigt überdies die Dissoziation im Selbst aufgrund dieses frühen Traumas. Die Patientin konnte zu dem Kind (dem wahren Selbst) kein Gefühl bekommen, und es mußte von seiner Mutter „getrennt" werden. Daß der Säugling bei anderen Leuten dann „Brot" gegessen hat, ist ein interessantes Detail. Es zeigt meines Erachtens, wie das Kind wegen des Stilltraumas in die forcierte Progression geht und ein falsches Selbst bildet, was wiederum an die von

Ferenczi erwähnte „traumatische (pathologische) Progression oder Frühreife" (1933, 522) erinnert.

Warum aber gerade jetzt dieser Traum vom Kind? Ausschlaggebend war auch hier der Kontext. Die Patientin eröffnete die Stunde damit, daß sie das Gefühl hätte, sich in den vorausgegangenen Stunden sehr verändert zu haben. Es habe ihr gutgetan, so führte sie aus, daß ich nicht auf ihren Freund geschimpft, sondern ihm hier in der Behandlung Platz eingeräumt hätte. Sie habe mich erlebt wie „Vater und Mutter in eins". Was war geschehen? In der Stunde vor dem Traum hatte sie mir von ihrem Freund erzählt und auf ihn geschimpft, als wäre sie ihre Mutter, die stets in ihrer Anwesenheit auf den Vater und ihre Freunde geschimpft hatte. Sie hatte Angst, ich könnte, ähnlich wie ihre Mutter, schlecht über ihren Freund denken. Ihr Freund, so berichtete sie weiter, habe mal etwas, was ich ihr gesagt hätte, als zutreffend empfunden und daran scherzhaft den Wunsch geknüpft, mit mir gelegentlich Tee trinken gehen zu wollen. Just in dem Moment, als sie mir von diesem Wunsch erzählte, fuhr sie sich mit der Hand ans Herz, als erstarre sie vor Schreck, als habe sie schlagartig registriert, was sie zum Ausdruck brachte. „Wie kann er sich anmaßen", meinte sie entsetzt, „so etwas von Ihnen zu wollen, von so einem großen Mann!" Es war klar, sie erlebte mich als omnipotentes Objekt und hatte sich mit dem Wunsch ihres Freundes identifiziert. Es war ihr Wunsch, der sie erschrecken ließ. Ich sagte ihr darauf nur, ich könnte mir gut vorstellen, mit ihrem Freund bei einer Tasse Tee zu plaudern ...

Erschrocken ist die Patientin, weil sie unbewußt via Projektion glaubte, ihr Freund wolle einen oral-sadistischen Angriff auf mich starten, weil sein Wunsch mich in ihren Augen beschädigen würde: Es wäre ein Angriff auf meine Abstinenz, letztlich auf meine „analytische Brust", weil sie mich beim Trinken einsaugen oder mich, wie in ihrem Traum, „an der Brust verletzen" könnte. Da ich mich davor aber nicht fürchtete, sondern ihr signalisierte, daß mir die Phantasie ihres Freundes nicht unangenehm war, was sie als integrierend erlebte, wurde nach dieser Stunde träumbar, mir von sich als Kleinkind, ihrem Trauma und ihrem dissoziierten Selbst zu erzählen, weil sie nun die Hoffnung haben durfte, ich würde das oral-sadistische Kind, ihr bulimisches wahres Selbst, ähnlich reintegrieren wie ihren Freund.

Aus Bionscher Perspektive könnte man sagen, daß die Patientin versuchte, das Element „Tee trinken", in das sie ihren oral-sadistischen Impuls projiziert hatte und das dadurch zum Beta-Element wurde, über ihren Freund mittels projektiver Identifizierung bei mir unterzubringen. Man muß die Tee-Episode vor dem Hintergrund lesen, daß die Mutter dieser Patientin eine „entwertende", eine „containing rejecting mother" war, die kaum über eine Alpha-Funktion verfügte bzw. sie ihrer Tochter verweigerte. Ich konnte dieses Beta-Element offenbar in ein Alpha-Element transformieren, weil ich ihren Gedanken wohlwollend aufgenommen hatte. Sie konnte ihn daraufhin wiederum als solchen reintrojizieren und dann zum Traum werden lassen. Das Besondere wäre hier, daß sie sozusagen über den Freund vorfühlen wollte, ob ich zum Containing dieses Beta-Elementes bereit sein würde. Erst als ich diesen „Test" bestanden hatte, konnte sie es wagen, mir das dissoziierte Kleinkind mitzubringen. Meine Bemerkung über den Freund alias ihr bulimisches wahres Selbst war ein Identifikationsangebot, welches ihr Ich gegen ihr Überich stärkte. Wenn ich ihn mochte, durfte sie es auch und konnte ihn nun ihrerseits integrieren, was ihr Überich (die Mutter) bis jetzt nicht erlaubt hatte. Ich bin mir im klaren darüber, daß durch den Umweg über den Freund ihr oral-sadistischer Wunsch abgemildert wurde und von mir deshalb relativ problemlos zum Containing angenommen werden konnte. Hätte sie ihn direkt vorgetragen, wüßte ich nicht, ob ich entsprechend hätte reagieren können. Ich will hier auch gar nicht den Eindruck erwecken, als hätte ich an dieser Stelle behandlungstechnisch bewußt gehandelt, es handelte sich eher um eine „spontane Geste", und schon gar nicht konnte ich die günstigen Folgen absehen. Aber wie so oft bei diesen Patientinnen, sind solche „spontanen Gesten", die aus dem wahren Selbst kommen, hilfreich, da sie stets auf der Suche nach dem wahren Selbst im anderen sind und nicht dem analytischen Überich begegnen möchten.

Ende gut, alles gut? Keineswegs. Es kam zu einer für die Behandlung von Bulimikerinnen typischen Wende. Nachdem die Patientin das Integrationsangebot fürs erste angenommen hatte, tat der Neid als Integrationszerstörer seine Wirkung. Sie erzählte von einer Freundin, die auch eine Analyse gemacht habe, diese aber abgebrochen hätte, weil sie „kein Kind bekommen" habe. Diese Bemerkung sollte zum Ausdruck bringen, daß die Analyse nichts bringt, daß sie bei mir ihr wahres Selbst nicht zur Welt bringen könne. Hinter ihrem Neid stand die Angst, ein gutes Einvernehmen meinerseits mit ihrem Freund könnte für sie zur Gefahr werden. Immerhin war Inhalt ihres traumatogenen Erlebens, daß sie einst glaubte, ihre Mutter an den jüngeren Bruder verloren zu haben. Sie fürchtete, ihr Freund und ich könnten fürderhin eine befriedigende Beziehung haben, so wie sie einst die Beziehung ihrer Mutter zu ihrem jüngeren Bruder erlebt hatte, eine Beziehung, aus der sie sich ausgeschlossen fühlte, weshalb sie ihrem Bruder nichts Gutes gönnte. Ein Kind wäre zum Rivalen geworden. „Angriffe auf die Alpha-Funktion, die von Haß oder Neid angeregt sind", schreibt Bion, „zerstören die Möglichkeit des bewußten Kontakts des Patienten sowohl mit sich selbst als auch mit einem anderen als lebenden Objekten" (ib., 55), und „Angst, Haß und Neid werden so gefürchtet, daß Schritte unternommen werden, um die Wahrnehmung aller Gefühle zu zerstören, obwohl das nicht unterscheidbar davon ist, das Leben selbst auszulöschen" (ib., 56). Da meine Patientin für die Enttäuschung ihrer Freundin an deren Analyse eine „Deutung" fand, bot sie sich mir außerdem als „Analytikerin" an, so daß wir ein Elternpaar „Vater und Mutter in eins" waren und folglich das Kind, von dem sie geträumt hatte, nicht nur ihr wahres Selbst, sondern auch unser Kind war. Und um die Vielfalt der Bedeutungen solcher Szenen noch zu unterstreichen, erwähne ich, daß die

Patientin sich überdies damit ihre alte Sehnsucht nach einem zuverlässigen, kompetenten Elternpaar erfüllte, bei dem sie als Kind die Erfahrung einer „continuity of being" hätte machen können. Ihre wirklichen Eltern hatten sich oft gestritten, und auf Spaziergängen, so erzählte sie bei anderer Gelegenheit, hätte sie deshalb immer darauf geachtet, ob Vater und Mutter sich die Hand gaben. Das wäre wie ein „Stimmungsbarometer" gewesen, und wenn die Stimmung zwischen den Eltern gut gewesen wäre, wäre sie „überglücklich" gewesen.

Ich habe dieses Kapitel mit Sartre begonnen und will es auch mit ihm beenden. Die eingangs zitierte Stelle aus *Die Wörter* ist neben allem bisher Gesagten eine treffliche Beschreibung dessen, was in der Behandlung einer Bulimikerin Alltag ist: In der Sitzung „schreibt" sie einen „offiziellen Text", einen weiteren aber schreibt sie sozusagen in „Schwarzarbeit" für gewöhnlich in ihr Tagebuch. Der Behandler kommt so in die Rolle des „Großvaters". Vor ihm will sie einen guten Eindruck machen, er soll sie von ihrer besten Seite sehen, währenddessen sie versucht, seinen Narzißmus zu bedienen.

Da das bulimische wahre Selbst in impulsfreien Intervallen oder wenn sich die Patientinnen in Gesellschaft anderer Personen befinden, nicht in Erscheinung treten darf, sich sozusagen unterm Tisch verstecken muß, wundert es nicht, daß die Behandlung eine Gefahr für ihren Wunsch nach Heimlichkeit, d. h. für die Dissoziation, darstellt. Deshalb sind sie ständig mit der Frage beschäftigt: Was will der Analytiker hören? Sie erwarten in einer Behandlung unbewußt, daß die Art, wie sie der Analytiker sieht, unbedingt mit ihrem eigenen Selbstbild übereinstimmt. Durch eine narzißtische Projektion, so Richter, stelle der Patient die Überzeugung her, daß sein Verlangen erfüllt sei, daß also totale Identität zwischen ihm und dem Analytiker hinsichtlich seines Selbstbildes bestünde. Jeder Zweifel an dieser Identität wecke Angst und Aggression (vgl. 1963, 159). Die Bulimikerin ist diesbezüglich voller Zweifel. Es plagt sie die Befürchtung, etwas Falsches oder z. B. Unzusammenhängendes zu erzählen und sich damit beim Analytiker in ein schlechtes, beschämendes Licht zu setzen. Mit anderen Worten: Aus lauter Angst, der Analytiker könnte das ärgerliche, wütende Kind sehen und sich abwenden, präsentieren sie ihr falsches Selbst in der Behandlung. Eine Patientin sagte: „Ich bin voller Haß, Wut und Neid, wie gut, daß man nicht aus Glas ist, sonst könnte man das alles sehen." Beim falschen Selbst gibt es einen Spielraum vom gesunden höflichen Aspekt des Selbst bis hin zum wirklich abgespaltenen gefügigen falschen Selbst, das irrtümlich für das ganze Kind gehalten wird (vgl. Winnicott, 1974, 196). Solchem Irrtum wollen die Patientinnen Vorschub leisten, indem sie ihr falsches Selbst, dem das Persönliche fehlt, vorführen, weshalb Bulimikerinnen eine Gleichförmigkeit im Auftreten, im Erleben und in der Emotionalität zeigen, die mich auch heute noch immer wieder überrascht.

„In Lebensbeziehungen, Arbeitsbeziehungen und Freundschaften beginnt das falsche Selbst jedoch zu versagen", schreibt Winnicott (ib., 185). Und in der Behandlung natürlich auch. Die Patientinnen insistieren nämlich hartnäckig auf ihrer Überzeugung, daß man sie so brav haben wolle, daß sie nur mit ihrem falschen Selbst kommen dürften. Das Insistieren ist Ausdruck ihrer lebensgeschichtlich begründeten Angst, daß das wahre Selbst keinen Raum in der Behandlung fände, wobei sich allerdings im Insistieren die andere Seite, das bulimische wahre Selbst, decouvriert: „Immer muß ich mit sauberen Schuhen kommen", klagte eine Patientin, eine Forderung, die ich natürlich nie erhoben hatte. Eine andere Patientin zog bereits zum Interview im Praxisflur ihre Schuhe aus, „um meinen Teppich nicht zu beschmutzen". Das aber sind die Wünsche des bulimischen Selbst. Erlebt habe ich auch, daß Patientinnen ihre Mäntel oder Jacken auf den Boden neben ihren Sessel oder neben die Couch fallen lassen. Eine sagte dazu, sie glaubte aus „Höflichkeit" ihren Mantel aufhängen zu müssen, also weil ich solches erwarten würde, und *deshalb* hätte sie keine Lust dazu. Indem sie die Kleidung zu Boden fallen ließen, zeigten sie ihre Rebellion gegen mich und meine vermeintlichen Erwartungen und in welcher Triebphase solche Szenen sich abspielen: dem Analstadium. Deshalb begegnet man auch zahlreichen Reaktionsbildungen, in denen sich das falsche Selbst präsentiert, das wahre sich aber ahnen läßt.

Der Mantel neben der Couch kann dieselbe defensive Funktion haben wie das falsche Selbst: das wahre Selbst zu beschützen und zu verbergen. Auch die Heimlichkeit dürfte eine solche Funktion haben. Der Mantel, griffbereit neben der Couch, schützt das wahre Selbst vor dem Analytiker, der an die Stelle des Überichs getreten ist. Die Patientinnen fürchten, wenn der Analytiker via Regression im Zuge der Repersonifizierung des Überichs zum Elternteil geworden ist, dessen kritischen und strengen Blick. Ich erzählte von der Patientin, die glaubte, ich sähe alles. Das Überich soll aber nur das falsche, angepaßte, idealisierte Selbst sehen. Da das bulimische wahre Selbst aufgrund seiner Fixierung an sein frühestes Stadium ein körperliches ist und offenbar als entblößbar empfunden wird, ist ein Mantel als Bekleidungsstück das geeignete Mittel, sich vor

Blicken zu schützen. Die Angst, man könnte zuviel sehen, erzeugt den Wunsch nach Heimlichkeit und ist zugleich die Folge der Dissoziation. Es ist die Angst, der Analytiker könnte Zeuge der Regression, der Gier, der Fusionswünsche, des Kontrollverlustes und des Erbrechens werden. Scham und Wut wären dann unermeßlich. Nicht ohne Grund. Das wahre Selbst präsentiert sich im Symptom, so daß ein Erspähtwerden in ihrem Symptom ihr wahres Selbst ans Licht zu zerren, letztlich die Auslöschung ihrer Identität bedeuten würde. Ein „alles" sehender Blick, wie ihn die Patientin mir unterstellte, wäre wie das Sonnenlicht, unter dem der Vampir zerfällt. Bulimikerinnen sprechen aus gutem Grund nicht detailliert über ihr Symptom, und noch weniger wollen sie sich davon trennen. Das Bedrohliche des Blickes des anderen macht verständlich, warum sie unter allen Umständen unter Kontrolle haben wollen, was der Analytiker sieht und denkt. Wegen dieser paranoiden Befürchtungen müssen die Patientinnen „alles sehen". Trempler schreibt über seine Patientin: „Wir können verstehen, daß sie mich in vielen Stunden geradezu in Trance versetzen muß, um mich nicht auf ihren mörderischen Haß aufmerksam zu machen, und wie sie sich mit ihrem Schweigen meiner vermeintlich 'argusäugigen' Beobachtung entziehen will. Aber sie beginnt auch zu entdecken, daß sie mich zugleich belauert" (ib., 162 f.). Eine meiner Patientinnen kontrollierte eines Tages vor ihrer Stunde, ob ich den Tankdeckel meines Autos richtig verschlossen hätte. Auf meine Frage, ob sie denn auch herausgefunden habe, welche Marke ich tanke, meinte sie: „Einen 86er Riesling", worüber zwischen uns lautes Gelächter losbrach und unterderhand auch klar wurde, daß mit dem Auto mein Körper gemeint war und ich überdies den Mund geschlossen halten sollte, ein Wunsch, dessen Gründe in den nächsten Kapiteln erörtert werden wird.

Das Erbrechen

„... dann kommt die Moral" (Brecht)

I. Die Folgen des Eßanfalls

Wir nähern uns dem Ende des Eßanfalls. Es kündigen sich nun Veränderungen in den psychodynamischen Verhältnissen an. Willenberg schreibt: „Man könnte – wenigstens in der Endphase des Freßanfalls – eine begrenzte psychotische Regression sehen, deren Fortschreiten jedoch beim Erreichen der Kapazitätsgrenze des Magens durch ein Signal des ärealen Körpers gebremst wird. Die Patientin kommt wieder auf festeren Boden und kann ihren Zustand ähnlich beschreiben wie ein Intoxizierter die Ernüchterung nach einem Rausch" (1989, 208). Wenden wir uns dem emotionalen Befinden und den Folgen des Anfalls zu, gehen wir dem Schicksal des einverleibten Objektes, fortan im Status eines Introjekts, nach und ergründen die Phantasien der Patienten über seinen Verbleib und seine Wirkung.

Die erfolgte Introjektion zwingt die Kranke jetzt mehr und mehr, sich mit dem zu befassen, was sie in ihren Körper aufgenommen hat. Ihre Sorge gilt dem Introjekt. Um Befriedigung von Nahrungsbedürfnissen kann es bei der Einverleibung nicht gegangen sein, zumindest konnte man den Schilderungen keine Hinweise auf orale Befriedigung entnehmen. Die Patienten fühlen sich nicht gesättigt, im Gegenteil, sie klagen jetzt über Leere und „tiefe Verzweiflung" (Schulte & Böhme-Bloem, 1991, 39). Die Maßnahmen zur Wiedererlangung des Wohlbefindens, der narzißtischen Integrität und der Triebruhe mittels Fusion mit dem idealisierten Objekt Nahrung blieben wirkungslos. Die Einverleibung konnte das psycho-physische Unbehagen nicht lösen und von den unerträglichen Beta-Elementen befreien, vielmehr ist es größer geworden, und es treten zu den psychischen Spannungen, der panischen Angst vor der Gewichtszunahme und den depressiven Gefühlen („Mich kotzt alles an"), noch somatische Beschwerden hinzu, ein geblähter, schmerzender Bauch, Übelkeit, Luftmangel, Schlappheit, tränende, brennende Augen. Das Befinden der Patienten nach dem Heißhungeranfall erinnert an die Bauchschmerzen eines Säuglings, der nach dem Stillen kein „Bäuerchen" gemacht hat bzw. unter Dreimonatskolik (vgl. Spitz, 1980) leidet. Es handelt sich um ein Befinden, wie es Balint bei unerfüllter „primärer Objektliebe" beschrieben hat: Verlust der seelischen Sicherheit, Gefühl der eigenen Wertlosigkeit, Verzweiflung, tiefe bittere Enttäuschung, Gefühl der Unfähigkeit, sich je wieder einem Menschen anvertrauen zu können (vgl. 1965, 100). Hört man sich an, was die Patienten über den Verbleib der verschlungenen Nahrung phantasieren, muß man zu dem Schluß kommen, daß ihnen das gute äußere Objekt über die Introjektion zum schlechten Introjekt gerät. Wie geht diese Veränderung vor sich, wie soll man sich das vorstellen?

Ich erwähnte eine Musikerin, die berichtete, daß Musik im Anfall zum „Gescheppere" werde. Diese Beobachtung zeigt, daß im Anfall nicht nur die Funktion der Sinnesorgane regressiv geschwächt bzw. beeinträchtigt wird, sondern auch, daß die von den Sinnesorganen aufgenommenen Objekte verändert werden. So entgleisen somatische Funktionen über die Regression, und das Ohr wird von der eingangs skizzierten Entdifferenzierung erfaßt, der Ton verzerrt, gestört, also beschädigt. Die Töne zeigen als unangenehmes Introjekt im Ohr ihre Wirkung, d. h., das gute Objekt verändert sich bei Eintritt ins Selbst, es wird zu einem störenden Introjekt. Plassmann schreibt: „Nicht nur der Prozeß des Eindringens ins Selbst ist für die Patienten von Bedeutung, sondern auch das Eindringende, der Inhalt des Sinneseindrucks. (...) Das Gehörte, der durch das Ohr ins Selbst gelangte Inhalt, kann negativ besetzt sein mit Phantasien von Gewalt, Beschädigung, Verunreinigung, später auch mit sexuellen Inhalten verbunden" (1993, 270). Für die Wahrnehmung der Musik als Gescheppere, für die Metamorphose des Objektes beim Introjizieren dürfte die affektive Disposition, vor allem die Heftigkeit der Affekte, z. B. die aggressive Aufladung durch die narzißtische Wut im Eßanfall, verantwortlich sein, die zum Ausfall jener Ich-Funktionen führten, die an der Steuerung der Sinnesorgane beteiligt sind. Es kommen physiologisch-mechanische Gründe, die für eine Störung bei der Introjektion verantwortlich sind, hinzu, z. B., wenn die Nahrung nicht mehr richtig gekaut, sondern in Brocken verschlungen wird und schon dadurch zu einer Belastung für den Verdauungsapparat wird.

Im vorstehenden Beispiel äußert sich das Introjekt als lärmender, unangenehmer, aber leicht zu lokalisierender und zu benennender Reiz. Viel häufiger jedoch zeigt das Introjekt eine heftigere, nachhaltigere und diffusere Wirkung im Seelenleben der Patienten. Wie sie erkennen? Nun, die bisherigen Überlegungen haben nahegelegt, daß wir bei der Bulimie von einer Äquivalenz im Umgang mit dem Nahrungsmittel und mit Personen ausgehen können. Diese Äquivalenz mir zunutze machend, behelfe ich mich mit einem Vergleich: „Was die eine Situation verbirgt", schreibt Lorenzer, „enthüllt die andere, jede in anderer Weise offen, jede in anderer Weise verschlossen, aufschlußreich nur im Alternieren" (1985, 1). Die Patienten schildern immer wieder Erlebnisse und Ereignisse aus ihrem unmittelbaren Alltagsleben, die Einblicke in die unbewußten Introjektionserlebnisse geben können und wie man sich die Wirkung des Introjekts vorzustellen hat. Meiner Erfahrung nach lassen sie sich z. B. aus den Phantasien, dem Erleben, den Ängsten und Reaktionen der Patienten, wenn sich Besuch anmeldet, erschließen. Die Wohnung ist in der Regel Symbol für das Körperinnere bzw. repräsentiert das (Körper-)Selbst. Besuch kann man mit einem Introjekt vergleichen, das in den Körper oder in den seelischen Innenraum aufgenommen wird. Sowohl die Vorausphantasien über den Besuch als auch das Erleben der Patienten während des Aufenthaltes des Besuches in der Wohnung könnten Rückschlüsse darauf zulassen, wie das Nahrungsmittel, das den Körper betritt, von ihnen empfangen, wie es unbewußt erlebt wird und was sie darüber phantasieren.

> Eine Patientin kam atemlos in die Sitzung und japste: „Mein Besuch nimmt mir die Luft weg." Eine andere klagte, sie fühle sich verpflichtet, eine Frau, mit der sie nur oberflächlich bekannt war und die sie in charakteristischer Weise idealisiert hatte – sie glaubte, diese Frau könne alles, was sie selbst nicht konnte –, in ihrer Wohnung übernachten zu lassen. Es sei für sie eine Ehre, ihr dieses Angebot machen zu können. Nachdem sie die Einladung ausgesprochen hatte, bekam sie Angst, diese Frau würde ihre Wohnung beschmutzen, Dinge kaputtmachen, sich dort breitmachen und sich so einnisten, daß sie sie nicht mehr los würde, ihr selbst kein Platz mehr bliebe und sie in ein Hotel ausweichen müsse.

Es ist leicht zu erkennen, daß der Besuch das idealisierte omnipotente Objekt sein sollte, mit dem sie über das gemeinsame Wohnen verschmelzen wollte, um an dessen Eigenschaften zu partizipieren. Sie fühlte sich durch den Besuch geehrt und aufgewertet, genau das, was sie sich auch in ihren Eßanfällen von der Nahrung erhoffte. Die Sorge aber über das mögliche Verhalten der Besucherin erwies sich als Projektion (auf das Introjekt), denn sie gehörte zu jenen Patienten, die fürchteten, bei mir Schmutz zu hinterlassen. Sie hatte ihren abgewehrten Schmutz- und Bemächtigungswunsch auf den Besuch projiziert, worüber ihr das zunächst idealisierte Objekt zu einem ihr Selbst schädigenden und besitzergreifenden Introjekt mutierte. Berichtet wurde auch von der Angst, Besucher könnten persönliche oder intime Utensilien der

Wohnungsinhaberin benutzen oder sich gar durch Diebstahl aneignen. Daß es sich auch dabei um Projektionen handelt, werde ich später ausführen – freilich nicht immer, denn manche Patienten machen auch real solche besitzergreifenden Erfahrungen.

So klagte eine Patientin über eine Freundin, weil diese sich mit ihrem Shampoo die Haare wusch, sich ihres Intimsprays, ihres Parfüms und schließlich ihres Lippenstiftes bediente, was die Patientin als intrusiven Angriff auf ihren Körper erlebte, so daß sie, kündigte sich die Freundin an, schon mal vorsorglich ihre Zahnbürste in Sicherheit brachte. Als die Freundin dann auch noch auf ihre Kosten ausgiebig telephoniert habe, hätte sie es nicht mehr ausgehalten und – unfähig zur Grenzsetzung – „fluchtartig" die Wohnung verlassen. Geflüchtet war sie vor der intrusiven Freundin, aber auch vor ihrer eigenen Aggression gegen sie. Diese Patientin hatte eine Mutter, die, wenn sie zu Besuch kam, bei ihrer immerhin fast 30jährigen Tochter zunächst einmal die Möbel nach ihrem Gusto umstellte, sie zum Bedienungspersonal machte, sich im Nachthemd der Tochter in deren Bett legte und bestimmte, wann das Licht gelöscht wurde. Eine andere Patientin fühlte sich anläßlich des Besuchs ihrer Mutter „beim Fressen und Kotzen gestört" und wurde aggressiv. Früher, so erzählte sie, habe sie, wenn ihre Mutter das Kinderzimmer verlassen hatte, gegen die Türe getreten, der Mutter also einen Tritt verpaßt, weil sie das Gefühl hatte, daß von ihr selbst nichts mehr zählte, alles von ihr wertlos war und „nur noch Mutter's Welt" galt, solange ihre Mutter sich im Raum aufhielt. Kam diese in ihr Zimmer und machte ihr Vorwürfe oder kritisierte sie, warf sie mit einer Schere, „die den Schrank", und dann gallig: „aber auch meine Mutter hätte treffen können". Deren Besuche erlebte die Patientin als aufgezwungen, da die Mutter sie nicht mit ihr, längst im Berufsleben stehend, absprach, sondern alleine bestimmte, wann sie zu kommen gedachte. Es war kein Zufall, daß mich gerade diese Patientin auf die enge Nachbarschaft von Introjektion, Injektion und Intrusion im Erleben von Bulimikerinnen aufmerksam machte. Um eine „intrusive Mutter" dürfte es sich auch im folgenden Fall gehandelt haben: Während der Abwesenheit ihrer Tochter hatte die Mutter deren Wohnung komplett neu mit Möbeln eingerichtet, die meine Patienten so „abscheulich" fand, daß sie, nachdem sie wieder zurück war, zum Entsetzen ihrer empörten Mutter umgehend alles verkaufte. Eine andere Patientin bezeichnete ihren Zustand, wenn sie sich ganz unter dem Eindruck ihrer Mutter fühlte, sich von ihr beherrscht sah oder sich ihr unterlegen fühlte, als „Muttertag". Sie mußte dann großen Lärm machen, „damit ich meine Mutter nicht länger in mir hören muß". Da es sich um jene Patientin handelt, die Musik im Eßanfall nur noch als „Gescheppere" vernahm, kann man davon ausgehen, daß dieses „Gescheppere" die Mutter war, deren Imago durch die wütenden Affekte der Patientin verzerrt wurde.

Aber auch wenn sie einen Freßanfall hatte, nannte sie das „Muttertag", ein deutlicher Hinweis darauf, wer verspeist wurde.

Bei solch problematischen Besuchern handelt es sich meist um weibliche Personen, was zur Gleichgeschlechtlichkeit des Überichs paßt. Freundinnen oder andere Frauen repräsentieren dann entweder das einschränkende, kontrollierende Überich und werden zum „Umwelt-Überich", oder aber sie werden zur Projektionsfläche des bulimischen wahren Selbst gemacht und dann von den Patienten, die selbst in die Überich-Position gehen, verurteilt. Auch Männer können zur Projektionsfläche werden, allerdings erst, wenn sie zu „Dauergästen" werden, wie eine Bulimikerin ihren Lebenspartner nannte. So machte es eine Patientin „ganz wild", weil ihr Freund „überall" war. Sie fühlte sich von ihm in die Ecke gedrängt, so daß es für sie in ihrer Wohnung keinen Platz mehr zu geben schien. „Da ist das Essen noch das einzige, was mir bleibt", meinte sie verbittert und beklagte damit, was viele Patientinnen zum Ausdruck bringen: Das Essen wird zum Zufluchtsort, an den sie sich zurückziehen, um dort ihr Leben zu fristen, was an die eingangs beschriebene Ich-Einschränkung und die allmähliche Auflösung des Selbst im Eßanfall erinnert. Das Selbst scheint ganz zugunsten eines als raumgreifend erlebten Introjekts zurückzuweichen.

In einem Fall wollte der Bruder einer Patientin mit seiner Freundin in der Wohnung seiner Schwester ein Schäferstündchen genießen, was die Patientin ärgerte, weil sie deshalb ihre Wohnung verlassen mußte. Sie kommentierte mit den bezeichnenden Worten: „Wegen der Geilheit meines Bruders muß ich mich dünnmachen." Desgleichen wurde sie ärgerlich, wenn ihr Freund in der Küche hantierte, um seine oralen Bedürfnisse zu befriedigen. Diese Patientin hatte als Kind nicht genügend psychischen Raum schaffen können, um den jüngeren Bruder-Säugling in ihr Leben zu integrieren. Von früh an fühlte sie sich durch seine Anwesenheit und seine Bedürfnisse verdrängt. Das heißt, Besucher werden auch wie kleine Geschwister erlebt, die die „Wohnung" nie mehr verlassen – eben als „Dauergäste". Wut und Neid auf kleinere Geschwister sind mit ein Grund, weshalb diese Patienten oft solche Angst vor einer Schwangerschaft haben. Ein Kind könnte zum „Besucher" werden, der den frühen Mutter-Selbst-Körper in Beschlag nimmt.

Zum Schluß möchte ich noch ein Beispiel von Balint zitieren, das das bisher Erwähnte illustrieren kann. Er erzählt von einer Patientin, die sich ein Haus gekauft hatte, das Symbol ihres Selbst und ihrer Mutter war.

Eines Tages habe sich ein Ehepaar für 14 Tage zu Besuch angemeldet, „eine große Freude für beide Teile. Die Patientin konnte nicht häufig genug betonen, wie nett es sei, gerade als die ersten Gäste im neuen Hause Menschen um sich zu haben, mit denen man wirklich vertraut sei. Zu unserer großen Überraschung machten sich aber im Laufe weniger Tage völlig unbegreiflicherweise immer stärkere Gefühle der Reizbarkeit, Spannung und Unbehaglichkeit bemerkbar. Die Reizbarkeit steigerte sich zu einem ernsthaften Angstzustand, der immerhin, wenn auch mit Schwierigkeit, unter Kontrolle gehalten werden konnte. Mit der Zeit dachte sie ungeduldig: wenn nur um Himmels willen diese Menschen bald abreisen würden. (...) wir entdeckten hinter der Ungeduld und Angst einen bitteren Haß gegen ihre 'Freunde'. In der Folge dieser Besprechungen ließ die Angst nach, schließlich reisten auch die Freunde ab. Aber der Haß ihnen gegenüber bestand unverändert weiter. Nun, diese Situation war uns beiden schon längst vertraut. Wer auch immer sich ihr in Freundschaft näherte, wurde, er mochte wollen oder nicht, mit 'Engelsflügeln' ausgestattet, was (subjektiv) die selige Erwartung bedeutete, nun werde sie einmal *wirklich* geliebt, und nun werde auch sie fähig sein, *zu lieben und sich dabei geborgen zu fühlen*" (ib., 151 ff.).

Das entspricht ziemlich genau dem Erleben der Bulimikerin, was sowohl ihre Besucher als auch ihre Liebesbeziehungen anbetrifft. Auch sie stattet neu in ihr Leben tretende Personen zunächst mit „Engelsflügeln" aus, um sich dann in tiefer Enttäuschung von ihnen zu trennen. Und ebensolches konnten wir im Umgang mit dem Nahrungsmittel beobachten. Die anfängliche Idealisierung des Besuches, dieses Ihn-mit-„Engelsflügeln"-Ausstatten, erinnert ja an den „Käsekuchen, der lacht". Er aber geriet der Patientin im Magen zur „schmutzigen Masse", wie sie klagte, die sie mit „Milch und VIM", mit einer „Reinigungsmilch" also, beseitigen wollte.

Erlaubt das Besucherparadigma, den Prozeß der Introjektion und die Metamorphose des idealisierten Außenobjektes zum bösen Introjekt indirekt zu bebildern, so können manche Patienten durchaus direkt beschreiben, wie sie die Nahrung in ihnen erleben, aber es wird nicht überraschen, daß diese Aussagen sich nicht allzusehr von dem bereits Dargestellten entfernen. Im großen und ganzen wird das zunächst gute Introjekt, sobald es sich im Körperinneren befindet, von den Kranken als störendes oder bedrohliches Objekt erlebt, als „Eindringling", gegen den sie sich nicht zur Wehr setzen können. Sie sprechen von „Vergewaltigung" oder von „Überschwemmtwerden", d. h., sie fühlen sich zur Introjektion gezwungen, dem Nahrungsobjekt ausgeliefert, was Anlaß für das Gefühl der Ohnmacht im Eßanfall sein dürfte. Es läßt sich erahnen, wie sich das Introjekt der Innenwelt der Kranken bemächtigt und das Selbst darüber allmählich verschwindet, worauf das eingangs erwähnte Fehlen des Personalpronomens „ich" hinweist. Am Ende herrscht nur noch das Introjekt als böses inneres Objekt, das Merkmale eines schmutzigen, lästigen, bedrängenden und raubgierigen Verfolgers annimmt, immer mehr Raum beanspruchend, sich in Körper und Seele ausbreitet.

In das Bild des verfolgenden Introjekts paßt auch das Bild vom „Trojanischen Pferd", das als Metapher sowohl für den Introjektionsvorgang als auch für die Angst vor dem gefährlichen Introjekt gelegentlich von Patienten gebraucht wird. Aber es scheint eher zur Anorexie zu gehören, denn die Bulimikerin hat weniger Angst vor einem plötzlichen, hinterlistigen Überfall, sondern fürchtet mehr das Beschmutzt-, das Eingeschränkt- bzw. Vertriebenwerden durch das Introjekt. Deshalb hat sie weniger Angst vor der Nahrung als die Anorektikerin, bei der diese Angst die Nahrungsaufnahme nahezu gänzlich verhindert. Bei der Bulimie kommt diese Angst erst im Verlauf des Essens, so daß man sagen könnte, bei der Anorexie komme die Angst vor dem Munde, bei der Bulimie hinter dem Munde. Die Differenz zwischen Anorexie und Bulimie wird in folgendem Zitat deutlich: „Wenn die innere Welt in der Phantasie so erscheint, als enthielte sie sehr böse oder verfolgende Objekte, die das Ich in Gefahr bringen, dann besteht eine der Phantasien darin, das äußere gute Objekt zu introjizieren. Zum Beispiel kann das hungrige Kind (das glaubt, ein böses Objekt in seinem Innern nage an seinem Magen) die Aufnahme der Muttermilch so empfinden, als nehme es ein gutes Objekt in sein Inneres auf, das an die Stelle des bösen Objekts tritt und das Kind tatsächlich rettet" (Hinshelwood, 1993, 460). Das wäre der bulimische Modus. „Die Angst vor inneren Verfolgern aber kann es letztlich günstiger erscheinen lassen, das gute Objekt nicht ins Innere aufzunehmen, da es durch das, was sich innen befindet, beschädigt werden könnte – eine mögliche Ursache der Anorexie" (ib., 460).

Die bisherigen Ausführungen legen nahe, daß die Patienten am Ende des Eßanfalls von Angst vor dem Introjekt beherrscht werden. „Essen und Angst gehören bei der 'hungrigen' Bulimarektikerin als Einheit zusammen. Sie wird von Angst geplagt, wenn sie ißt, und sie ißt, wenn sie von Angst geplagt wird" (Langsdorff, 1985, 180). Angst hat die Bulimikerin allerdings von Anfang an. Sie kann jedoch in der Prodromal- und Manipulationsphase des Anfalls noch wegen der dort erfolgenden Fusion durch Glücksgefühle, hypomanische Zustände für eine Weile verdeckt oder diffus bleiben.

Werden die Patienten an einem Eßanfall gehindert oder versuchen sie durch eine Diät ihr Symptom unter Kontrolle zu bringen, wird diese Angst schnell manifest und zeigt sich als Angst vor einem Identitätsverlust. „Wer werde ich sein, ohne mein Problem?", nämlich ohne ihre Bulimie, fragte sich eine Patientin (Vanderlinden et al., 1992, 42; vgl. auch Willenberg, 1989). Diese Angst bricht gegen Ende des Anfalls mit aller Macht hervor, und es zeigt sich, wie wenig der Anfall von dem, was er eigentlich verhindern soll, tatsächlich verhindert. Letztlich erreicht er nur einen Aufschub der Angst, die schließlich übermächtig und alles beherrschend wird und sich, wie folgendes Zitat zeigt, als Verfolgungsangst manifestiert: „Ich denke den ganzen Tag ständig nur ans Essen. Es ist das Wichtigste in meinem Leben. Doch es sind keine schönen Gedanken. *Das Essen* macht mir Angst. Es bedroht mich" (Langsdorff, ib., 19). Fenichel schreibt, daß die scheinbare Umwandlung von Liebe in Haß, die beim Verfolgungswahn die grundlegende Rolle spiele, nur bei einer ganz besonders erhöhten Ambivalenz, also bei einer archaischen Beziehung zu den Objekten, möglich sei (vgl. 1931, 79). Diese archaische Beziehung habe ich zuvor als „primäre Objektliebe" (Balint) diagnostiziert. Der Haß kommt bei der Bulimikerin aus der Enttäuschung darüber, daß das Objekt ihren Erwartungen nicht entsprach. Das kann nur bedeuten, daß es die narzißtische Wut ist, die aus dem guten Ersatzfusionsobjekt ein schlechtes Introjekt werden läßt. Es sind also offenbar von der Wut entfesselte Phantasien, die beim Introjektionsvorgang am Objekt Veränderungen vornehmen, indem diese Wut während der Introjektion auf das Objekt projiziert wird. Am Besucherparadigma habe ich aber auch zeigen können, daß die Patienten auf das introjizierte Objekt Selbstanteile projizieren, insbesondere ihre Vorausphantasien über den potentiellen Besucher machen das deutlich, in denen sie z. B. befürchten, daß sie beraubt werden könnten, was sofort als Projektion erkennbar wird, wenn man an die kleptomanischen Neigungen der Bulimikerin denkt. Das entspricht Fenichel, der sagt: „Auch der Verfolger ist (...) oft nicht nur als ein ehemals geliebtes Objekt, sondern auch als Projektion des eigenen Ichs, sei es des eigenen Körpers oder seiner Teile, sei es bestimmter seelischer Anteile, nachzuweisen" (1931, 79). Ihren prominentesten Ausdruck aber findet diese Verfolgungsangst in der Sorge der Patientin wegen einer Gewichtszunahme. Willenberg schreibt:

> „Sie findet sich nach und nach in der realen Welt wieder zurecht, sie fühlt sich körperlich unwohl, hat heftige Schuldgefühle und realisiert die

Folgen des Exzesses. Sie spürt den aufgetriebenen Leib und hat die realistische Befürchtung zuzunehmen. Sie muß sich vergegenwärtigen, daß der Körper seiner eigenen Gesetzlichkeit folgt und sich von ihrem Idealbild entfernt. Die realistische Befürchtung steigert sich aber innerhalb kürzester Zeit zu panischer Angst. Die inkorporierte Nahrung droht nun tatsächlich eine Verbindung mit dem Körper einzugehen und ihn, wenn nicht im letzten Moment etwas geschieht, so zu verändern, daß er der abgespaltenen bösen Mutterrepräsentanz ähnlich wird" (1989, 208).

Eine Patientin berichtet: „Abends überlege ich mir schon, was ich am nächsten Tag essen darf, um nicht zuzunehmen. Morgens gilt mein erster Blick dem Gewichtsanzeiger der Waage, ob ich mein Idealgewicht noch habe. Abends und sogar tagsüber kontrolliere ich zusätzlich das Gewicht. Ich habe Angst vor der Gewichtszunahme, als ob alles vom Schlanksein abhängen würde" (Langsdorff, ib., 19). Ich hatte noch keine Bulimie-Patientin in meiner Praxis, die diese Angst nicht kannte. Angst vor Gewichtszunahme heißt Angst vor der zerstörerischen Wirkung des Introjekts. Es ist die Angst, das Introjekt könne den Körper beschädigen, genauer: ihm durch Fettansatz seine Attraktivität rauben. Dadurch, daß das Introjekt dick macht, wird es zum bösen, verfolgenden Objekt. Es handelt sich bei dieser Angst um eine am Körper konkretisierte, also ins Somatische verlegte Angst vor der inneren Ausdehnung des Introjektes, das nicht assimiliert werden kann, sondern als „Fremdkörper" im Innern unkontrollierbar sein Unwesen treibt. Diese Angst äußert sich in der Angst vor dem Verlust des eigenen Selbst, der von einem Gramm abzuhängen scheint. Diese Angst hat einen zweifachen Ursprung: Sie kommt sowohl aus der Angst vor der Fusion wie auch aus der vor der Rache des Introjekts, weil es, im Eßanfall idealisiert, vornehmlich seiner Allmacht beraubt werden sollte. Deshalb findet man bei der Bulimie sowohl die Angst vor Identitätsverlust als auch die vor Verfolgung bzw. Vergeltung.

Doch gehen wir der Reihe nach vor. Die Patienten sehen sich der Gefahr gegenüber, auf eine Abweichung ihres Körpergewichtes von einer Idealnorm, einer Idealvorstellung, zuzutreiben. Das Bedrohliche scheint im für alle sichtbaren Nichterfüllen dieser Norm zu bestehen. Dieses Abweichen ist für sie eine narzißtische Katastrophe, weshalb sich nach dem Eßanfall alle Gedanken obsessiv auf die Schlankheit und die Angst vor ihrem Verlust konzentrieren.

Immer wieder wird die kollektiv verbindliche Schlankheitsnorm für die Bulimie verantwortlich gemacht. Mennell und Simons gehen davon aus, daß Frauen weniger Abweichung vom gesellschaftlichen

Ideal erlaubt werde. Frauen würden visuell objektiviert, ihre Körper werden sowohl als Schönheitsobjekte als auch als Symbole dessen, *was* Schönheit ausmacht, betrachtet. In einer Gesellschaft, die Attraktivität mit Schlanksein gleichsetze, seien nur schlanke Frauen sexuell begehrenswert. Eßprobleme entstünden durch individuelle Versuche, sich an das derzeitige Frauenideal anzupassen. Empirische Forschungen hätten gezeigt, so die Autoren, daß bei Frauen ein größerer Druck in Richtung Schlanksein bestünde als bei Männern (vgl. 1989, 25). Die vermuteten Zusammenhänge bleiben indes abstrakt, solange keine Aussage über die Vermittlungsmechanik zwischen kollektiver und individueller Norm gemacht wird, darüber, weshalb es zu den individuellen Versuchen kommt, sich an das derzeitige Frauenideal anzupassen und die Normen auf die Patienten so beeindruckend und handlungsbestimmend wirken.

Weit davon entfernt, diese Mechanik im einzelnen beschreiben zu können, meine ich jedoch, daß diese besondere Abhängigkeit von den gesellschaftlichen Normen ursächlich mit dem nur unvollständig integrierten Überich zusammenhängt und daß die Patienten darum gezwungen sind, Wertmaßstäbe der Umgebung zu übernehmen und sich dabei nicht nur vom Urteil eines einzelnen Objektes, sondern auch diffus „von der Meinung der Leute" abhängig fühlen (vgl. A. Reich, 1953, 942). Der Schlankheitswahn der Bulimikerin zeugt davon, wie sehr ihr Befinden von äußeren Beziehungen abhängt, und wie sie sich bemüht, die Normen zu erfüllen.

Der Zusammenhang zwischen Eßproblem und Schlankheitsideal bleibt aber auch insofern abstrakt, als er die Stärke der Angst, die sich, wie Willenberg anmerkte, zur Panik vor jedem Gramm Fett steigern kann, nicht erklärt. Die Panik, die Züge einer paranoiden Angst trägt, signalisiert, daß es für die Patienten um Existentielleres gehen muß als um die Nichterfüllung gesellschaftlicher Normen. „Alles" hänge vom Schlanksein ab, sagte eben eine Patientin. Die Panik, die Ausdruck der Verfolgungs- bzw. Vernichtungsangst ist, bestätigt meines Erachtens die Vermutung, daß eine Gewichtszunahme zu den befürchteten Schäden gehört, die in der Phantasie der Kranken das Introjekt an ihrem Körper anrichtet. Diese Angst beschränkt sich auch keineswegs auf eine Gewichtszunahme, wie die bisweilen die massive Verleugnung durchbrechende Angst vor einer Organbeschädigung zeigt, die nichts mehr mit Schlankheit und Attraktivität zu tun hat. Manche Patienten befürchten z. B. einen „Magenriß". Angst vor Verletzung des Körperinnern gilt allgemein als weibliche Angst und entspricht der Kastrationsangst des Knaben. Man vermutet in dieser Angst den Anlaß zur Bildung des

Überichs (vgl. Mitscherlich-Nielsen, 1978, 676). Ich sehe bei der Bulimikerin darin eher eine Angst vor Vernichtung des Selbst wegen der primären Kastration. Diese Körperangst kann dem Eßanfall Einhalt gebieten, als wäre sie ein Überich-Vorläufer, ähnlich der sozialen Angst. Es ist naheliegend, diese Vernichtungsangst als Angst vor der Rache des Introjekts wegen seiner Beraubung zu verstehen.

Schauen wir uns die Angst vor dem Dickwerden genauer an. Eine Patientin äußert: „Nur nicht dick werden. Ich hasse Fett. Bin ich etwas zu dick, verliere ich an allen Dingen die Freude (...) Meine Gedanken kreisen um das Fett, und alles verliert an Bedeutung" (Langsdorff, ib., 223). Ging es vor dem Eßanfall ausschließlich um die Beschäftigung mit der Nahrung, weshalb ich vermutet hatte, es handle sich bei der Nahrung um ein maternales Objekt, so gilt jetzt am Ende des Eßanfalls die Aufmerksamkeit ausschließlich dem Fett. Es ist jetzt das einzige Objekt. Es sieht also so aus, als habe der quälende, alles beherrschende Gedanke ans Fett den quälenden Hungerreiz abgelöst. Fett heißt, das Objekt der Außenwelt ist nun als introjiziertes mit dem Körper verschmolzen. Die ausschließliche Beschäftigung mit dem Fett läßt auch jetzt die Annahme zu, wir hätten es mit einem Mutterobjekt zu tun und die Kranke und das Fett bildeten eine Dual-Union. Daß das Fett eine Person repräsentiert, zeigt die Bemerkung einer Patientin, die ihre beiden Freunde, mit denen sie ihre Last hat, „meine Gewichte" nannte. Auffällig ist, daß diese Ausschließlichkeit uns immer wieder in ganz bestimmten Zusammenhängen begegnet, z. B. hier: „Meine Gedanken kreisen zur Zeit nur um ein Thema: den Abschied von der Gruppe, in der ich Aufnahme gefunden habe, als ich glaubte, mein Leben sei durch meine Krankheit zerstört und am Ende" (Gerlinghoff, 1996, 16). Obwohl hier eine Therapiegruppe gemeint ist, ist unschwer zu erkennen, daß es sich bei der Gruppe um den Mutterschoß handeln dürfte. Mit anderen Worten: Der Eßanfall hat weder das Problem mit der Angst, noch das Problem mit der Abhängigkeit gelöst. Sie zeigen sich nur in neuem Gewand.

Die Angst vor einer Gewichtszunahme ist eine auf den „Körper als Objekt" (Hirsch, 1989a) verschobene Angst vor der Fusion mit einer Person. Fett ansetzen ist ja in der Phantasie der Patienten die Folge der Fusion mit dem Ersatzobjekt. Genauer gesagt: Die Angst vor dem Dickwerden ist die ins Konkretistische gewendete Angst vor der Entgrenzung und dem Identitätsverlust, sobald die Patienten die emotionale Nähe einer Person suchen. Die Angst vor dem Fett ist eine Angst vor der Verschmelzung mit der Mutter, gepaart mit der Angst, so wie sie zu werden. Nicht von ungefähr taucht diese Angst in der Pubertät auf, wenn der weibliche Körper nicht länger verleugnet werden kann bzw. einen weiteren Verleugnungsschub erforderlich macht. Die Verschmelzung wird als Depersonalisation erlebt, wie die Angst vor dem Besucher und der Agrammatismus jener ganz zu Anfang erwähnten Patientin zeigte, die sagte: „Geschmack wird nur oberflächlich wahrgenommen – bin in extremen Fällen schon zu Mülltonnen gegangen" (Langsdorff, ib., 209). Ich habe gezeigt, wie das fehlende Personalpronomen in diesem Satz den Verlust des Selbst ankündigt und schließlich in der Angst vor dem Gefressenwerden gipfelt, da ja in der regressiven Fusion zwischen Fressen und Gefressenwerden nicht mehr unterschieden werden kann (vgl. Grunberger, 1976, 144), so daß die Kranke zunächst das Objekt frißt, sich dann aber allmählich vom Objekt gefressen fühlt. „Hilfe, mein Fett verschlingt mich, ich gehe darin unter", sagte eine Patientin. Eine andere fragte mich bereits im Interview, ob ich sie wohl „verdauen" könne. Offenbar erlebte sie unser Gespräch als ein gegenseitiges Verschlingen. Am Körper festgemacht, wird die Angst vor Identitätsverlust mit den Mitteln des Erbrechens oder mit Diäten beeinflußbar, d. h., der ganzen Palette psychischer Probleme mit dem Objekt und dem Selbst kann nun mit konkreten Maßnahmen am Körper begegnet werden: mit Eingriffen in den Verdauungsprozeß. Wir waren dieser Somatisierung des Psychischen ja schon beim Umgang mit der Auslösesituation begegnet. Plassmann schreibt: „Der Körper wird gleichsam zur Deponie für psychisch Ungeklärtes, so daß sich eine normale Beziehung zum Körper nicht entwickeln kann" (1993, 274), d. h. mit dem Körper wird fortan eine (gestörte) Objektbeziehung gelebt, wobei die Patientin sich des eigenen Körpers als Container bedient, eine Funktion des Körpers, die man bei Adipösen besonders gut studieren kann. Ihnen gerät der Körper zum „überquellenden Mülleimer", wie eine Patientin sagte. Sollte im Eßanfall noch die Nahrung der Container sein, so erfolgt nun der Rückzug auf den Körper. Den Besetzungsabzug von der Nahrung und die Hinwendung zum Körper und seinen Introjekten hat vermutlich Willenberg (1989) im Sinn, wenn er von „begrenzter psychotischer Regression" nach dem Eßanfall spricht.

Auf den Körper verschoben ist aber noch ein anderes Beziehungsthema. Der Widerstand nämlich, der vom Objekt ausgeht, sei es durch kränkende oder enttäuschende Eigenständigkeit, sei es durch fehlende Verfügbarkeit usw., wird am Körper konkret(istisch) als Zu-dick-, Zu-beengend-, Zu-breit-Sein empfunden, was an das befürchtete Gebaren der Besucher erinnert. Das Hindernis, das vom Objekt ausgeht, wird als Körperhindernis erlebt. Die Hoffnung der Patienten, durch ihr Ausweichen auf ein willfähriges Ersatzobjekt hinderlichen Personen zu entkommen, erfüllt sich also nicht, denn was mit dem Ausweichen vermieden werden sollte, kehrt als Angst vor einer Gewichtszunahme wieder. Fügte sich zuvor die Person den narzißtischen Bedürfnissen des Patienten nicht, so fügt sich nun der Körper nicht.

Wenn auch hinter der Angst vor einer Gewichtszunahme Körperbeschädigungsängste liegen, so wird doch zu Recht die Angst vor dem Verlust der sexuellen Attraktivität dafür mit verantwortlich gemacht. Langsdorff zitiert eine Patientin: „Ich möchte den Männern gefallen. Aber die Angst, nicht zu gefallen, treibt mich ständig in den Teufelskreis. Hungern, essen, ausspucken. Nur nicht dick werden" (ib., 223). Dickwerden heißt für die Patienten schmutzig, tierisch, schmuddelig und asozial werden, schlank sein hingegen sauber und attraktiv sein. Eine Patientin assoziierte dazu „dicke Hintern" und dachte dabei an ihre Freundin, die wegen „ihres fetten Arschs keinen Mann abbekommen hat". Eine andere sagte: „Bin ich dick, ist für nichts anderes Platz, für keinen Mann, keine Sexualität." Die Kranke, umgeben von ihrem Fett, ist das die jeden Dritten ausschließende Zweierbeziehung, vergleichbar der frühen Mutter-Kind-Dyade?

Man muß sich die existentielle Funktion, die die sexuelle Attraktivität für diese Patienten hat, vor Augen führen, um die Bedeutung ihres Verlustes ermessen zu können. Verantwortlich ist hierfür die Funktionsverschiebung der Sexualität von der Befriedigung zur Schutzsuche. Hinter dem Wunsch nach Attraktivität verbirgt sich eine existentielle Abhängigkeit von Männern. Meinen Beobachtungen nach wird der Wunsch, den Männern zu gefallen, vom Wunsch nach Erhalt der Omnipotenz getragen, die mit einem schlanken Körper assoziiert wird. Ginge die Schlankheit verloren, wären auch die Verführungsmacht und mithin die Wirkung auf den Mann dahin, ein Verlust, der deshalb so bedrohlich ist, weil der Mann, d. h. der Vater, zum Schutz vor den gefährlichen inneren Objekten, der mächtigen Mutterimago, benötigt wird. Mit dem Verlust der Attraktivität ginge dieser Schutz verloren, und die Vernichtung durch die gefährliche Mutter würde drohen, ein Grund, weshalb die Patienten so resistent gegen jede Warnung vor den Gefahren des Erbrechens sind (vgl. Schneider-Henn, 1988, 117). Anders liegen die Verhältnisse bei den Adipösen, denen das Fett als Schutz und Verkleidung dient. So äußerte einmal eine adipöse Patientin die Hoffnung, sie könne ihr Genitale in den „Fettfalten" ihrer Oberschenkel verbergen. Hier scheint das Fett die gute Mutter zu sein, die Schutz vor dem sexuellen Vater bietet.

Markieren wir noch den Zeitpunkt im Anfallsgeschehen, an dem die Metamorphose des Objektes zum verfolgenden Introjekt einzutreten scheint. Schulte und Böhme-Bloem schreiben: „Sehr bald, sobald der Leib sich etwas hervorzuwölben beginnt oder der Magendruck ansteigt, schildern die Patientinnen Unbehagen, meist anfangs als zunehmende Angst (...) Die Bulimikerin wird durch die größere Leibesfülle ganz besonders irritiert. In dieser ängstlich-irritierten Stimmung geht sie zum Angriff über" (ib., 60). Das Hervorwölben des Leibes bzw. der ansteigende Druck scheint der Moment zu sein, in dem das Objekt mutiert, seine Wirkung im Innern entfaltet und eine Form annimmt, die eine Patienten so beschreibt: „Ich habe etwas Gigantisches in mir." Sie drückt damit aus, daß durch die Introjektion das Ichideal (Außenobjekt) zum Idealich wird. Das „Gigantische" zeigt an, wie überzogen die Idealisierung des Außenobjekts gewesen sein muß und entsprechend nun auch das Idealich, so daß narzißtische Probleme nicht ausbleiben werden. Die veränderte Wahrnehmung des „hervorgewölbten Leibes" gleicht der einer Schwangeren, wenn sie die ersten Kindbewegungen bemerkt.

Der Introjektionsvorgang bei der Bulimie ähnelt dem „melancholischen Introjektionvorgang", wie er von Abraham (1924), später von Jacobson (1977) beschrieben wurde, eine Form der Introjektion, die auf eine fundamentale Störung der libidinösen Beziehung zum Objekt folgt. Sie ist „Ausdruck eines schweren Ambivalenzkonfliktes, dem das Ich sich nur dadurch zu entziehen vermag, daß es die dem Objekt geltende Feindseligkeit auf sich selbst nimmt" (Abraham, 1924, 131). Ich würde die Introjektion bei der Bulimie eher als eine „narzißtische" bezeichnen, weil es um eine von narzißtischer Wut angetriebene Introjektion der Omnipotenz geht. Ein zunächst als omnipotent idealisiertes Objekt, das Selbst- Objekt ist, zu dem also eine narzißtische Beziehung besteht, wird introjiziert und, anders als bei der melancholischen Introjektion, während dieses Vorgangs oder spätestens als Introjekt gefährlich mächtig, weshalb es aktiv wieder ausgestoßen werden muß. Das Objekt wird von der Bulimikerin überdies nicht geliebt und gehaßt, sondern gebraucht und wegen ihrer Abhängigkeit von ihm gehaßt. Wegen der Mischung aus Melancholie, Narzißmus und der früher erwähnten Entwicklungsdiskrepanz ließen sich die Bulimikerinnen durchaus zu den „melancholoiden Borderline-Patienten"

(Grinberg) rechnen: Sie verbleiben „ständig in äußerster Abhängigkeit von Objekten, wobei die begleitende Phantasie besagt, daß sie an diesen Objekten kleben oder sich an ihnen festklammern" (Grinberg, 1997, 68).

II. Die Rückkehr des Überichs

Am Ende des Eßanfalls hatten wir eine entscheidende Veränderung ausmachen können: Das vormals idealisierte Außenobjekt war zum verfolgenden Introjekt geworden. Aber es läßt sich noch eine weitere Umgestaltung, die mit der eben erwähnten Hand in Hand geht, beobachten: Sie betrifft das Überich. „Als ob jetzt alles verloren wäre, das ganze Leben ist jetzt entwertet, unmöglich, ganz unmöglich, jetzt weiterzuleben; für immer bin ich so ekelhaft, schmutzig, verdorben, wie ein Tier geworden und werde nie mehr Mensch sein können. Ich habe Ekel vor mir selbst, fühle mich beschmutzt, (...) fühle mich fett, so fett, und das ist fürchterlich" (Wulff, 1932, zit. n. Senf, ib., 89). Wie Wulffs Patientin im Jahre 1932, so klagen die Kranken auch noch Generationen später nach dem Eßanfall: „Wenn ich Angst hatte, meinen Alltag nicht bewältigen zu können, oder wenn etwas schiefgelaufen war, tötete ich mit Fressen und Erbrechen meine Gefühle ab. Diese beiden Dinge beschäftigten mich dann so, daß alles andere an Bedeutung verlor. Gleichzeitig bestrafe ich mich damit für eben diesen Kontrollverlust beim Essen und meine Unfähigkeit" (Gerlinghoff, ib., 64), und eine andere: „Der Hals war ganz aufgekratzt, mir war übel, aber ich konnte nicht kotzen. Und dann habe ich mich noch mehr gehaßt dafür (...) Dann wollte ich versuchen, das mit Kotzen abzubiegen, aber das ging nicht, dann habe ich auch das gelassen und statt dessen den Selbsthaß voll über mich rollen lassen" (Aliabadi & Lehnig, 1982, 221). Schwere Selbstanklagen und ewige Verdammnis – so grausam und unerbittlich scheint das Überich zu wüten. Im Eßanfall evakuiert, scheint es nun gegen dessen Ende seine volle Wirksamkeit zurückgewonnen zu haben. Der Tagebucheintrag einer Patientin zeigt die Veränderung: „Ich möchte die sauber dekorierten Gebäckstückchen, die an Weihnachten erinnern sollen, an den weißen, sauberen Wänden zermanschen und aus Teigmassen, Zucker und Milch eine Pampe mischen und über die sauberen, gepolsterten Stühle und an die Scheiben schmieren. Ich möchte mit weicher, zerflossener Schokolade über alles wischen, was sauber ist, bis ich müde werde. *Danach werde ich mich erschrecken, was ich alles angerichtet habe.*" Zum einen geben diese Sätze eine gelungene Beschreibung des bulimischen wahren Selbst, zum anderen zeigt sich im Erschrecken die Angst vor dem Überich. Bei einer anderen Patientin kündigte sich das Überich im Traum an. Als sie mir erzählte, daß sie beim Eßanfall „wie ein Penner oder ein Kleinkind" auf dem Boden lagere, alle Nahrungsmittel um sich herum verstreut, fiel ihr ein kurzer Traum ein: „Splitternackt mußte ich eine öffentliche Toilette putzen." Dieser Traum bebildert zweifellos eine Bestrafung. Die Nacktheit in der Öffentlichkeit ist eine erniedrigende, anprangernde und zugleich strafverschärfende Auflage für den vorausgegangenen Kontrollverlust (vgl. Ferenczi, 1919b). Der Traum führt die Demütigung des Selbst und das Verbot jedweder Privatheit und Intimität vor Augen. Die Öffentlichkeit der Strafe stellt überdies einen Gegensatz zur Heimlichkeit der Anfälle dar, als käme alles ans Licht. Die Öffentlichkeit war in diesem Fall eine Wohngemeinschaft, die von der Erkrankung nichts wissen durfte, und repräsentierte das „Umwelt-Überich". In einem weiteren Traumbericht aus derselben Stunde stand drohend wie ein Menetekel an die Wand geschrieben: „Du machst Dir mit Deinem Lebenswandel Dein Leben kaputt."

Alles deutet darauf hin, daß nach dem Eßanfall das Überich zurückkehrt, die Mutter „erwacht" und das Ich straft und beschämt und sich ihm gegenüber nun so verhält, wie Patienten sich bei enttäuschter „primärer Objektliebe" Balint zufolge dem Analytiker gegenüber verhalten, nämlich „mit der gehässigsten Aggression, mit wildesten sadistischen Phantasien, mit Orgien der raffiniertesten Quälereien und Erniedrigungen" (ib., 100). Wir finden die Situation vor, die Fenichel schildert: „Aber die Rebellionsversuche ersticken bald, und zum typischen Bild der Depression gehört es eher, daß das Ich hilflos den Angriffen des Über-Ichs preisgegeben wird" (1931, 118). Mit anderen Worten: Wie die Patienten sich ab der „magischen Grenze" dem Nahrungsmittel gegenüber verhielten, so gebärdet sich jetzt das Überich gegenüber dem Ich. Jetzt entlädt sich aus ihm die narzißtische Wut, die die Patienten zuvor dem Nahrungsmittel gegenüber verspürten, als es versagte. Die Macht des Nahrungsmittels, mit der sie sich verbünden wollten, wendet sich nun gegen sie selbst (vgl. Fenichel, 1939, 166).

Für die Rückkehr eines strengen Überichs resp. hohen Ichideals spricht auch die Scham nach dem Eßanfall, Scham, weil die Patientinnen den Eßanfall als „Niederlage" empfinden, als hätten sie gegen einen imaginären Feind gekämpft. Kontrollverlust bedeutet Ohnmacht. „Das Fressen ist begleitet von dem Gefühl, nie mehr aufhören zu können" (Langsdorff, ib., 20). Der Kontrollverlust im Anfall verweist die grandiose Überzeugung, über Selbstbeherrschung zu verfügen – die beim geplanten Eßanfall ja noch eine zeitlang funktionierte, in den Bereich der Illusion. Der als persönlichkeitsfremd erlebte traumatische Anfall soll mit dem Planen verleugnet werden, denn: „unsere Abwehrtätigkeit wird primär durch unsere Beschämung, die einen Defekt im Bereich des allmächtigen und allwissenden grandiosen Selbst betrifft, in Gang gesetzt, und nicht durch Schuldgefühle über die enthüllten unbewußten, verbotenen sexuellen oder aggressiven Impulse" (Kohut, 1973b, 539).

Die Scham rührt aber auch daher, daß den Kranken nicht nur die Macht über sich selbst, sondern auch die über die Nahrung entgleitet und sie von ihr überwältigt und schließlich völlig beherrscht werden. Der Verlust der Selbst- und Objektkontrolle fügt ihnen eine „narzißtische Wunde" (Grunberger) zu und läßt das narzißtische Gleichgewicht im Anfall zunehmend prekär werden. Die Sequenz der Kränkungen lautet so: Zuerst war die Auslösesituation für die Patienten eine narzißtische Katastrophe, die sie durch eine benigne Fusion erträglich zu machen hofften. Da dies nicht funktioniert, kommt es zum Kontrollverlust und darüber zur nächsten narzißtischen Katastrophe, dem Anfall. Das Selbstgefühl sinkt weiter ab und erzeugt so weitere Spannungen, die wiederum Anfälle zu ihrer Milderung erforderlich machen. Die Patienten geraten damit in ein Dilemma: Einerseits benötigen sie den Anfall zur Stabilisierung, soll er doch verhindern, daß die psychische Dekompensation fortschreitet (vgl. Schulte & Böhme-Bloem, ib., 65), andererseits steuert er in eine Krise mit Scham, Ausgeliefertsein, Regression etc. hinein, wirkt also seinerseits weiter destabilisierend.

Die Scham ist überdies so immens, weil das gierige, ungezügelte Verschlingen mit den eingangs skizzierten entdifferenzierenden Begleiterscheinungen, z. B. dem Beschmutzen beim Essen, einhergeht, deren Vorläufer ich in traumatischen analen Inkontinenzerlebnissen in der Kindheit vermute. Die Schambereitschaft der Patienten führt bisweilen dazu, daß sie sich sogar für ihr Weinen oder Lachen schämen zu müssen glauben. Infolge ihrer Unzulänglichkeit erleben sie sich ihrem narzißtischen Ideal gegenüber als wertlos (vgl. Grunberger, 1976, 198). Die Kluft zwischen idealem Selbstkonzept, wie es sich im Planen zeigt, und realem Selbst, wie es im Eßanfall erfahren wird, trägt maßgeblich zum schlechten oder mangelnden Wohlbefinden und der Angst bei. Die zahlreichen Wiederholungen der Anfälle konfrontieren die Kranken mit der Diskrepanz zwischen Anspruch und Wirklichkeit permanent aufs neue – für sie jedesmal ein Schock, mithin ein kumulatives Trauma. Wegen dieser Kluft sind nach dem Eßanfall Alpträume vom Fallen so häufig. Sie bebildern die Angst, vom Hochgefühl verlassen in den sich auftuenden Abgrund zwischen Realich und Idealich zu stürzen.

Jetzt, am Ende des Eßanfalls, drängt sich diese Scham unabweisbar ins Erleben. Das durch die Nichterfüllung des Ideals beschädigte Selbstgefühl läßt das Ich um die Zuwendung des Überichs bzw. der sie repräsentierenden äußeren Objekte bangen. Das Ich, in Angst vor der Schande des Entdecktwerdens, „sieht sich von allen schützenden Mächten verlassen und läßt sich sterben", sagt Freud und kurz davor: „Die Todesangst der Melancholie läßt nur die eine Erklärung zu, daß das Ich sich aufgibt, weil es sich vom Über-Ich gehaßt und verfolgt anstatt geliebt fühlt. Leben ist also für das Ich gleichbedeutend mit Geliebtwerden, vom Über-Ich geliebt werden, das auch hier als Vertreter des Es auftritt" (1923b, 288). Ihr „Ich" verschwindet aus den Sätzen, es löst sich im Mülleimer auf, und sie fühlen sich „auf den Hund gekommen".

Gerade aber die Angst, vom Überich verlassen zu werden, erzwingt weiteres Anklammern an die Nahrung, zumal auch – im Gegensatz zu Kohuts Auffassung – verbotene sexuelle, vor allem aber aggressive Impulse eine Rolle spielen, die das Überich auf den Plan rufen, denn sowohl die Patienten als auch ihre Therapeuten erwähnen in diesem Zusammenhang Gewissensprobleme. Eine Patientin erzählt: „Aber bald mache ich mir die ersten Gewissensbisse und bekomme Schuldgefühle. Ich frage mich, warum hast du das getan, aber ich finde keine Antwort" (Langsdorff, ib., 19); eine andere: „Mein ganzes Denken und Handeln ist dem Essen verschrieben. Leider ist es nur eine kurzzeitige Befriedigung, und dann kommt das heulende Elend" (Langsdorff, ib., 25 f.). Auf Therapeutenseite heißt es: „Manche erleben die Hungeranfälle als etwas Verbotenes" (Gerlinghoff, ib., 17), oder: „Erst danach kommt das schlechte Gewissen über den Kontrollverlust" (Schneider-Henn, ib., 117) und schließlich: „In der Bulimie hingegen nimmt das Subjekt die Verantwortung für seine Symptomhandlungen auf sich, wie die auf diese folgenden schweren Scham- und Schuldgefühle zeigen" (v. Essen & Habermas, 1989, 122). Langsdorff, eine Journalistin, schreibt: „Um eine Ausrede ist die Bulimarektikerin nie verlegen, doch im Ringen um die Rechtfertigung für ihr Tun und vor sich selbst empfindet sie sich mehr und mehr verachtenswert" (ib., 43). Gewissensbisse, heulendes Elend, Rechtfertigungsbemühungen, das klingt nach Schuldgefühlen. Und in der Tat: Die wenigen Bemerkungen zeigen, was ich bei allen meinen Bulimie-Patienten fand:

entsetzliche Angst vor Verurteilung und Strafe, gekoppelt an Verzweiflung, Hoffnungslosigkeit und Aussichtslosigkeit, ähnlich wie bei jener zitierten Patientin, die den Selbsthaß voll über sich rollen ließ (vgl. Aliabadi & Lehnig, ib., 221). Sie wollte offenbar die Schuldangst wegen des Eßanfalls mit Erbrechen beseitigen, was ihr aber nicht gelang. Eindrücklich schildert sie, wie ihr Ich sich hilflos und masochistisch den Anklagen ihres Überichs unterwarf. Die Schuldangst besteht darin, die Kontrollfähigkeit und – wie bei Wulffs Patientin – ein strukturiertes Seelenleben nie mehr zurückzugewinnen, „nie mehr Mensch sein können". Überdies machen sich die Patienten auch noch Vorwürfe, daß sie aus Angst vor Strafe einen Weg suchen, ihrem Überich zu entkommen, wie folgende Bemerkung zeigt: „Ich hasse mich, wenn ich immer einen Schuldigen suche, um ihn vorzuschieben und mich selbst aus der Verantwortung zu ziehen" (Langsdorff, ib., 44). Alles deutet demnach auf eine Entzweiung zwischen Ich und Überich hin (vgl. Fenichel, 1931, 112).

Wegen der skizzierten Unreife des Überichs handelt es sich bei den Schuldgefühlen der Bulimikerin nicht um reife Schuldgefühle. Vielmehr geht es um eine Furcht vor Vergeltung, um ein „persekutorisches Schuldgefühl", um ein Schuldgefühl mit einem „paranoiden Unterton" (vgl. Grinberg, ib., 72 f.). Grinberg meint, es entspräche einem fragilen und unreifen Ich mit einem strengen Überich, es träte in Zuständen auf, in denen Neid und aggressive Impulse ausschlaggebend seien. Seine Hauptbestandteile seien Groll, Verzweiflung, Furcht und Selbstvorwürfe – genau die Merkmale der Bulimikerin. Grund für persekutorische Schuldgefühle ist nicht die Völlerei, sondern die Gier im Anfall, die „destruktive Introjektion" (Klein, 1962, 175), der Angriff aufs (Ersatz-)Objekt. Wegen dieser destruktiven Impulse sprach ich bei der Erörterung des Eßanfalls von der Notwendigkeit zur *Evakuierung* des Überichs, denn das gute, idealisierte schützende Überich muß vor diesem Impuls in Sicherheit gebracht werden, das strenge, kritische wird im Aufstand niedergerungen und verjagt. Die Destruktivität des oralen Impulses wird potenziert durch die narzißtische Wut, die die Aggression des Beißens verschärft und die letztlich den Kontrollverlust, die Intensität der Schuldgefühle und die massive Selbstentwertung bewirkt. Die Gier will sich das Objekt einverleiben, die narzißtische Wut will es beseitigen, auslöschen. Eine Patientin meinte, wenn sie auf ihr Symptom verzichten müßte, hätte sie keine Möglichkeit mehr, „Aggressionen loszuwerden (gegenüber anderen und mir selber); ich kann andere Leute (vor allem meine Mutter) nicht mehr schocken" (Vanderlinden et al., ib., 42). Eine andere bemerkte, daß sie, wenn sie andere Leute anbrüllen könne, keine Eßanfälle bräuchte, Bemerkungen, die die latente Aggression hinter dem Eßanfall zeigen. Gier und Wut zusammen entfalten ein so großes zerstörerisches Potential, daß sie zum Anlaß für die persekutorischen Schuldgefühle werden.

Der für die Erkrankung zentrale Grund für persekutorische Schuldgefühle, für die Verfolgungs- und Vergeltungsangst also, besteht schließlich darin, daß über die Introjektion das Objekt bzw. das Überich beraubt werden soll, beraubt um seine Allmacht, um über es triumphieren zu können. Ich habe bereits auf die erhebliche Verfolgungs- und Vergeltungsangst am Ende des Eßanfalls hingewiesen. Beide Ängste resultieren aus der Introjektion, die ja – wie die Identifizierung auch – als Aneignung der Allmacht des Objekts, als ein Rauben erlebt wird (vgl. Fenichel, 1939). Wir werden bei der Kleptomanie mehr darüber erfahren. Die in der Nahrung vermutete Omnipotenz ist das Diebesgut, ihre Introjektion wäre demzufolge Diebstahl. Konkret: Wenn im Eßanfall Süßigkeiten verschlungen werden, weil die Mutter diese verboten hat, so ist die Mutter die Besitzerin der Süßigkeiten, die ihr im Eßanfall gestohlen werden. Das zurückgekehrte Überich verfolgt nun wie ein bestohlener Ladenbesitzer den Dieb, ganz im Sinne Fenichels, der sagte, daß die Macht und Stärke, mit der sich die Kranke verbündet hat, sich regressiv gegen sie selbst wenden könne (vgl. Fenichel, ib., 166) bzw.: „Das gestohlene (gefressene) Gut (die Macht) ist einem gestohlenen Hund vergleichbar, der aus Treue zu seinem alten Besitzer sich gegen den neuen wenden könnte" (Fenichel, ib., 170). Die Angst, vom Fett erobert, überwältigt und unattraktiv gemacht zu werden und völlig von Gedanken ums Fett gefangen zu sein, ist die Rachewirkung des Überichs. Darum irrt auch jene Patientin, die meinte: „Ich bin voller Haß, Wut und Neid, wie gut, daß man nicht aus Glas ist, sonst könnte man das alles sehen." Das Überich der Bulimikerin „sieht alles", wie mich eine Patientin lehrte, und bringt alles an die Öffentlichkeit. Freud würde sagen: „Das Über-Ich hat hier mehr vom unbewußten Es gewußt als das Ich" (1923b, 280). Aus diesem Grund muß die Nahrung, die in der Phantasie der Kranken, oft genug aber auch real gestohlen ist, erbrochen werden. Dem Erbrechen Analoges ereignete sich in dem geschilderten Traum, in dem die Patientin ein Kind bekam, es aber nicht stillen konnte, worauf es seiner Mutter die Brustwarze abbiß, ohne daß die Brust blutete. Der oral-sadistische Impuls wurde wegen der Vergeltungsangst ungeschehen gemacht, der Säugling ließ fortan von der Brust ab, ging in die forcierte Progression und aß Brot. Diese Progression ist aber nichts anderes als die Flucht vor der Rache der Mutter. Die panische Angst vor dem zerstörerischen Introjekt ist letztlich die Angst vor der Rache und Vergeltung der introjizierten Mutter. Kurzum: Es sieht ganz so aus, als folgten der Aggression im Anfall Konflikte mit dem Überich, als käme nach dem Biß der Gewissensbiß. Keine Rede mehr vom Triumph über das Überich. Schon 1945 resümierte Fenichel: „Alle Süchte (gleich ob mit oder ohne Rauschmittel) sind ebenso wie sämtliche krankhafte Triebregungen erfolglose Versuche, aktiv mit Schuld, Depression oder Angst fertig zu werden. Sie sind darin den kontraphobischen Einstellungen verwandt" (267). Die Bulimie mit ihrer Beziehungsphobie bestätigt dieses Resümee in vollem Umfang.

Die Schilderungen lassen die Annahme zu, das evakuierte Überich sei in seiner vollen Gänze zurückgekehrt, denn Teile, so hatte ich dargelegt, waren ja ohnehin auch während des Anfalls präsent. Gegen Ende des Anfalls finden wir eine Situation vor, die Jacobson beschreibt: „Das melancholische Überich bleibt jedoch im Gegensatz zu den Überich-Veränderungen, die man bei schizophrenen Patienten beobachten kann, gleichviel wie personifiziert, archaisch und hochpathologisch es durch den regressiven Vorgang in seinen Funktionen auch wird, als psychische Instanz erhalten; sein Einfluß erhöht sich sogar, weil es den Platz der schwindenden Objektrepräsentanzen oder des äußeren Liebesobjekts einnimmt" (1977, 316). Bei der Entzweiung von Ich und Überich ist das Überich zum „Fremdkörper" im Selbst geworden, es wird als fremdes, gehaßtes Introjekt erlebt. Mit anderen Worten: Der Kontrollverlust im Eßanfall läßt das Überich allmählich wieder als eigene Instanz spürbar werden. Die Folge ist, wie ich gleich zeige, eine masochistische Unterwerfung unter das Überich.

III. Die Psychodynamik des Erbrechens

„Lege dich nicht hin,
bevor du nicht mehr oder weniger gründlich erbrochen hast" (Athenaios)

Das Befinden der Patienten nach dem Eßanfall kündigt schon die Notwendigkeit zu erbrechen an. Aber keineswegs ist es nur der überstrapazierte Magen, der das Erbrechen erfordert. Es ist auch psychogen verursacht. Die Panik vor dem Fett legt das schon nahe. Ich werde zeigen, daß es sich um ein „phobisches Erbrechen"

(McDougall) handelt. In diesem Kapitel will ich nun den Gründen nachgehen, weshalb die Nahrung nicht dem Verdauungstrakt überlassen und über den normalen, analen Weg ausgeschieden wird.

Im Gegensatz zu den Heißhungeranfällen, die eher die Mißbilligung der Umgebung hervorrufen und immer wieder zu Diätvorschlägen und moralisierenden Therapieempfehlungen Anlaß geben, kann das Erbrechen vom Betrachter leichter als Zeichen echter Not und als Bedürfnis nach Erleichterung nachgefühlt werden. Bereits Athenaios, oben zitierter Autor der Spätantike, empfahl das Erbrechen nach einem üppigen Mahl, um die Nachtruhe nicht von Dämonen gefährden zu lassen. Das beim Außenstehenden geweckte Mitgefühl ist Schulte und Böhme-Bloem zufolge unbewußte Absicht der Patienten: „Allerdings kann das Erbrechen, zumindest in der Therapie, unbewußt auch dazu dienen, sich der therapeutischen (mütterlichen) Aufmerksamkeit zu versichern" (ib., 61). Das will jedoch nicht heißen, daß die Bulimikerin Zeugen beim Erbrechen duldet, ganz im Gegenteil, wie schon der Heißhungeranfall soll auch das Erbrechen in aller Heimlichkeit erfolgen. Gerlinghoff schreibt: „Sie leben in ständiger Angst, daß vor allem ihr Erbrechen entdeckt werden könnte. Einige erinnern sich mit Entsetzen an die Peinlichkeit, als ihr heimliches Verhalten von ihrer Mutter, ihrem Vater oder einem der Geschwister entdeckt wurde" (ib., 19). Es dürfte mit der Heimlichkeit, vermutlich aber auch mit der Unappetitlichkeit des Geschehens oder mit der Ohnmacht des Betrachters zusammenhängen, daß in der Fachliteratur dem Erbrechen und dem Erbrochenen, dem „anrüchigen Produkt", kaum Beachtung geschenkt wird (vgl. Willenberg, 1989, 206), zu Unrecht, wie ich meine, denn es handelt sich auch beim Erbrechen um eine Sucht. Eine Patientin stellt klar: „Das würde ich auch sagen, daß ich kotzsüchtig bin. Es geht mir nicht nur ums Essen" (Aliabadi & Lehnig, ib., 222). Diese Patientin diagnostiziert ihr Erbrechen als eine eigenständige Sucht und damit nicht notwendigerweise als konsekutiv. Eine andere sagt: „Ich habe dann richtig tageweise das Bedürfnis zu kotzen. Ich habe jetzt sehr viele andere Frauen kennengelernt, die auch kotzen und die das eigentlich alle bestätigen, daß es nicht nur ums Essen geht. Also ich kann es manchmal kaum erwarten, daß ich gegessen habe, will eigentlich bloß noch kotzen, da kann ich sogar noch was liegen lassen, muß nicht alles aufessen" (Aliabadi & Lehnig, ib., 222). Das Ergebnis der kleinen „statistischen" Erhebung dieser Patientin, „daß es nicht nur ums Essen geht", ist ein wichtiger Fingerzeig, die Psychodynamik des Erbrechens nicht zu vernachlässigen.

Wir haben erfahren, daß gegen Ende des Eßanfalls schwere Ängste, entsetzliche Scham und Schuldgefühle die Patienten plagen. Das Nahrungsobjekt hat die an es gestellten Erwartungen, sowohl Lieferant der erhofften Allmacht als auch ein geeigneter Container für die Beta-Elemente zu sein, nicht erfüllt, und so konnte das Einverleiben die „böse Brust" nicht entfernen, was immer hastigeres und verzweifelteres Essen erforderlich machte. Die Nahrungsmenge schmerzt schließlich, was die vorhandene „böse Brust" potenziert. Es kommt zu einer als quälend erlebten Anhäufung von Beta-Emotionen, die nur noch explosiv durch Erbrechen, durch ein „Sich-die-Dinge-aus-dem-Bauch-Reißen", wie eine meiner Patientinnen es formulierte, beseitigt werden kann. Daß es sich dabei um Beta-Elemente handelt, machte eine andere Patientin unmißverständlich deutlich, als sie eine Sitzung mit der Bemerkung eröffnete: „Wieder nicht geträumt, sondern gekotzt", und damit Bions Charakterisierung der Beta-Elemente als nicht traumfähig bestätigte. Das Externalisieren von Beta-Elementen dürfte die zentrale Bedeutung des Erbrechens sein, keineswegs jedoch die einzige, wie ich zeigen werde.

Mit dieser Externalisierung wird – salopp gesagt – die Fusion abgebrochen, es kommt sozusagen zu einer „fusio interruptus". Der zentrale Mechanismus des Erbrechanfalls ist die Exkorporation bzw. – berücksichtigt man die psychischen Prozesse – die Projektion. Auch hier gilt, daß es nicht nur um das materielle Substrat geht, sondern um die psychische Bedeutung des Erbrechens und des Erbrochenen. Die Projektion wird dazu eingesetzt, überstarke innere Reize nach außen zu verlegen. Beim somatischen Erbrechen geht es um reine Projektion im Sinne eines Ausstoßens, um konkretes Entfernen eines konkreten Objekts aus dem Innern. „Weit sicherer ist die ökonomische Funktion der Projektion. Sie ergibt sich nach Freud aus der Erkenntnis, daß dem seelischen Apparat ein Reizschutz gegen übermäßige äußere Reize zur Verfügung steht, nicht aber gegen entsprechende innere. Daher wird die Neigung verständlich, in der Projektion überstarke innere Reize wie äußere zu behandeln, damit der Reizschutz auch gegen sie angewandt werden kann" (Fenichel, 1931, 97). Beide Male geht es jedoch um eine Projektion zur „Entgiftung". Eine Patientin hatte gelesen, daß der Verdauungsprozeß ca. dreißig Stunden dauere. Das könne sie nie aushalten. Die Vorstellung, etwas in sich zu haben, sei beunruhigend. Sie überlegt, wie ihr Freund das nur aushalten könne, einfach satt zu sein und dann im Sessel zu sitzen und TV zu schauen. Sie selbst hätte das Gefühl, der Mageninhalt verteile sich in ihr ganzes Inneres und zerfräße sie. Zur Bebilderung schildert sie einen Traum: Sie war ganz voller Quaddeln. Man müsse irgendwo reinstechen, und dann fließe Gift ab. Die Bulimie zeigt sich hier als eine Störung im psychischen Stoffwechsel.

Bei Bulimikerinnen, die erbrechen, lassen sich zwei Gruppen unterscheiden. Bei der einen steht der Eßanfall ganz im Vordergrund. Erbrechen ist zunächst nicht beabsichtigt. Die andere Gruppe hingegen ißt nur, um erbrechen zu können. Sie plant das Erbrechen sozusagen voraus. „Manchmal hatte ich das Gefühl, ich kann gar nicht so viel fressen, wie ich kotzen möchte" (Langsdorff, ib., 218). Gerlinghoff schreibt: „Hat sich eine bestimmte Speisenfolge für das Erbrechen als besonders günstig erwiesen, wird diese häufig beibehalten" (ib., 19). Und natürlich gibt es Mischformen, wobei bei ein und derselben Kranken mal die eine, mal die andere Möglichkeit im Vordergrund stehen kann. Müssen wir hinter diesen verschiedenen Möglichkeiten verschiedene psychodynamische Verhältnisse vermuten?

Wenden wir uns der Patientengruppe zu, die nicht mit der Absicht zu erbrechen ißt. Hier zunächst die Schilderung einer Kranken: „Alles, was da ist, wird verschlungen. Kauen tue ich dann meistens nicht mehr richtig. Danach bekomme ich keine Luft mehr, so daß ich mich zwangsläufig übergeben muß, und ich breche fast alles wieder raus" (Langsdorff, ib., 19). Diese Bemerkung erinnert an die Gefühle jener Patientin, die fürchtete, wenn Besuch komme, keinen Platz oder keine Luft zum Atmen mehr zu haben. Bei der zitierten Patientin nimmt der überfüllte Magen den Platz zum Atmen, das Völlegefühl ist zum Beta-Element geworden. Ihre (Atem-)Not erinnert an die Not, in die der kleine Aro geriet, als er sich, von seiner Mutter verlassen, vollstopfte, quälende Bauchschmerzen bekam und sich in großer Verzweiflung an seinen Vater wendete und ihn mit heftigen Gesten beschwor, ihm zu helfen, die heruntergeschlungene, Schmerzen verursachende Nahrung wieder loszuwerden" (Mahler, 1972, 141). Wie bei Aro, so artikuliert sich auch bei Bulimikerinnen die seelische Not körperlich, und vielleicht ist die Atemnot obiger Patientin als Ausdruck ihrer Verzweiflung zu lesen.

Während bei dieser Gruppe das Essen im Vordergrund steht, um Spannung zu beseitigen, dient bei der zweiten Gruppe das Erbrechen der Spannungsbeseitigung. Ich zitiere noch einmal eine Patientin, die ich schon häufiger erwähnte: „Ich achtete nicht mehr auf den Geschmack, sondern nur darauf, mir meinen Bauch bis zur Schmerzgrenze vollzuschlagen, um die Erleichterung durch das Erbrechen zu spüren" (Gerlinghoff, ib., 22). Ziel ihres Überfressens ist es, einen körperlichen Spannungszustand herzustellen, von dem sich zu befreien sie dann als Erleichterung empfindet. Sie erbricht also absichtlich, um etwas auf somatischem Wege zu „spüren", von dem ich vermute, daß sie es auf psychischer Ebene nicht zu empfinden vermag. Wir kennen dieses Motiv bereits vom Eßanfall. Dort war es der Hungerreiz, der die Existenz des Körpers spürbar machen sollte. Die Erleichterung beim Erbrechen dürfte, wie der Hungerreiz, zudem die defensive Funktion haben, den gesamten seelischen Schmerz auf der Körperebene abzuhandeln und zu bezwingen, weil körperliche Vorgänge leichter zu manipulieren sind als die Seele, deren Mechanismen sich einem raschen Zugriff verweigern. Das Somatisieren erlaubt die Illusion, die seelischen Schmerzen seien überwunden und damit ihr Anlaß gegenstandslos, wie folgende Bemerkung zeigt: „Wenn ich z. B. wahnsinnige Angst vor etwas habe, vor Prüfungen oder auch vor Verabredungen, also wenn ich irre Angst habe, dann ... Nach dem Kotzen bin ich körperlich so geschwächt, dann zittere ich eigentlich nur, so daß diese Angst einfach verschwunden ist. Es ist irgendwie ein Spannungsabfall, der dann dadurch weggeht" (Aliabadi & Lehnig, ib., 222). Das ist eine präzise Schilderung, wie ein psychischer Zustand von einem körperlichen abgelöst wird, wie „irre Angst" durch einen körperlichen Erschöpfungszustand gelindert wird, eine Methode der Spannungsbeseitigung, die vom Eßanfall her bekannt ist.

Es scheint, als spielten bei den Fällen, bei denen die Nahrung als Emetikum dient, die psychodynamischen Erwägungen, die ich zum Eßanfall angestellt habe, nur eine sekundäre Rolle. Das Essen dient hier offenbar weniger der Fusion mit einem omnipotenten Objekt, um innere Leere und Ohnmacht zu beseitigen. Möglicherweise fusionieren diese Patienten auf anderem Wege als über Nahrungsaufnahme, und das Erbrechen dient in diesem Fall der Aufhebung anderweitig erfolgter Fusion. Ich habe ausgeführt, daß die Introjektion über verschiedene Körperwege erfolgen kann: über Mund, Nase, Ohr, Auge, Anus, Haut oder Vagina. Tatsächlich erbrechen manche Patienten z. B. nach dem Koitus, was die Vermutung zuläßt, daß hierbei fusionäre Phantasien, wie ich sie beim Eßanfall beschrieben habe, z. B. Introjektion von Allmacht über die Einverleibung des Penis, eine Rolle gespielt haben. Meinen Beobachtungen nach verfügen jene Patienten, die Nahrung vorwiegend als Emetikum benutzen, im Gegensatz zur anderen Gruppe über ein größeres Repertoire an Möglichkeiten, sich Fusionsbedürfnisse zu erfüllen und sich unerträglicher Spannungen durch Projektion zu entledigen, wie z. B. über Malen, Tagebuchschreiben, Musizieren oder Tagträumen. Ein Freßanfall als Emetikum ist bei ihnen häufig nur die letzte Möglichkeit, wenn die Spannungsabfuhr über andere Verfahren nicht länger möglich ist.

Gleichwohl sind Zweifel angebracht. Zwar sind die Angaben der Patienten als empirische Grundlage unverzichtbar, aber der größere und bedeutsamere Teil der seelischen Motive bleibt dem bewußten Ich entzogen. Was ich hier der besseren Darstellbarkeit halber isoliert betrachte, ist nur Teil eines komplexen Geschehens. Wenn die Patienten auch angeben, das Erbrechen stünde im Zentrum ihrer Aufmerksamkeit, so ist doch nicht zu übersehen, daß sie bald nach dem Erbrechen einen Heißhungeranfall bekommen, so daß zumindest der Eindruck entsteht, daß das Erbrechen dazu benötigt wird, einen Heißhungeranfall legitimieren zu können, der im bulimischen Syndrom als der verwerflichere Anteil erlebt wird. Wir werden aber bald sehen, daß die Abfolge Erbrechen – Heißhunger – Erbrechen aus vielen Gründen psychodynamisch zwingend ist und man genausogut auch die Reihe Heißhunger – Erbrechen – Heißhunger bilden, also den Heißhunger als konsekutiv bezeichnen kann. Mit anderen Worten: Es ist unerheblich, ob man das Erbrechen oder den Eßanfall in den Vordergrund rückt, beide bedingen einander. In jedem Fall muß nach dem Erbrechen eine Reintrojektion als Ersatz für das ausgeworfene Objekt erfolgen. Das gebietet schon die Trennungsangst nach dem Erbrechen. Die Bezeichnung der Bulimie als „Freß-Spirale" erfaßt diesen Zusammenhang treffend. Manche Patienten versuchten die Reintrojektion über die Wiederholung des Koitus zu erreichen, aber bis zu „zwanzigmal täglich" dürfte die männlichen Partner überfordert haben.

Das Emetikum und die Erbrechtechniken

Keineswegs dienen nur Nahrungsmittel als Emetikum. In der Regel benutzen die Patienten den Finger, um zu erbrechen. Die Fingermethode ist das geläufigste Verfahren. Sie bringt den Patienten einen großen narzißtischen Gewinn, auf den ich später kommen werde. Die Möglichkeiten sind damit aber nicht erschöpft, doch viele Patienten halten sich über die Weise, wie sie sich zum Erbrechen bringen, gerne bedeckt. Gelegentlich hat man sogar den Eindruck, die Fingermethode werde vorgeschoben, um einer Klarifikation auszuweichen.

Als ich einmal, noch recht unerfahren mit dieser Erkrankung, eine Patientin fragte, wie sie erbreche, drehte sie sich entrüstet auf der Couch um und schaute mich mit stechendem Blick an, als wolle sie mich erdolchen. Wie ich sie so etwas fragen könne! Ganz offenbar hatte ich mich einer Grenzverletzung schuldig gemacht und war in einen intimen Bereich vorgedrungen. Im ersten Moment schämte ich mich, eine solche Unbesonnenheit begangen zu haben. Meine Scham wurde jedoch bald verständlich als ihre Scham, die sich angesichts dieses Themas als beträchtlich erwies. Zur Scham trat die Angst hinzu, über das Aussprechen würde ihre Phantasie, die sie sich über ihre Erbrechenstechnik gebildet hatte, Wirklichkeit. Sie bediente sich nämlich eines metallenen Armbandes als Erbrechhilfe. Ihre angstmachende Phantasie, das Armband versehentlich zu verschlucken und operiert werden zu müssen, wurde in einem Traum erkennbar. Der Traum wiederum war ihr so schrecklich, weil sie seitens des Chirurgen im Traum genau jene für sie so peinliche Frage fürchtete, die ich ihr real gestellt hatte. Der Alptraum war Wirklichkeit geworden. Das Verschlucken des Emetikums wäre ein bedrohlicher Kontrollverlust gewesen, dessen Zeuge der Chirurg zwangsläufig geworden wäre. Daß ich, ohne ihren Trauminhalt bisher zu kennen, ausgerechnet in seinen Inhalt hineinfragte, war unbewußt inszeniert. Sie hatte diesbezüglich eine Bemerkung gemurmelt, die ich nicht verstanden hatte. Die Vorstellung, wie sie sich den kalten, ungeeigneten, sperrigen Gegenstand in den Hals einführte, wirkte auf mich bizarr und löste zunächst Befremden aus, dann aber mußte ich zu meiner Überraschung feststellen, daß eben diese Vorstellung bei mir qua Identifikation einen Würgereiz auslöste. Aber genau dies dürfte nun wiederum die unbewußte Absicht der Patientin gewesen sein, denn ein solcher Gegenstand in meinem Hals hätte mich fraglos zum Ersticken gebracht, womit vollzogen gewesen wäre, was ihr stechender Blick nicht schaffte: Ich wäre als Zeuge beseitigt, und ihr wären weitere peinliche Fragen und Scham erspart geblieben. Ich erfuhr viel später, daß sie sich das Armband in den Hals steckte, um jene Stelle im Schlund ausfindig zu machen, die den Brechreiz am besten auslöse, wie sie erklärte. Das erinnerte an den „G-Punkt" und gab dem Schlund vaginale Bedeutung. Das Armband fungierte als Penisersatz. Es könnte sich also bei ihrer Technik um eine Verschiebung von unten nach oben, um eine ösophageale Masturbation gehandelt haben, wobei das Emetikum den männlichen Part zu übernehmen hatte. Die Angst, im Traum das Armband zu verschlucken, zeigt den Wunsch, sich den Penis einzuverleiben. Man muß allerdings abwägen, ob man diese Wünsche deuten kann. Meist sind Bulimikerinnen noch sehr adoleszent strukturiert, so daß solche Deutungen nicht ratsam sind. Die Fellatiophantasien wären zu beschämend, und eine Deutung könnte zu malignen therapeutischen Reaktionen führen (vgl. Streeck-Fischer, 1997).

Manche Patientinnen bedienen sich noch rabiaterer Mittel. Von einer Bulimikerin hörte ich, sie habe Filzstifte heruntergewürgt, die ihr zwar große Qualen bereiteten, aber keinen Brechreiz verursachten. Eine meiner Patientinnen verspürte, wie berichtet, den Drang, mit „Milch und VIM" einen Brechreiz zu verursachen, um „den Bauch auszuputzen". Um leichter erbrechen zu können, trinken manche Salzwasser oder versuchen es mit mechanischer Reizung des Rachens, wodurch sie sich nicht selten Verletzungen zufügen" (vgl. Gerlinghoff, ib., 18). Willenberg berichtet von Verletzungen im Rachenraum, „die durch zum Auslösen des Würgereflexes benutzte Gegenstände (z. B. Spatel, Gabeln oder auch Kabelenden) hervorgerufen werden. Am Rande erwähnen möchte ich zwei Krankenschwestern, die zufällig zugleich in einer meiner Psychotherapiegruppen für eßgestörte Patientinnen waren, die zur Vermeidung derartiger Komplikationen Magenschläuche verwendeten" (1989, 200). Das Erbrechen kann unter großen Schmerzen erfolgen. Eine Patientin berichtet: „Ja, mit dem Kotzen ist es irgendwie eine sehr gefährliche Sache (...) Also körperlich macht das einen unwahrscheinlich fertig. Meine ganzen Atemwege, der Hals und so, das war alles immer leicht entzündet, und ganz rote Augen habe ich immer danach gehabt. Mir sind oft die Äderchen um die Augen rum geplatzt" (Aliabadi & Lehnig, ib., 221 f.).

Es müssen aber keine Gegenstände sein, die als Emetikum benutzt werden. Auch Vorstellungsbilder können diese Funktion übernehmen. So berichtete eine Patientin, daß sie, wenn sie nicht richtig erbrechen könne, sich „eklige sexuelle Bilder" vorstelle, z. B. wie „ein dicker, fetter Mann auf einer Frau liegt und seinen Samen in ihren Mund loswerden will". Dieser Patientin diente eine orale Urszenenphantasie als Emetikum. Mal war sie in ihrer Vorstellung Zuschauerin, mal selbst Beteiligte, wie ihrer Ergänzung, daß sie sich vorstelle, einen Penis im Halse stecken zu haben, zu entnehmen war. Vorstellungen dieser Art machen die Scham über das Erbrechen verständlich, deuten aber auch auf ein Motiv für das Erbrechen: Die elterliche Sexualität war ihr ein Dorn im Auge, sozusagen „zum Kotzen". Die Vorstellung, daß sich ihre Eltern im Bett amüsieren könnten, wies diese Patientin stets weit von sich, war aber obsessiv damit beschäftigt. Um die für sie unerträglichen Bilder aus ihrem Inneren entfernen zu können, verabreichte sie sie sich willkürlich, um dann erbrechen zu können. Den Ablauf des Geschehens, daß sie sich zuerst die Eltern im Bett vorstellte, dann versuchte, sich über die Fellatiophantasie mit der Mutter zu identifizieren, kann man als ihren Versuch verstehen, Urszenenerlebnisse zu verarbeiten. Dieser Versuch muß in der Kindheit gescheitert sein. Ihre Erbrechtechnik dürfte eine Reminiszenz dieses Versuches gewesen sein. Obige Vorstellung – den Samen „loswerden" – zeigt die bulimische Einstellung zur Welt: Als ginge es allen bei allem ums Externalisieren von lästigen, bösen, schlechten, unangenehmen Dingen.

Aber nicht nur die Art, mit der das Erbrechen herbeigeführt wird, beschämt, sondern die Tatsache des Erbrechens selbst muß verborgen werden. Eine Patientin schildert, wie sie sich bei Freunden, wenn sie kotzen wollte, die Möglichkeit dazu verschaffte: „Ich habe einen guten Trick, um bei Feten zu kotzen. Immer wenn die eine Badewanne hatten, habe ich das Wasser voll aufgedreht, (...) das war dann so laut, daß man es nicht gehört hat" (Aliabadi & Lehnig, ib., 221). Schulte und Böhme-Bloem berichten: „Eine Patientin in der stationären Gruppentherapie drehte vorher das Radio lauter, um sicher zu sein, daß die Gruppenpatienten das Würgegeräusch nicht hörten" (ib., 61).

Die Technik, mit quälenden Vorstellungen schlechte innere Objekte zu vertreiben, unterscheidet sich von jenen Techniken, bei denen mit einem „guten" Objekt, z. B. dem Finger, die Vertreibung vorgenommen wird. Bei Aro hatte der Vater diese Funktion (vgl. Mahler, 1972). Tatsächlich lassen sich aus der Technik des Erbrechens, aus der Art des Emetikums und seines Einsatzes, ob sanft oder gewalttätig, Rückschlüsse darauf ziehen, wie der Vater erlebt wurde, z. B. als eher einfühlsam oder eher rabiat. Wir werden Aro wieder begegnen, wenn es um die Vaterbeziehung der Bulimikerin geht, denn die Funktion, die Aros Vater hier bekommt, ist für die Bulimie von erheblicher Bedeutung. Aro gerät durch seinen Eßanfall in extreme Abhängigkeit von der Hilfe seines Vaters, und auch die Bulimikerin bringt sich durch den Eßanfall in eine solche Abhängigkeit von einem Objekt.

Man könnte die Erbrechtechnik der Bulimikerin auch als ösophagealen Exorzismus bezeichnen, bei dem das böse bzw. schlechte innere Objekt ausgetrieben werden soll, als wäre die Nahrung zum Dämon geworden, der in den Leib der Befallenen eingedrungen ist und wahnsinnig machen würde (vgl. Willenberg, 1986). Hirsch schreibt: „Daher der Drang, das böse Objekt, in früheren Zeiten im Satan personifiziert, der ausgetrieben werden mußte, auszustoßen, aktiv das Erbrechen herbeizuführen, bevor der Körper selbst zum Bösen wird" (1989b, 81). In der Tat: Es gibt frappierende Parallelen zwischen Exorzismus und Eß-Erbrechanfall. Ich folge der Schilderung von Ernst, wobei ich die Parallelen zur Bulimie in Klammer setze:

„Der Gadarener ist in einem akuten Erregungszustand; er schreit und schlägt sich mit Steinen. Er hat ungeheure Kräfte, niemand kann ihn fesseln. (Dieser Zustand erinnert an das Nirwanaprinzip und das Sich-wütend-auf-den-Bauch-Schlagen der Bulimikerin.) Jesus, der Exorzist, fragt die hausenden Dämonen nach ihrem Namen und bedroht die Dämonen. (Die Dämonen mit Namen sind das personifizierte Überich.) Sie fahren in eine Schweineherde, die sich ins Meer stürzt: Das ist das Zeichen für den erfolgreichen Exorzismus. (Das Erbrechen in die Toilette.) Nachher ist die Veränderung des Besessenen augenfällig: Er sitzt bekleidet und vernünftig da (Die Bulimikerin wäscht sich nach dem Erbrechen und zieht sich um; vgl. Langsdorff, ib., 19.)"(1979, 243 f.). Ernst fährt fort: „Allmählich hat sich ein Schema des Verlaufs von Besessenheit und Exorzismus herausgebildet, das sich, mehr oder weniger vollständig, immer wieder feststellen läßt. Die Besessenheit beginnt mit einem Vorstadium, der Circumsessio: die Dämonen 'umsitzen' ihr Opfer und lauern auf die Gelegenheit einzufahren. (Die Bulimikerin breitet in der Prodromalphase das Essen vor sich aus.) Symptome der Circumsessio sind Halluzinationen, Depressionen, Unfallneigung, schwere Versuchungen. (Bei Bulimikerinnen kommt es wegen der zunehmenden Befangenheit im Essensthema zu Störungen in der Realitätsprüfung.) Dann folgt die Einfahrt in den Körper des Opfers: manchmal in Gestalt einer zufällig verschluckten Fliege, oft anläßlich einer Vision eines Verstorbenen. (Die Introjektion. Die Fusion erfolgt in der Phantasie mit einem lebenden, aber verlorenen Objekt.) Nun tritt das Hauptstadium ein, die Possessio. Der Besessene wechselt abrupt zwischen schwerer Tobsucht, unauffälligem Verhalten und scheinbarer völliger Abwesenheit von der Welt: dann liegt er starr da und scheint nichts mehr zu sehen und zu hören. (Der Eßanfall in der Isolation.) Häufig geben Besessene Fremdkörper (Nadeln, Nägel) von sich. (Das sind – wie ich später zeigen werde – die nicht assimilierbaren Introjekte.) Häufig werden sie 'vom Teufel' geschlagen und zu Boden geworfen und sind voll blauer Flecke und Striemen. (Ich werde gleich zeigen, daß es sich hierbei um den Kampf mit dem Introjekt handelt. Die blauen Flecke und Striemen können bei der Bulimikerin z. B. das Menstruationsblut sein.) Nach Tagen, Wochen oder Monaten erfolgt die endgültige Austreibung. (Das Erbrechen.) Sie ist von einem besonders schweren Erregungszustand begleitet, worauf der Befreite in Schlaf fällt. (...) Manchmal folgt auf die Austreibung wieder eine Periode der Circumsessio. (Die Reintrojektion im Eßanfall.) Rückfälle und ein Chronisch-Werden der Besessenheit sind möglich (Die Eß-Erbrech-Spirale.)" (ib., 245).

Der Kampf mit dem Introjekt

Ich habe bei der Parallelisierung an manchen Stellen vorgegriffen und will nun einige Punkte genauer betrachten. Sich vorzustellen, das Introjekt ergreife wie ein Dämon von der ganzen Person Besitz und das Selbst empfinde sich dabei als ohnmächtig, macht nach den bisherigen Ausführungen keine Probleme. Die Phantasie von der omnipotenten Verfügung über das Objekt, wie es den Alkoholiker kennzeichnet, wird dadurch zertrümmert, und ich sagte, die Patienten fühlten sich vom Introjekt verfolgt. Das heißt aber nicht, daß sich die Kranken dem Introjekt unterwerfen, zunächst jedenfalls nicht. Vielmehr scheint es zu heftigen Kämpfen zu kommen, wie die Patientin, die gegen die Türe trat oder mit der Schere nach der Mutter warf, oder aber die Patientin, die umgehend die Möbel ihrer Mutter wieder verkaufte, vorführte. Schulte und Böhme-Bloem schreiben: „Sehr bald, sobald der Leib sich etwas hervorzuwölben beginnt oder der Magendruck ansteigt, schildern die Patientinnen Unbehagen, meist anfangs als zunehmende Angst. (...) In dieser ängstlich-irritierten Stimmung geht sie zum Angriff über" (ib., 60). Die Patienten glauben, mit einem „Angriff" die Verfolgung und die Vernichtung ihres Selbst durch das Introjekt verhindern zu können.

Ein Hinweis auf solche innerpsychischen Kämpfe kommt noch aus anderer Richtung. Hin und wieder interpretieren Bulimikerinnen ihre Regelblutung als Zeichen einer inneren Zerstörung durch die Nahrung, als fände dort „ein Gemetzel bis aufs Blut" statt, so eine Patientin, als fühlte sie sich „vom Teufel geschlagen". Sie interpretierte ihre Menses als Zeichen dafür, daß sie sich mit Essen den Bauch beschädigt habe. Sie meinte, weil sie nicht alles habe auskotzen können, sei noch ein Rest in ihr, der sie innerlich beschädige. Da Blut fließe, müsse ein Kampf in ihr stattgefunden haben. Sie war überzeugt, das zerstörerische Rest-Introjekt würde vaginal mit dem Menstruationsblut ausgeschwemmt. Die Verfolgungs- oder Vergeltungsangst hat zum Inhalt, daß das Introjekt verletzen bzw. kastrieren könnte, wie bei der Patientin, die einen Magenriß fürchtete. Wenn es nicht mehr blutet, so hat die Verletzung ein Ende. Das könnte eine der möglichen Erklärungen dafür sein, warum diese Patientinnen z. B. ihre sekundäre Amenorrhoe nicht beklagen, sondern – wie das Erbrechen – triumphierend begrüßen, als sei sie ihnen Zeichen des Sieges über das böse, zerstörerische Introjekt – es fließt kein Blut mehr. Die Possessio hat ein Ende. Gleichzeitig fühlen sie sich befreit von den Gesetzmäßigkeiten, den Regeln und der „Regel" des weiblichen Körpers, denen sie sich unterworfen fühlen. Die sekundäre Amenorrhoe wäre demnach ebenso wie das Erbrechen der Versuch, „die von innen drohende Vernichtung durch die omnipotente Beherrschung des Objekts in ihr Gegenteil zu verkehren" (Khan, 1983, 195).

In diesem Zusammenhang ist noch ein weiteres klinisches Phänomen zu verstehen: Manche Patienten haben Angst, das Essen mache sie „dumm", so daß sie nicht mehr denken oder keinen klaren Kopf behalten könnten. Daß die Sorge nicht unbegründet ist, schließlich denkt ein voller Bauch nicht gern, konnten wir im regressiven Ablauf des Anfalls beobachten. Verdummen würde den Verlust des magischen Denkens und damit der Omnipotenz, die durch das Essen gerade erworben werden sollte, bedeuten. Auch hier wird das Introjekt als Verfolger phantasiert: als Gefahr für die Denkfähigkeit. Das wäre insofern bedrohlich, als das Introjekt nicht länger magisch „denkend" beseitigt werden könnte, die Kranken also einer wichtigen Abwehrmöglichkeit beraubt wären.

In der Behandlung z. B., in welcher ein Erbrechen des Introjektes ja nicht möglich ist, läßt sich verschiedentlich beobachten, wie die Patienten es durch Grübeln, Ruminieren und magisches Denken zu bezwingen und damit ihre Verfolgungsangst zu mildern versuchen. Eine Patientin hatte große Angst davor, die Fähigkeit zu denken zu verlieren, weil sie dann die Männer in sich nicht bezwingen könne. So begann sie in einer Stunde darüber nachzudenken, ob die Behandlung in ihr wirke, ob sie schon „was spüre". Sie horchte in sich hinein und war beunruhigt. Es stellte sich heraus, daß sie prüfte, ob ich in ihr drin sei und ob sie in sich meine Worte vernehmen würde. Eines Tages hörte sie dann ganz deutlich einen Satz von mir, den sie wie ein Menetekel erlebte und von dem sie sich verfolgt fühlte, weil er ihr auf Schritt und Tritt in den Sinn kam. Ich hatte diesen Satz so, wie sie ihn in sich hörte, nicht gesagt, aber sie hatte sich einiger Elemente bedient und ihn umgestellt, was zeigt, wie am Introjekt vom Selbst Veränderungen vorgenommen werden. Wie den Satz wieder aus dem Kopf bekommen, wie mich nun wieder aus sich entfernen? Sie erinnerte sich dann an die Pubertät, daß sie damals an den Tod denken mußte und diese Gedanken nur schwer verscheuchen konnte. Das Schlimmste damals sei für sie gewesen, daß sie das quälende Objekt (den Tod) nicht mehr aus dem Kopf bekam. Die bange Frage in der Behandlung war, was meine Worte in ihrem Inneren anrichten, ob sie sie „töten" würden. Eine andere Patientin hielt sich deshalb vorsorglich die Ohren zu, wenn sie glaubte, ich würde etwas sagen, was sie nicht hören wollte.

Bei diesen mentalen Versuchen, das Introjekt zu beseitigen, kann man auch die Aggression dagegen und den inneren Kampf zwischen dem Selbst und dem Introjekt beobachten. Diese Aggression ist eine frühe Abwehr der Angst. Bei diesem Kampf kann es auch zu anderen Symptomen, z. B. zu Tics kommen, die Mahler als Steuerungsverlust im Kampf um die Ausstoßung des einverleibten bösen Objekts, „gegen introjizierte Objekte, gegen ich-fremde, dämonische innere Mächte" versteht (1972, 138). Solche Tics treten gelegentlich beim Atmen auf. Da der Versuch, meine Deutungen nicht zu wichtig werden zu lassen bzw. den Besucher in seine Grenzen zu verweisen, wegen der phantasierten Übermacht des Introjektes aber nicht gelingt, bleibt als letzte Maßnahme, das Introjekt zu exkorporieren, also zu erbrechen. Es zeigt sich an dieser Übermacht, die sich nun gegen das Selbst richtet, welche Macht dem einstigen Außenobjekt zugesprochen wurde.

Die Phantasien über die Menstruation machen auch Zwischenblutungen, die gelegentlich auftreten, als Ausstoßungssymptom, mithin als Erbrechensäquivalent verständlich. In diesem Fall ist der Kampf mit dem Introjekt, das über Blutungen ausgeschwemmt werden soll, noch voll im Gange. So hatte eine Patientin starke Blutungen außerhalb ihrer Periode. Da sie in besonderer Weise darauf drängte, während des Eisprungs ohne Verhütungsmittel zu verkehren, woraufhin sie dann aber regelmäßig extreme Angst vor einer Empfängnis bekam, ein Verhalten, das in jeder Weise die Eßanfälle und die befürchtete Gewichtszunahme kopierte, wollte sie mit den Blutungen, so ihre Phantasie, den befürchteten, weil sich unkontrollierbar in ihr ausbreitenden Fötus ausschwemmen. Die Äquivalenz zum Erbrechen erlaubt die Annahme, daß das Erbrechen in manchen der Hysterie näher stehenden Fällen die Bedeutung einer Abtreibung haben kann.

Als Äquivalent für das Erbrechen ist auch die bereits erwähnte Logorrhoe zu verstehen. Sie dient zwar einerseits dem Anklammern ans Objekt und steht damit dem Eßanfall nahe, hat aber auch Ausstoßungsfunktion, die man sofort daran erkennen kann, daß sich die Wortflut immer wieder – wie eine Brandung – an einem bestimmten, meist kränkenden oder enttäuschenden Objekt stößt, als solle mit der Wortflut ein lästiges Hindernis beseitigt werden. Es wird dann bald sichtbar: Das störende, lästige Introjekt, da sich im Inneren festhakt und dem Patienten keine Ruhe läßt, soll durch Reden ausgeschwemmt werden. Deshalb ist die Logorrhoe stets durch gebetsmühlenartige Wiederholungen und magisch-beschwörende Aspekte gekennzeichnet.

Bei der Logorrhoe zeigt sich ein Phänomen, das auch beim Erbrechen eine Rolle spielen dürfte. Es gibt Stunden, da sprudeln den Patientinnen die Worte nur so aus dem Mund; Eindrücke, szenische Beschreibungen, Gefühle etc. stürzen sich ins Freie, ein Erzählen, das mit Assoziieren nichts zu tun hat, sondern dieselbe Funktion wie die evakuativen Träume erfüllt, ihrerseits Erbrechensäquivalente, wobei es darum geht, möglichst schnell viel von dem quälenden Inneren in einer Art impulshaftem Projizieren zu entäußern. Bei diesem „Erbrechen" mittels Logorrhoe kommt man als Analytiker, obwohl real anwesend, im Erleben der Patienten nicht vor, denn faktisch bleibt man ohne Einfluß auf die Logorrhoe. Deutungen, aber auch nur anteilnehmende Bemerkungen oder Fragen werden entweder nicht wahrgenommen, verhallen irgendwo oder werden ignoriert. Bestenfalls kommt es zu einer kurzen „höflichen" Unterbrechung der Wortflut, die dann aber unbeeindruckt weiterschwappt. Es ist, als befände sich der Patient in der Logorrhoe – und beim Erbrechen muß es ähnlich sein – im objektlosen Raum, in einer Mondlandschaft.

Natürlich lassen sich auch zahlreiche andere Äquivalente des Erbrechens in der Behandlung beobachten: Husten, Niesen, Aufstoßen, allesamt expulsive Vorgänge, die der Befreiung von Spannungen dienen. Eine Patientin hatte über lange Zeit nach der Stunde einen Hustenanfall, der sie laut und vernehmlich durchs Treppenhaus begleitete, als hätte sie es eilig, mich mitsamt der Behandlungsstunde gleich wieder aus sich „herauszubellen", aber so, daß alle Hausbewohner hören sollten, wie unzufrieden sie mit mir war, denn mit ihrem lauten Husten klopfte sie sprichwörtlich an alle Türen. Die Hustenanfälle endeten just dann, wenn die Haustür hinter ihr ins Schloß gefallen war.

Welche Rolle eine andere Person beim Kampf mit dem Introjekt spielen kann, zeigt die bereits erwähnte Patientin, die sich zu einem Rendezvous so aufreizend zurechtmachte, daß der Mann „wie vom Blitz getroffen" sein sollte. Ihren Körper machte sie zur Waffe, gerüstet mit langen Fingernägeln, und ich interpretierte, daß ihr Sich-Zurechtmachen eine ähnliche Funktion wie das Entblößen des Genitales bei Exhibitionisten hätte. Damit aber konnte sie nicht nur über die Männer triumphieren, sondern auch über das Introjekt. Erwies sie sich als attraktiv, nämlich schlank, war ihr das Beweis dafür, daß das Introjekt keine Macht über sie hatte: Es hatte sie nicht fett machen können. Diese Versicherung mußte sie sich von Zeit zu Zeit über die Reaktion des Mannes holen, während sie in den Zwischenzeiten von der Angst um jedes Gramm geplagt wurde.

Mit dieser dem Erbrechen vorgeschalteten Phase des Kampfes mit dem Introjekt unterscheidet sich die Bulimie möglicherweise von der Anorexie, die – ich deutete es bereits an – gar keine Introjektbildung zulassen möchte (vgl. Hinshelwood, ib.). Die Tatsache, daß die Bulimikerin ißt, zeigt, daß sie die Angst der Anorexie nicht teilt, zumindest zunächst nicht. Sie meldet sich erst später als Verfolgungsangst, und dann – bevor das Introjekt, der „Eindringling", seine verfolgende, z. B. fettmachende Potenz in den Tiefen des Darmes voll entfalten könnte – muß es schleunigst durch Erbrechen aus dem Körper beseitigt werden. Wir haben es mit einer Art „Praecox der Verdauung" zu tun. Die Bulimie begegnet uns jetzt wieder als eine Störung im „psychosexuellen Stoffwechsel" (Abraham). Was den Patienten als sinnloses Vergeuden von Nahrung, so der Inhalt ihrer Selbstanklage, und als eklige Verrichtung erscheint, hat psychodynamisch also eine tiefergehende Bedeutung. Auf der Beziehungsebene entspricht das Essen dem Anklammern ans Objekt, das Erbrechen dem Fortstoßen des Objekts, um nicht den Fusionsängsten ausgesetzt zu sein. Eine Patientin sagte: „In der Nähe erstickt man an der ausgeatmeten Luft des anderen." Das Erbrechen ist Ausdruck der phobischen Abwehr solcher Nähe. Dem entspricht, daß sich die Patienten in Diätphasen alles abgewöhnen wollen: das Essen, das Rauchen und die Männer.

Viele Kranke klagen darüber, sich nach dem Essen beschmutzt zu fühlen, weil sie meinen, etwas Schmutziges in sich aufgenommen zu haben, und ekeln sich. Die Patientin, welche von einem Käsekuchen „angelacht" wurde, glaubte nach dessen Verzehr in ihrem Bauch eine „schmutzige Masse zu haben". Die Phantasie lautet, die Nahrung mache innerlich schmutzig bzw. man hätte sich beim Introjektionsvorgang beschmutzt. Das könnte die früher geäußerte Vermutung stützen, daß die aufgenommene Nahrung unbewußt die Bedeutung von Fäzes hat, daß die Kranken glauben, Entwertetes geschluckt zu haben, wie ihr Essen aus dem Mülleimer nahelegt. Ferenczi weist darauf hin, „daß die eigenartige Assoziation des Ekelgefühls mit der Ausdrucksbewegung des Spuckens und Erbrechens darauf hinweist, daß im Unbewußten eine koprophile Tendenz zum Schlucken des ‘Ekelhaften' vorhanden ist, Spucken und Erbrechen also bereits als Reaktionsbildungen gegen die Koprophagie aufzufassen sind" (1919b, 248). Er erzählt die Geschichte eines kleinen Jungen, der seinen Doktor fragte, was er denn im Bauch habe, daß er so dick sei. Der Hausarzt antwortete ihm darauf scherzhaft: „Kaka!" Darauf der Junge: „Ißt du denn so viel Kaka?" (1913, 252). Für den Jungen ist die koprophile Tendenz nicht das Problem, vielmehr erstaunt ihn an der Aussage seines Arztes, daß er so viel davon esse. Hat also die Bulimikerin viel „Kaka" gegessen, wenn sie sich so beschmutzt fühlt nach dem Essen? In diesem Fall wäre das Objekt bereits vor seiner Introjektion beschmutzt gewesen. Ich werde später zeigen, daß es sich bei der „beschmutzten Nahrung" um die Projektionen der Eltern handelt. Zu Fäzes kann die Nahrung natürlich auch während des Essens werden. Die Fäkalisierung dürfte in diesem Fall durch die Projektion von Wut auf das Introjekt oder durch den feindseligen Akt des Zerkleinerns beim Essen oder aber z. B. durch eine lebensgeschichtlich hergestellte Assoziation von Essen und Ausscheiden erfolgt sein, wie das bei einer Patientin der Fall war, deren Mutter vor den Augen ihrer Tochter dem Vater am Küchentisch eine volle Windel unter die Nase hält, so daß es ihn würgte.

Der Triumph über das Introjekt

Die Phantasie, sich im Eßanfall beschmutzt zu haben, ist Anlaß für große Scham. Auch ist die Gier im Eßanfall kränkend und mithin schamerzeugend, weil sie die Abhängigkeit in extremer Form spürbar macht. Deshalb meinte eine Patientin: „Kotze ich alles aus, bin ich unabhängig und frei von Gier. Ich brauche das Zeugs alles nicht mehr". Zu dieser Scham über die Gier tritt die Scham wegen des regressionsbedingten Verlustes der durch Sublimierung entstandenen Gefühle im Eßanfall hinzu, namentlich des Ekels, wenn z. B. aus dem Müll gegessen wird. Das im Eßanfall fehlende Ekelgefühl ist ein sicherer Hinweis darauf, daß die Patienten in eine Zeit vor Bildung des Ekels regredieren (vgl. Abraham, 1908, 139 f.). Scham stellt sich ein über die regressionsbedingte Schamlosigkeit, der sich das „unkultivierte Kleinkind mit Greifreflex" im Eßanfall hingab. Diese Scham ist neben der Verfolgungsangst ein weiteres Motiv für das Erbrechen. Mit dem Erbrechen sollen alle diese regressionsbedingten Phänomene ungeschehen gemacht werden.

Neben der Gier kränkt auch die Verfolgungsangst, da sie sich der Illusion der Objektbeherrschung entgegenstellt und den Allmachtsphantasien abträglich ist. Sie läßt die Patientinnen ihre Ohnmacht dem als allmächtig erlebten Objekt gegenüber spüren. Das Objekt verliert zwar im Zuge des Introjizierens im Eßanfall zunächst seine Objekteigenschaften, d. h. seine Konsistenz und Widerstandsfähigkeit – nur als solches eignet es sich zur Fusion, ich sagte, es käme zu einer „narzißtischen Kommunion" (Grunberger) –, doch verschaffen sich letztere bald wieder Geltung, sobald das Objekt als *Fremd*körper im Inneren erlebt wird und den Patientinnen angst macht. Die Gier wie auch die Verfolgungsangst werden so aus je unterschiedlichen Gründen zur narzißtischen Katastrophe, die Maßnahmen zur Restitution des durch sie beschädigten narzißtischen Gleichgewichtes erforderlich macht. Das Erbrechen scheint eine solche Maßnahme zu sein, die die narzißtische Wunde illusionär zu schließen vermag, was aus der Tatsache hervorgeht, daß die Patienten die Entdeckung des Erbrechens für eine „geniale" Idee halten. „Durch einen Zufall kam ich auf die anfangs 'geniale' Idee, daß ich das Essen anschließend wieder erbrechen könnte. Damit hatte ich die Lösung gefunden. Ich brauchte endlich auf nichts mehr zu verzichten und nahm doch langsam, aber sicher ab" (Langsdorff, ib., 217). Ähnlich empfand jene Patientin, die vom Erbrechen als einem „Kinderspiel" sprach, lenkt doch auch sie den Blick auf den Gewinn, der daraus bezogen wird: „Ich wußte jetzt, ich konnte essen, was ich wollte, und würde nie mehr dick sein, denn ich brauchte ja nur aufs Klo zu gehen. Das Erbrechen war für mich ein Kinderspiel und machte mir nichts aus" (Gerlinghoff, ib., 23). Ihrer Bemerkung ist zu entnehmen, daß das Erbrechen das Größen-Selbst zu aktivieren vermag. Gerlinghoff schreibt: „Einige erleben das Erbrechen wenigstens zu Beginn als etwas Gekonntes, Zaubertrickartiges, womit sie ihr 'schuldhaftes' Tun, nämlich das Fressen, schlagartig aus der Welt schaffen können, ohne die Folgen tragen zu müssen" (ib., 17).

Folgerichtig geraten die Patienten beim Erbrechen in einen hypomanischen Zustand. Es wird als „Explodieren" geschildert und wie eine gewaltige, triumphale Befreiung erlebt (vgl. Schulte & Böhme-Bloem, ib., 61). Nach Abraham (1924) wird in der Manie das Über-Ich bzw. das Introjekt vom Ich abgeschüttelt und das Ich empfindet Triumph über das Gelingen der Unternehmung. Fenichel schreibt: „Am deutlichsten wird dies, wo in manischen Symptomen Exkretionsfunktionen oder -phantasien überbetont erscheinen und sich in der Analyse als phantastische Befreiung vom introjizierten Objekt herausstellen" (1931, 123). Schon beim Eßanfall sind wir Triumphgefühlen begegnet, und wie dort ist auch im Erbrechen der Hohn, der über das Introjekt ausgeschüttet wird, nicht zu überhören. Die „geniale" Idee „Erbrechen" (vgl. auch Willenberg, 1989) scheint Ausdruck eines analen Narzißmus zu sein, weil sie magisch absolute Unabhängigkeit bzw. Überlegenheit vorspiegelt. Das Introjekt vermag nicht länger Schaden anzurichten, und damit können auch die körperschädigenden Folgen des Erbrechens verleugnet werden. Beim Erbrechen haben also Hohn und Triumph dieselbe Ursache wie beim Eßanfall: den phantasierten Sieg über das Introjekt „Überich". Die „geniale" Idee „Erbrechen" dient der Wiederherstellung der narzißtischen Allmacht und vermag Gefühle auszulösen wie bei einem Kleinkind, das den aufrechten Gang erlernt. Die Aussagen der Patienten hierzu sind unmißverständlich: „Das kann keiner, soviel essen wie ich! Ohne dick zu werden! Ich gönne mir, was ich will – alles. Die größten Kalorienbomben machen mir nichts. Das Kotzen ist zwar lästig, aber effektiv. Ich wär doch blöd, das aufzugeben!" (Schneider-Henn, ib., 120). In diesem Zitat wird die Unabhängigkeit jedoch bereits als trügerische erkennbar, weil die Patientin ohne es zu bemerken, von ihrer Abhängigkeit spricht, wenn sie sagt, sie wäre „doch blöd, das aufzugeben", also sich vom Erbrechen zu befreien. Objektive Abhängigkeit vom Erbrechen wird subjektiv als Befreiung erlebt. Es ist zudem ersichtlich, welche Sicherheit die illusionär zurückgewonnene Objektbeherrschung und Unabhängigkeit gibt: Sie kann nicht dick werden, keine (Kalorien-) Bombe kann ihr etwas anhaben, sie ist absolut unverletzbar. Das Introjekt ist im Erleben entmachtet, damit die „Bombe"(!) entschärft. Manchmal allerdings reicht das Erbrechen dafür nicht aus: „Anfangs erbrach ich die normalen Eßmengen, die ich zu mir genommen hatte; doch mit der Zeit wurde meine Gier nach Essen immer größer, so daß ich riesige Mengen in mich hineinstopfte und diese erbrach, um gleich anschließend wieder zu fressen und zu erbrechen. Und dann kam der Alkohol dazu. Ich hatte das Gefühl, im Vollrausch endlich den Ärger über die mir immer noch zu dick erscheinende Figur zu vergessen. Ich betrank mich schließlich drei- bis viermal in der Woche bis zum Umfallen" (Gerlinghoff, ib., 22). Es müssen also zusätzliche Truppen zur Verstärkung herangezogen werden.

Hatten wir es bei der Fusion des Eßanfalls mit dem Wunsch nach einer Verschmelzung mit einem idealisierten Objekt zu tun, um durch Einswerdung dessen Allmacht zu übernehmen, so finden wir beim Erbrechen einen konkordanten Prozeß auf seiten des Selbst: der Idealisierung des Selbst bzw. der Aktivierung des Größen-Selbst durch einen Sieg über das Introjekt. Ziel ist beide Male der Triumph über das introjizierte Objekt und damit die Allmacht des Selbst, also die *narzißtische Befriedigung* des Einsseins mit dem Ichideal. Anders gesagt: Nicht *libidinöse Befriedigung* ist das Ziel der Eß-Erbrech-Spirale, sondern *Befreiung* vom gefährlichen Introjekt, auch wenn sie von orgastischen Gefühlen begleitet wird. Jacobson berichtet von ihrer Patientin Peggy, die Angst hatte, daß „die Objekte, die sie sich in ihrer Phantasie körperlich einverleibt hatte, sie 'von innen her zu zerstören drohten'. (...) Es blieb ihr nur ein Weg, die schreckliche, bedrohliche innere Gefahr abzuwehren – 'ich muß das, was in mir ist, hinaustreiben', und zwar in einem überwältigenden, orgastischen Ausbruch, von dem sie meinte, daß er sie befreien würde." (1977, 278). Schottky berichtet von einer

Patientin, die sich den Magen mittels eines Schlauches leerte („aus-heberte") und eine „Wonne davon hatte" (zit. n. Schulte & Böhme-Bloem, ib., 23).

Das Erbrechen wäre demnach eine Wiederholung des bulimischen Versuches, das strenge, kritische Überich zu beseitigen, der im Eßanfall nicht vollständig gelingt. Was die Introjektion des guten Objektes nicht schaffte, soll nun die Projektion bewerkstelligen. Hierin besteht die psychodynamische Ähnlichkeit beider Anfälle. Die Erleichterung, die die Patientinnen beim Erbrechen verspüren, hat aber nur für die Anfangsphase des Erbrechens Gültigkeit. Und auch der Triumph hält nicht lange an. Aus der Erleichterung läßt sich die Tiefe der Scham und der Angst, die hinter dem Triumph und dem Hochgefühl über die Unabhängigkeit vom Introjekt, hinter der manischen Abwehr, stehen müssen, schon erahnen.

Die Fäkalisierung, das Ungeschehenmachen und die Reinheit

Die Patientin, die sich mit VIM den Bauch ausscheuern wollte, zeigt, daß auch zum Zweck der Reinigung erbrochen wird. Vordergründig soll die Beschmutzung rückgängig gemacht werden, aber eigentlich geht es um ein Ungeschehenmachen des Kontrollverlustes und damit der im Eßanfall agierten oral-sadistischen Einverleibungsphantasien, z. B. des Raubens. Mit dem Ungeschehenmachen – darüber lassen ihre Phantasien über das Erbrechen kaum Zweifel – können die Kranken die Illusion verbinden, das Objekt geschont und nicht beschädigt zu haben. Eine Patientin meinte eines Tages, sie wolle mich mit „Haut und Haaren" verschlingen, „am liebsten noch mit der Kleidung". Dann kamen ihr wohl Bedenken, und sie ergänzte, sie würde mich „am liebsten als komplette Person wieder hinstellen". Es ist, als sagten sich die Kranken: Sollte ich das Objekt mit meiner Gier angegriffen haben, so mache ich das nun ungeschehen und gebe es unversehrt zurück, vergleichbar den geschundenen Objekten bei de Sade, die trotz aller Tortur letztlich heil blieben. Bei der Erörterung der kleptomanischen Impulse werden wir diesem Phänomen im Nichtgebrauch des Gestohlenen wieder begegnen.

Mit dem Reinigungswunsch und dem Ungeschehenmachen rückt das bulimische Symptom in die Nähe des zwangsneurotischen Rituals. Die Konstruktion beider Symptome ist ähnlich: Erst herrscht die Gier, dann das Ungeschehenmachen. Da die Bulimikerin nicht über ein reifes, integriertes Überich und demnach auch nicht über reife Schuldgefühle verfügt, sondern soziale Angst empfindet, handelt es sich bei ihrem Ungeschehenmachen allerdings nicht um eine Wiedergutmachung, sondern um die Herstellung eines früheren, unschuldigen Zustandes.

Dem Ungeschehenmachen Vergleichbares läßt sich in der Behandlung im Umgang mit Phantasien beobachten. Zeitweilig schwelgen die Patienten regelrecht in Phantasien, um die Phantasietätigkeit dann plötzlich abzubrechen. Sie wollen nichts mehr davon wissen und verleugnen sich als die Phantasierenden, was an das Evakuieren denken läßt. So malte sich eine Patientin über Stunden hinweg sexuelle Szenen mit mir aus. „Ungezügelt und heiß wie Eruptionen auf der Sonne" ginge es zwischen uns zu, bis wir in heftigster Erregung miteinander verschlungen uns schließlich im Meer abkühlen müßten. Plötzlich aber überfiel sie die Angst vor einer Schwangerschaft, und sie verspürte „Ekel vor dem männlichen Körper", also Angst (vor dem Dickwerden) und Ekel wie kurz nach dem Eßanfall. Sofort brach sie ab und meinte, es sei ja gar nicht sie, die diese Phantasien gehabt hätte, und mußte diesen Teil – ich habe ihn das bulimische wahre Selbst genannt – fortan dissoziieren. Eine andere Patientin brachte mir einmal Blumen mit. Anderntags erschrak sie, weil die Blumen noch in der Vase standen. Sie hatte sofort das Gefühl, etwas getan zu haben, was sie lieber nicht hätte tun sollen, was sich leider nicht mehr rückgängig machen ließ.

Objektschonung scheint ein wesentliches Motiv dafür zu sein, die Nahrung nicht dem Verdauungstrakt zu überlassen und über den normalen Weg auszuscheiden, sondern den „psychosexuellen Stoffwechsel" (Abraham) zu unterbrechen. Eine Anekdote, die man sich im Schwäbischen erzählt, nimmt sich dieses Motivs an: Ein Student aus Tübingen, über das Geländer einer Neckarbrücke gebeugt, erbricht in hohem Bogen in den Fluß. Ein vorbeikommender Professor bleibt stehen, betrachtet sich den gebeugten, zuckenden Leib und meint: „So isch rächt, als 'es Arschloch g'schont." Die Anekdote verdichtet zwei Themen: zum einen den Nexus von Erbrechen und Defäzieren, zum anderen, daß Erbrechen eine Vermeidung ist, die der Schonung einer Körperöffnung dient.

Daß Erbrechen und Defäzieren Äquivalente sind, ist einleuchtend. Beide sind Dejektionsvorgänge. J. Grunert weist auf die Ähnlichkeit von Mund und After im Erleben hin (vgl. 1977, 209; auch Heimann, 1961/62, 170). Die Beobachtung einer Patientin kann diese Äquivalenz bestätigen: Über nahezu eine Woche lang habe sie an Durchfall gelitten und während dieser gesamten Zeit nie den Impuls verspürt zu erbrechen. Die Diarrhoe hatte offenbar das Erbrechen ersetzt, was die Äquivalenz beider nahelegt, die sich auch darin zeigt, daß es sich beim einen wie beim anderen um

Symptome der Angst handelt. Für eine solche Verbindung spricht überdies die Tatsache, daß Bulimikerinnen zum Laxantienabusus neigen. „Die, die nicht erbrechen können und Abführmittel einnehmen, steigern die Dosis in der Regel rasant, so daß sie schließlich handvollweise Abführmittel 'einwerfen'" (Gerlinghoff, ib., 18). Laxantien, Diarrhoe und Erbrechen dürften also, was ihre Funktion betrifft, eine Reihe bilden. Wahrscheinlich gehört auch das Urinieren in diese Reihe, wenn man die Enuresis in der Kindheit dieser Patienten berücksichtigt.

Bleibt die Frage, was vermieden bzw. geschont werden muß, wenn man obige Anekdote nicht zu konkret verstehen. Ich will mich dieser Frage über einige Szenen aus der Behandlung nähern.

Eines Tages kam eine Patientin mit einem Riesenpaket Toilettenpapier unter dem Arm zur Sitzung und meinte, sie müsse erst mal die Toilette aufsuchen. Mir war sofort klar, welchen Charakter die Sitzung haben würde: eine „Scheißstunde". Eine andere knüllte nach einer Sitzung über mich verärgert die Serviette zusammen, ließ das „Häufchen" auf der Couch zurück und ging. In der folgenden Stunde diesbezüglich befragt, warf sie mir vor, ich hätte vor ihr eine Patientin auf der Couch gehabt, die „penetrant" nach Parfüm „gerochen" hätte, was ihr „gestunken" habe. Nach der Serviettenaktion habe sie sich erleichtert gefühlt, und die Bauchschmerzen, die sie während der Sitzung geplagt hätten, seien weg gewesen. Die parfümierte Patientin und ich, wir waren fäkalisiert. (Die moderne Psychoanalyse spricht lieber vornehm und geruchsneutral von „entwertet". Da es hier aber nicht so vornehm zuging, bevorzuge ich den klassischen und sinnlicheren Begriff.)

Eine solche Fäkalisierung führte mir auch jene Patientin vor, die sich eine meiner Publikationen über eine Freundin besorgen ließ, weil sie selbst den „Diebstahl" nicht begehen wollte (vgl. Ettl, 1988). Als sie den begehrten Text in Händen hielt und sich damit beschäftigte, kam er ihr viel zu schwer vor. Zunächst bewunderte sie mich, weil ich „so etwas Kompliziertes fabriziert" hätte, erlebte mich aber deswegen auch als „weit entfernt", also als separiert von ihr. Sie versuchte, mich dadurch sich ähnlicher zu machen und die Separation aufzuheben, indem sie mutmaßte, ich hätte die Arbeit, ohne mir viel Mühe zu geben, in einer Nacht bei einer Flasche Rotwein heruntergeschrieben, so wie sie das auch immer mache. Schließlich war meine Arbeit nichts mehr wert: Sie sei „schludrig", und ein wenig später, sie wäre „große Scheiße". Hastig gab sie die Arbeit ihrer Freundin zurück, so als wolle sie mit diesem schmutzigen Ding nichts mehr zu tun haben.

Für eine andere Patientin wurde ich regelmäßig im Laufe der Sitzungen zum exkrementellen Objekt. Zur Begrüßung bekam ich en passant bei regungsloser Miene eine lasche Hand gereicht, die ich mir eher selbst noch holen mußte. Zum Abschied gab's keine mehr. Eine andere sprang während einer Stunde, als das Telephon klingelte, wütend von der Couch, steuerte schnurstracks die Toilette an und blieb dort eine Viertelstunde. Wieder auf der Couch, meinte sie, ich sei zum Kotzen, kicherte und schwieg. Als es mir gelang, sie zum Erzählen zu bewegen, berichtete sie, daß sie beim Anruf plötzlich Harndrang verspürt hätte und, nachdem sie uriniert hatte, hätte sie die Toilettenwand mit Seife beschmiert, dann aber versucht, diese wieder abzuwischen, was ihr nicht gelungen war. Und wie um mich zu besänftigen, fügte sie rasch hinzu: „Aber die Seife riecht ja gut."

Mühelos ist die Wut wegen der unterbrochenen Stunde erkennbar. Sie äußerte sich anal-urethral durch Harndrang und darin, daß die Patientin meine Wände beschmierte, wobei die Seife die Fäzes vertrat. Der Harndrang gab der Patientin Gelegenheit, die Toilette aufzusuchen, um dort an den Wänden anstatt bei mir ihre Wut abzulassen. Sie hat die Sitzung bei mir abgebrochen und statt dessen auf der Toilette eine „Sitzung" abgehalten. Der Harndrang gab die Legitimation, die sonst der Hunger hat. Er diente der Vermeidung ihrer feindseligen Gefühle mir gegenüber.

Die Patientin ist hier insofern repräsentativ für Bulimie-Patienten, als sie dadurch auffallen, daß sie häufig die Toilette aufsuchen – vor, während, am meisten aber nach den Behandlungsstunden. Die Seifen-Episode zeigt alle Merkmale des Eßanfalls, vor allem aber, wie „situationsflexibel" das Symptom ist bzw. wie sich die „Raffinesse" der Patientinnen äußert. Ein „Hungerreiz" ergäbe in der Sitzung keinen Sinn, weil keine Nahrung greifbar ist, also bedarf es eines anderen Reizes als Vorwand, die Beziehung zu verlassen. Wenn Reik schreibt: „Dort, wo sich der Fluchtreflex nicht ermöglichen läßt, wird das Individuum andere Maßnahmen ergreifen, um den gefährlichen Reiz zu bewältigen" (1925, 307), so gehört der Harndrang zu diesen „anderen Möglichkeiten".

Während der Patientin ihre Wut auf mich bewußt war, wurde ihr die Angst, die ihr meine passagere Hinwendung zum Anrufer machte – ich hatte, als es klingelte, zwar kurz aufgemerkt, ging jedoch nicht ans Telephon –, nicht bewußt, aber sie war offensichtlich. Sie hatte das Gefühl, mich durch den Anruf verloren zu haben. Diesen Verlust suchte sie wettzumachen, indem sie die Seife zum Ersatz für mich nahm. Durch Riechen und Schmieren hatte sie mich inkorporiert und darüber das verlorene Objekt wiederfinden und die oral-narzißtische Beziehung wiederherstellen können. Daß ihre Wut die Szene so beherrschte, lag daran, daß die Patientin ihre Angst mit Aggression abwehren mußte.

Einer anderen Patientin fiel ihre geliebte Haarspange – ein Erinnerungsstück – in die Toilette, womit sie fäkalisiert war (vgl. Ettl, 1988). Bei einer Patientin, die nie bei mir auf die Toilette gehen konnte, ergab sich eines Tages, daß sie die ganze Stunde mit der Unterdrückung ihres

Harndrangs beschäftigt war und sich deshalb der Behandlung nicht zuwenden konnte. Das war nun einerseits ihre Lust am Zurückhalten, andererseits eine Abwehr gegen mich, denn ich konnte nicht mit ihr arbeiten, war sozusagen lahmgelegt und damit unbrauchbar. Eine schließlich beschrieb in einem Brief ihren Wutanfall, nachdem sie sich über meine gute Laune geärgert hatte: „Manchmal möchte ich lachende, alberne Kinder quälen, damit aus ihrem lachenden Antlitz ein schmerzendes wird, und auch dabei könnte ich selbst wieder weinen, schreien und schlagen bis zur Besinnungslosigkeit. Ich möchte die sauber dekorierten Gebäckstückchen, die an Weihnachten erinnern sollen, an den weißen, sauberen Wänden zermanschen und aus Teigmassen, Zucker und Milch eine Pampe mischen und über die sauberen, gepolsterten Stühle und an die Scheiben schmieren. Ich möchte mit weicher, zerflossener Schokolade über alles wischen, was sauber ist, bis ich müde werde."

Alle Szenen zeigen den Wunsch, das Objekt zu fäkalisieren und als solches auszuscheiden, wobei es die Wut ist, die die Fäkalisierung veranlaßt. Aber es scheint, daß dieser aggressive Wunsch mit dem Erbrechen abgewehrt werden soll, als müsse das Objekt vor der Fäkalisierung bewahrt werden. Man muß in der Tübinger Anekdote die zu schonende Körperöffnung, das „Arschloch", ja nur durch eine Person ersetzen, um sofort zu verstehen, was eigentlich gemeint ist. Einer Patientin, die zu Beginn einer neuen Beziehung den Mann stets unrealistisch idealisierte, gerieten alle Männer zum Schluß zu „Arschlöchern", und Liotti berichtet von einer Patientin, die ähnlich verfuhr:

„Giovanna beklagte sich lange Zeit über die emotionale Unfähigkeit ihrer Freunde. Dann begegnete sie einem Mann, den sie mochte, der ihr gefiel und mit dem die Sexualität befriedigend war. Dieser neue Mann zeigte sich nicht nur an ihren Gefühlen interessiert, sondern fragte sie darüber hinaus noch, ob sie ihn heiraten wolle. Sobald er ein aktives Interesse an ihrer 'inneren' Welt gezeigt hatte, wurde sie ängstlich und fing an, ihn als einen egoistischen Menschen zu klassifizieren, der sich in ihr Privatleben einmischte. Sie nahm seine expliziten Wünsche nach Zusammenleben und nach gemeinsamen Kindern als Beweis seines Egoismus: Sie wollte berufliche Karriere machen und meinte, daß er ihre beruflichen Interessen nicht würdigte, wenn er solche Wünsche habe" (1989, 37).

Die Vermutung, das Erbrechen könnte die Vermeidung der Fäkalisierung sein, findet dadurch Unterstützung, daß es noch deutliche Spuren seiner analen Herkunft zeigt, wenn es als Reinigungsakt erlebt wird. Vor allem aber die Scham über das Erbrechen ist Indiz für dessen unbewußte anale Bedeutung. Die Scham zwingt zur Verschiebung ins weniger verpönte, geruchsneutralere Orale. Interessanterweise „verrät" sich die Bulimikerin oft durch den säuerlichen Geruch des Erbrochenen, eine Art Wiederkehr des Vermiedenen, einmal abgesehen davon, daß das Erbrechen meist auf der Toilette stattfindet. Manche Patienten bezeichnen das Erbrechen auch als ein „Entgiften" von „Beziehungsgiften" wie Neid, Eifersucht etc. Eine Patientin schilderte mir ein lustiges Äquivalent des Erbrechens, das seine anale Bedeutung nur schwer verbergen kann: Als sie noch klein war, hatte ihre Mutter neue Sessel fürs Wohnzimmer gekauft und ihr den Aufenthalt im Zimmer verboten, damit die Möbel geschont würden. Sie aber, ein Tablett mit Gulasch tragend, hat sich heimlich hineingeschlichen, wobei sie prompt stolperte, so daß sich der Gulasch direkt auf einen der neuen Sessel ergoß. So hatte sie aus dem Sessel der Mutter eine Toilette gemacht, aus dem Gulasch Fäzes und damit ihre Aversion gegen die „Wohnzimmerseite" ihrer Mutter ausgedrückt, die sie nicht benutzen durfte.

Für die Notwendigkeit, die Defäkation abzuwehren, gibt es mindestens zwei Gründe: Zum einen soll die Fäkalisierung vermieden werden, weil die Zerstörung persekutorische Schuldgefühle hervorrufen würde. Das Erbrechen soll das Objekt vor dem analen Angriff, dem zerstörenden Vorgang der Verdauung, schützen, als sagten die Patienten: Ich fress' Dich, aber ich zerstöre Dich nicht, sondern spucke Dich rechtzeitig wieder aus. Das Erbrechen wird als Ungeschehenmachen deutlich. In dem amerikanischen Film *Being J. Malcovitch* scheidet Malcovitch seine Introjekte auch wieder lebend, aber immerhin in den staubigen Straßengraben aus, was die Nähe zur Defäkation zeigt. Der normale Verdauungsvorgang wäre ein Geschehenlassen der Zersetzung und Fäkalisierung des Objekts: „So erklärt sich der Wesenszug des Menschen, daß alles Wachstum, gleichviel welcher Art, von dem unbewußten Wunsch begleitet wird, eine gewisse Unvollständigkeit zu beseitigen, und sich daher in einem Klima psychischer Frustration und Angst abspielt. Phantasie und Angst vereinigen sich zur Objektverstümmelungs-Phantasie. Nur durch Einverleibung des Objekts kann die Vervollständigung erreicht werden; daher hat die Phantasie, durch die die Einverleibung psychisch besorgt wird, notwendigerweise eine aggressive Komponente. Aus diesem Grund ist jede Entfaltung der eigenen Persönlichkeit mit unbewußten Schuldgefühlen verbunden" (Mendel, 1972, 71). Diesem Verstümmelungsprozeß – Schulte und Böhme-Bloem sprechen von einer „Dynamik des Vernichtens" (ib., 61) – will die Bulimikerin mit dem Erbrechen, einem „Interruptus der Verdauung", zuvorkommen. Daß sie damit die „Entfaltung der eigenen Persönlichkeit" behindert, werde ich später zeigen.

Der Laxantiengebrauch dürfte bereits – wie das spätere Erbrechen – der Versuch sein, Schuldgefühle wegen der Verdauung zu vermeiden. Grunberger hat einen Fall beschrieben, in dem diese Vermeidungsfunktion deutlich wurde: „Da die Initiative von außen kam (dem Abführmittel), erschien die Triebhandlung (das Defäzieren) erlaubt" (1976, 149). Das erinnert an die Angst einer Patientin vor ihren Suizidphantasien, die sie vorwiegend in der Adoleszenz hatte. Sie fürchtete, wenn sie sich selbst umbrächte, käme sie in die Hölle, weshalb sie sich lieber von einem Auto überfahren ließe. Dann wäre sie unschuldig. Der Hintergrund war, daß ihre gegen ihr Selbst gerichteten Mordphantasien ihrer Mutter galten. Den Mord, so hoffte sie, würde ihr Vater für sie begehen. Wie aggressiv das Erbrechen als Ersatzfäkalisierung nach wie vor ist, machte mir die Projektion einer Patientin verständlich. Sie fürchtete nämlich, ich würde alles Material über sie sammeln und ihr eines Tages sozusagen als Abrechnung um die Ohren schlagen, womit sie mir den bulimischen Modus des Umgangs mit der Aggression unterstellte. Das psychische Erbrechen wird in der Behandlung dieser Patienten zum Problem, weil sie sich die Behandlung nicht aneignen, sie nicht „ausrauben", nicht gebrauchen, sich also nicht damit identifizieren dürfen, sondern sie dem Analytiker „um die Ohren schlagen".

Zum anderen muß eine Fäkalisierung vermieden werden, weil durch die Zerstörung das kostbare, weil dringend benötigte Objekt verlorengeht. So hatte meine Musikerin Angst, sich ein Musikstück zu erarbeiten (es „anzufassen") und zu üben, sich also einzuverleiben, weil sie fürchtete, es dadurch zu zerstören, so daß es für immer verloren wäre. Hierin liegt ein Grund für die Arbeitsstörungen dieser Patienten. Wie groß diese Angst sein muß, illustrierte folgende Patientin: Wenn sie in einer Stunde ein starkes Gefühl für mich empfand, bekam sie Angst, es könnte sich in der realen Begegnung mit mir verflüchtigen. Darum würde sie am liebsten nicht zur nächsten Stunde kommen. Das Gefühl sei wie eine "wertvolle Kugel", die es zu behüten gelte, es dürfe nicht mit der Realität in Berührung kommen, nicht gelebt werden. Ich dürfe das Gefühl auch nicht deuten, weil es dann kaputtginge und öffentlich würde, wie sie fürchtete. "Öffentlich" hieß: „Alle wollen was davon abhaben." Nach solch einer „kostbaren Stunde" ging sie den ganzen Tag nicht ans Telephon, weil sie argwöhnte, von draußen dränge jemand in unsere Beziehung ein. Dieser Jemand ließ sich leicht als ihre Mutter bzw. ihr jüngerer Bruder bestimmen. Die „wertvolle Kugel" war für diese Patientin die Brust vor ihrem Versiegen, bevor ihre Mutter drei Woche nach ihrer Geburt eine Mastitis bekam und die Patientin die Brust verlor. Später war es ihre heimliche Liebe zum Vater, die nicht mit der Mutter in Berührung kommen durfte, weil sie diese Liebe zerstört hätte.

Einen ähnlichen Grund für die Notwendigkeit, die Defäkation zu vermeiden, nannte mir eine andere Patientin: „Meine Mutter sitzt vor meinem Hintern und wartet wie eine Katze vor dem Mauseloch." Dieses Bild bestätigt Kleins Ansicht, die tiefste Angst des Mädchens sei die vor der Zerstörung und Beraubung ihres Körperinneren, eine Vergeltungsangst wegen der gegen den Körper der Mutter gerichteten destruktiven Impulse (vgl. Jacobson, 1937, 766). Der ausraubenden Mutter wollte die Patientin entkommen, indem sie eine andere Öffnung, den Mund, wählte und somit der „Katze" ein Schnippchen schlug. Triumphierend die Patientin: „Die wartet heute noch!" Einerseits soll mit dem Erbrechen dem analen Ausräumen durch eine offenbar als intrusiv erlebte Mutter zuvorgekommen werden. Bulimikerinnen sind „raffiniert", hatte mich ja eine Patientin aufgeklärt. Andererseits klingt dieses Verfahren doch auch nach vorauseilendem Gehorsam nach dem Motto: Ich geb' die der Mutter geraubten Dinge lieber gleich wieder zurück.

Daneben tendieren Bulimikerinnen dazu, wenn sie mit anderen etwas Schönes erlebt haben, hinterher damit zerstörerisch umzugehen, weil sie sich durch das Erlebnis von denjenigen abhängig fühlen, denen sie es verdanken.

> So hatte eine Patientin eine Behandlungsstunde als für sie sehr wichtig erlebt. Sie hatte einen Traum erzählt, in welchem sie zu spät zur ihrer Stunde kommt. Ich bin am Renovieren und schimpfe, weil sie zu spät kommt. Dann erzähle ich ihr von meinen „Herzschmerzen", gehe schließlich ins Nebenzimmer zu einem älteren Herrn und erzähle dort weiter. Sie läßt sich aber nicht abweisen, sondern bleibt im Zimmer, weil sie auf ihren fünfzig Minuten besteht. Am Tag nach dieser Stunde bekam sie zum erstenmal nach drei Jahren ihre Menses wieder. Es scheint, als habe der Wunsch nach einer emotional reagierenden und an ihr interessierten Person (ich renoviere für sie, warte, weil sie zu spät ist, und habe ihretwegen Herzschmerzen) und seine Erfüllung im Traum zusammen mit ihrem wachsenden Selbstbewußtsein (sie bleibt) die Rückkehr der Menses möglich gemacht. Eine Freundin, die schwere Menstruationsbeschwerden hatte, konnte sie trösten und ihr Umschläge machen. Sie bezeichnete die vorausgegangene Stunde als ihr „Kleinod", äußert dann aber Angst, dieses Kleinod wieder durch einen Freßanfall zu verlieren. Warum? Die Bedeutung, die die Stunde für sie hatte, so erklärte sie, schränke sie in ihrer „Bewegungsfreiheit" ein. Sie wollte

niemanden brauchen müssen. Die Enttäuschung, die sich im Traum ankündigte, als ich ins Nebenzimmer zu jemand anderem ging, machte sie wütend. Sie mußte dann einen Eßanfall haben, um über das Erbrechen die Befreiung von der Abhängigkeit zu finden. Genaugenommen aber waren ihr meine Anteilnahme, meine Gefühle, mein Interesse an ihr, zu wichtig geworden und hatten sie auch neidisch gemacht, so daß ich zur Last wurde, zumal sie erzählte, daß sie mich innerlich überallhin mitgenommen hätte. Weil sie mich nicht haben könne, mich aber auch nicht mit anderen teilen wolle, müsse sie sich von mir befreien.

Wie sie mich als gutes Objekt allmählich in ihrem Inneren zerbröseln ließ, den Zerstörungsprozeß am Introjekt, konnte sie genau schildern – unter Tränen und großer Verzweiflung, da sie ihn als sehr schmerzhaft erlebte: In ihrer „Glückseligkeit" sei ihr eingefallen, daß mich noch viele andere Patienten in ihrer Seele mit sich herumtragen würden. Sie sei für mich ja nur „Patient 7b oder 8a", und es ginge „eh nur um bürokratische Termine". Ich kam ihr „unglaubwürdig" vor, meine Sätze seien nur „hohle Phrasen". Ich wurde wertlos, das Kleinod „nur noch Scheiße". Dann bekam sie Schuldgefühle und Trennungsangst und legte einen „Freßtag" ein. Des guten Introjektes verlustig, sah sie sich zu Trost und kalten Umschlägen für die Freundin dann auch nicht mehr in der Lage, sondern war ganz mit Essen und Alkoholkonsum beschäftigt.

Es geht beim Erbrechen wie beim Defäzieren um die für Mädchen bedeutungsvolle Allmacht des Exkrementellen (vgl. Green, 1996), Abraham spricht von der „Allmacht der Blasen- und Darmfunktion" und schreibt: „Zur sadistischen Bedeutung der Defäkation zurückkehrend, will ich erwähnen, daß die Patientin, welche ihre Familie im Traume durch ihre Exkretionen tötet, in hohem Grade mit nervösen Diarrhöen behaftet war. Die Psychoanalyse ergab neben den uns geläufigen Ursachen dieses Symptoms eine sadistische Wurzel. Die Diarrhöen stellten sich als Äquivalente unterdrückter Wutausbrüche heraus. Andre analysierte Krankheitsfälle haben mir diesen Zusammenhang bestätigt; so kenne ich eine Neurotika, die auf jedes Ärger oder Wut erregende Erlebnis ebenfalls mit Diarrhöe reagiert. (...) Während in den längst bekannten Exkretionsträumen die Körperprodukte einfach in ihrer Menge überschätzt werden, wird hier den exkretorischen Funktionen eine ungeheure, ja allmächtige Wirkung im schaffenden oder zerstörenden Sinne zugeschrieben" (Abraham, 1920, 243 f.). Wir dürfen also die Äquivalenz von Diarrhoe und Erbrechen dahingehend ergänzen, daß beide Symptome nicht nur Symptome der Angst, sondern auch der Wut sind. Es sind larvierte Wutausbrüche. Das Erbrechen wäre eine Art oraler Diarrhoe.

Nun könnte man die Auffassung vertreten, das Aufnehmen und Ausspucken seien eine frühe Form des Ichs, mit unliebsamen, unerwünschten Bestandteilen umzugehen (vgl. Lewin, 1982, 29). Dann wäre das Erbrechen lediglich Ausdruck der Funktionsweise eines archaischen Ichs, d. h. die Patienten wären an diese frühe Form fixiert. Um diese Sicht zu vertreten, müßte man meines Erachtens aber die später zu erörternden Versuche der Kranken, die Analität zu integrieren, unterschlagen. Ich meine daher, daß es beim Erbrechen der Bulimikerin nicht um ein originäres Ausspucken geht, also um eine Fixierung, sondern um eine regressive Form, sich unliebsamer innerer Objekte zu entledigen, daß es sich um eine regressive Abwehr analen Eliminierens, um eine ins Orale verlegte Abwehr anal-narzißtischer Impulse, z. B. der Wut, handelt. Schon die Tatsache, daß bei vielen Patienten das Erbrechen den Laxantienabusus ablöst, zeigt Reste der Analität und läßt die Vermutung einer regressiven Verschiebung zu. Daß diese Verschiebung zugleich einen narzißtischen Gewinn bedeutet, steht nicht in Widerspruch dazu, ganz im Gegenteil: Die Patientinnen glauben einen Weg gefunden zu haben, das Problem mit der Fäkalisierung zu beseitigen.

Mit dem Wechsel vom Laxans zum Erbrechen ist die Verbindung zum objektzerstörenden Defäzieren noch weiter gelockert, das Ich verhält sich also scheinbar wutneutraler. Wir haben gehört, daß es sich nun als rein, geruchsneutral und öffentlichkeitsfähig präsentieren kann. Es klingt uns aber auch noch der Triumph im Ohr, den die Patienten beim Entdecken des Erbrechens empfanden. Um diesen Triumph bei der Entdeckung, insbesondere mit dem Finger, in vollem Umfang einschätzen zu können, müssen wir der Bedeutung der Laxantien für diese Patienten nachgehen.

Ich zähle den Laxantiengebrauch im Gegensatz zum Erbrechen zu den passiven Verfahren, weil das Medikament ohne Zutun der Patienten seine Wirkung tut. Daß die Patienten schließlich aber „handvollweise Abführmittel einwerfen" (Gerlinghoff, ib.), zeigt ihre zunehmenden Zweifel an der Wirksamkeit des Mittels und ihre sich damit steigernde Verzweiflung, ähnlich wie beim Eßanfall, bei dem wachsende Zweifel an der Wirksamkeit des Nahrungsmittel zu immer hastigerem und maßloserem Essen führen. Man könnte meinen, je bedrohlicher das Introjekt erlebt wird, desto hilfloser fühlen sich die Patienten und desto dringlicher wird die Introjektion eines als stark und hilfreich phantasierten Objektes, welches im Inneren für Schutz vor dem verfolgenden Introjekt sorgen soll. Das Abführmittel hat dieselbe Funktion, die der Vater bei Aro (vgl. Mahler, ib.) hatte. Er sollte dabei behilflich sein, die böse Mutterimago, verkörpert in dem quälend gefüllten Magen, zu bekämpfen. Aro ist abhängig von dem aktiven Eingreifen seines Vaters. Zwischen Aro, seiner Mutter und seinem Vater spielt sich als äußere Szene ab, was sich bei Bulimikerinnen innerpsychisch szenisch zwischen Selbst, Nahrung und Laxantien abspielt, wobei die Laxantien Vaterfunktion übernehmen. Tatsächlich verliert die Vaterimago bei Bulimikerinnen im Laufe ihrer Entwicklung allmählich ihre Stärke und Schutzpotenz, so wie die Laxantien nach und nach ihre Wirksamkeit einbüßen.

Diese Laxantienfunktion kann man auch in den Objektbeziehungen antreffen. So hoffte eine meiner Patientinnen, ihr Freund, mit dem sie gerade zusammenlebte, würde ihr einen früheren Freund, der ihr lästig geworden war, „austreiben" helfen. Eine andere Patientin bezeichnete Abführmittel als „mein Ordnungsamt", was impliziert, daß Laxantien wie eine strukturierende, Ordnung schaffende Instanz erlebt werden, die von außen zugeführt werden muß. Dieses Bild vermittelt zugleich einen Eindruck davon, welche „Unordnung" und Verwirrung das Introjekt in den Patienten anrichtet, weswegen sie in einen Borderline-Zustand geraten können. Die Bezeichnung der Laxantien als „Ordnungsamt" zeigt auch deren Überich-Bedeutung und daß Medikamente Überich-Funktion übernehmen können.

Die Unabhängigkeit von den Laxantien, die durch das Erbrechen zustande kommt, ist ein weiterer Grund, weshalb die Entdeckung des Erbrechens die Kranken in Hochstimmung versetzt. Sie empfinden es als Fortschritt in Richtung Autonomie und Autarkie. Das ist der Gewinn der Verschiebung. Mit dem Erbrechen sind sie subjektiv von äußeren Hilfsmitteln unabhängig geworden. Es ist so, als hätten sie sich von der Mutter, der Nahrung, wie vom Vater, den Laxantien, befreit, eine Illusion, die die meisten Bulimikerinnen teilen. Es liegt auf der Hand, daß dem Emetikum „Finger" in diesem Kontext eine wichtige Aufgabe zukommt. Stecken sich die Patienten nämlich den Finger in den Hals, fühlen sie sich aktiv und autonom und können die narzißtische Wunde der Abhängigkeit von den Laxantien schließen. Mit der Fingermethode versetzen sie sich in die Position des autarken und omnipotenten Objektes. Sie sind nicht länger von anderen abhängig, wie beispielsweise Aro von seinem Vater. Die Entdeckung des Fingers dürfte somit der Entdeckung des Laufenlernens bzw. der Onanie entsprechen. Die Kranken werden mit der Fingermethode überdies Herr über ihre Gier und beenden damit auch die Abhängigkeit der oralen Sequenz des Eßanfalls. Es sieht also ganz so aus, als sei über die Fusion zumindest teilweise die ersehnte Allmacht des Objektes introjiziert worden. Sie steckt jetzt im Finger. Er ist das Symbol der Aktivität und der über das Introjekt gewonnenen Macht und Beherrschung. „War die Patientin kurz vor dem Erbrechen ein Opfer ihrer Angst und Wut mit dem tiefen Gefühl, ohne Kontrolle zu sein, außer sich, einfach zerstören zu müssen, so gewinnt sie mit dem Erbrechen Zug um Zug die Kontrolle zurück", schreiben Schulte und Böhme-Bloem (ib., 61). Im Finger steckt die vom Vater erhoffte Potenz zur Befreiung von der Mutter. Er wird nun nicht mehr benötigt. Es gibt also genug Grund zur Hochstimmung über die „geniale" Idee.

Die manischen Gefühle zeigen, daß das lädierte Selbstgefühl ähnlich wie beim Eßanfall über das aktive Erbrechen stabilisiert werden soll. Diese stabilisierende Funktion machte eine Patientin Willenbergs deutlich. Sie sagte, wenn sie am Erbrechen gehindert würde, „dann drehe ich durch, werde wahnsinnig; tue mir etwas an" (1986, 33) was Fenichel bestätigt, der darauf hinweist, daß Psychosen häufig in der Abstinenz ausbrächen (1931, 61). Der Wechsel vom Laxans zum Erbrechen macht die Patienten überdies zufrieden, weil ihr Ichideal erfüllt wird und Belohnung vom Überich kommt. „Macht die Manie so, wie Freud gesagt hat, den Eindruck einer geglückten Rebellion des Ichs gegen das Über-Ich, so die Zufriedenheit nach 'Idealerfüllung' den einer Belohnung von seiten des Über-Ichs, einer 'Partizipation' an ihm" (Fenichel, 1939, 179). Auch Gerlinghoff hebt die narzißtische Perspektive beim Erbrechen hervor: „Die Einstellung der Betroffenen zu den Heißhungerattacken und den anschließenden Versuchen, alles wieder ungeschehen zu machen, ist unterschiedlich. Einige erleben das Erbrechen wenigstens zu Beginn als etwas Gekonntes, Zaubertrickartiges" (ib., 17). Diese Zufriedenheit stellt eine entscheidende psychodynamische Differenz zum Eßanfall dar. Ogden schreibt: „Im paranoid-schizoiden Modus löst sich ein potentielles Schuldgefühl beispielsweise in kompensierenden omnipotenten Phantasien auf. Man leugnet die einem Objekt zugefügte Verletzung, indem man sich eines Zaubermittels bedient, das den Schaden, den man angerichtet hat, bereinigen und aus der Geschichte tilgen soll. Die Geschichte wird neu geschrieben, wobei das 'Schuldbedürfnis' aus der Welt geschafft wird. (...) Dieser Versuch, paranoid-schizoide Abwehrmechanismen anzuwenden (magische Wiedergutmachung, Verleugnung und Umschreibung der Geschichte), um depressive Angst abzuwehren (Schuld und die Angst vor dem Verlust des Objekts aufgrund der eigenen Destruktivität), stellt einen manischen Abwehrmechanismus dar" (1995, 24).

Aber sind die Brechkranken tatsächlich autonomer als die Laxantienbenutzer? Was bedeutet der Verzicht auf ein „gutes Objekt" zugunsten größerer Autonomie? Heißt Erbrechen im Vergleich zum Gebrauch von Abführmitteln nicht auch, daß das Introjekt, kaum hat es den Magen erreicht, sofort und, wie wir gesehen haben, mitunter mit Brachialgewalt entfernt werden muß, während die Laxantienbenutzerin ihm offenbar längeren Aufenthalt in ihren Eingeweiden erlauben kann? Spricht das nicht für größere Angsttoleranz? Oder sollte es so sein, daß die Brechkranke bereits sehr früh, also vor, während oder kurz nach der Einverleibung das Introjekt mit narzißtischer Wut besetzt und es deshalb als gefährliches Introjekt gleich wieder ausscheiden muß, während die Laxantienbenutzerin diese Projektion erst später, wenn das Introjekt den Magen bereits wieder verlassen hat, vornimmt und es erst im Darm seine Gefährlichkeit annimmt, weshalb es dann nur noch mit fremder Hilfe und nicht mehr mit dem Finger herausgefischt werden kann? Oder wird das Introjekt erst im Darm gefährlich, weil dort keine Zugriffsmöglichkeit per Finger mehr besteht und es seine zerstörerische Wirkung nunmehr ohne Einflußmöglichkeit des Subjektes entfalten kann? Ist der Verlust dieser „Möglichkeit" eine Kränkung?

Weit davon entfernt, diese Fragen beantworten zu können, möchte ich doch aufgrund der Tatsache, daß Laxantienbenutzer das Introjekt auf natürlichem Verdauungswege ausscheiden, vermuten, daß sie kaum Angst vor einer Fäkalisierung des Objektes haben. Ein Hinweis de Boors (1965) könnte in diesem Zusammenhang von Interesse sein, der einen Erscheinungswandel im klinischen Bild der Hysterie beobachtete, eine Verschiebung von der Willkürmotorik auf die Ebene pathologischer Regulation im Bereich innerer Organe, wobei der Magen-Darm-Bereich bevorzugt würde. Laxantienbenutzer könnten also der Hysterie näherstehen.

Ich möchte noch einen Traum erzählen, der das bisher Gesagte bebildern kann. Eine Patientin träumte, ich sei bei ihr zu Hause zu Besuch. In ihrem Zimmer hat sie einen Müllsack stehen. Sie fürchtet, ich hätte den Sack gesehen, wünscht aber zugleich auch, ich möge ihn gesehen haben. In der Stunde, in der sie diesen Traum berichtete, fühlte sie sich leer, bezeichnete sich aber als „Mistkäfer", als sei sie ein Käfer, der auf dem Misthaufen (Müllsack) herumkrabble. Bei der Erörterung des Traumes stellte sich zunächst heraus, daß ich deshalb den Müll sehen sollt, weil sie wissen wollte, ob ich seinen bzw. „ihren Geruch" aushalten und vielleicht sogar etwas Gutes darin finden könnte. Ich sollte ihr dabei behilflich sein, ihre inneren Anteile, die zu entwerten drohten, vor der

Abfallwerdung zu schützen. Der Traum zeigte ihren Wunsch nach einem ihr zugewandten Objekt, das einerseits ihre „stinkende Seite" auszuhalten vermag, sie trotzdem liebte und andererseits Selbstanteile vor dem Verlust retten sollte. Kurzum: Ein gutes äußeres Objekt sollte vor der Zerstörung durch schlechte Selbstanteile in ihrem Innern schützen.

Auf meine Frage nach dem Inhalt des Müllsackes konnte sie zwar keine Angaben machen, aber ihr Unbewußtes beantwortete noch in dieser Stunde meine Frage, denn an ihrem Ende teilte sie mir mit, daß sie in der kommenden Woche einer Sitzung fernbleiben wolle, da sie Skifahren gehe. Das war der Inhalt des Müllsacks, und der „stank" nun tatsächlich, zum einen, weil sie die Mitteilung viel zu lange „im Darm" zurückgehalten hatte, der Termin aber unaufhaltsam näher rückte und ihr allmählich Bauchschmerzen bereitete. Der „Müllsack im Zimmer" war das Bild einer Obstipation. Die Mitteilung stank besonders, weil sie überzeugt war, daß ich auf ihren Skiurlaub neidisch sein würde; er sollte mir ordentlich „stinken". Da ihre Mutter Skifahrerin war, galt wohl letztlich ihr die Feindseligkeit.

Der Traum legt die Vermutung nahe, daß mit dem Erbrechen einer Obstipation vorgebeugt werden soll. Aufgrund dieser Verhältnisse ließe sich der unbewußte Wunsch präzise bestimmen, der dem bulimischen Essen zugrunde liegen könnte: ein benötigtes, aber gehaßtes Objekt durch langsames Zerkleinern mit den Zähnen zu vertilgen, in Besitz zu nehmen, zu kontrollieren und zu beherrschen, es neidisch zu machen, hinzuhalten, mit Gestank anzugreifen und es schließlich im Darm zu zersetzen und dann als ausgeraubtes, fäkalisiertes Objekt auszuscheiden. Das wäre das genaue Gegenstück zum bulimischen Symptom: viel essen und schnell erbrechen. Wir hätten es demnach bei der Bulimie mit einer massiven Reaktionsbildung zu tun, mit der die „Allmacht des Exkrementellen" abgewehrt werden muß. Schulte und Böhme-Bloem berichten vom triumphierenden Blick einer Patientin, „die eine Zeitlang vor der täglichen Gruppentherapie jeweils auf der Toilette erbrach, die vom Team benutzt wurde (...) Sie hatte in dieser Zeit ein besonders stark rivalisierendes Verhältnis zur Gruppentherapeutin, der sie auf diese Weise mit der sauren Wolke mitteilte, wie 'ätzend' sie sie erlebte" (ib., 61), und die sie – so darf man hinzufügen – mit der sauren Wolke „verätzen" wollte.

Das Schicksal des bulimischen wahren Selbst

Die Rückkehr des Überichs wirft die Frage nach dem Schicksal des bulimischen wahren Selbst auf, denn es wird vom Überich ja definitionsgemäß keineswegs gebilligt und hat sich zudem seinen Zorn zugezogen, weil es zu dessen Sturz beigetragen hat. Die Klagen nach dem Eßanfall signalisieren, daß wegen der Nichterfüllung der Idealnorm das Selbst den Verlust der narzißtischen Zufuhr von seiten des Überichs bzw. der es repräsentierenden äußeren Objekte fürchten muß, ein Verlust, der Verlassenheitsangst und die Sehnsucht nach einem Einswerden mit der Welt erzeugt (vgl. Fenichel, 1939, 178). Der aufständische Teil des Selbst, für das Überich ohnehin feindseliges Objekt, muß deshalb vor dem Überich entwertet werden, wird zur „Pfui-Seite" und bekommt die Bedeutung von Fäzes, die dann erbrochen werden.

Welchen Weg geht das Ich, um die Gunst des Überichs zurückzugewinnen? Die Annahme liegt nahe, daß die Patienten versuchen, sich mit dem Erbrechen von ihrem als schmutzig und verpönt erachteten wahren Selbstanteil zu trennen. „Teile von mir fliegen raus", sagte eine meiner Patientinnen und, wohin diese „fliegen", unmißverständlich eine andere: „Ich kniee vor der Toilettenschüssel nieder, halte meinen Kopf tief hinein und übergebe mich dem Kanalsystem in einen imaginären Friedhof." Die Formulierung mit dem Reflexivpronomen: „... und übergebe mich ..." zeigt, daß die Patientin einen Teil ihres Selbst dem Friedhof überläßt, was an Freuds Bemerkung vom Ich, welches sich sterben läßt, erinnert (vgl. 1923b, 288). McDougall schreibt: „Wenn man kotzen will, so deshalb, weil man selbst nur ein Haufen Kotze zu sein glaubt" (1985, 391). Eine Patientin prägte eines Tages, als sie davon erzählte, woran überall Anteil zu nehmen sie Lust hätte, den sonderbaren Satz: „Ich würge mich aus allem heraus." Sie meinte damit, daß sie an vergnüglichen Veranstaltungen (damals als Kind wie heute als Erwachsene) nicht teilnehmen durfte und dürfe, sich statt dessen zurückziehen und verzichten müsse. Die Bemerkung „Ich würge mich aus allem heraus" ließ mich verstehen, daß durch das Erbrechen ein Selbstanteil beseitigt werden soll und daß dieser Selbstanteil das „Lust-Ich", das bulimische wahre Selbst, sein muß. Für das konkret Erbrochene ist das unmittelbar nachvollziehbar, denn es enthält ja sowohl die Nahrung wie auch den Magensaft etc., also Objekt- und Körperselbstanteile. Das Erbrochene ist ein Gemenge aus Körperselbst- und Objektanteilen.

Was sich körperlich-konkret ereignet, kann als Paradigma für das dienen, was sich auf psychischer Ebene abspielt, z. B. bei den logorrhoeartigen Ergüssen. Beim psychischen Erbrechen würde demnach das mit Selbstanteilen kontaminierte gefährliche Introjekt externalisiert, Selbstanteile, die auf das Introjekt projiziert wurden und folglich mit dem Introjekt verschmolzen sind. Das Introjekt hat ja bei der Introjektion eine „Ich-Passage" (Fenichel) durchgemacht. Das verbleibende Rest-Ich hingegen unterwirft bzw. präsentiert sich dem Überich als gefälliges, als falsches Selbst.

Die Externalisierung des bulimischen wahren Selbst durch das Erbrechen könnte man als „Tempelaustreibung" bezeichnen, als Vertreibung der „Aussiedler", der „Penner", die sich, auf dem Boden lagernd, breitgemacht haben und sich „Orgien mit dem Fraß", so eine Patientin, hingeben. Das Frauenfest im Demeter-Kult, wie ich den Eßanfall etwas euphemistisch bezeichnet habe, ist zu Ende. Die Tempelaustreibung erfolgt auf Geheiß des zurückgekehrten Überichs, welches das bulimische wahre Selbst nicht billigt. Für eine Patientin war jede Behandlungsstunde eine „Prüfung", bei der sie durchzufallen fürchtete. Eines Tages bekam sie nach einer Stunde tatsächlich eine Durchfallerkrankung. Auf meine Frage, wieso sie „durchgefallen" sei, gab sie als Begründung an, daß sie zur letzten Sitzung zu spät gekommen sei und nicht in Form war, weil sie zuvor gefeiert hatte. Aber auch ich war bei ihr „durchgefallen", schon im Interview übrigens, wie sich im weiteren Gespräch herausstellte, weil ich auf die Uhr geschaut und dann die Stunde beendet hatte. Sie vermutete damals, ich hätte keine Lust mehr.

Das Erbrechen besorgt die Tempelaustreibung. Fortan sind die Merkmale des wahren Selbst beseitigt: Keine Wut mehr, keine polymorph-perversen Gelüste, keine Gier – „Kotze ich alles aus, bin ich (...) frei von Gier" –, kein grandioses Selbst. Das verbleibende Rest-Selbst ist dann der beim Überich beliebte Teil. Man kann sich den Sachverhalt auch so verständlich machen: Eines der Motive für das Erbrechen ist ja die Schlankheit. D. h., mit dem Erbrechen soll der „wahre" Körper, der nämlich, der durch das Essen Fett ansetzt, den gesellschaftlich vorgegebenen Körperidealen angepaßt werden. Insofern kann man das Erbrechen als Beseitigung des bulimischen wahren (Körper-)Selbst zugunsten eines durch Erbrechen „gemaßregelten", normierten Körperselbst verstehen. Übrig bleibt das falsche, schlanke Körperselbst, die „Hui-Seite". Die Patienten fühlen sich gereinigt und dem Überich wieder näher.

Trifft zu, daß das bulimische wahre Selbst erbrochen wird, so könnte das auch die zunächst irritierende und ekelerregende Aussage einer Patientin erklären: „Wenn meine Mutter tot wäre, dann würde ich sogar Gekotztes essen. Mit großem Vergnügen!", wie sie sich hinzuzufügen beeilte. Diese Phantasie erinnert an den Meryzismus bestimmter Säuglinge (vgl. McDougall, 1985, 351). Auf der bewußten Ebene ist das eine massive Aggression gegen die Mutter. Ihr Tod ist so erwünscht, daß sie die ekelerregende Prozedur auf sich nehmen würde. Aus gegenwärtiger Perspektive bekommt die Bemerkung indes eine weitere Bedeutung. Wäre die Mutter tot, mithin das Überich auf Dauer beseitigt, könnte das Selbst hoffen, seinen dissoziierten Anteil, das bulimische wahre Selbst (das Gekotzte), wieder in sich aufnehmen und integrieren zu können. Ähnlich denken auch Zwangsneurotiker. Die ekelerregende Vorstellung wird vor diesem Hintergrund verständlich und verliert damit, so meine ich, auch das Eklige.

Geht man davon aus, daß beim Erbrechen bzw. im Erbrochenen etwas vom Selbst zum Vorschein kommt, daß die „Pfui-Seite" veräußert wird, dann wird die Scham beim Erbrechen einmal mehr verständlich: „Ich hielt jedoch um jeden Preis geheim, daß ich mich übergab. Davon durfte niemand etwas wissen. Das wäre für mich entsetzlich gewesen. Ich schämte mich so sehr dafür, daß ich mich nicht kontrollieren und schlank sein konnte. Ich war überzeugt, jeder würde sich vor mir ekeln, wenn er von meiner Bulimie wüßte. Ich selbst finde 'Kotzen' abstoßend" (Gerlinghoff, ib., 95). Die Scham beim Erbrechen hat aber andere Gründe als die beim Eßanfall. War dort der Kontrollverlust Ursache, so ist es beim Erbrechen laut zitierter Patientin der Ekel, den Zuschauer empfinden würden. Es dürfte sich dabei um den Ekel vor dem räuberisch-olfaktorischen bulimischen wahren Selbst („meine Bulimie") handeln. Mit dem Erbrechen wird ja zweierlei bewirkt: Sowohl der Verfolger als auch die eigene Feindseligkeit, die von der narzißtischen Wut herrührt, werden externalisiert. Über den Verfolger schreibt Fenichel: „Was die Körpernatur der Verfolger betrifft, so haben Stärcke und Ophuijsen gezeigt, daß der ein reales Objekt repräsentierende Verfolger im Unbewußten in merkwürdiger Weise als der eigene Kot, die Verfolgung als Projektion der infolge der narzißtischen Regression erhöht empfundenen Darmsensationen perzipiert werden" (1931, 79). Daß man in der dem Symptomverlauf inhärenten Regression eine erhöhte propriozeptive Wahrnehmung vermuten darf, habe ich bei der Erörterung des Nirwanaprinzips angedeutet. Vor dem Verfolger und der eigenen Feindseligkeit, repräsentiert im

Erbrochenen, das eigentlich Kot ist, vor dieser stinkenden Feindseligkeit, der „sauren Wolke" (Schulte & Böhme-Bloem, ib., 61), könnte sich der Zuschauer ekeln bzw. angegriffen fühlen. Das Erbrechen ist also im doppelten Sinne phobisch: Es dient der Vermeidung der Angst vor dem Introjekt und der eigenen Feindseligkeit.

Auf der körperlichen Ebene erfolgt die Externalisierung durch Erbrechen. Wie aber äußert sich das Erbrechen auf der psychischen Ebene? Wir erfuhren, daß das bulimische wahre Selbst als Leiche der Kanalisation, wie auf einem imaginären Friedhof beerdigt, überlassen wurde. Für das Erbrochene ist dieser Friedhof die Toilette. Für die Logorrhoe ist der objektlose Raum der Friedhof. Die psychische Repräsentanz des bulimischen wahren Selbst kann sich jedoch auch ins Tagebuch „erbrechen", das für Bulimikerinnen eine große Bedeutung hat, was angesichts permanenter Verlusterlebnisse nicht überrascht; so auch nicht, daß in der Regel in der Pubertät die ersten Eintragungen vorgenommen werden. Man kann das Tagebuch als ihr evakuiertes bulimisches wahres Selbst verstehen, als rette die Bulimikerin ihr wahres Selbst vor dem Überich ins Tagebuch. „In einer Zeit des Verlustes gewinnt das Tagebuch eine entscheidende Bedeutung, weil es die Möglichkeit bietet, etwas zu bewahren und auf diese Weise den Affekt, der mit dem Verlust einhergeht, in all seiner Intensität zu lindern" (Dalsimer, 1993, 71). Einerseits dient das Tagebuch der Abwehr, denn alle Beziehungsereignisse werden ins Tagebuch notiert und so der Beziehung entzogen, sie werden weder erlebt noch gelebt, sondern gehortet; andererseits ist das Tagebuch Ersatz für das vermißte Containerobjekt. Aller Kummer mit dem Überich wird dem Tagebuch anvertraut. „Es stellt eine einzigartige Kommunikationsform dar: man muß nie zuhören, sondern nur selbst sprechen" (Dalsimer, ib., 73). Was übrig bleibt, ist die Leere des falschen Selbst.

Neben dem „Erbrechen" ins Tagebuch gibt es noch eine andere Möglichkeit. Ich habe bei der Erörterung des Eßanfalls von Träumen berichtet, in welchen die Patienten auf analem Wege ein Kind zur Welt brachten. Ich hatte dort vermutet, daß es sich um die eigene Geburt, genauer die Geburt des bulimischen wahren Selbst handelte und daß sie wegen der Darmgeburt ihr Selbst als schmutzig, als Kot erlebten und als seien sie von daher unwillkommen. Da das Erbrechen von manchen Patienten bisweilen wie ein Gebären erlebt wird – eine Patientin meinte, beim Erbrechen kämen „lauter schlechte Kinder" (!) aus ihr heraus –, kann man davon ausgehen, anales Gebären und Erbrechen seien für sie Äquivalente. Bei dieser nächtlichen Geburt handelt es sich freilich nicht um ein freudiges Ereignis, sondern um die Beseitigung eines unerwünschten, als schmutzig, destruktiv und stinkend erlebten Kindes, das durch die „Hintertür" heimlich davongetragen und wie auf den Stufen eines Klosters ausgesetzt werden muß. Kurzum: Die Geburt des wahren Selbst muß vor dem Überich verborgen bleiben. Dem entspricht die Phantasie einer anderen Patientin, die meinte, sie müsse erbrechen, weil sie lauter „Schrott" in sich habe und der müsse dringend aus ihr heraus. Das alles bestätigt den Eindruck, das bulimische wahre Selbst müsse „durch einen analen Akt" (Lewin) nach außen befördert werden. Bei der Phantasie, sich selbst anal zu gebären, spielt die unbewußte Überzeugung dieser Patienten eine entscheidende Rolle, daß ihre Mutter nur Schmutziges oder Wertloses in sich habe und sie als Kind dieser Mutter ebenfalls nur schmutzig und über den schmutzigen Weg zur Welt kommen könnten.

Das Erbrechen des bulimischen wahren Selbst bedeutet die Kapitulation vor dem Überich. Der Aufstand ist niedergeschlagen, das bulimische wahre Selbst flüchtet ins Klo. Das Ergebnis dieser Kapitulation ist eine Dissoziation des Selbst. Die psychodynamische Differenz zum Eßanfall besteht darin, daß im Eßanfall das falsche Selbst, beim Erbrechen das wahre Selbst dissoziiert wird. Waren es im Anfall das strafende, kritische Überich und das ihm gefällige falsche Selbst, die vertrieben wurden, und das bulimische wahre Selbst, das triumphalen Einzug hielt, so ist es nun das wahre Selbst, das evakuiert wird, und das Überich, das triumphierend zurückkehrt, eine Umkehrung, die die Patienten als gräßliche Niederlage empfinden. Bringt man die Differenz zwischen Eß- und Erbrechanfall auf einen bündigen Nenner, so kann man sagen: Im Eßanfall wird das böse Überich, im Erbrechanfall das böse Selbst externalisiert. Mit dem Erbrechen erfolgt eine masochistische Unterwerfung unters Überich, es ist eine „masochistische Impulshandlung" (Wurmser, 1986, 101). Die Patientin, die in einem Rededrang alles von sich mitteilen wollte, unterwarf sich damit vollkommen, ihr Ich löste sich in ihrem Überich bzw. ihrem Ichideal, das ich repräsentieren sollte, auf. Wurmser schreibt:

> „Die vielleicht leichtesten Fälle solcher masochistischer Impulsivität repräsentieren jene Leute, die zwanghaft 'ehrlich' sind und allzu vertrauensvoll und mitteilungsbereit erscheinen und dabei unversehens Taktlosigkeiten und Indiskretionen begehen. Solche faux-pas erweisen sich als Versuche, durch das Preisgeben von Geheimnissen Billigung, Annahme, Respekt und Liebe zu erlangen, etwa im Sinne: 'Schau doch,

ich offenbare dir ja alle meine Geheimnisse, gleichgültig wie tief oder peinlich diese auch sein mögen. Wirst du mich nun annehmen, da ich dir alles mitgeteilt, ja auch das Schlimmste gestanden habe?'" (ib., 101)

Wir finden also beim Erbrechen eine völlig andere Einstellung des Ichs zum Überich vor, als es während des Eßanfalls der Fall war: Dort befand sich das Ich im Aufstand gegen das (böse, strenge) Überich, nun unterwirft es sich ihm. Jacobson schreibt: „Das Ich bleibt, wenn der Kampf mit dem Liebesobjekt sich innerpsychisch fortsetzt, dennoch in äußerer Abhängigkeit von diesem Liebesobjekt. Man kann sagen, es wird Opfer des Überichs, so hilflos und machtlos wie ein kleines Kind, das von einer grausamen, übermächtigen Mutter gequält wird. Außerdem verschärft sich dieses innere Erleben von hilfloser Unterlegenheit zunehmend durch die bestehende Lähmung der Ich-Funktionen, die mit dem Rückzug von der Außenwelt entsteht" (1977, 316).

Weil das Erbrechen einerseits als Sieg über das Introjekt, andererseits aber als masochistische Unterwerfung erlebt wird, findet man im Erbrechanfall neben der Unabhängigkeitsfeier (vgl. Ettl, 1988) und dem sie begleitenden Hochgefühl zugleich auch Niedergeschlagenheit, Scham und Selbstvorwürfe wegen der Kapitulation. Die in der Kapitulation erfolgende Verleugnung des bulimischen wahren Selbst gibt erneut Anlaß zu Wut. „Ich hasse mich für alles, was ich tue, um meiner Mutter zu gefallen", sagte eine Patientin. Die Kapitulation läßt die Abhängigkeit schmerzhaft spüren, denn nur das falsche Selbst erhält letztlich die ersehnte narzißtische Zufuhr, was die Dissoziation und die Fixierung ans falsche Selbst erzwingt. Aber gerade wegen dieser Niederlage vor dem Überich muß von den Kranken, stets auf Wiederherstellung ihrer narzißtischen Integrität bedacht, in die Unterwerfung ein kleiner Trick, eine „Raffinesse", eingebaut werden, um sich sozusagen trotz Niederlage einen Triumph zu sichern: „Die Selbstvorwürfe der Melancholiker sind nicht nur entstellte Versuche zur Vernichtung des Objektes, sondern sie sind auch, insofern sie, wie Abraham nachwies, vom introjizierten Objekt ausgehen, ein entstelltes Werben um das Objekt, nämlich um seine Verzeihung, indem man ihm vorführt, wie sehr man sich seine Vorwürfe zu Herzen nimmt" (Fenichel, 1931, 124; vgl. auch Joffe & Sandler, 1967). Indem das Ich die Kritik selbst übernimmt, präsentiert es sich dem Überich als brav, weil es das narzißtische Gefühl des Geliebtwerdens braucht (vgl. Fenichel, ib., 125). Diese „Raffinesse" spürt man in der Behandlung in der Tendenz, sich angesichts der jammernd vorgetragenen Selbstanklagen vom Patienten innerlich zurückzuziehen. Das hat natürlich mehrere Gründe, aber einer liegt darin, daß es die unbewußte Absicht der Patienten ist, das böse, kritische Überich schlafen zu schicken bzw. mit Seufzen und vielen Tränen in die Flucht zu schlagen. Sitzt man schließlich dem Patienten gedankenverloren gegenüber, kann er die Illusion haben, einer wohlwollenden guten Instanz gegenüberzusitzen. Manche Patienten indes bemerken die „Abwesenheit" sofort und interpretieren den Verlust der Aufmerksamkeit des Analytikers als verdiente Strafe für ihre Kontrollverluste und ihre heimliche Aggression.

In der Auslösesituation für einen Eßanfall wurde das Überich als streng und kritisch erlebt, und die guten Introjekte gingen darüber verloren, die Patienten waren von allen „guten Geistern verlassen". Das machte die Introjektion eines guten Außenobjekts – die Nahrung – erforderlich. Jetzt am Ende des Eßanfalls ist das Überich mit seiner ganzen Kritik zurückgekehrt, und nun unterwerfen sich die Patienten, weil das Nahrungsmittel versagt hat und sie sich nach wie vor von allen „guten Geistern" verlassen fühlen, das war ja die Enttäuschung am Nahrungsmittel. D. h. aber, der ganze Eß-Erbrechanfall erfolgt wegen des überaus strengen und kritischen Überichs dieser Patienten. Nicht das Fehlen eines Überichs, sondern seine Strenge macht die Sucht.

Wir sagten, Ziel des Reinigungsprozesses sei die Dissoziation des bulimischen wahren Selbst, indem das Ich sich gesäubert vom wahren Selbst dem Überich „übergibt". Alle Mängel des Ichs scheinen magisch beseitigt. Wurmser schreibt: „Wenn dieser Zeitpunkt erreicht worden ist, erscheint die Teilidentität des trotzigen Selbst, das Aufbäumen gegen das beschämende Überich, so weit in die Ferne gerückt, daß es gleichsam einer anderen Persönlichkeit zuzugehören scheint. Während der Impulshandlung ist das Gewissen verleugnet worden, v.a. dessen Hohn und Verachtung; nun aber ist es wieder das böse, d. h. das trotzige Selbst, das verleugnet wird" (1986, 101). Das verbleibende Rest-Ich soll als das reine, ideale, öffentlichkeitsfähige Selbst präsentiert werden. Ich erinnere an den purgatorischen Traum einer Patientin, in dem sie splitternackt eine öffentliche Toilette putzen mußte, eine Demütigung und Erniedrigung des Selbst. „Splitternackt in der Öffentlichkeit" heißt: keine Möglichkeit zur Heimlichkeit, keine Individualität, keine Intimität. All dies aber sind neben der Reinheit die Merkmale des falschen Selbst. Wurmser spricht vom Absturz „in Form von zerknirschter Reue und lahmen Bußversuchen überbereiter Freundlichkeit" (ib., 101). Das reine, falsche Selbst, die „Hui-Seite", ist das Selbst, das der Öffentlichkeit und in der Behandlung präsentiert wird und um narzißtische Zufuhr buhlt. Eine Patientin bebilderte diesen Zustand: „Ich bin dann das Waisenkind, das lieb und brav ist, angepaßt sein muß und das nichts kann." Mendel schreibt: „Das Individuum versichert dem Über-Ich, daß es bereits kastriert ist, um die Furcht, es zu werden, zu bannen; es weicht der Gefahr aus, indem es das Kastriertsein vortäuscht" (ib., 123). Das Selbst opfert also seine ganze über die Introjektion erworbene bzw. erhoffte Omnipotenz. Das zeigt zugleich, daß das wahre Selbst sich im Anfall die Omnipotenz zumindest teilweise angeeignet haben muß, und macht die Schuld verständlich, weil dieses Aneignen als ein Rauben erlebt wird, das nun ungeschehen gemacht werden soll. Ich muß hinzufügen, daß die Patientin sich mit der Rolle des „Waisenkindes" die Fürsorglichkeit ihrer Umgebung zu sichern verstand, sie zugleich aber eine massive Anklage gegen ihre Eltern darstellte, die sie damit als nicht existent, als Paar ohne jede elterliche Kompetenz anklagen wollte. Daß dieses Kind „nichts kann" brachte zudem ihr Gefühl zum Ausdruck, daß sie sich nicht entwickeln durfte, weil sie damit für ihre Mutter hätte zur Gefahr werden können. Folglich mußte sie alle diejenigen Bereiche ihres Lebens verbergen bzw. entwerten, in denen sie erfolgreich war, Bereiche, die zu ihrem wahren Selbst gehörten. Eine andere Patientin meinte, sie müsse wie eine „Leiche" herumlaufen, also ohne Wunsch, ohne Gefühl, ohne persönliche Regung, dann sei ihr Gewissen zufrieden. Eine weitere schließlich bezeichnete sich als „blindes Huhn, das in einem dunklen Loch ohne Bewegungsfreiheit sitzt". Mit solchen Bemerkungen soll das Überich, respektive die Eltern, angeklagt bzw. angegriffen werden. Die Unterwerfung ist also keine vollständige. So wie im Eßanfall das falsche Selbst nicht gänzlich beseitigt war, so ist natürlich auch beim Erbrechen das bulimische wahre Selbst nicht gänzlich verschwunden. In allen Beispielen zeigt sich, daß Reinheit und Selbstkastration einen Angriff gegen das Überich beinhalten. Dieser Angriff wird sich dann in dem dem Erbrechen folgenden Eßanfall zum trotzigen Aufstand auswachsen. Das ist der Circulus vitiosus der Eß-Erbrech-Spirale.

Eine Patientin schlief unmittelbar vor ihrer Behandlungsstunde mit ihrem Freund. Das war ihr Versuch der Vorbeugung, um in der Stunde rein zu bleiben und solche Wünsche nicht bei mir zu haben. Es ging ihr darum, alle Triebtätigkeit im voraus zu erledigen, damit sie in der Stunde keinen Kontrollverlust erleiden und ich ihr bulimisches wahres Selbst sehen könnte. Während des Verkehrs aber bekam sie Schmerzen und mußte abbrechen. Befragt, was in ihr vor sich gegangen sei, als die Schmerzen begannen, erzählte sie, wie sie sich sagen hörte: „Ich gehöre jetzt in die Analysestunde und nicht ins Bett meines Freundes." Das Überich „Analysestunde" verursachte die Schmerzen und verdarb den Genuß. Grunberger versteht Reinheit als eine Macht, die „jeden fleischlichen Elementes entkleidet (ist), sie ist triebleer, letztlich sogar Materie-leer. (...) Man erklärt sich nach einer Triebabfuhr als 'gereinigt' und kehrt letztlich doch nur zu einem primären narzißtischen Zustand zurück, der – vorübergehend – durch keinen Triebimpuls 'beschmutzt' werde kann" (1986, 49 f.). In der Behandlung versuchen die Patienten keine Spuren zu hinterlassen: keine Gerüche, keine Gefühle, keinen „Lärm", was an die Heimlichkeit ihrer bulimischen Verrichtungen erinnert. Man soll das olfaktorische Selbst nicht wahrnehmen Die Vorstellung, der andere könnte solche Spuren bemerken, ist ihnen unerträglich. Das ideale, saubere Bild, das sie hinterlassen möchten, könnte beschmutzt werden. Eine Patientin erinnerte dazu, daß es ihr, wenn sie einen Geliebten hatte, sehr peinlich gewesen sei, wenn sie habe „groß machen" müssen. Der Geliebte, so meinte sie, sollte nicht sehen, daß sie solche „schmutzigen Geschäfte" machte. Damit aber war ich auch „der Geliebte", der in der Tat so manches „schmutzige Geschäft", ihre kleptomanischen Impulse z. B., nicht sehen sollte. Eine andere Patientin machte sich in einem Traum „ganz voll Kacke" und bekam große Angst, man könne es sehen oder riechen.

Nach der „Tempelaustreibung" empfinden die Kranken Zufriedenheit. Das kann nur bedeuten, daß sie über das Ungeschehenmachen die Reinigung bzw. die Unschuld und damit die Verzeihung des Überichs gefunden haben, daß also das Purgatorium Erbrechen, um die Gunst des strengen Überichs zurückzugewinnen, erfolgreich war. „Reinheit läßt sich somit als narzißtisches Ideal von Allmacht und absoluter Souveränität (Wohlbefinden) definieren, aus dem die Triebdimension völlig ausgeschlossen wird" (Grunberger, ib., 47). Wenn der Patient erbrochen, in meinem Verständnis auf die Ansprüche des bulimischen wahren Selbst verzichtet hat, dann ist das Überich mit seinem Ich und auch das Ich mit seinem Überich zufrieden, was vorerst für ein Gefühl der Sicherheit und des Wohlbefindens sorgt. Auch hier liegt ein Grund für die Zufriedenheit mit dem Ausfall der Menstruation, der nicht befleckenden Amenorrhoe. Das falsche Selbst kann sich moralisch besser fühlen – und allmächtig, weil das Überich unter der Bedingung der Annulierung des bulimischen wahren Selbst narzißtische Zufuhr gibt.

Aber: „Man *erhebt* sich zum Ideal der Reinheit, d. h, man entfernt sich von der Realität", schreibt Grunberger (ib., 49). Die Bulimikerin entfernt sich mit ihrer Reinheit von der Realität ihrer Kontrollverluste, der Kränkungen, der Scham, der Angst, den bulimischen Bedürfnissen und der Realität des Weibseins. Allerdings, wenn Lewin schreibt: „Durch einen analen Akt stößt das Ich das böse Objekt aus, was mit dessen Tötung gleichbedeutend ist, und harmoniert in einem Gefühl der Verzückung mit dem guten Objekt, zu dem es das Überich erhoben hat" (ib., 35), wenn also das „böse Objekt", das bulimische wahre Selbst, getötet ist, so finden wir zwar nach dem Erbrechen auch diese Verzückung, wie bei der Patientin, die „eine Wonne" hatte, oder bei einer anderen, die sich „pudelwohl" (vgl. Gerlinghoff, ib., 23) fühlte – das Ich war ins Überich eingezogen –, aber es gibt auch Katzenjammer mit Selbstvorwürfen und Scham. Wegen der Kapitulation vor dem Überich und dem Verlust des bulimischen wahren Selbst kommt es bald zu einer weiteren narzißtischen Krise: dem nächsten Eßanfall. „Die Depression kann von einem manischen Zustand abgelöst werden; er bedeutet das Ende einer Zeit der Buße oder Sühne und kündigt eine magische Wiedervereinigung mit dem Liebesobjekt – oder auch mit dem Überich – an, das sich von der strafenden in eine gute, vergebende und allmächtige 'Person' verwandelt. Dann setzt eine Re-Projektion dieser allmächtigen, alles gewährenden Objektimago auf die reale Objektwelt ein und schafft neue, jedoch unechte Objektbeziehungen. Der Patient stürzt sich gleichsam in eine phantasierte Welt und nimmt gierig und ohne Angst die unendliche Lust und die unzerstörbaren Werte, die es dort gibt, in sich auf" (Jacobson, 1977, 316). Das beschreibt recht genau, was nach dem Erbrechen erfolgt und wirft nochmals ein Licht auf die imaginären, illusorischen Erwartungen an das Nahrungsmittel.

IV. Die Pseudologie und die Kleptomanie

Für die weiteren Überlegungen zum Erbrechen ist ein kleiner Exkurs notwendig. Das Symptom hat – wie die Leiche des Bauernmädchens – eine Geschichte, eine Beziehungsgeschichte, genauer, die einer Beziehungsphobie erzählt. Ich habe versucht, die Gründe zusammenzutragen und zu erörtern, weshalb die Bulimikerin dazu tendiert, Beziehungen zu vermeiden. Ich habe ausgeführt, in welcher Gefahr sich das Selbst wähnt. Es sieht sich von der Intensität der Gefühle bedroht, namentlich der Wut und der Angst, eine Bedrohung, die von der Fragmentierungsangst bis hin zur Angst vor Vernichtung im Kontakt mit anderen Personen reichen kann. Geht es dem Fetischisten um die Vermeidung der Kastrationsangst, so der Bulimikerin um die der Vernichtung. „Mich einlassen heißt für mich, alles zu verlieren", sagte eine Patientin. Die Vernichtungsangst kann eine Angst vor der Vergeltung des Objekts sein, weil es beraubt bzw. wegen der Wut zerstört werden sollte. Wie die Zerstörung des Objekts vor sich gehen kann, schilderte eine Patientin anhand einer früheren Behandlung.

> Ihre Therapeutin habe ihr meist desinteressiert gegenüber gesessen, und als sie einmal gähnte, habe sie den Impuls verspürt, mit einem Messer in den „fleischfarbenen" Sessel der Therapeutin zu stechen. Das war eine Warnung an mich, aber es war klar, daß die Therapeutin auf diese Aggression mit Müdigkeit und Rückzug („Desinteresse") reagiert hatte. Sie hätte sie ferner mit der Bemerkung gereizt, Alkoholprobleme seien schlimmer als eine Bulimie, weswegen sich die Patientin nicht ernst genommen fühlte. Die Therapeutin sei dick gewesen und habe viel zu viel von sich erzählt und eines Tages über ihre Mutter geurteilt: „Außen hui, innen pfui", worüber die Patientin empört war. Ihre Mutter wolle sie schon selbst entwerten und nicht von anderen entwerten lassen, wetterte sie bei mir. Die Therapeutin hätte schließlich gesagt, daß sie ihr nicht helfen könne. Damit war die Therapeutin „erdolcht" und die Patientin als Patientin vernichtet.

Stellt der Eßanfall den Rückzug aus der Welt der lebenden Objekte dar, weil das Selbst glaubt, nur so überleben und sich seiner Identität versichern zu können, so stellt das Erbrechen die Pforte zur Rückkehr aus dem narzißtischen Rückzug in die Objektwelt dar, wobei aber ein wesentlicher Teil des Selbst geopfert werden muß, da die Patienten den Objekten Überich-Bedeutung zuschreiben, weshalb ihnen ihre gesamte Umwelt zum strengen, kritischen Überich, zum „Umwelt-Überich", gerät.

In diesem Kontext möchte ich einige Begleitsymptome betrachten, die zeigen, daß sich die Heimlichkeit, Hauptmerkmal der Bulimie (vgl. Schulte & Böhme-Bloem, ib., 38), nicht auf den Eß-Erbrechanfall beschränkt, sondern ein Symptom der Beziehungsphobie dieser Patienten ist.

Eines dieser Symptome ist die bereits erwähnte Pseudologie, von der die Patienten selbst berichten: „Als ich ins TCE kam, wollte ich endlich das schreckliche Lügengebilde meines Doppellebens offenlegen" (Gerlinghoff, ib., 100); oder: „Als ich mich zur Therapie entschloß, bestand mein Leben nur noch aus Fressen, Kotzen,

Lügen, Selbst-Quälen und Einsamkeit" (ib., 100). Liotti schreibt: „Spricht man als Therapeut mit an Bulimia nervosa leidenden Patienten und Patientinnen, so bekommt man oft den Eindruck eines latent irreführenden unehrlichen oder indirekten Kommunikationsstils, sobald wichtige Aspekte ihres emotionalen Erlebens oder des abnormen Eßverhaltens angesprochen werden" (ib., 34). Die Pseudologie ist ein Aspekt der Heimlichkeit, der Raffinesse und ist der motorischen Flucht gleichzusetzen (vgl. Mitscherlich, 1963, 302). Kohut schreibt zur Pseudologie: „Sie kann unter dem Druck des Größen-Selbst zustandegekommen sein; in diesem Falle werden dem Selbst des Lügners große Erfolge zugeschrieben" (1973a, 134). Erfolge schreibt sich die Bulimikerin selten zu, es sei denn, es geht um das Vortäuschen von Behandlungserfolgen, häufig bei Klinikbehandlungen, um sich weiterer Kontrolle des Eßverhaltens zu entziehen (vgl. Ettl, 1996). Meist dient die Pseudologie dazu, beim anderen ein Bild der Reinheit zu hinterlassen. Beim Erbrechen habe ich erörtert, daß es den Kranken um die Herstellung eines idealen, reinen öffentlichkeitsfähigen Bildes geht, um Beschmutzung, Gier, Scham und Mordimpulse bzw. den als Inkompetenz erlebten Kontrollverlust zu verbergen. Im Kontakt mit anderen Personen müssen sie aus diesen Gründen Kompetenz, Kontrolle und Unabhängigkeit vorspiegeln, geraten damit aber prompt in Schwierigkeiten. Kohut zufolge kann auch der Wunsch nach einem idealisierbaren Objekt Grund der Pseudologie sein (vgl. 1973a). Diesem Wunsch waren wir schon bei der Idealisierung der Nahrung begegnet. Im Kapitel über die Genese werde ich Gründe für die fehlende Idealisierbarkeit der Eltern – Ursache der Pseudologie – erörtern. Dort wird auch die defensive Funktion der Pseudologie – zur Beruhigung des Selbst und des Objekts – Thema sein.

Wie die Heimlichkeit spielt auch die Pseudologie in der Behandlung eine Rolle, denn ohne sie kann das falsche Selbst bzw. die Idealisierung des Selbst nicht durchgehalten werden. Wie die Patientin, die nicht mit mir verheiratet sein wollte, weil sie glaubte, ich sähe „alles", wünschten sich viele, ich solle nicht „alles", sondern nur ihre schönen Seiten sehen. Eine Patientin, die in den Sitzungen fürchtete, „durchleuchtet" zu werden, bezeichnete diejenigen Stunden als gelungen, in denen sie glaubte zu brillieren, nicht die, in denen sie hätte etwas über sich erkennen bzw. erfahren können. Eine Patientin beschreibt das sehr genau: „So erzähle ich oft Sachen, an die ich selbst nicht glaube, (...) und erfinde, um mich interessant zu machen, Träume und Lügenmärchen, an die ich zum Schluß selbst fast glaube" (Langsdorff, ib., 44). Ich sollte nur jene

Seiten sehen, die dem Ichideal der Patienten am nächsten kommen. Sieht man mehr, setzt man sich der Gefahr aus, das Schicksal der Männer, die das Thesmophorienfest stören, bzw. des Aktaion zu erleiden, der Diana beim Bade überrascht und dem Mythos zufolge daraufhin zerrissen (kastriert) wird. Für die Behandlung hieße das, der analytische Blick soll skotomisiert bleiben. Was man nicht sehen soll, sind die „schmutzigen" Seiten, so wie eine Patientin meinte: „Nie soll mein Freund sehen, daß ich aufs Klo muß." Auch die Episode, die Liotti von Giovanna erzählte, scheint bezeichnend. Sie wurde ängstlich und klassifizierte einen Mann in dem Moment als egoistisch und als sich in ihr Privatleben einmischend, als er ein aktives Interesse an ihrer 'inneren' Welt gezeigt hatte (vgl. ib., 37). Diese Angst vor der Einmischung ins Privatleben und das daraus resultierende Bedürfnis dieser Patienten nach Heimlichkeit, erschwert die Behandlung beträchtlich. Insbesondere in der Eröffnungsphase, wenn die Patientin mit dem Interesse des Analytikers konfrontiert wird, was eine rasche Verliebtheit zur Folge haben kann, kann dies Anlaß zum Abbruch werden. Aber auch eine Frequenzänderung z. B. kann eine Krise heraufbeschwören. Als ich einer Patientin „endlich", so sagte sie, eine dritte Stunde geben konnte, kamen ihr die Abstände zwischen den Terminen plötzlich „viel größer" vor, und sie sah mich „wie durch ein umgedrehtes Fernglas". Es war ihr Versuch, mich „ganz klein" zu machen, weil sie Angst vor den Gefühlen bekommen hatte, die aufkämen, wenn ich ihr zu wichtig werden würde. Sie hätte mich dann nicht mehr beherrscht, sondern sich von mir beherrscht gefühlt. Mit „endlich" meinte sie, was auch die Patientin U. Grunerts im Sinn hatte, als sie ihren Eßanfall selbst so interpretierte: „Ich habe gegessen, weil ich eigentlich hier bleiben möchte. Ich fühle mich so leer und möchte von Ihnen aufgefüllt werden, bis ich satt bin und selber kann. Wenn ich einmal satt würde und nicht immer diese schrecklichen Stundenenden wären" (ib., 29). Allerdings litt Grunerts Patientin nicht an Erbrechen, zumindest konnte ich keinen Hinweis dazu finden. Bei Bulimikerinnen liegen andere Verhältnisse vor. Zwar suchen sie die Fusion und stellen sie unter Umständen auch rasch her, aber sie wird ebenso rasch als bedrohlich erlebt, und deshalb fürchten sie nicht nur das Stundenende, sondern sehnen es zugleich herbei. Das Dilemma dieser Patienten in der Behandlung wie überhaupt in ihren Beziehungen läßt sich demzufolge benennen: Sie verspüren gleichzeitig den Wunsch nach Verheimlichung und den nach Offenlegen aller Bereiche.

Heimlichkeit und Pseudologie spielen auch bei den bereits mehrfach erwähnten Tagebüchern der Patienten eine Rolle. Von den vielfältigen Bedeutungen des Tagebuchs ist hier besonders zu erwähnen, daß es als Aufbewahrungsort für „Diebesgut" fungieren kann, an dem die dem Analytiker geraubten Fähigkeiten und Erkenntnisse, die nicht benutzt, nicht assimiliert werden dürfen, gehortet werden. Aber es enthält auch Material, das der Behandlung entzogen wird, z. B Tagträume. Die unerwünschten Selbstanteile können ins Tagebuch dissoziiert werden. Hier gibt es eine Entsprechung zur Geheimhaltung der Eßanfälle. Im Tagebuch findet sich also sowohl das aus der Behandlung, was nicht genutzt wird, wie das nicht Thematisierte. Darin unterscheidet sich das Tagebuch der Bulimikerin nicht von dem des Schriftstellers (vgl. F. Raddatz, DIE ZEIT v. 16.5.86). Unter Entwicklungsgesichtspunkten betrachtet, handelt es sich beim Tagebuchschreiben um ein reiferes Verfahren als das bulimische, die Dinge in die Toilette zu erbrechen, da hier das Objekt konserviert wird und später, mitunter erst nach Jahren, aber immerhin, in der Behandlung darauf zurückgegriffen werden kann. Das Tagebuch hat zweifellos strukturierende Funktion im Leben der Bulimikerin: Sie behandelt es sorgfältig, führt es zuverlässig und nimmt es „mit ins Bett", behandelt es also wie eine lebende Person.

Die Vermeidung einer Beziehung wird besonders auffällig bei einem Symptom, dem wir schon häufiger bei unseren Überlegungen begegnet sind, der Neigung der Bulimikerin zur Kleptomanie. „Bei bis zu annähernd 100% der bulimischen Frauen wird von kleptomanem Verhalten berichtet", schreiben Schulte und Böhme-Bloem (ib., 39). Die Korrelation von Bulimie und Kleptomanie wird in der Literatur zwar erwähnt (Böhme-Bloem, 1996; Hinz, 1995; Gerlinghoff, 1996; Langsdorff, 1985; Mennell & Simons, 1989), ebenso in unveröffentlichten Fallberichten, aber ihre psychodynamische Verschränkung mit dem Eßsymptom und der Beziehungsstörung wird meines Wissen kaum berücksichtigt. Immerhin enthält die Symptomkombination Bulimie/Pseudologie/Kleptomanie wichtige Hinweise auf die Überich-Pathologie und Prognose (vgl. Kernberg, 1975, 164).

Die Korrelation läßt die Vermutung eines psychodynamischen Zusammenhangs zu, den schon der Kontext nahelegt, in dem die Kleptomanie von den Patienten – wenn überhaupt – thematisiert wird. Sie kommt meist eingebettet bzw. versteckt in Schilderungen zum Eßsymptom, manchmal mit Scham, zur Sprache. Meist aber wird sie für „selbstverständlich" gehalten. Selten habe ich erlebt, daß sie als „Symptom" beklagt wird. Sie ist demnach bereits textformal eng mit dem Eßsymptom assoziiert und kein „Kapitel für sich". Noch ein weiteres Moment läßt eine Verwandtschaft vermuten: Bulimie wie Kleptomanie sind vorwiegend Symptome von Frauen. Allerdings scheint es unzulässig, auf die wie im Kriminalfall „sichere Annahme" (Reik) zurückzugreifen, menstruelle Verstimmungen, Schwangerschaft und Klimakterium seien Ursache von Fehlgriffen und Kurzschlußhandlungen an Ladentischen. Diese biologische Theorie scheint inzwischen widerlegt. Bereits in den sechziger Jahren schrieb Damrow, Untersuchungen hätten gezeigt, daß die Zeit der Regelblutung kein nachweisbarer kriminogener Faktor sei. Andere Untersuchungen hätten nicht einmal ein statistisches Überwiegen von Frauen bei Diebstählen in Lebensmittelabteilungen ergeben. Bedeutsam aber scheine die Selbstwerterhöhung der Frau im Kampf gegen die Rivalin zu sein (vgl. Damrow, 1969, 121) wie auch folgende Differenz der Geschlechter: „Während Männer zumeist mehr oder minder professionell stehlen, treten Frauen durchweg als Amateurinnen oder Impulstäterinnen auf" (Damrow, ib., 129).

Die Kleptomanie bedient sich aus naheliegenden Gründen des Hauptmerkmals der Bulimie: Sie wird verheimlicht. Bei der Kleptomanie macht sich die „gewußte und erlebte 'Dissoziation' zwischen ihrem öffentlich dargebotenen, angepaßten und unauffälligen 'Selbst' und ihrem verheimlichten, als pervers und widerlich empfundenen 'bulimischen Selbst'" (v. Essen & Habermas, ib., 115) besonders bemerkbar. So sind die Patienten einerseits äußerst penibel, wenn es z. B. um das Begleichen von Rechnungen oder andere Verpflichtungen geht, andererseits geben sie ihrem delinquenten Verhalten nach und haben das Gefühl, das Gestohlene stünde ihnen zu, daß sie ein Recht darauf hätten. Wir haben erörtert, daß es sich mal um das ideale, reine Selbst handelt, das unter Kontrolle des Überichs steht, überehrlich ist und starke moralische Prinzipien vertritt, vor allem bei Anwesenheit einer Person, mal um das nicht sozialisierte Selbst, jenen unkultivierten Anteil, der wegen seiner Dissoziation keine weitere Entwicklung erfuhr, keine Gesetze und Regeln kennt, nicht integriert wurde und sich antisozial verhält. Das erstere, das falsche Selbst, beklagt das Symptom. Die Patienten haben sogar häufig das Gefühl, Dinge, die sie sich im Leben erarbeitet haben, unrechtmäßig zu besitzen, sich erschlichen zu haben, und spüren den kleptomanischen Impuls wie einen Zwang oder eine Sucht und können demzufolge der Versuchung, vor allem wenn die Gelegenheit günstig ist, nicht widerstehen. Sie versuchen, den Impuls zu bekämpfen, aber schließlich – wie beim Essen auch – können sie an nichts anderes mehr denken, und die Spannung wird unerträglich. Das bulimische Selbst hingegen fühlt sich „völlig gelassen" beim Stehlen. Die Patienten schildern, es mache ihnen überhaupt nichts aus zu klauen, wobei erneut die Verleugnung der Gefahr bei der Impulshandlung deutlich wird (vgl. Wurmser, 1986, 100). Von dieser Seite wird die Kleptomanie nicht als Symptom gesehen. Als Grund nennen die Patienten, sie bräuchten das Stehlen bzw. Gestohlene zu ihrer emotionalen Sicherheit. Aber, so wird schnell erkennbar, sie können das Benötigte nicht direkt vom Objekt fordern. Hierin besteht die Beziehungsstörung.

Erste manifeste kleptomanische Impulse melden sich meiner Erfahrung nach in der Pubertät, zeitgleich mit dem Ausbruch des bulimischen Symptoms, oder zumindest dann, wenn sich adipöse, anorektische oder bulimische Anzeichen ankündigen. Manche Patientinnen erinnern sich, daß sie ihrer Mutter Geld aus dem Portemonnaie stahlen, bereits ein wichtiger Fingerzeig auf den sozialen Ort, an dem das Symptom seinen Ursprung hat.

> Ich will einige kleptomanische Szenen, soweit sie mir in Behandlungen berichtet wurden, schildern. Eine Patientin entwendete in einem Geschäft ein schwarzes T-Shirt, weil sie sich darin gut gekleidet vorstellen konnte (schwarze Kleidung macht schlank) und es am gleichen Abend anläßlich einer Einladung tragen wollte. Nach erfolgtem Diebstahl hingegen „wußte ich nichts mehr damit anzufangen". Mehr noch: Die Vorstellung, das T-Shirt tragen zu müssen, war ihr nachgerade unerträglich. Sie bekam einen Hautausschlag, was an die zerstörerische Wirkung und Rache des Introjekts erinnert. Der Ausschlag könnte den Dieb verraten. Sie schenkte das T-Shirt umgehend einer Freundin, womit sie diese zur ahnungslosen Mittäterin machte und sich selbst entlastete. Es bedarf nicht viel Phantasie, um zu sehen, daß sie damit die Rivalin in eine juristisch unangenehme Lage hätte bringen können. Sie aber meinte, durch die Weitergabe mit dem Diebstahl nichts mehr zu tun zu haben. Mit anderen gestohlenen Dingen verfahre sie ähnlich: Sie werfe sie in den Müll oder lasse sie „im Schrank in der Ecke vermodern". Andere Patienten horten ihr Diebesgut wie eine Trophäe im Schrank, als sei die Kleptomanie eine Kampf- oder Jagdszene. Das Geraubte wird also nicht benutzt, eine Auskunft, die auch andere Patienten erteilen. Wie es im Schrank aussieht, so könnte man sich vorstellen, dürfte es auch im Magen bzw. der Seele der Bulimikerin aussehen. Damrow berichtet von einer Frau, die aus Kaufhäusern und Geschäften im Verlauf von fünf Monaten so viele Gegenstände zusammengestohlen hatte, „daß die Polizei einen Lastwagen brauchte, um die Sachen fortzuschaffen. Im Keller des Hauses lagen auf den Regalen Käse, Auf-

schnitt- und Butterpäckchen, Tuben, Flaschen und Dosen in Mengen, die für ein kleines Einzelhandelsgeschäft ausreichen würden, natürlich vieles verdorben und verschimmelt. Die Wäsche, die daneben lagerte, hätte genügt, um mindestens zehn Erwachsene bis an ihr Lebensende auszustatten" (ib., 127), eine Fülle von Gegenständen, die nicht in den Alltag integriert werden. Ich werde später zeigen, daß die Seele der Patienten wie ein Keller voller Objekte ist, die nicht dem Selbst assimiliert sind.

Eine Patientin hatte folgenden Traum: Ein junger Mann gibt ihr beim Geldwechseln 10.000 DM zuviel zurück. Sie bemerkt den Irrtum, steckt das Geld aber schnell ein. Als der Mann seinen Irrtum bemerkt und nach dem fehlenden Geld sucht, erzählt er, es handle sich um Geld seiner Mutter. Da verspürt die Patientin Erleichterung, weil sie nicht den Mann, mit dem sie unmittelbar zu tun hatte, sondern dessen Mutter bestohlen hatte. Der Traum zeigt neben dem Wunsch, die Mutter zu schädigen, die Gier nach ihr (der hohe Geldbetrag) und deren Befriedigung unter Vermeidung der direkten Beziehung und schließlich den Neid auf ihren jüngeren Bruder, der in ihrem Erleben von der Mutter viel zu viel bekommen hat. Weil der Bruder ihrem Erleben zufolge ihr die Mutter „gestohlen" hatte, muß sie sich das Geklaute zurückholen.

Eine andere Patientin, im dritten Jahr ihrer Analyse, hegte seit langem den Wunsch, eine bestimmte Publikation von mir zu lesen, hatte aber das Gefühl, das nicht zu dürfen. Es war ein Tabu, das sie „raffiniert" dadurch zu umgehen verstand, daß sie eine Freundin beauftragte, ihr die Arbeit zu besorgen. Als sie die Arbeit in Händen hielt, blätterte sie diese hastig durch, „bebusselte" (küßte) sie „wegen des Schriftbildes" und gab sie – anders als die früher erwähnte Patientin – ebenso hastig ungelesen der Freundin zurück. Mit nach Hause hätte sie sie nicht nehmen dürfen, das wäre „viel zu intim" gewesen, meinte sie. Auch hier begegnet uns wieder das Phänomen, daß das Objekt zunächst libidinös besetzt ist, es wird liebkost, so wie die Nahrung auch, dann aber muß die Besetzung abgezogen werden, es erfolgt die Gegenbesetzung, es wird zur „heißen Ware", zum verräterischen Objekt und muß bedeutungslos werden. Es wird nicht benutzt.

Diese Geschichte erfuhr ich erst ein Jahr später, wobei die Patientin während des Erzählens im rechten Arm Taubheitsgefühle verspürte. Nach der Bedeutung des Schriftbildes befragt, erklärte sie, es habe ihr gefallen, weil es „unordentlich" gewesen sei, man hätte sehen können, daß ich die Arbeit „in einer Nacht bei einer Flasche Rotwein" getippt hätte. Insofern hielt sie etwas Persönliches – nichts Reines – von mir in Händen. Sie könne es kaum ertragen, daß „so etwas Intimes in der Öffentlichkeit herumliegt". Es fiel ihr dazu eine Beichtszene aus der Pubertät ein, in der sie sich sehr schämte, weil ihr Beichtvater kommentierte, sie habe „unkeusch" gehandelt. Damit hatte sie ihre „Unschuld" verloren, und zugleich war die Übertragungssituation benannt, die sich präzisieren ließ, als sie berichtete, wie sie bei der anschließenden Kommunion sich die Hostie einverleibte, nachdem der Priester sie „liebkost"

- 225 -

hatte. Die unbewußte Szene war vollständig: Sie hatte sich ein Stück von mir einverleibt – eine „unkeusche" Handlung.

Es mag überraschen, daß ich diese Szene zur Kleptomanie zähle, aber das Vorgehen der Patientin – sie macht die Freundin zur „Diebin", sie verschweigt die Szene über ein Jahr und schließlich ihre Hast – zeigt kleptomanische Züge. Sie wollte sich selbst die Arbeit nicht besorgen, weil sie glaubte, es sei *unrechtmäßig*. Als sie sie in ihren Händen hielt, hatte sie das Gefühl, mir etwas entwendet zu haben, obwohl die Arbeit öffentlich zugänglich war. Viele meiner Bulimie-Patienten suchten auf diese oder ähnliche Weise nach Spuren von mir, weil sie viel mehr Auskünfte von mir verschlingen wollten, als sie wegen der Abstinenz von mir bekommen konnten. Das heimliche Sichaneignen von Informationen ist wie ein Raub zu verstehen. Ihrem Gefühl nach mußten sie sich die Auskünfte über mich rauben, weil ich sie verweigerte. Das Suchen nach meinen Publikationen beruhte überdies auf der Unsicherheit, was sie von mir zu erwarten hätten, Gutes oder Schädliches.

Schon jetzt schimmert durch, daß Kleptomanie und Beißen als partielle Einverleibung in engem Zusammenhang stehen. Nicht nur, daß beide Impulshandlungen zur gleichen Zeit manifest werden, nein, beide Handlungen entsprechen sich auch in ihrem Ablauf: das heimliche Sichaneignen von Dingen erinnert an die Heimlichkeit des Eßanfalls, der Nichtgebrauch der entwendeten Gegenstände an das Erbrechen. Wenn die Patienten die Auskunft erteilen, daß für sie, während sie den unkontrollierbaren Drang zum Essen verspüren, alles andere unwichtig sei, dann aber nichts Eiligeres zu tun haben, als sich das Einverleibte wieder vom Leibe bzw. aus dem Halse zu schaffen, so zeigt sich hierin die Parallele zur Kleptomanie. Der bulimischen Kleptomanin wird der begehrte Gegenstand, sobald sie ihn in ihren Besitz gebracht hat, unerträglich. Das Gestohlene wird beseitigt, es „vermodert", wird also fäkalisiert oder anderen Personen, meist Frauen geschenkt, was wie beim Erbrechen als Ungeschehenmachen des Diebstahls bzw. als Reinigung erlebt wird. Da die „beschenkten" Frauen Surrogat der real Bestohlenen sind, ist dieses „Schenken" unbewußt ein Rückerstatten an den Bestohlenen, wie beim Erbrechen ans Überich. Allerdings nehmen die Patienten identifikatorisch an der Freude bzw. Befriedigung der „Beschenkten" teil, die nicht ahnen, daß es sich um Diebesgut handelt, ein Mechanismus, der an die Perversion erinnert. Aber nicht nur, weil die Gegenstände zur „heißen Ware" geworden sind, werden sie nicht benutzt, sondern auch, weil durch den Diebstahl das Subjekt an der Macht des Bestohlenen auf magische Weise partizipiert, es hat dessen Eigenschaften übernommen und triumphiert.

Stehlen heißt partizipieren. So werden die konkreten Gegenstände überflüssig. Aber dieses Partizipieren macht den Patienten alsbald angst vor der Rache des Bestohlenen, und sie geben die Eigenschaften zurück.

Dieser Bedeutungsverlust des gestohlenen Objektes erfolgt exakt in jenem Moment, in dem der Gegenstand seinen Besitzer wechselt. Zuvor, so wissen wir, ist er zum idealisierten, einzig Ersehnten auserkoren worden. Den Besitzer wechseln ist aber ein der Introjektion analoger Vorgang: „Wir wollen noch feststellen, daß – entsprechend dem *oralen* Ursprung der Selbstgefühlsregulierung durch 'Zufuhr von außen' – das geraubte, gestohlene, abgeschwindelte, freiwillig zur Partizipation ausgelieferte Penis- resp. Kotsymbol in allen besprochenen Erscheinungen letzten Endes immer oral durch Verschlingen erworben gedacht ist" (Fenichel, 1931, 168). Die Kleptomanie führt unübersehbar vor, daß die Introjektion ein Raub ist. Ich habe im Kapitel über den Eßanfall diese Bedeutung unter Berufung auf Fenichel bereits erwähnt. Warum die Bulimikerin aber mit diesem normalen Vorgang ihre besonderen Probleme hat, liegt an der narzißtischen Wut, mit der introjiziert wird und die daraus eine „destruktive Introjektion" (Klein), einen „Raubmord", werden läßt. Der Hintergrund dieses Raubmordens ist eine Mutter, die sich von ihrem Kind nicht gebrauchen ließ. Ich werde darauf zurückkommen.

Die Kleptomanie hat für unsere Untersuchung den Vorteil, daß sie für die These, mit dem Essen solle das Objekt seiner von der Patientin begehrten Eigenschaften beraubt werden, nochmals Auftrieb liefert, denn die psychodynamische Äquivalenz von Kleptomanie und Eßanfall erlaubt die Annahme einer Äquivalenz auch von Geraubtem und Nahrung. Das würde bedeuten, daß die verschlungene Nahrung immer gestohlen ist, manchmal real, meist aber in der Phantasie. Der Verdacht, das bulimische Symptom sei eine ins Organische verlegte Diebstahlszene, ergo eine somatisch verschlüsselte Beziehungspathologie, erhärtet sich. Das gierige Essen wäre der Raub, die Nahrung das Diebesgut und der Bestohlene ein Muttersurrogat, wie die geschilderten Szenen nahelegen. Und weil der Eßanfall ein Diebstahl ist, muß er verheimlicht und die Nahrung erbrochen werden. Im Unterschied zum Eßanfall handelt es sich bei der Kleptomanie jedoch nicht um die Introjektion eines Ersatzes, sondern um die Introjektion eines Teiles, der sich in direktem Besitz einer Person befindet, allerdings in deren Abwesenheit. Die Kleptomanie ist also gegenüber dem Eßsymptom die objektnähere Form, die aber um so deutlicher die Vermeidung der Beziehung zeigt.

Ich habe bereits einige kleptomanische Szenen erwähnt, aber es ist noch nicht so recht deutlich geworden, welche Bedeutung die entwendeten Gegenstände haben und ob an bestimmten Gegenständen ein besonderes Interesse besteht. Von Kleidung, Nahrung, Geld, Büchern und Publikationen war bisher die Rede. „Aber nicht nur Nahrungsmittel oder Geld werden entwendet, einige stehlen auch Kosmetika, Schallplatten, Kleidungsstücke oder was immer sie besitzen möchten", resümiert Gerlinghoff (ib., 20). Das klingt weniger nach einem Warenlager weiblicher Eitelkeit, eher nach Beliebigkeit, ähnlich wie bei der verschlungenen Nahrung, bei der sich auch keine besonderen Vorlieben ausmachen lassen. Man kann also nicht sagen, daß es nur Gegenstände wären, die z. B. der weiblichen Ausschmückung dienten, wenngleich bei der Patientin mit dem T-Shirt die Konkurrenzabsicht deutlich ist.

Anders verhält es sich mit der unbewußten Bedeutung der Gegenstände. Fenichel schreibt: „Das gestohlene Gut ist dem Kleptomanen im Grunde immer die für sein Selbstgefühl nötige Zufuhr von außen" (1939, 167), und präzisiert an anderer Stelle, das vom Kleptomanen gestohlene Gut stelle symbolisch die Milch oder die Mutterbrust dar (1931, 57), was aber auch regressiver Ausdruck für die Sehnsucht nach Objekten der höheren Organisationsstufen sein könne: Kot, Kind. Die wichtigste Bedeutung sei aber die Penisbedeutung, weswegen die Kleptomanie vorwiegend ein Frauensymptom sei.

Ich will eine Vermutung anhängen, die dem bisher Gesagten nahekommt, aber noch eine bulimietypische Gewichtung vornimmt. Meiner Erfahrung nach fühlen sich die Patienten um die Idealisierbarkeit ihrer Elternimago betrogen, weil diese als inkompetent erlebt wurden. Weder Mutter noch Vater, noch die Beziehung zwischen den Eltern erweisen sich als idealisierbar, was Folgen für die Idealisierbarkeit des Überichs, mithin für das narzißtische Gleichgewicht dieser Patienten hatte. Sie tun sich folglich schwer damit, etwas zu finden, mit dem sie sich hätten identifizieren mögen. Es ist kein Zufall, daß die Eßstörung in der Pubertät, einer Zeit des Familienromans, ausbricht, wenn die Jugendlichen mit der Realität ihrer Eltern konfrontiert sind. Diese fehlende Idealisierbarkeit kann man als den fehlenden Phallus der Eltern bezeichnen, wobei ich mich auf Grunbergers Konzept des Phallus als ein Symbol narzißtischer Vollkommenheit beziehe (vgl. 1976, 238). Um diesen Phallus fühlen sich die Patienten betrogen. Mit der Kleptomanie wollen sie sich den Phallus aneignen, um eigene Stabilität zu gewinnen, um sich an ihm „festzuhalten wie an einem Bettpfosten, weil sonst alles so verwirrend ist", wie eine Patientin sagte. Die gestohlenen Gegenstände wie auch die Nahrung repräsentieren einen solchen Phallus. Wenn Fenichel sagt, die vollzogene Identifizierung sei ein Äquivalent des Raubes (vgl. 1939, 162), so kann man daraus schließen, die Bulimikerin versuche sich über die Kleptomanie zu identifizieren. Das Ziel nannte eine Patientin: „Ich will mich vollständig fühlen." Tatsächlich hat die Bulimikerin mit dem Sich-Identifizieren große Probleme, wie ich gleich zeigen werde. Die ständige Bedrohung des Gefühls der „continuity of being" bei diesen Patientin spricht schon für unzureichende bzw. fehlende Identifizierungen.

Eine Patienten, die Geld stahl, sagte: „Das gefüllte Portemonnaie in meiner Hand stützt mich, es sagt mir: 'Ich kann auch!'" Hier hatte das Geld zweifellos Phallusbedeutung. Detaillierter befragt, gab die Patientin folgende weitere Auskunft. Sie könne das Geld gut gebrauchen für die Reparatur ihrer Waschmaschine, des Autos, für warme Pullover und warme Hausschuhe, für Zwecke also, die die Bedeutung des Gestohlenen verraten. Ihr Körperselbst war lädiert, und sie fühlte sich wegen der Dissoziation ihres Selbst fragmentiert und bedurfte der „Reparatur". Es schimmert auch die Klage über eine körperliche Unterversorgung durch, ein Vorwurf an ihre Eltern, sie nicht ausreichend gewärmt zu haben. Das Geld sollte die mütterliche Funktion ersetzen.

Stehlen, „um Löcher zu stopfen", wie eine andere sagte, ist Hinweis auf Lücken im Selbst, auf ein Selbst als „Sieb". Sie hatte die mütterliche Potenz nicht erfahren können, mußte zumindest das Gefühl haben, daß die Dinge, die sie dringend bräuchte, ihr von der Mutter vorenthalten würden und ihr heimlich geraubt werden müßten.

Beraubt wird immer die Mutter, auch wenn ihr etwas weggenommen werden soll, damit *andere* nicht davon profitieren können, wie das bei folgender Patientin der Fall war, die in einer Institution heimlich Informationsblätter vom schwarzen Brett entfernte, um zu verhindern, daß andere über die Informationen verfügen können. Diese sollten nicht „die Macht bekommen, etwas zu wissen". Erst wenn sie „satt" sei, so erklärte sie, könnten die anderen über die gestohlenen Informationen verfügen. Diese Patientin war noch nicht so weit entwickelt, daß sie die mütterliche Brust hätte teilen können. Sie mußte sich wegen eines bald nachfolgenden Bruders zu früh ablösen. Erst wenn sie satt gewesen wäre, hätte auch ihr Bruder über die Brust verfügen dürfen.

Das Geld kann aber auch Penisbedeutung haben, wie bei einer Patientin, die Geld stahl, es in eine Tüte und die Tüte vorne in die

Hose steckte, so daß jeder sehen konnte, daß sie „da was hat". Ohne Geldreserve, so meinte sie, sei sie „tot" (vgl. Ferenczi, 1931). Mit ihrer Mutter konnte sie sich nicht identifizieren, da sie diese als unweiblich erlebte. Mit ihrem Vater wollte sie sich nicht identifizieren, er war von der Mutter entwertet. Überdies fühlte sie sich von den Eltern angesichts ihres kleineren Bruders körperlich benachteiligt. Sie beklagt, beruflich keinen „Unterbau" zu haben, womit sie ihren mangelhaft besetzten Unterkörper bzw. ihr weibliches Genitale meinte.

Das führt mich zu einer weiteren Bedeutung der geraubten Gegenstände. Ein begehrtes Objekt der Kleptomanie ist nämlich der Vater bzw. Teilrepräsentanzen des Vaters. In der Regel ist es der Wunsch, der Mutter den Vater bzw. den Penis-Phallus, also sowohl den sexuellen als auch den mächtigen Vater, zu rauben, wobei es allerdings nicht in erster Linie um das Geraubte geht, wie die Erfahrung zeigt, sondern um den Triumph über die Mutter. Der Hintergrund bei der eingangs erwähnten Patientin, die ein T-Shirt entwendete, war der, daß sie glaubte, sie könne dem Mann, den sie begehrte, darin gefallen. Der Mann aber war der Freund ihrer Freundin, der sie dann das Kleidungsstück schenkte. Diese Szene ist überdies ein Beispiel, wie die „Bestechung des Überichs" (Freundin, Mutter), der wir beim Erbrechen begegnet waren, aussehen kann. Eine andere Patientin kehrte an den Ort ihres Diebstahls zurück und wollte gestohlene Kleidungsstücke „umtauschen". Das war dreist. Nicht nur, daß sie sich dem Risiko aussetzte, erkannt zu werden, was ihrem Strafwunsch entgegenkam, sie wollte auch in Erfahrung bringen, ob das bestohlene Geschäft noch existierte, oder ob sie es mit ihrem Diebstahl ruiniert hatte. Eine andere Patientin stahl ihren Freundinnen Bücher, die deren Freunden gehörten. Ähnlich war es bei jener Patientin, die sich von einer Freundin eine meiner Publikationen besorgen ließ. Meine Patientin vermutete eine Beziehung zwischen dieser Frau und mir. Sie glaubte, ich würde besser zu ihrer Freundin passen als zu ihr, und phantasierte uns als Elternpaar. Ein wichtiges Motiv des Raubens war ihr Neid auf die Mutter, weil die Patientin die Urszene nicht ertragen konnte. Sie gönnte der Mutter den Vater und die gemeinsame Befriedigung mit ihm nicht.

Repräsentiert der gestohlene Gegenstand den Vater, so ist sofort klar, weshalb er nicht benutzt werden darf: Die Inzestschranke verhindert das. Das Geld darf nicht angerührt, geschweige denn ausgegeben werden. Bei der Bulimie kommt beim „Raub des Vaters" eine Besonderheit hinzu. Da er häufig von der Mutter entwertet wurde und es auch zuließ, die Tochter also um die Idealisierbarkeit des Vaters gebracht wurde, ist das Diebesgut „Vater" wertlose Beute. Deshalb hat das Diebesgut die Bedeutung von Fäzes und ist schon vermodert, bevor es im Schrank vermodert. Eine Patientin klaute nur Dinge, die andere nicht mehr gebrauchen konnten oder achtlos herumliegen ließen oder die für andere nicht wichtig waren, z. B. verfallene Lebensmittel. Mit dem Interesse an für andere unwichtigen Dingen konnte die Rivalität (mit der Mutter) vermieden werden.

Wie der „Raub des Vaters" praktiziert wird, zeigt folgende Episode. Eine Patientin im postbulimischen Zustand, ihr Eßsymptom war Jahre, bevor sie in Behandlung kam, verschwunden, verspürte eine Gier nach älteren, verheirateten Männern. Hübsch, jung und verführerisch zurechtgemacht, trat sie als Leidende auf, die gerettet bzw. erlöst werden wollte, und umschlich die älteren Herrn, die ihrer Jugend, dem Körper und den Phantasien, ihr Retter sein zu dürfen, offenbar nicht widerstehen konnten, denn sie war mehrfach erfolgreich, zumeist ohne sich anstrengen zu müssen. Die Männer flogen ihr sozusagen wie gebratene Tauben in den Mund und zeichneten sich wie die Nahrung durch „Griffnähe" aus. Sie bezeichnete ihr Vorgehen – nicht ohne einen Anflug von Triumph – als „Männerklau". Solange die Männer ihr ungewiß waren, war sie voller Unruhe in den Lenden und empfand sich als sexuell höchst potent, mußte zugleich das begehrte Objekt eifersüchtig kontrollieren und konnte keine noch so kurzfristige Trennung ertragen, ohne von zittriger Nervosität gepackt zu werden. Die Vorstellung, der gerade Begehrte könnte in diesem Augenblick mit seiner Frau sexuell verkehren, war der Patientin unerträglich, was sie aber nicht davon abhielt, es sich dauernd vorzustellen und sich damit zu quälen. Einer der Eroberten machte eines Tages verärgert die beachtenswerte Bemerkung: „Bei Dir kann man keine Sehnsucht empfinden", womit er auf ihren Zwang reagierte, bei seiner vorübergehenden Abwesenheit sofort telephonisch zu klammern, so daß Begehren und Sehnsucht in der dafür erforderlichen Abwesenheit nicht entstehen konnten. Die Bemerkung nahm exakt die Unfähigkeit dieser, aber auch anderer Patienten auf, Warten, Geduld haben und Spannung ertragen zu können.
Sobald sie jedoch den begehrten Mann für sich gewonnen hatte, verflachte ihr sexuelles Erleben, und sie reagierte mit einer Anaphrodisie. „Es ist leicht festzustellen, daß der psychische Wert des Liebesbedürfnisses sofort sinkt, sobald ihm Befriedigung bequem gemacht wird. Es bedarf eines Hindernisses, um die Libido in die Höhe zu treiben", bemerkt Freud (1912d, 88).
Aber es kam noch schlimmer: Sie fühlte sich nun durch die Anwesenheit des geraubten Mannes eingeengt und schließlich ärgerlich in ihren Lebensgewohnheiten und ihrer Bewegungsfreiheit beeinträchtigt. Sie hatte sich die Macht ihrer Attraktivität und den Triumph über die Ehefrauen bestätigt. Das reichte ihr und machte den Mann überflüssig.

Die Trophäe kam in den „Schrank", der fortan lästige Mann wurde zum Leih-Therapeuten umfunktioniert und sollte sich pikanterweise ihre Männergeschichten anhören und wurde schließlich zum Anlaß für Verfolgungsphantasien, die insofern von der Realität einen Zuschuß erfuhren, als die Männer ihre Ehefrauen verlassen hatten, und diese waren, wie man sich denken kann, nicht gut zu sprechen auf „das junge Ding", wie eine von ihnen schimpfte. Fühlte sich die Patientin also zunächst von einer Gier, einem Objekthunger mit Kontrollwunsch, Trennungsangst und Anklammerungstendenz beherrscht, so nach Besitz des Objektes von Angst vor Abhängigkeit und Rache, vor Verschmelzung und Identitätsverlust, was den raschen Besetzungsabzug bewirkte.

Diese Form der Objektbeziehung, bei der das pseudoödipale Agieren im Vordergrund stand, ist keineswegs ungewöhnlich für die Bulimie, trat aber hier so in den Vordergrund, weil diese Patientin ihr somatisches Symptom abgelöst hatte durch ein Agieren in der Beziehung, das aber nach wie vor alle seine Merkmale zeigte. Man kann diese Form der Beziehung als bulimische Objektbeziehung bezeichnen.

Die Äquivalenz von Eßsymptom, Kleptomanie und Objektbeziehung ist nicht von der Hand zu weisen. Das erlaubt mir, meine These, das bulimische Symptom sei eine entstellte Diebstahlszene, zu festigen. Es geht um einen „Raub" an der Mutter. Das ist schon ein wichtiger Grund, weshalb eine Beziehung gemieden werden muß. Die Kleptomanie zeigt aber noch andere Gründe für die Notwendigkeit zur Vermeidung.

Die Kleptomanie enthüllt, was das Eß-Symptom verhüllt: die frühen omnipotent-aggressiven Phantasien, denn mit dem Raub erfüllen sich die Patienten ihren Wunsch nach bedingungsloser Zuwendung, mithin den Wunsch nach dem Paradies, das nur unter Vermeidung des Objektes zu haben ist, um nicht an die Grenzen des Objekts und des Selbst zu stoßen und die Abhängigkeit zu spüren. Mit dem Diebstahl kann die Abhängigkeit verleugnet werden. Grunberger schreibt: „Manche Neurotiker erzählen uns, wie schwer es als Kinder für sie war, beispielsweise Geld von den Eltern zu verlangen; lieber bedienten sie sich unter Ausschluß dritter selbst, d. h. sie hatten gestohlen (...) Diese gewissermaßen autarke Art der Befriedigung kann (...) als typisch oral betrachtet werden. Sie enthält gleichzeitig aber eine pseudoobjekthafte Komponente; wenn das Elternobjekt vermieden wird, kann sich das Subjekt dennoch des anderen Objektes, des eigentlichen Triebziels, bemächtigen" (1976, 158).

Die Beziehungspathologie steckt in der Bedingung der Abwesenheit des realen Objekts. Die Bulimikerin kann sich ihre Bedürfnisse nicht in der Beziehung, sondern nur unter Ausschluß Dritter erfüllen. Außerdem will sie sich das Objekt erhalten, ohne Haß, Angst und Schuldgefühle aushalten zu müssen, zugleich ohne bitten, ohne warten, ohne sich anstrengen, ohne Bedingungen, Verpflichtungen zur Gegenleistung erfüllen zu müssen. „Alle Beziehungen sind „Forderbeziehungen", klagte eine Patientin. Eine andere sprach von „den Schlingen der Dankbarkeit und der Verpflichtungen". Man sage nicht, diese Patienten könnten nicht metaphorisieren! Die Forderung besteht darin, daß die Bulimikerin ihr Bedürfnis artikulieren und dafür aktiv werden müßte. Das aber wäre kränkend. Grunberger schreibt: „Wir können jedoch jetzt schon festhalten, daß der Oralcharakter nicht fordert, sondern sich beklagt, was nicht das gleiche ist. Prinzipiell hat der orale Charakter Schwierigkeiten, einen Wunsch zu äußern, selbst wenn dieser völlig gerechtfertigt ist (...) Anstatt seine Ansprüche zu formulieren, möchte der Orale (...) automatisch befriedigt werden" (ib., 157). Die Kleptomanie erspart der Bulimikerin die Äußerung ihres Wunsches. Ähnlich liegen die Verhältnisse beim Eßanfall: Die Bulimikerin zieht sich mit ihren Gefühlen und Wünschen zurück, ißt heimlich. Die Nahrung ist leicht zu haben, setzt keine Hindernisse, erfordert keine Verpflichtung und keinen Aufschub. Von geduldiger, liebevoller Zubereitung einer Mahlzeit mit Zeitaufwand kann ja keine Rede sein. Schon schwierig zu öffnende Verpackungen können diese Patienten zur Weißglut und Verzweiflung bringen. In beiden Symptomen geht es darum, ein Hindernisse in den Weg legendes Objekt zu vermeiden.

Wie schon der Eßanfall, so soll auch die Kleptomanie der narzißtischen Restitution dienen. Mit ihren Diebstählen müssen sich die Patienten beweisen, daß sie sich der Kontrolle des Objekts wie auch des Überichs entziehen können. Hier geht es darum, sich etwas anzueignen, ohne daß das Überich es merkt, wobei das Überich extern ist: der Eigentümer der Ware. Die Überlistung des (externen) Überichs gibt dem Ich das Gefühl der Unabhängigkeit und Freiheit und liefert zugleich den Beweis der Fähigkeit zur Selbstversorgung. Diesem Bedürfnis sind wir bei der Fingermethode begegnet. Der Triumph ist auch bei der Kleptomanie deutlich sichtbar. „Ich gab mein ganzes Geld für Süßigkeiten aus, und als das nicht mehr reichte, fing ich an zu stehlen. Auch dabei hatte ich ein Lustgefühl meinen hochanständigen Eltern gegenüber, für die Stehlen abgrundtief verwerflich war. Ich stahl mit Genuß, und ich fraß mit Genuß" (Gerlinghoff, ib., 23). Ich vermute, daß die Patientin diesen

Triumph meint, den sie mit Genuß verwechselt. Aber die Bemerkung zeigt die enge Verbindung zwischen Essen und Stehlen.

Fenichel zufolge beantwortet der Kleptomane Versagungen seiner Sehnsucht mit einer trotzig-feindseligen Haltung: „Wenn du es mir nicht gibst, so hole ich es mir" (1931, 57, vgl. auch Abraham, 1924, 168 f.). Gestohlen und gefressen wird häufig nach Kränkungen, die durch Zufuhr von außen wettgemacht werden müssen. Bleiben diese Zufuhren aus, so will der Gekränkte sie sich mit Gewalt holen (vgl. Fenichel, 1939, 162). Über das Stehlen soll das Selbstgefühl wiederhergestellt werden. Es ist zugleich die Rache an dem, von dem die Kränkung ausgeht, auch wenn andere Personen bestohlen werden. Eine solche Kränkung kann durchaus auch in der Erfahrung zeitlicher oder räumlicher Begrenzungen bestehen, Begrenzungen, die nicht zur frühen, narzißtischen Welt passen. Wenn die Begrenzung vom Analytiker ausgeht, kann es neben der Drohung, die Behandlung abzubrechen und einen anderen Therapeuten aufzusuchen, zu Diebstählen kommen. Als ich bei einer Patientin einmal von ihren drei Wochenstunden eine ausfallen lassen mußte, bekam sie eine Halsentzündung, stahl drei Schals (für den Hals) und ein psychoanalytisches Buch (für die ausgefallene Stunde). Mit anderen Worten: Die Kleptomanie ist Ausdruck des Wunsches nach „primärer Objektliebe". „Das erste und ewige Ziel aller Objektbeziehungen ist der primitive Wunsch: *Ich möchte geliebt werden* ohne Verpflichtung meinerseits, ohne daß die anderen etwas von mir als Gegenleistung erwarten" (Balint, ib., 284). An anderer Stelle schreibt Balint: „Die Realität zwingt uns dann Umwege auf. Der eine Umweg ist der Narzißmus: wenn die Welt mich nicht genügend liebt, mir nicht genug Befriedigung bringt, so muß ich mich selbst lieben, selbst befriedigen. Der klinisch beobachtbare Narzißmus ist demnach immer Schutz vor dem bösen oder nur widerspenstigen Objekt" (ib., 102 f.). Ein solcher Umweg ist die Kleptomanie. Ein strenges Überich und der Wunsch nach primärer Liebe sind nicht kompatibel. Bulimie und Kleptomanie dienen also nicht nur der Vermeidung einer realen Beziehung zugunsten einer imaginären, sondern sollen auch die Illusion eines frühen, paradiesischen Zustandes aufrechterhalten. Dieser Wunsch, im Stehlen manifest, hat magisch-halluzinatorischen Charakter, und deshalb wird das Stehlen nicht als Symptom betrachtet. Mit beiden Symptomen wird auf einen Zustand vor der Bildung des Überichs zurückgegriffen. Letztlich ist das Bedürfnis nach „primärer Objektliebe" gleichbedeutend mit der Bedingungslosigkeit des Mutterleibes. Die Kleptomanie ist, so gesehen, ein Sichbedienen im Mutterleib.

Winnicott schreibt: „Wenn ein charaktergestörtes Kind aufgrund antisozialer Tendenzen in Form von Stehlen oder ähnlichen Unannehmlichkeiten zur Behandlung gebracht wird, dann findet sich in der Fallgeschichte regelmäßig eine frühe Periode, in der die Umgebung dem Kind einen guten Start zur persönlichen Entwicklung ermöglichte. Anders ausgedrückt: Die Entwicklungsprozesse konnten sich aufgrund einer ausreichend förderlichen Umgebung in gewissem Umfang etablieren. Nach dieser Periode kam es in diesen Fällen zu einem wie auch immer gearteten Versagen der Umgebung, das eine mitunter ganz plötzliche Blockierung der Reifungsprozesse zur Folge hat" (1973, 183 f.). Eine solche Blockierung bilde im Erleben des Kindes einen Riß in seiner Lebenslinie, in der Kontinuität seines Lebens. Winnicott meint nun, „ein Kind, das stiehlt, greift (im Anfangsstadium) ganz einfach über den Riß in seiner Lebenslinie zurück in der Hoffnung, oder nicht ganz ohne Hoffnung, das verlorene Objekt, die verlorengegangene mütterliche Fürsorge oder die frühere Familienstruktur wiederzuentdecken" (ib., 184). Auch beim Erwachsenen läßt sich ein solches Zurückgreifen beobachten: „Eine Hausfrau und Mutter (...) die in geordneten Verhältnissen lebte, stahl in einem Kaufhaus ein hauchzartes Dessous, obwohl sie vorher nie ans Stehlen gedacht hatte und nachher nicht mehr straffällig wurde. 'Ich dachte plötzlich, wie die Wäsche so verführerisch vor mir auf dem Ladentisch lag, wenn mich mein Mann darin sehen würde, wäre er wieder so zu mir wie früher' gestand sie später dem Hausdetektiv" (Damrow, ib., 129). Das erinnert an die Patientin, die von einem Käsekuchen „angelacht" wurde. In beiden Fällen verspricht das Objekt die Rückkehr ins Paradies, in die Zeit vor dem „Riß", als die Umgebung ausreichend förderlich war, als es noch narzißtische Zufuhr gab. Mit den gestohlenen Gegenständen soll der Rückgriff ermöglicht werden, sie sind sozusagen das „ticket to paradise", wo die Patienten hoffen, die frühe, „nur gute" Mutter wiederzufinden, die die Wünsche der „primären Objektliebe" erfüllt. Keineswegs aber darf übersehen werden, daß der Diebstahl nur im „Anfangsstadium" ein Griff über den Riß, eine „antisoziale Tendenz" (Winnicott), ist. Die erwachsenen Patienten sind delinquent.

Bei der Bulimikerin muß die „continuity of being", die bei ihr stets prekär ist, mit der Bildung des Überichs zerrissen sein, oder aber der Riß, der sich als Folge des Verlustes einer guten Erfahrung gebildet hat, gab Anlaß zur Überich-Bildung. Ich werde später von Still-Traumata berichten, die diese Vermutung nahelegen. Nach dem Riß sind alle Beziehungen Forderbeziehungen, das Paradies ist verloren. Auch die Dissoziation des Selbst dürfte jetzt erfolgen, eine Dissoziation in ein Selbst vor dem Riß und eines danach, was den Wunsch nach Rückgriff aufwirft.

V. Das orale Ordal

Kehren wir nun zum Erbrechen zurück. Daß die Patienten nach dem Eßanfall Scham, persekutorische Schuld und den Drang nach Ungeschehenmachen empfinden, wird nun verständlich, da der Eßanfall als eine verbotene Tat, eben als „Diebstahl", erlebt wird, für die die Kranken, wie v. Essen und Habermas ausführen, die Verantwortung auf sich nehmen (vgl. ib., 122) und zugleich auch nicht, wie bei der Kleptomanie auch. Schneider-Henn beobachtet ähnliches: „Auch Karla fürchtet zeitweise, 'verrückt' zu sein, leidet unter den verfolgenden Blicken anderer. Sie meint, jeder könne sie 'durchschauen', ihre geheimsten Gedanken erraten – und deshalb schämt sie sich ihrer negativen Gefühlsregungen, versucht 'Böses' sofort herunterzuschlucken" (ib., 133). Was an Bösem, an geheimsten Gedanken, an negativen Gefühlen die Blicke erkennen könnten, ist nun kein Rätsel mehr. Auch manche meiner Patienten haben gelegentlich von einem unbestimmten Gefühl gesprochen, ein „Verbrechen" begangen zu haben, ohne angeben zu können, worum es sich dabei handeln könnte. Legen wir auch nochmals das Ohr an folgende Bemerkung: „Ich kniee vor der Toilettenschüssel nieder, halte meinen Kopf tief hinein und übergebe mich dem Kanalsystem in einen imaginären Friedhof." Klingt sie nicht nach einer Hinrichtung unterm Fallbeil der Guillotine?

Aber gehen wir wieder der Reihe nach vor. Vor der Hinrichtung kommt bekanntlich das Verhaften und Abführen: Wenn ich für das Wort „Laxantien" die deutsche Bedeutung einsetzte und von „Abführmittel" spreche, eröffnet sich die doppelte Bedeutung des Wortes „abführen", und wir gelangen auf forensisches Gebiet. Nehme ich die Beobachtung hinzu, daß Straftäter bei ihrer Verhaftung das Gesicht (vor der Presse z. B.) bedecken, so gelangen wir über die zweite Bedeutung des Wortes wieder auf bekanntes Terrain, schließlich hat das Erbrechen die Aufgabe, eine Tat ungeschehen zu machen, um nicht die Folgen, z. B. dick zu werden bzw. sich verfolgt zu fühlen, tragen zu müssen. Nehme ich noch die Heimlichkeit, das Vermeiden der Anwesenheit von Zeugen und die Angst vor einer Beschädigung des Objektes durch in oral-sadistischen Impulsen sich äußernde Wut hinzu, die Maßnahmen zum Personenschutz also, so liegt der Verdacht nahe, das bulimische Geschehen sei eine Art „Verbrechen". Sollte es noch mehr als ein Diebstahl sein?

Die Untersuchungskommission muß also ihre Wanderung entlang des Flusses fortsetzen. Doch sichten wir zuvor, was wir bereits herausgefunden haben. In den vorangegangenen Kapiteln war von feindseligen Gefühlen, von narzißtischer Wut, von Raub, von einer „Dynamik des Vernichtens" die Rede, und die eine oder andere Patientin präzisiert ihre Feindseligkeit auch: „Ich hatte einen Mordshunger und da hab' ich beim Essen so richtig zugeschlagen"; oder: „Wenn ich Angst hatte, meinen Alltag nicht bewältigen zu können, oder wenn etwas schiefgelaufen war, tötete ich mit Fressen und Erbrechen meine Gefühle ab" (Gerlinghoff, ib., 64). Solche Bemerkungen könnte man als Floskel, als unreflektierte Redewendung abtun. Aber das will nicht mehr so recht gelingen, nachdem wir aufgrund der Selbstbezichtigung, ein „Verbrechen" begangen zu haben, hellhörig geworden sind. Ich halte die Metaphorik einmal fest und schließe daraus: Das Essen dient als Werkzeug, mit dem Gefühle getötet werden, Gefühle, die den Patienten lästig sind und die sie als Fremdkörper in ihrer Seele erleben. Da die Patienten ihren Anfall ferner wie einen „Angriff" erleben bzw. selbst zum Angriff übergehen, könnte man vermuten, die Bulimikerin starte unbewußt einen tödlichen Angriff, verübe einen „Mord". Da die bisherigen Ausführungen aber hinreichend dokumentieren, daß im Affekt die Gegenwart von Personen gemieden werden muß, dürfte es sich gegebenenfalls um einen Mord am „Verschiebungsersatz" (Reik, ib., 159) handeln. Mit anderen Worten: Der Eßanfall könnte einen „Mord" an einem Ersatzobjekt darstellen, und das könnte der Grund sein, weswegen die Kranken Angst vor Rache und das Bedürfnis nach Ungeschehenmachen empfinden. Bei der Besprechung des Eßanfalls habe ich auf „Mordimpulse" des bulimischen wahren Selbst hingewiesen und dabei auf Jacobsons Beschreibung eines Jungen zurückgegriffen, bei dem, nachdem er erst das Gefühl hatte, daß er „tot sei und sein Selbst verloren" habe, ein plötzlicher Umschwung erfolgte und er seinen Haß zum Ausdruck brachte, der mit pathologischer, anfallsartiger Freßgier und Mordimpulsen einherging (vgl., 1977, 173). Nehme ich hinzu, daß das Objekt mittels Fressen seiner Eigenschaften beraubt werden soll, so könnte man auf die Idee kommen, daß es sich bei dem „Verbrechen" um einen „Raubmord" handelt. Begeben wir uns also auf Spurensuche.

Als erstes fällt auf, daß der Eßanfall wie auch das Erbrechen keine Zeugen wünscht. Das gesamte Anfallsgeschehen wird verheimlicht, es soll sozusagen im Schutz der Dunkelheit erfolgen. Was aber geschieht im Dunklen? U. Grunert erzählt von ihrer Patientin: „Sie lag nur noch auf dem Bett, aß Brötchen und las Kriminalromane" (ib., 26), sozusagen „eat and crime". Eine meiner Patientinnen bediente sich häufig solcher Formulierungen wie: „den Hals umdrehen", „erwürgen". Eine andere fühlte sich im Bett stets „mordlustig". Sie teilte mit ihrer Mutter das Bett, bis sie siebzehn war. Bei ihr war es die intime Nähe, die sie innerlich so aufbrachte, und eine weitere schließlich meinte, sie ginge „über Leichen", wenn ihr jemand zu nahe käme, wobei sie die Zähne fletschte und nervös auf der Unterlippe kaute. Die Lippe hatte die Bedeutung eines Objekts angenommen, an dem sie mir die orale Zerstörung vorführte. In der Verschmelzung, wenn das Objekt introjiziert ist, kommt es dem Selbst zu nahe und muß ermordet werden.

Angesichts solch zahlreicher „Leichen" erscheint das Erbrechen in neuem Licht. Das Ungeschehenmachen des Eßanfalls durch Erbrechen muß man sich als „Spurenbeseitigung" übersetzen. Es ist, als verhielte sich die Bulimikerin wie jemand, der in die Dunkelkammer stürzt und Licht macht, um zu verhindern, daß das gerade sich entwickelnde Bild sichtbar wird. Könnte das Bild den „Mörder" zeigen? Was aber ist das für eine seltsame Krankheit, so dürfen wir fragen, die einerseits alle Spuren beseitigt, andererseits sich selbst des „Verbrechens" bezichtigt?

So seltsam ist das offenbar gar nicht. In seiner Studie „Der unbekannte Mörder" schreibt Reik: „Es ist klar, daß im Verbrecher zwei seelische Kräfte um die Herrschaft ringen: Die eine, welche alle Spuren der Tat verbergen will, und die andere, welche die Tat und den Täter allen zeigen möchte" (ib., 74). Wir waren diesen beiden Kräften schon bei dem Wunsch begegnet, einerseits als „rein" zu gelten, andererseits alles zeigen zu wollen. Bei unserer Spurensuche nach den „zwei seelischen Kräften" der Bulimikerin könnten Reiks Überlegungen zum „oralen Ordal" hilfreich sein, denn dort spielt das Erbrechen als Unschuldsbeweis eine große Rolle: Erbricht der Angeklagte, so gilt er als unschuldig! Reik schreibt:

„In Atakpame stellt man Gift aus der Rinde des Baumes iroko her; dieser Baum ist dem Fetisch geheiligt und darf nur von Fetischleuten berührt werden. (...) Der Fetischpriester reicht dem Verdächtigen diesen Trank. (...) Erbricht der Angeklagte das Gift, so gilt er als unschuldig. Andernfalls erliegt er unter heftiger Atemnot und Krämpfen dem Gift und wird an Ort und Stelle verscharrt, nachdem man der Leiche das Herz herausgeschnitten hat. (...) Bei den meisten afrikanischen Stämmen gilt für unschuldig, wer das Gift erbricht, für schuldig dagegen, wer das Gift behält oder bei dem es als Laxiermittel wirkt (...) Wer das Gift nicht erbricht, wird von den Eingeborenen mit plumpen Messern zerhackt und über langsamem Feuer gekocht" (ib., 151 f.). Reik ergänzt, daß dieses Ordal jeder auf sich nähme, der für einen Todesfall verantwortlich gemacht würde. Er fragt nun nach der Bedeutung des oralen Ordals und meint, aus analytischer Sicht müsse das Gift oder die Substanz, welche der Beschuldigte zu sich nimmt, ursprünglich (und unbewußt noch jetzt) in irgendeiner Beziehung zu dem Verbrechen stehen, zu dessen Aufklärung das Ordal durchgeführt wurde. Im Fall des Mordes stamme die Substanz jenes Giftes oder jener magische Stoff von dem Toten selbst, sei vielleicht ein Stück seines Körpers oder ersetze dieses. Reik schreibt: „Wenn diese Annahme richtig ist, wären wir zu einer ersten Aufklärung über den latenten Sinn der oralen Probe gelangt: sie ist, was immer sie sonst noch sein mag, eine Wiederholung des Verbrechens (eventuell an einem Ersatzmaterial) zu Inquisitionszwecken. (...) In der oralen Probe nimmt der Beschuldigte ein Stück vom Leichnam des Ermordeten zu sich. Das würde also im Sinn des Ordals bedeuten: das Fleisch oder das Blut des Erschlagenen werde sich an dem Täter rächen, ihn schwer erkranken oder sterben lassen; wenn er aber unschuldig ist, werde er das Verzehrte ausbrechen wie etwas, an dem er keinen Teil haben will" (ib., 153 f.).

Ohne Mühe läßt sich das auf die Bulimie übertragen. Was im Ordal das Gift ist, ist bei der Bulimie die Nahrung, denn diese wird erbrochen. Die Nahrung müßte demzufolge ein Stück des Ermordeten sein, das sich am Täter rächt. Daß die Bulimikerin nach dem Eßanfall von Verfolgungs- und Racheangst geplagt wird, habe ich ausgeführt.

„Die Substanz der oralen Probe", so Reik weiter, „muß in einer besonderen Beziehung zu der Tat, zu dem Verbrechen stehen, dessen man den Inkulpanten bezichtigt. Dieses Verbrechen aber ist in der überwiegenden Mehrzahl der Fälle Mord oder Totschlag. (...) Wenn der Schuldige in diesem oralen Ordal nach dem Essen eines Stückes des Leichnams stirbt, so bestand sein Verbrechen im Verzehren dieser selben Person. Diese Folgerung verliert ihren für uns befremdenden Charakter, wenn wir bedenken, daß für eine niedrige Kulturstufe Ermorden und Fressen eines Menschen dasselbe bedeutet, daß der Mörder sein Opfer auch auffraß. Unsere Folgerung lautet demnach: Das orale Ordal bezog sich ursprünglich auf den Kannibalismus" (ib., 154).

Es erübrigt sich, die Parallelen zur Bulimie zu betonen. Es genügt zu sagen, das bulimische Symptom sei aufgebaut wie ein orales Ordal, und zu vermuten, daß die Bulimikerin möglicherweise erbricht, weil sie über das Fressen unbewußt ein Objekt ermordet hat und nun über das Erbrechen sich selbst, d. h. vor ihrer Gewissensinstanz, beweisen muß, daß sie unschuldig ist.

Aber die Parallelität von oralem Ordal und bulimischer Symptomhandlung läßt sich noch weiter treiben. Reiks Ausführungen haben mich eine Spur erkennen lassen, die ich bisher nicht ausreichend gewürdigt habe, weil ich sie in ihrer ganzen Bedeutung nicht erkannte. Zwar hat sie mich im Zusammenhang mit der Notwendigkeit, fehlende innere Objekte auffüllen zu müssen, beschäftigt, aber jetzt gewinnt sie eine zusätzliche Bedeutung. Gemeint ist die unablässige Wiederholung der Eßanfälle. „Wir sagten früher, das Ordal sei eine Art dargestellter Wiederholung der Tat. Man könnte es (...) eine Sühneaktion in dramatischer Darstellung nennen, ein Ungeschehenmachen der Tat, indem man sie in einer plastischen Verschiebung noch einmal geschehen läßt" (Reik, ib., 167). D. h., das Wiederholen und Ungeschehenmachen der Eßanfälle könnte die unablässige Reinszenierung zur Schuldentlastung sein. Die Bulimikerin also eine „Verbrecherin aus Schuldgefühl"? Wir haben reichlich Anlaß, davon auszugehen, daß die Feindseligkeit der Patientinnen einer Person gilt, dort aber nicht ausgelebt werden kann und demzufolge am Ersatzobjekt Nahrung agiert wird. Die Verschiebung der Tat aber ist Reik zufolge gleichbedeutend mit der Wiederholung der Tat.

So wie die Wiederholung als Buße und Ungeschehenmachen für die seelische Wirkung des Ordals von entscheidender Bedeutung ist, so könnten den Wiederholungen der Eßanfälle und dem anschließenden Erbrechen als Ungeschehenmachen und Wiederherstellen der Reinheit eine ähnliche psychoökonomische Bedeutung zukommen. Zu den Wiederholungen der Eßanfälle zähle ich auch die obsessive gedankliche Beschäftigung mit dem Essen, zu verstehen als eine Beschäftigung mit der Tat zum Zwecke ihrer seelischen Verarbeitung. Wir haben bei den Überlegungen zum Eßanfall festgestellt, daß jeder Anfall für die Patienten erneut traumatisch ist, weil er eine narzißtische Katastrophe darstellt, und erörtert, welche Versuche sie unternehmen, dieses Trauma z. B. durch Vorausplanen zu bewältigen bzw. ihm zuvorzukommen. Reik schreibt: „Gerade von den schwersten Verbrechen könnte man behaupten, sie stellen ein psychisches Trauma auch für den Täter dar, ein Trauma, das er seelisch bewältigen muß. Nur die oberflächlichste psychologische Betrachtung könnte dagegen einwenden, daß ja das Verbrechen vom Täter selbst geplant und vorbereitet, 'getan' wurde. Dennoch kann sie für ihn eine Überraschung sein, dennoch kann er der eigenen Tat manchmal 'persönlichkeitsfremd' gegenüberstehen" (ib., 84). Auch in dieser Hinsicht ist die Parallelität zur Bulimie augenfällig.

Für die Wiederholungen gibt es noch einen weiteren Grund: „Dunkle Impulse drängen dorthin, wo eine starke, dunkle Lust verspürt wurde. Der Tatort wird vielleicht die genußvolle Erinnerung an die Tat wiederbringen, das lustvolle Erlebnis in der Phantasie wiederholen lassen. (...) Die Tendenz, genossene Lust wieder zu verspüren, ist sicherlich eines der verborgenen Motive, welche den Verbrecher zum Tatort zurückführt" (ib., 85). Wenn der Eßanfall ein „Mord" am Ersatzobjekt ist, dann wird die Wiederholung verständlich: Der „Täter" kehrt an den Ort der Tat zurück. Die „dunkle Lust" der Bulimikerin ist die narzißtische Wut, die Befriedigung sucht, und die Hoffnung auf Triumph übers Objekt. Beides kann ja durchaus orgiastische Lust bedeuten. Der Bogen schließt sich, wenn Reik schreibt: „Dem unbewußten Drang, alte Lust zu erinnern und wiederzuerleben, ist eine andere, nicht minder zwingende Tendenz vergesellschaftet: Das unbewußte Strafbedürfnis" (ib.). Viele Patienten betonen, wie anstrengend das Erbrechen sei und welche Qual sie dabei empfänden, Klagen, die den Bußcharakter sichtbar machen. Wir wissen auch, daß die Suche nach „Erleichterung", freilich einer somatischen, in der Bulimie eine große Rolle spielt, aber ich habe vermutet, daß es sich dabei um eine konkretistische, somatisierte Variante handelt, weil eine Entlastung auf psychischer Ebene zu empfinden nicht möglich war. Übersetzt man das körperliche Empfinden zurück ins seelische, so dürfte die Vermutung, es handle sich um eine Erleichterung vom Gewissensdruck, jetzt zur Gewißheit werden. Reik fährt fort: „Der Verbrecher flieht vor dem eigenen Gewissen wie vor einem äußeren Feind, ja er projiziert diesen inneren Gegner nach außen. (...) Vor der übermächtig werdenden inneren Gewalt flüchtet er zur äußeren, vermutlich, weil mit dieser Wendung eine psychische Entlastung verbunden ist, die in vielen Fällen größer ist als die Angst vor der Strafe" ib., 87). Diese Stelle wirft grelles Licht auf die Gefahr, die vom Introjekt ausgeht, derentwegen es schleunigst, also phobisch erbrochen werden muß: Vom Introjekt kommen die schweren Anklagen und die Angst vor Rache. Das Introjekt klagt an, weil es gefressen, beraubt und damit getötet wurde. Die Kranke muß fliehen, weil sie glaubt, das Introjekt wüßte von ihren geheimsten, ihr selbst unbewußten Phantasien. Die Beziehungsphobie hat sich zu einer Phobie vor dem Gewissen entwickelt. Weil diese jedoch unerträglich wird, sind die Kranken gezwungen, sich wieder in die gefürchtete zwischenmenschliche

Beziehung zu flüchten. Das ist die dramatische Ausweglosigkeit dieser Erkrankung.

Die Ergebnisse der Spurensuche lassen es nun als ziemlich gewiß erscheinen, daß es sich bei dem Eßanfall unbewußt um einen „Mord" handelt. Die persekutorischen Schuldgefühle, depressiven Verstimmungen, Selbstvorwürfe nach dem Eßanfall waren schon Indiz für ein „Verbrechen". Nun kommt hinzu, daß das Erbrechen der Bulimikerin eine ähnliche Bedeutung haben könnte wie das Erbrechen beim oralen Ordal. Wir haben ferner das Tatwerkzeug und auch ein Stück von der „Leiche": die Nahrung. Die „Leiche" selbst aber fehlt noch. Und wenn das Ordal, wie Reik interpretiert, eine Tatwiederholung am „Verschiebungsersatz" ist, dann muß die eigentliche Tat schon in ontogenetischer Vorzeit stattgefunden haben. Wo aber sind „Originalleiche" und Urtat zu suchen, wem also gelten die Mordimpulse bzw. wem haben sie gegolten?

Wir müssen unsere Spurensuche nochmals aufnehmen und zum Ordal zurückkehren; ich habe eine „vitalisierbare" Spur nicht ausreichend gewürdigt. Dort wird mit beneidenswerter Deutlichkeit vorgeführt, daß der Verdächtige Teile des Ermordeten zu essen bekommt. Das auf die Bulimie zu übertragen fällt nicht so leicht. Die Bulimikerin ißt aus dem Supermarkt. Wir sagten, die Nahrung sei ein Stück „Leiche", womit wir uns allerdings auf bekanntem Terrain befinden, denn zum einen waren wir der unbewußten Gleichsetzung von Nahrung mit Fäzes, fürs Unbewußte Leichen, begegnet, zum anderen zeigt das Verzehren verwesender Leichenteile, wie es beim Ordal mancher Stämme üblich ist, die Nekrobzw. Koprophagie, der wir bei der Bulimie begegnet waren, z. B. bei der Reintrojektion des verlorenen, exkrementellen Objektes, wenn die Patienten z. B. aus dem Mülleimer oder Lebensmittel nach dem Verfallsdatum essen. Und die Neigung zum Meryzismus war uns begegnet. Aber auch bei den sauber verpackten Lebensmitteln haben wir ja Gründe anzunehmen, daß es sich dabei für sie unbewußt um „Personenteile" handeln dürfte. Schon die Geschichte vom personifizierten „lachenden Käsekuchen" läßt diese Vermutung zu. Außerdem halten die Mythologie, die christliche Religion und die Trauerrituale genügend Beispiele dafür bereit, daß eine unbewußte Identifizierung von Essen und Person, die dem Bewußtsein nicht zugänglich ist, vorliegt. In Atakpame sollte z. B. das Gift einer Baumrinde den Täter zum Erbrechen bringen – kein Zufall, gilt der Baum doch als Repräsentant einer Person.

Wer also ist das Mordopfer? Eine meiner Patientinnen hatte einen Traum, in welchem sie in meine Wohnung kommt. Ich habe dort viele Aussiedler aufgenommen. Sie liegt auf der Couch, ich unten quer. Ich liege ihr sozusagen zu Füßen. Sie kuschelt sich an mich und beißt in meinen Fuß. Danach befragt, meinte sie, das sei so ein Impuls, das mache sie öfter. „Das ist doch nichts Schlimmes!" beruhigte sie sich und mich. Wer aber war ich, von dem sie sich ein Stück abbeißen wollte? Die Aussage einer anderen Patientin könnte weiterhelfen. Sie berichtet: „In die Bulimie habe ich meine Wut, die Rebellion gegenüber meiner Familie gesteckt" (Gerlinghoff, ib., 77). Der soziale Ort der Tat wäre damit bestimmt. Tatsächlich sind Träume, in denen Geschwister, vornehmlich jüngere Brüder, ums Leben kommen, nicht selten. Legt man diese Bemerkungen und Träume unters Mikroskop, zeigt sich bald: Die Geschwister sind „Teile" der Mutter. Geht es also gar nicht um die Familie, sondern nur um die Mutter? Dürfen wir vermuten, daß der unbewußte Mord am Ersatzobjekt Nahrung letztlich ein Mord an der Mutter ist? Möglicherweise war ich für obige Patientin die Mutter, denn ich beherbergte viele „Aussiedler", „Plazentavertriebene", also Neugeborene.

> Hören wir den Traum einer weiteren Patientin: Er spielt in einer schönen Schneelandschaft. Sie klettert über einen steinigen, „häßlichen" Hügel. Dabei denkt sie: Wie schade, daß es hier so häßlich ist, wo doch die Umgebung so schön ist. Vor ihr her fahren ihre Eltern auf Skiern. Ihre Mutter kommt ihr dabei ausgelassen und lebenslustig vor. Plötzlich stürzt die Mutter zu Boden, die Patientin hört ein Knacksen, und ihr ist klar: die Mutter hat sich das Genick gebrochen. Im Schreck erwacht sie.
> Der steinige, „häßliche" Hügel stand für die „häßliche" innere, die mordlustige Seite der überaus adretten, aber etwas kühlen Patientin (die Schneelandschaft). Das Motiv, ihre Mutter am Genickbruch sterben zu lassen, beruhte auf ihrem Neid auf die lebenslustige, sich mit dem Vater zusammen befriedigende Mutter. Einem solchen auf Neid gründenden Motiv waren wir bereits begegnet, als es um das Erbrechen mit Hilfe der Urszenenvorstellung ging. Im hiesigen Traum war es der Neid, der die Patientin in die Überich-Position trieb, von der aus sie ihre Mutter mit dem Tod strafte. Das war aber nur das Gegenstück zu ihrer Angst vor einer Verurteilung zum Tode durch ihre Mutter, falls diese von ihren Eßanfällen, also ihren Mordwünschen, wie wir jetzt vermuten können, erfahren würde. Den tieferen Grund aber für die Mordimpulse beherbergte der „häßliche" Hügel, die Brust der Mutter, an dem sich der jüngere Bruder befriedigte.
> Dieser Traum gibt eine Antwort auf die Frage nach dem Mordopfer und dem Motiv. Doch folgen wir noch der Erzählung einer anderen Patientin, um nicht voreilige Schlüsse zu ziehen. Sie berichtet, bei welchem Anlaß ihre Krankheit ausgebrochen war: „Einen Auslöser für meine

Krankheit stellte der Tod meiner Mutter dar. Ich hatte nicht gewußt, daß sie todkrank war. Unglücklicherweise waren die Monate, bevor sie starb, von heftigen Auseinandersetzungen zwischen uns beiden geprägt. Meine Mutter war, bedingt durch ihre Krankheit, natürlich körperlich und seelisch sehr angegriffen, was ich im Alltag nicht ahnte. (..) Vom heutigen Standpunkt aus betrachtet, war die damalige Situation sehr angespannt und gereizt (..) Bei den Streitereien ging es um übliche Dinge wie das Verrichten von Haushaltsarbeiten. Ich versuchte beharrlich, mich ihren Anweisungen zu widersetzen, und wollte schließlich auch ernst genommen werden. (...) Aufgrund dieser Streitphase machte ich mir nach dem Tod meiner Mutter die größten Vorwürfe (...) Mir ging es in dieser Zeit schlecht, weil ich dachte, daß ich an der überreizten Stimmung schuld sei. Nachdem meine Mutter gestorben war, zog ich mich zu Hause in mein Zimmer zurück und verbrachte futternd und fernsehend die Nachmittage. Ich konnte nicht trauern, spürte neben meinen Schuldgefühlen und meiner Unzulänglichkeit nichts außer Leere" (Gerlinghoff, ib., 62).

Nun dürfte die „Untersuchungskommission" einigermaßen zufrieden sein, eine so deutliche Spur für den Muttermord hat sie nicht erwartet. Das schwangere Bauernmädchen, die Mutter also, hat sich nicht selbst zu Tode gebracht; die Zeit vor ihrem Tod war von Auseinandersetzungen geprägt, und die Tochter machte sich im nachhinein Vorwürfe. Sie fühlte sich am Tod der Mutter schuldig. Ihre Eßanfälle sind die Folge ihres Schuldgefühls wegen der „Ermordung" ihrer Mutter.

Wenn hier auch die Mutter real verstarb, so entspricht dieser Zusammenhang dennoch den Beobachtungen bei anderen Bulimikerinnen, auch wenn dort kein realer Tod der Mutter zu beklagen war. Er war aber in der Phantasie vorhanden, so daß wir die recht komplexe Situation vorfinden, daß Schuldgefühle sowohl zum Anlaß für einen Eßanfall werden können als auch vom Eßanfall wiederum hervorgebracht werden, wie wir beim Erbrechen gesehen haben, ein Circulus vitiosus. Das könnte bedeuten, daß der bulimische Anfall ein „Verbrechen aus Schuldgefühl" ist. Die Aggression gegen die Mutter macht solche Schuldgefühle, daß auf ein Ersatzobjekt ausgewichen werden muß und das Essen – als „Verbrechen" erlebt – seine Bestrafung fordert. Sind alle zukünftigen Wiederholungen der Anfälle die Wiederholung dieser Urtat und zugleich deren Sühne, wie das orale Ordal nahelegt? Zumindest verdichtet sich die Annahme, daß sich die Bulimikerin unbewußt eines solchen „Verbrechens" für schuldig hält und daß dieses präexistente Schuldgefühl sie zum Essen treibt, durch das dieses sekundär rationalisiert werden soll (vgl. Fenichel, 1931, 176). Im Licht meiner These heißt das: Ein unbewußter Mord am Urobjekt verursacht Schuldgefühle, die dann so unerträglich werden, daß sie mit einem Eßanfall betäubt werden müssen, mit dem der Mord aber nur ein zweites Mal begangen und schließlich vielfach wiederholt wird und werden muß. Das Planen der Eßanfälle wäre aus diesem Blickwinkel der gedanklich vorweggenommene „Muttermord", aber zugleich auch der Versuch, den „Mord" zu verhindern. Ähnliche Verhältnisse dürften bei der Kleptomanie vorliegen. Dort geht es bei dem vielen und der Beliebigkeit dessen, was gestohlen wird, vermutlich darum, vom eigentlichen Diebstahl, der Mutter den Penis-Phallus zu stehlen, abzulenken. Mit der Strafe für diese Kleinigkeiten soll die große Strafe abgebüßt werden.

Der oben geschilderte Zusammenhang zwischen dem Verlust der Mutter und dem Beginn des Symptoms ist noch in anderer Hinsicht von Interesse: Wir werden Zeuge der Symptomgenese. Wir können erkennen, daß und wie ein Verlust, in diesem Fall einer Person, es kann sich aber auch um ein Gefühl, z. B. das Wohlbefinden, das narzißtische Gleichgewicht oder eine Illusion handeln, die Reintrojektion des verlorenen Objektes erforderlich macht, was hier mittels Inkorporation über Mund, Auge und Ohr (futtern und fernsehen) erfolgt. Daß sich im weiteren Verlauf der sich verfestigenden Symptomatik nur noch Erbrechen und Essen abwechseln, ist aus der Perspektive des oralen Ordals eine Tatwiederholung zu Bußzwecken. Am Beginn jedoch steht die Urtat: ein tödlicher Streit.

Weitere Hinweise dafür, daß bei der Bulimie Phantasien über die Ermordung der Mutter eine pathogene Rolle spielen, will ich über einen kleinen Umweg nachliefern, der den engen Zusammenhang zwischen Erbrechen und Muttermord verdeutlichen kann. Mahler beschreibt den Fall des Mädchens Alma, welches mit zehn Jahren eine innere Stimme hörte, die ihr auftrug, ihre Mutter zu erwürgen. Gleichzeitig machte sie sich übertriebene Sorgen um die Gesundheit ihrer Mutter und wurde übermäßig streitsüchtig. Ein ganzes Jahr erbrach sie ständig und fühlte sich schwindelig. Das Erbrechen und die Verweigerung fester Nahrung hatten bereits im Alter von viereinhalb Jahren begonnen. Mahler interpretiert dies als den „pathogenen Kampf um Aufgabe der symbiotisch-parasitären Verschmelzung mit der Elternimago". Mit dem Erwürgen sollte die Gefahr der Verschmelzung gebannt werden. „Vielleicht wünschte ich irgendwie, meine Mutter durch Erwürgen aus mir herauszureißen", schreibt Alma in einem Brief (vgl. 131 ff.). Die Nähe zur Bulimie ist offenkundig, denn dort spielen ja die Fusion und die

Aggression bei zu großer Nähe eine zentrale Rolle. Der Fall Alma zeigt überdies, daß die Urtat möglicherweise bereits in der Kindheit erfolgte. Das Erbrechen könnte Ausdruck des Ekels über den magisch erfüllten Wunsch sein. Vielleicht war es bei Alma wie bei jener Patientin, die eines Tages, als sie mir von den rezidivierenden Suiziddrohungen ihrer Mutter erzählte, mit denen diese ihre Angehörigen horrifizierte und die Patientin als Kind tief beunruhigte, die Fehlleistung prägte: „Meine Mutter hat sich schon ein paarmal umgebracht." Auch bei ihr war der Wunsch magisch in Erfüllung gegangen, um den Schuldgefühlen ein Ende zu machen. Zugleich glaubte diese Patientin, ihr Bruder sei von dem Zwang geplagt gewesen, seiner Mutter etwas anzutun. Und auch bei ihrem Vater vermutete sie solche Impulse, weil er bei Konflikten mit seiner Ehefrau stets das Weite suchte. Die Patientin war sich sicher, daß er ihre Mutter damit schützen wollte und sich deshalb entfernte. Das aber ist der bulimische Modus des Umgangs mit der Aggression: Rückzug aufs Ersatzobjekt, um das lebende Objekt zu schonen. Unverhohlen äußerte eine andere Patientin im Zorn ihre Mordphantasie, wenn sie nach der sie kritisierenden Mutter mit der Schere warf, „die den Schrank, aber auch meine Mutter hätte treffen können". Hier ist die Verschiebung vom Ersatz zum Ersetzten (Schrank –> Mutter) gut zu erkennen, wie auch in folgender Bemerkung: „Meine Stimmung schlägt dann um, ich beiße fester zu, zerbeiße auf einmal alles ganz bewußt, könnte mich selbst auffressen, kriege eine Wut auf das ganze Essen auf dem Tisch, auf die ganze Welt, auf meine Eltern" (Schulte & Böhme-Bloem, ib., 60). Die Wut richtet sich bei dieser Patientin zunächst gegen den Ersatz, dann – entlang der Genese der Verschiebung – zurück aufs Originalobjekt, die Eltern, vermutlich die Mutter. Wir haben schon die Nähe des bulimischen Symptoms zur Zwangsneurose feststellen können. Zwangsneurotiker aber leiden oft an der Vorstellung, jemanden ermordet zu haben.

> Eine Patientin wollte beim Tennis ihre Mutter „töten", indem sie mit ihren Bällen direkt auf den Körper der Mutter zielte. Wohlgemerkt, sie wollte nicht „den Ball töten", wie es im Tennisjargon heißt, nein, sie sagte ausdrücklich: die Mutter. Dabei aber fügte sie sich selbst eine schmerzhafte Verletzung zu, die ihr künftighin jedweden Sport unmöglich machte. Sie bekam sozusagen „lebenslänglich". „Meine Wege pflastern Leichen", drohte unheilschwanger eine Patientin ihrem Freund, womit sie ihm signalisierte, was ihn erwarte, würde er sich nicht ihren Wünschen gemäß verhalten. Dabei warf sie mir einen bedeutungsvollen Blick zu, der mich ahnen ließ, was mich erwarten würde, würde ich

einmal wieder nicht wunschgemäß deuten. Dieselbe Patientin eröffnete, wenn sie wütend über ihre Mutter war, jeden zweiten Satz mit „Ich hätte sie erwürgen können." Eine andere Patientin glaubte ihre Mutter vor dem Alkohol retten zu müssen, „weil sie sonst stirbt". Schließlich möchte ich noch die detaillierte Vorstellung einer Patientin darüber, wie ein Mord aussehen könnte, erwähnen: „den Bauch aufschlitzen, die Eingeweide herausreißen und das Herz treffen". Da diese Patientin in der Sitzung ihre Mutter zum Thema genommen hatte, dürften diese martialischen Entwürfe ihr gegolten haben. Daß die bulimische Handlung unbewußt einen Angriff auf die Mutter darstellt, bestätigt zuallerletzt das Opfer selbst. So fragte eine Mutter ihre Tochter entrüstet, als sie von deren Krankheit erfuhr: „Warum tust Du mir das an?" Die Bemerkung macht das Aggressive an der Krankheit sichtbar, und deshalb weckt sie nicht die Fürsorge des Beobachters, sondern veranlaßt ihn zum Moralisieren.

Nun sind wir in unserer Einschätzung doch recht sicher, daß es sich beim Eßanfall um einen unbewußten Mordwunsch handelt, und nicht nur das. Da der Eßanfall überdies dazu dient, dem Objekt seine Eigenschaften zu rauben, wodurch es seine Identität verliert, es also um einen Mord an der Identität des Objektes geht, dürften wir es bei der Bulimie mit einem „Raubmord" zu tun haben.

Dabei ist allerdings eine Unstimmigkeit zurückgeblieben, die ich nicht einfach beiseite schieben kann. Galt im oralen Ordal das Erbrechen als Unschuldsbeweis, so mußte der Verdächtige selbst größtes Interesse daran haben, das Erbrechen öffentlich zu dokumentieren. Bei der Bulimiekranken aber ist genau das Gegenteil der Fall. Sie schämt sich ihres Erbrechens, möchte es unter allen Umständen vertuschen, obwohl sie meiner These zufolge doch allen Grund hätte, öffentlich zu beweisen, daß sie keinen „Mord" begangen hat. Statt dessen verheimlicht sie das Beweismittel ihrer Reinheit und Unschuld. Sie benimmt sich diesbezüglich anders als ein „Mörder". Und auch noch in anderer Hinsicht: Manche Mörder lassen am Tatort ihre Fäkalien zurück, von den Kriminalisten als „la carte de visite odorante" (vgl. Reik, ib., 76) bezeichnet. Schulte und Böhme-Bloem erwähnen den Fall einer jungen Frau, von dem Schottky 1932 berichtet hat, die neben dem Essen von Abfällen und Hundenahrung immer wieder durch Diebstähle und dadurch auffiel, daß sie auf Plätzen ihren Darm entleerte (vgl. Schulte & Böhme-Bloem, ib., 23). Die Bulimikerin jedoch möchte unter allen Umständen vermeiden, olfaktorische Spuren zu hinterlassen. Ihre zuvor besprochene Angst vor der Fäkalisierung könnte demnach auch die sein, ihre „Visitenkarte" am Tatort zurückzulassen. Daß sie gleichwohl tut, was sie vermeiden möchte – man erkennt sie am ätzenden Geruch des Erbrochenen, die Zahnärzte am schlechten Zustand der Zähne –, ließe wieder auf ein „Verbrechen" schließen.

Wie ist es zu verstehen, daß das Erbrechen als Unschuldsbeweis vertuscht wird? Liege ich mit meinem Vergleich mit dem oralen Ordal daneben? Eine Möglichkeit wäre, daß die Kranken einer Art Geständniszwang unterliegen, auf den Unschuldsbeweis verzichten und freiwillig einräumen, die Mutter „ermordet", zumindest die Absicht dazu gehabt zu haben. Allein diese Möglichkeit würde mir zur Bulimikerin nicht passen. Da legt sie doch zu großen Wert auf Verheimlichung. Nun ließe sich diese Unstimmigkeit schnell lösen, wenn man in Rechnung stellt, daß dem Objekt mit dem Erbrechen alle Aversion und Feindseligkeit gezeigt werden kann, wie das die Patientin machte, die ihrer Gruppentherapeutin „mit der sauren Wolke mitteilte, wie 'ätzend' sie sie erlebte" (Schulte & Böhme-Bloem, ib., 61). In diesen Fällen ist das Erbrechen selbst ein feindseliger Akt und keine Reinigung. Das könnte Grund genug sein, das Erbrechen zu verbergen.

Was aber ist mit all jenen Patienten, denen das Erbrechen Reinigung bedeutet? Hier böte sich als Lösung die Annahme an, es reiche ihnen, über das Purgatorium Erbrechen die Absolution vor ihrem Überich zu erhalten. Allerdings steht dem entgegen, daß die innere Gewalt den Täter die mildere der Öffentlichkeit aufsuchen läßt. Reik schreibt: „Die Erinnyen, die den Orest verfolgen, sind die wiedererstandene ermordete Mutter selbst, die in vervielfältigter Gestalt vor dem Verbrecher auftaucht. Vor ihr, vor solchem sichtbaren, doch unfaßbaren Wesen flüchtet der Mörder zur irdischen Gerechtigkeit, nimmt die von ihr auferlegte Strafe auf sich, weil sie barmherziger ist als jener Schrecken. Wenn so Gewissen Feige auch aus den Verbrechern macht, so macht es, wenn es härter, quälender, unerbittlich geworden ist, Verwegene aus ihnen; dies zeigt jenes merkwürdige Phänomen der Rückkehr zum Tatort" (ib., 87). Solcher Verwegenheit waren wir bei der Patientin begegnet, die ein gestohlenes Kleidungsstück umtauschen wollte, aber so recht bringt uns das nicht weiter, läßt allenfalls besser verstehen, weshalb die Kranken vor ihrer Gewissensqual in die „irdische" Körperqual flüchten. „Die Rückkehr an den Tatort" ist im Falle der Bulimie der nächste Eßanfall. Der aber findet wiederum in aller Heimlichkeit statt. Unglücklicherweise scheint der Vergleich mit dem Ordal in dieser Hinsicht mehr Verwirrung zu stiften, als er zu erhellen versprach.

Mitnichten! Der Vergleich leistet uns beste Dienste. Ich habe mich nur allzu sehr vom Erbrechen als *Reinheitswunsch* ablenken lassen. Das andere und entscheidendere Ziel des Erbrechens ist ja das der *Gewichtsabnahme*. Die Patienten erbrechen, um nicht dick zu werden. Und dabei sind wir ja auf das merkwürdige Phänomen gestoßen, daß bisweilen schon ein Gramm zuviel *panische* Angst auszulösen vermag. Gründe dafür hatte ich ausfindig gemacht. Allein, es scheint noch ein anderer in Betracht gezogen werden zu müssen.

Ich will mir den Vergleich mit dem Ordal nochmals vornehmen. Wir haben gehört, daß der Beschuldigte ein Stück vom Leichnam des Ermordeten zu sich nimmt. Die Annahme lautete: „Das Fleisch oder Blut des Erschlagenen werde sich an dem Täter rächen, ihn schwer erkranken oder sterben lassen; wenn er aber unschuldig ist, werde er das Verzehrte ausbrechen wie etwas, an dem er keinen Teil haben will" (Reik, ib., 154). Ersetze ich nun probeweise in diesem Satz „erbrechen" durch „dick werden", so ergibt sich folgender Sinn: „Das Fleisch oder Blut des Erschlagenen werde sich an dem Täter rächen, ihn schwer erkranken oder sterben lassen; wenn er aber unschuldig ist, werde er *nicht dick werden*". Schlagartig wird durch die Ersetzung sichtbar, warum die Bulimikerin panische Angst vor einer Gewichtszunahme haben muß: Sie würde sie als „Mörderin" bzw. ihre unbewußten Muttermordphantasien entlarven. Eine Gewichtszunahme wäre sicheres Indiz dafür, die Mutter „gefressen" und damit getötet zu haben. Das „ermordete" Objekt säße – für alle sichtbar! – als Fett im Körper. Es ist ja eine der zentralen Folgen der Einverleibung, daß Objekt und eigener Körper zum „fetten Körper" verschmelzen, weshalb nicht nur das Introjekt, sondern auch der eigene Körper zum Verfolger werden, weil er das Selbst und seine Mordphantasie verrät. Auf ihn und die introjizierte Mutter schlagen die Patienten in der Wut ein. Die Bulimikerin sieht sich gegen Ende des Eßanfalls von feindlichen Objekten umringt: vom Überich, von kränkenden Personen und vom eigenen Körper. Wir wissen, daß sie vor allen flüchtet, indem sie sie auffrißt. Was den eigenen Körper betrifft, mag das seltsam klingen. Aber wie das geschieht, zeigte in Ansätzen jene Patientin, die auf ihrer Unterlippe herumkaute. Und auch das geheimnisvolle Verschwinden des Überichs im Eßanfall fände eine weitere Erklärung: Es wurde aufgefressen und liegt im Magen, was sich an einem Patienten von Heimann beobachten läßt, bei dem aus einem weißen Baumwollmännchen im Magen in dem Moment ein schwarzes wurde, „when the patient did something wrong" (1948/49, 61). Auf ähnliche Weise wird wohl das bulimische wahre Selbst, im Eßanfall vor dem Überich in Ungnade gefallen, zum „schwarzen Schaf".

Es wäre demnach nicht das Erbrechen, das der Öffentlichkeit die Unschuld beweisen könnte, sondern das Gewicht. Wir haben es bei der Bulimie mit einem Gewichtsordal zu tun. Die Schlankheit soll beweisen, daß kein Mord geschehen ist. Eine Gewichtszunahme hingegen wäre der Situation vergleichbar, wenn ein des Verbrechens Angeklagter das verabreichte Gift nicht erbräche und „mit plumpen Messern zerhackt und über langsamem Feuer gekocht" würde (Reik, ib., 151 f.) oder, wie es andernorts Sitte war, wenn der Angeklagte unter heftiger Atemnot und Krämpfen dem Gift erlag, man ihn an Ort und Stelle verscharrte, „nachdem man der Leiche das Herz herausgeschnitten hat" (ib., 151). Das kommt uns doch alles sehr bekannt vor, wenn wir an die Atemnot, die Krämpfe und Migräneanfälle der Patienten nach den Eßanfällen denken. Zerhackt, gekocht oder verscharrt werden – das dürften die Inhalte ihres persekutorischen Schuldgefühls sein. Und man muß sich nur vergegenwärtigen, mit welcher Vehemenz sich manche Therapieformen auf Bulimiekranke stürzen, um sie mit Diätmethoden „wie mit plumpen Messern" zu zerhacken, will man in der Moderne Reste dieser Bräuche aufstöbern.

Wir können also resümieren: Das Erbrechen dient lediglich dem Überich als „Beweis", daß das Ich die Tat ungeschehen machen will. Es ist nur magisches Mittel zur Spurentilgung, nicht von ungefähr mit Freude und Heiterkeit begrüßt. Weil es ein Beseitigen von Beweismitteln – dem Fett – ist, muß das Erbrechen vor Zeugen verborgen werden, denn Spurentilgung macht verdächtig und wäre strafbar. Erbrechen als „Fettlöser" ist bei der Bulimie, im Gegensatz zum oralen Ordal, Beweis der Schuld. Vor der Öffentlichkeit aber entlarvt das Fett die Tat. Mit dem Erbrechen wird die Leiche in der Toilette, auf dem „imaginären Friedhof", beseitigt. Aber das „Verbrechen" kommt trotz Schlankheit über die körperlichen Folgen des Erbrechens schließlich doch ans Tageslicht. Zum Unglück der Kranken bedarf es zur „Entlarvung" nicht der Zahnärzte und Internisten. Eine Patientin, die Unmengen von Gebäck aß, fühlte sich eines Tages von einer Verkäuferin ertappt, die argwöhnte: „So viele Plätzchen und so dünn, da stimmt was nicht!" Die Patientin floh in Panik aus der Bäckerei und ließ sich dort nie wieder blicken.

Es bedarf kaum noch der Erwähnung, daß die Kranken wegen der unbewußten Raubmordphantasien eine Beziehung zu Personen meiden müssen und in die Beziehung zu einem unbelebten Objekt, einem Ersatzobjekt, flüchten. Die Angst vor der Entdeckung eines

„Mordes" als Ursache für die „grauenvolle Angst vor dem Gramm", nicht zu Unrecht als „Schlankheitswahn" bezeichnet, erscheint mir plausibler als jene Erklärungsversuche, die ein gestörtes Körperbild als Ursache angeben, obwohl diese Störung natürlich vorhanden ist. Aber die Panik erklären sie nicht. Sie läßt sich m. E. nur über die These vom „Körper als Verräter" verstehen. Für die Kranken stellt das gesellschaftlich vorgegebene Schlankheitsideal nicht nur ein Schönheitsideal dar, sondern erhält die Bedeutung eines Urteils, wie die vorangehenden Überlegungen gezeigt haben. Wer dem Ideal nicht entspricht, wird des „Mordes" angeklagt, kriegt nie einen Mann und darf an den Genüssen des Lebens nicht teilhaben, bekommt also „lebenslänglich". Ich werde später eine weniger forensische Interpretation des Schlankheitswahns vorlegen, die die Angst vor einer mächtigen Mutterimago zum Gegenstand hat, aber sie weicht von der hier gegebenen kaum ab.

VI. Die Folgen des Erbrechens

Die Hoffnungen, die mit dem Erbrechen verbunden waren, erweisen sich als Illusion. Die Begeisterung einer Patientin, die das magisch-omnipotente Denken, das im Erbrechritual verborgen ist, dokumentiert: „Ich lief aufs Klo, beugte mich darüber, und alles kam wieder heraus. Mir war nicht übel, gar nichts. Das Völlegefühl war weg, und ich fühlte mich pudelwohl, rein und leer. So fing es an. Ich wußte jetzt, ich konnte essen, was ich wollte, und würde nie mehr dick sein, denn ich brauchte ja nur aufs Klo zu gehen" (Gerlinghoff, ib., 23) – diese Begeisterung erhält von einer Leidensgenossin einen deutlichen Dämpfer: „Ich habe immer gedacht, nach jedem Eßanfall, wenn dann gekotzt ist, dann ist es wieder gut für heute. Nichts war gut, der nächste Eßanfall kam (Aliabadi & Lehnig, ib., 221). Von einem Fressen ohne Folgen (vgl. Gerlinghoff, ib., 17) kann keine Rede sein. Die Phantasien der Patienten über ihre Körperreaktionen entbehren jeder physiologischen Realität. „Durch das Erbrechen gelingt es keineswegs, alle Kalorien aus dem Magen zu entfernen, ebensowenig wie durch die Einnahme großer Mengen von Abführmitteln. In den meisten Fällen handelt es sich bei einem Gewichtsrückgang um einen Flüssigkeitsverlust, der infolge von Wassereinlagerungen schnell wieder zu einer Zunahme des Körpergewichts führt" (Gerlinghoff. ib., 18). Und ebenso verhält es sich auf psychischer Ebene. Die Externalisierung gelingt nicht. Schon die Selbstanklagen nach dem Erbrechen zeigen, daß das projektive

System versagt hat. Das Erbrechen hat nicht dazu geführt, das Introjekt restlos zu entfernen, und deshalb hat sich an der Angst vor Verfolgung ebenfalls nichts geändert. Das mittels Erbrechen nach außen reprojizierte verfolgende Introjekt wird jetzt nämlich zum verfolgenden Außenobjekt – mag das Erbrochene auch längst in den Tiefen der Kanalisation versickert sein. Das verfolgende Außenobjekt ist die Nahrung und gibt sich darin zu erkennen, daß die Patientinnen nach dem Erbrechen ständig vom Denken ans Essen „verfolgt" werden. Aus dieser Perspektive wird unsere früher gehegte Vermutung, das Planen diene der Kontrolle, noch einmal bestätigt, aber nun tritt noch ein weiteres Motiv des Planens ans Licht. Es soll nicht nur dem gefürchteten Kontrollverlust zuvorkommen, sondern darüber hinaus das verfolgende Objekt Nahrung mißtrauisch kontrollieren helfen. Durch erneute defensive Introjektion des verfolgenden Außenobjektes muß dann der lästige Verfolger draußen wieder zum Verschwinden gebracht werden. So wird auch für den Eßanfall ein weiteres Motiv erkennbar: Neben Fusionswünschen und dem Drang zur Projektion von Beta-Elementen ist es diese Verfolgung durch die Nahrung, die die Eß-Erbrech-Spirale erzeugt. Kurzum: „Doch Sorge folgt und nimmersatte Gier" (Horaz).

Wie brüchig das Ergebnis des Erbrech- und Reinigungsrituals ist, zeigt die Interferenz von Macht und Triumph einerseits und Verlassenheitsangst andererseits. Erbrechen als „prolimitative Technik" (Mendel) bedeutet Trennung vom Fusionspartner. Auf der Beziehungsebene entspricht dem Erbrechen das Fortstoßen des Objektes. Hieraus erklärt sich die narzißtische Krise, in die die Kranken trotz des Hochgefühls wegen der gewonnenen „Autonomie" geraten: Sie reagieren auf das Erbrechen mit Weinkrämpfen und sehen sich jetzt der Separation wegen gezwungen, ihren narzißtischen Bedürfnissen zuwiderzuhandeln und sich erneut in Abhängigkeit zu begeben, also zu essen und einen Kontrollverlust zu riskieren. Wir befinden uns damit wieder an der Startposition, die wir für den Eßanfall ausfindig gemacht haben: Selbstvorwürfe, Schuldgefühle, Unzufriedenheit mit sich, Trennungsgefühle etc., die die Kranken narzißtisch bedürftig machen, so daß sie „Selbstgefühlszufuhr" (Fenichel) benötigen, was die Sehnsucht nach einem guten, narzißtische Zufuhr und Allmacht spendenden Objekt weckt. Wegen dieser Bedürfnisse und der dadurch erzeugten Labilität des narzißtischen Gleichgewichtes bekommen die eingangs skizzierten Auslösesituationen – objektiv meist harmlos – ihre traumatische Bedeutung. Und nun wird auch in vollem Umfang verständlich, weshalb der Versuch, mit einem guten

Objekt ein böses aus dem Innern zu beseitigen, mißlingt: Das gute Objekt ist ein „trojanisches Pferd", es enthält auch den Verfolger. Somit wird das Ende des Erbrechens zur Ausgangsposition des Eßanfalls: „Erst kommt das Fressen, dann kommt die Moral" – „Doch Sorge folgt und nimmersatte Gier": das ist die Eß-Erbrech-Spirale.

Die mangelhafte Integration der Analität

Vielleicht war aus meiner bisherigen Darstellung zu spüren, daß die Patienten sich wie ein Hürdenspringer verhalten, der Anlauf nimmt, mit seinen Versuchen aber stets auf die gleiche Weise scheitert. Ich meine den Versuch der Bulimikerin, in die Analität im Sinne der Beherrschung des Objektes und des Selbst vorzustoßen, der wieder und wieder mißlingt, wie der regelmäßige Kontrollverlust zeigt. Die Projektion, das Erbrechen also als ein Ausstoßen von Unlustvollem z. B., ist ein typischer Mechanismus der späten oralen und frühen analen Phase. Ferner ist der Trotz im Anfall ebenso wie der Wunsch nach Reinheit ein analer Charakterzug. Der Analität begegnet man bei diesen Patienten ständig. Hören wir eine Patientin: „Ich weiß, daß es absoluter Mist ist, was ich mache" (Langsdorff, ib., 23). Auch die die folgende Bemerkung mitteilende Autorin bewegt sich mit ihrem Kommentar in der analen Metaphorik: „Sämtliche Emotionen, sämtliche Probleme und Gefühle werden mit dem Ventil des Essens und des damit verbundenen künstlichen Erbrechens abgelassen" (ib., 23). Die Analität im Sinne eines Ringen um Kontrolle zeigt sich auch in der hohen Besetzung der Motorik bei diesen Patienten. Tanz, Gymnastik, Bodybuilding, Klettern, Schwimmen oder Skifahren in der einen oder anderen Kombination – oft exzessiv – haben bei allen meinen Patienten eine große Rolle gespielt.

> Spuren der Analität lassen sich auch in der Behandlung beobachten. Eine Patientin kam zum Interview, sah meinen Teppichboden, zögerte einen Moment, beugte sich dann wortlos nieder und zog ihre Schuhe aus. Mein erstaunter Blick veranlaßte sie zur Erklärung, sie wolle meinen Boden nicht beschmutzen. Da sie außerdem wegen starker Regenfälle triefend naß kam, fürchtete sie meinen Stuhl zu beflecken. Eine andere Patientin eilte vor jeder Stunde zielstrebig zur Couch, ließ dort ihre Jacke von den Schultern neben die Couch auf den Boden gleiten, bevor sie sich selbst auf die Couch warf. Die Jacke lag dann als Häufchen neben ihr. Ich habe auch Beispiele dafür angeführt, daß sich die Wut der Patientinnen anal-urethral äußerte.

Auch das Verhalten der Patienten nach dem Erbrechen zeugt von dem Versuch, anal zu werden. „Verbreitet sind Rituale. Nach dem Erbrechen wird die Kloschüssel gereinigt, aber auch der Mensch selbst. Um sich 'reinzuwaschen', steigt die Eßsüchtige unter die Dusche, spült sich den ganzen 'Dreck' vom Körper, macht vielleicht eine Gesichtspackung, um wieder wie ein Mensch auszusehen, und zieht sich noch einmal frisch an" (Langsdorff, ib., 23). Gerlinghoff schreibt: „Nicht wenige tragen für den Freßanfall und das anschließende Erbrechen eine eigens dafür bestimmte Kleidung. Sie betreiben im Anschluß an den Anfall minutiöse Spurenbeseitigung, baden oder duschen, putzen sich die Zähne, säubern das Bad und ziehen frische Kleidung an" (ib., 19). Es wird nach dem bisher Gesagten nicht überraschen, daß solche Ritualisierungen dem zweiten Lebensjahr zugeordnet werden können. Fornari schreibt:

> „Mit dem Zwang zur Kontrolle der primitiven persekutorischen und depressiven Ängste bringt Melanie Klein auch die Ritualisierungen beim Zubettgehen, beim Essen und bei der Entleerung in Verbindung, die im zweiten Lebensjahr auftreten; sie scheinen von der Notwendigkeit diktiert, ein bestimmtes Verhalten immer auf dieselbe Weise zu wiederholen. Die auf eine ganz bestimmte Weise vollzogene Defäkation wird begleitet von Phantasien der Kontrolle über die bösen Teile des Selbst. Die Neigung, bestimmte Dinge gemäß einem Ritual zu erledigen, kann sich daher mit der Phantasie verknüpfen, diese Dinge 'gut' zu machen und die bösen Dinge gut werden zu lassen. Das Ritual vermindert die Schuldgefühle und befriedigt die Wiedergutmachungsbedürfnisse. Wenn die Ritualisierung jedoch übertrieben wird, enthüllt sie, daß das Ich seine Ziele: Kontrolle und Wiedergutmachung nicht erreicht hat; der Wiederholungszwang nimmt dadurch erst seinen eigentlichen Zwangscharakter an" (1970, 114).

Wenn man noch das Faktum hinzurechnet, daß in der analen Phase die geschlechtsspezifische Identität beginnt, und die Geschlechtsspezifität der Erkrankung in Betracht zieht, so dürften wir uns mit unseren Überlegungen zur Analität auf bedeutsamem Terrain befinden.

Auch mit dem Erbrechen, dem Ungeschehenmachen des Kontrollverlustes, der erhofften Reinheit und dem Wunsch, das Objekt zu kontrollieren und zu beherrschen, sucht die Bulimikerin die anale Dimension zu erreichen, was dem oralen Charakter fremd wäre (vgl. Grunberger, 1976, 169), dem sie sich deshalb nicht eindeutig zuordnen läßt. Auch ihr Versuch, mit der Fingermethode die Laxantien abzulösen und damit einen Schritt aus der Passivität in die Aktivität und größere Unabhängigkeit zu tun, ist ein Beispiel für progressives Bestreben in Richtung Analität. Der Finger hat in diesem Zusammenhang keine Penisbedeutung, er ist hier ein anales Symbol. Durch die Selbstversorgung mit dem Finger stellt die Kranke ihre narzißtische Autarkie wieder her: die aktive Ausscheidung und die Bestimmung des Zeitpunkts dafür, die nicht vom Verdauungstrakt diktiert wird, sondern vom Finger der Kranken, beendet die Abhängigkeit im Eßanfall. Diese analen Prozesse, insbesondere auch der Triumph, helfen der Kranken, die narzißtische Wunde zu schließen (vgl. Grunberger, ib., 166):

> „Der Anale bestätigt sich gegenüber dem Objekt und versucht, ihm gegenüber Überlegenheit, d. h. die Herrschaft zu erlangen. Diese tendiert dazu, immer vollkommener zu werden, denn der Prozeß läuft in einem *geschlossenen System* ab, in dem die Verringerung der Macht des einen die Verstärkung der Macht des anderen zur Folge hat und umgekehrt. Das Endziel besteht im Triumph des Subjekts über das Objekt, der für das Objekt bedeutet, daß es angegriffen und nach und nach erniedrigt, schließlich all der wesentlichen Eigenschaften, die es zu einem Individuum machten, beraubt wird und zur anonymen Substanz ohne eigene Existenz, zum Abfall herunterkommt. Der Prozeß, dessen Beschreibung für sich spricht, verläuft nach dem Muster der Verdauung mit dem Endziel der Fäkalisierung und der Ausscheidung" (ib., 177 f.).

Da die Patientinnen die anale Dimension, das Verdauen, durch vorzeitiges Abbrechen vermeiden, unterbleibt die Integration der Analität. Aber nicht erst mit dem Erbrechen, sondern schon an der „magischen Grenze" im Eßanfall versagt die Beherrschung, funktioniert also die Analität nicht mehr. Das Planen kann man noch als ein Ringen um Kontrolle verstehen. Der im Eßanfall erfolgende Zusammenbruch jedoch ist ein Indiz dafür, daß in der analen Phase eine Störung aufgetreten sein muß, die den strukturierenden Effekt der Analität und damit die Objekt- und Selbstbeherrschung immer wieder vereitelt.

Hinter dem Kontrollverlust im Anfall stehen bei diesen Patienten meiner Erfahrung nach traumatische Erlebnisse im Zusammenhang mit der Sphinkterkontrolle in der Kindheit, die teils angst-, teils wutbedingt waren, weshalb die Scham so heftig und die Integration der Analität erschwert ist. Eine Patientin hatte sich regelrecht „Schmutzecken" zugelegt, in denen sie ungestört fressen und erbrechen konnte. Diese Schmutzecken sind, genetisch gesehen, Inseln, die sich bei Beginn der Entwicklung der Sphinktermoral, d. h. bei Beginn der Überich-Entwicklung, bildeten. Die später zu erörternden Kindersymptome der Bulimikerin, die ich als Vorläufer des späteren Eßsymptoms verstehe, bilden sich zu dieser Zeit.

Die mangelhafte Integration der Analität beruht zusätzlich auf einem Defekt bei der Integration des Container-Contained-Apparates. Das Erbrechen ist uns als Versuch der Projektion von Beta-Elementen, als Versuch der Selbstentgiftung, begegnet, weil der Container fehlt oder es zu einem mißlungenen Containing kommt, weil die Alpha-Funktion des Containers nicht funktioniert. Im ganzen betrachtet haben wir es mit einem Oszillieren zwischen der anal-retentiven und der anal-expulsiven bzw. oral-sadistischen Phase zu tun (vgl. Abraham, 1924). Dieser regressiv-progressive Zirkel kennzeichnet die Bulimie in ihrer Gesamtheit (vgl. Willenberg, 1989). Er läßt sich auch, wie mehrfach betont, im Bereich der Objektbeziehungen beobachten, dort als Anklammern und Fortstoßen.

Die Assimilationsstörung

Die Kleptomanie hat gezeigt, daß die Patientinnen von dem gestohlenen Gegenstand keinen Gebrauch machen, ihn sich nicht wirklich aneignen können. Kleptomanie wie Bulimie sind im Hinblick auf eine Assimilation des Introjekts ans Selbst sinnlose Handlungen. Die Aneignung läuft buchstäblich ins Leere. Die Gleichung: Fressen = Rauben = Identifizieren geht bei der Bulimie nicht auf, weil alle drei Vorgänge immer wieder unterbrochen werden. Für die beiden ersten Glieder der obigen Gleichung, das Fressen und das Rauben, habe ich die Umstände, die zur Unterbrechung führen, beschrieben. Wenn wir uns des Beispiels für das Nirwanaprinzip bei Spitz erinnern, so war dort die Rede davon, daß der Säugling die Brustwarze in seinem hohen Erregungszustand nicht bemerkt. Sie bzw. die Milch konnten also ihre Funktion nicht erfüllen. So ähnlich muß man sich das bei der bulimischen Patientin vorstellen. Im Zustand der Erregung, der narzißtischen Wut, kann sie sich nicht länger auf die Nahrung konzentrieren. D. h., der Prozeß, den Bion beschreibt, funktioniert bei der Bulimikerin nicht: Sie fühlt sich nicht „gestillt", deshalb geht die „böse Brust" nicht weg, und deshalb muß erbrochen werden. Das Fressen funktioniert aber auch deshalb nicht, weil es ein Rauben ist. Wenn Fenichel schreibt: „Das einverleibte Objekt ist zu einem Stück Ich geworden" (1931, 79), so muß die Bulimikerin gerade das verhindern. Weil das Introjekt Träger der geraubten Eigenschaften ist, in unrechtmäßigem Besitz also, wird es zur „heißen Ware", die schleunigst abgestoßen werden muß.

Wie aber verhält es sich mit dem Identifizieren? Ich habe nur kurz angedeutet, daß es Probleme damit gibt. Zur weiteren Erörterung ist es erforderlich, die Folgen des Erbrechens, d. h. den Nichtgebrauch des Objekts zu betrachten.

Nach dem Erbrechen fühlen sich die Patienten in der Regel nicht nur einsam und tendieren zu Weinkrämpfen, sondern fühlen sich schlicht leer. Sie zeigen das Bild eines „depressiven Katers" (Fenichel, 1931, 65). Die Leere ist ein Zeichen fehlender echter Ich-Identifikationen und damit sicherer Hinweis auf das Fehlen assimilierter innerer Objekte bzw. dafür, nicht im wahren Selbst zu leben. Diese innere Leere war ja Schulte und Böhme-Bloem (ib.) zufolge der Drehpunkt zum Eßanfall, weil sie mit einem äußeren Objekt aufgefüllt werden muß. Ich sagte zuvor, daß die Bezwingung des Introjekts wegen seiner Übermacht nicht gelingt, und dachte dabei an den Besucher, der nicht in seine Grenzen zu verweisen war, und daß deshalb als letzte Maßnahme die Externalisierung des Introjektes blieb. Letzteres kann man am Erzähltext der Patienten beobachten: Eine Person bzw. eine Szene verschwindet gänzlich aus der Erzählung, obwohl sie in der Sitzung zuvor eine zentrale Rolle gespielt hat. Man wundert sich, wieso die Szene, die zuvor ihr ganzes Seelenleben beherrschte, die Patientin überhaupt nicht weiter beschäftigt. Die Leerstelle, die dadurch im Erzähltext entsteht, spiegelt die Leerstelle wider, die durch die Externalisierung im Gefüge der inneren Objekte entsteht. Auch Deutungen werden nach kurzer Zeit bedeutungslos, verblassen, hinterlassen keine Spuren beim Patienten bzw. nehmen keinen Einfluß auf seinen Erzähltext. Das läßt sich auf die gesamte analytische Situation beziehen. Im Laufe der Stunde stellt sich bei den Patienten das Gefühl ein, den Analytiker unrechtmäßig in Anspruch genommen zu haben. Schon während der Stunde, meist aber unmittelbar danach müssen sie „dringend" auf die Toilette, um dort urethral zu „erbrechen", was sie sich in der Stunde „geraubt" haben. So bleiben sie nichts schuldig; es bleibt aber auch nichts hängen, denn in der nächsten Stunde beklagen sie mitunter eine Amnesie bezüglich der Vorstunde.

Was auf somatischer Ebene geschieht: die Nahrung wird wegen des Erbrechens nicht vom Organismus verwertet, geht nicht „in Fleisch und Blut" über, erfolgt vergleichsweise auch auf psychischer Ebene und zeigt sich dort als Leere. Der durch Erbrechen gestörte Stoffwechsel entspricht der gestörten psychischen „Verdauung" der Introjekte. Bewirkt das Erbrechen eine Störung in der Assimilation der Nahrung, so bewirkt die Projektion bzw. Externalisierung eine Störung in der Identifizierung mit den introjizierten

Objekten. Zu den gravierendsten Folgen der vorzeitigen Externalisierung durch Projektion gehört demzufolge die Störung in der Assimilation. Hinshelwood schreibt: „Es gibt verschiedenartige innere Objekte, liebende und hassende (...) Die Persönlichkeit wird durch Beziehungen zu all diesen inneren Objekten strukturiert. Wichtig für die strukturelle Beurteilung der inneren Welt ist der Zustand der Identifizierung oder Nicht-Identifizierung zwischen dem Ich und den Objekten" (ib. 286 f.). Diesem Zustand gelten meine Überlegungen. Ich spreche von Assimilationsstörung, weil eine Assimilation teilweise erfolgt, sie fällt nicht ganz aus, wir hätten sonst eine völlige innere Leere, die letal wäre. Die körperlichen Vorgänge sind mir dafür wieder paradigmatisch. "Bemerkenswert ist die falsche Vorstellung von der vermeintlichen Wirksamkeit der Gewichtskontrollmethoden. Durch das Erbrechen gelingt es keineswegs, alle Kalorien aus dem Magen zu entfernen" (Gerlinghoff, ib., 18). Die Nahrung ist also bereits zerlegt, zerfetzt, ihre Konsistenz in Auflösung begriffen, den Verdauungssäften ausgesetzt. Auch auf psychischer Ebene kommt der Assimilationsprozeß, also eine Identifizierung mit dem Introjekt, zunächst partiell in Gang, wird dann aber abgebrochen, und die Introjekte verbleiben im Status eines Fremdkörpers. Paradigma hierfür ist das Überich. Deutlich zu spüren ist dabei die Tendenz der Patientinnen, diese Identifizierungen zu vermeiden bzw. zu vertuschen. Auf existierende Identifizierungen angesprochen, verleugnen die Patienten diese entweder oder aber schämen sich zutiefst. Das ist insbesondere dann der Fall, wenn man sie auf ihre Identifikation mit der Mutter anspricht. Sie reagieren, als habe man sie beim Stehlen ertappt.

Die Störung in der Assimilation zeigt sich manchmal gestisch. Hat man Gelegenheit, die Mimik der Patienten beim Deuten zu beobachten, so sieht man entweder ein regungsloses oder ein abwehrendes, skeptisches, bisweilen angewidertes Gesicht mit einer Gestik um den Mund herum, als fühlten sich die Patienten oral vergewaltigt, als würde die Deutung über den Mund aufgenommen, also gegessen. Ich erwähnte in einer früheren Arbeit den Traum einer Patientin, in welchem ich ihr mit meinem Mund Kirschkerne in ihren steckte (vgl. Ettl, 1988). Abgesehen davon, daß dies ein dezenter Hinweis an mich war, daß sie nur Abfall von mir bekomme, bebilderte der Traum auch die Analyse als „Mund-zu-Mund-Behandlung". Manchmal wird eine Deutung über die gesamte Körperoberfläche aufgenommen. Eine Patientin beklagte sich einmal bitter über eine Deutung, die ihr nicht gefallen hatte und die Harmonie zwischen uns störte. Zuerst habe sie bei mir „wie in einer

Badewanne mit warmem Wasser" gesessen, jetzt aber (nach der Deutung) sei das Wasser plötzlich „eiskalt". Es wäre freilich „unbulimisch" gedacht, ließe man außer acht, daß eine Deutung, bevor sie wertlos gemacht wird, von den Patienten zunächst wie eine Kostbarkeit behandelt wird. Aber eben dadurch wird die Deutung zum wertlosen Gegenstand, weil die Kostbarkeit nicht gebraucht, d. h. assimiliert werden darf. Sie könnte durch den Gebrauch abgenutzt oder beschädigt werden. Eine Patientin hatte nach ihrem Interview „ein schönes warmes Gefühl". Danach aber bekam sie Angst, dieses Gefühl nicht halten zu können, weil sie es sich selbst kaputtmachen könnte durch „unzusammenhängendes Erzählen". Es war klar, daß sie damit das Erbrechen meinte, mit dem das schöne Gefühl externalisiert werden mußte. Ihres kostbaren Wertes wegen sind mit den Deutungen (Sorgfalts-)Pflichten verbunden, was als Abhängigkeit erlebt wird, weil die kostbare Zuwendung, darum geht es letztlich, Zwang zur Dankbarkeit bedeutet. Dankbarkeit aber heißt in Abhängigkeit zu geraten. Hinzu kommt die Scham darüber, eine Deutung zu benötigen, vielleicht sogar noch eine zutreffende, die das Wohlbefinden fördert. Der Vorwurf einer Patientin lautet: Was ich mir einbilde, ihr Wohlbefinden fördern und sie auch noch mit so einer Kleinigkeit „abspeisen" zu können. Eigentlich wolle sie doch viel mehr. Die Wut über diese Abhängigkeit und der Neid auf die Fähigkeit des Analytikers treten allmählich in den Vordergrund, weswegen die Deutung in Gefahr ist, zerstört zu werden, und als Reaktionsbildung muß sie besonders gehütet werden, darf aber eben nicht benutzt werden, d. h., sie wird nicht ins Selbst assimiliert.

Auch das Gefühl, etwas Schmutziges in sich zu haben, ist Beweis für die fehlende Assimilation, denn das Schmutzige ist immer das Andere, das Nicht-Ich, das Fremde (vgl. Grunberger, 1976, 168). Ein Patient Sadgers meinte: „Was nicht ich ist, ist Scheiße" (zit. n. Grunberger, 1986, 51).

Eine Szene zwischen einer Bulimikerin und deren Freundin zeigt die Störung in der Assimilation in statu nascendi, welche Komplikation in der Beziehung dadurch entstehen kann und warum Beziehungen gemieden werden müssen. Beide Frauen führten ein Gespräch miteinander, welches der Freundin in einer bestimmten Hinsicht sehr hilfreich war, denn zum Dank schenkte sie meiner Patientin ein zartes goldenes Halskettchen, von dem sie wußte, daß sie sich ein solches wünschte. Sie fiel ihr sozusagen aus Dankbarkeit um den Hals. Das Geschenk jedoch brachte meine Patientin in größte Schwierigkeiten. „Das hat die nur aus Schuldgefühlen gemacht", stieß sie bei mir verärgert hervor, „jetzt muß ich die Kette immer tragen, sonst ist die gekränkt". („Immer tragen" wäre die Assimilation an den Körper.) Damit war das Geschenk zur lästigen Verpflichtung geworden. Schließlich meinte sie: „Jetzt muß ich meine Freundin als Gegenleistung zum Essen einladen, das kostet mich aber Geld, da hätte ich mir die Kette auch selbst kaufen können". Mit diesem Schritt war das Geschenk entwertet und an die Freundin zurückgegeben bzw. „erbrochen". Die Angst, zur Dankbarkeit verpflichtet zu sein, mündete in den Wunsch nach Selbstbedienung als Vermeidung der Beziehung und der darin gefürchteten Abhängigkeit und Verpflichtung. Es zeigte sich, daß der Hintergrund der Halskettengeschichte eine Größenphantasie der Patientin war: Sie fühlte sich so großartig, weil sie ihrer Freundin hilfreich sein konnte, so daß sie es als Kränkung empfand, daß diese es gewagt hatte, eine „so großartige Geste" mit einem im Vergleich dazu schnöden Geschenk zu beantworten. Ihr Rat war sozusagen so großartig, daß es dafür niemals eine angemessene Gegenleistung hätte geben können.

Auf verschiedenen Ebenen also führt die Krankheit die Störung dieses Internalisierungsprozesses vor, was zur Folge hat, daß einige Objekte dem Ich eng assimiliert sind, „während andere ihm weniger nahe sind. Manche Objekte werden sogar überhaupt nicht assimiliert sein und eine Existenz als fremde Objekte, Fremdkörper, führen" (Hinshelwood, ib., 287). Während bei der Identifizierung das Selbst „nur einen einzigen Zug von der Objektperson entlehnt" (Freud, 1921c, 117), wird bei der Introjektion lediglich ein inneres Objekt errichtet, das jedoch nicht zu einem Teil der Selbstrepräsentanz wird. Erst nachdem das introjektiv Aufgenommene assimiliert und modifiziert wird, entwickelt sich eine Identifizierung. Ist dieser Vorgang nicht möglich, „gibt es auch unassimilierte Objekte, die innerhalb der Persönlichkeit fremd bleiben" (Hinshelwood, ib., 328).

Die Gründe für die Störung in der Assimilation liegen auf der Hand. Eine Identifizierung mit dem Introjekt wäre eine Form des Raubens und der Nekrophagie (vgl. Abraham, 1924). Mendel schreibt: „Nach der Idealisierung der Mutter und derjenigen des Vaters kommt es, bewirkt durch Identifikation, zur Wiederaneignung des eigenen, im Objekt inkarnierten Wunsches. Das Dramatische daran ist, daß diese Inbesitznahme als Verstümmelung des Objekts erlebt und damit zugleich das Objekt als 'teilweise rachsüchtig' internalisiert wird" (ib., 64). Dann aber müßte die Bulimikerin persekutorische Schuldgefühle fürchten, weshalb die introjektive Identifizierung abgebrochen wird.

Auch weil bei der Bulimie die introjizierten Objekte von der Wut kontaminiert und überdies Träger der Projektionen sind, vergiftet und beschädigt von all den abgewehrten Selbstanteilen wie Gier, Neid etc., können sie dem Ich nicht „auf harmonische und unaufdringliche Weise assimiliert" werden (Hinshelwood, ib., 113), sondern verbleiben im Status von Fremdkörpern im Selbst. Daß die Alpha-Funktion nicht integriert werden konnte, macht sich jetzt bemerkbar. Insbesondere der Neid tut sich als Assimilationshemmer (vgl. Klein, ib., 176 f.) hervor, wie ich in der Episode mit der Patientin, deren Freund mit mir Tee trinken wollte, gezeigt habe. Assimiliert werden darf aber auch nicht wegen der Angst vor dem Neid der anderen.

Das Gefühl, einen Fremdkörper in sich zu haben, ist sicherer Hinweis auf eine mißlungene Assimilation. Dieser Fremdkörper steht der weiteren „Verdauung" mittels introjektiver Identifizierung nicht mehr zur Verfügung. Aus dieser Perspektive betrachtet, könnte man die Bulimie als „Lernstörung" bezeichnen. Die Kranke verhält sich wie ein Schüler, der seinen Lehrer nicht mag und sich der Aversion wegen nicht mit ihm bzw. den Inhalten identifizieren will. Der Grund für diese „Lernstörung" beruht auf den Bedürfnissen der primären Liebe, auf der Suche nach einem widerstandslosen, gefügigen Objekt, Bedürfnisse, die nicht erfüllt werden und narzißtische Wut erzeugen, mit der der Lehrer und sein Lehrstoff kontaminiert werden. Eine Patientin erzählte, daß ihr Vater, wenn er ihr Mathematik beibringen wollte, nach Alkohol roch, was sie nicht habe ausstehen können. Sie habe nicht einzuatmen gewagt und konnte demzufolge nichts vom Lernstoff behalten. Eine andere fand das Deodorant ihrer Mutter so abstoßend, daß es sie in ihrer Nähe würgte.

Auf ein Hindernis bei der Assimilation macht Fenichel aufmerksam. Er bezieht sich auf Freuds einleitende Bemerkung zum Überich, in der dieser schreibt, daß die Verdrängung des Ödipuskomplexes keine leichte Aufgabe gewesen sei und das Ich sich die Kraft dazu vom Vater ausgeliehen habe (vgl. Freud, 1923b, 263). Fenichel interessiert sich für den Begriff des „Ausleihens" und schreibt: „Halten wir es noch damit zusammen, daß die introjizierten ehemaligen Objekte des Ödipuskomplexes deshalb nicht mit dem Ich verschmelzen können, weil sie in ihrer Mächtigkeit dem Rest-Ich inkongruent sind, so daß das Über-Ich unerreichbar hoch über dem Ich schwebt, aber doch gleichzeitig Ichqualität hat" (1939, 176). Ein Hindernis für die Assimilation besteht also darin, daß das Objekt als – wie die Bulimikerin sagen würde – „gigantisch" erlebt wird, so daß es vom Ich nicht aufgenommen werden kann, sondern sofort zum Ichideal wird, das unerreichbar bleibt.

Um zu verstehen, warum die Assimilation des Introjektes mißlingt, muß man in Rechnung stellen, daß die Bulimie die wie auch immer geartete Anstrengung, die zum Erwerb eines Objektes in der Regel erforderlich ist, vermeiden möchte. Zwar ist das begehrte Objekt hoch besetzt, nicht jedoch der Weg zum Erwerb desselben. Das mag zunächst in Widerspruch zur Bemerkung stehen, daß die Bulimikerin „raffiniert" dabei sei, zu ihrem Ziel zu kommen. Aber diese „Raffinesse" konzentriert sich darauf, einen Weg zu finden, der möglichst ohne Anstrengung begangen werden kann, wie die Kleptomanie zeigt. Mit Raffinesse sind Tricks gemeint. Im Eßanfall wird ab einem bestimmten Zeitpunkt nicht mehr gekaut, sondern in Brocken heruntergeschlungen. Diese Vermeidung des „sorgfältigen Kauens", des Anpassens der Nahrung an die Gegebenheiten des Verdauungstraktes – somatischer Ausdruck des Assimilationsprozesses –, läßt sich in anderen Bereichen ebenfalls beobachten. Die mannigfachen Arbeitsstörungen der Patienten, vor allem auf intellektuellem Gebiet, haben in solchem Schlingen ihre Ursache. So empfinden viele Patienten Unwillen, wenn sie sich einen Text sorgfältig erarbeiten, d. h. „durchkauen" müssen. Ich erinnere mich an eine Patientin, die ihren Freund sehr darum beneidete, daß er sich mit Lineal und Bleistift über einen Text hermachen konnte, Unterstreichungen vornahm, Randbemerkungen machte etc. und viel Zeit dafür verwendete, sich den Text einzuverleiben. Mit anderen Worten: Zur Aneignung eines Textes sind alle jene Prozesse erforderlich, die die Bulimie meidet: angefangen beim Zerlegen und Zergliedern eines Textes, über seine Beschmutzung durch Unterstreichen bis hin zum Übernehmen seiner Gedanken. Es ist nicht schwer zu erraten, wovor die Patienten zurückschrecken: Sich einen Text aneignen hieße dem Autor seine Gedanken „stehlen". Außerdem kränkt es sie, wenn ein Text sich der raschen Einverleibung sperrt. Sie reagieren wütend, mit Minderwertigkeits- und Trennungsgefühlen wegen der verweigerten Fusion. „Dieser Text geht meilenweit an mir vorbei", sagte eine Patientin erbost über einen langen Text. Die Putzsucht vieler dieser Patientinnen hat in diesem angstbedingten Unwillen, sich ein Objekt anzueignen, ihren Grund. Mit dem Putzen, mit dem der Gang zum Schreibtisch verzögert werden kann, soll das Beta-Element „Unwillen" mit einer Ersatzhandlung beseitigt werden. Erfahrungsgemäß wird der Unwille dadurch nur noch mächtiger.

Das Ausweichen vor dem schwer verfügbaren Text, der sich einer mühelosen Inbesitznahme sperrt, auf die leicht verfügbare Nahrung zeigt das Problem dieser Patienten mit der Analität. Nach

Grunberger gibt es eine Vorliebe des Analen für vorverdaute Nahrung, die „schon auf der intellektuellen Ebene durch eine Vulgärkultur aus zweiter Hand geschickt ausgenutzt (wurde), und zwar unter dem bezeichnenden Namen 'Digest'" (Grunberger, 1976, 181). Ich habe beschrieben, wie auch ich zum amorphen, fusionierbaren Objekt gemacht wurde.

Die Folgen der Assimilationsstörung sind beträchtlich. Die Störung verhindert „die Konstruktion eines Objektes in einem inneren Raum" (Bick, 1990, 236) und führt zu der von allen Patienten beklagten inneren Leere. Sie hätten weder Gedanken noch Pläne, weder Phantasien, Bilder, Erinnerungen, Melodien noch Gefühle – außer Scham und Schuld. Kurzum: Die ganze innere Welt ist lückenhaft und damit das Selbstgefühl brüchig. Ich fühle mich wie ein „Sieb", sagte eine Patientin, weil sie das Gefühl hatte, bei ihr bliebe nichts haften. Es müßten schon „dicke Brocken" sein, um in ihrem Sieb nicht durchzufallen, womit sie heftige Gefühle oder Erlebnisse meinte, die, danach befragt, schon fast traumatische Qualität haben mußten, um spürbar zu werden, weswegen manche Patienten traumatophile Züge zeigen. Diesem Phänomen waren wir bereits bei der Patientin begegnet, die meinte, sie müsse sich den Bauch bis zur Schmerzgrenze vollschlagen. Es bedarf des „thrills", um sich zu spüren. Es scheint so, als führe die Störung in der Assimilation der Introjekte zu einer Art allgemeiner psychischer Frigidität, einer Empfindungslosigkeit, die nur unter Zufügung ans Traumatische grenzender Erlebnisse durchbrochen werden könnte.

Der Assimilationsstörung wegen beherbergt das Seelenleben der Kranken entweder beschädigte oder unassimilierte innere Objekte, sofern sie dem Seelenleben nicht gänzlich verlorengehen. Die verbleibenden Objekte werden auf verschiedene Weise beschrieben: als „malignes Introjekt" (Müller-Braunschweig, 1970), „Phantom" (Abraham, 1978) oder als „gefrorenes Introjekt" (Giovacchini, 1967). Der Stand der Integration des Überichs als Introjekt ist das beste Beispiel für die Problematik mit der introjektiven Identifizierung. „Eine fortschreitende Assimilation des Über-Ichs (des feindseligen inneren Objektes) durch das Ich" (Hinshelwood, ib., 328) hat nicht stattgefunden. Das Überich befindet sich bei der Bulimie in einem archaischen Zustand, weil die „primäre Verinnerlichung" nicht funktioniert hat. Demzufolge unterliegt es keinem Wachstum. Wegen der Störung müssen ständig Objekte introjiziert werden, und: „Ihre Opfer sind zu endlosen Wiederholungen und zur süchtigen Bindung an die Außenwelt und ihre Objekte verurteilt" (McDougall, 1985, 357).

Die Assimilationsstörung ist ein Abwehrmechanismus. Sie ist eine „Verdauungsstörung" bzw. eine Art innerer Anorexie, eine Vermeidung der Aufnahme des Objekts, die zur bulimischen Völlerei nicht zu passen scheint, wenn wir nicht inzwischen wüßten, daß es bei der Bulimie immer um ein Externalisieren geht. Das Gefühl der Leere wird von den Patienten aktiv hergestellt. Sie beruht auf einer Abwehr von Gefühlen und Phantasien. „Dann allerdings (in der Pubertät, T. E.) erwachen in der nun Jugendlichen völlig uneinschätzbare neue Gefühle, die noch größere Abwehrleistungen fordern als bisher. Kein Wunder, daß sie sich als 'leer' empfindet", schreibt Schneider-Henn (ib., 18); und Gerlinghoff: „Viele Patientinnen werten als eine entscheidende Funktion der Symptome, schmerzliche oder intensive Gefühle, Wahrnehmungen und Erlebnisse nicht mehr hautnah spüren zu müssen" (ib., 104). Nicht mehr hautnah heißt, die Dinge müssen weit weg vom Selbst, vom Körperselbst gehalten werden. Genau besehen sind in ihrer Seele die Objekte wie Diebesgut abgelagert, auf das aber nicht zurückgegriffen werden darf. Mitunter erst nach Jahren der Behandlung kann man feststellen, daß minutiös „Daten" gespeichert sind. Sie lagern in einer „Krypta" (Abraham & Torok, 1976), worunter der Einschluß des Objektes im Ich verstanden wird. In dieser „Krypta" ist das Objekt unerreichbar geworden, entfaltet aber gleichwohl seine Wirkung im Ich. Derrida (1979) vermutet, daß die Bildung einer „Krypta" den Versuch einer Kompromißbildung darstellt, der jedoch mißlingt und zu einer „parasitären Einschließung" führt. D. h., ein „lebender Toter" wird im Ich quasi am Leben erhalten, wodurch im Ich ein heterogener Innenraum – einer Einnistung vergleichbar – entsteht. Die Kleptomanie kann diese Befunde bestätigen. Wenn die Patienten von „vermodern" sprechen, wird das Kryptische sinnlich erfahrbar. Was aber sind das für Daten? Szenen aus der Behandlung, Erlebnisse, Erfahrungen, Deutungen des Analytikers, die aber niemals mehr ins Gespräch kamen, die unbehandelt blieben, wie aus rohem Holz gezimmert, dem Durcharbeiten entzogen. Nach Jahren aber erinnern sie sich dann doch, was einmal in der Analyse gesagt wurde, oft an Einzelheiten, wie beim eidetischen Erinnern, was mich lange Zeit verblüfft hat, bis sich das Geheimnis dieses Erinnerns löste: Alles war im Tagebuch notiert. Daß sie später wieder auftauchten, lag daran, daß sie mit zunehmender Fähigkeit zur Alpha-Funktion „Bedeutung" bekamen und deshalb „assoziierbar" wurden und so integriert werden konnten.

Das Fehlen assimilierter Introjekte hat ferner zur Folge, daß die Kranken nicht über die „gyroskopische Funktion" (Stierlin, 1975, 103) innerer Objekte verfügen können, ein Mangel, den eine Patientin treffend in ein Bild zu fassen versuchte, als sie sich als „ein notdürftig zusammengezimmertes Floß, das steuerlos im Fluß des Lebens dahintreibt" bezeichnete. Sie litt wie viele andere Patienten unter dem Gefühl von „Bodenlosigkeit", unter Orientierungsschwäche und Fragmentierungsängsten, die sich in der diffusen Angst, ihre „Wohnung nicht halten" zu können, äußerten. Eine andere verspürte in Zeiten innerer Leere das Bedürfnis, sich „am Bettpfosten festzuhalten, um nicht in den Abgrund zu fallen". Der Bettpfosten wird hier zum Sicherheit gebenden Ersatzgyroskop. In der Behandlung sollte ich für diese Patientin ein solcher „Pfosten" sein, an dem sie sich festhalten konnte. Aber auch die Krankheit selbst kann, ich erwähnte es bereits, wegen der regelmäßigen Wiederkehr der Anfälle zum einzig Konstanten in ihrem Leben, also zum Ersatzgyroskop werden. Aufschlußreich sind Berichte von Patienten, die ihr Symptom aufgegeben haben: „Nachdem ich nun das Symptom aufgegeben habe, spüre ich nichts an Stärke, Kraft und Energie. Ich merke nur, daß ich viel verletzlicher und unausgeglichener geworden bin. Mir fehlt ein großer Teil meines vertrauten Lebens, und ich habe große Angst, vor einem Nichts zu stehen, wenn ich nicht mehr krank bin" (Gerlinghoff, ib., 104). Der Verzicht auf die Krankheit würde den Verlust der Orientierung und des Gleichgewichts bedeuten. Dem entspricht, daß man sich in der Behandlung dieser Patienten bisweilen wie in einer Nußschale auf hoher See, heftig geschaukelt, fühlt. Die Patienten klammern sich an und lassen den Steuermann keine Sekunde aus den Augen, was ich als „Beschatten" bezeichnet habe (vgl. Ettl, 1988).

Die brüchige Objektkonstanz

Dieses Beschatten ist auch wegen der die fehlende gyroskopische Funktion begleitenden instabilen Objektkonstanz erforderlich. Die Patienten haben kein Vertrauen in die Dauerhaftigkeit ihrer Gefühle. Diese Inkonstanz wird auch dem Objekt unterstellt bzw. bei ihm befürchtet. In der Behandlung ist es die emotionale Konstanz des Analytikers, die den Patienten als zweifelhaft erscheint. Eine Patientin, die für einige Zeit in die Klinik mußte, fürchtete, ich würde sie in der Zwischenzeit vergessen, sie sei für mich ja nur ein „medizinischer Fall". Sie glaubte aufschlußreicherweise, ich würde mich nur über ihre Symptome an sie erinnern, weil sie selbst darin ihre ganze Identität aufgehoben sah. Im selben Atemzug aber leugnete sie, daß ich irgendeine Bedeutung für sie haben würde. Sie nahm also die Kränkung vorweg. So brüchig die Objektkonstanz, so brüchig ist auch die Selbstkonstanz. In einem Brief an eine Patientin klagte einmal ein Freund sein Leid, daß er das Gefühl habe, er müsse „jeden Tag neu mit ihr anfangen". Die fehlende Objektkonstanz macht die Realpräsenz des Objektes erforderlich. Freunde beklagen den Zwang zu ständigen Telephonaten, Verabredungen, so daß weder Raum noch Zeit blieb, in der man den anderen hätte vermissen und Sehnsucht entwickeln können. Die Notwendigkeit der permanenten Realpräsenz belastet und zerstört letztlich die Beziehung.

Realpräsenz ist aber noch aus einem anderen Grunde erforderlich. Das Objekt muß beschattet werden, um Affekten, die überraschend auftauchen, in Erregung versetzen und die Integrität des Ichs bedrohen könnten, zuvorzukommen (vgl. Mahler, 1972, 141). Deshalb könnte ein Schweigen des Analytikers bedrohlich werden, weil seine Gedanken nicht kontrollierbar sind (vgl. Ettl, 1988). Diese Patienten erlauben dem Analytiker kaum den Blick nach innen in die Gegenübertragung, weil sie das sofort als Ablehnung, Desinteresse, als Verlassenwerden und Kontrollverlust interpretieren. Wenn die Realpräsenz nicht gewährleistet ist, entstehen Unruhe und die beklagte Leere, die Panik erzeugt. Die Patienten zeigen dann das klinische Bild einer anaklitischen Depression.

Die brüchige Objektkonstanz erzeugt ein „Interruptus-Gefühl", das man in der Behandlung dieser Patienten latent spürt. Nicht nur, daß Themen abbrechen, Objekte verschwinden, nein, sie ist stets eine Bedrohung für die Kontinuität der Behandlung, weil die Übertragung unverläßlich ist (vgl. Fenichel, 1931, 132). Besonders junge Patientinnen sind abbruchgefährdet, weil sie noch keinen „konstanten" Leidensdruck entwickelt haben. Sie verfügen noch nicht über die Konstanzerfahrung durch die Krankheit, wie sie obige Patientin hatte, die in ihrer Krankheit einen „großen Teil" ihres „vertrauten Lebens" sah. Was indes für die Konstanz der Behandlung von Vorteil ist, ist für die Heilung von Nachteil, denn die fehlende Selbst- und Objektkonstanz wegen der gestörten Assimilation wird ersatzweise im Symptom gesucht. „Das Symptom bleibt mir treu", sagte eine Patientin. Es wird wegen seiner Wiederkehr zum „zuverlässigen" Objekt, aus der Sicht der Patienten zum einzig zuverlässigen. Hier liegt ein Grund für die Therapieresistenz des Symptoms.

In bestimmter Hinsicht dienen Tagebücher der Sicherung der Konstanz. Ich erwähnte, daß sie bei Bulimikerinnen angesichts permanenter Verlusterlebnisse eine große Rolle spielen (vgl. Dalsimer, ib., 71). Das Horten ist der Versuch, die Introjekte festzuhalten, sich und die Introjekte vor dem Verlust zu schützen und sie zu bewahren. „Wenn ich mir die Stunde aufschreibe, habe ich mehr davon, ich kann die ganze Woche davon zehren", sagte eine Patientin. Das Tagebuch ist sowohl Mittel zum Entzug von Material – wie beschrieben – als auch Mittel zu dessen Erhalt.

Die erforderliche Realpräsenz des Objektes zeigt, daß die Assimilationsstörung auch eine Störung im Symbolbildungsprozeß bewirkt. Wir sagten eingangs, Bulimikerinnen verarbeiten psychische Inhalte auf „regressiv-konkrete" Weise, d. h., die psychischen Inhalte wie Affekte und Phantasien gehen bei dieser Verarbeitung verloren. Sie stehen als Erinnerung z. B. nicht mehr zur Verfügung. Wegen der fehlenden Assimilation können sie nicht symbolisiert werden, weil die Teilimagines wegen des permanenten Externalisierens keine Gelegenheit bekommen, sich zu Repräsentanzen zusammenzufügen. Der Entwicklungsprozeß der Selbst- und Objektrepräsentanzen wird in der Dunkelkammer gestört, sagte ich. Aber: „Irgendeine dauernde Identifikation kommt erst durch vielfältigen und langen Umgang mit einem Objekt zustande. Stabile Beziehungen zu geliebten Objekten erleichtern diese Entwicklung sehr. (...) Im Verlauf der Entwicklung findet eine Differenzierung statt zwischen Identifizierung und Liebe. Es wird möglich, dem Selbst unähnliche Objekte zu lieben, ohne daß ihre Qualitäten übernommen werden müssen. Und andererseits gelingen jetzt Identifizierungen mit ganzen Personen als Objekt, also wirkliche Ich-Veränderungen. (...) Auf der anderen Seite kann Fixierung auf der Ebene von unreifen Ich-Identifizierungen, flüchtigen Imitationen, indem man etwas spielt, statt es wirklich zu werden, zu ernstlicher Krankheit führen" (A. Reich, ib., 940). Bei der Borderline-Bulimie, so Schulte und Böhme-Bloem, stehe eine defekte Repräsentationskapazität im Vordergrund. Die Autoren führen den Defekt auf einen speziellen Mangel an Gespiegeltwerden und „Holding" durch die Mutter zurück (vgl. ib., 42). Die Phantasietätigkeit als ein Spiel mit inneren Objekten ist folglich vermindert bzw. versagt unter Belastung. Es fehlt den Patienten sozusagen am nötigen Spielmaterial. Heimann erläutert die Situation eines Objekts, das assimiliert worden ist und zu einer zusätzlichen Hilfsquelle für das Ich wurde, am Beispiel des Kindes, das die Brust seiner Mutter nach dem Stillen introjiziert und sie mit seinem Daumen identifiziert; so kann es, wenn es hungrig ist, an diesem inneren Objekt in Gestalt seines Daumens saugen, um zu einem späteren Zeitpunkt Befriedigungsphantasien zu entwickeln, die es vor einem feindseligen, hungererregenden Objekt schützen (vgl. Hinshelwood, ib., 329). Diese Möglichkeit fehlt der Bulimikerin. „Erträglich gemacht werden kann der Objektverlust nur durch einen schöpferischen psychischen Akt, die Introjektion des verlorenen Objekts in das Selbst, wo es zum Embryo eines 'inneren' Objekts und schließlich zu einem Teil des Selbst wird" (McDougall, 1985, 143). Ein solcher schöpferischer psychischer Akt ist bei der Bulimie nur rudimentär oder vorläufig, weil die hierfür erforderliche Assimilation immer wieder gestört wird. Die sich unablässig wiederholenden Eßanfälle zeigen, daß die Versuche, das verlorene und dadurch fehlende Objekt innerlich neu zu erschaffen, wieder und wieder zum Scheitern verurteilt sind bzw. nur unzulänglich gelingen.

Verhindert wird durch die Störung in der introjektiven Identifizierung letztlich die Bildung einer stabilen Persönlichkeitsstruktur. „Das Ich enthält eine ganze Gesellschaft innerer Objekte, und jedes von ihnen bietet sich potentiell zur Identifizierung an; die Folge ist eine 'Ichveränderung' in Richtung auf eine Angleichung an das Objekt", schreibt Hinshelwood (ib., 452 f.); und Segal sagt: „Die inneren Objekte werden (...) auch als untereinander in Beziehung stehend empfunden (...) So wird eine komplexe Innenwelt aufgebaut. Die Persönlichkeitsstruktur wird weitgehend durch die beständigeren Phantasien bestimmt, die das Ich über sich selbst und die Objekte, die es enthält, hat" (1974/1973, zit. n. Schneider, 1995, 32).

Ich habe davon berichtet, daß manche Patienten ihr Selbst als „Sieb" oder als „Floß" empfinden. Orientiere ich mich an dieser Metaphorik, so könnte man – in Anlehnung an Khans Begriff des „collated internal object" (1983, 189) – als Ergebnis der Assimilationsstörung von einem „collated self" bei diesen Patienten sprechen. Teile des Selbst stehen unverbunden nebeneinander, teilweise kommunizieren sie, teilweise sind sie abgespalten. Dieses „collated self" spiegelt sich im DMS-IV wider, das Kämmerer zu Recht als „mehr assoziative Aneinanderreihung körperlicher und psychologischer Merkmale" (1989, 131) moniert. Mit anderen Worten, die Assimilationsstörung bewirkt eine Störung in der Ich-Integration. Die Patienten leiden unter dem Fehlen eines kohärenten Selbst (Kohut).

Die bulimische Persönlichkeit erinnert aber auch an die von Helene Deutsch (1942) beschriebene „Als ob"-Persönlichkeit, charakterisiert durch eine mangelhafte Fähigkeit zur Sublimierung, Ichschwäche und fehlende Internalisierung des Überichs. A. Reich schreibt dazu: „Im Verlauf von ein paar Tagen konnten diese Patientinnen künstlich einer Liebe verfallen und diese Liebe wieder fallen lassen. Standen sie gerade unter irgendeinem bestimmten Einfluß, konnten sie genau so für eine kurze Zeit begeistert religiös oder fanatisch kommunistisch sein usw. Dieses 'Als-ob'-Verhalten hatte seinen Grund darin, daß sie infolge unglücklicher Familienverhältnisse in der Jugend keine wirklichen Objektbeziehungen zu bilden vermocht hatten. Sie waren unfähig, irgend jemanden zu lieben, und nur über primitive Formen der Identifizierung fanden sie eine Beziehung zu Objekten der Außenwelt. Solche Beziehungen sind natürlich nicht von Dauer. Eine Identifizierung folgt auf die andere, und alle sind sie unecht und unbeständig" (ib., 937).

Die Imitation des Aggressors

Ich sagte, daß die Bulimikerin im Externalisieren einen Weg zur „Verdauung" des Fremdkörpers sieht, die Externalisierung aber weder auf der somatischen, noch auf der psychischen Ebene erfolgreich ist, denn das Introjekt bleibt im Inneren vorhanden, wie die Selbstanklagen und Weinkrämpfe nach dem Erbrechen zeigen. Wenn auch die Stimmung über die Entdeckung des Erbrechens geradezu triumphal war, so ist das Wohlbefinden wegen des Triumphes und der Zufriedenheit des Überichs trügerisch. Der nächste Eßanfall ist einer der Versuche, das aufkommende Unwohlsein zu bekämpfen. Wir sagten ja, mit einem guten äußeren solle ein schlechtes inneres Objekt entfernt werden. Das Mißlingen der Externalisierung kann aber auch andere Maßnahmen, mit dem Introjekt fertig zu werden, erforderlich machen, denn die Patienten müssen sich mit dem Fremdkörper und der Verfolgungsangst auf irgendeine Weise arrangieren. Dies ist insbesondere dann der Fall, wenn ein Anfall nicht möglich ist. Eine dieser Alternativen scheint die mimikryartige Anpassung an das als gefährlich erlebte Introjekt zu sein, die ich als „Imitation des Aggressors" bezeichnen möchte.

Bei den Phantasien und dem Umgang mit Besuch war zu beobachten, daß manche Patientinnen sich an ihren Besuch so weit anpaßten, daß sie ihm die Wohnung überließen und mitunter verschwanden, wie bei jener Patientin, die ihrem Besuch nach und nach die gesamte Wohnung überließ und das Feld räumte. Sie gingen also nicht den Weg der Assimilation des Besuches, in meinem Verständnis des Introjekts, denn das würde bedeuten, daß sich der Besuch an die Gastgeberin anpaßt. Es kam statt dessen zum Gegenteil: einer Akkomodation des Selbst ans Introjekt, so wie sich das Auge den Lichtverhältnissen anpaßt. Es entsteht darüber die zunächst verwirrende Situation, daß nicht nur das Introjekt Fremdkörper bleibt, sondern auch das (Körper-)Selbst zum Fremdkörper wird, wie folgende Bemerkung verdeutlicht: „Der volle Leib ist einer, der gehaßt wird, ein 'Fremdkörper', 'voll', 'vergiftet', 'ein wilder knurrender Hund', 'die Bestie, die los ist' (Schulte & Böhme-Bloem, ib., 60).

Tatsächlich kann man bei Bulimikerinnen immer wieder eine Verwandlung beobachten, als ob das Ich ersatzlos gestrichen würde und sich das Introjekt an seine Stelle gesetzt hätte. Eine meiner Patientinnen z. B. kam mir in manchen Stunden ganz fremd vor, vornehmlich in ihrer körperlichen Erscheinung und ihrem Auftreten. Ich sah eine Person mit hölzernem Gang, starrem, strafendem Blick, verkniffenem Mund und verändertem Sprachduktus. Die Patientin, die ich für gewöhnlich zu sehen bekam, schien völlig verschwunden. Ihr eher geschmeidiger Gang (sie war eine leidenschaftliche Tänzerin), ihre lebhaften Augen, ihr etwas scheues Lächeln zur Begrüßung – nichts von dem war mehr zu finden. Erst als ich Genaueres über ihre Mutter erfahren hatte, konnte ich sie als diese Mutter identifizieren. Sie hatte sie im wahrsten Sinne des Wortes inkorporiert und imitierte sie nun in Körperhaltung und Sprache, so daß ich glaubte, ihre Mutter sei höchstpersönlich in die Stunde gekommen. Kurzum: Sie war nicht *wie* ihre Mutter, sondern sie war die Mutter, zumindest ihr Körper.

Was hier erfolgt war, war keine Assimilation des Introjektes an eine bereits existierende Selbststruktur, sondern eine Akkomodation des Selbst ans Introjekt. Das Selbst wird zur Kopie des Introjekts. D. h., ein Ausweg, um sich mit dem als übermächtig erlebten Fremdkörper im Inneren zu arrangieren, besteht in der Imitation dieses inneren Fremdkörpers. Das Ich ist „verarmt, hat sich dem Objekt hingegeben, dasselbe an die Stelle seines wichtigsten Bestandteiles gesetzt" (Freud, 1921c, 125). Diese Akkomodation ist keine reife Identifizierung, denn diese bedeutete, daß sich das Selbst „nur einen einzigen Zug von der Objektperson entlehnt" (Freud, ib., 117). Die imitierende Gestik jedoch ersetzt das Etwas-Sein (vgl. A. Reich, ib., 940). Die Akkomodation ist die Abwehr der Assimilation, die wie die Introjektion ein Rauben wäre. Der Gewinn dabei ist, daß die Patientin keine Angst mehr vor einer Verfolgung zu haben braucht, wenn sie selbst das verfolgende Objekt ist. Die omnipotenten Phantasien gewinnen dadurch wieder die Oberhand.

Unter dem Druck der Angst vor den Introjekten greifen die Patienten also entweder zum Erbrechen als aktive Maßnahme, oder aber sie gehen in die Regression und greifen zur Imitation, zur primären Identifizierung. Was man in der Regel zu sehen bekommt, ist eine Verwandlung zum strengen, kritischen Überich bzw. zum hochfliegenden Ichideal. Möglicherweise gehen Erbrechen und Imitation des Introjekts sogar Hand in Hand. Offenbar werden die unassimilierten Objekte als im Körper, in Körperteilen, in Organen sitzend erlebt, als wäre der Körper der Ort ihrer Behausung, was zum Stand der Regression passen und den frühen Status der unassimilierten Objekte anzeigen würde, der zur Imitation vorwiegend im Körperbereich und der Gestik führt.

Die Patienten selbst bemerken die Imitation nicht. Die Verwandlung fällt jedoch der Umgebung, vor allem den Lebenspartnern und Freunden, sofort auf. Der Analytiker erlebt den Patienten als fremd, und seine Irritation darüber wird vom Patienten wiederum als fremd erlebt, so daß er das Gefühl fehlender Objektkonstanz beim Analytiker bekommt. Das entspricht etwa dem von Hirsch (1995) beschriebenen Phänomen, daß sich das unassimilierte Introjekt als etwas „Fremdes" in der Analyse bemerkbar mache, was sich u. a. als Stagnation in einer Analyse, in Lähmungsgefühlen in der Gegenübertragung oder in Sprachlosigkeit zeige.

Die gestische Imitation des Aggressors ist ein Weg, über den diese Kranken ihre beschädigten Introjekte in die Behandlung bringen und dort abliefern (vgl. Rey, 1988). Oft genug jedoch bringen sie die „Fremdkörper" mit, indem sie die Introjekte direkt aus sich sprechen lassen, z. B. indem sie wörtlich wiedergeben, was die Mutter oder der Vater gesagt haben. Sie zitieren, anstatt das Gesagte in *eigenen* Worten, also unter Beteiligung des Selbst, zu formulieren. Die Rede des Objekts hat keine „Ich-Passage" (Fenichel) durchlaufen, wie das beim Erbrochenen noch der Fall war. Das Introjekt wird wie ein Besucher in der Wohnung im Behandlungszimmer zurückgelassen. Eine Patientin bebilderte ihren diesbezüglichen Wunsch so: „Ich will hier abladen und dann tschüs sagen."

Wenn die Störung in der Assimilation in der Behandlung behoben werden kann, dann ist es interessant zu beobachten, wie sich ein Introjekt in der Behandlung allmählich assimiliert. Eine Patientin erzählte mir eines Tages, daß Freunde sie als „Analytikerin" schätzen, aber auch ihre Witze darüber machen würden. Es zeigte sich, daß sie sich mit mir identifiziert hatte und anderen nun „Deutungen" gab, ohne daß es ihr bewußt war. Die introjektive Identifikation hatte sich lautlos in ihr vollzogen, d. h. ohne daß sie vor ihrem Introjekt (ihrem Analytiker) hätte Angst haben müssen. Da ich wissen wollte, ob es sich vielleicht um eine Imitation handelte, ließ ich sie schildern, in welchem Zusammenhang sie als „Analytikerin" erkannt wurde, und mir eine Kostprobe ihrer „Deutungen" geben. Ich konnte mich überzeugen, daß ihre „Deutung" zutreffend, weil situations- und objektbezogen, war und keine Formulierungen enthielt, die ich verwendet hätte. Ich durfte also davon ausgehen, daß sie tatsächlich begann, meine Alpha-Funktion zu internalisieren, und nicht nur in einer anderen Situation eine meiner Deutungen kopierte.

Psychogenese

"Das Reale wird immer unerkennbar bleiben" (Freud)

I. Einleitung

So wie im Mordfall bei Reik der Fundort der Leiche nicht identisch war mit dem Ort der Tat, so ist bei der Bulimie die Zeit, in der die Eßstörung manifest wird, nicht identisch mit dem Beginn der Krankengeschichte. Die Zeit ihrer Manifestation – die Pubertät – könnte Anlaß geben, die Bulimie für eine Erkrankung der Frühadoleszenz zu halten, zumal die Patienten, gleich welchen Alters, adoleszent wirken und auftreten. Da aber alle mir bekannten Bulimikerinnen bereits als Kinder erhebliche neurotische Symptome zeigten, derentwegen sie schon damals psychotherapeutischer Behandlung bedurften bzw. entsprechende Empfehlungen vorlagen, gehe ich von einer früh angelegten Störung aus, die sich unter dem Einfluß der Pubertät eine neue Form der Äußerung sucht. Die Symptome der Kindheit, aber auch die zentralen Themen der Bulimie, die Gier, die narzißtische Wut und die Abhängigkeit, deuten an, daß es sich nicht nur um Probleme der Pubertät bzw. Adoleszenz handeln kann, daß bei der Bulimie vielmehr eine Prämorbidität in Betracht gezogen werden muß.

Die nosologisch-diagnostische Zuordnung der Bulimie ist ohnehin strittig. Bereits 1932 verortete Wulff die Bulimie zwischen Melancholie und Sucht, schloß aber eine Perversion nicht aus (vgl. Senf, 1989, 98). Die Nähe zur Melancholie läge darin, daß der Symptombildung ein Liebesverlust oder eine narzißtische Kränkung vorausgehe. Wäre die Bulimie eine Perversion, wäre sie der neurotische Kompromiß, trotz Kastrationsangst sexuelle Befriedigung zu erreichen. Senf zufolge könnte der Bulimie eine „Plomben"-Funktion (Morgenthaler) als Sicherung gegen eine Psychose zukommen (ib., 99). Immerhin zeigt die Symptomatik deutliche sado-masochistische Züge, die meiner Beobachtung nach die Funktion haben, sich über den Schmerz der Existenz zu versichern. Für eine Sucht spreche laut Wulff der Charakter des triebhaften Essens. Aus moderner Sicht handele es sich bei der Bulimie, so Senf, eher um eine frühe ich-strukturelle Störung, als um eine klassische Psychoneurose. Es sei aber auch naheliegend, „das Krankheitsgeschehen als Ausdruck eines fehlgelaufenen Entwicklungsprozesses zu begreifen", der seinen Anfang in biographisch sehr früh einsetzenden Störungen der Objektbeziehungen genommen habe (ib., 103), eine Einschätzung, der ich mich anschließe. Wurmser rechnet die Bulimie zu den Impulsneurosen (vgl. 1986).

Von nichtanalytischen Forschern wird die Nähe zur Depression hervorgehoben. Liotti stimmt aus kognitiv-interpersonaler Perspektive mit jenen überein, die „Eßstörungen als depressive Äquivalente oder als sekundär zu einer primär vorhandenen depressiven Erkrankung ansehen" (1989, 48), markiert aber auch die Unterschiede zur Depression. Der Depressive erwarte, verlassen zu werden, während die Bulimikerin erwarte, vom Liebespartner enttäuscht zu werden, selbst zu enttäuschen oder vom anderen bedrängt zu werden.

Ich werde aus anamnestischem Material und aus Behandlungen die Genese der Erkrankung zu rekonstruieren versuchen, wohlwissend um die Gefahren eines solchen Versuches. Wie ein Archäologe gehe der Analytiker vor, „wenn er seine Schlüsse aus Erinnerungsbrocken, Assoziationen und aktiven Äußerungen des Analysierten zieht. Beiden bleibt das Recht zur Rekonstruktion durch Ergänzung und Zusammenfügung der erhaltenen Reste unbestritten. Auch manche Schwierigkeiten und Fehlerquellen sind für beide Fälle die nämlichen" schreibt Freud (1937d, 45 f.). Kris zufolge erfordert eine (Re-)Konstruktion besondere Vorsicht und eine Fülle bestätigender Eindrücke, „wie sie sich in diesem Fall nur aus der langfristigen Analyse der Reaktionen in der Übertragungssituation ergeben können. Nur diese Vorsicht kann uns vor dem verzerrenden Einfluß des Gedächtnisses schützen, der kaum irgendwo so deutlich zum Ausdruck kommt wie in den schillernden Facetten, die die Berichte erwachsener Patenten über ihre Eltern kennzeichnen" (1956, 746) und Lorenzer (1974) weist darauf hin, daß die Psychoanalyse niemals über den Erlebnisinnenraum hinaus auf die realen Bedingungen dieses Erlebens schließen, höchstens mutmaßen kann. Bei meinem Versuch handelt es sich indes nicht um die Rekonstruktion der Krankengeschichte eines einzelnen Patienten, auch nicht um eine historiographische Bestandsaufnahme, sondern um den Versuch einer Typisierung und Systematisierung der Krankengeschichte einer Patientengruppe anhand lebensgeschichtlich-konkreter Erfahrung, deren einzelne Bausteine sich auch in der Genese anderer Krankheiten finden lassen. Das „Typische" liegt eher in einer bestimmten Kombination der Bausteine. Diese Rekonstruktion ist vorläufig, hypothetisch und tentativ. Die Bulimie befindet sich m. E. noch „in Analyse".

Von Vorteil für meinen Rekonstruktionsversuch war, daß ich es häufig mit jungen Patienten zu tun hatte, die entweder noch bei ihren Eltern lebten oder in engem Kontakt zu ihnen standen, so daß der Prozeß des korrigierenden Abgleichens der Realität der Eltern mit den Elternimagines noch im Fluß war, Imagines, die sich zwar an der Realität der Eltern bildeten, aber eben in gleichem Maße von den Phantasien, Wünschen und Emotionen der Patienten erstellt werden. Außerdem verfügt man als Analytiker aufgrund der langen und frequenzbedingt intensiven therapeutischen Beziehung über signifikante Beziehungs- und Erlebnisfiguren, von denen sich einige – bei aller individuellen Spezifität – bei den meisten Bulimikerinnen wiederfinden lassen. Es liegen ferner empirische Daten aus anderen Therapierichtungen vor, zu deren Behandlungsumfang der direkte Kontakt mit Eltern gehört. Freilich handelt es sich auch dabei nicht um objektive, sondern subjektive Daten, chiffriert durch den jeweiligen theoretischen Hintergrund. Schließlich verfügen wir noch über publizierte Selbstdarstellungen von Eltern.

Im Verlauf der Behandlungen und der Supervision wie auch bei der Lektüre publizierter Fälle von Bulimie beobachtete ich auffällig uniforme Familienverhältnisse und Muster früher Eltern-Kind-Beziehung. Bei anderen Störungsbildern, z. B. der weiblichen Homosexualität, wurden ähnliche Erfahrungen gemacht (vgl. McDougall, 1985, 93; Langsdorff, 1985, 84). Meine Bulimie-Patientinnen hätten durchaus alle aus derselben Familie kommen können. Sehr verkürzt möchte ich die Familie so charakterisieren: eine kränkbare Mutter, die mit narzißtischem Rückzug droht, ein Vater, der mit Abhängigkeitsproblemen beschäftigt ist und eine Tochter, die zur Stabilisierung beider Eltern wie auch der Ehe benötigt wird, wobei alle Familienmitglieder die Pathologie der jeweils anderen mittragen und so eine Pseudostabilität errichten helfen, die formal daran zu erkennen ist, daß kein Elternpaar der von mir behandelten bzw. supervidierten Bulimikerinnen trotz erheblicher Spannungen geschieden war. Auch Gerlinghoff schreibt, daß Eßgestörte keineswegs aus Broken-Home-Situationen kämen, und betont die erstaunlich übereinstimmenden Eindrücke eines in diesen Familien vorherrschenden Wertesystems, in dem Emotionen genormt seien, Spontaneität verkümmere, Individualität nicht erwünscht sei und Pflichterfüllung, Funktionieren und Leistung über alles geschätzt würden. Bedürfnisse, Sehnsüchte, Enttäuschungen, Demütigungen und Kränkungen gelangten nicht an die Oberfläche (vgl. ib., 25). Schulte und Böhme-Bloem hingegen teilen mit, daß die Bedeutung von Broken-Home-Situationen in der Vorgeschichte hoch eingeschätzt werden müsse (vgl. 1991, 28). Liotti skizziert die familiären Beziehungen als widersprüchlich, mit der Tendenz, Persönliches zu verbergen, bei indirekten, unterschwellig kritisierenden, andere abwertenden Kommunikationsmustern. Konflikte und Unzufriedenheit würden hinter einer Fassade perfekter Harmonie versteckt. So sei es für die Patienten schwer, über ihre Gefühle mit den Eltern offen zu sprechen, weil diese entweder desinteressiert seien oder „strenge, sarkastische oder sonstwie abwertende Bemerkungen" (ib., 39) machten. Schmidt indes berichtet, es entspreche nicht den Erfahrungen der Familientherapeuten, daß Gefühle nicht zum Ausdruck kämen, vielmehr würden Ablehnung, Wut und Schuld durchaus geäußert. Neben Depressionen und Alkoholmißbrauch spielten in den Ursprungsfamilien Grenzverwischung, gegenseitiges Überinvolviertsein, Overprotection und Mangel an Konfliktlösungen eine Rolle. Auf heftige Konflikte würde mit Beschuldigung und Entwertung reagiert. Immer wieder seien die Kranken in elterliche Konflikte einbezogen. Eine ausgeprägte Neigung, das äußerliche Erscheinungsbild überzubewerten, sei Bulimie-Familien eigentümlich (vgl. 1989; Liotti, 1989). Als zentral habe sich in nahezu allen behandelten Bulimie-Familien „die Entwicklung und wechselseitige Aufrechterhaltung von massiven Abhängigkeitsbeziehungen und von einer ausgeprägten Außenorientierung in den Beziehungen der Beteiligten" (Schmidt, ib., 57) erwiesen. Auch Schulte und Böhme-Bloem (ib.) beziehen sich auf familienanamnestische Untersuchungen und heben hervor, daß Familien von Bulimikerinnen durch geringe Kohäsion, geringe Unabhängigkeit der einzelnen Mitglieder sowie Ausdrucksarmut und hohes Konfliktpotential gekennzeichnet seien. Vanderlinden et al. beobachteten starke Loyalitätsgefühle der Familie gegenüber, Konflikte seien zu Hause nicht gestattet, Ärger und Kritik dürften nicht geäußert werden, Leistungsdruck käme seitens des Vaters, die Mutter leide unter Einsamkeit, die Tochter würde zur Unterstützung der Mutter benötigt. Die Familien gehörten oft höheren sozialen Schichten an. „Die meisten der Bulimie-Familien, mit denen wir arbeiten, können als chaotisch und unstrukturiert beschrieben werden: es fehlt an persönlichen Grenzen, Regeln und Vereinbarungen. Spannungen und Konflikte werden nicht direkt oder offen diskutiert und bleiben auf diese Weise ungelöst. Die Familienanamnese umfaßt oft Mißbrauch von Suchtmitteln und/oder affektive Störungen bei den Eltern und Mißbrauch der Patientin (körperliche Mißhandlungen und/oder sexueller Mißbrauch). Trotz offener oder verdeckter Spannungen und Konflikte sind die Familienmitglieder häufig durch starke Zusammengehörigkeitsgefühle aneinander gebunden (...) Einige der Eltern hatten selbst schwere traumatische Erfahrungen in ihrer Kindheit oder Jugend (...) erlebt, waren Zeugen (bzw. Opfer) des Mißbrauchs von Suchtmitteln ihrer eigenen Eltern, hatten unter fehlender Zuwendung zu leiden oder waren Opfer von inzestuösen Handlungen" (ib., 99 ff.). Striegel-Moore referiert Untersuchungen, die zeigten, daß das Eßverhalten der Eltern für ein Mädchen ein wichtiger Faktor bei der Entwicklung einer Eßstörung sein könne. Schlankheitsdiäten der Mutter seien ein signifikanter Prädikator für die Gewichtsreduktionsbemühungen der Tochter. Es gäbe auch Anhaltspunkte dafür, daß sich Eßstörungen in Familien anhäuften (1989, 144), d. h., daß Mädchen aus Familien mit Eßstörungen stärker gefährdet seien.

II. Die „Bulimie-Mutter"

Ich werde mich zunächst den Müttern und der Mutter-Kind-Beziehung zuwenden, eine Einschränkung, die zweifellos vereinfacht, denn die bulimische Pathologie ist ohne die Mitwirkung des Vaters m. E. nicht zu denken. Der besseren Darstellbarkeit halber werde ich auf die Väter und die Elternbeziehung später zu sprechen kommen.

Senf (ib.) weist darauf hin, daß ein Großteil der psychoanalytischen Literatur zur Bulimie die Psychopathologie der Mutter für die Störung verantwortlich mache. Im Konzept der psychosomatogenen Mutter von Sperling (1973, 1978) würde das Kind von der Mutter überkontrolliert, homosexuell in Besitz genommen, als unbewußt gehaßter Zwilling oder Elternteil angesehen und darüber zur narzißtischen Projektion für Teile des eigenen Selbst mißbraucht. Sours (1974) zufolge seien Bulimikerinnen an eine dominante und kontrollierende Mutter gebunden, die passive Unterwerfung und Perfektion des Kindes als ihre eigenen Erwartungen verlange. Macht und Kontrolle der omnipotenten Mutter seien überwältigend und führten zu einer bemerkenswerten Beeinträchtigung der Separation und Individuation in allen Phasen der Entwicklung des Kindes (vgl. Senf, ib., 100). Die Ich-Regression im Symptom, so Senf, sei die Folge ungelöster Objektabhängigkeit, da die Pathologie der Mutter eine ausreichende Autonomieentwicklung verhindere. Es sei nicht zur Differenzierung zwischen dem kindlichen Ich und dem der Mutter gekommen. Senf diagnostiziert Konflikte aus einer feindseligen Abhängigkeit von der Mutter und aus ambivalenten Kämpfen um Autonomie, Konflikte, die lebenslang wirksam blieben und in der Eßstörung ausagiert würden. Schulte und Böhme-Bloem (ib.) zufolge sagt eine widersprüchliche Ausdrucksform von Gefühlen auf seiten der Mutter während Kindheit am zuverlässigsten die Entwicklung einer Eßstörung voraus. Nach Anna Freud et al. tragen gewissenhafte und ängstliche Mütter zu Eßstörungen bei (vgl. 1971, 76.). Liotti hebt hervor, daß Kontrolle in der Haltung der Mütter ihren Töchtern gegenüber Zärtlichkeit und Freude überwiege. Die Patienten beschrieben ihre Mütter oft als unfähig, ihre Liebe und Zuneigung zu akzeptieren und zu erwidern. Während der ganzen Kindheit sei die Mutter mehr um das physische Wohlbefinden des Kindes und seine sozialen Leistungen bemüht, als um seine emotionale Entwicklung und sein Glücklichsein. Einige hätten ihre Mutter als unterschwellig feindselig erlebt (vgl. ib., 39).

Hören wir die Patienten selbst. Eine erzählt:

> „Wenn ich den Mund aufmache und mal sage, was ich wirklich denke, kriegt sie Angst. Die Verwandten! Die Nachbarn! Die Lehrer! Ich halte meine Mutter im Grunde für unselbständig und ziemlich abhängig von der Meinung anderer. Sie telefoniert jeden Tag mit ihrer Mutter und kann keine Entscheidung alleine treffen!" (Schneider-Henn, 1988, 146 f.). Die Autorin ergänzt: „Karlas Adoptivmutter ist aus dem Elternhaus in die Ehe gezogen, hat ihren Mann verloren und lebte dann jahrelang wieder bei ihren Eltern. Ihre größte Angst ist die vor dem Alleinsein. Sie bewegt sich zwischen Arbeitsplatz und Familie hin und zurück, kennt keinerlei persönliche Leidenschaften (...) Sie vertritt hohe moralische Anschauungen, nach denen sie sich richtet, ist streng gläubig und achtet peinlich genau auf die Einhaltung der religiösen Riten. Karla beklagt die fehlende Flexibilität der Mutter, ihre fast zwanghafte Ordnungsliebe und 'Prinzipienreiterei'. Sie findet es schade, daß die Mutter sich nur für ihre Arbeit und den Haushalt interessiert, weder Politik und kulturelle Ereignisse mit ihr diskutiert und 'fast nie ein Buch anrührt'. Auch 'nervt' Karla die Bescheidenheit der Mutter, die ihr teure Dinge schenkt und selbst immer im Hintergrund bleibt. Mit Zorn aber verübelt sie ihr das ungebrochene Treuegelöbnis zum verstorbenen Mann, denn 'mehr als alles auf der Welt' wünscht sich Karla einen Vater" (ib., 146 f.).

Auffällig an dieser Aufzählung ist, daß einige Eigenschaften der Mutter uns schon bei den Patienten begegnet sind: die Sorge, welchen Eindruck sie auf andere macht, die Abhängigkeit von der Meinung anderer, die Bindung an die eigene Mutter und Merkmale, die wir beim Erbrechen unter dem Stichwort „Reinheit" und „keinen Besitz haben dürfen" gefunden haben. Das trifft auch auf folgende

Charakterisierung zu, die eine Patientin vornimmt: „Jede kleine Kritik bedeutet sofort Beschuldigung bei ihr. Sie fühlt sich immerzu schuldig. Außerdem ist sie so ängstlich und traut sich selbst überhaupt nichts zu. Vor meinem Vater kuscht sie oder fühlt sich gleich angegriffen" (Schneider-Henn, ib., 147).

Aus den Schilderungen dieser und anderer Patienten kann man darauf schließen, daß die Mütter mit der Stabilität ihres Selbstwertgefühls zu kämpfen hatten, wofür auch Symptome sprechen, von denen mir in der Behandlung berichtet wurde. So tyrannisierte die Mutter einer Patientin ihre Familie mit rezidivierenden Suiziddrohungen. Mit böse funkelnden Augen habe sie sich rücklings auf die Balkonbrüstung gesetzt und der anwesenden Familie damit gedroht, sich hinterrücks hinabzustürzen. Alle seien wie erstarrt gewesen. Die Patientin war in solchen Momenten überstimuliert vor Angst, fühlte sich hilflos, wütend und schuldig. Keiner habe versucht, die Mutter aufzuhalten, weil alle hofften, sie möge es endlich tun, um von der Drohung befreit zu sein, wie die bereits erwähnte Fehlleistung der Patientin zeigte, die ihr, nach Jahren noch aufgeregt, entfuhr: „Meine Mutter hat sich schon ein paarmal umgebracht." Die Patientin von U. Grunert war „das älteste Kind einer depressiven Mutter, die 3 und 6 Jahre nach ihr noch je einen Sohn gebar und nach der letzten Geburt Suizid verübte" (1981, 26). Auch andere Patienten berichteten von suizidalen Tendenzen bei ihren Müttern (vgl. Overbeck et al., 1996; Schulte & Böhme-Bloem, 1991), wobei es meist darum ging, daß die Mütter den Kindern Schuldgefühle machen wollten, indem sie ihnen vorhielten, wegen ihnen auf dieses oder jenes im Leben verzichten zu müssen, sie also wegen ihrer Existenz anklagten. Ferner wurde von Suchtproblemen wie Alkoholismus, Naschsucht, von massiven depressiven Symptomen, Obstipationen mit Laxantienabusus, Adipositas und Migräneanfällen der Mütter berichtet. Eine Mutter, deren Hund weggelaufen war, hätte Tage apathisch im Stuhl gesessen. U. Grunerts Patientin „erinnerte sich dann dunkel, wie sie der Mutter Spielzeug brachte und diese 'irgendwie nicht da war'. Es muß die Zeit der zweiten Schwangerschaft gewesen sein (...) in der die Depression der Mutter zunahm und die Patientin durch die Veränderungen und die mangelnde Verfügbarkeit der Mutter so beunruhigt war, daß sie mit Körpersymptomen unklarer Genese reagierte. Die Mutter verstand ihre Körpersprache nicht und schob sie ängstlich-hilflos in ein Krankenhaus ab" (ib., 31). Eine andere Patientin berichtet: „In der ersten Zeit versuchte ich, meine Mutter mit zu therapieren, weil ich sah, daß sie sehr unglücklich war. (...) Trotz einiger Versuche, gute

Gespräche mit ihr zu führen, merkte ich, daß ich keinen Zugang zu ihr finde, mich ihr tatsächlich nicht verständlich machen kann. Sie faßte bei ernsteren Themen immer alles anders auf, als ich es meinte, fühlte sich sofort angegriffen" (Gerlinghoff, ib., 146). Eine Patientin schilderte ihre Mutter als „alte Frau mit verknifenem Mund", verbittert, laut, zwanghaft-phobisch und voller gehässiger Bemerkungen über andere. Eine Mutter erkrankte als junge Frau an einem Magengeschwür, eine andere verheimlichte ihre Schwangerschaft bis in den sechsten Monat vor ihren Eltern. Eine weitere litt unter einer Krankheitsphobie mit Verleugnung ernster Symptome. Viele Patienten erlebten ihre Mütter als zwanghaft ordentlich. Im Kleiderschrank läge die Wäsche nach Farben sortiert, so eine Patientin, ihre Mutter habe ständig geputzt, vor allem nach jedem Besuch, und immer Dinge weggeworfen, die anderen wichtig gewesen seien. Sie habe sich nichts gegönnt, konnte keine Geschenke annehmen, klagte aber gleichzeitig, nie etwas geschenkt zu bekommen. Eine andere Patientin erzählte, ihr Bruder sei vor den Augen anderer Leute geschlagen worden, weil ihre Mutter demonstrieren wollte, daß sie ihre Kinder unter Kontrolle habe. Wenn es mit der Patientin Streit gab, sei die Mutter zu Nachbarn gelaufen und habe sie denunziert. Eine Mutter habe den ganzen Tag mit Sagrotan gewischt, eine andere sei stets hektisch gewesen und bei Spaziergängen immer vorausgerannt. Eine schließlich verkroch sich hinter der Zeitung und hörte den ganzen Tag Radio. Die Patientin: „Die stand ständig unter Strom" oder „Die ist sich nie begegnet".

Dieser kurze Abriß möge genügen, einen Einblick zu vermitteln, wie die Mütter von den Patientinnen erlebt wurden. Die skizzierte Symptomatik läßt die Vermutung zu, daß Bulimie-Mütter erhebliche Probleme mir ihrem narzißtischen Regulationssystem hatten und daß die Störung im Selbstgefühl der Mutter die Mutter-Tochter-Beziehung von früh an dominiert haben dürfte. Die Klagen und Schilderungen der Patientinnen über ihre Mütter beziehen sich fast ausnahmslos auf den als „tyrannisch" oder „unerträglich" erlebten mütterlichen Narzißmus, als sei er das entscheidende Hindernis in der emotionalen Beziehung zu ihr gewesen. Das übrige Mutterbild bleibt relativ blaß. Diese Dominanz kann – orientiert man sich an Märchen – „tödlich" sein. Mit gutem Grund eröffnen Schulte und Böhme-Bloem ihre Abhandlung über Bulimie mit dem Schneewittchen-Märchen und nehmen es zum Leitfaden: „Es ist die Geschichte einer tödlichen Konkurrenz und die Geschichte von unstillbaren Sehnsüchten. Die absolute Konkurrenz besagt, daß es nur eine von diesen beiden Frauen auf der Welt geben kann, lebensfähig ist nur eine von beiden. Unstillbare Sehnsucht haben beide Frauen; es ist die Sehnsucht nach narzißtischer Zufuhr, die besagt, daß das Selbst ('die Schönste') einmalig und unerreichbar für die jeweils andere bleibt. Es geht um eine psychische Entwicklung, die in ihrer Exklusivität in Todesnähe stattfindet, es geht um 'das fast verlorene Leben'" (ib., 9). Ich kann mich dieser Einschätzung durchaus anschließen. Ich habe die Bulimie verschiedentlich als die Vermeidung einer Objektbeziehung skizziert. Mit dieser Vermeidung soll das Selbst vor der Vernichtung geschützt werden, die in einer Beziehung vom Objekt befürchtet wird. Deshalb tritt die Bulimikerin mit ihrem Eßanfall den Rückzug aus der zwischenmenschlichen Beziehung an. Diese Sicht entspricht einer Erfahrung Willenbergs: „Bei der Behandlung eßgestörter Patienten des gesamten Spektrums war ich darauf aufmerksam geworden, daß auffallend viele Patienten nicht nur davon überzeugt waren, unerwünscht zu sein, sondern einige auch davon berichteten, daß ihre Mütter freimütig über mißlungene Abtreibungsversuche gesprochen hatten. Als dies in familientherapeutischen Sitzungen von den Müttern bestätigt wurde, oder die Mütter in längeren familientherapeutischen Prozessen von den Patientinnen zu solchen Geständnissen provoziert wurden, schwand meine ursprüngliche Auffassung, daß es sich generell um eine Phantasie der Patientinnen handeln dürfte" (1989, 178). Diese Erfahrung bestätigt wiederum Fenichel: „Wir erwähnten schon, daß die Projektion sich an den Stellen etabliert, wo die Realität ihr entgegenkommt" (1931, 97), und ergänzt damit die oben mitgeteilte, daß die Mütter ihre Töchter wegen deren Existenz, von der sie sich eingeschränkt fühlen, anklagen.

Daß der Narzißmus der Mutter, namentlich ihre leichte Kränkbarkeit, ein wesentliches Element der Mutter-Tochter-Beziehung gewesen sein muß, zeigt die generelle Angst der Patienten vor der Kränkbarkeit des Objekts, die ich bei allen meinen Bulimikerinnen fand. Auch eine Patientin Gerlinghoffs sagte: „Es war immer furchtbar, wenn ich etwas falsch gemacht hatte und meine Mutter ihr beleidigtes, eiskaltes Gesicht zeigte" (ib., 67). Die Mütter meiner Patienten waren durchweg mit einem hohen Ichideal identifiziert, schienen über jeden Zweifel erhaben und tendierten zur Selbstidealisierung. In der Kränkbarkeit der Mutter liegt einer der Gründe, warum sich die Patienten mit dem „Nein" schwertun. Sich mit einem Nein abzugrenzen, wäre eine Bedrohung für den Narzißmus der Mutter gewesen. „Jede kleine Kritik bedeutet sofort Beschuldigung bei ihr. Sie fühlt sich immerzu schuldig" (Schneider-Henn, ib., 147). Diese Angst vor der Kränkbarkeit, die auch jene Patientin im Sinn gehabt haben dürfte, die von der „kalten Mondlandschaft", in der sie sich manchmal fühlte, sprach, findet auch in die Übertragung Eingang. Eine Patientin kritisierte ein Bild in meinem Behandlungszimmer, fürchtete dann, ich sei verletzt, weil sie einen anderen Geschmack besitze als ich. Die Kränkung hätte zur Folge – so ihre Angst –, daß ich mich aus Rache zurückziehen könnte – mit „steinernem Gesicht". Das aber hätte vernichtende Folgen, denn sie müßte um ihr „Überleben" bei mir fürchten, eine Angst, die sie lähmte und den Grund ihrer Beziehungsphobie zeigte. Bei einigen sehr farbenfrohen Bildern meinte sie, sie seien von einem depressiven Maler, um so auf eine bei mir befürchtete Depression anzuspielen.

III. Die Mutter-Kind-Dyade

Daß die Bulimikerin in die narzißtische Symptomatik der Mutter hineingezogen wird, hat sich in den kurzen Schilderungen bereits angedeutet. Richter schreibt: „Je mehr Eltern unter dem Druck eigener ungelöster Konflikte leiden, um so eher pflegen sie – wenn auch unbewußt – danach zu streben, dem Kind eine Rolle vorzuschreiben, die vorzugsweise ihrer eigenen Konfliktentlastung dient. Ohne sich darüber recht klar zu sein, belasten sie das Kind mit den unbewältigten Problemen ihres Lebens und hoffen, sich mit seiner Hilfe ihr Los zu erleichtern" (1963, 16). Er warnt aber, es genüge nicht zu wissen, wie der elterliche Konflikt aussieht, sondern es sei auch zu prüfen, in welcher besonderen Funktion das Kind zur Konfliktbewältigung verhelfen soll (vgl. ib., 73 f.). Ich will deshalb zunächst einen Blick auf die Mutter-Kind-Beziehung der Bulimie-Patientin werfen, um die Funktion, die die Tochter bei der Konfliktbewältigung der Mutter einnimmt, herauszuarbeiten.

Die Funktionalisierung und die Kindimago

Die Erleichterung des mütterlichen Loses erfolgt meiner Beobachtung nach über eine die gesamte Kindheit hinweg wirksame Funktionalisierung der Tochter, die zur Regulierung der narzißtischen Bedürfnisse der Mutter dient und pathogen wirkt. Allerdings gibt auch Richter zu bedenken, daß Rückschlüsse aus der Behandlung Erwachsener auf deren kindliche Rollenkonflikte nur begrenzt möglich seien (vgl. ib., 260). Eine Zeitungsnotiz vermag das Thema zu illustrieren, von dem in den folgenden Kapiteln die Rede sein wird. Unter der Überschrift „Mutter benutzte Kind als Drogendepot" war zu lesen:

„Eine 33 Jahre alte Spanierin hat ihre zweijährige Tochter zum Drogenschmuggel mißbraucht (...) Auf dem Flug von Venezuela nach Frankfurt hatte die Spanierin am 22. August dieses Jahres das Rauschgift in Schuhen und anderen Sachen des kleinen Mädchens versteckt. Die Mutter habe das Kind einem schweren Schock ausgesetzt, als sie nach der Landung in Frankfurt verhaftet wurde, stellte das Gericht fest. Das Kind wurde nach der Festnahme der Mutter zu Pflegeeltern gegeben und lebt inzwischen bei der Großmutter" (Frankfurter Rundschau, 13.12.1996).

Die kurze Notiz zeigt alle Ingredienzien der Mutter-Kind-Beziehung der Bulimikerin: die Abhängigkeit eines Kindes, die seine Funktionalisierung als Depot mütterlicher Wünsche und ihres Mangels möglich machte, die Abhängigkeit der Mutter, die dadurch bedingte traumatische Überforderung des Kindes (Schock), das Eingreifen des Gerichts als dritte Instanz, die das Kind von der Mutter trennt, und die Dreigenerationenthematik mit den Großeltern.

Die Funktionalisierung durch die Mutter kann bereits vor der Geburt des Kindes erfolgen. Die offenkundigsten Beispiele pränataler Funktionalisierung liegen vor, wenn die Mutter ein Kind bekommen will, um einen Mann zu binden, wie das bei einer meiner Patientinnen der Fall war, deren Mutter ihr gegenüber eines Tages im Ärger ihre einstigen Absichten unverhohlen bekannte. Die Hochzeit der Eltern war mit Kränkungen für die Mutter verbunden, denn der Schwiegervater lehnte sie ab, weil sie „nur Putzfrau" war. Die Schwangerschaft wurde benutzt, um sich gegen die Abneigung des Schwiegervaters zu behaupten, die abzubauen ihr Vater nicht in der Lage gewesen sei. In einem anderen Fall diente die pränatale Funktionalisierung dem genauen Gegenteil: Die Mutter brauchte ein Kind, um sich vor ihrem Ehemann geschützt fühlen zu können. Sie brauchte eine „Verbündete" gegen ihren Mann, vor dem sie Angst hatte. Manche Patienten fühlten sich als „Ehekitt" (vgl. Schulte & Böhme-Bloem, 1991, 52).

Die beiden wichtigsten Formen der Funktionalisierung durch die Eltern, die ich bei Bulimikerinnen beobachten konnte, die sich aber auch aus der Literatur zur Bulimie abstrahieren lassen, erfolgen über den Mechanismus der „narzißtischen Projektion" (Richter) und der Substituierung einer Elternfigur durch die Tochter. Bei den narzißtischen Projektionen wird die Tochter zur Projektionsfläche für das Selbst eines Elternteils und soll in der Funktion eines Selbst-Objekts entweder erwünschte oder abgewehrte Anteile des elterlichen Selbst übernehmen, zumeist das eine wie das andere. Die jeweiligen Aspekte werden in das Kind projiziert (vgl. Richter, ib., 155) oder – wie bei der Spanierin – ihm „in die Schuhe versteckt". Bei der „Substituierung" neigen Eltern unbewußt dazu, mit Hilfe ihres Kindes eine alte traumatische Konstellation neu zu beleben. Sie bringen dem Kind Gefühle entgegen, mit denen sie nicht das Kind, sondern eine andere, vielleicht längst entschwundene Person meinen. Das Kind ist nur stellvertretender Repräsentant einer Figur des biographischen Hintergrundes (vgl. Richter, ib., 76).

Beide Formen der Funktionalisierung beruhen auf einer Übertragung der Eltern aufs Kind (vgl. Bornstein, 1934). Im ersten Fall handelt es sich um eine narzißtische Übertragung, im zweiten Fall um eine Übertragung von Objektimagines. Das Kind wiederum befindet sich seinen Eltern gegenüber in der Gegenübertragungsposition. Loch geht davon aus, daß Übertragung von ihrer Herkunft her immer auch schon Gegenübertragung ist. Zum Ursprung hin würden sich die Grenzen verwischen, und man könne, vom Zustand der emotionalen Symbiose ausgehend, sagen, die neurotische (bzw. psychotische) Übertragung sei das Relikt einer nicht gelungenen Ablösung von der Übertragung der Beziehungsperson, des seinerzeit stärkeren Partners (vgl. 1971, 174 f.). Wir dürfen also in der frühen Eltern-Kind-Beziehung eine Übertragungs-/Gegenübertragungsbeziehung vermuten. Von daher wäre z. B. eine Dreimonatskolik oder das Säuglingserbrechen eine Gegenübertragungsreaktion des Säuglings auf seine Mutter.

Beide Übertragungsformen basieren auf einer Imago, die sich die Eltern von ihrem Kind bereits vor der Geburt gebildet haben (vgl. Schleske, 1999, 438). Die Bedeutung des Kindes im Erleben seiner Eltern „entsteht aus Zuschreibungen, Befürchtungen, Hoffnungen und Phantasien über ihre Beziehung zu ihm. Dieser innere Raum seiner Eltern beeinflußt die spätere Entwicklung des Kindes. Er bestimmt mit, wie es sich selbst erlebt", so Schleske (ib., 438). Diese Imago der Eltern von ihrem Kind nenne ich im folgenden „*Kindimago*" (vgl. Richter, ib., 51) als Pendant zur Elternimago bei Kindern, denn sie ist es letztlich, die von den Eltern auf ihr Kind übertragen wird. In der Kindimago („wishful image", Wurmser, 1993) steckt der Wunsch der Eltern, den das Kind erfüllen soll. Sie beinhaltet das Körperselbst der Mutter, ihre Haltung zur Weiblichkeit, wie sie sie von ihren Eltern übernommen hat und wie sie den gesellschaftlichen Konventionen, Einstellungen und Sitten gemäß ist. Die Kindimago spiegelt die gesellschaftlichen Machtstrukturen und Werturteile wider, die die zeitgenössischen Ideologien über Kinder und Kindererziehung mit einschließen. Die Mutter ist Sozialisationsagentur, vermittelt über ihre Kindimago. Richter betont, daß es sich bei diesen auf das Kind gerichteten Hoffnungen, Ängsten, Strafimpulsen nicht einfach um ein chaotisches Konglomerat handelt, sondern daß die einzelnen Phantasien doch miteinander zusammenhängen und somit ein strukturiertes Ganzes bilden würden. Er schreibt: „Die elterlichen Phantasien, die dem Kind gewidmet sind, enthalten positive Erwartungsvorstellungen: wie das Kind sein soll. Sie enthalten ebenso negative Erwartungsvorstellungen: wie das Kind gerade nicht sein soll. Manche Vorstellungen sind jedoch auch zugleich mit positiven und negativen Affekten besetzt: Das Kind soll so sein, zugleich aber nicht so sein. Zwanghaft drängt sich das Bedürfnis auf, daß das Kind ein bestimmtes Verhalten realisieren möge" (ib., 72), und an anderer Stelle: „Daß Eltern ihr Kind 'nach ihrem Bilde' zu formen versuchen, ist nicht etwa schon an sich bedenklich, sondern im Gegenteil eine in den erzieherischen Leitbildern der meisten Eltern vorzufindende Tendenz, der man positive Einflüsse auf das Kind nicht absprechen kann, sofern dem Kind noch genügend Spielraum für eine eigenständige Entwicklung eingeräumt wird und sofern die Eltern selbst integrierte, affektiv ausbalancierte und sozial adaptierte Persönlichkeiten sind" (ib., 166). Es hängt sehr von der Flexibilität der Kindimago ab, inwieweit sich ein reales Kind von der Kindimago entfernen darf bzw. die Vorgaben der Kindimago erfüllen muß. Eine Kindimago offenbart sich z. B. dann als rigide, wenn die Eltern einen Jungen erwarten, ihm schon einen Namen gegeben haben, das Neugeborene aber ein Mädchen ist und der Jungenname effeminiert wird. Bei den hier zur Debatte stehenden Eltern scheint das Kind die Kindimago zwanghaft erfüllen zu müssen, denn beide genannten Bedingungen – affektiv ausbalancierte, sozial adaptierte Eltern und Spielraum für eigenständige Entwicklung – sind bei der künftigen Bulimikerin nicht erfüllt. „Gerade die Eltern mit den sogenannten Problem-Einstellungen lieben oder hassen doch im allgemeinen weniger das Kind, wie es wirklich ist, als vielmehr ein *illusionär verzerrtes* Bild des Kindes, das sie selbst unter Einfluß mehr oder weniger starker Projektionen unbewußt geschaffen haben" (Richter, ib., 51). Eine rigide Kindimago stört die in der frühen Beziehung so entscheidende „Hingabe" (Winnicott), die „rêverie" (Bion), um auf die Bedürfnisse des Säuglings eingehen zu können. Unter dem Diktat einer illusionär verzerrten Kindimago kann sich die Mutter nicht anregen lassen durch das Sosein ihres Babys, vielmehr wird das Kind der Vorgabe der Mutter eingepaßt. Die Befangenheit in der Kindimago wegen der eigenen Pathologie macht blind gegenüber den Bedürfnissen des Kindes. Mannoni schreibt: „Der Platz, den das Subjekt im Diskurs des ersten Anderen (der Mutter) einnimmt, ist ein Köder, ausgelegt vom Wunsch des Anderen. Unter der Herrschaft dieser ersten Illusion wird sich das Subjekt in der Phantasie als Ursache und Wirkung des Wunsches ansiedeln. In ihrem Diskurs stellt die Mutter das Kind an den Platz, der Ursache ihres eigenen Wunsches ist. Wie gesagt, ein höchst trügerischer Platz, insofern die Mutter im Kind nicht als solchem, sondern im Namen von etwas anderem (das Kind wird als Signifikant ihres eigenen Mangels herangezogen) eine Befriedigung findet, die sie erfüllt" (1977, 101).

Die Kindimago bzw. der in ihr niedergelegte Wunsch der Eltern ist die treibende Kraft der Funktionalisierung. Die Kindimago setzt und bestimmt die Merkmale und Inhalte der Funktionalisierung und setzt sich dominant gegen die Bedürfnisse des Kindes durch. Das Kind muß in diese Imago gezwängt, entsprechend dieser Imago manipuliert werden, bis es dieser entspricht. Erst dann ist es für die Eltern fungibel gemäß ihren narzißtischen Bedürfnissen. Erst dann steht es zur Funktionalisierung für die Restitution des mütterlichen Narzißmus bereit. Die Kindimago ist im wahren Sinne des Wortes ein „Leit"-Bild.

Die Funktionalisierung der Tochter, die erfolgt, wenn das Kind als Substitut des Selbst der Eltern, als Fortsetzung des eigenen Selbst bzw. als Selbst-Objekt benutzt wird, werde ich fortan „narzißtische Funktionalisierung" nennen und diejenige, wenn die Tochter zum Substitut für eine signifikante Person aus der Biographie eines Elternteils wird – bei der Bulimikerin ist diese signifikante Person zumeist die Großmutter, die Mutter der Mutter bzw. des Vaters –, so daß es zu einer Parentifizierung der Tochter kommt, als „parentifizierende Funktionalisierung" bezeichnen. Beide Formen der Funktionalisierung, die ich bei der Bulimie für zentral halte, scheint auch Gerlinghoff im Blick zu haben, wenn sie schreibt, daß an Eßstörungen Erkrankte „in ihren Familien oft schon lange vor Ausbruch der Krankheit eine wichtige Rolle (spielen). Einige sind die Vertraute der Mutter, andere des Vaters, oder sie sind beides. Nicht wenige sehen ihre Aufgabe darin, in der Ehe der Eltern zu vermitteln. Sie fühlen sich oft, im Gegensatz zu ihren Geschwistern, verantwortlich für das Glück und die Zufriedenheit der Familie und deren Harmonie. Einige sind davon überzeugt, der

Lebensinhalt ihrer Eltern zu sein. Sie glauben, verpflichtet zu sein, das zu erreichen, was den Eltern selbst nicht gelungen ist (...) Allen gemeinsam ist ein starkes Gefühl der Dankbarkeit für alles, was die Eltern für sie getan haben, und der Druck ist groß, sich dankbar zu erweisen" (ib., 24). Während die Rolle der Tochter als Vertraute der Mutter, als Vermittlerin zwischen den Eltern, als Verantwortliche für deren Glück die Vermutung nahelegt, die Tochter habe die Aufgabe, den Eltern einen Elternteil zu ersetzen, also Substitut für eine Großelternfigur zu sein, so verweist das Gefühl, das erreichen zu müssen, was die Eltern nicht erreicht haben, auf die Rolle als Substitut des Selbst der Eltern, als ideales, als Wunsch-Selbst-Objekt der Eltern. „Einige sind der Überzeugung, ihre Eltern nur zufriedenstellen zu können, wenn sie einmal etwas Besonderes, Großartiges werden" (Gerlinghoff, ib., 25).

Wenden wir uns zunächst der narzißtischen Funktionalisierung zu. Die Vermutung, sie spiele bei der Bulimie eine pathogene Rolle, legen die Befürchtungen nahe, die diese Patienten in der Übertragung äußern, bezeichnenderweise am Anfang der Behandlung, wenn die Übertragung noch taufrisch ist. In der Regel zeigten sie sich überzeugt, der Analytiker denke vorwiegend an seine Vorteile. Er übe seine Tätigkeit aus, um zu glänzen und sich z. B. als „brillanter Interpret" fühlen zu können. Auf diese Weise befriedige er sein Bedürfnis nach narzißtischer Zufuhr auf Kosten der Patienten.

> Manche Patienten suchten nach den Sitzungen in meinen Augen nach Zeichen der Zufriedenheit mit ihnen. Lächelte ich, wurden sie mißtrauisch, manche böse, weil sie argwöhnten, es sei mir gelungen, mich an ihnen zu befriedigen. Sie meinten, „meinem Konzept", also meiner „Patientenimago", entsprechen zu müssen, was sich bis in ihre Körperhaltung auf der Couch auswirkte, wenn sie z. B. glaubten, „stocksteif" daliegen zu müssen, obwohl sie z. B. lieber eine Säuglingshaltung eingenommen hätten. Mußte die eine oder andere Patientin einmal eine Stunde absagen, tat es ihr leid für *mich*, als ließe sie mich hungern. Auch die häufig geäußerte Phantasie, mich unterhalten und wer möglichst Spannendes erzählen zu müssen, deutet auf Erfahrungen des Funktionalisiertwerdens hin, ebenso die, daß ich mir erfolgreiche Patienten wünsche, weil ich dann ein erfolgreicher Analytiker wäre, der sich in seiner Kunst sonnen würde. Es hängt wohl mit diesen Phantasien zusammen, daß man gerade bei diesen Patienten von Erfolgen nicht verwöhnt wird. Eine spätere Besserung ihres Befindens können sie sich in diesem frühen Stadium der Behandlung nicht als gemeinsam Erarbeitetes vorstellen, sondern nur als etwas dem Analytiker zuliebe Erduldetes. Kurzum: Die Patienten fürchten beim Analytiker Idealisierungsbedürfnisse und glauben deshalb, sie müßten ideale Patienten

sein, um seinen Exhibitionismus zu befriedigen und seine Größe widerzuspiegeln. Sie haben Angst, Opfer seines Größen-Selbst zu werden. Es handelt sich dabei um eine Spiegelübertragung mit Rollenumkehr, insofern, als der Patient glaubt, den Analytiker spiegeln zu müssen. Auf den Analytiker wird die Imago eines den Patienten narzißtisch funktionalisierenden Objektes übertragen, eines Objektes, das den Patienten zur Aufrechterhaltung seiner narzißtischen Homöostase benötigt, als hätten sie es bei ihrem Gegenüber mit einer narzißtisch gestörten Persönlichkeit zu tun. Eine Patientin fragte mich nach einigen Monaten der Behandlung frei heraus, warum ich es nicht aufgäbe mit ihr, ich sei wohl sehr ehrgeizig.

Aus diesen Übertragungsphantasien erwachsen erhebliche Widerstände gegen die Behandlung, weil die Patienten sich weigern, die vermeintliche Rolle als Zulieferer von narzißtischer Bestätigung zu übernehmen, und lieber nichts annehmen. Oft verkleiden sich die Widerstände bulimisch, wie bei einer Patientin, die anläßlich einer Deutung verzweifelt ausrief: „Sie haben immer so tolle Ideen, ich weiß gar nicht, ob ich die annehmen darf." Sie war überzeugt, ich sei über meine Deutung verzückt, daß sie Angst bekam, mir etwas wegzunehmen. Dies gab ihr freilich auch einen Grund an die Hand, meine Deutung, die ihr mißfallen hatte, wieder auszuspucken. Andere unterwerfen sich dieser Aufgabe und bestätigen zum Schein die analytische Arbeit, was lange verborgen bleiben kann. Nicht immer können Patienten ihre Not mit der Funktionalisierung so klar in die Behandlung bringen wie jene Patientin, die ihr Anliegen gleich im Interview vortrug: „Ich suche jemand, der mir zuhört und nicht sich selbst." Die Angst vor narzißtischem Mißbrauch äußerte sich bei einer Patientin in der Überlegung, ich hätte sie nur in Behandlung genommen, weil sie Studentin sei und als solche in meinen Terminkalender passe, eine andere, weil ich sie nicht attraktiv fände. Stets war es die Vermutung der Patientinnen, ich wollte mir unangenehme Gefühle und Probleme ersparen oder es ginge mir nicht um ihre Person, sondern um die Inanspruchnahme einer mir bequemen Eigenschaft. Was die Patienten letztlich fürchteten, war die Verletzung der Abstinenzregel durch mich. Ich habe diese Furcht bei allen meinen Bulimikerinnen in der einen oder anderen Version und mehr oder weniger deutlich artikuliert vorgefunden.

Ist die Übertragung das Relikt einer nicht gelungenen Ablösung von der Übertragung der Beziehungsperson (vgl. Loch, ib.), so kann man vermuten, in der analytischen Situation spiegle sich die Erfahrung einer narzißtischen Übertragung seitens eines Elternteils wider. Daß es sich bei dieser Angst vor narzißtischem Mißbrauch auch um eine Projektion von Patientenwünschen auf den Analytiker handeln kann – denn diese Patienten bedürfen großer narzißtischer Zufuhr – schließt die erste Möglichkeit nicht aus.

Man könnte diese Übertragungsfigur für ein iatrogenes Phänomen halten, müßte sich dann aber fragen, weshalb gerade diese Patienten eine so besondere Sensibilität für die narzißtischen Bedürfnisse des Objektes an den Tag legen bzw. warum eine solche Empfindlichkeit und Sorge bei anderen Patienten keine Rolle spielt. Auffällig war auch bei den oben erwähnten Beispielen, daß diese Befürchtungen besonders in der Eröffnungsphase der Behandlung aufkamen, wenn die Angst vor Abhängigkeit besonders groß war, und jedesmal dann wiederkehrten, wenn die Abhängigkeit erneut zum Thema wurde. Die Furcht vor einem narzißtischen Mißbrauch dieser Abhängigkeit war zu diesen Zeiten stets erheblich.

Verlassen wir für einen Moment die analytische Situation und schauen uns in den Beziehungen außerhalb der Behandlung um. Ich zitierte bereits die Patientin Giovanna, die sich über die emotionale Unfähigkeit ihrer Freunde beklagte, dann aber, als sie einem Mann begegnete, der ihr gefiel, der an ihren Gefühlen interessiert war und sie heiraten wollte, ängstlich wurde und seine Wünsche nach Zusammenleben und nach Kindern als egoistisch und sich in ihr Privatleben einmischend klassifizierte (vgl. Liotti, ib., 37). Die Beziehung zu diesem Mann scheint Opfer der Angst Giovannas vor der Funktionalisierung durch ein narzißtisches Objekt geworden zu sein, das sich ichtrunken über ihre Bedürfnisse hinwegsetzt. Andere Autoren berichten von ähnlichen Erfahrungen. So schreibt Hinz über seine Patientin: „Aus der Übertragung zu schließen, ist die Angst vor narzißtischem Mißbrauch und vor Verfolgung das, was ihr aus ihrer Primärobjekterfahrung übrig geblieben ist" (ib., 5), und später: „An dieser Stelle wird deutlich, wie sehr die Patientin fürchtete, von mir narzißtisch, d. h. zu meinen eigenen Zwecken mißbraucht zu werden, weil sie mich dringend für eine innere Veränderung nötig hatte" (ib., 21 f.). Liotti berichtet von einer Patientin, die ihre Gefühle und Gedanken, die sie veranlaßt hatten, eine vorangegangene Psychotherapie abzubrechen, folgendermaßen schilderte: „Sie (die Therapeutin, T. E.) war nicht wirklich an meiner Meinung interessiert. Sie fuhr einfach fort, zu interpretieren, was immer ich ihr zu sagen versuchte und dann stellte sie mir Fragen, um herauszubekommen, was ich fühlte. Ich konnte ihr nicht andeuten, wie ich mich fühlte. Sie nahm alles sofort als bare Münze, um ihre Ziele zu erreichen, welche das auch immer gewesen sein mögen, vielleicht beruflicher Erfolg, auf jeden Fall nicht meine" (ib., 37). Liotti schreibt hierzu: „Die potentielle Gefahr, die dem Gegenüber in den interpersonalen Schemata der Bulimikerin zugeschrieben wird, ist eng mit der Erwartung (die sich meistens zur

Gewißheit steigert) verbunden, daß dieser, sei er männlich oder weiblich, die Selbstöffnung der Patientin nicht verstehen, akzeptieren oder wertschätzen wird, oder andersherum, daß er oder sie das Wissen um die ganz persönlichen Gefühle der Patientin mißbrauchen wird, um eigene egoistische Bedürfnisse zu befriedigen und ohne sich darum zu kümmern, wie schmerzhaft das für die Patientin sein wird. Die Neigung, den Interaktionspartner von vornherein als einen selbstsüchtigen Menschen anzusehen, verleitet dazu, das aktive Interesse eines potentiellen Gegenübers (oder eines Therapeuten!) an ihren Gefühlen als ein unrechtes Eindringen in ihre Intimsphäre anzusehen" (ib., 37). Mit der Formulierung „Die Neigung, den Interaktionspartner von *vornherein* als einen selbstsüchtigen Menschen anzusehen" weist der Autor diese Einstellung dem Objekt gegenüber klar als eine Übertragung aus, die offenbar wahnnahe Züge („Gewißheit") annehmen kann. Sowohl Hinz als auch Liotti sprechen von der Angst der Bulimikerin vor einem „Mißbrauch", der wegen der Abhängigkeit möglich wäre, so daß man mit ziemlicher Sicherheit von einer großen Furcht bei diesen Patientinnen ausgehen muß, ihr Gegenüber könnte unter Ausnutzung ihrer Abhängigkeit die Befriedigung eigener narzißtischer Bedürfnisse anstreben. Eine Patientin sagte über eine Lehrerin, bei der sie um Unterricht nachsuchte: „Ich erfuhr viel von ihr über sie, aber nichts über meine Angelegenheit." Die Natur dieser Funktionalisierung läßt sich aus der Übertragung genauer bestimmen. Die Kranken scheinen zur Stabilisierung eines prekären narzißtischen Gleichgewichtes eines Elternteils benötigt worden zu sein. Unterstellt wird ja, das Objekt bedürfe der narzißtischen Zufuhr aufgrund seines Wunsches nach Idealität. Bei diesem Prozeß spielen die Kranken ihrer Befürchtung zufolge bloß die Rolle desjenigen, der die Idealität des Selbst des anderen bestätigen bzw. zu deren Erhalt beitragen soll. Mit anderen Worten: Sie sind bei dieser Funktionalisierung nur Partialobjekt. Daß das Geschlecht des Gegenübers, dem die geschilderten Befürchtungen gelten, unerheblich ist, läßt Vermutungen in zwei Richtungen zu: Entweder datiert die narzißtische Funktionalisierung aus einer Zeit vor der Wahrnehmung der Geschlechtsdifferenz, oder sie ging von beiden Elternteilen aus. Tatsächlich ist bei der Bulimie beides der Fall. Gerlinghoff schreibt: „Angesichts der vielfältigen Verpflichtungen dem Vater, der Mutter und der Familie gegenüber bleibt diesen jungen Menschen häufig wenig Raum für eine individuelle altersentsprechende Entwicklung und Entfaltung ihrer eigenen Persönlichkeit" (ib., 25). D. h., das Selbst des Kindes ist dann kein persönliches Selbst, sondern nur eine Seite seiner Mutter oder seines Vaters (vgl. Richter, ib., 195). Das Kind lerne, „daß es kein autonomes Selbst entwickeln darf, sondern nur ein solches, das gleichzeitig zum elterlichen Selbst gehört. Internalisiert das Kind die Rolle, dann bleibt sein Ich-Ideal bzw. Über-Ich die persönliche Stimme des Vaters oder der Mutter" (ib., 227). Eine Patientin hatte das Gefühl, wie eine „Kunstfigur" zu sein, ohne Empfindungen. Schauen wir uns in der Mutter-Tochter-Beziehung um.

> „Eine zwanzigjährige Tochter, die bei ihrer geschiedenen Mutter aufwuchs, lag mit dieser seit Jahren in einem zähen und wechselseitig mit großer Energie geführten Kampf. Beide hatten in den meisten Fragen ihrer Lebensgestaltung völlig andere Vorstellungen. Die Mutter reagierte darauf sehr abwertend, aber auch mit hartnäckigem Insistieren, daß die Tochter ihre Meinungen übernehmen solle. Für die Mutter bedeutete die unterschiedliche Sichtweise der Tochter eine krasse Abwertung der eigenen Position. Da sie sich innerlich sehr davon abhängig machte, was ihre Tochter über sie dachte, konnte sie das nicht stehen lassen. Umgekehrt erlebte die Tochter die Überzeugungsbemühungen der Mutter als eine völlige Abwertung ihrer eigenen Position. Da sie sich innerlich ebenfalls sehr abhängig von der Meinung der Mutter machte, löste dies bei ihr ständig wieder Impulse aus, die Position der Mutter abzuwerten und diese zu überzeugen. (...) Andererseits verdankte die Tochter der Mutter sehr viel und spürte sehr deutlich, daß für sie die Mutter eine existentiell wichtige Person war, da die Mutter ihren eigenen Wert sehr stark von der emotionalen Zuwendung der Tochter abhängig machte" (Schmidt, ib., 53 f.); und Schneider-Henn berichtet: „Die Mutter hat Schwierigkeiten damit, älter zu werden, fühlt sich häßlich, unbeachtet und meint, sie müsse über Diäten ihre jugendliche Figur erhalten. Sie bittet Esther um Bestätigung, fragt nach Anerkennung und wünscht sich Beschwichtigung ihrer Unzulänglichkeitsgefühle" (ib., 140; vgl. auch 149).

Zeigt sich in diesen Beispielen die Bedürftigkeit der Mutter nach narzißtischer Zufuhr, die die Tochter befriedigen muß, so geht es im folgenden um die Projektion negativer Selbstanteile der Mutter auf die Tochter: „Meine Mutter beschimpfte mich ab der Pubertät mit schlimmen Worten, denn sie unterstellte mir, daß ich mit jedem Mann ins Bett ginge. Dabei wußte ich gar nicht, wovon sie sprach" (Gerlinghoff, ib., 59). Wir können dahingestellt sein lassen, ob die Tochter tatsächlich nicht wußte, wovon die Rede war – hier geht es darum, daß diese Mutter vermutlich eigene promiskuitive Neigungen bei ihrer Tochter ans Licht zerrte, um sich selbst im Schatten zu belassen. Für Projektionen solchen Inhalts eignet sich eine

Tochter besser als ein Sohn. Die Mutter setzt damit die eigene Abwertung des Weiblichen, unter der sie leidet, an ihrer Tochter aktiv fort. So zumindest war es bei der Mutter einer meiner Patientinnen, die ihre Tochter mit Beginn der Pubertät fast gleichlautend wie obige als „Hure" beschimpfte, weil sie enge Jeans trug. Von dieser Mutter war bekannt, daß sie mit ihrem Ehemann äußerst unzufrieden war und mit anderen Männern liebäugelte, bis sie ein schwere Agoraphobie entwickelte. Diese Projektion hatte zur Folge, daß sich die Patientin passager tatsächlich promiskuitiv verhielt, stellvertretend für die Mutter deren sexuelle Phantasien ausagierte und in Gefahr geriet zu verwahrlosen. Sie ging Diebstählen nach, und weil sie sich als „Hure" fühlte, definierte sie das entwendete Geld als Lohn für ihre imaginierte Prostitution. So lebte sie den unbewußten Wunsch ihrer Mutter und gab ihr recht: Du willst, daß ich eine Hure bin, also bin ich eine. „Eltern können im Kind das suchen, was sie selbst sein möchten. Sie können in ihm aber auch gerade das suchen, was sie um keinen Preis sein möchten. Gegenstand der Projektion ist dann nicht ihr ideales Selbst, sondern dessen Gegenteil, nämlich die unbewußte 'negative Identität'", schreibt Richter (ib., 197). Das Kind gerate dann in die Rolle des Sündenbocks, und diese Funktion führe in die Verwahrlosung (vgl. Richter, ib., 226). Die passagere Promiskuität der Patientin wiederum war der Mutter Beweis ihrer „prophetischen Fähigkeiten", und so wurde sie zum omnipotenten Objekt, genauer gesagt, zum omnipotenten Überich in der Wahrnehmung ihrer Tochter, die ja zum damaligen Zeitpunkt diesen Wirkmechanismus nicht durchschauen konnte. Ihre Mutter sei ihr „wie ein Gott" vorgekommen. Die Szene zeigt, daß solche Projektionen die Mutter nicht nur entlasten, sondern auch befriedigen, denn sie kann nicht nur an der „Hure" teilhaben, sondern hat überdies noch den narzißtischen Gewinn, die omnipotente Interpretin zu sein, deren Vorhersagen eintreffen und die immer recht hat. Als solche wurde sie von der Patientin introjiziert, und exakt diese Imago der omnipotenten Interpretin wird auf den Analytiker projiziert, wie im Falle der Patientin, die glaubte, ich sähe „alles".

Auch im folgenden Beispiel dürfte es sich um eine solche Projektion abgewehrter Selbstanteile gehandelt haben. Eine Mutter machte ihrer Tochter heftige Vorwürfe, weil sie ihre Papiere zur Abmeldung bei einer Institution nicht rechtzeitig zusammengetragen hatte: Sie solle sich mal ihre Mutter zum Vorbild nehmen, sie hätte immer Ordnung in ihren Unterlagen. Die Patientin berichtete mir darauf empört und nicht ohne Sarkasmus, ihre Mutter mache ihre Steuererklärung immer erst, nachdem der Gerichtsvollzieher vor der Tür gestanden hätte. Hier nahm die Mutter eine Selbstidealisierung auf Kosten der Tochter vor, indem sie eine von ihr abgewehrte Seite bei dieser unterbrachte. „Das Kind soll sowohl die mangelhaft befriedigten narzißtischen Ambitionen der Eltern stellvertretend realisieren, als zugleich deren Gewissensängste durch besondere Tugendhaftigkeit zu beschwichtigen helfen" (Richter, ib., 170 f.).

Aus den Erzählungen und der geschilderten Pathologie der Mütter ließ sich ebenfalls rekonstruieren, daß diese sich nicht hinreichend von der eigenen Mutter gelöst hatten, daß sie wegen unbefriedigter symbiotisch-narzißtischer Bedürfnisse an sie fixiert geblieben waren. Diese Bedürfnisse sollte die Bulimikerin stellvertretend für ihre Großmutter befriedigen, weshalb die Erwartung, die Tochter möge möglichst bald erwachsen werden, erfahrungsgemäß Bestandteil der Kindimago von Bulimie-Eltern ist. Die Patienten bekamen die Rolle der idealen Mutter zugewiesen, nach der ihre Mütter sich sehnten. Die Tochter hat die Mutter für die Mutter zu sein, sie erbt sozusagen die Schulden der Großmutter, die sie nun an ihre Mutter zurückzahlen soll. Bereits früh konstelliert sich so eine Mutter-Kind-Beziehung mit umgekehrten Rollen. „Die Wurzeln von Magersucht und Bulimie reichen häufig bis in die frühe Kindheit, sogar zuweilen bis in die Familiendynamik einer großelterlichen Herkunftsfamilie zurück", schreibt Gerlinghoff (ib., 24). Auch die Familientherapeuten heben die Bedeutung der Großelterngeneration bei der Erkrankung hervor und sprechen von einer „Drei-Generationen-Dynamik" (Schmidt, ib., 56). Vanderlinden et al. stellten fest, daß die Großeltern noch einen starken Einfluß auf die Familie der Bulimie-Patientin ausüben (z. B. leben sie in enger Nachbarschaft oder sogar im Haus der Familie). In vielen Fällen hätten die Eltern in ihrer Kindheit traumatische Erfahrungen, wie zum Beispiel den frühen Verlust eines wichtigen Familienmitglieds, gemacht. Nicht selten wären die Eltern in ihrer ursprünglichen Familie selbst emotional vernachlässigt worden (ib., 33). Aus den Erzählungen meiner Patientinnen entstand in mir das Bild einer herrischen, korpulenten und leidenschaftlichen Großmutter. Die Mütter schienen durchweg mit dem Bild einer idealisierten (Groß-)Mutter identifiziert. Dieses Idealbild projizierten sie auf die Tochter, und diese introjizierte es mit dem Zwang, ihm zu entsprechen, weshalb aus dem Ichideal meiner Patientinnen weniger ihre Mutter sprach, sondern vielmehr das Ideal, das sich ihre Mutter von der Großmutter gebildet hatte, dem aber weder diese noch jene, noch meine Patientinnen zu entsprechen vermochten, so daß massive Unzufriedenheit und Probleme mit dem Selbstwert bei Mutter und Tochter zur Tagesordnung gehörten. Weil die Patientin die *ideale* Großmutter substituieren soll, kann es nicht ausbleiben, daß sie schließlich als „böse" Großmutter erlebt und bekämpft wird. Richter schreibt:

> „Angestaut mit passiven Liebeswünschen, die sie infolge enttäuschender Kindheitserfahrungen stets unterdrückt hatten, fordern sie nunmehr vom Kind eine Initiative an Zärtlichkeit und Kontaktsuche, wie sie das Kind aber meist nicht aufbringen kann (...) Meist reagiert eine solche Mutter dann mit Unmut und Vorwürfen, die bereits in der Formulierung verraten, daß sie damit eigentlich nicht das Kind, sondern die eigene Mutter 'meint'. Aus allen Äußerungen ist herauszuspüren, daß von dem Kind eine Nachlieferung an Liebe und Zuwendung gewünscht wird, deren Entbehrung die Mutter früher bei ihrer eigenen Mutter nicht überwunden hat. (...) Sie erwartet eigentlich unbewußt von vornherein, daß das Kind sie genau so zurückstoßen werde wie früher die eigene Mutter. Der Haß auf die versagende Mutter steckt also von Anfang an in der Einstellung zum Kind drin und trägt um so sicherer dazu bei, daß sie sich die gleiche Frustration wie ehedem verschafft" (ib., 91 f.).

Die Gleichgeschlechtlichkeit aller Beteiligten begünstigt die Substituierung und Funktionalisierung. Eine Patientin erzählte, daß in ihrer Familie alle Frauen durch die Generationen hinweg „Feldwebel" gewesen seien. Sie erhielt unbewußt den „Auftrag", diese Chronik zu durchbrechen und kein „Feldwebel" zu werden. Schon als Kind wünschte sie sich große Brüste, die sie auch bekam, aber sie konnte trotzdem ihren Auftrag nicht erfüllen, denn bei ihrem ersten Kind, einem Sohn, versiegte mangels geeigneter mütterlicher Vorbilder nach kurzer Zeit ihre Brust, das Kind erkrankte zudem an Neurodermitis, benötigte wegen Unruhe und Schlafstörungen Psychopharmaka, und im Laufe der Zeit schlich sich in die Beziehung zu ihm der „Feldwebel" ein, den es schon immer in ihrer Familie gegeben hatte. „Die eine Generation bindet die nächstfolgende durch ihre unbewußten Rollenvorschriften wieder an den gleichen Konflikt, an dem sie selbst gescheitert ist" (Richter, ib., 260). Eine andere Patientin mußte bis in ihr siebzehntes Lebensjahr das Bett ihrer Mutter teilen, wenn ihr Vater außer Haus war, da ihre Mutter Angst vor dem Alleinsein hatte und sich nachts fürchtete. Wieder eine andere schildert: „Ich versuchte, meine Eltern vor der echten Realität des Lebens zu schützen und sie in ihrer Idealwelt zu belassen. Ich hatte Angst, es würde sie zerstören, wenn sie die Wahrheit über die Welt draußen erführen. Sie vor dieser Wahrheit zu schützen, war ich ängstlich bedacht. So wurde ich zur Beschützerin meiner Eltern. Sie durften auf keinen Fall aus ihrem Dornröschenschlaf geweckt werden oder jedenfalls nicht von mir, ihrer einzigen Stütze" (Gerlinghoff, ib., 27). Hier sollte die Tochter die „frühe Mutter" sein, die für Reizschutz und Schutz vor Desillusionierung sorgt. Der Versuch, die Eltern „vor der echten Realität des Lebens zu schützen", spielte auch im Fall einer Patientin eine Rolle, die ihrer Mutter die Auseinandersetzung mit ihrem Alter ersparen wollte, indem sie zu Hause nichts von ihrem Freund erzählte, weil sie meinte: „Die verkraftet das nicht." Bei einem früheren Anlaß hätte ihre Mutter ihr vorgeworfen, daß sie sie mit einem Freund alt mache. Sie solle ja nicht mit einem Kind nach Hause kommen (und sie zur Großmutter machen).

Anhand der Probleme mit der Dankbarkeit – eine Patientin sprach ja von den „Schlingen der Dankbarkeit" – kann man die Funktionalisierung erkennen. Auch die Szene zwischen einer Patientin und ihrer Freundin, die sie mit einer Halskette beschenkte, ist bereits bekannt. Dort habe ich dargestellt, wie berechnend das Objekt erlebt wird. Die Patienten haben schnell das Gefühl, der andere beschenke nicht sie, sondern eigentlich sich selbst. Welche Absichten Bulimie-Mütter gelegentlich mit dem Schenken verfolgen, zeigt diese Geschichte:

> Eine Patientin erzählte, daß sie, als sie noch ein kleines Mädchen war, von ihrer Mutter beim Stadtbummel einen Luftballon geschenkt bekam, über den sie sich riesig freute. Dieses Geschenk hätte jedoch keineswegs ihr gegolten, wie sie irrtümlich annahm, denn bei der Rückkehr nach Hause wurde ihr von ihrer Mutter aufgetragen, sie solle dem Vater erzählen, sie hätte diesen Luftballon von einem fremden Mann geschenkt bekommen. Sie wollte damit ihren Mann eifersüchtig machen und über ihre Tochter die verlorene Zuwendung ihres Mannes zurückgewinnen. Mit süffisantem Lächeln ergänzte die Patientin, daß ihr der Luftballon kurz vor Betreten der elterlichen Wohnung geplatzt sei und damit die Hoffnung ihrer Mutter. Da ihr Vater den Knall gehört hätte, sei die Absicht ihrer Mutter schließlich doch in Erfüllung gegangen. „Heute", so eine andere Patientin, „mißtraue ich liebevollen Gesten. Ich weiß, wie wenig verläßlich sie Gefühle widerspiegeln" (Gerlinghoff, ib., 28).

Anlaß dieses Mißtrauens ist der Eindruck der Patientinnen, daß entweder ihr falsches Selbst beschenkt wird bzw. daß sie das von den Eltern Erhaltene nicht für sich, sondern zur Selbststütze eines Elternteils bekommen haben, wie das bei der eingangs erwähnten Patientin mit dem Werkzeuggeschenk des Vaters der Fall war. Lieber wollen sie kein Geschenk und auch nicht gelobt werden, weil sie dann sofort das Gefühl haben, es sei entweder unecht oder weil sie eine von ihnen erwartete Rolle gespielt haben. Oder, anders ausgedrückt: „Ich will auch dann ein Geschenk", so eine Patientin, „wenn ich nicht gut war, und eines, das ich mir wünsche." Sie pochen also darauf, daß das dissoziierte Selbst, das wahre Selbst, und nicht das Abwehr-Selbst beschenkt wird. Schneider-Henn berichtet von einer Mutter: „Sie kauft begeistert neue Kleidung für die Tochter, verwöhnt sie mit kleinen Geschenken und nimmt nicht sonderlich wahr, daß Esther diese Sachen nie anzieht und sich gar nicht freut, wenn sie ihr pflichtbewußt dankt. Esther traut sich nicht, der Mutter klar zu sagen, daß sie einen anderen Geschmack hat und sich mit diesen Geschenken nicht verstanden fühlt. Sie meint, sie würde mit ihrer Ehrlichkeit die Mutter kränken, und läßt deshalb lieber mit sich geschehen, was sie nicht verhindern mag" (ib., 139). Eine Patientin erlebte sich als klein gemacht, hilflos und abhängig, wenn sie von einer Frau ein Geschenk erhielt, weil sie sich zur Dankbarkeit verpflichtet fühlte. Aus genau diesem Grund nehmen die Patienten lieber nichts an, assimilieren keine Objekte und wollen nichts besitzen. Das gilt auch für die Heilung, weil sie – wie ausgeführt – davon ausgehen, der Analytiker helfe, um sich selbst bewundern zu können. Heilung heißt für sie: Sich noch besser zur Funktionalisierung zu eignen. Den Zwang zur Dankbarkeit umgehen die Patienten mit der Kleptomanie.

„Allen gemeinsam", schreibt Gerlinghoff, „ist ein starkes Gefühl der Dankbarkeit für alles, was die Eltern für sie getan haben, und der Druck ist groß, sich dankbar erweisen zu müssen" (ib., 25). Richter äußert zum selben Thema: „Mütter, die zeitlebens die Sehnsucht nach entgangener Mutterliebe in der eigenen Kindheit nicht bewältigt haben, neigen mitunter dazu, von ihrem Kind ein übergroßes Maß an aktiven Liebesbeweisen und Dankbarkeit zu erwarten (...) Häufig wird auch gerügt, das Kind strahle nicht genügend vor Dankbarkeit, wenn es ein Geschenk erhalte (...) Die brennende Erwartung der kindlichen Dankbarkeit ist viel wichtiger als die Intention, das Kind selbst zu erfreuen" (ib., 91 f.). Sichtbare Dankbarkeit soll den Müttern die Zuwendung und das Gefühl der Bedeutung geben, die sie von der eigenen Mutter nicht erhalten konnten. Wenn Fenichel schreibt: „Die innere Forderung, für alles Empfangene wiederzugeben, ist die Grundlage der Dankbarkeit. Das 'Dankopfer' zeigt, daß man andernfalls die Strenge des Über-Ichs bzw. der Erzieher fürchtet" (1931, 159), so heißt das für unseren Zusammenhang, daß die Patienten die Eiseskälte der gekränkten Mutter fürchten, sollten sie sich nicht dankbar zeigen.

Wurmser berichtet von den Folgen der Funktionalisierung bei einem Patienten, dessen Eltern ihn unbedingt in den Arztberuf zwingen wollten. Der Patient schildert: „Ich finde mich eingeklemmt zwischen Wut und Schuld. Jedesmal, wenn ich zuhause mich sträubte oder mit irgendwas nicht einverstanden war, begann meine Mutter zu schreien und zu weinen: 'Nach allem, was ich für dich getan, ist das der Dank, den ich dafür bekomme? Du Taugenichts, du schlechter Mensch!' Und dann fing mein Vater an zu schreien: 'Du tötest deine Mutter. An ihrem Grabe wirst du stehen und das Totengebet sagen. Religiös willst du ja doch immer sein, nicht wahr, du Heuchler!'„ (1986, 97). Wurmser ergänzt: „Eine ähnliche Mischung von Zorn und Selbstverurteilung überkommt ihn heute, wenn er sich erniedrigt und ohnmächtig sieht. Dann aber verschwinden alle bösen Gedanken und Wünsche. An nichts mehr denke er dann und fühle sich ganz leer. Dieser Bewußtseinszustand der Leere und Gedankeneinschränkung kann sich auch zum Gefühl der Verwirrung und Verworrenheit steigern; dann erscheint alles um ihn herum einfach bedeutungslos und unverständlich; Gespräche werden sinnloses Geräusch" (ib., 97).

Bei der Parentifizierung haben wir es mit einer Umkehrung der Generationen zu tun. Letztendlich aber ist die hier getroffene Unterscheidung zwischen narzißtischer und parentifizierender Funktionalisierung fließend, denn beide Male geht es den Eltern um narzißtische Zufuhr, um die Behebung eines Mangels, der schon die Beziehung zu den eigenen Eltern geprägt und eine anhaltende Abhängigkeit von dieser Zufuhr hinterlassen hat. Dieser Mangel ist der Drehpunkt, der das Kind mal in die eine, mal in die andere Richtung drängt: Die Töchter werden als Zufuhrlieferanten funktionalisiert oder aber – wenn das Größen-Selbst der Eltern aktiviert ist und sie sich selbst mit narzißtischer Zufuhr versorgen können – als Quelle der Bestätigung ihrer Selbstidealisierung. Bei vielen Fällen, die ich beobachten konnte, trat beides in Erscheinung, meist alternierend. Wenn die erwartete Zufuhr von der Tochter ausblieb, kam es zur Kränkung und zu einem Umschwung in der mütterlichen Haltung in Kälte, Abweisung und Entwertung der Tochter. Darum die große Angst der Bulimikerin vor der Eiseskälte der Mutter. Es ist dieselbe Eiseskälte, die sie auch vor dem Überich zittern läßt und die in das Erleben der geschilderten Auslösesituationen für Anfälle das Moment der Trennungs- und Vernichtungssituation einführt. Das Überich dieser Patienten ist eben in hohem Maße narzißtisch.

Die Umkehrung der Generationenabfolge, wie sie in beiden Formen der Funktionalisierung agiert wird, hat Konsequenzen. Richter schreibt: „Und speziell bei diesen narzißtisch bestimmten Rollen kann die Erfahrung des Kindes, daß es wirklich nur einen Aspekt des elterlichen Selbst substituieren soll, zu einem schweren Identitäts-Konflikt im Sinne Eriksons führen. Das Kind gelangt dann nicht zu einem persönlichen Selbst, sondern bleibt in der Phantasie stecken: Ich bin nur eine Seite meiner Mutter oder meines Vaters" (ib., 195).

Das Kind als Container

Soll die Tochter Projektionsfläche für die narzißtischen Projektionen der Eltern sein, so bedeutet das, daß sie ihr Kind als Container für ihre unbewältigten affektiven Spannungen und Konflikte, für die eigenen abgewehrten Anteile mißbrauchen. Die Tochter als Partialobjekt wird zum „Mülleimer" für das Unverdaute der Eltern. Der Traum, in welchem eine Patientin splitternackt eine öffentliche Toilette reinigen mußte, liefert ein gutes Bild für den Auftrag, die Projektionen anderer entsorgen zu müssen. „Ich muß leer sein, weil meine Mutter mich so braucht", war eine Patientin überzeugt. Eine andere sagte: „Ich muß mich leer halten, damit andere etwas in mich hineinfüllen können", womit sie den Container-Auftrag unmißverständlich artikulierte. Das war die Beziehungsfigur, die sie stets mit anderen Personen wiederherzustellen versuchte. Diese Container-Funktion läßt die innere Leere, die die Patienten in sich spüren, noch in einem anderen Licht erscheinen. Es sieht so aus, als versuchten sie mit dieser Leere ihren Auftrag zu erfüllen. Die „Leere" bedeutet: sich freihalten für die Projektionen der Mutter. Die Leere ist also funktional.

Je früher die Funktionalisierung als Container einsetzt, desto weniger verfügt der kindliche „Container" über die Alpha-Funktion und desto weniger ist das Kind in der Lage, das Projizierte zu „entgiften". D. h., durch den elterlichen Auftrag zum Containing gerät es in einen affektiven Notstand, der, wenn er früh eintritt, noch nicht mittels Phantasie bewältigt werden kann und zu einer Akkumulation von Beta-Emotionen führt, die unkontrollierbar werden. Diese Situation scheint der von Spitz geschilderten Situation bei der Dreimonatskolik zu entsprechen (vgl. Spitz, 1980). Beim erwachsenen Patienten kann das so aussehen: „Ich nahm die Rolle an, die meine Mutter mir überstülpte. Ich fügte mich in das Bild, das sie sich von mir machte, und wurde immer mehr zu ihrer Verbündeten, mit der sie über alles reden konnte. Sie lud alles bei mir ab, auch ihre Eheprobleme, und erschütterte so mein Vater- und Männerbild enorm. Irgendwann habe ich meinen Vater nur noch verachtet" (Gerlinghoff, ib., 29). Der Prozeß, den die Patientin hier beschreibt, erinnert an den Eßanfall. Dort wird dieses „Alles-Abladen" körperlich-konkretistisch mit Bergen von Nahrung reinszeniert. Aber nicht nur, daß die Kranken im eigenen Körper abladen, nein, auch die allmähliche Zertrümmerung des Vaterbildes bis hin zur Entwertung erinnert daran, wie das Introjekt Nahrung nach seiner Einverleibung von den Patienten erlebt wird. Die Funktionalisierung als Container ist, insbesondere wenn sie früh erfolgt, eine Überforderung des psychischen Apparates des Kindes. Eine Patientin von Hinz erzählte: „Mir fällt nur ein, warum mir nichts einfällt. Heute war Großkampftag. Sehr anstrengend. Ich habe zu viele Informationen auf einmal zu verarbeiten, und Rückzugsmöglichkeiten fehlen. Etwas drückt aus meinem Auge heraus. In meinem Kopf ist etwas nicht in Ordnung. Ich muß deshalb mit der Hand dagegendrücken, den Kopf zusammenhalten. Es ist ein Gefühl, wie wenn Gips aus dem Auge rieselt" (ib., 22). Diese Metaphorik bebildert m. E. zutreffend die Überforderung der Container-Funktion, könnte aber fraglos ebensogut Metapher für den Eß-Erbrechanfall sein. Eine Patientin von Gerlinghoff berichtet: „Ich kann nachts nicht mehr schlafen, weil dann regelmäßig die Welt über mir zusammenbricht. Alle Probleme, die ich tagsüber verdränge, werden mir bewußt und wachsen zu einem unüberwindbaren Berg an. Ich male mir die schlimmsten Katastrophen aus" (ib., 100). Auch hier wird die Überforderung wegen der Überschwemmung mit Beta-Elementen deutlich. Eine andere meinte: „Alle trauen mir viel mehr zu als ich mir selbst, vor allem in meinem Beruf. Besonders in letzter Zeit hat sich mein Selbstbewußtsein immer mehr verändert. Ich fühle mich durchsichtiger, schwächer und irgendwie, als würde ich fast zerbrechen unter den vielen Anforderungen" (ib., 109)

Benutzt die Mutter ihre Tochter als Container, wie das bei Bulimikerinnen der Fall zu sein scheint, erzwingt sie eine Umkehrung der Rollen und damit die Parentifizierung: Die Tochter wird zum Mutterersatz und soll dabei nicht nur Container sein, sondern darüber hinaus das Bedürfnis ihrer Mutter nach Abhängigkeit und Versorgtwerden erfüllen, schützen, helfen, Verantwortung übernehmen und deren Probleme lösen. Wegen dieser Überforderung bekommen die Patientinnen schnell das Gefühl der Unzulänglichkeit und Minderwertigkeit und erleben – wie bei der Kleptomanie erwähnt – alle Beziehungen als „Forderbeziehungen". Die Konfrontation mit der Überforderung ist eine Kränkung, weil die Tochter mit ihren Grenzen in Kontakt kommt. Die Kränkung zu meistern, unter Ichdominanz zu bringen, bindet ihre ganze psychische Energie, die für andere Entwicklungsaufgaben nicht mehr zur Verfügung steht. In der Pubertät/Adoleszenz wird die kränkende Überforderung zum Auslöser für Eßanfälle.

Gleichzeitig fördert die Mutter mit dieser Parentifizierung die Allmachtsphantasien ihrer Tochter: „... und wurde immer mehr zu ihrer Verbündeten, mit der sie über *alles* reden konnte", sagte obige Patientin. Stellt man sich vor, diese Bemerkung stamme von einem Kind, und geht man zusätzlich von einer früh einsetzenden Funktionalisierung aus – der gestörte Narzißmus der Mutter dürfte eine von Anfang an wirksame Konstante sein –, so handelt es sich bei diesen Allmachtsphantasien um keine entwicklungsbedingte symbiotische Omnipotenz, die sich das Kind selbst einbildet, sondern um eine willkürlich verordnete, die eine Funktion für die Mutter hat und die dem Kind von ihr auch je nach Gutdünken wieder entzogen werden kann. Die Tochter hat sozusagen dann omnipotent zu sein, wenn die Mutter es will. Wird ihr die Omnipotenz, wenn sie nicht länger benötigt wird, wieder entzogen, ist die Tochter ohnmächtig. Der willkürliche Entzug und die dadurch erzeugte abrupte Desillusionierung wirken pathogen, schließlich handelt es sich um keine allmähliche, fristgerechte Desillusionierung, auf die das Kind sich einstellen könnte. Das abrupte Alternieren und die Koexistenz von Minderwertigkeit und Grandiosität ist nicht synthetisier- und integrierbar. Deshalb müssen bei absinkendem Selbstgefühl sofort Maßnahmen zum Erwerb der Omnipotenz, z. B. mit einem Eßanfall, erfolgen.

Die Mutter als „projective-identification-rejecting object"

Die Umkehr der Generationenabfolge hat noch eine weitere Konsequenz. Ich habe bei meinen Überlegungen zum Eßanfall die These vertreten, die Probleme mit der pathologischen Spannungsverarbeitung beruhten auf einem mißlungenen Containment, weshalb das Nahrungsmittel u. a. die Funktion eines Containers einnehmen soll. Die Vermutung lag daher nahe, es könnte den Patienten an einem mütterlichen Objekt gefehlt haben, das dazu fähig gewesen wäre, die Funktion des Auffangens und Entgegennehmens „infantiler Evakuierungen und Projektionen" (Grinberg) zu gewährleisten. Folgende Patientin scheint dies zu bestätigen. Mehrfach täglich wurde sie von ihrer Mutter angerufen, die „ohne Ende" von ihren Sorgen und Vorhaben erzählte. Über diese Telefonate machte sie nicht nur ihre Tochter zum Container, sondern stellte auch eine massive Bindung der Tochter her, denn wenn die Mutter einmal nicht anrief, fing die Patientin an sich Sorgen zu machen, die sich ihrer Gedanken bemächtigten und die zu bewältigen ihre ganze Energie und Konzentration beanspruchte. Das war aber eben nicht alles. Für ihre sie quälenden Belange, so klagte die Patientin nämlich, würde sich ihre Mutter nicht interessieren. Das, was sie ihr von sich erzählte, hätte die Mutter schon beim nächsten Telephonat am selben Tag „vergessen". Das scheint eine bulimietypische Komplikation zu sein: Die Mutter erweist sich wegen ihrer Befangenheit in der Kindimago und der daraus resultierenden Funktionalisierung als „projective-identification-rejecting object" (Bion), d. h sie verweigert die Annahme der projektiven Identifizierung ihrer Tochter. Ich sagte zuvor, daß der durch die narzißtische Störung entstehende Projektionsdruck der Eltern die Übernahme der Alpha-Funktion, der rêverie etc. störte bzw. verhinderte. Vermutlich hatte die Mutter diesbezüglich selbst schlechte Erfahrungen gemacht, denn die Fähigkeit zur rêverie setzt voraus, daß sie ihrerseits auf gelungene Containment-Erfahrungen zurückgreifen kann (vgl. Haas, 1997). Durch die Generationsumkehr zwischen Mutter und Kind entsteht die Situation, daß die Tochter mit den selbst produzierten Beta-Elementen und denen der Mutter vollgestopft ist, ohne die Möglichkeit zu haben, diejenigen ihrer Mutter zu reprojizieren bzw. die eigenen in die Mutter zu projizieren. Die für eine gelungene kindliche Entwicklung unerläßliche Möglichkeit der Projektion in das Hilfs-Ich Mutter ist vereitelt. Das Erbrechen im Sinne eines „Sich-übergebens" gewinnt hier eine weitere Bedeutung: Inszeniert wird nicht nur die Erfahrung, von der Mutter als Container für deren Unverträglichkeiten benutzt zu werden, sondern auch das Bedürfnis, sich der Mutter übergeben zu dürfen, d. h., all das Unverträgliche im eigenen Innern bei der Mutter deponieren zu können, um es von ihr neutralisieren zu lassen. Solches „Sich-seiner-Mutter-übergeben-Dürfen" war offenbar nicht möglich.

Spuren dieser wahrscheinlich schon früh und kontinuierlich erfahrenen Zurückweisung der Beta-Elemente lassen sich bei Bulimie-Patienten immer wieder finden. Im Traum einer Patientin sind nach einer Vergewaltigung blutige Teile in der Scheide zurückgeblieben, und die Krankenschwester meinte zu ihr, sie solle sie selbst herausholen (vgl. Fenichel, 1927, 111). In einem anderen Traum will eine Patientin ihre Mutter zwingen, eine Höhle voller Gestrüpp und toter Fische auszuräumen. Die Mutter aber ekelt sich vor dem Ausräumen und meint, die Tochter solle es selbst machen.

Kürzlich hörte ich von einer Mutter, die schon in dem Moment, als ihre Tochter Atem holte, um ihr etwas zu erzählen, diese mit der Bemerkung unterbrach: „Ich will nichts hören!" Eine andere Variante des hier zur Debatte stehenden Vorgangs lautet: Die Mutter hört sich zwar an, was ihre Tochter ihr mitteilen möchte, nimmt die (Beta-)Elemente also auf, gibt sie dann aber unverändert, d. h., ohne ihre Alpha-Funktion zu gebrauchen, zurück. Eine Patientin erzählte ihrer Mutter von einer für sie sehr unangenehmen Sache, die sie zu erledigen hatte, worauf ihre Mutter in barschem Ton meinte: „Das muß ich auch!" Der Affekt ihrer Tochter war damit abgewiesen. Ich erwähnte bereits eine Patientin, die sich früh in ihrer Behandlung die Phantasie über mich gebildet hatte: „Sie sammeln alles, was ich erzähle, und dann hauen Sie es mir um die Ohren!" Diese Patientin hatte Angst, auf mich zu projizieren, weil sie fürchtete, das Projizierte würde sich feindselig gegen sie wenden, d. h., ich würde reprojizieren. Der Prozeß entspricht dem beim Erbrechen beobachteten, wenn das Introjekt nach seiner Projektion zum verfolgenden Außenobjekt wird. Er dürfte der von Ophuijsen (1920) und Stärke (1919) bei Paranoikern nachgewiesenen Gleichsetzung von Verfolger und Kot ähneln. Es handelt sich bei der Phantasie der Patientin überdies um eine besondere Variante verfehlten Containments: Ohne Alpha-Funktion, ohne Entgiften, wendet sich der Container feindselig gegen das Kind, eine Variante, die an den „destruktiven Container" erinnert: „Das Containte wird im Inneren des Containers gefangengehalten. Das Kind, gefangen im Inneren der Mutter, soll für sie leben und die eigene Lebendigkeit aufgeben. Es hat keinen Raum, es selbst zu sein. In der analytischen Beziehung geschieht dies, wenn der Patient in die Theorie des Analytikers eingepaßt wird, statt verstanden zu werden. Diese destruktive Beziehungsform führt zu persekutorischen oder claustrophobischen Ängsten. Money-Kyrle denkt bei destruktivem Containment an eine zu ängstliche oder zu narzißtische Mutter, die die Not (distress) des Kindes nicht aufnehmen kann und sich abwehrend gegenüber schmerzvollen Zuständen des Säuglings verhält" (Lüders, 1997, 97). Die spätere Bulimikerin reagiert auf dieses verfehlte Containment mit dem Versuch, einen Ersatzcontainer (die Nahrung) anstelle der Mutter zu verschlingen. In der Kindheit kann sie die Mutter z. B. mit ihrer Gier derart in Anspruch nehmen, daß ihr kein eigenes Leben mehr erlaubt ist (vgl. ib., 97 f.). Dieses In-Anspruch-Nehmen äußert sich in Anklammern und in der Notwendigkeit zur Realpräsenz des Objekts. Die Gier der Bulimikerin verstehe ich allerdings – wie ausgeführt – im Sinne Balints bzw. Winnicotts (vgl. 1988, 166 ff.)

als Notreaktion auf den unzulänglichen bzw. ganz ausfallenden Container, oder, um es mit Bion zu sagen, weil die Patienten nach einer Möglichkeit zum Containing „darben". Die Gier nach einer „containing mother", repräsentiert in der Nahrung, habe ich ja als ein wesentliches Motiv des Eßanfalls herauszuarbeiten versucht. Bei obiger Patientin führte die Angst vor dem „destruktiven Container" dazu, daß sie lange Zeit davor zurückschreckte, mich als Analytiker (d. h. meine Containing- und Alpha-Funktion) zu gebrauchen. Ich sagte zuvor, daß beim Evakuieren kein Interesse am Durcharbeiten des evakuierten Materials bestünde. Dieses „Desinteresse" hat hier seinen tiefsten Grund. Nachdem das Material nämlich externalisiert oder in den Analytiker projiziert wurde, bekommen die Patientinnen paranoide Phantasien und müssen die Flucht ergreifen. Viele Patienten erleben ihre Sitzungen als „Müllabfuhrstunden". Es sind Sitzungen, in denen „auf Teufel komm raus" (!) evakuiert werden muß, wie ich es beim Eß-Erbrechanfall beschrieben habe. Das „Desinteresse" ist Angst vor dem Verfolgtwerden durch das Veräußerte. Es handelt sich um denselben Prozeß wie nach dem Erbrechen, wenn das Außenobjekt verfolgend erlebt wird. Was dort innerpsychisch vonstatten geht, spielt sich hier zwischen Patient und Analytiker ab, eine Beziehungsfigur, die die Situation zwischen Mutter und Kind kopiert, in der die Mutter evakuiert und die Tochter mit dem Evakuierten alleine zurückläßt. Es sind jene Situationen, in denen man als Analytiker mit dem Evakuierten zurückbleibt und noch lange nach der Behandlungsstunde mit dem Patienten bzw. mit „Verdauen" beschäftigt ist, weil man in der Stunde nicht zum Durcharbeiten kam.

Bei anderen Patienten kann genau das Gegenteil der Fall sein. Sie kommen mit dem Gefühl in die Behandlung, einen Berg bzw. ein großes Durcheinander vor sich zu haben, und fordern den Analytiker auf, ihn zu sortieren und abzutragen.

Wir finden demnach folgende Situation vor: Obwohl das Kind nicht über die erforderliche Alpha-Funktion verfügt, wird es von seiner Mutter vermutlich von Anfang an als Container funktionalisiert. Als Container ungeeignet, zumal es keine Möglichkeit hatte, die Alpha-Funktion zu internalisieren, da sie von der Mutter nicht angeboten wurde, ist es überfordert mit den gestellten Aufgaben. Seine Integrations- und Synthetisierungsmöglichkeiten, noch in Bildung begriffen, werden dadurch früh in ihrer Entwicklung gestört. Außerdem fehlt ihm die Möglichkeit, die Mutter als Container zu gebrauchen, so daß es zur Überlastung des heranreifenden Ichs mit Beta-Elementen und damit zu Lücken im Ich kommt, die sich später als Defekt zeigen mit den für die Bulimie charakteristischen Erscheinungen: herabgesetzte Fähigkeit, heftige und intensive Gefühle zu neutralisieren; das Objekt nicht gebrauchen können, kein Lernen durch Erfahrung; Ausfall der Symbolbildung und Phantasietätigkeit unter Belastung. Am Ende bleiben nur eine unzufriedene Mutter und eine verzweifelte Tochter übrig. Dies ist die Situation, die die Patienten im Eßanfall in Personalunion inszenieren. Und auch die Überforderung führt der Eßanfall vor, wenn der Magen vollgestopft wird bis zur völligen Überlastung. Die Rollenumkehr „Tochter als Container" macht die Mutter überdies von der Tochter abhängig, d. h., es kommt zu einer pathogenen reziproken Abhängigkeit von Tochter und Mutter, die wegen ihrer Abhängigkeit vom Kind dessen Wahrnehmung, Gefühle und Gedanken kontrollieren muß, z. B. durch Etikettierungen, welche im „projektiven Interpretieren" des Verhaltens der Tochter ihren Ausdruck finden. Die Mütter kommentieren und interpretieren dabei oft auf eine diffamierende, beschämende und entlarvende Weise, die für die Tochter nicht akzeptabel, geschweige denn hilfreich ist, wie das bei der Etikettierung als „Hure" der Fall war. Die interpretierende Mutter wird darüber zur omnipotenten Mutter, aber sie ist keine „containing-mother", denn ihr Interpretieren dient bloß ihrer Abwehr. Die Heimlichkeit der Patienten soll vor diesem projektiven Interpretieren schützen. Die Mutter soll nichts sehen. Da die Bulimie-Mutter kein „Spiegel" für ihre Tochter ist, haben Bulimikerinnen von ihrer Persönlichkeit und ihren Bedürfnissen nur vage Vorstellungen (vgl. Liotti, 1989; Schulte & Böhme-Bloem, 1991). Der physiologische Irrtum drückt dies aus und hängt damit zusammen, daß das Kind eigene Gefühle nicht wahrnehmen und denken darf, sondern meint, so fühlen und erleben zu müssen, wie die Mutter es will. Spannungen dürfen nicht als Ausdruck eines Mangels der Mutter bzw. mit der Beziehung zu ihr in Zusammenhang stehend erkannt werden, sondern werden von der Mutter, später der Bulimikerin selbst, als leicht zu behebender Nahrungsmangel „fehlinterpretiert". In der Übertragung wird man von den Patientinnen bedrängt, ihren Gefühlen der Unerträglichkeit mit Erklärungen und beruhigenden Interventionen, kurzum mit „Füttern", entgegenzuwirken (vgl. Ettl, 1988). Grundlage dürfte ein Irrtum sein, wie er bei der Dreimonatskolik vorliegt. Bei ihr reagiert die Mutter übertrieben ängstlich auf das Schreien ihres Kindes, indem sie ihm Nahrung anbietet, obwohl das Kind nicht nach Nahrung schreit, sondern über Schreien und Motorik Spannungsabfuhr sucht. Die Mutter verwechselt in ihrer Ängstlichkeit Spannung mit Hunger, genauer gesagt – aber um so bedeutungsvoller für die Bulimie – mit Gier. Die Ängstlichkeit beruht nach Spitz auf der unbewußten Feindseligkeit, „ihrem Kind gar nichts geben zu wollen – am allerwenigsten die Brust" (ib., 230), die ihr Schuldgefühle mache und zu ängstlicher, übertriebener Besorgnis führe. Es ist zu vermuten, daß die Gier der Bulimikerin auch auf einem solchen Mangel der Mutter beruht, der diese veranlaßt, wegen ihres hohen Ichideals und ihrer Schuldgefühle zu meinen, ihr Kind sei gierig – und eben dies glauben die Patienten dann auch, verspüren demzufolge „Hunger" und bestätigen mit ihren gierigen Impulsen wiederum die „Fehlinterpretation" der Mutter. Und: Wie die Dreimonatskolik-Mutter aus einer Reaktionsbildung heraus füttert, „interpretiert" die Bulimie-Mutter sofort, um sich nicht auf die Spannung einzulassen und um sich zu distanzieren. Ich gehe davon aus, daß die elterliche Einstellung zum Kind von früh an relativ konstant bleibt, daß sich die Merkmale der Eltern-Kind-Beziehung, so wie sie sich von der Pubertät bis ins Erwachsenenalter meinen Patienten präsentiert, im Laufe ihrer Lebensgeschichte nicht wesentlich verändert haben. Richter schreibt, daß Eltern mit chronischen eigenen Konflikten „nach der Regel des 'Wiederholungszwanges' immer und immer wieder die gleichen Übertragungs- und Projektions-Schablonen wirksam werden zu lassen (pflegen). Je mehr sich ihr innerer affektiver Konflikt fixiert hat, um so starrer sind ihre sozialen Einstellungen, um so unelastischer sind ihre Forderungen an das Kind" (ib., 256). Die Mutter-Tochter-Beziehung ab der Pubertät dürfte sich demnach nicht wesentlich von der frühen Mutter-Kind-Beziehung unterscheiden, so daß zu vermuten ist, daß die mit Interpretationen zurückweisende Mutter bereits in der Symbiose ähnlich zurückweisend auf die symbiotischen Bedürfnisse, die zum mütterlichen Narzißmus quer liegen, reagiert haben wird.

Die Intrusion

Wie aber wirken diese „Projektions-Schablonen" auf das kindliche Seelenleben ein? Bisher habe ich bezüglich des Eßanfalls die Auffassung vertreten, die Patienten introjizierten aus Abwehrgründen, um den Spannungszustand, der die „continuity of being" stört, zu beseitigen, ferner um über die Fusion mit dem omnipotenten Objekt sich narzißtisch zu restituieren. Das klingt nach einem sehr aktiven Vorgehen. Gelegentlich hört man aber die Klage, das bulimische Einverleiben von Nahrung würde wie etwas Aufgezwungenes erlebt. „Die bulimische Jugendliche", schreibt Schneider-Henn, „erlebt die Freßsucht als Bemächtigung von außen. Eine solche Fremdbestimmung kennt sie, hat sie doch früher die liebevolle Kontrolle ihrer Mutter ganz ähnlich erfahren" (ib., 114). Lassen wir dahingestellt, ob es sich um eine „liebevolle" Kontrolle gehandelt hat, und gehen dieser Klage nach, so können manche Patienten diese „Bemächtigung von außen" präzisieren, indem sie das Einverleiben als eine Art „Injektion" beschreiben. Das muß hellhörig machen, erinnert dies doch an die Zwangsernährung mittels Infusion bei Anorektikerinnen, hellhörig auch, weil wir uns auf einer Spur befinden, die dem Gefühl der Patienten, der Eßanfall sei wie einen „Überfall" oder eine „Attacke", einen Sinn gibt. Ihrem Erleben nach dringt etwas in sie ein, dem sie ohnmächtig ausgeliefert sind.

Vergleicht man das bulimische Einverleiben mit einer Injektion, würde das bedeuten, daß die Patienten sich zur Passivität verurteilt sehen, keine Kontrolle darüber bzw. Einfluß darauf haben, *was* in ihren Körper kommt und was dort damit geschieht, so wie die Wirkung einer Spritze ins Gewebe oder die Blutbahn sich der Kontrolle des Empfängers entzieht. Dem entspräche die Beobachtung, daß den Kranken beim Eßanfall der Einfluß auf die Nahrungsauswahl allmählich verlorengeht. Der Kontrollverlust beinhaltet ja das Ausgeliefertsein ans Objekt. Davon heben sich die kontrollierbaren Introjektionen, z. B. über das Ohr, ab, wie bei einer Musikerin, die in der Kontrolle dieses Introjektionsorganes besonders geschult war. Am Ohr, so erklärte sie, könne sie auswählen, was sie „braucht und was nicht". So hörte sie z. B. weniger auf das, *was* ich sagte, weil sie das nicht „brauche", sondern auf den Tonfall meiner Stimme. Darüber machte sie sich Eintragungen in ihr Tagebuch. Eine solche Auswahl treffen zu können war ihr beim Eßanfall nicht möglich, und es verwundert nicht, daß ich gerade von dieser ohrtrainierten Patientin den Hinweis auf das Injektive beim Essen erhielt, denn sie litt besonders unter dem Zwang zur Passivität im Eßanfall.

Nehmen wir noch den Hinweis Wurmsers hinzu, daß Bulimieanfälle meist auf Bedrohungen eindringlicher und überwältigender Nähe folgen (vgl. 1993, 325), so verdichtet sich der Eindruck eines Zusammenhangs von Injektion, Intrusion und Introjektion. Das hieße, auf eine als intrusiv erlebte Szene wird mit einer Eßszene reagiert, beide aber offenbar verdichtet wie hier: „Ich bin gezwungen zu schlucken." Das aktive Introjizieren wäre dann die Umkehr des durch eine Intrusion erlittenen Traumas. Auch fänden wir der Masturbation vergleichbare Verhältnisse vor. Wenn es darüber heißt: „Da ich es mir selbst machen kann, habe ich diejenigen überwunden, die mir die Lust bisher nach ihrem Gutdünken gewährt oder verboten haben" (Torok, 1981, 205), so könnte für den Eßanfall gelten: Da ich mich selbst vollstopfe, habe ich diejenigen überwunden, die nach Gutdünken in mich hineingestopft haben. Die in der Masturbation erfolgende Verdoppelung des Subjektes in das Selbst einerseits und die Mutter bzw. den Vater andererseits fänden wir auch im Eßanfall, d. h., der Eßanfall könnte eine „Ich-Mich"-Szene agieren, in der das Selbst der Patientin, identifiziert mit einem intrusiven Objekt, seinen „Körper als Objekt" (Hirsch, 1989a) intrusiv attackiert. Es gibt ja kein reales äußeres Objekt, das zum Essen zwingt. Allerdings wird die Auslöseszene als ein solches erlebt. Das Selbst nimmt den Eingriff in seinen Körper eigenhändig vor. Um diesem Eingriff zu entkommen, möchten sich Eßgestörte von ihrem Körper trennen. Stellt man sich diese Szene zwischen Selbst und Körper als eine in der Kindheit vor, gemäß Freuds zentralem Hinweis, das Ich sei der Niederschlag der aufgegebenen Objektbeziehungen (vgl. Freud, 1923b, 257), so wäre der Körper das Kind („Mich"), das intrusive Objekt die Mutter („Ich") (vgl. Plassmann, 1987). Die Trennung von Körper und Selbst wäre demnach eine Distanzierung des Kindes von der Mutter.

Trifft zu, daß der Eßanfall einen intrusiven Zug besitzt, so ließe sich die dort vermutete agierte Szene um ein wesentliches Merkmal ergänzen. Was sich im Anfall – zumindest von außen betrachtet – als ein aktives, gieriges Sicheinverleiben von Nahrungsmitteln darstellt, könnte eine erzwungene, eine Art „Zwangsernährung" sein, in der das Eindringen eines Objektes passiv hingenommen werden muß, ein Objekt, das sich intrusiv zum Introjekt macht und dann nur mit Erbrechen wieder aus dem Körperinneren entfernt werden kann. Intrusion bedeutet Zwang zur Introjektion, weil die Patienten ja nicht „Nein" sagen können. Auch die Erbrechtechnik, die ich u. a. als ösophageale Masturbation interpretierte, macht den Eindruck eines selbstintrusiven Vorgehens, das eine defensiv ins Aktive gewendete Wiederholung von intrusiven Erlebnissen mit einem Objekt sein könnte. Segal hat den Fall eines Mannes beschrieben, dessen anale Masturbation „immer mit der gewaltsamen projektiven Identifizierung in den Anus seiner Analytikerin/Mutter verbunden (war)" (1957, 218). Bei diesem Patienten gab es in der Kindheit ein intrusives Objekt. „Auf diese Weise wurden seine Projektionen für ihn in der äußeren Welt vergegenständlicht" (ib., 218). Die früheste Introjektion im Sinne der Injektion hat vermutlich noch keinen Abwehrcharakter. Das Kind ist noch hilflos. Erst später, wenn das Ich über diesen Abwehrmechanismus verfügt, kommt es zu der für die Bulimie typischen melancholischen bzw. narzißtischen Introjektion als Abwehr der Intrusion. Erst dann wird das Trauma der erzwungenen Introjektion umgekehrt in aktives Introjizieren mit den sich anschließenden Externalisierungsprozessen. Zugleich fordert die Intrusion als passiv hinzunehmendes Geschehen die Wiederherstellung der omnipotenten Kontrolle. Während mit dem Essen die als Intrusion erlebte Auslösesituation ungeschehen gemacht werden soll, soll das Erbrechen den Eßanfall, der ja wiederum als intrusives Trauma erlebt wird, ungeschehen machen, denn trotz aller Abwehr mittels aktivem Introjizieren setzt sich das frühere Trauma der Passivität im Anfall letztlich durch. Mit anderen Worten: Den gesamten Eß-Erbrechanfall als ein selbstintrusives Geschehen könnte man als Versuch verstehen, eine intrusive Erfahrung in einem frühen Entwicklungsstadium, die „lediglich sensomotorisch codiert ist, zum Ausdruck zu bringen" (Mertens, 1993, 161), im Sinne Freuds: „so dürfen wir sagen, der Analysierte *erinnere* überhaupt nichts von dem Vergessenen und Verdrängten, sondern er agiert es. Er reproduziert es nicht als Erinnerung, sondern als Tat, er *wiederholt* es, ohne natürlich zu wissen, daß er es wiederholt" (Freud, 1914g, 129).

Wenn auch im Eßanfall intrusiv mit Nahrung verfahren wird, so heißt das nicht zwangsläufig, daß die frühen Intrusionserfahrungen auch mit Nahrung gemacht wurden. Man kann m. E. nicht davon ausgehen, daß die Bulimikerin als Kleinkind zwangsernährt wurde. Ich habe auffallend wenige Hinweise auf konkrete Eßbeschwerden in der Kindheit von meinen Patienten erhalten, weshalb ich strikt die These vertrete, daß es die an das Nahrungsmittel gekoppelten Bedeutungen, Emotionen und situativen Bedingungen sind, die introjiziert werden und pathogen wirken. Heimann schreibt: „The infant eats all his objects, and he eats them in love, in hate, in rage, and in fear" (1948/49, 64). Ich will mein Ohr noch einmal näher an die Schilderungen legen, vielleicht läßt sich Genaueres erfahren. Eine Patientin klagte, Psychologen wollten „immer was einreden". Dieselbe Patientin meinte, als sie von ihren Erlebnissen mit ihrer Mutter beim Hausaufgabenmachen erzählte: „Meine Mutter saß mir auf der Schulter und trichterte mir die Rechtschreibung ein." Sie erlebte mich bzw. ihre Mutter als intrusiv über das Ohr. In einem Traum liegt eine Patientin im Krankenhaus. Eine Ärztin, die gerade geheiratet hat, kommt zu ihr ans Bett und macht ihr „genervt" eine Infusion. Die Ärztin hat sich beeilt, denn sie war unter dem Arztkittel nackt. Für den hiesigen Zusammenhang ist von Interesse, daß das Krankenhaus Symbol der Passivität, Hilflosigkeit und Abhängigkeit der Säuglingsjahre war, die Ärztin, die sich so beeilte und unvollständig gekleidet war, stand für die stets eilige berufstätige Mutter, die die Patientin sich aber „nackt", also ohne Beruf und eigene Bedürfnisse gewünscht hatte, damit sie nur für sie da sei. Es liegt nahe, daß eine ungeduldige Mutter zu ungeduldigem, intrusivem Stillen, der "Infusion", neigt. Dem Infusionsgefühl assoziativ nahe steht die Angst vor einer „Vergewaltigung", denn wie die Patienten beschreiben, hat die Introjektion alias Infusion etwas Gewaltsames, Grenzverletzendes an sich. Das intrusive Objekt, der „Täter", wird dann ausgespuckt.

In der folgenden Episode bekam eine Kollegin das Intrusive einer Bulimie-Mutter zu spüren. Die Mutter, die sich gerne als „ideale Mutter" präsentierte, brachte ihr einen riesigen Blumenstrauß in die Praxis. Der Therapeutin erschien der Strauß viel zu üppig, und sie wollte das „Monstrum" nicht in ihrem Behandlungszimmer stehen haben, weil sie (in Identifikation mit ihrer Patientin) das Gefühl hatte, da sei ihr „zuviel Mutter" im Raum: „Da habe ich ja gar keinen Platz mehr auf meinem Schreibtisch. Ich will die Mutter nicht im Zimmer haben." Sie stellte den Blumenstrauß in den Vorraum. Die Sprechstundenhilfe trug ihn, nichts von den Überlegungen ihrer Chefin ahnend, wieder ins Behandlungszimmer zurück, weil sie davon ausging, dort gehöre er hin. Die Therapeutin, nun schon wütend, beförderte ihn wieder ins Vorzimmer, die Sprechstundenhilfe wieder ins Behandlungszimmer und so fort. Diese Szenerie bebildert trefflich die Wirkung einer übermächtigen, intrusiven Mutter und die Reaktion einer gegen ihre Dominanz sich wehrenden „Tochter", agiert in einem Dreipersonenstück mit Mutter, Therapeutin und Sprechstundenhilfe. Tatsächlich verfügen die Patienten reichlich über intrusive Erlebnisse, auf körperlicher wie auf seelischer Ebene. Schneider-Henn berichtet: „Denn Verletzungen des intimen Bereichs sind gerade in Familien mit Eßgestörten häufig zu beobachten: Badezimmer- und Toilettentüren bleiben bei Benutzung der jeweiligen Einrichtungen offen, die Familienmitglieder bewegen sich ungehemmt im privaten Raum des anderen: So 'ist doch nichts dabei', wenn der Vater seine beiden nackten Töchter betrachtet und meint, sie hätten 'prima Titten', oder die Mutter ihre Tochter mit einem Tampon 'entjungfert'. Ähnlich eindringendes Verhalten setzt sich in anderen Bereichen fort, es passiert, daß Tagebuchnotizen studiert, Briefe versehentlich geöffnet und gelesen werden, manch persönliche Dinge, die eigentlich geheim bleiben sollten, an die familiäre Öffentlichkeit geraten. Selbstverständlich geschieht das wechselweise, kennen die Töchter auch das Privatleben ihrer Mutter oder des Vaters, bedienen sich ebenso unabgegrenzt aus Kleiderschrank, Schmuckschachtel, Portemonnaie, Essensvorräten; wissen natürlich um die geheimsten Gedanken und Sorgen, denn meist sind Mutter und Tochter die 'besten Freundinnen' und 'erzählen sich

alles'. So weiß jeder auch über die körperlichen Vorgänge des anderen genau Bescheid, erinnert die Mutter das Datum der letzten Regel ihrer Tochter präziser als diese selbst, kümmert sich letztere um die Obstipation der Mutter" (ib., 110 f.).
Mir wurde von Müttern berichtet, die, wenn sie zu Besuch kamen, die Möbel nach ihrem Gusto umstellten, die Unterwäsche oder das Nachthemd ihrer Töchter anzogen, bzw. von Vätern, die zu ihren erwachsenen Töchtern ins Bett krabbeln wollten, was die Patientinnen kaum zurückzuweisen wagten. Einer Patientin war das zwar ichsynton, sie hatte es nie anders erfahren, aber jedesmal, wenn ihre Eltern zu Besuch waren, mußte sie sich in den Analysestunden heftig kratzen, am Arm, am Hals, am Kopf, als säße das elterliche Introjekt tief in der Haut und müsse mit scharfen Fingernägeln entfernt werden. Auch intrusives Eindringen mit Blicken spielt eine große Rolle. „Man kann Dir bis ins Loch sehen", herrschte eine Mutter ihre breitbeinig dasitzende Tochter an. Auf Blicke reagieren die Patienten zumeist dysmorphophobisch. Sie sehen ihr Körperselbst, das Gegenstand des intrusiven Angriffs ist, in Frage gestellt, was Körper-Phantasien evoziert und schließlich zu einer Fixierung an die exhibitionistische Darstellung des Körpers führt.

Wie aber soll man sich frühe intrusive Szenen in der Kindheit vorstellen? Jacobson gibt eine Beschreibung aus der Kindheit der Patientin Peggy, die den hier zur Debatte stehenden Patienten in vielen Punkten ähnelt: „Peggy erinnerte sich, wie ihre Mutter sie, als sie zwei oder drei Jahre alt war, fest in Tücher wickelte, ihr die Nase zuhielt und mit Gewalt Medikamente einflößte" (1977, 268). Das erinnert an die Bemerkung einer Patientin: „Ich fühle mich wie eine gestopfte Gans" (Schulte & Böhme-Bloem, ib., 60). Wende ich dieses Beispiel metaphorisch und ersetze zudem das Medikament durch einen von einer signifikanten Bezugsperson durch Projektion ins Kind abgewehrten Selbstanteil, so hätten wir ein Paradigma für den Prozeß, den ich hier vermute.

Wie bereits angedeutet, gehe ich davon aus, daß es nicht die Nahrung als solche ist, mit der die Mutter intrusiv verfährt, sondern daß es ihre an die Nahrung angehefteten narzißtischen Projektionen sind, die „Bedeutungen", die sie der Nahrung gibt, mit denen sie in ihre Tochter eindringt. Wie das geschieht, ist schwer zu beschreiben, aber es könnte so gehen wie in folgendem Beispiel: Eine Patientin erzählte, daß sich ihre Mutter ein Vergnügen daraus gemacht hätte, der Familie zum Frühstück die vollgemachten Windeln des Bruders unter die Nase zu halten, worauf es die Anwesenden würgte. Hier erfolgte die Intrusion, die anal-sadistische Lust dabei ist nicht zu übersehen, mit den Fäzes über Auge und Nase. Nahrung und Fäzes waren somit eng verkoppelt, das Brötchen mit Fäzes als

Brotaufstrich sozusagen. Versteht man die Fäzes als Surrogate abgewehrter Selbstanteile, dann kann man sich eine Form früher Intrusion mit den Projektionen von Selbstanteilen der Mutter beim Stillakt vorstellen. Das Kind saugt dann, weil vom Gestilltwerden abhängig, gezwungenermaßen die Projektionen mit der Muttermilch ein. Ein angeekeltes Sichabwenden wie am Frühstückstisch ist dem Säugling noch nicht möglich. Die Projektionen können so den Reizschutz des Säuglings durchschlagen. Auffällig ist, daß viele eßgestörte Patienten gleich welchen Geschlechts von einer gewissen Gereiztheit und Disharmonie am Familientisch berichten. Meist erinnern sie spannungsgeladene Szenen beim gemeinsamen Essen, bei dem sie eiligst gschlungen hätten, um der Spannung zu entkommen. Man kann davon ausgehen, daß mit der Nahrung die Spannung heruntergeschluckt wird.

Die mütterliche Projektion erfolgt auf früher Ebene über Gesten, denn sie handhabt das Kind beim Stillen ihrer Kindimago entsprechend, wie die Untersuchungen von Spitz (ib.) zeigten. Später finden die Projektionen verbal statt. Khan schreibt: „Ein Grund, weshalb ein solches Kind so sehr im Einvernehmen mit der 'organisierten Abwehr' der Mutter lebt, ist die absolute Notwendigkeit dieser Beziehung für das Kind. Es ist vom Leben der Mutter vollkommen abhängig und muß deshalb alle Abwehren unterstützen, damit die Mutter leben kann" (1983, 137). Wie eine Bulimie-Patientin ihr frühes Erleben diesbezüglich im Spiel reinszenierte, berichtet Hinz: „In einer anderen Erinnerung stopft sie ihren Kot in ihre defekte Puppe und schuf damit ein Bild für ihr depressives Elend und ihr Selbstgefühl der Beschädigung und der Bedrängnis durch Schlechtes von innen her" (ib., 7). Versteht man die Puppe als ihr Kind, so repetiert sie meinem Verständnis nach ihr Erleben einer Mutter-Kind-Szene. Die Ähnlichkeit mit dem Eßanfall ist nicht von der Hand zu weisen. Es ist aber nicht die bewußte Mutter, sondern deren narzißtische Störung mit dem Zwang zur Projektion, die sich beim Stillen und später dominant durchsetzt. Dabei handelt es sich nicht um ein punktuelles, einmaliges traumatisches Erlebnis, sondern um eine konstant, systematisch und kumulativ wirkende traumatogene Situation. Intrusive Projektionen sind die früh einsetzende und andauernde Umgebung der späteren Bulimikerin. Die ebenfalls früh sich manifestierenden Symptome der Patienten lassen sich als Gegenübertragungsreaktionen auf die narzißtische Störung der Mutter und die daraus sich ergebende Praxis lesen.

Der „osmotische Druck" und die Konstitution des Selbst

Auch wenn die frühen Projektionen gestisch und über die Körperöffnungen erfolgen dürften, kann man noch einen Schritt weitergehen. Rosenfeld macht auf eine mögliche Vorform oder Frühform projektiver Identifizierung aufmerksam, die für unseren Zusammenhang von Interesse sein könnte. Er bezieht sich vornehmlich auf eine Untersuchung Feltons mit autistischen Kindern und deren Müttern, die einen Prozeß entdeckte, den sie „osmotischen Überfluß" oder „osmotischen Druck" nannte, ein Überfließen gestörter Gefühle und Gedanken der Mutter ins Kind (vgl. 1990, 252). „Durch ihn (den osmotischen Druck, T. E.) werden Gefühle, Erlebnisse und Erinnerungen, die bei der Mutter vorhanden, aber für sie unerträglich störend sind und die sie nicht zur Kenntnis nehmen, sondern verbergen will, durch die Präsenz des Fötus in der Schwangerschaft aktiviert und unter Druck gesetzt" (ib., 249). Dieses Unerträgliche würde als Störfaktor in den Fötus „einsickern". „Da der Fötus und später das Kleinkind gegenüber diesem 'Druck' oder diesen 'Zwängen', die in sie einfließen und die sie mit störenden widersprüchlichen Eindrücken erfüllen, völlig hilflos sind, lassen sich autistische Verhaltensmuster beobachten" (ib., 250).

Einige dieser Verhaltensmuster verdienen in unserem Kontext Beachtung: „Das Kind empfindet sich selbst als einen Fremden und von allen anderen Unterschiedenen. Es hat wegen des starken und überwältigenden Verheimlichungszwangs das Gefühl, nicht wissen oder verstehen zu dürfen, was vorgeht. Wenn die Mutter es anspricht, hört es scheinbar nichts, so als ob es taub wäre, und es bewegt sich von ihr weg oder dreht sich im Kreis oder bewegt sich ziellos umher; nichts an seinen Körpervorgängen weist darauf hin, daß es sich auf die Mutter bezieht. In der Körperhaltung zeigt es häufig Anzeichen der Unterdrückung und Überwältigung, als ob es sich selbst nicht aufrechthalten könnte oder als ob man ihm nicht gestatten würde, zu leben. (...) Um sich gegen den 'osmotischen Druck' zu wehren, benutzte dieses autistische Kind Blockademechanismen, die das Eindringen dieses Druck oder dieser Zwänge verhinderte. Anscheinend antizipierte das Kind fortwährend die störenden Reaktionen der Mutter und schloß sie aus, weil es erkannt hatte, daß die Mutter gefährlich für es war und ausgesperrt werden mußte" (Rosenfeld, ib., 250 f.). An anderer Stelle macht Rosenfeld eine Ergänzung, die uns auf bekanntes Terrain führt: „Kinder von solchen Müttern (die in den Uterus projizieren, T. E.) sind vom Beginn ihres Lebens an den Müttern gegenüber ängstlich und scheu.

Sie befürchten, sich in jedem Augenblick gegen etwas ganz Schreckliches, das ihnen aufgezwungen wird, wappnen zu müssen. Sie müssen sich gegen den Einfluß der Mutter wehren: das läßt sich eine Zeitlang nach der Geburt beobachten, manchmal aber auch unmittelbar nach der Geburt, und es führt zu *schweren Ernährungsstörungen und zur Tendenz, den Kontakt mit der Mutter zu meiden*" (ib., 373, kursiv v. T. E.).

Metapsychologisch läßt sich nur schwer fassen, was das Gefühl des „Fremden" ausmacht. Ich möchte aber vermuten, daß Ich-Kerne, die sich autonom, d. h. unabhängig von der Mutter-Kind-Beziehung, bilden, also nicht Niederschlag der Objektbeziehungen sind, den Fremdanteil in ihrer Mitte, nämlich die projizierten Selbstanteile der Mutter, als nicht assimilierbare Introjekte wahrnehmen. Rosenfeld erwähnt, daß das Kind „in seinem Denken und Fühlen überwältigt und deformiert wird und sich unfähig fühlt, eine Beziehung zum eigenen Selbst herzustellen, die ihm ermöglichen würde, zu leben und funktionieren" (ib., 373). Die Mutter des beobachteten Kindes empfand ihrer eigenen Mutter gegenüber tiefe Schuld- und Verantwortungsgefühle, weil sie glaubte, sie vernachlässigt zu haben. Sie sei über diese Gedanken, die sie gerne verborgen hätte, tief beschämt und verlegen gewesen und habe sich wegen des Kindes, das sie zur Welt brachte, geschämt, weil sie das Gefühl hatte, daß ihre verborgenen Gedanken mit dem Kind zusammenhingen. Das Kind wiederum brachte seine tiefe Furcht zum Ausdruck, eine Enttäuschung für seine Mutter zu sein. „Es wiederholte immer und immer wieder: 'Ich bin keine Enttäuschung für dich. Ich will dich nicht enttäuschen'. Die Mutter achtete nicht sonderlich darauf und konnte auch nicht verstehen, weshalb das Kind ihr ständig so zuredete" (ib., 251). Diese Haltung der Kinder der Mutter gegenüber erinnert an die Haltung der Patientinnen dem Überich gegenüber nach dem Eßanfall.

Wenn ich auch nichts über die vorgeburtlichen Prozesse bei meinen Patienten sagen kann, so finde ich doch den Begriff „osmotischer Druck" brauchbar, um eine Vorstellung zu entwickeln, wie die frühen Projektionen auf das Kind einwirken könnten. Dieses Überfließen erinnert an das Infusions- bzw. Injektionsgefühl, von dem die Patienten gelegentlich sprechen, das dem „Einsickern" sehr nahe kommt und auch das Intrusive beinhaltet, das ich bei den Müttern vermute. Das Gefühl, „sich gegen etwas ganz Schreckliches, das ihnen aufgezwungen würde, wappnen zu müssen", läßt sich im Planen des Eßanfalls finden, das ich ja als eine Abwehr gegen das narzißtische Trauma des Kontrollverlustes, der immer

Hilflosigkeit beinhaltet, verstanden habe. Aber auch die defensive Introjektion im Eßanfall selbst ist ein solches „Wappnen". Der Furcht, eine Enttäuschung für die Mutter zu sein, begegnen wir, wenn die mütterlichen Funktionalisierungen von den Patienten zurückgewiesen werden und sie frühzeitig auf Distanz zu ihrer Mutter gehen, die ersten Ansätze zur Vermeidung einer Objektbeziehung.

Wenn der osmotische Druck von einem Patienten ausgehe, löse das beim Analytiker große Verwirrung aus, weil dieser sich ständig irregeführt und fehlinformiert fühle (vgl. Rosenfeld, ib., 252). Zeigt aber der osmotische Druck im Erleben eines Erwachsenen schon solche heftigen Wirkung, so läßt sich ermessen, welche Folgen er beim Säugling zeitigen muß. Ich bin dem osmotischen Druck in der Behandlung gelegentlich in Form der „Gewißheit" der Patienten, auf ihren Projektionen zu bestehen, von der Liotti (ib., 37) sprach, begegnet. Deutungen greifen dann nicht, und man beginnt sich nicht nur zu ärgern, weil man sich der Möglichkeit beraubt sieht, die Projektion als solche zu benennen und deutend zurückzugeben, sondern beginnt auch daran zu zweifeln, ob es sich um Projektionen handelt. Mit anderen Worten: Man gerät ins Grenzgebiet zwischen Wahn und Realität. Diesen frühen osmotischen Druck kann ich naturgemäß nur bildlich-gestisch beschreiben: Man wehrt sich mit Händen und Füßen gegen das intrusive Insistieren, möchte den Kopf wegdrehen, wie es Spitz als Vorläufer des „Nein" beschrieb (vgl. Spitz, ib.), und wird wütend. Aber man bekommt einen guten Eindruck davon, wie wehrlos und hilflos sich die Patienten als Kleinkinder den elterlichen Projektionen ausgesetzt gefühlt haben müssen. Die Patienten ihrerseits können den osmotischen Druck nicht in Worte fassen, sondern nur im Agieren zeigen und den Analytiker spüren lassen, welch „große Verwirrung" der osmotische Druck in ihnen ausgelöst hat.

Der Zwang zur Introjektion der mütterlichen Projektionen ist meiner Ansicht nach entscheidend für die Bulimie. Daß er von Anfang an besteht, ist zu vermuten. In utero geht es aber noch nicht um eine Traumatisierung eines bereits konstituierten Ichs, sondern um eine konstitutive Traumatisierung. Das intrusive Projektionstrauma ist an der Bildung des Ichs beteiligt, es wird zu seinem Baustein. Spätere Projektionen werden zu psychischen Implantaten. Damit sie haften, muß eine emotional abhängige Bindung bestehen (vgl. Stierlin, 1975, 135). Heimann sagt, daß die Introjektion von Anfang an wirke (vgl. 1948/49, 64), und: „Erhält das Ich Reize von außen, so absorbiert es sie und macht sie zu einem Teil seines Selbst, es introjiziert sie (...) Wir können den Beginn des Ichs mit den ersten

Introjektionen eines anderen psychologischen Wesens definieren" (zit. n. Khan, 1983, 173). Bei der Bulimikerin konstituiert sich das Selbst aus dem abgewehrten Unbewußten ihrer Mutter, deren negativem Narzißmus. Die Bausteine des Selbst sind die Introjekte, die, wenn sie assimiliert werden, zu Bestandteilen des Selbst werden. Wenn Mendel sagt, daß nicht nur das Bild der Mutter verinnerlicht wird, „sondern die primäre Subjekt-Objekt-Beziehung insgesamt, einschließlich der Antwort des Objekts" (1972, 74), so heißt das, daß die Imago sich aus Szenen zusammensetzt (vgl. Lorenzer, 1972), hier aus den mütterlichen Projektionen, der Weise ihres Transfers und ihrer Introjektion samt den Affekten durch den Säugling. Die Imago der Mutter-Kind-Beziehung wäre zu denken als ein Konglomerat gleichlautender, kumulativer Szenen, die möglicherweise im bulimischen Anfall repetiert werden.

Ich erwähnte, daß nicht nur die Nahrung, sondern auch z. B. der mütterliche Blick Transporteur von Projektionen sein kann, weil er Zuschreibungen beinhaltet, die sich „einbrennen" (Schneider-Henn). Auch verbale Projektionen scheinen sich tief einzugraben. „Jede Bemerkung 'Du bist zu dick', 'hast du zugenommen?' bohrt sich bis ins Innerste, versechsfacht das schlechte Gewissen", schreibt (Schneider-Henn, ib., 115). Nicht umsonst wählt die Autorin in diesem Zusammenhang Begriffe wie: „grob", „graben", „gravierend" (vgl. ib., 109). Diese Begriffe verweisen auf das Konstitutive der Projektionen, setzen aber ein bereits konstituiertes Ich voraus, in das sich die Projektionen eingravieren. In den ersten Lebensmonaten geht der Mechanismus der Bedeutungszuschreibung von den primären Pflegepersonen aus (vgl. Schleske, ib.). Die Mutter besitzt das Zuschreibungsmonopol.

Weil diese projektiv-introjektiven Szenen zwischen Mutter und Kind (vgl. Ettl, 1996) konstitutiv für das Selbst sind, ist es nur folgerichtig, daß die Patienten später ihre Krankheit auf eine von ihnen nicht näher bestimmbare Weise als zu ihnen gehörend empfinden, sie als ihre Identität bezeichnen, manche nennen sie ihren „Paß" und fürchten – zu recht wie ich meine – die Psychose, falls sie an ihren Anfällen gehindert werden. Therapiemethoden, die nur symptomorientiert arbeiten, laufen Gefahr, den Patienten einen ihrer Selbstkerne, wie traumatogen er auch sein mag, zu entreißen, als würde man Steine aus einer Mauer brechen. Dieser frühe Bildungsprozeß erklärt, weshalb wir trotz der späteren Assimilationsstörung die Introjekte der Patienten z. B. in Form der Imitation zu sehen bekommen, die bereits ein Stück Ich-Leistung, also Abwehr, ist. Was wir in der Imitation jedoch zu sehen bekommen, sind meiner Beobachtung nach nur die frühesten Introjekte, die nicht zufällig vorsprachlich, nämlich körperlich-gestisch vorgeführt werden, es sind genaugenommen die über die Gestik eingesickerten Projektionen der Mutter, ihre abgewehrten Selbstanteile, die Bausteine des Selbst.

Das „schmutzige" Kind

Vom Kind werden die Projektionen der Mutter als schlechte, als schmutzig machende Nahrung bzw. Fäzes erlebt. Es fühlt sich gezwungen, das Schmutzige zu introjizieren, und hat dann – wie die Phantasien nach dem Eßanfall zeigen – das Gefühl, etwas Ekliges, Schmutziges in sich zu haben. Und auch die Mutter betrachtet ihre ins Kind projizierten negativen Selbstanteile als schmutzig. Daß es solche Phantasien bei Bulimie-Müttern geben muß, zeigt nicht nur die erwähnte Szene am Frühstückstisch, sondern auch Bemerkungen, wie sie eine Mutter ihrer Tochter gegenüber machte, als sie sagte, daß sie sich vor dem „Schrott" in ihr ekle. Eine meiner Patientinnen berichtete, daß sich ihre Mutter vor ihren Windeln und schmutzigen Hosen geekelt habe. Andere Mütter konnten die Körpergerüche ihres Kindes nicht ertragen. Es ist nicht schwer zu erkennen, daß mit dem Erbrechen die unverdaulichen Projektionen, der „Schrott", an die Mutter zurückgegeben werden sollen, damit sie ihre Projektionen reintrojiziere. Das gilt vermutlich schon für das Säuglingserbrechen (vgl. Spitz, ib.). Von einer Patientin erzählte man sich, sie habe als Kind das ihr von der Mutter in den Mund Gesteckte mit den Fingern wieder herausgefischt und versucht, es ihrer Mutter in den Mund zu stecken. Da das Erbrochene für die Mutter wie ein Spiegel wäre, in dem sie ihr negatives Selbst sehen könnte, muß heimlich in die Toilette, Repräsentant der Mutterbrust, erbrochen werden, damit sie nicht mit ihren eigenen entwerteten Anteilen konfrontiert wird und sich ekelt.

Es gibt Hinweise darauf, daß die unbewußte Phantasie der Bulimie-Mutter lautet: Meine Tochter ist ein „schmutziges" Kind, d. h., die Tochter ist für die Mutter ein fäkales Objekt. Anders gesagt: Die Selbstrepräsentanz der Mutter beinhaltet die Überzeugung: Aus mir kann nur etwas Entwertetes kommen. Das ist der Inhalt der depressiven Selbstanklagen der Mutter, die sich hinter ihrer Selbstidealisierung verbergen. Die Tochter bestätigt das Unbewußte der Mutter: „In Erinnerungsbildern sieht sich die Patientin mit Rotznase und stinkenden Windeln in der Metzgerei lästig fallen" (Hinz, ib., 7).

Sie bestätigt auch mit ihren analen Geburtsträumen, die ich bisher als die Geburt des wahren Selbst interpretiert habe, aber dieses wahre Selbst ist eben unerwünscht, es „stinkt" der Mutter, wie eine Patientin sagte. Ich konnte zeigen, daß in diesen Träumen, in denen immer Mädchen geboren wurden, die Patienten auch mit ihrer Mutter identifiziert waren. Die Träume bestätigen der Mutter, daß sie nur Schmutziges oder Wertloses in sich habe und ihr Kind nur schmutzig und deshalb aus dem Anus zur Welt kommen könne. Die Patienten fühlen sich nicht geboren, sondern ausgeschieden, „in die Welt geschissen", sagte eine Patientin. In den Träumen von der analen Geburt wird deutlich, wie kindliche, entwicklungsbedingte Phantasien, z. B. die Geburt durch den Anus, sich in Einklang bringen mit der mütterlichen Kindimago und zur Verfestigung und Fixierung führen können.

Aber man muß nicht die Träume bemühen. Die Patientin, die sagte: „Ich knie vor der Toilettenschüssel nieder, halte meinen Kopf tief hinein und übergebe mich dem Kanalsystem in einen imaginären Friedhof", brachte das Unbewußte ihrer Mutter auf den Punkt. Auch die von Willenberg mitgeteilte Beobachtung, „daß auffallend viele Patienten nicht nur davon überzeugt waren, unerwünscht zu sein, sondern einige auch davon berichteten, daß ihre Mütter freimütig über mißlungene Abtreibungsversuche gesprochen hatten" (1989, 178), was sich als real herausstellte, bestätigt die Phantasie von der „schmutzigen" Tochter. Richter weist darauf hin, „daß die meisten Kinder sehr fein hindurchspüren, welche – auch unbewußten – Motive ihre Eltern leiten" (ib., 49). Die Mutter einer Patientin warf immer dann, wenn sie wegen ihrer Tochter einen Wutanfall hatte, Dinge von ihr, die ihr ein Dorn im Auge waren, in den Müll, z. B. ihre geliebten Jeans. Diese Impulshandlung der Mutter, den Erbrechanfällen vergleichbar, zeigte deren Phantasie, was sie glaubte, was ihre Tochter sei und wo sie hingehöre. Die Patientin zog daraufhin die Jeans, ihre „zweite Haut", aus dem Müll, um sich vor der Fäkalisierung durch ihre Mutter zu retten. Indem sie die Hose aus dem Müll fischte und anzog, introjizierte sie die von der Mutter zu Fäzes gemachten wertvollen Dinge, ein Äquivalent der Koprophilie der Kinderjahre, die man gelegentlich in den Anamnesen dieser Patienten finden kann. Sie „beschmiert" sozusagen ihre Haut mit den zu Fäzes gemachten Hosen. Spitz fand eine signifikant positive Korrelation zwischen Fäkalspielen und Depression der Mutter und schreibt, „daß das koprophage Kind die unbewußte Haltung seiner Mutter verwirklicht" (ib., 276). Das bedeutet, das Kind, das sich mit Kot beschmiert und entsprechend riecht, führt seiner Mutter damit konkret(istisch) vor, welche Kindimago sie von ihm hat. Es präsentiert sich ihr als schmutzig und stinkend, weil die Mutter es für Dreck hält, eine self-fulfilling-prophecy. Der Freund einer Patientin schimpfte eines Tages, sie „stinke wie eine Türkenfrau". Sie erklärte mir, sie habe die kränkende, entwertende Bemerkung „geschluckt" (introjiziert) und sich dann schließlich auch so gefühlt.

Nachbarn hatten einer anderen Patientin von ihrer Kindergartenzeit folgendes erzählt: Wenn ihre Mutter sie zum Kindergarten brachte, habe sie so laut gebrüllt, daß die ganze Umgebung es hören konnte. Das wäre ihrer Mutter zunächst höchst peinlich gewesen, dann aber, so die Nachbarn, wäre ihre Mutter plötzlich „ganz stolz" darauf gewesen, so vermißt zu werden, und hätte vor allen Umstehenden geprahlt: „Seht her, so vermißt sie mich." Sie hatte also den Trennungsschmerz ihrer Tochter narzißtisch mißbraucht und sich als ideale, unverzichtbare Mutter hingestellt. Wie die Nachbarn weiter berichteten, habe die Patientin am Tor gestanden und sich beim Brüllen die Hose vollgemacht. Vermuten wir, sie habe in der Verlassenheitsangst und vielleicht auch aus Empörung über ihre Mutter die Kontrolle verloren und sich wegen der analen Inkontinenz geschämt, ein Vorgang, der an den Kontrollverlust unter dem Eindruck intensiver Gefühle, z. B. der Wut, im Eßanfall erinnert. Ich meine jedoch, daß sie damit auch der Öffentlichkeit das Unbewußte ihrer Mutter vorführte: Sie sei schmutzig und stinke, wie alle an Ort und Stelle riechen bzw. sehen konnten. Ihr Auftritt dürfte zugleich ihre Rache an ihrer Mutter gewesen sein, die den Trennungsaffekt ihrer Tochter narzißtisch umfunktioniert hatte, um ihr Größen-Selbst spiegeln zu lassen.

Die Phantasie vom „schmutzigen Kind" ist auch Grundlage der Beziehungsphobie dieser Patienten. Sie fürchten, käme man ihnen zu nahe, könnte man bei ihnen „alles sehen" bzw. „riechen" – also auch die „schmutzigen" Seiten. Der Exhibitionismus wiederum, insbesondere der anale wie im Omnibustraum, hat die Funktion, die „schmutzige" Seite vorzuführen, um herauszufinden, ob sie angenommen wird bzw. um sich die befürchtete Ablehnung bestätigen zu lassen.

Die Patienten, die ihre Sachen aus dem Müll holen mußte, bevorzugte beim Lebensmittelkauf oder Diebstahl Produkte, die bereits das Verfallsdatum überschritten hatten, als stünde dem „schmutzigen Kind" auch nur Abfall zu. „Abfall" waren auch die Brüste ihrer Mutter, als der Bruder sie eines Tages nicht mehr wollte. Es war nämlich eine Bedingung, daß die Dinge für andere keine Bedeutung mehr hatten. Neben der Beschmutzung durch den Abfall empfand sie aber auch ein Glücksgefühl, so als habe sie etwas Verlorenes wiedergefunden.

Die Patientin von Hinz wurde durch das Erbrechen „identisch mit Kot bzw. dem toten Objekt. In den Stunden sprach sie von jetzt an über ein Jahr lang fast ausschließlich davon, daß sie tot sei und daß es nach Verwesung stinke" (ib., 11). Ich denke, solche Phantasien beinhalten die Vorstellung der Bulimikerin, ein fäkales Partialobjekt ihrer Mutter zur Befriedigung ihrer Manipulations- und Bemächtigungsbedürfnisse zu sein, und bebildern die unbewußte Phantasie der Mutter vom schmutzigen, stinkenden Kind. Ich erwähnte die Phantasien dieser Patienten über potentielle Besucher, in denen diese als Introjekte sich ausbreiten, alles benutzen und beschmutzen. Dieses Introjekt ist einerseits die Mutter bzw. ihre Projektionen, die das Kind von innen her beschmutzen, andererseits ist das Introjekt aber auch das Selbst der Patienten, die sich als Fäzes im Inneren der Mutter phantasieren, weil sie mit ihr die Phantasie teilen, sie habe nur Wertloses in sich. Dieses Selbst will sich im Inneren der Mutter ausbreiten und all das tun, was über den Besucher phantasiert wird, namentlich die Mutter ausrauben. Man muß sich – wie im vorausgehenden gesagt – die kleptomanischen Szenen ja als „Diebstahl im Mutterleib" vorstellen. Diese Sicht würde die Ausblendung der Objektwelt, des Eigentümers der gestohlenen Ware, der objektiven Gefahr und die „primäre Objektliebe" mit ihrer Ausschließung alles Dritten erklären. Die Patientinnen wünschen sich ihre ganze psychosoziale Umwelt als riesengroßen Uterus, der aber offenbar mit dem Darm verwechselt wird, denn von dort glauben sie herzukommen.

Die Beeinträchtigung des oral-analen Narzißmus des Kindes

Ein Moment des mütterlichen Verhaltens, das ich bereits andeutete, das mit dem mißlungenen Containment, der rigiden Kindimago, der narzißtischen Störung und der daraus resultierenden gestörten rêverie Hand in Hand geht, scheint mir von zentraler Bedeutung: Die Bulimie-Mutter konnte sich den entwicklungsgemäßen Bedingungen des Säuglings nicht anpassen und ihm nicht gewähren, sich Omnipotenz einzubilden, weil sie sich nicht zur omnipotenten Fusion gebrauchen ließ (vgl. Mahler et al., 1978, 63). Es sind insbesondere die analen Aspekte des mütterlichen Narzißmus, die es unmöglich machen, sie zur Fusion zu bewegen. Sie ließ sich nicht „einverleiben", was beim Kind Aggression und Gier provoziert (vgl. Grunberger, 1976, 170). Die Mütter waren chronisch unzufrieden wegen des eigenen Idealichs, das hohe Forderungen stellte und vom Kind zufriedengestellt werden mußte. Die Befriedigung der narzißtischen Bedürfnisse des Kindes blieb dabei unberücksichtigt. So ist die Gier der Bulimikerin die Reaktion auf die mütterliche Zurückweisung bzw. Gleichgültigkeit ihren symbiotischen Bedürfnissen gegenüber, die als Mangel erfahren werden (vgl. Winnicott, 1988).

Ich habe allerdings angedeutet, daß die Mutter ihre Tochter mittels Parentifizierung mit Omnipotenz ausstattet, aber eben nach ihrem Gutdünken, d. h. in Abhängigkeit von ihren eigenen Bedürfnissen. Diese willkürliche Zuteilung erfolgt überdies meist später und kollidiert dann mit den viel früher bereits frustrierten Omnipotenzbedürfnissen des Kindes. Die Bulimie-Mutter kann wegen ihres Narzißmuses „die Omnipotenz des Säuglings nicht praktisch zur Wirkung bringen, deshalb unterläßt sie es wiederholt, der Geste des Säuglings zu begegnen; statt dessen setzt sie ihre eigene Geste ein, die durch das Sich-Fügen des Säuglings sinnvoll gemacht werden soll. Diese Gefügigkeit auf seiten des Säuglings ist das früheste Stadium des falschen Selbst und gehört zur Unfähigkeit der Mutter, die Bedürfnisse ihres Säuglings zu spüren" (Winnicott, 1974, 189). Eine solche Gefügigkeit liegt z. B. vor, wenn die Patientinnen zum Schein in der Behandlung gut mitarbeiten. Kann sich die Mutter wegen der rigiden Kindimago nicht anpassen, „wird der Säugling zum Sich-Fügen verführt, und ein gefügiges falsches Selbst reagiert auf Umweltforderungen, und der Säugling scheint sie zu akzeptieren. Durch dieses falsche Selbst baut der Säugling ein falsches System von Beziehungen auf, und mit Hilfe von Introjektionen gelingt ihm sogar der Anschein, real zu sein, so daß das Kind aufwachsen und genau wie die Mutter, die Pflegerin, die Tante, der Bruder werden kann oder wie derjenige, der eben zu diesem Zeitpunkt den Schauplatz beherrscht. (...) Bei den Extrembeispielen der Entwicklung eines falschen Selbst ist das wahre Selbst so gut versteckt, daß Spontaneität in den Lebenserfahrungen des Säuglings nicht vorkommt. Sich-Fügen ist also das Hauptmerkmal, mit Nachahmung als spezieller Ausprägung" (ib., 190 f.). Einige der von Winnicott hier skizzierten Prozesse habe ich im Eß-Erbrechanfall und den Objektbeziehungen nachgewiesen. Anderen werden wir noch begegnen.

Neben der symbiotischen Omnipotenz hat aus denselben Gründen auch der anale Narzißmus der Tochter keine ausreichende Zufuhr erhalten. Die Mutter ließ sich nicht nur nicht gebrauchen, sondern auch nicht bewegen, es kam zu keiner Bemächtigung der Mutter durch das Kind, weil das eine Bedrohung für deren Narzißmus dargestellt hätte. Sie wurde nie zum Besitz des Kindes, weshalb das Gefühl, Einfluß auf die Mutter zu haben, nicht entwickelt und demzufolge nicht integriert werden konnte (vgl. Grunberger, 1976, 161). Die Mutter war wegen ihrer Depression emotional nicht erreichbar und mußte deshalb „vergewaltigt", erpreßt bzw. beraubt werden. Hierin liegt der Grund für die späteren „Raubmord"-Phantasien.

In der Phantasie einer Patientin spielten „Vergewaltigungen" schon in ihrer Kinderzeit eine große Rolle. Sie stellte sich vor, wie eine andere Frau vergewaltigt wird. Es zeigte sich, daß sie dachte, sie könne ihre berufstätige Mutter nur unter Gewaltanwendung dazu bringen, sich mit ihr zu beschäftigen, als müsse sie zur Zuwendung gezwungen werden. Solche „Gewaltanwendung" bekommt man bisweilen in der Behandlung zu spüren, wenn man sich als Zuhörer gezwungen sieht, sich körperliche Vorgänge oder Verrichtungen konkret vorzustellen, weil sie detailgetreu und exhibitionistisch geschildert werden. Eine Patientin berichtete ganz unvermittelt und detailliert von ihrer Art zu urinieren, so daß ich nicht umhinkam – aber wegen der Bedeutung der anal-urethral-genitalen Integration (vgl. Moré, 1997, 323) nicht zufällig – mich den geschilderten Körpervorgängen zu stellen, wie das Opfer dem Exhibitionisten. Das funktioniert aber nur als Überraschung, d. h., der Zuhörer darf nicht vorbereitet sein, sonst würde er sich zweifellos verweigern. Solches Exhibieren „mißbraucht" die Containerfunktion des Objektes, steht aber im Zusammenhang mit dem mißlungenen Containing.
Eine Patientin, deren Versuche, „Nein" zu sagen, bei ihren Eltern keinerlei Wirkung zeigten, was sie als schwere Beeinträchtigung ihres Narzißmus empfand, wollte Psychologie studieren, um zu lernen, wie man mit Gesprächen auf andere Einfluß nehmen könne. Sie interessierte sich insbesondere für Werbepsychologie, um die Mutter „herumzukriegen", wie sich feststellen ließ. Hinter ihrer kühlen Mutter suchte sie die emotionale Mutter, die sie aber nicht finden konnte. Mich erlebte sie wie einen überkorrekten, distanzierten Beamten, der immer pünktlich Schluß machte und bei dem sie keine Chance hätte, wenn sie eine Terminveränderung hätte vornehmen müssen. Als solchen beschrieb sie mich ihren Freunden, wie sie mir eines Tages erzählte. Lediglich meine Praxiseinrichtung und der Umstand, daß ich oft frische Blumen hatte, wären irritierend und im Beamtenimage nicht unterzubringen gewesen. Eine andere Patientin, die Monate auf der Couch lag, obwohl sie nicht wollte, sich aber nie entsprechend geäußert bzw. sich dagegen gewehrt hatte, machte erst Fortschritte, als ich ihr Unbehagen thematisierte und ihr vorschlug, sich zu setzen. Vis à vis hatte sie mich unter Kontrolle und konnte an meiner Mimik ablesen, ob und wie ihre Worte auf mich

wirkten. Sie benötigte mich als „Spiegel", um sich zu erkennen (vgl. Schneider-Henn, ib., 164), und genoß den Zuwachs an Beziehung, genoß, daß „wir uns beide sehen können", wie sie meinte. Sie konnte ihren Einfluß auf mich erproben, diese Erfahrung integrieren, und allmählich besserte sich ihr Zustand. Als ihr die Einflußnahme nicht mehr wichtig war, wollte sie wieder auf die Couch. Man darf diesen Kontrollwunsch nicht pathologisieren. Er beruht auf einem Mangel. Ich sagte zuvor, daß die Bulimie-Mutter wegen ihrer rigiden Kindimago kein geeigneter „Spiegel" für ihre Tochter sein könne.

Bei einer Patientin, die zunächst auch auf der Couch lag, bis sich dieses Arrangement als für sie ungeeignet erwies, bemerkte ich im Gegenübersitzen, daß sie grundsätzlich zum Fenster hinausstarrte und den Blick zu mir vermied und damit auf mich wie ihre abweisende Mutter wirkte. Darauf angesprochen, erzählte sie, daß sie das auf der Couch auch immer gemacht hätte, ich hatte es nur dort nicht sehen können. Sie könne nicht anders, ihre Halsmuskulatur sei wie aus Stein – was an Kinder erinnert, die kein „Holding" (Winnicott) erfuhren.

Die Erfahrung, die Mutter nicht gebrauchen zu dürfen und keinen Einfluß auf sie nehmen zu können, dürfte maßgeblich für den Nichtgebrauch der Introjekte sein, wie ihn das Erbrechen und die Kleptomanie vorführen. Das Kind muß aber erleben dürfen, daß das Objekt gebraucht und zerstört werden darf und doch überlebt (vgl. Winnicott, 1974). Eine kränkbare Mutter wird ihrem Kind solche Erfahrungen kaum zubilligen können. Nicht nur, daß sie sich „eiskalt" abwendet, sie wird auch – in ihrem Narzißmus verletzt – zur „beschädigten Mutter". Wenn sie die Beschädigung psychisch nicht überlebt, „kann kein Gefühl für den anderen entstehen, es bilden sich fusionäre oder pseudoautonome Beziehungsformen aufgrund der Unfähigkeit, negative Gefühle innerhalb der Beziehung auszubalancieren" (Schleske, ib., 459). Allerdings kann man wohl keine direkte Verbindung herstellen zwischen dem Nichtgebrauch der Dinge und der Erfahrung, die Mutter nicht gebrauchen zu dürfen. Der Nichtgebrauch rührt vielmehr daher, daß die Dinge der Mutter, weil sie sich nicht gebrauchen ließ, geraubt werden mußten. Die Schuldgefühle wegen des Raubes verhindern dann den Gebrauch.

Die Symbiose und die „asymbiotische" Distanz

In ihrem Buch *Symbiose und Individuation* beschreibt Mahler die Pathogenese zweier Kinder, die an einer Eßstörung erkrankt waren, die an Bulimie erinnert. In beiden Fällen handelte es sich um eine Störung in der Symbiose (1972, 133 ff.). Bei Bulimikerinnen vermute ich aus den oben genannten Gründen ebenfalls eine Störung in der symbiotischen Phase, verursacht durch ein Primärobjekt, welches sich den symbiotischen Bedürfnissen nach Fusion und Omnipotenz versperrt und damit die kindlichen Möglichkeiten zur „Einigung" (Lorenzer, 1972) überfordert, wodurch es zu einem traumatogenen Einbruch der Realität der Separation in die Symbiose kommt. Zwar schreibt Mitscherlich-Nielsen: „Die Enttäuschung an der Mutter oder der Ursprung des ungelösten Konflikts mit ihr wird m. E. oft zu Unrecht auf die symbiotische oder orale Stufe verlegt. Häufig bahnt sich die Störung in der gegenseitigen Beziehung erst in der Loslösungs- und Individuationsphase an, in der es zu Konflikten Anlässe genug gibt" (1978, 677). Fraglos kann aus der klinischen Anamnese dieser Patienten und der Rückerinnerung in der Übertragung geschlossen werden, daß es erhebliche Probleme mit der Loslösung gegeben haben muß. Diese Probleme sind aber m. E. ohne Berücksichtigung einer vorausgegangenen Störung in der Symbiose nicht zu verstehen. Es gibt Anzeichen, daß die Frustration der narzißtischen Bedürfnisse der Symbiose und die hieraus resultierende narzißtische Wut (das Nirwanaprinzip) das frühe Selbst überflutet und, zusammen mit der Überforderung als Container für die Mutter, das Kind in die Flucht aus der Symbiose getrieben haben dürften, eine Flucht in eine forcierte Progression, in ein vorzeitiges „Ausschlüpfen" (Mahler) als Abwehr gegen die enttäuschende Mutter. Der gesamte Eßanfall als ein Operieren mit fusionären und pseudoautonomen Wünschen und die vom Wechsel zwischen Anklammern und Fortstoßen gekennzeichneten Objektbeziehungen lassen den Eindruck entstehen, daß bei der Bulimie bereits vor der Loslösung eine Störung erfolgt sein muß, möglicherweise sogar vor der symbiotischen Phase.

Wie in Reiks Kriminalfall die Untersuchungskommission von der Mutter den entscheidenden Hinweis auf die Identität der Toten erhielt, so waren es die Mütter meiner Patienten, die im Laufe der Behandlung ihren Töchtern durch Erzählen von Vorkommnissen aus der Säuglingszeit Licht in das möglicherweise im Symptom „Erinnerte" brachten. So erzählte eine Mutter, daß sie drei Wochen nach der Geburt ihrer Tochter eine Mastitis bekommen und ihr Baby auf Flaschennahrung habe umstellen müssen. Bemerkenswerterweise waren nicht die Mastitis und die emotionalen Folgen des frühen Abstillens für die Mutter zum Problem geworden, sondern daß das Baby damals wild um sich geschlagen und ständig geschrien habe und dadurch *den Nachbarn* aufgefallen sei. Ins Erzählen kam die Mutter, weil zu Hause der Jähzorn der Patientin

Thema war, derentwegen sich die Mutter stets bei Nachbarn über ihre „schreckliche Tochter" beklagt hatte und vermutlich deren Absolution suchte. Das Gestikulieren des Säuglings dürfte Ausdruck verzweifelter Suchbewegungen gewesen sein und erinnert an das Nirwana-Prinzip, das Merkmale einer narzißtischen Wut zeigt. Bei Spitz hieß es: „Wenn der Säugling z. B. schreit, weil sein Nahrungsbedürfnis nicht sofort befriedigt worden ist (...)" (ib., 67 f.). Die gerade erwähnte Mutter machte sich keine Sorgen um das emotionale Befinden ihres Kindes, sondern darüber, daß die Nachbarn sie wegen des Geschreis für eine schlechte Mutter halten könnten. Erst die Wut über die Abwesenheit der um das Kind emotional besorgten Mutter, nicht über die der realen Brust, verhinderte schließlich die Aufnahme der Nahrung aus der Flasche, wie das bei dem Säugling, den Spitz anführt, der keine Notiz mehr von der Brustwarze nahm, der Fall war. Die Unfähigkeit der Bulimikerin, durch Essen satt zu werden, wäre demnach sekundär, nämlich Folge der narzißtischen Wut über die fehlende affektive Zuwendung, die sie sich von der Nahrung erhoffte. Die Wut treibt ins „Nirwanaprinzip", so daß im Affektzustand die Nahrung – wie die Brustwarze – nicht mehr wahrgenommen wird. Aus diesem Grund deutet man einem Patienten ja auch nicht im Erregungszustand. Die fehlende affektive Zuwendung impliziert das Fehlen der benötigten Containereigenschaften des Objekts, eine Mangelsituation, die das bulimische Symptom ebenfalls vorführt. Der Notstand, der die Wut und die Gier auslöst, entsteht aus der Unmöglichkeit, Beta-Emotionen zu externalisieren, eine Situation, die immer extensiveres Fressen (Saugen) bzw. wildes Umsichschlagen provoziert, bis schließlich ein Erschöpfungszustand eintritt, der dem Versuch der Projektion von Beta-Emotionen ein Ende macht. Das extreme Saugen bzw. Fressen hat genaugenommen mit konstitutioneller oraler Gier nichts zu tun, sondern mit der Verzweiflung darüber, das „Schlechte" nicht externalisieren zu können. Man könnte von einer Gier nach Externalisierung sprechen. Ich sagte, es ist eine Gier nach einem Container, klassisch formuliert: nach einem Hilfs-Ich. Die die Symbiose verweigernde bzw. die emotional abwesende Mutter ist gleichbedeutend mit der „sich trennenden Mutter", wie im Fall des kleinen Aro. Die traumatische Erfahrung des Getrenntseins habe ich als „Urszene" aller späteren Auslösesituationen für Eßanfälle bezeichnet. Sie haben in der verweigerten Symbiose vermutlich ihren Ursprung.

„Ich meine", so Chasseguet-Smirgel, „infolge der Feindseligkeit, die wegen der eigenen Ohnmacht auf die Mutter projiziert wird, hinterläßt auch die zärtlichste und beste Mutter im Unbewußten des Kindes ein erschreckendes Bild" (1981c, 159). Aufgrund der primären Ohnmacht des Kindes, der intrinsischen Merkmale seiner psycho-physiologischen Situation und der unvermeidlichen Erziehungsschwierigkeiten könne die Imago der guten allmächtigen Mutter die der erschreckenden Omnipotenz der bösen Mutter nie vollständig verdecken (vgl. ib., 159). Nehme ich die Mastitis als Metapher für die nicht verfügbare Mutter, eine Mutter, die funktionalisiert, kränkbar ist und keine Omnipotenz zuläßt, die verhindert, daß der Säugling sich eine Brust erschafft, so dürfte sich dieses ohnehin „erschreckende Bild" der Mutter wegen der narzißtischen Wut noch viel feindseliger und damit bedrohlicher gestalten und sich von einer „guten" Mutterimago nur schwer neutralisieren lassen. Dann kommt es zur forcierten Progression in eine Pseudoautonomie, für die mir der Begriff der „asymbiotischen" (Fliess, zit. nach Mahler et al., ib., 100) Distanz am zutreffendsten scheint, weil es sich nicht um eine reifungsbedingte, gewachsene, authentische, sondern um eine fluchtbedingte illusionäre Loslösung handelt, die ich weiter oben als „Illusion der autonomen Abhängigkeit" bezeichnet habe. Wie wenig es sich bei dieser Unabhängigkeit um eine echte, durch die Existenz innerer Objekte abgesicherte handelt, macht eine Patientin sichtbar, die rückblickend eine Phase solcher Unabhängigkeit als „kalte schallend leere Wohnung ohne Möbel" bezeichnete und damit zweifellos ihre innere Welt meinte. Als ich einer Patientin den Umzug meiner Praxis von einem kleinen Raum in größere Räume ankündigte, kam sie einige Stunden mit einer Wärmflasche in die Behandlung, weil sie „kalte Hände" habe. Sie fürchtete die Ungewißheit und Trennung vom Vertrauten, Engen, Symbiotischen.

Der Begriff der asymbiotischen Distanz zeigt die Nähe zur Symbiose und primären Abhängigkeit, denn in dieser forcierten Progression bleiben die unbefriedigten symbiotischen Wünsche erhalten. Asymbiose ist keine Distanz, die einen „potentiellen Raum" (Winnicott) ermöglicht und den Erwerb von Spielfähigkeit und Symbolbildung fördert. Der Säugling kann die Illusion des omnipotenten Erschaffens und Lenkens nicht erleben und deshalb das illusorische Element nicht erkennen. „Der Prozeß, der zur Fähigkeit des Symbolgebrauchs führt, kommt nicht in Gang (oder wird unterbrochen)" (Winnicott, 1974, 190). „Schon früh", so eine Patientin, „konnte ich mich nicht gut allein beschäftigen. Immer mußten Menschen um mich sein. Am liebsten hielt ich mich in der Küche oder im Wohnzimmer auf, denn dort kam regelmäßig jemand vorbei, dem ich etwas erzählen konnte" (Gerlinghoff, ib., 77). Das deutet auf die gestörte Spielfähigkeit und die Unfähigkeit, alleine zu sein, eine Sehnsucht auszuhalten, also eine Störung in der Repräsentanzenbildung hin.

Rey spricht von einem „klaustro-agoraphobischen Syndrom" bei Borderline-Patienten, die sich in dem Dilemma befänden, „eingeschlossen in begrenztem Raum mit begrenzten Objekten und begrenzten Beziehungen" (1979, 255) zu sein. Ersehnte Nähe wecke persekutorische Ängste, Flucht aus der Nähe ende in einer kalten, toddrohenden Welt (vgl. Lüders, ib., 97). Die Patientin, die sich in einer „kalten Mondlandschaft" sah, dürfte diesen Befund bestätigen. Forcierte Progression als Flucht vor der als gefährlich und überfordernd erlebten Mutterimago scheint auch bei der Anorexie eine Rolle zu spielen. Willenberg schreibt:

> „In einer selbst untersuchten Population von 85 weiblichen und 4 männlichen Patienten, deren magersüchtige Fehlhaltung sich im gesamten symptomatischen Spektrum manifestierte, fanden sich bei 82% eindeutige Hinweise auf eine frühe Störung der Primärbeziehung. Hierfür sprachen offene Ablehnung durch die Mutter, Erinnerungen an frühe Mißhandlungen sowie schwere psychische und körperliche Erkrankungen der Mutter während der ersten Lebensjahre der Patienten, die zu einer frühen Deprivation geführt hatten. Dies stützte unsere Hypothese, daß sich das Kind in der von der Mutter 'verkörperten' Welt zutiefst unsicher gefühlt haben mußte und daß eine möglichst baldige Ablösung aus dieser Welt ein lebensnotwendiger Entwicklungsanreiz war" (1989, 178 f.).

In der forcierten Progression wird das Primärobjekt fortgestoßen. Sie dürfte die frühe Form der späteren Vermeidung einer Objektbeziehung sein, häufig erkennbar am vorzeitigen Laufenlernen, in der gleichwohl das Bedürfnis nach einer symbiotischen Beziehung virulent bleibt. Die Patienten oszillieren zwischen dem Verlangen nach seliger Verschmelzung mit der guten Objektrepräsentanz, mit der einstmals „vollkommen guten" symbiotischen Mutter, und der Abwehr gegen die Wiederverschlingung durch die böse Mutterimago, die zum Verlust der illusionären autonomen Selbst-Identität führen würde (vgl. Mahler et al., ib., 285). Die Vermeidung kann sich später zur klaustro-agoraphobischen Erkrankung auswachsen. Mordphantasien und Vernichtungsangst haben in diesem frühen Oszillieren ihren Ursprung. Die Intensität der Affekte überschwemmt und vernichtet das Selbst und die sich in Bildung befindenden Objektrepräsentanzen, weil kein Container zur Verfügung steht. Bei der Erörterung des Eßanfalls verglich ich diesen Zustand mit Peter Paul Rubens' „Das kleine Jüngste Gericht". Die Erfahrung in dieser Phase, keinen Einfluß auf das Objekt zu haben, erzeugt das Gefühl der Nicht-Existenz bzw. des Abrutschens ins Nichts. Die forcierte Progression erlaubt keine allmähliche, d. h. erträgliche Desillusionierung, sondern bedeutet abrupte Konfrontation mit dem Getrenntsein, einen Einbruch der Realität, der eine vorzeitige Auftrennung von Selbst und Objekt erzwang und mithin eine überwältigende Trennungsangst hinterließ, welche sowohl mit Aggression als auch mit Regression abzuwehren versucht wurde und wird. Die Separationsangst intensiviert die Fusionswünsche, dem Fortstoßen folgt das Anklammern, ein Circulus vitiosus, welcher sich symptomatisch in Erbrechen mit anschließendem Heißhunger äußert. Das Ersatzobjekt Nahrung wird gebraucht und gehaßt wie die Mutter, aber nicht ambivalent, sondern ambitendent, nämlich erst nur gebraucht und dann nur gehaßt. Die asymbiotische Distanz kann man auch in den späteren Objektbeziehungen gut beobachten, wenn die Patienten „Bauch über Kopf" – in einer an das Erbrechen erinnernden Geste – den Partner verlassen. Zum Hauptproblem wird es, die optimale Entfernung zwischen dem Selbst und der Objektwelt zu finden, das Leiden der Stachelschweine (vgl. Freud, 1921c, 110).

Die bei Bulimikerinnen hoch besetzte und perfektionierte Motorik, vor allem der Beine, und die Angst, sie könnte ihren Dienst versagen, haben in dieser Flucht vor der gefährlichen Mutterimago ihre Ursache. Da die Mutterimago als Beziehung gedacht werden muß, ist die Flucht eine aus der Beziehung, also vor der aggressiv besetzten Mutter *und* dem Selbst. Der Körper bekommt die Bedeutung eines „Fluchtkörpers". Er wird zum Vermeidungsorgan, das im Training perfektioniert werden soll (vgl. Langsdorff, ib., 177). Das Laufen sichert das Weglaufen. Bei der hohen Besetzung handelt es sich keineswegs um Lust an der Motorik oder Genuß am Körper, sondern um einen Zwang. Eine Beeinträchtigung des Fortbewegungsapparats würde die Flucht vereiteln und in das klaustroagoraphobische Dilemma führen, denn nicht nur die Flucht vor der Mutter wegen der klaustrophobisch machenden Symbiose, sondern auch die Rückkehr zu ihr wegen der agoraphobisch machenden kalten, leeren Welt der forcierten Progression wären gefährdet. Zur motorischen Vermeidung des Objekts tritt die motorische, d. h. über Bewegung angestrebte Bewältigung der Gefühle hinzu. Beim Wutanfall „ist die unerträgliche Spannung (charakteristisch), welche unaufhaltsam zu bestimmten Bewegungen führt; diese sind beinahe oder ganz unkontrollierbar, reflexartig, dennoch rhythmisch, müssen auch eine bestimmte Zeit andauern, um die Spannung verschwinden zu lassen" (Balint, ib., 87 f.). Viele meine Patientinnen fielen durch leicht hölzerne Bewegungen auf, die Bewegungen ihrer Gliedmaßen hatten nichts von der Schlacksigkeit, die man sonst bei Adoleszenten beobachten kann. Manche gaben sich betont sportlich, aber darin verriet sich nur der kontrollierte Körper. Es fehlte die Gelenkigkeit der Gelenke, alles wirkte angespannt. Grunberger schreibt, daß im Analstadium das Kind aus der Übung der Motorik Triebbefriedigung zieht. Daneben hat es die narzißtische Genugtuung, einen Körper zu besitzen, der zu Heldentaten fähig ist, der gut funktioniert, der tadellos gehorcht und mit all dem das kindliche Wertgefühl erhöht (vgl. 1976, 230). Davon kann bei der Bulimikerin keine Rede sein. Ihre Analität ist deshalb so unvollkommen integriert, weil sie zu früh in die Analität gepuscht wurde und das gesamte anale Potential in den Dienst der Flucht gestellt werden muß. Es fehlt ihr die libidinöse Komponente. Die Motorik muß perfektioniert werden, um sich ständig ihres Funktionierens vergewissern zu können.

Die Flucht vor der Mutter erfolgt meist zum Vater, wie ich später ausführen werde, wobei es allerdings einen Hinweis Willenbergs zu berücksichtigen gilt: „Dieser Vorgang könnte auch als verfrühter Objektwechsel verstanden werden. Wegen des symbioseähnlichen, dyadischen Charakters dieser frühen Alternativbeziehung, die meist zum Vater aufgenommen wird, paßt die Definition einer 'frühen Triangulierung' nicht. Es handelt sich um eine Vorform. Die Flucht von einer symbiotischen Beziehung in eine andere führt zu einer Spaltung in gute und böse Objektimagines und zugleich zu einem gespaltenen Umgang mit primitiven Selbstimagines. Alle guten, also libidinös besetzten Imagines werden dem Vater, alle bösen und furchterregenden der Mutter bzw. einem 'inneren Bild von Weiblichkeit' zugeschrieben. Ich gehe von der Vorstellung aus, daß es nicht zu einer einsinnig progredienten Flucht aus der Symbiose kommt (wie es durch die Rede vom verfrühten Objektwechsel suggeriert wird), sondern daß es zu einem 'split-off' kommt und diese Flucht in *progredienter* und *regredienter* Richtung erfolgt" (1989, 179). Das Oszillieren zwischen Symbiose und asymbiotischer Distanz läßt die früher von mir vertretene Auffassung fraglich erscheinen, es käme in der Mutter-Kind-Dyade zu Komplikationen wegen der „Wiederannäherungskrise" (Mahler et al., ib.), die von der Mutter als lästige Regression mißverstanden würde (vgl. Ettl, 1988). Wahrscheinlich geht es nicht um eine „Wiederannäherungskrise", sondern schlicht um eine Regression aus der Pseudoautonomie in die Symbiose. Genaugenommen ist auch der Begriff der Regression nicht zutreffend, denn die Pseudoautonomie ist kein Entwicklungsfortschritt, und es wird in ihr auch keiner gemacht, wie die „leere Wohnung" zeigt, sondern sie ist eine horizontale Abwehr. Es handelt sich bei diesem Vorgang um eine Rückkehr in die Symbiose, an die wegen der Frustrationen eine Fixierung besteht. Eine Verwechslung mit der „Wiederannäherungskrise" liegt jedoch nahe, da Mahler et al. in dieser Phase ein merkliches Nachlassen der Frustrationstoleranz sowie „gesteigerte Trennungsangst beobachteten, die zunächst hauptsächlich aus Furcht vor Objektverlust besteht" (ib., 101). Da auch die asymbiotische Distanz Verlassenheitsangst erzeugt, ist eine Differenzierung schwierig. Wahrscheinlich geben nur das emotionale Befinden und die Metaphorik der Patientinnen zuverlässig Auskunft. Die einen kehren wohl wegen Sehnsucht, die anderen wegen der Kälte zurück. Das ändert indes nichts an der Reaktion der Mutter auf diese Rückkehr. Sie ist höchst ambivalent. Die Mütter interpretierten sie als gesteigerte Anspruchshaltung, die ihnen unerträglich war, weil sich die symbiotischen Wünsche zum mütterlichen Ichideal, ihrem Zwang zum normengerechten und funktionalen Kind, quer stellten. Für sie bedeutete die Rückkehr eine Kränkung und war lästig. Eine Patientin mußte früh laufen, mit neun Monaten sauber sein und bekam früh Erwachsenennahrung, damit ihre berufstätige Mutter keine zusätzliche Arbeit hatte. Zudem eignete sich ein „regressives" Kind nicht zur Parentifizierung, weshalb die Mütter die Flucht in die Pseudoautonomie unbewußt unterstützten. Zugleich aber haben sie sie verhindert, weil die Töchter sich mit ihrer Progression in die Distanz der narzißtischen Funktionalisierung entzogen hätten. Auch das Davonlaufen ihres Kindes kränkt eine narzißtische Mutter. Die Rückkehr in die Symbiose ermöglichte ihnen eine unbewußte Teilhabe angesichts eigener abgewehrter unbefriedigter symbiotischer Bedürfnisse; und außerdem eignet sich ein regressives Kind besonders zur Projektion der negativen Selbstanteile, die an ihm stellvertretend bekämpft werden. Kurzum: Zu der den Mädchen ohnehin erschwerten Differenzierung von der Mutter (vgl. Moeller-Gambaroff, 1983, 52) trat eine von dieser diktierte ambivalente Bindung hinzu. Nicht nur die Regression, sondern auch jedes Autonomiebestreben wurde von der Mutter als Zeichen der Illoyalität, des Verrats, der Undankbarkeit, als Entzug der narzißtischen Zufuhr oder als Angriff auf das mütterliche Ichideal erlebt und machte ihr Kind zum feindlichen, weil kränkenden Objekt. Die häufigste Reaktion der Mütter war – soweit rekonstruierbar – enttäuschte Zurückweisung bei gleichzeitiger unbewußter Förderung der Rückkehr. Darüber kam es bei den Patientinnen kaum zur Entwicklung der Ambivalenz, sie blieben auf der Stufe der Ambitendenz fixiert, weil die Integration der nur schwer synthetisierbaren widersprüchlichen mütterlichen Haltung nicht gelingen konnte. Ambitendenz, wie das Eß-Erbrechsymptom vorführt, umfaßt „Tun und Ungeschehenmachen" (Mahler et al., ib., 268). Es handelt sich ja bei ihm noch nicht um eine für reife Symptome typische Verfestigung in der Gleichzeitigkeit von Wunsch und Abwehr. Die starke Bindung, die dadurch an die Mutter entsteht, verdeutlicht die Metaphorik der Patienten: Eine Patientin brauchte mich als „Fettlöser", also als Mutterlöser, eine andere fühlte sich wie mit Klebstoff und Schraubzwinge an die Mutter befestigt. Es hätte eines Sprengmeisters bedurft, um sie frei zu bekommen.

Daß die Mütter sich von der Rückkehr in die Symbiose „genervt" fühlten, hatte noch einen anderen Grund. „Die Mädchen pflegten sich nach der Entdeckung des Geschlechtsunterschiedes wieder der Mutter zuzuwenden, um sie zu tadeln, Ansprüche an sie zu stellen, von ihr enttäuscht und dennoch in ambivalenter Weise an sie gebunden zu sein. Sie forderten gewissermaßen von der Mutter, eine Schuld zu begleichen" (Mahler et al., ib., 138). Der Tadel kränkt die narzißtische Mutter. Die Forderung nach einem Penis koppelt sich an die früher unerfüllt gebliebenen Ansprüchen nach symbiotischer Omnipotenz. Der Penis, der den Jungen mit gleichen Vorerfahrungen nun die Möglichkeit zur Hand reicht, die narzißtische Wunde zu schließen, reißt bei den Mädchen die Wunden der Desillusionierung wieder auf. Dies beinhaltet die Klage der Patientinnen in der Übertragung, daß ihnen „Lebenswichtiges" vorenthalten würde. „In günstigen Fällen gelingt die Verdrängung und vorübergehende Lösung des Problems, das dieser sehr frühe Penisneid darstellt, gegen Ende des 3. Lebensjahres. Zu diesem Zeitpunkt kann es zu echten Ich-Identifizierungen mit der Mutter, insbesondere mit der Mutterrolle im Sinne einer umgewandelten Internalisierung kommen" (Mahler et al., ib., 268). Die Möglichkeit zur Verdrängung und echten Identifikation mit der Mutter ist den Bulimie-Patientinnen aber wegen der skizzierten Vorerfahrungen und der unbewußten Bedeutung der Identifizierung als Raub verlegt.

Von der Angst vor der die Mutter kränkenden Autonomie kann man sich in der Behandlung einen Eindruck verschaffen, wenn es den Patienten besser geht und sie authentisch autonomer werden. Sie haben Angst, von guten, gesunden Anteilen oder befriedigenden Erlebnissen zu sprechen, weil sie fürchten, diese hätten dort keinen

Platz und sie würden entlassen. Sie sind überzeugt, nur als *Kranke* in der Kur existenzberechtigt zu sein. Es ist, als seien für den Analytiker die gesunden Anteile nicht funktional, als könne er ihre gesunden Anteile nicht gebrauchen, sie fürchten gar seinen Neid auf ihre gesunden Anteile. Den Grund nannte eine Patientin: „Es muß mir schlecht gehen, damit es meiner Mutter gut geht." Mit „gutgehen" verbinden sie regelmäßig autonom sein, was für sie heißt: *niemanden brauchen.* So darf diese Autonomie nur heimlich gelebt werden. Wenn sich meine jungen Patientinnen beruflich entwickelten und Veränderungen anstanden, waren sie regelmäßig davon überzeugt, daß ich mich weigern würde, mich ihren veränderten Verhältnissen anzupassen und strikt auf den bisher vereinbarten Terminen beharren würde, als wäre mir ihr Wachstum lästig und unerwünscht. Ihre Irritation darüber, daß dem nicht so war, spiegelte nicht nur ihr Problem mit dem Primärobjekt wider, sondern auch das mit der Autonomie.

Die Sorge, ihre Autonomie könne zur Bedrohung für das Objekt werden, durchzieht auch den Alltag der Patienten. So berichtete eine Patientin, ihr Mann, der in ihrem Erleben zunehmend zur Mutter wurde, sei „schockiert" gewesen, als er erfuhr, daß sie onaniere. Er fürchtete, sie brauche ihn fortan nicht mehr und würde ihm seine Befriedigungsmöglichkeit entziehen. Eine andere hatte ihre beruflichen Wünsche immer heimlich durchsetzen müssen. Bei mir äußerte sie die Angst, ihre Eltern würden sie „totschlagen", wenn sie von ihren Vorhaben erführen. Als sie sie vor vollendete Tatsachen stellte, schimpfte ihre Mutter entsetzlich, kommentierte ihre Absichten sarkastisch, fand sich aber schließlich damit ab. Es stellte sich heraus, daß ihre Eltern andere Pläne mit ihr hatten. Als sie davon erfuhr, bekam sie „Horrorgefühle" und lag vor Wut und Angst gelähmt im Bett. Man kann ermessen, welche Angst, Scham und Schuld die Auflehnung und Verweigerung der Funktionalisierung in der Kindheit ausgelöst haben mußte. Eine Patientin erzählt: „Als ich dann endlich von meinen Eltern weggegangen bin, war dies der endgültige Durchbruch zum Gesundwerden. Ich erkannte, daß ich sehr wohl allein leben konnte und meine Eltern nicht einmal vermißte, obwohl ich im Ausland war. Dies war ein komisches Gefühl, und anfangs kam ich mir meinen Eltern gegenüber ganz gemein vor, weil sie mir nicht fehlten" (Gerlinghoff, ib., 124).

Eine meiner Patientinnen unterhielt zu einer älteren Arbeitskollegin eine symbiotische Beziehung, in der sie die Tochterrolle übernahm. Beide

Frauen arbeiteten zusammen in einem kleinen engen Büro (Mutterleib), und sie berichtete stolz: „Wir erzählen uns alles." Eines Tages jedoch hatte sie den Wunsch, die Arbeitsstelle zu wechseln, vermochte aber ihrer Kollegin ihre Absicht nicht mitzuteilen, weil sie meinte, den im Leben der Kollegin unerfüllt gebliebenen Kinderwunsch befriedigen zu müssen und ihr eine Trennung nicht zumuten zu können. Beim Erzählen traten ihr die Tränen in die Augen. Da sie aber, wie sich herausstellte, die Atmosphäre in der Firma so „gemütlich und familiär" fand, waren es ihre eigenen Trennungsängste, die sie auf die Kollegin projizierte, in der sie die gute, sie liebende und vermissende Mutter sah – so wie sie sich ihre Mutter gewünscht hatte.

Die „lästigen" fusionären Bedürfnisse könnten in der Behandlung dazu verleiten, zu sehr die progressive Position zu beziehen, um die Unabhängigkeit der Patientinnen zu fördern. Man würde damit indes nur jene Abwehr, die sie früh gebildet haben, fördern. Vielmehr müssen sie Gelegenheit bekommen, dorthin zurückzukehren, von wo sie geflohen sind (vgl. Hinz, ib., 31), um das Gefühl entwickeln zu können, den Analytiker gebrauchen, auf ihn Einfluß nehmen und sich Omnipotenz einbilden zu dürfen. Das kann auch heißen, daß man die Projektionen nicht zu früh an die Patientin zurückgibt, sondern so lange als Container für sie zur Verfügung steht, bis sie soweit ist, sie zurücknehmen zu können, z. B. bis sie die Symbiose verlassen hat und die Erkundung ihres Selbst und ihrer Geschlechtsidentität beginnt. In gewissem Sinne muß man für eine Weile „lachender Käsekuchen" für die Patienten sein. Das kann passager Setting-, z. B. Frequenzänderungen, erforderlich machen. Es wird auch zu Stundenüberziehungen als Ausdruck der Raum- und Zeitlosigkeit kommen. Erfahrungsgemäß lassen sich diese Phänomene nicht vermeiden. Sie ereignen sich notwendigerweise. Auch kann es sinnvoll sein, sich der Bilder aus der Säuglingszeit zu bedienen. Manchmal sage ich den Patienten, daß es wohl im Moment schön für sie wäre, würde ich sie in eine weiche Decke einwickeln und ein wenig hier im Raum herumtragen. Wenn die Symbiose möglich war, dann wird es zu einer authentischen Loslösung kommen, die nicht gefördert werden muß, sondern sich von selbst einstellen wird. Der Patient kann die Illusion des omnipotenten Erschaffens und Lenkens erleben und deshalb irgendwann das illusorische Element erkennen (vgl. Winnicott, 1974, 190). Trempler schreibt über seine Patientin: „Ihre defizitäre Selbstabgrenzung in Form eines frappierenden Mangels an Selbstachtung löst empörte Gegenübertragungsreaktionen bei mir aus, aber auch immer wieder die Tendenz, die Patientin in der analytischen Regression zu beschützen, ihr eine Art von Nachreifen in und Ausschlüpfen aus der Symbiose zu ermöglichen. In vielen Stunden 'lullt' sie sich und mich regelrecht ein, spricht von einer Schale, einer Hülle, einem Schutzschild, einer Mauer, und ich stelle mir einen Kokon vor, in den sie sich einspinnt. Sie beschäftigt sich in dieser Zeit mit einer Beziehung zu einer älteren Frau, einer ehemaligen Arbeitskollegin, von der sie sich auf parasitär-symbiotische Weise beschenken und verwöhnen läßt, ohne auch nur das geringste Gefühl von Dankbarkeit und Sorge zu empfinden, wie sie überrascht feststellt. Dabei taucht die oral-destruktive Seite ihrer Bedürftigkeit und Gier auf, die Seite, die zubeißt, sich das holt, was sie braucht, ohne in ihrer regressiven Omnipotenz eine Zeitlang die Folgen der oralen Aggressivität realisieren zu können" (1991, 157).

Die Überforderung des Kindes

Ich habe weiter oben von der Überforderung des Kindes durch seine Funktion als Container für die Mutter gesprochen. Die Überforderung der Bulimikerin beschränkt sich nicht auf diesen Bereich, wie jetzt zu erkennen ist. Man muß die eben skizzierte Widersprüchlichkeit, das klaustro-agoraphobische Dilemma, das den zarten kindlichen psychischen Apparat überfordert, in Rechnung stellen. Und es kommt noch etwas hinzu. Ich erwähnte bereits, daß einerseits die schlechten Anteile auf die Tochter projiziert werden, andererseits soll sie vollkommen sein. Dadurch entsteht eine Spannung, die für das frühe Ich kaum synthetisierbar ist. Meist erfolgt zunächst die Projektion von erwünschten, von den Eltern selbst nicht erreichten Eigenschaften, dann – nach der Enttäuschung, wenn das Kind diese Erwartungen nicht erfüllt – von übersteigerten negativen Aspekten. „Es wird ihm ein Maß an Aktivität abgefordert, das seine Kräfte bei weitem übersteigt. Es soll die unerfüllten Liebesbedürfnisse der Eltern sättigen, es soll sie für narzißtische Kränkungen entschädigen und ihren Nachholbedarf an narzißtischer Bestätigung erfüllen, es soll zugleich ihren Vorwürfen wie ein Erwachsener standhalten, und zwar soll es dies alles besser leisten, als dies seine Großeltern vermochten, deren frustrierendes Verhalten es ja nunmehr wettmachen soll" (Richter, ib., 104 f.). Solche widersprüchliche Gleichzeitigkeit konnten nur die Göttinnen der Antike ertragen, die mitunter zu widersprüchlichen Figuren dadurch wurden, daß auf sie sehr heterogene Eigenschaften projiziert wurden.

Triebgenetisch betrachtet, frustriert die überfordernde Mutter die oralen Bedürfnisse des Kindes, es kommt zu einer Analisierung der Oralität, einer Dressur, die sich im „Freßzwang" widerspiegelt. Das Kind gerät unter oralen Leistungsdruck, wodurch es einerseits zu einer Forcierung der Triebentwicklung kommt, deren Schritte nicht integriert werden können, zugleich aber zu einer Fixierung an eine Regressionsbereitschaft auf die oral unbefriedigt gebliebenen Wünsche, mithin zu einer Oralisierung der Analität, wie ich sie für das Erbrechen aufgezeigt habe. Die Bulimikerin ist keine orale Persönlichkeit. Grunberger zufolge fehlen in der Geschichte oraler Persönlichkeiten Traumata aus der ersten prägenitalen Phase. Der Oralcharakter sei vielmehr ein verwöhntes Kind, dem die richtige Menge an Versagungen oder oralen Traumata gefehlt habe (vgl. 1976, 161). Die Bulimie beruht auf einer konflikthaften Oralität, weil immer schon, bedingt durch die Funktionalisierung, anal-narzißtische Momente in die frühe Oralität einfließen und traumatisieren. Funktionalisierung ist ja das Zeichen einer Störung im narzißtischen Regulationssystem dessen, von dem sie ausgeht, und bedeutet eine Bemächtigung des Objekts. Die Mutter bietet und fordert zu früh über die Funktionalisierung eine anale Beziehung und stört damit eine Entwicklung entlang der phasenspezifischen Bedürfnisse, erlaubt der Tochter also keinen geschützten Raum, keine „continuity of being", in dem sie heranreifen könnte. Um im Bild zu bleiben: Der Tochter bleibt keine Zeit zur Verdauung. Hier hat die spätere Unterbrechung des „psychosexuellen Stoffwechsels" durch das Erbrechen ihren Anfang. Die Patienten sind bei der Integration einer strukturierenden Analität überfordert und regredieren ständig auf den oralen Narzißmus (vgl. Grunberger, ib., 153). Auch bei Johnny, einem Fall von Provence (1967, 55), trat die Eßstörung zeitlich mit dem Beginn der analen Phase auf. Da die asymbiotische Distanz eine Abwehr und keine normale Loslösungsphase ist, kann es auch nicht zu den in der analen Phase notwendigen Differenzierungen in der Geschlechtsidentität kommen (vgl. Mahler et al., ib.), ein Versäumnis, das sich spätestens in der Pubertät bemerkbar machen wird.

Ich bin bei der Bulimie zwei verschiedenen Formen oral-narzißtischer Traumata begegnet. Eine bestand darin, daß der Säugling zwar die Brust bekam, sie dann aber aufgrund der Ungeduld und Nervosität der Mutter vorzeitig entzogen bekam bzw. unmittelbar nach dem Füttern abgelegt wurde, weil seine Mutter z. B. in Büchern gelesen hatte, daß man das so mache. In der Übertragung kann sich dieses Trauma darin äußern, daß man von der Patientin

„ein paar Brocken" Material hingeworfen bekommt, dann aber entzieht sie sich und ist nicht bereit, darüber zu sprechen. Diesen Vorgang sollte man aber nicht mit dem Evakuieren wegen paranoider Ängste vor einer Verfolgung durch das Projizierte verwechseln, denn jetzt bekommt der Analytiker die Rolle des traumatisierten Kindes zugewiesen, während die Patientin sich wie das Primärobjekt verhält. Hier geht es um die Reinszenierung einer frühen Erfahrung. Auch die Beziehung zu anderen Personen ist davon gekennzeichnet: Das Objekt wird angereizt und dann stehengelassen, was hysterisch wirkt, wie bei der Patientin, die Männer zum Weinen brachte. Diese Szenen stehen dem Sadismus näher.

Die zweite Form ist das vorzeitige Abstillen, z. B. wegen einer Mastitis, die ich bei zweien meiner Patienten in der Anamnese finden konnte. Ein unvermittelter Abbruch des Stillens führt meiner Erfahrung nach zur suchthaften Objektbeziehung, in der – auf eine als sehr quälend erlebte Weise – gierig nach dem Objekt wie einst nach der verlorenen Brust gesucht wird. Eine Mutter hatte ihre Tochter eigenen Angaben zufolge mit drei Monaten abrupt abgestillt. Allein auf diese Mitteilung hat die erwachsene Patientin mit starkem Essensdrang, Fellatiowünschen und Existenzangst reagiert. Im Traum stahl sie einer Mutter ihr Kind, so wie sie glaubte, ihr sei die Brust gestohlen worden, und hatte das Gefühl, von nun an alles alleine können zu müssen. Kommt im ersten Fall der Analytiker in die Rolle des traumatisierten Kindes, so ist er hier der traumatisierende Erwachsene, der sich entzieht und süchtig gesucht wird und die Patienten zudem in der ständiger Angst leben läßt, er könne sich „beschädigt" zurückziehen.

Bei der bereits erwähnten Patientin, deren Mutter drei Wochen nach ihrer Geburt eine Mastitis bekam und abrupt abstillte, konnte ich in der Behandlung seit geraumer Weile beobachten, daß ihr Blick beim Betreten des Behandlungszimmers als erstes prüfend auf eine Lampe fiel. Und irgendwann beim Zuhören spürte ich, daß sie mit ihrer Weise zu sprechen eine Atmosphäre erzeugte, als ob sie nach etwas suche. Ihr „Erzählen" blieb abstrakt, sie sprach im Konjunktiv und erging sich in Mutmaßungen über ihr Seelenleben, nahezu jeden Satz mit „vielleicht" beginnend. Alles blieb vage. Die Technik „Zum Beispiel" (vgl. Ferenczi, 1919a), oft hilfreich, brachte mich hier nicht weiter, die Patientin verstummte. Ich bemerkte, daß ich zunehmend unzufriedener wurde. Ich wußte nicht, wonach sie suchte – von ihrem frühen Trauma war mir bis dato nichts bekannt –, ich jedenfalls suchte nach einem Sinn. Ich fand nichts, begann mich zu ärgern, weil meine Interventionen bei ihr keine Spuren hinterließen, so daß ich das Gefühl bekam, ich kann sie nicht erreichen. Mehr noch: Ich hatte das Gefühl, meine Worte verlieren sich im Nebel. Schließlich mußte ich mich fragen, ob ich überhaupt noch anwesend war. Und ein anderes Gefühl stieg in mir immer deutlicher hoch: Verzweiflung. Sie konnte scheinbar, wie beim Nirwanaprinzip, „die Brustwarze" (meine Anwesenheit) nicht wahrnehmen, als wäre sie in einen objektlosen Zustand geraten. Um dem Gefühl, meine Worte blieben ohne Antwort, entgegenzuwirken, geriet ich in Versuchung, aktiv zu werden, indem ich mich wiederholte, in der Hoffnung, ein Echo zu erzielen. Ich geriet in Gefahr, das Gemeinte immer wieder zu erklären, weil ich zunächst dachte, sie hätte mich nicht verstanden, oder ihr meine Worte wie Nahrung einzuflößen, schlimmer: ihr einzutrichtern. Das Gefühl, es sei in der Patientin kein inneres Objekt vorhanden, das mir antworten könnte, erreichte die Grenze des Erträglichen. War ich in einer menschenlosen Mondlandschaft? Und wenn es dann doch einmal gelang, eine Reaktion zu bekommen und etwas festzuhalten, war es schwer auszuhalten, daß der sporadische Kontakt alsbald wieder verloreging. Dies entsprach den Phantasien der Patientin nachts beim Autofahren, die Straße höre plötzlich auf und sie stürze in einen Abgrund. Eine Wende trat ein, als ich meine Überraschung äußerte, daß sie, obwohl sonst amnestisch, was die Stundeninhalte anbetraf, sich an Atmosphärisches aus dem Erstgespräch gut erinnern konnte. Das war wie eine Bergspitze, die aus dem Nebel ragt. Damals hatte sie das Licht der Lampe, sie sprach von einem „warmen Licht", tief berührt, ein Licht, das sie nie vergessen hätte. Intuitiv hatte ich wohl deshalb die Lampe nie ausgewechselt. Mein Verdacht, sie habe nur dieses Lichtes wegen die Behandlung bei mir begonnen, schien ihr erwägenswert.

Ich sagte ihr nun, daß der *Anfang* für sie offenbar von Bedeutung sei, wobei ich an ihren Blick auf die Lampe zu Beginn der Stunde und nun auch an den Anfang der Behandlung, das Erstgespräch, dachte, und ergänzte, wie schade es doch sei, daß wir nichts vom Anfang ihres Lebens wüßten. Doch, doch, sagte sie ohne Zögern, ihre Mutter habe ihr kürzlich erzählt, daß sie eine Brustentzündung bekommen habe und abstillen mußte ...

Daraufhin lichtete sich der Nebel. Die Lampe war offensichtlich zum „sensuellen Objekt" (Bick, 1990), zu einer (wiedergefundenen) Brust, mein Behandlungszimmer zum „Frauenzimmer" mit einer konstanten Brust geworden, als repräsentierte es die guten ersten drei Wochen an der unbeschädigten Brust, während alles Spätere, des Behaltens nicht würdig, der Amnesie verfiel. Im abstrakten Sprechen war sie der nach der verlorenen Brust suchende Säugling nach Ausbruch der Mastitis. Die Verzweiflung, die sie mich hatte spüren lassen, war die Verzweiflung des traumatisierten Säuglings, der abrupt auf die Brust verzichten mußte, und nun irritiert suchte und suchte. So wie sie nach der Brust suchte, suchte ich nach Sinn und wurde zum „Sinnsauger". Dieses Trauma war nur insofern verbal kommunizierbar, als die Patientin die Sprache zur Symptomhandlung umfunktioniert hatte.

Das Mastitis-Thema mußte schon eine Weile an der Oberfläche getrieben haben, denn die Patientin erzählte, daß ihre Mutter ihr just vor wenigen Wochen auf ihr Drängen hin davon berichtet habe, eine hilfreiche Mitteilung, über die mir die beschriebene Episode natürlich erst verständlich wurde. Ihre Mutter wollte sich eigentlich nicht über die Kindheit äußern, weil sie wegen ihrer Selbstentwertung die Geschichte ihrer Kinder nicht für berichtenswert hielt – und die Patientin demzufolge auch nicht. Erst über meine Überraschung, die „spontane Geste" (Winnicott), kam ihr die Erinnerung an das warme Licht. Ihre Angst, mich, meine Worte, die ganze Analyse zu gebrauchen, konnten wir jetzt als ihre Angst vor ihrer Gier verstehen, eine Angst, ich könnte eines Tages leer sein, weil sie mich ausgesaugt hätte oder sie wegen „Mastitis" (meine Verärgerung) hinauswerfen. So mußte sie mich schonen. Ihre innere Unruhe, ihr Getriebensein, ihre Hektik im Alltag, ihr Gefühl der Unsicherheit und labilen Selbstachtung wurden verständlich als Angst, irgendwann sei es zu spät und es gäbe nichts mehr. Es war wie bei einer anderen Bulimikerin, die ich einmal über ihre Meinung befragte, weshalb sie zu spät zur Stunde gekommen sei und damit sofort ein tiefes Gefühl der Unsicherheit heraufbeschwor. Sie war sich unserer Beziehung plötzlich nicht mehr sicher. Sie glaubte, sie habe mir mit ihrem Zuspätkommen mir etwas „Schädliches" angetan und ich zöge mich zurück.

Später konnte die Patientin mit der an Mastitis erkrankten Mutter das „warme Licht" genauer bestimmen. Es kam ihr vor wie ein „warmes Gefühl im Bauch", und sie meinte, nur dann eine Beziehung zu mir zu spüren, wenn sie dieses Gefühl habe, d. h., sie nahm eine Beziehung basal über eine Körperempfindung wahr: Fließt Milch, so habe ich eine Beziehung. In einem weiteren Schritt konnte sie ihr frühes Trauma, bis dato nur als somatische Erinnerung präsent, auf die Bildebene heben. Sie war jene Patientin, die im bereits berichteten Traum ein Kind gebar, das sie nicht stillen konnte, woraufhin ihr vom Baby die Brustwarze abgebissen wurde! Sie gab das Kind dann zu fremdem Leuten, bei denen es Brot aß. Das dürfte ihr Trauma an der Brust gewesen sein, wobei sie nicht nur sich als Baby träumte, sondern auch als Mutter und deren Ablehnung, die sich im Nicht-stillen-Können äußerte. Daß sie im Traum das Kind dann zu fremden Leuten gab, zeigte ihre Identifizierung mit ihrer Großmutter, die ihre Mutter, als diese Kind war, tatsächlich weggegeben hatte. Aber der Traum bebilderte auch ihr Trauma in der Analyse: Meine Worte waren Brot, noch viel zu hart und ungeeignet für einen „Analyse-Säugling". Welche Erleichterung für uns beide, als wir das endlich verstehen konnten! Der „brotessende Säugling" ist eine treffliche Metapher für die forcierte Progression aufgrund einer als mangelhaft erlebten Symbiose. Später erfuhr ich, daß sie in den ersten zwei Lebensjahren unablässig schrie, (deshalb) ständig an Halsentzündungen litt, so daß die Nachbarn aufmerksam wurden, nachts nicht durchschlief und lange nicht laufen lernen, sondern auf dem Arm getragen werden wollte, allesamt Zeichen einer schweren Störung der symbiotischen Omnipotenz. Durch die Mastitis erfolgte ein Riß in der „continuity of being", der, dem Traum zufolge, allem Anschein nach in eine vorzeitige Auftrennung von Subjekt und Objekt führte. An diesem Riß begann sich vermutlich das Überich zu bilden, denn der Gebrauch der Brust wurde mit „Leere" bestraft, was die Patientin künftighin als Warnung verstand.

Die hierbei auftauchende Aggression der Mutter bzw. der Nahrung gegenüber, die die Mastitis mit verursacht haben wird, ist meines Erachtens kein Sadismus und auch keine konstitutionelle orale Gier, sondern reaktiv und sollte in der Behandlung auch nicht als solche interpretiert werden, sondern als verzweifelter Versuch, das gute Objekt zu finden, mit dem das böse innere Objekt externalisiert werden kann. Die Mastitis würde ich in diesem Fall so verstehen, daß der Stillakt bei dieser Mutter insofern unbefriedigend war, als der Säugling beim Gestilltwerden nicht gleichzeitig in die Brust projizieren konnte – dafür, daß diese Mutter eine „containing-rejecting-mother" war und überdies äußerst unzufrieden, gab es viele Hinweise. Das Stillen ist im wesentlichen ein „Wechselspiel" von Introjektion der Milch, Affekten und Gesten der Mutter und Projektion von Beta-Elementen des Säuglings in die Brust. Daß sich das Austauschorgan zwischen Mutter und Kind, die „Brust", entzündet, nehme ich als Zeichen dafür, daß der Austauschprozeß gestört war, vergleichbar einer Halsentzündung bei heftiger Ambivalenz.

Meinen Erfahrungen nach resultiert die Überforderung der Bulimikerin aus einer rezidivierenden Unzufriedenheit der Mutter, die sie unwirsch, ungeduldig werden läßt. Torok schreibt: „Die überfordernde Mutter erzeugt eine eifersüchtige, leere, unbefriedigte Mutter-Imago" (ib., 205). Die Imago der ungeduldigen Mutter spürt man in der Übertragung, wenn die Patienten einen dazu bringen wollen, sie anzutreiben, falls sie es nicht selbst tun: „Eigentlich müßte ich ja viel schneller und anders erzählen", sagte eine Patientin, die eine „hektische, getriebene Mutter" introjiziert hatte. In dieser Selbstkritik war auch der Ansporn an mich enthalten, ich solle mich gefälligst mit ihr beeilen. In Spitz' Beispiel eines erbrechenden Kindes beklagte sich die Mutter „ständig", das Stillen sei für sie unbefriedigend (ib., 224). Ich habe ausgeführt, wie die Patientinnen an meinem Gesicht abzulesen versuchten, ob ich mit ihnen zufrieden bin, und wie sich ihr Wohlbefinden nach meinem Gesichtsausdruck zu regulieren schien, ferner daß sie glaubten, „mein Konzept" erfüllen zu müssen. So war eine von ihnen überzeugt, sie müsse regungslos auf der Couch liegen, als unterzöge sie sich einer

Dressur und nicht einer Kur. Welch existentiellen Stellenwert die Zufriedenheit der Mutter hat, zeigt folgende Bemerkung: „Ich lebe nur, wenn meine Mutter zufrieden ist", oder: „Ich schlafe und esse, damit meine Mutter beruhigt ist". Aufschlußreich, aber nach den bisherigen Ausführungen nicht verwunderlich ist auch, wie die Patienten von ihren Müttern träumen bzw. in welche Metaphern sie gekleidet werden. Da ist die Rede von „Feldwebeln", „Müttern ohne Brüste", von „Spinnen, die am Rücken kleben", oder von „Langusten", das Gute in einer harten Schale verschlossen. Die Schale ist die depressive, emotional nicht erreichbare Mutter bzw. ihr undurchdringbarer Narzißmus. Die Patienten bekommen nur die Starrheit der mütterlichen Abwehr (vgl. Winnicott, 1973, 129) zu spüren und suchen vergeblich nach „einem Aufglänzen ihres Auges" (Kohut, 1973a, 142). Eine Patientin roch als Kind an den Strümpfen der Mutter, weil sie die echte, nicht die parfümierte, alkoholisierte Mutter „riechen", d. h. introjizieren wollte. Sie suchte hinter deren Depression das wahre, das körperliche Selbst der Mutter. Andere Patienten sprechen von einer „unpersönlichen, geschäftsmäßigen" Beziehung, in der alles Bekommen an Bedingungen, namentlich Unterwerfung, geknüpft gewesen sei, und stützen damit die Vermutung, daß die narzißtische Störung der Mutter beim Kind ein tieferes Gefühl in der Beziehung zu ihr verhindere, eine Erklärung dafür, warum die Beziehungen später als so labil und gefährlich erlebt werden.

Der Eßanfall mit seiner sich steigernden Wut könnte demnach die somatisch verschlüsselte unbewußte Kritik an einer deprivierenden Mutter sein, die als emotional befriedigendes Objekt, als „lachender Käsekuchen", nicht verfügbar war, sondern ohne Liebe, ohne träumerische Gelöstheit (revêrie) stillte. Die Funktionalisierung läßt vermuten, daß die Patientinnen für ihre Mütter kein Liebesobjekt gewesen waren, sondern ein funktionales Partialobjekt, das *benutzt* anstatt *begehrt* wird. Man könnte auch sagen: Die Mutter verletze mit der Funktionalisierung die „Abstinenzregel", was später in der Behandlung als Angst vor einer Verletzung derselben seitens des Analytikers wiederkehrt. Die im Eßanfall inszenierte Klage könnte lauten: Viel zuviel Milch ohne Liebe. Mit „zuviel Milch" sind die Erwartungen und Projektionen der Mutter, später des Vaters gemeint. Die Funktionalisierung nicht erfüllen und folglich die Mutter nicht zufriedenstellen zu können, macht die Verzweiflung aus, die sich schließlich im Symptom darin Ausdruck verschafft, daß ihm nicht Sättigung ein vorläufiges Ende bereitet, sondern Erschöpfung. Die Patienten äußern über den Eßanfall aber nicht nur Kritik an der

Mutter, sondern führen auch eine ersehnte und damit idealisierte Szene vor, die Verschmelzung mit einem nur guten, omnipotenten Objekt, welches die Alpha-Funktion übernimmt und das „Bedürfnis nach der Brust" evakuieren hilft, damit den Spannungszustand beseitigt und die verlorengegangenen Objekte, die Eigenschaften des grandiosen Selbst, zurückerstattet. „Der unbewußte Rückgriff auf eine sehr frühe Szene weist auf die Fixierungsstelle in ihrer Störung, auf ihre Defizite, aber auch auf stabile Anteile hin", schreiben Schulte und Böhme-Bloem (ib., 65).

Das „gierige" Introjekt

Die Behandlungen haben immer wieder gezeigt, daß die Eltern von Bulimikerinnen in sich „das unbefriedigte Kind im Erwachsenen" bekämpfen und die Beziehung zur Tochter zum Austragungsort dieses Kampfes machen. Es handelt sich um das Kind in den Eltern, das zuwenig Zärtlichkeit und liebevolle Zuwendung von den eigenen Eltern erhalten hat. Manchmal waren die Großeltern der Patientinnen u. a. wegen ihrer sozialen Stellung oder wegen auffälligen Benehmens wenig idealisierbar, so daß sich die Eltern ihrer eigenen Eltern wegen schämten. Meist hat sich jeder Elternteil kompensatorisch das Bild idealer Eltern, vor allem idealer Mütter, gebildet, die sie nun einerseits glauben, für ihre Kinder sein zu müssen; andererseits fordern sie von ihren Töchtern – ihres weiblichen Geschlechtes wegen –, daß sie ihnen die „ideale Mutter" ersetzen. Ich habe das als parentifizierende Funktionalisierung bezeichnet. Über diese Ansprüche werden die Mutter und der Vater, auf je unterschiedliche Weise, zum überfordernden Objekt.

Bleiben wir vorerst bei der Mutter. Da die Tochter die Bedürfnisse der Mutter niemals zureichend zufriedenstellen kann, wie ich am Mißbrauch der Tochter als Container erörtert habe, bleibt die Mutter chronisch unzufrieden, nörglerisch und ungeduldig und aus der Sicht des Kindes eine „gierige Mutter", der man es nie recht machen kann. Sie wird zur „Hexe", die stiehlt, innerlich ausräumt und intrusiv vergewaltigt, Bilder, die die Einseitigkeit der Befriedigung signalisieren. Ich zitiere aus dem Tagebuch einer Bulimikerin: „Ich wünschte, ich wäre eine Taschenlampe. Langsam wird das Licht immer sanfter, bis es erlischt, wenn die Batterien ermüden. Aber ich bin ein Akku, eine wiederaufladbare Batterie. Der Saft ist raus, die Leistung am Nullpunkt, und keiner lädt mich auf. Nur auslaugen möchten mich alle. Mir fließt der Saft schon aus den

Knochen. Ich bin energie- und antriebslos. Bald ist der Zeitpunkt zum Aufladen verpaßt" (Langsdorff, ib., 54 f.). Ich erinnere auch an meine Stewardeß, die die Passagiere als gierige Meute erlebte, der sie hundert Tassen Kaffee einflößen mußte, und an jene Patientin, die für eine „ganze Gesellschaft" einkaufen ging, als habe sie viele Leute in ihrem Innern zu verköstigen. Eine Patientin träumte, daß sie mit einem Mann sexuell verkehrt. Plötzlich taucht neben dem Bett eine ältere Dame auf und fragt entrüstet: „Und was ist mit mir?" Die Patientin: „Die wollte von mir sexuell befriedigt werden."

Zwar bildet sich das Introjekt „gierige Mutter" über die Ansprüche des gierigen Kindes in der Mutter, es wird zugleich aber auch von der Gier der Patientin konstituiert. Auf das mütterliche Objekt projiziert, gesellt sich diese Gier nun zu den Ansprüchen seitens des Objektes. Die Patienten wehren diese "gierige Mutter" ab, indem sie die infantile Seite des Elternteils, die dissoziierte Gier der Mutter, introjizieren. Die äußere „gierige Mutter" wird ins Überich genommen, und dort wird sie zum Introjekt „gierige Mutter", ein Fremdkörper im Selbst der Patientin. Die Patienten spüren die introjizierte Unersättlichkeit der Mutter in sich als „Gigantisches", als „Bestie", als „der Freßteil in mir", die über Fleiß, Hyperaktivität und einen Eßanfall befriedigt werden soll. Ich sagte, daß am Eßanfall das Überich beteiligt sei – dieser „gierige Anteil" des Überichs nun, es befindet sich ja noch im personifizierten Zustand, verführt bzw. fordert ihn. Das könnte das Empfinden der Patienten klären, im Eßanfall wie von einem Tier in ihnen oder von fremden Mächten befallen zu werden.

Wir finden demnach im Überich der Bulimikerin neben der als omnipotent erlebten Mutter noch eine gierige und schließlich eine ihre eigene Gier abwehrende Mutter, den „Feldwebel", der dressiert und mit Besetzungsabzug straft. Willkürlich und dadurch für die Patientinnen undurchsichtig, haben sie mal das von der Mutter Abgewehrte, mal die Abwehr zu befriedigen. Der Anspruch der Mutter lautet sowohl: „Befriedige meine Gier", als auch: „Befriedige mein Überich bzw. Ichideal". Diesen Doppelanspruch spiegelt das Symptom mit der Gier und dem Erbrechen wider. Dieses Überich, eine personifizierte Mischung aus Omnipotenz, Gier und Abwehr wird – ist es einmal in dieser Form angelegt – fortan zum kumulativen Anspruch ans Kind. „In mir sitzt meine Mutter", so eine Patientin, „ihr muß ich ständig was zum Fraß vorwerfen, entweder Essen oder Männer. Anschließend muß ich mich reinigen. Wenn meine Mutter dann mit dem Fraß beschäftigt ist, habe ich meine Ruhe und kann mein eigenes Leben führen." D. h., das gierige Introjekt will ständig gefüttert werden. Was sich früher zwischen Mutter und Tochter ereignete, die Parentifizierung, findet sich im Eßanfall als introjizierte Szene wieder. Das Selbst der Patientin ist dabei in der Mutterposition, ihr gieriges Überich das Kind (in der Mutter). Zieht man die Dreigenerationenthematik der Bulimie in Betracht, dann befriedigt die Enkelin die unbewußte Gier ihrer Mutter nach der Großmutter. Zugleich straft der „Feldwebel" in der Mutter dafür, daß das Selbst der Patientin der Gier nachgibt, was sie sich selbst nicht gestatten kann. In dieser Hinsicht ist das Selbst der Patientin in der Kindposition, das Introjekt Überich in der Mutterposition, genauer besehen wahrscheinlich in der Großmutterposition. Da ein gieriges Selbst aber kein vollkommenes Selbst ist, kann es auch die erwünschte Vollkommenheit des Introjekts, die narzißtische Erhabenheit der Mutter, nicht bestätigen. Für die Behandlung dieser Patienten bedeutet das, daß man stets klären muß, wem eigentlich die „Selbstanklagen" gelten, dem gierigen Introjekt, der überfordernden Mutter also, oder dem unvollkommenen Selbst, und ferner, von wem die Klagen kommen, vom gierigen Introjekt, von der Mutter, die die unbefriedigende Großmutter anklagt usw.

Der Anfall ist demnach auch, neben allem bisher Gesagten, der vergebliche Versuch, dieses gierige Introjekt zufriedenzustellen mitsamt der Wut darüber, daß die Gier kein Ende findet, das Introjekt keine Ruhe gibt, sondern beständig mit seinen Forderungen weiterquält, ein Reiz, der die „continuity of being" und damit das Wohlbefinden stört. „Da die Verdienste, die vor dem Ich-Ideal zählen, nur narzißtische Leistungen sein können, versucht das Subjekt diesen Forderungen zu genügen, indem es solche Leistungen erbringt und sich dabei u. U. für immer diesem Zwang unterwirft" (Grunberger, 1976, 258 f.).

Vom gierigen Introjekt gehen jedoch nicht nur Forderungen, sondern auch Gefahren aus. Auf einer tieferen Ebene wird die „gierige Mutter" zu Kinderfresserin und damit zur „Bestie". Eine Patientin, die einen Hund besaß, der u. a. auch Repräsentant bestimmter Teile ihres Selbst war, die ihrer Mutter nicht gefielen, klagte eines Tages darüber, daß ihre Mutter stets abfällige Bemerkungen über den Hund mache und einmal vorschlug, weil er so schrecklich häßlich sei, solle man ihn am besten schlachten! Diesen Vorschlag hat die Patientin als Auslöschung ihres persönlichen, nicht funktionalen Selbst erlebt, das sozusagen nur für die Pfanne taugt. Im Traum einer anderen Patientin verschlingt ein gieriges Walroß ein junges Reh. Hier kündigt sich ein weiterer Grund an, weshalb die Patienten nach dem Eßanfall in Panik geraten: Essen wird wegen der Gewichtszunahme zur Existenzbedrohung, Zunehmen bedeutet nämlich, für die Mutter zum appetitlichen Brocken zu werden. Die Abwehr dieser Angst, so habe ich ausgeführt, erfolgt über das Erbrechen, denn: „Nur wenn ich dünn bin, bin ich ich selbst, gehöre mir selbst." Schlanksein sichert vor dem gierigen Zugriff der Mutter. Im Kapitel über das orale Ordal sagte ich, das Gewicht verrate den Muttermord, d. h., daß die Mutter gefressen wurde. Die Angst vor dieser Entdeckung lautet, aus Rache nun von der Mutter „mit plumpen Messern zerhackt und über langsamem Feuer gekocht" (Reik, ib., 152) zu werden. Zerhackt und gekocht werden kann aber auch bedeuten, zum Fraß zubereitet zu werden. Wie die „gierige Mutter" in der Übertragung reaktiviert wird und dort in Gestalt des nach narzißtischer Zufuhr gierenden Analytikers auftaucht, habe ich ausgeführt. Eine Patientin erzählte, daß sich ihr früherer Therapeut während der Behandlung Videoaufnahmen von ihr gemacht habe, die er sich dann, wenn sie weg war, „reinzog", wie sie vermutete.

Die selektive Zuwendung zum Kind und die Dissoziation im (Körper-)Selbst

Die Kindimago der Eltern und die damit verbundene Funktionalisierung bewirken, daß der Bulimikerin als Kind eine nur selektive Zuwendung zuteil wurde. Da die Tochter narzißtisch besetzt ist, ist sie für die Eltern ein „subjektives Objekt" (Winnicott), ein Partialobjekt. In der elterlichen Wahrnehmung existieren nur jene Fähigkeiten, Gefühle und Bedürfnisse der Tochter, die der narzißtischen Funktionalisierung dienlich sind, alle anderen Anteile werden entweder ignoriert oder bestraft, zumeist aber mit Schuldgefühle erzeugenden oder abwertenden Kommentaren versehen und zurückgewiesen. Es besteht nur ein punktuelles Interesse am Kind, solange es der Kindimago entspricht. Da die pathogenen Elemente der Eltern im Bereich eigener narzißtischer Fixierungen liegen, finden wir „insbesondere in den frühesten Phasen, daß a) die Selbstbezogenheit der Mutter zu einer Projektion ihrer eigenen Stimmungen und Spannungen auf das Kind und somit zu gestörter Einfühlung führen kann, daß sie b) selektiv (hypochondrisch) auf die Stimmungen und Spannungen des Kindes reagiert, die mit ihren eigenen narzißtischen Spannungen und Voreingenommenheiten übereinstimmen, und daß sie c) auf die Stimmungen und Spannungen des Kindes nicht reagiert, wenn ihre Voreingenommenheiten nicht in Einklang mit den Bedürfnissen des Kindes stehen.

Das Ergebnis ist ein traumatisches Alternieren zwischen falscher Einfühlung, Übereinfühlung und mangelnder Einfühlung, das den schrittweisen Entzug narzißtischer Besetzung und Aufbau spannungsregulierender psychischer Strukturen verhindert" (Kohut, 1973a, 87). Das Kind bleibe dann an den frühen narzißtischen Zustand fixiert und Teil des elterlichen narzißtischen Milieus weit über die Zeit hinaus, in der eine solche Beziehung angemessen wäre (ib., 87).

Bei einer Patientin definierte die Mutter alle jene Bedürfnisse, die ihr nicht paßten, als „egoistisch", selbst wenn sie nur mit der Mutter ins Kino gehen oder mit ihr einen Drachen steigen lassen wollte, wozu diese aber nie Lust hatte. Diese Wünsche wurden durch die mütterliche Definition als unwillkommen und mutterfeindlich diskreditiert. Mit ihrem defensiven Altruismus als Erwachsene ersparte sich die Patientin Schuldgefühle wegen ihres „Egoismus". Eine andere Patientin erzählte, daß ihre Mutter sie einmal, als sie noch recht klein war, auf einer Behörde („mit lauter fremden Männern") als „Pfand" zurückgelassen habe, weil sie sich nicht ausweisen konnte. Zurückgekehrt, erwiderte ihre Mutter auf ihre Beschwerde unwirsch: „Du lebst ja noch", und reagierte damit auf die offensichtliche Todesangst ihrer Tochter, die sie unbewußt gespürt haben muß. Während der Abwesenheit der Mutter habe sie mit den Fingern Autos gezählt, eine vermutlich ihre Vernichtungsangst abwehrende Zwangshandlung.

Die narzißtische Mutter kann wegen ihrer Befangenheit in der Kindimago, die selektiv wirkt, ihr Kind nicht aus der Position des subjektiven Objekts entlassen, es nicht in seiner Eigenständigkeit wahrnehmen und anerkennen. „Meine Mutter hat uns Kinder als Objekte betrachtet und nicht als Subjekte oder als eigenständige Menschen, die sich einmal von ihr trennen könnten. Sie hat uns als taugliche Objekte gebraucht, um uns in ihr Selbst- und Weltbild einzuspannen. In dieser Funktion waren wir willkommen. Alles andere aber irritierte sie" (Gerlinghoff, ib., 28). Die Folgen der nur selektiven Wahrnehmung der kindlichen Bedürfnisse aufgrund eigener narzißtischer Bedürfnisse beschreibt Zepf: „Diese parasitäre Haltung der Mutter, ihre eigene narzißtische Bedürftigkeit, verhindert auf seiten des Kindes eine ausreichende sensorische Bedürfnisqualifikation und Entwicklung einzelner Körperfunktionen als Mittel zu ihrer Befriedigung. Damit aber wird dem Kind jegliche Basis für eine spätere Autonomie und Selbstbestimmtheit entzogen" (1973, 60 f.). Schleske zufolge hat das Kind manchmal die Funktion, der Mutter zu bestätigen, daß sie der eigenen traumatischen

Kindheitsgeschichte unversehrt entwachsen und nicht neurotischer als andere sei. Wenn es darin versage, etwa durch Krankheit oder seine Autonomieentwicklung, entzöge sie ihm die innere Besetzung, um es vor ihrer narzißtischen Wut zu bewahren (vgl. ib., 447). Autonomie wird unterdrückt bzw. nur zugelassen, wenn sie der mütterlichen Bedürfnisbefriedigung dienlich ist, meist aber von ihr als aggressiver, kränkender Akt gegen sie verstanden. Erfüllt die Tochter ihre Funktion, ist die Mutter zufrieden, und das bedeutet narzißtische Zufuhr für die zufriedenstellenden Eigenschaften, sie erfahren den „Aufglanz" im Auge der Mutter, erfahren eine Besetzung bzw. Überbesetzung und damit Bedeutung. Das Kind ist dann auf diesem „Wertgebiet maximalen Forderungen ausgesetzt" (Richter, ib., 190). Es kommt zu einer einseitigen Überbewertung von beim Kind nicht dominierenden Merkmalen, einer Idolisierung, „eine(r) deutliche(n) Über-Besetzung eines äußeren wirklichen Objektes (...) Die Idolisierung bedeutet daher eine seelische Ausbeutung triebhafter Komponenten und primitiver psychischer Prozesse in der Beziehung zu einem äußeren wirklichen Objekt, in diesem Falle also des kleinen Kindes" (Khan, 1983, 11). Das Kind wird nicht in seinem Sosein wahrgenommen, es ist kein Liebesobjekt für die Mutter. Die funktionalen Anteile des Kindes bilden sich unter der narzißtischen Zufuhr weiter aus, formieren sich, werden möglicherweise hypertroph, erfahren eine Fixierung, indem sie ins Ichideal genommen und dadurch zum permanenten Anspruch werden, wie bei einem guten Schüler, der nie eine schlechte Note schreiben darf.

Ist so nur ein Teil des Kindes von Interesse, bleiben die anderen Bereiche wegen fehlender Zufuhr Brachland zwischen Mutter und Kind. Was der Kindimago nicht entspricht, bleibt ohne Aufglanz, kann nicht leben und nicht integriert werden. Das kindliche Selbst sieht sich nur partiell. Mit anderen Worten: Alles, was sich nicht der Kindimago einfügt, verfällt der Dissoziation. Erfüllt die Tochter nämlich ihre Funktion nicht, ist die Mutter enttäuscht über deren Unvollkommenheit. Ihre Zuwendung endet in abruptem narzißtischem Rückzug, in „Eiseskälte". Bulimie-Mütter verlieren ihr seelisches Gleichgewicht, sind „irritiert", wenn sie mit nichtfunktionalen Aspekten ihrer Tochter konfrontiert werden, fühlen sich angegriffen, gekränkt und empfinden ihr Kind als undankbar. Sie können z. B. kein schreiendes, jähzorniges Kind ertragen, weil das ihr Ichideal nicht zuläßt, das von ihnen verlangt, Mutter eines zufriedenen Kindes zu sein. Nur dann ist sie vor ihrem Ichideal und gesellschaftlich eine anerkannte Mutter, *beliebte* Mutter. Die Tochter hingegen kann so einen Teil ihres Selbst nicht erleben. Ihr vermittelt sich, „daß innere Gefühlszustände wie Aggressivität und Trotz keine Regungen sind, die (sie) mit anderen teilen könnte und bei deren Verarbeitung diese behilflich sein können" (Schleske, ib., 459).

Ein solches Brachland zwischen Mutter und Kind ist bei Bulimikerinnen offensichtlich der Körper, was bedeutet, daß die narzißtisch bedingte Ignoranz schon früh Bestandteil der Mutter-Kind-Beziehung gewesen sein muß. Eine Patientin empfand ihren ganzen Körper „wie tot oder aus Stein". An ihm habe ihre Mutter „Dinge" verrichtet. Eine andere nahm von gefährlichen Mängeln am Auto ihrer Tochter keine Notiz. Als diese ihrer Mutter davon erzählte, weil sie Geld zur Reparatur benötigte, führte ihre wohlhabende Mutter ihren eigenen Kummer ins Feld, dessentwegen die Patientin zum Wochenende dringend mit besagtem Auto hätte nach Hause kommen sollen. Die Patientin hätte sich aber erst um ihr Auto kümmern müssen, bevor sie sich ihrer Mutter hätte widmen können. In ihrer Wut über deren Ignoranz, was ihre akute Lage betraf, introjizierte die Patientin die „ignorante Mutter" und spielte nun ihrerseits bei mir den Defekt am Auto – immerhin an der Lenkung – herunter und war, ihrem pathologischen Ichideal entsprechend, überzeugt, den Mangel durch raffinierte Fahrtechniken meistern zu können. Mit der „Lenkung", d. h. der Kontrolle, kam sie in ihren Eßanfällen stets ins Schleudern. Die Ignoranz der Mutter mußte auf manischem Wege abgewehrt werden. Dieselbe Patientin erzählte mir von bedrohlichen Erkrankungen aus ihrer Kindheit so beiläufig, daß ich sie fast überhört hätte. Da ihre Eltern sich damals ignorant verhalten hatten, mußte die Patientin selbst ihnen auch die emotioanle Bedeutung entzogen haben, und nur die Klangspur der Diagnosen in meinem Ohr, die offenbar nachwirkte, als sie längst bei anderen Themen war, ließ mich plötzlich aufhorchen. Vermutlich hatte sie bei ihrer Mutter ähnlich bedeutungsentleert von den Mängeln am Fahrzeug gesprochen, daß diese sie überhören konnte. Es bedarf kaum des Hinweises, daß die Mutter dieselbe Ignoranz bzw. Verleugnung auch gegen sich selbst an den Tag legte.

Vanderlinden et al. schreiben: "Wir sind oft über die extrem ablehnende Haltung der Eltern und/oder der anderen Familienmitglieder beeindruckt: Monatelang oder manchmal über viele Jahre hinweg haben sie niemals irgend etwas von den Eßanfällen oder dem Erbrechen bei ihrer Tochter (Schwester oder Ehefrau) bemerkt" (ib., 99). Die selektive Zuwendung bzw. Ignoranz hat zur Folge, daß die libidinöse Besetzung des Körpers lückenhaft und brüchig bleibt. Eine Patientin beschrieb sich ja als „Sieb". Zwei Bulimikerinnen von Chasseguet-Smirgel erlebten ihren Körper bezeichnenderweise als „Danaidenfaß" (1981d, 203). Khan schreibt über die Perversion, was m. E. auch für die Bulimie zutrifft: „Das Körper-Ich erfuhr eine Dissoziation in sich selbst; ein Teil wurde an die Mutter übertragen, blieb mit ihren Stimmungen verbunden und bot sich als Ziel ihrer Wiedergutmachungsgesten an; ein anderer Teil, der mehr mit den Triebbedürfnissen und autoerotischen Erfahrungen verknüpft war, wurde verdrängt und vor der Mutter versteckt, zeitweise auch vor dem geistigen Ich" (1983, 134 f.). Zugleich gibt es ein Verbot der Libidinisierung des Körpers, wenn die Mutter z. B. die Onanie untersagte, mit der sich die Tochter ihren Körper hätte aneignen und der Funktionalisierung entziehen können. Es geht wohl darum, daß die Mutter ihrer Tochter keine Befriedigung gestattet, die nicht im direkten Kontakt mit ihr selbst zu erlangen ist. Die in der Kindheit so häufige Zwangsonanie, die bis ins Erwachsenenalter anhält, ist der ständige Versuch, den Körper libidinös zu besetzen und sich von der Mutter autonom zu machen. „Die Wirkung des Masturbationsverbotes liegt genau darin, das Kind an den Körper der Mutter zu ketten und seinen eigenen vitalen Plänen Fesseln anzulegen. Die Kranken drücken diese Situation häufig mit folgenden Worten aus: 'Ein Teil meines Körpers ist in meiner Mutter geblieben (Hände, Penis, Fäzes, etc.). Wie soll man sich das zurückholen? Sie braucht es doch so dringend! Es ist ihre einzige Freude'" (Torok, ib., 205). Die Lückenhaftigkeit in der libidinösen Besetzung entsteht allerdings nicht nur durch die Unterbesetzung seitens der Mutter. Sie kann auch durch die punktuelle Überbesetzung mancher funktionaler Körperbereiche, die eine extreme Erogenität erzeugt, entstehen, die dann verdrängt werden muß. D. h., manche Körperzonen wirken wie tot, obgleich sie hoch besetzt sind (vgl. Leclaire, 1971). Das Brachland in der Körperlandschaft muß man sich demnach sowohl durch Unter- wie durch Überbesetzung bestimmter Körperflächen und Organe entstanden vorstellen.

Ich gehe davon aus, daß das Versagen der Selbstregulierung, der Kontrollverlust, der eine so entscheidende Rolle in der bulimischen Erkrankung spielt – der „Defekt an der Lenkung" ließ sich leicht als Störung der Kontrollfunktion verstehen – in ursächlichem Zusammenhang mit der Ignoranz seitens des Primärobjekts steht. Oft waren Patientinnen, deren Eltern Geschäftsleute waren und kaum Zeit für ihre Kinder hatten, solcher Ignoranz ausgesetzt. Bei ihnen kam es zu einem affektiven und zusätzlich durch Zeitmangel bedingten Erwartungsdruck und damit einer Überforderung der Fähigkeit zur Autonomie. Die Wut über diese Ignoranz, über das fehlende 'to be concerned' (Winnicott, 1974), führte bei einigen Patientinnen zu einer selbstzerstörerischen, fast suizidalen Haltung, hinter der Rachephantasien standen, die der Mutter galten. Darum wird auch die Gefahr, die der Eßanfall und das Erbrechen für den Körper bedeuten, verleugnet. Sie erweist sich als resistent gegen jede Warnung. Möglicherweise richtet sich die ganze Wut des Eßanfalls mit seiner selbstzerstörerischen Wucht gegen die Imago der „ignoranten Mutter", die, befangen in ihrer Kindimago, Not und Abhängigkeit nicht wahrnehmen kann.

Die Lückenhaftigkeit des Körperselbst entwickelt sich im weiteren Verlauf zur Dissoziation im Selbst. Das Trauma dieser Patienten liegt ja weniger in einem einmaligen Ereignis, sondern in einer langanhaltenden pathogenen Interaktion mit der Mutter. Ein einmaliges Ereignis, wie z. B. der Abbruch des Stillens, erhält unter Umständen seine pathogene Wirkung erst durch die Ignoranz der Mutter. Die fungiblen Anteile der Tochter entwickeln sich zum falschen Selbst. Alle jene Selbstanteile hingegen, die nicht funktional sind, müssen dissoziiert werden, denn zu ihrer Integration bedürfte es der „narzissierenden Bestätigung der Eltern" (vgl. Grunberger, 1976, 200). Der nichtfunktionale Teil, die Aggressivität, der Trotz z. B., versucht sich später – so war meine Vermutung – als bulimisches wahres Selbst im Eßanfall heimlich, gegen den Willen der Mutter bzw. des Überichs, zum Leben zu verhelfen, d. h., er sucht im Eßanfall nach narzissierender Bestätigung, die die Patientinnen – wie geschildert – selbst vornehmen, indem sie ihre Anfälle idealisieren: „Ich schaffe einen ganzen Nußkuchen", oder: „Ich werde überhaupt nicht dick", oder: „Ich kenne raffinierte Tricks" usw. Die narzißtische Zufuhr ist das Lebenselixier schlechthin, die Batterie für die Taschenlampe, oder – wie die Patienten mit narzißtischen Defiziten sie regelmäßig in der Behandlung erleben: die „Tankstelle". Der Anfall ist von daher ein Selbstheilungsversuch. Es ist der Versuch, durch eine Idealisierung den dissoziierten Anteil zu „narzissieren", um ihn zu integrieren.

Ich sagte, das bulimische wahre Selbst seien die Kleinkindbedürfnisse, die wegen der Dissoziation nicht mitgereift sind, sondern von der übrigen Entwicklung abgehängt wurden, es sei ein Ensemble von Bedürfnissen, Ängsten, Wünschen und Eigenschaften, die vom Überich verpönt und z. B. als egoistisch, schmutzig und antisozial diffamiert wurden. Abgespalten, formieren sie sich zu einem „Nicht-Mutter-Selbst", eben zum bulimischen wahren

Selbst, was dem Anfall seine Protestnote verleiht. Der dissoziierte Selbstanteil erscheint den Patienten als irreal, weil er nicht zum emotionalen Alltag der Mutter-Kind-Beziehung gehörte. „Ich bin ein Urwaldmensch, der aus dem Gebüsch schaut", sagte eine Patientin und meinte damit ihre Gefühle der Unterentwicklung und der Scham. Es ist der „furchtbar faule Teil an mir", sagte eine andere „der Teil, der in den Augen meiner Mutter wertlos war". Das bulimische wahre Selbst beinhaltet jene Anteile, die der Mutter „stinken". Damit sind sie zu Fäzes gemacht und mit den Ausscheidungsprodukten und -organen assoziiert.

Die Dissoziation wird vermutlich durch die Scham eingeleitet. „Entwicklungspsychologisch können wir beobachten, wie im Alter zwischen 18 und 24 Monaten Befangenheit zu erscheinen beginnt als unangenehmer Zustand, wenn das Kind entweder seinem eigenen Spiegelbild ausgesetzt wird oder sich von den Augen des spiegelnden Elternteils oder der Bezugsperson nicht bestätigt fühlt" (Pines, 1996, 11). Diese frühe Scham scheint mit der Desillusionierung einherzugehen, die erfolgt, wenn das Kind bemerkt, „daß es nicht als das geliebt wird, was es ist, sondern als etwas anderes – als phallische Verlängerung der Mutter" (Mannoni, ib., 101). Torok schreibt: „Wenn das Kind die Rolle eines begehrten Penis-Objektes spielen muß, wenn es die Defekte der Mutter ausgleichen und ihr zu Vollständigkeit verhelfen muß, wie sollte seine Entwicklung akzeptiert, seine Entfaltung in eigenen Bedürfnissen von einer Mutter gewünscht und gefördert werden, die ohne das Kind in Verbitterung und Neid zurückfallen würde? Eine solche Mutter kennt nur einen Wunsch: Das Kind-Penis als illusorischen Garanten ihrer Vollkommenheit an seinen Zustand als ewiges Anhängsel zu fesseln" (ib., 206). Für uns bedeutet das, daß Scham deshalb auftritt, weil die Tochter spürt, daß sie der Kindimago der Eltern nicht entspricht. Wurmser meint: „Man ist nicht einfach beschämt, wenn man eine einzige Erwartung nicht erfüllt, wie groß die Diskrepanz auch immer sein mag. Zum Beispiel erklärt die bloße Inkongruenz zwischen der Erwartung der Mutter, daß das Kind einnäßt, und dessen wirklichem Kontrollverlust das Gefühl der Scham nicht völlig. Vielmehr ist diese Erwartung Teil einer Gruppe von Erwartungen, wie die Mutter das Kind sehen möchte und wie das Kind von ihr gesehen werden möchte. Nur wenn eine solche enttäuschende Handlung oder Eigenschaft diesem globalen 'Wunschbild' ('wishful image') scharf widerspricht, dann fühlt man Scham" (1993, 79 f.). Ich habe bei der Erörterung der Scham nach dem Eßanfall ausgeführt, daß es sich um Scham darüber handelt, einem (Selbst-)Bild nicht entsprochen zu haben. Es ist zu vermuten, daß dieses Bild über die Kindimago der Eltern entstanden ist, die introjiziert wurde und das Ichideal bildet. „Mein wichtigstes Ziel war es, den Vorstellungen meiner Eltern zu entsprechen (...) Noch immer ist es für mich eine der unangenehmsten Spannungen, zu wissen, daß ich nicht nach den Vorstellungen irgendeiner Person handle. Eigene Vorstellungen von meinem Leben hatte ich nie", sagte eine Patientin (Gerlinghoff, ib., 30). Mit anderen Worten: Funktionalisierende Eltern sind beschämende Eltern.

Die Dissoziation erfolgt auch wegen Schuldgefühlen, den elterlichen Vorstellungen nicht zu entsprechen, zuvörderst freilich wegen der Angst, verlassen zu werden. Diese Angst kommt in die Behandlung, wenn die Patienten fürchten, der Patientenimago des Analytikers nicht gerecht zu werden. Das ist der Fall, wenn sie sich z. B. „leer" fühlen und glauben, deswegen aus der Behandlung geworfen zu werden. Eine Patientin fürchtete, ich ginge in Urlaub, weil sie „leer" sei und mir nichts zu bieten hätte. Wert*voll*, voller Wert also, erleben sie sich nur dann, wenn sie anderen zu Diensten stehen und dem gierigen Introjekt etwas zu bieten haben. Die Leere ist jetzt ein Protest gegen die Funktionalisierung. Es stellt sich nämlich für gewöhnlich heraus, daß die „Leere" zwar Folge der Angst ist, eigene Wünsche und Gefühle zu empfinden und darüber zu sprechen, daß aber der Wunsch des anderen auch nicht befriedigt werden soll. Oft sind solche „leeren" Stunden für die Patienten ergiebig, wenn man die Leere akzeptiert und die Verweigerung der Funktionalisierung, die sich darin äußert. Dann erzählen sie von sich, von ihren Bedürfnissen, die hinter der „Leere" verborgen sind und es läßt sich erkennen, daß die Leere vor der Zerstörung dieser Bedürfnisse (des wahren Selbst) schützt, weil die Mutter in die Leere hineinprojizieren kann, ohne das wahre Selbst zu berühren. Sie bekommt mit der Leere sozusagen ihre „Bulimieecke" zugeteilt.

Die Topographie des Selbst könnte demnach so aussehen: Es gibt die funktionalisierten, die Mutterbereiche, dann das Brach- oder Niemandsland, jene Bereiche, die z. B. durch die mütterliche Ignoranz entstehen, und schließlich Bereiche, die, weil sie sich der Funktionalisierung nicht unterordnen, dissoziiert werden müssen, das bulimische wahre Selbst. Sie wachsen nicht mit, verbleiben im primitiven, unterentwickelten, unkultivierten Zustand. Ich habe beschrieben, daß sich das bulimische wahre Selbst dieser Patienten im Eßanfall vorwiegend körperlich-gestisch äußert, was anzeigt, daß es aus dem allgemeinen Wachstum ausgeschlossen blieb. Es entsteht also ein Selbst, „das wie eine *Collage* aufgebaut ist, d. h., es ist das

Ergebnis einer Aufeinanderschichtung von Ich-Kapazitäten und Objektbeziehungen aus allen Ebenen und Formen libidinöser Phasen" (Khan, 1983, 58). Das Bild hierfür schuf eine Patientin, die sich als „notdürftig zusammengezimmertes Floß" bezeichnete. Diese Collage muß ständig externalisiert werden (vgl. Khan, ib., 192), was meinen Überlegungen zufolge mit dem Erbrechen erfolgt. Der Erbrechanfall soll der Mutter bestätigen: ich als deine Tochter bin Kot, nichts wert. „Rein" fühlen sich die Patienten nur, wenn sie sich der Kindimago einpassen. Daß die Bulimie in Fürsten- und Königshäusern verbreitet ist, ist kein Zufall, müssen die Prinzessinnen doch eine Rolle spielen, sich erwartungsgemäß verhalten und der Etikette unterwerfen, was ohne Dissoziation der „nichtfürstlichen" Anteile nicht denkbar ist. Meine Patientinnen wären alle gerne Prinzessinnen gewesen, und manche wurden von ihren Freunden auch so genannt. Die Bulimikerin bekommt „viele 'Prinzessinnen'-Botschaften, die ihr manchmal ein berauschendes Gefühl von Größe und Macht geben, welches in bezug zu ihrem tatsächlichen Alter und ihrer eigentlichen Kind- oder Jugendlichenposition völlig inadäquat ist" (Schmidt, ib., 61). Eine Patientin berichtete stolz, daß sie ihres Vaters und ihrer beider Opas Prinzessin gewesen sei. Daß ich sie nicht als Prinzessin nahm und ihre Liebe nicht erwidern konnte, sondern sie auch jenseits der Etikette sah, konnte sie sich – aufschlußreich genug – nur so erklären, daß ich viel zu gehemmt sei, also aus meinem falschen Selbst heraus reagieren würde, als sei ich ein Prinz. Mein wahres Selbst, so tröstete sie sich, würde sie lieben. Bei einer anderen Patientin brach die Krankheit in dem Moment aus, als die Familie in eine Kleinstadt umzog, in der ihr Vater eine exponierte Stellung annahm und von seinen Kindern forderte, in der Öffentlichkeit nicht aufzufallen.

IV. Die Symptome der Kindheit

Das Aufbegehren der späteren Bulimikerin gegen die Funktionalisierung einerseits und die Verweigerung der Symbiose und der Alpha-Funktion der Mutter andererseits äußern sich in einer lärmenden Symptomatik im Kindesalter. Keineswegs ging es in der Kindheit so friedfertig und gesittet zu wie bei einer erwachsenen Patientin, die klagte: „Ich würde ihr (der Mutter, T. E.) so gern sagen, daß wir uns doch aus diesen Rollen, die wir uns geben, endlich entlassen könnten, um uns tatsächlich zu begegnen." Deutlicher schrieb es eine Patientin nieder: „Es bestand kein Kontakt zu den

Eltern – ob nun Schmusen oder Interesse an meiner Person, obwohl ich gut gewartet wurde (gute Ernährung, Sportstunden, Reisen, Musikunterricht). Hatte stets das Gefühl, lästig, ein Ärgernis/Hindernis zu sein für meine Mutter. Mein Vater war sowieso nie da. Mit guten Leistungen in der Schule (auch im Sport) verdiente ich mir stolze Eltern, aber keine liebenden, die für Fehler oder Versagen Verständnis gehabt hätten. Versuchte daher, nur die Zuneigung meiner Mutter zu erkaufen oder zu verdienen. Verheimlichte Fehler und Vergehen, log. Ich kann mich erinnern, jeden Abend vor dem Einschlafen geweint zu haben, und wünschte mir, tot zu sein."
Freilich erleben sich die Patienten nachträglich in der Regel als „brave Kinder", ein Euphemismus, den auch viele Mütter teilten, wenn sie ihre Kinder als unauffällig bezeichneten. Dies ist die Sicht des falschen Selbst. Die Symptomatik der Kindheit widerlegt indes diese Einschätzung. Die Erinnerung einer Mutter, ihre Tochter sei „unausstehlich" gewesen, scheint deshalb realistischer. Und auch die Auskunft einer Patientin, sie sei ein „irrsinnig braves Kind" gewesen, läßt hellhörig werden und die Bravheit als defensiv erkennen. Sartre, Meister der Artikulierung des falschen Selbst, schreibt süffisant über seine Bravheit als Kind:

„Ich gestattete freundlicherweise, daß man mir meine Schuhe anzieht, die Nasentropfen einträufelt, daß man mich kämmt und wäscht, anzieht und auszieht, hätschelt und vollstopft; ich kenne nichts Lustigeres als die Rolle eines artigen Kindes. Ich weine niemals, ich lache fast gar nicht, ich mache keinen Lärm, als ich vier Jahre alt war, ertappte ich mich dabei, wie ich Salz auf die Konfitüre streute: vermutlich mehr aus Liebe zur Wissenschaft als aus Bosheit, dies jedenfalls ist die einzige Missetat, an die ich mich erinnern kann. Sonntags gehen die Damen manchmal zur Messe, um gute Musik zu hören, (...) Diese Augenblicke hoher Geistigkeit sind mein Entzücken: wenn alle so aussehen, als ob sie schliefen, ist der Augenblick gekommen, zu zeigen, was ich kann: auf dem Betschemel kniend, verwandle ich mich in Stein; nicht einmal die Zehe darf sich bewegen; starr schaue ich vor mich hin, ohne mit der Wimper zu zucken, bis mir die Tränen über die Backen rollen; natürlich kämpfe ich einen Titanenkampf gegen das Kribbeln in den Gliedern, aber ich bin sicher, Sieger zu bleiben, ich bin mir meiner so bewußt, daß ich keine Scheu habe, in mir die schlimmsten Versuchungen zu erwecken, um der Lust willen, sie zurückzuweisen: Wie wäre es, wenn ich jetzt aufstände und laut 'Barabum' riefe? Wie wäre es, wenn ich jetzt an der Säule hochkletterte, um Pipi ins Weihwasser zu machen?" (Sartre, 1964).

Das Geweihte zu bepinkeln und die zwanghafte, aber mißlingende Kontrolle dieses provokanten Impulses kennzeichnet auch die Kindheit der Bulimikerinnen. Ausnahmslos bildeten sie heftige Symptome, d. h., die Frustration in der Dyade wurde schon früh mit Krankheit anstatt mit in weiblicher Sozialisation verpönter offener Rebellion beantwortet. „In jeder Entwicklungsphase handeln Eltern und Kind das Ausmaß der zulässigen Frustration, die durch die Diskrepanz zwischen realem und imaginiertem Kind entsteht, aufs neue aus (...) Je flexibler die inneren Vorstellungsbilder der Eltern von ihrem Kind sind, desto größer ist der Raum, der dem Kind in den verschiedenen Entwicklungsphasen für die Herausbildung von Autonomie zugestanden werden kann", schreibt Schleske (ib., 457). Die Kindheitssymptome der Bulimikerin werfen ein Licht darauf, wie unflexibel die Kindimago der Bulimie-Mutter gewesen sein und daß es deutliche Tendenzen gegeben haben muß, die Patienten ihr einzupassen. „Der Protest dagegen, in eine falsche Existenz hineingezwungen zu werden, ist von den frühesten Stadien an zu beobachten. Das klinische Bild zeigt allgemeine Reizbarkeit und Ernährungs- und andere Funktionsstörungen, die jedoch klinisch verschwinden können, nur um in einem späteren Stadium in schwerwiegender Form wieder aufzutauchen", schreibt (Winnicott, 1974, 191).

Welcher Natur sind die Symptome? Wie bereits mehrfach erwähnt, klagen die Patientinnen immer wieder darüber, nicht „Nein" sagen zu können, sondern alles zu „schlucken", ein Anpassungssymptom, das der Eßanfall vorführt, der wie ein unfreiwilliges „Ja" (ich schlucke alles, lasse mir alles aufbürden usw.) zu verstehen ist. Ein konfrontatives, die Funktionalisierung zurückweisendes, sich abgrenzendes „Nein" würde die Pseudoharmonie mit dem kränkbaren Objekt stören, es könnte die Ablehnung der Mutter zum Ausdruck bringen, was das Kind nicht darf, es müßte die Eiseskälte im Gesicht der Mutter fürchten, so muß es sich den Weg über die Pathologie suchen.

Spitz' Arbeiten zum „Nein" legen nahe, daß die Störung im Symbolgebrauch und der Phantasietätigkeit, die wesentlich für den Eßanfall ist, hier wahrscheinlich ihren Ursprung hat. Das „Nein" zählt zum dritten Organisator (vgl. Spitz, ib.), es ist die erste Abstraktion, die das Kind bildet und mithin der Beginn der Symbolik. Ein Scheitern dieses Schrittes führt zwangsläufig zurück in das präsymbolische Verhalten, den Konkretismus. Außerdem übernimmt der Erwerb des „Nein" eine wichtige Rolle in der Entwicklung der Trennung von Selbst und Objekt und gibt den Anstoß zu einer ausgedehnten Ich-Entwicklung, in deren Rahmen die Vorherrschaft des Realitätsprinzips über das Lustprinzip immer ausgeprägter wird (vgl. Spitz, ib., 111). Mit all diesen Dingen wird sich die Bulimikerin später in Belastungssituationen schwertun. Das Unvermögen, „Nein" zu sagen, ist überdies ein sicheres Zeichen für das Fehlen eines Vaters, der „Nein" sagt und damit die Macht der Mutter begrenzen würde. Ich komme darauf zurück.

Eine Patientin berichtete, sie sei als Kind eine „Allesfresserin" gewesen – zur Freude ihrer Mutter –, weil sie Angst gehabt hätte, manche Speisen abzulehnen. Ihre Bewunderung habe immer jenen gegolten, die es gewagt hätten, bestimmte Lebensmittel zu verweigern, dem Suppenkasper also. Was sie nicht zu sagen wagte, agierte sie, indem sie ihrer Mutter „auf eine frische, saubere, weiße Tischdecke" erbrach. Meine Stewardeß hatte einen Traum, in dem sie zu spät zum Dienst kam. Eine Gruppe aristokratischer älterer Damen ist so gnädig, sie von der Liste der zu Entlassenden zu streichen, falls sie ihnen Kaffee bringt. Das tut sie auch, verschüttet aber dabei den Kaffee. Die Damen empört: „Na, wenn wir das gewußt hätten, hätten wir Sie rausgeschmissen." Der Traum erinnert an die Patientin, die als Kind Gulasch über die neuen Sessel ihrer Mutter goß.

Gegenüber diesen Symptomen des „Protestes-in-der-Anpassung" sind die in der Kindheit der Bulimikerin häufig zu findenden Anfälle von Jähzorn die lauthals vorgetragene Anklage gegen die Mutter, die in der Öffentlichkeit beschämt werden soll.

> Eine Patientin brüllte so laut, daß ihre Mutter erschrocken eiligst die Fenster schloß, damit man sie in der Nachbarschaft nicht höre. Was sich diese Mutter damit ersparte, zeigte die Erzählung meiner „irrsinnig braven" Patientin: Sie brüllte so laut, daß die Nachbarschaft besorgt aus ihren Häusern eilte, um zu schauen, was dem Kinde Schreckliches angetan wurde. Während ihre Mutter „mit hochroter Birne" alle Hände voll damit zu tun hatte, die Nachbarn zu beruhigen, genoß es die Patientin, im Mittelpunkt der besorgten Umgebung zu stehen und über die schamerfüllte Mutter triumphieren zu können. Dieser Patientin hatte man erzählt, daß sie im Kindergarten in die Hose gemacht und dafür ihre Mutter verantwortlich gemacht hätte. Mit zehn Jahren wagte sie es nicht, ihre Mutter, als sie mit ihr in der Stadt unterwegs war, nach einer Toilette zu fragen, weil die Mutter in Eile war. Dafür machte sie dann prompt bei der Rückkehr aus der Stadt vor der Haustüre in die Hose, so daß es wieder alle Nachbarn, vor allem aber ihr Vater, sehen konnten. Ihre Mutter habe sie daraufhin vor Wut am Kopf gepackt und ihn gegen die Wand geschlagen. Über die „Gewalttätigkeit" ihrer Mutter sei sie so erschrocken – sie sagte „entgeistert" – gewesen, daß der körperliche

Schmerz dagegen unerheblich gewesen sei. Vermutlich wirkte die Entgleisung der Mutter als spontane Entidealisierung der bis dahin abgespaltenen „nur guten" Mutter. Sie hatte im wahrsten Sinn des Wortes den guten „Geist" verloren. Von da an habe sie ihre Mutter nur noch gehaßt.

Eine andere Patientin erinnert sich an „heftige Wutanfälle", bei denen sie sich auf der Straße zu Boden fallen ließ und damit Aufsehen erregte, während ihre Mutter hilflos danebenstand. Einen Abkömmling solcher Wutanfälle zeigte jene bereits erwähnte Patientin, die bei einer Protestveranstaltung auf dem Straßenboden lagerte und einer Kehrmaschine trotzte. Eine weitere warf mit Stühlen, so daß „es Löcher im Boden gab". Da sie sich als „Bombe" fühlte, war klar, daß in den Wutanfällen die „Bombe" explodierte. Bezeichnenderweise erlebte sich diese Patientin in der Wut wie ein „zerbrochenes Spielzeug", was auf die Fragmentierung des Selbst bzw. die Ichveränderung im Affektausbruch hinweist (vgl. Landauer, 1939, 46). „Spielzeug" aber dürfte sie für ihre Mutter gewesen sein. Eine Patientin erinnerte sich, daß sie manchmal dem Platzen nahe gewesen sei (während sie bei mir reglos im Stuhl saß) und schon mal ihren Tisch umgeworfen habe oder den Impuls verspürte, ihr Zimmer „zu Brennholz" zu machen, sich dann aber vor den anderen wegen der Unordnung geschämt habe, worauf mir nur zu sagen blieb: „und auf dem Scheiterhaufen soll die Mutter brennen." Da lachte sie, und es fiel ihr ein Traum ein, in welchem ihre Mutter zwei Kinder (ihren Bruder und sie) umgebracht habe und für vierzehn Jahre ins Gefängnis mußte. Ihr Kommentar: „Hoffentlich weiß die, wie lange vierzehn Jahre sind!" Und ich: „Jetzt weiß ich, wie lange Sie zu mir kommen möchten!"

Daß der Jähzorn ursächlich an der Störung der introjektiven Identifizierung (der Assimilation) beteiligt sein muß, zeigt der Umstand, daß die Wutanfälle von Einnässen oder Einkoten, also Dejektionen, begleitet werden. Zum somatischen Ausstoßen schlechter Introjekte tritt ein psychisches Ausstoßen hinzu: Es erfolgt eine drastische Entidealisierung der Mutter, ihr guter Anteil zerfällt. Das läßt sich ansatzweise aus den später im Eßanfall beobachtbaren Regressionsphänomenen erahnen, wenn die Nahrung voller Wut verschlungen wird und nur noch böses Objekt ist. Zur Zertrümmerung der Idealisierbarkeit des Primärobjektes kommt es häufig bei der Geburt eines Geschwisters. Die Heftigkeit der Affekte signalisiert aber, daß die Geburt bereits vorliegende affektive Probleme aktiviert haben muß. Die Wutanfälle brechen wegen des dadurch bedingten oder phantasierten bzw. befürchteten narzißtischen Rückzugs der Eltern aus, dann, wenn die Eltern sich entzückt dem Neugeborenen zuwenden. Das weckt Eifersucht und Neid. Eine Patienten erinnerte sich, daß sie ihre Mutter in solchen Momenten hätte erwürgen können. Der

Jähzorn der Kindheit, oft begleitet von wütendem Schlagen nach der Mutter, ist als ein massives Anklagen der nun endgültig als böse und enttäuschend erlebten Mutter zu verstehen. Dem Ausschluß anderer Personen im Eßanfall kommt jetzt die weitere Bedeutung zu: das jüngere Geschwister soll ausgeschlossen werden. Es soll eben nicht mitessen, also keinen Zugang zur Brust der Mutter haben können.

Eine Patientin wurde als Kind, wenn sie vom Spielplatz kam, bereits auf der Straße von ihrer Mutter nackt ausgezogen, um von „Sand, Erde, Kot und Urin" gesäubert zu werden, und dann „nackt durchs Mietshaus getrieben", Szenen, die an den Traum der Patientin erinnern, die splitternackt eine öffentliche Toilette putzen mußte. Ihre Mutter habe sie aber auch in verschiedenen anderen für sie peinlichen Situationen nackt ausgezogen bzw. später verbal bloßgestellt. Die körperliche Blöße war hier mit unangenehmen Situationen verknüpft, zumal es sich um eine nicht selbst gewählte, sondern erzwungene Entblößung handelte. Der Öffentlichkeit wurde die schmutzige Tochter präsentiert. Als Schulkind münzte die Patientin das Entblößtwerden dann zum zwanghaften Bußritual um. Sie stellte sich auf dem Heimweg von der Schule vor, wie Passanten sie in einer peinlichen Situationen sähen, weil – wie sie meinte – es dann zu Hause „keinen Streit" gäbe. Mit dieser magischen Vorwegnahme glaubte sie Ärger mit ihrer Mutter und damit Strafe verhindern bzw. schon vorwegnehmen zu können. Sie hatte sich von ihrer Mutter unabhängig gemacht: Sie strafte sich selbst, was für ihren Narzißmus besser verträglich war, als von der Mutter bestraft zu werden. Diese Szene zeigt außerdem, warum diese Patientin bei der Integration der Analität solche Schwierigkeiten hatte: Die peinlichen Szenen mußten abgespalten werden. Die Nacktheit war einerseits mit Scham über die verlorene Sphinkterkontrolle, andererseits mit Wut über die damit verknüpfte mütterliche Befriedigung verbunden, was zur negativen Besetzung des Körpers und seiner analen Funktionen führte. Die introjizierte „bloßstellende Mutter" zeigte sich in der Behandlung in der Lust zur Bloßstellung anderer oder wie bei der früher geschilderten Patientin, die ihren Hund beschimpfte und dabei die Straße rauf und runter schaute, ob es Zuschauer gäbe. Ihre Hauptsorge galt, wie vielen Bulimie-Müttern auch, dem Eindruck, den sie auf andere machte. Die vielen Zwangshandlungen (z. B. der Eßanfall bzw. sein Planen) und Rituale der späteren Bulimikerin haben solche bloßstellenden Szenen in der Kindheit zur Ursache, beginnen sich dort zu entwickeln und dienen dazu, beschämendem Kontrollverlust zuvorzukommen.

Onychophagie betreiben alle Patienten, teilweise bis ins Erwachsenenalter. Es gab Stottern und Leistungsverweigerung in der Schule, zumeist waren die Patientinnen jedoch gute bis sehr gute Schülerinnen und hatten keine Probleme im intellektuellen Bereich. Aber es traten Kontaktprobleme mit Einsamkeitsgefühlen auf. Ihre Schwierigkeiten lagen also vorwiegend im psychosozialen Bereich. Manche Patienten litten an Pavor nocturnus, andere unter Alpträumen mit Erstickungsängsten. Enuresis nocturna fand ich häufig, manchmal auch Enkopresis bis ins Schulalter. Diese nächtlichen Symptome verstehe ich als Prototypen späterer Eßanfälle, da sie, ebenfalls wie diese, die Zensur meiden. Im Schlaf, bei herabgesetzter Zensur, melden sich, wie in der Heimlichkeit auch, die abgewehrten symbiotischen Bedürfnisse. Winnicott versteht das Einnässen ähnlich wie die Gier als Reaktion auf eine Deprivation (1988, 168). Enuresis und Enkopresis als Dejektionen haben überdies die Funktion, Beta-Elemente zu externalisieren. Schließlich sind sie als Versuch zu werten, die sich in den Körper einprojizierende, in der Reinlichkeitsphase als urethral-anal-intrusiv erlebte Mutter auszustoßen bzw. die mütterlichen Projektionen in sie zurückzuprojizieren: „Ich habe meiner Mutter ins Bett gepißt", unmißverständlich eine Patientin. Ähnlich dürfte auch das Mit-dem-Kopf-gegen-die-Wand-Schlagen einer Patientin zu verstehen sein.

Gelegentlich hört man von Kotschmieren, aber dieses Symptom wird aus naheliegenden Gründen verschwiegen. Reste dieses Symptoms sind aber noch zu finden, wie ein bereits zitierter Tagebucheintrag zeigt: „Ich möchte die sauber dekorierten Gebäckstückchen (...) an den weißen, sauberen Wänden zermanschen (...) eine Pampe mischen und über die sauberen, gepolsterten Stühle und an die Scheiben schmieren. Ich möchte mit weicher, zerflossener Schokolade über alles wischen, was sauber ist, bis ich müde werde." Einmal ist mir in der Behandlung ein Äquivalent des Kotschmierens begegnet, als eine Patientin, verärgert über mich, zur Toilette eilte und dort die Wände mit Seife beschmierte. Beim Kotschmieren reicht die Introjektion über den Mund offenbar nicht aus, das Objekt soll über die Körperoberfläche einsickern und dabei über die Haut das Körperselbstgefühl bestätigen. Wir finden ähnliche Merkmale im Eßanfall, wenn die Patienten sich nackt ausziehen und mit Essen beschmieren (vgl. Ettl, 1988). Es dürfte sich hier um einen Ausdruck des Wunsches handeln, mit dem Ersatzobjekt Nahrung (=Fäzes) total zu verschmelzen. Kotschmieren, Einnässen und andere körpernahe Symptome dürften, wie die Onanie auch, Versuche der Besetzung des Körpers als eigener Körper sein. Mannoni schreibt: „Das Kind an einen geschlechtlichen Körper zurückzugeben heißt, ihm die Möglichkeit eröffnen, seinen Körper mit sexuellem Interesse und Erregung zu besetzen, die es gleichermaßen auf Verdauungsfunktionen und Fäkalien beziehen kann" (ib., 112). Im Kapitel über das Erbrechen habe ich ausführlich geschildert, wie sehr die Bulimikerin mit diesen Themen befaßt ist.

Kindliche Zwangsonanie als Versuch, sich von der Abhängigkeit von der Mutter zu befreien und den eigenen Körper libidinös zu besetzen, fand ich in fast allen Anamnesen. Zugleich war sie Trostsuche wegen einer emotional abwesenden oder widersprüchlichen Mutter (vgl. Mahler, ib., 155 f.). Eine Patientin mutmaßte, ihre häufige Onanie habe ihr „die Finger krumm gemacht". Hier hatte die Erregung die Funktion, sich ihrer Existenz zu versichern, die sie in ihren „krummen Fingern" bestätigt sah. Die Zwangsonanie war aber auch die Klage über die unbefriedigende Mutter. Weil sie mir nicht gibt, was ich brauche, muß ich mich so abmühen und es mir selbst holen, so daß ich vor Anstrengung „krumme Finger" bekommen habe und nun beschädigt und verstümmelt bin. Sie glaubte auch, keinen Penis zu haben, weil sie ihrer Mutter „stinke". Der „krumme Finger" war ein Penisersatz, denn einmal meinte sie, der Penis ihrer Brüder sei „krumm" gewesen. Eine Patientin beschrieb, daß sie sich im Eßanfall „mädchenhaft" fühle. Da sie beim Essen onanierte, liegt die Vermutung nahe, daß die Onanie, vielleicht aber der ganze Eßanfall selbst, neben der Lust vor allem die wichtige Aufgabe der Identitätsfindung oder Bestätigung übernahm. Durch die Berührung des nicht einsehbaren Genitales versuchte sie es zu erkunden und sich zu erkennen, möglicherweise aber auch sich „durch Onanie und Genitalforschung Beweise dafür zu beschaffen, daß doch noch alles in Ordnung sei (...) das Glied sei nur im Leibe versteckt, es werde schon herauskommen" (Jacobson, 1937, 767). Ich werde später zeigen, wie wichtig den Patientinnen die Illusion, einen männlichen Körper zu besitzen, ist. Ein solches Erkennen durch Berühren spielt bei ihnen, die sich ja in ihrer Weiblichkeit nicht gespiegelt fühlen, eine große Rolle. Die diesbezüglichen Auskünfte der Patientinnen haben mich veranlaßt, den Eßanfall mit dem Thesmophorienfest zu vergleichen. Sie hatten offenbar keine Gelegenheit, bei Sappho, der frühen homoerotischen Mutter, in die Lehre zu gehen, um ihr Geschlecht, dem eigenen Blick verborgen, zu entdecken (vgl. Moré, ib., 323 u. 332). „Eher mag das Gefühl des Mädchens, betrogen zu sein, das Versagen der Eltern reflektieren, die nicht ausdrücklich anerkennen, daß die Vulva (insbesondere die Klitoris) ein wichtiger Aspekt dessen ist, 'was Mädchen haben'"

(Lerner, 1980, 1098). Eine Patientin erinnerte von der Menarche, daß sie völlig unvorbereitet gewesen sei, weder Binden noch Tampons gehabt habe und sich mit Toilettenpapier hätte behelfen müssen. Zwar sei sie sich sehr schmutzig vorgekommen, in ihr sei aber doch ein Gefühl gewesen, daß die Menses „etwas Schönes" sei, was sie aber habe kaum zulassen können. Plötzlich sei sie sich sehr einsam vorgekommen, weil niemand dagewesen sei, dem sie von diesem Ereignis und ihren Gefühlen hätte erzählen können. Was diese Patientin wahrscheinlich kaum zulassen konnte, notierte Anne Frank in ihr Tagebuch: „Jedesmal, wenn ich unwohl bin – und das ist bis jetzt 3 mal gewesen –, habe ich das Gefühl, trotz der Schmerzen, des Unangenehmen und Ekligen, ein süßes Geheimnis mit mir zu tragen. Trotz aller Beschwerden freue ich mich auf die Zeit, in der ich es von neuem fühle." Die Bulimikerin ist weit davon entfernt, das, „was sich da innen verwandelt", als süßes Geheimnis oder „mit Freude und Wohlgefallen" (Dalsimer, 1993, 56) zu betrachten. Sie begrüßt triumphierend das Ausbleiben der Regel. Was sich am und im Körper tut, schreckt und muß beseitigt werden. Dieses Verhalten ist aber, wie obige Patientin zeigt, reaktiv, denn zunächst wurde die Menarche begrüßt, aber ihre Eltern hatten offenbar die Chance nicht wahrgenommen, die Weiblichkeit ihrer Tochter anzuerkennen bzw. sie darauf vorzubereiten, geschweige denn zu begrüßen. Die Menstruation bestätigte fortan die Kindimago der Mutter vom „schmutzigen Kind" und störte den Wunsch nach Reinheit, die über das Erbrechen immer wieder hergestellt werden sollte.

Hautprobleme, insbesondere Neurodermitis, z. T. bis ins Erwachsenenalter, haben mehrere Anamnesen ergeben. Von Interesse dürfte die Phantasie einer Patientin zu ihrer Neurodermitis gewesen sein, die sie als Kind bildete: Sie dachte, wenn sie einatmet, finge es an zu jucken. Die Neurodermitis war offenbar an Introjektionsphantasien geknüpft, d. h., die Inhalation war krankmachend. Die Erkrankung ließ sich mit der familiären Situation verknüpfen, als die Patientin einige Sätze später von der „schlechten Luft" zu Hause sprach, womit sie die Atmosphäre zwischen den Eltern meinte. Das Einatmen dieser angespannten Szene zwischen den Eltern erzeugte in ihrer Vorstellung die Hauterkrankung, als säße das Objekt „Mutter und Vater im Streit" nun als schlechtes Introjekt in der Haut und jucke. Da diese Patientin ihre Neurodermitis u. a. an einer Stelle auf dem Rücken hatte, an der sie sich nicht kratzen konnte, könnte man vermuten, sie glaubte, die Spannung zwischen den Eltern „auf ihrem Rücken" austragen zu müssen. Der Juckreiz war für das kleine Mädchen damals sehr quälend, weil sie sich selbst keine Linderung verschaffen konnte. So war sie von den Erzeugern der schlechten Luft abhängig – das Dilemma dieser Patienten mit der Abhängigkeit von einem Objekt, von dem sie gleichzeitig ihr ganzes Unheil befürchten. Gegen dieses schlechte Elternintrojekt konnte sie sich nur wehren, indem sie „mit der Haut ausschlug". Sie glaubte übrigens, die Neurodermitis später „mit Gedanken verscheucht" zu haben, ein magisches Denken, dessen Abkömmling sich in der Erwartung an mich meldete, ihr mit „einem Schlag" ihre ganzen Probleme „verscheuchen" zu können. Das Erleben der Neurodermitis als quälender Juckreiz läßt sich ohne Mühe in die These der Bulimie als ein intrusives Geschehen einfügen, das einen quälenden Hungerreiz erzeugt.

Eine Patientin erinnerte sich an ihre große Angst vor der Dunkelheit. Sie hätte dann immer Monster gesehen. Sie entwickelte eine schwere Spinnenphobie, als ihr Vater die Familie verließ und sie sich der mächtigen, bedrohlichen Mutterimago ausgeliefert sah. Eine andere war als Kind häufig auf die Knie gefallen, aus Protest gegen frühes Laufenlernenmüssen, um selbständig zu sein, damit sie ihre Mutter, eine Geschäftsfrau, nicht belästigte. Sie erinnerte sich, gestottert und auffallend lange – bis ins zehnte Lebensjahr – am Daumen gelutscht zu haben, sie sei im Kindergartenalter „mondsüchtig" gewesen und hätte als Grundschulkind mehrfach die Koffer gepackt, um „abzuhauen". Mit diesem präsuizidalen Symptom versuchte sie „schuldbeladenen Auseinandersetzungen mit den Eltern durch wirkliches Davonlaufen zu entgehen" (Fenichel, 1931, 59), vermutlich aber auch, um ihre Mutter öffentlich zu erniedrigen und zu strafen, wenn sie als kleines Mädchen mit großem Koffer mutterseelenallein auf der Landstraße stünde. Winnicott zufolge ist das Weglaufen, wie das Stehlen auch, eine antisoziale Tendenz (vgl. 1988).

Wie soll man die z. T. doch massive Symptomatik einschätzen? Richter schreibt: „Die Störung des Kindes erscheint dann vielfach als eine direkte unbewußte Antwort auf eine unbewußte Frage oder Forderung von der Mutter, vom Vater oder von beiden zugleich" (ib., 84.). Lege ich das hier vertretene Modell der Bulimie zugrunde, so sind die Kindersymptome (wie die späteren Eßanfälle auch) bei diesen Patienten die Via regia zu ihrem dissoziierten (Körper-) Selbst. In ihnen greift die spätere Bulimikerin nach dem nichtfunktionalisierten Bereich ihres Selbst, dem Bereich „Nicht-Mutter", und befriedigt das in der Mutter-Kind-Dyade unbefriedigt Gebliebene. Insbesondere die spätere Kleptomanie, verstanden als „antisoziale Tendenz" (vgl. Winnicott, 1988), läßt die Vermutung zu, daß die Patienten bereits als Kinder versucht haben, auf einen befriedigenden Zustand vor der Versagung der Umgebung, über den „Riß" in ihrer Lebensgeschichte zurückzugreifen (vgl. Winnicott, 1973, 184). Es muß die Zeit vor der frustrierenden Symbiose bzw. vor der Bildung des Überichs, bevor sich das „gierige Introjekt" als Überich zu konstellieren beginnt, gewesen sein. Meines Erachtens erfolgt dieser Riß in dem Moment, in dem das Kind in die asymbiotische Distanz geht. Ich erwähnte bereits, daß der Grundstein des Überichs wahrscheinlich auch zu diesem Zeitpunkt gelegt wird, weil der Rückgriff sich antisozial äußert und von der Umgebung mißbilligt wird. Da nach dem Verlust des „Paradieses" das verlorene Objekt introjiziert wird, heften sich die Verbote an das Introjekt, es wird zum Überich. Exakt dieser Prozeß wiederholt sich unablässig beim Übergang vom Eßanfall (das Paradies) zum Erbrechen. Es ist, als schämten sich die Patienten plötzlich ihrer „Nacktheit", d. h. der Entblößung ihres bulimischen wahren Selbst.

Mit der Bildung des Überichs setzt die Entwicklung des falschen Selbst ein. Dieses funktioniert perfekt, solange es Symptome bilden kann bzw. später die Möglichkeit zu Eßanfällen hat. Andernfalls droht die Psychose. Die Symptome hätten demnach eine Doppelfunktion: Sie stabilisieren die Tüchtigkeit und Funktionsfähigkeit des falschen Selbst und ermöglichen damit die Funktionalisierung. Zugleich aber sind sie als Abwehr gegen die Funktionalisierung zu verstehen. Die manifesten Kindersymptome zeigen, daß in der Kindheit die Mutter noch nicht „geschont" wird, erst später in den heimlichen Anfällen wird das der Fall sein, wie die Anekdote auf der Neckarbrücke richtig erkannte. Die Kindersymptome haben sich in den späteren Eß-Erbrechanfällen nur eine andere Form gegeben, die aber ihre Herkunft noch verrät. Sie bedrohen das Abwehrsystem und die narzißtische Perfektionsphantasie der Eltern. Die Selbstanklagen, der Selbsthaß und die Perfektion der Patienten sind die introjizierte Klage der Mutter, daß das Kind seine Rolle als Projektionsobjekt und Mutterersatz nicht befriedigend ausfüllt. Die Symptome der Kindheit wie auch die der erwachsenen Tochter stürzen die Mutter jeweils in eine narzißtische Krise, deren Ergebnis die Fäkalisierung der Tochter ist, die sie dann in den Symptomen der Tochter wiederum bestätigt sieht.

Diese Einschätzung der Primordialsymptomatik berücksichtigt auch eine Interpretation, die Grunberger bezüglich der Kotspiele vornimmt. Ihm zufolge haben diese Symptome nichts mit analen oder ödipalen Wünschen zu tun, vielmehr ginge es um die oral-narzißtische Beziehung zu den Objekten, um den Wunsch, mit ihnen vereint zu sein, eine Einschätzung, die die Nähe zum späteren bulimischen Symptom sichtbar werden läßt. Grunberger erinnert an Schizophrene, „die im Zustand tiefster Regression nackt herumlaufen, mit naivem, glücklichem Lächeln in ihrem eigenen Kot spielen" (Grunberger, 1976, 150). Er versteht dieses Lächeln als Zeichen totaler oral-narzißtischer Regression. Eine Patientin kam im Laufe ihrer Behandlung zu der Erkenntnis, daß ihr Lügen, ihr Stehlen, das zwanghafte Onanieren, das Fressen, der von ihr veranstaltete „Lärm" eigentlich ihr Versuch waren, den „Durchbruch" zu ihren Eltern zu schaffen. Als Kind hatte sie vergeblich versucht, in die Wand zwischen ihrem und dem Zimmer ihrer Eltern ein Loch zu bohren. Natürlich war sie auch neugierig, was sich dort tat, aber es ging ihr eigentlich um den „emotionalen Durchbruch". In der Behandlung machte sie sich mit ihren Fingern an meiner Tapete zu schaffen, als suche sie auf diesem Wege auch den „Durchbruch" zu mir. Während ihrer Schulzeit war sie von einem Lehrer wegen „Unkonzentriertheit" vor die Tür gesetzt worden. Dort habe sie mit den Füßen gescharrt, um gehört und nicht vergessen zu werden. Nach dem Verkehr mit ihrem Freund mußte sie gleich aufspringen und in den Spiegel schauen, ob sie noch vorhanden war. Diese Patientin hatte immer Angst, sie ginge verloren, was bei ihrer alkoholabhängigen Mutter emotional und auch real nicht unwahrscheinlich war. Die Symptome dürften die narzißtische Wut wegen der kränkenden, die Illusion der Omnipotenz zerstörenden Funktionalisierung und der damit erzeugten Überforderung zum Ausdruck bringen. Mit den Kindersymptomen sollte die Mutter zur Zuwendung gezwungen werden, um die dissoziierten Anteile zu „narzissieren" (Grunberger), um sie „lebensfähig" zu machen. Das hieße, mit der Zuwendung, der „guten" Mutter also, soll die „böse" Mutter, welche die dissoziierten Anteile nicht leben läßt, vertrieben werden. Das zentrale Prinzip der Bulimie ist ja nicht, sich gierig vollzufüllen, sondern sich gierig von Bösem, Schlechtem, Quälendem zu befreien. Hören wir zum Abschluß dieses Kapitels noch von Philippe, von dem Leclaire berichtet:

„Philippe wurde gewaschen, gefüttert, warm gehalten, gepflegt nach dem Diktat mütterlicher Phantasien. Man weiß, welche unbewußten, aber deshalb um nichts weniger zielgerichteten destruktiven Tendenzen in solcher Mutterliebe versteckt zum Ausdruck kommen: Kein Schreien des Kindes, das nicht, damit man es nicht länger anhören muß, auf der Stelle erstickt würde, unter Bergen von Essen etwa, als ginge es hier nur um Freßlust und deren Befriedigung. Kein Durst auch, der nicht ebenso prompt in Trinkbarem ertränke. Darum verspürt Philippe, schon zum Platzen voll, unaufhörlich neuen Durst" (ib., 95). Dieser Durst – so Leclaire – steht nun aber nicht „für das Verlangen nach Befriedigung oder Erfüllung, sondern ganz im Gegenteil für die inständige Bitte, daß etwas weggenommen, daß etwas aufgetan werde. Er ist die Darstellung jenes ersten entscheidenden Erlebnisses des Einvernommenseins durch die Mutter; er zeigt Philippes Sehnsucht und auch sein Revoltieren" (ib., 98).

Vermutlich hat die Primordialsymptomatik der Bulimikerin diesen Hintergrund, denn immerhin ist das spätere bulimische Symptom ja eine „inständige Bitte, daß etwas weggenommen wird" – die böse Brust, die mangelhafte, die sich trennende Mutter bzw. das strenge kritische Überich.

V. Der „Bulimie-Vater"

„Es gibt Familien, in denen zwar der Vater tot ist, aber dennoch anwesend. Er ist gegenwärtig als Abwesender. Und dann gibt es Familien, in denen es einen körperlich zwar anwesenden Vater gibt, der indes nie dazu kommt, seine Rolle als Vater auszuüben. Die Umstände, die zu einem solchen verhinderten Vatersein führen können, sind mannigfaltig: eine Großmutter, die ein mächtiges Zepter schwingt und den Vater und die Mutter zu einem Neutrum macht; eine Mutter, die die Rolle eines Mannes in der Familie übernimmt und sozusagen den Vater 'verschluckt' hat" (Pankow, 1968, 140).

Ich möchte jetzt auf den Vater zu sprechen kommen und schauen, welche Rolle er bei der Erkrankung spielt. Hören wir eine Patientin, die ihr Erstinterview mit einer Episode eröffnete, die Auskunft über die Rolle des Vaters bzw. über die Probleme mit dem Vater erteilte und zugleich als Übertragungsangebot gelesen werden konnte, was sie von mir erwartete bzw. befürchtete. Die Episode spielte in einer Klinik, in der sie wegen ihrer Bulimie behandelt wurde. Während ihres viermonatigen Aufenthaltes, so berichtete sie, sei es zu heftigen Auseinandersetzungen mit ihrer Stationsärztin gekommen. Weil sie das Gefühl hatte, gegen diese Frau nicht anzukommen, und sich hilflos fühlte, habe sie sich in ihrer Not mit der Bitte an ihren Oberarzt gewandt, er möge ihr helfen. Dieser aber habe geantwortet, das seien „Weiberangelegenheiten", da würde er sich nicht einmischen, sie solle selbst sehen, wie sie zurechtkäme. Daraufhin drängte die Patientin auf ihre Entlassung.

Mit dieser Episode artikulierte sie sowohl ihren Wunsch nach einem vor der Mutter schützenden Vater als auch ihre Enttäuschung darüber, daß der Vater in dieser Funktion ausfiel, mit dem Ergebnis, daß die Patientin sich im Stich gelassen fühlte und auf Abbruch der Beziehung drängte. Daß sie diese Episode an den Anfang des Interviews positionierte, zeigt, daß die Bulimie nicht zu den Erkrankungen gehört, bei denen der Vater im analytischen Diskurs fehlt. Im Gegenteil: Er nimmt von Anfang an breiten Raum ein, und soweit mein Wissen reicht, unabhängig vom Geschlecht des Behandlers.

Schauen wir, wie der Vater geschildert wird. Liotti schreibt:

„Der Vater wird von bulimischen Patientinnen in der Regel als scheinbar emotionaler und liebevoller erlebt als die Mutter. Häufig besteht zum Vater eine engere Beziehung als zur Mutter. Aber diese engere Beziehung ist im Laufe des Heranwachsens auch der erste Anlaß zur Enttäuschung, insofern sich der Vater als emotional unzulänglich erwies, als egoistisch oder unfähig, auf die emotionalen Bedürfnisse der heranwachsenden Tochter adäquat zu reagieren. Nach einer solchen Enttäuschung entwickelte sich die Beziehung zum Vater in eine feindselige und konfliktreiche Richtung" (ib., 39).

Vanderlinden et al. hingegen schreiben: „Der Vater wird oft als fremd und abwesend beschrieben und spielt innerhalb der Familie nur eine nebensächliche Rolle" (ib., 101). Eine detailliertere Darstellung des Vaters und seiner Beziehung zur Tochter findet sich bei Willenberg, allerdings vorwiegend im Hinblick auf anorektische Patientinnen. Seiner Auffassung nach spielt der Vater im Rahmen der symptomauslösenden Konstellation in der Pubertät eine wesentliche Rolle. „Wenn von den späteren Patientinnen der Vater in den Erstgesprächen 'vergessen' wird oder über ihn nur voller Enttäuschung, entwertender Mitleidigkeit oder auch offener Verachtung gesprochen wird, bezieht sich das auf die Zeit nach der Pubertät. Bei der Einschätzung des Vaters als 'traurige Figur' steht die Patientin in der Familie aber selten allein" (1989, 185). Willenberg vermutet, daß es sich bei dem „Vergessen" um eine Tarnung handelt, „die nicht nur die gute gemeinsame Vergangenheit zudecken soll, sondern auch das Fortbestehen der innigen Verbundenheit" (ib., 186).

Eine Patientin berichtete, daß ihr Vater immer einen hochroten Kopf bekommen hätte, wenn er getrunken hatte, wofür sie sich schämte. Er habe ein Vogel sein wollen und hätte über Atlanten

„gebrütet", auf denen er Reisen in Länder angetreten habe, die er real nie hätte besuchen wollen. Emotional sei er in solchen Momenten nicht erreichbar gewesen, und sie hätte den Impuls verspürt, ihn zu schütteln, damit er endlich „wach" würde. Sie wünschte sich sehnlichst, er möge sich ändern, so daß sie hätte auf ihn stolz sein können. Eine andere Patientin berichtete, daß ihr Vater beruflich viel unterwegs gewesen sei und wenn er zum Wochenende nach Hause gekommen sei, dann habe er „im Garten gegraben". In der Familie sei er kaum aufgefallen. Das klingt nach einem Vater, der seine Rolle nicht übernimmt.

Die Klagen der Patientinnen konzentrieren sich jedoch meist auf die Position des Vaters der Mutter gegenüber. Durchgängig waren Berichte, daß der Vater bei Konflikten mit der Mutter nichts auszurichten vermochte, hilflos wurde und resigniere. Der eine oder andere fing an zu weinen oder paßte sich der Mutter an, weil er Angst vor ihr hatte. Eine Patientin erzählte, daß ihr Vater bei Konflikten auf die Straße zum Kiosk geflüchtet sei und sich dort herumtrieb, weil er „vor meiner Mutter zitterte". Ihr habe er nahegelegt, zu schweigen, um Konflikte mit der Mutter zu vermeiden. Eine meinte, sie sei froh, wenn ihr Vater ein warmes Essen bekäme, als würde er von seiner Frau schlecht versorgt. Die Schilderungen machten den Eindruck, als würde der Vater als Kind wahrgenommen, das von der Mutter, wie die Patienten selbst auch, vernachlässigt würde. Allgemein wurde er als schwach, wenig durchsetzungsfähig gegenüber der Mutter und als sexuell indifferent, als kaum männlich, ohne phallisch-genitale Qualitäten dargestellt. Über seine beruflichen Qualitäten wurde wenig erzählt, wenn, dann doch mit Stolz, aber so recht wußten die Töchter über seinen Beruf nicht Bescheid. Seine Leistungen in der Arbeitswelt wurden eher in ihrer Phantasie errungen. Aber sein Beruf schien die Möglichkeit zu bieten, sein Bild gegenüber dem Bild, das er in der Familie abgab, zu retten. Allerdings, wenn die beruflichen Fähigkeiten des Vaters zu Hause zum Einsatz kamen, haben die Töchter sie in sadistischer Weise zu spüren bekommen, wie z. B. bei einem Vater, der mit seiner Tochter Mathematik übte, eine Lektion, die regelmäßig in Tränen endete. Der Vater einer anderen Patientin prahlte vor seiner Tochter mit seinen Beziehungen zu einflußreichen Leuten. Hätte sie aber mal, z. B. aus beruflichen Gründen, eine dieser Beziehungen in Anspruch nehmen wollen, habe er sich nicht darum gekümmert, und sie fühlte sich von ihm im Stich gelassen.

Die Väter der Bulimikerinnen scheinen orale Charaktere zu sein, wie von Grunberger beschrieben: „Der Orale ist ein Phantasiemensch, aber seine Wünsche tendieren dazu, im Zustand des Entwurfs stecken zu bleiben, seine Konstruktionen sind Luftschlösser und enthalten immer einen Grad von Irrealität. Er macht Reisen auf der Landkarte oder im Kino und mit Reiseberichten (...) Im Sozialverhalten tendiert der orale Charakter zum Individualismus, aber nicht, um sich vorzudrängen, sondern eher um sich aus dem Schußfeld zu bringen, es sei denn, er hängt sich passiv an einige mächtige, phallische Mutterbilder" (1976, 156). Aber nicht nur die Väter ließen sich so charakterisieren, man kann diese Merkmale bei nahezu allen Männern, mit denen die Kranken später Beziehungen eingingen, wiederfinden.

Als ich von den Bulimie-Müttern sprach, erwähnte ich, daß nicht nur die Mütter funktionalisierten, sondern auch die Väter. Während die mütterliche Funktionalisierung aber eher im Bereich des analen Narzißmus erfolgt, betrifft die des Vaters vorwiegend den oral-narzißtischen Bereich, weswegen sich die Väter leichter zur Fusion anboten. Ferner kommt der Parentifizierung bzw. der Funktionalisierung als Gattensubstitut oder Mutter eine große Rolle zu. Die Funktionalisierung als Gattensubstitut durch den Vater formulierte eine Patientin so: „Meinem Vater gefiel ich als Wiedergeburt meiner Mutter" (Gerlinghoff, ib., 28). Aber auch eine narzißtische Verwendung war immer wieder zu beobachten. Im Arztbrief einer überweisenden Kollegin las ich: „In der Annahme, eigene Begabungen in der Tochter wiederzufinden und fördern zu wollen, schenkte der Vater der Patientin eine Gitarre – während die Patientin sich sehnlichst eine Teilnahme am Ballettunterricht wünschte." Eine narzißtische Verwendung war vorwiegend bei Vätern mit hübschen Töchtern zu beobachten, die bei allerlei gesellschaftlichen Anlässen vorgeführt werden sollten, wobei der Vater die Kleidung vorschrieb (vgl. Gerlinghoff, ib., 58). Die Tendenz fand sich regelmäßig, daß der Vater sich seiner Tochter bzw. deren Eigenschaften wegen vor anderen brüstete, ihr selbst aber solchen Stolz nicht zeigen konnte. Bei dieser Art Funktionalisierung gehen die narzißtische und die als Gattensubstitut Hand in Hand. Richter schreibt: „Die einen überschütten ihre Töchter mit Zärtlichkeit, deren erotische Komponente mehr oder weniger deutlich zu Tage tritt und mit der erheblich kühleren und nüchternen Zuwendung kontrastiert, die den Ehefrauen entgegengebracht wird. Demgegenüber sind andere Väter zu beobachten, die zwar ebenfalls ihren Töchtern eine bevorzugte Partnerschaft gegenüber den Ehefrauen einräumen, sie jedoch mehr zu den vertrauten Kameradinnen und solidarischen Gefährtinnen erziehen" (ib., 115). Mir wurde von beidem berichtet. So kroch ein

Vater ins Bett seiner kleinen Tochter und küßte sie, bis sie „naß" war, und tätschelte sie „wie einen Hund". Ihre Mutter hätte solches „Geschmuse" nicht unterbunden, klagte die Patientin. Sie erinnerte sich, daß sie den Geruch des Vaters nicht ertragen konnte. Daß Väter z. B. nach einem Streit mit ihrer Frau das Bett der Tochter aufsuchen, ist offenbar nicht selten (vgl. Vanderlinden et al., ib.). Der Vater einer Patientin kam dann ins Bad, wenn sie duschte, um ihr von seinen Problemen zu erzählen, „weil ich ihm dann nicht weglaufen konnte". Die Funktionalisierung erlebte sie als verfolgende Grenzverletzungen und entwickelte Vergeltungswünsche. Daß man ein Badezimmer abschließen kann, kam ihr indes nicht in den Sinn. Die Tochter kann aber ebensogut zur vertrauten Kameradin des akademisch gebildeten Vaters werden, der seine studierte Tochter mit auf Empfänge nimmt, von denen er seine Ehefrau, die keinen akademischen Grad hat, fernhält. Es erfolgt also auch durch den Vater eine Verletzung der „Abstinenzregel".

Die besondere Abhängigkeitsbeziehung zwischen Vater und Tochter zeigte sich bei einer Patientin im Telephonkontakt. „Mein Vater ruft mich bis zu 20mal am Tag an, wenn er sich einsam fühlt", berichtete sie, die seit Jahren nicht mehr bei den Eltern lebte. Sie müsse dann alle Einzelheiten erzählen – und tut es auch. So hatte er seine Tochter unter Kontrolle und sie ihn. Dem Vater die täglichen Telephonate zu untersagen wagte sie nicht, weil sie fürchtete, er würde ihr Auto, mithin ihre Autonomie, nicht länger finanzieren. Wenn sie mich anrief, sprach sie im Unterschied zu ihren Sitzungen mit piepsiger Stimme, als müsse sie für mich am Telephon „kleines Mädchen" spielen. Es zeigte sich, daß sie damit ihren Eltern psychische Arbeit abgenommen hatte. Ohne „Kind" hätten diese keine Themen gehabt, nichts miteinander anfangen können. Manche Väter hatten die Entwicklung ihrer Töchter zur Frau auch verleugnet, weil sie mit einer erwachsenen Frau nichts anzufangen wußten.

Es liegt offenbar in der Natur dieser Vater-Tochter-Beziehungen, daß die Väter eine „phallische Tochter" brauchen, wie das bei der Patientin der Fall war, die von ihrem Vater zum Geburtstag ein Werkzeug geschenkt bekam, obwohl sie sich von ihm etwas ihre Weiblichkeit Anerkennds gewünscht hatte. Diese und andere Beispiele belegen, daß die Tochter die unbewußten Probleme des Vaters in bezug auf die Weiblichkeit zu bewältigen hat, meist seine unbewußten Probleme mit seiner eigenen inneren „bösen Mutter". Bei genauerer Betrachtung zeigte sich, daß die Väter die Angst ihrer Töchter vor der gefährlichen Mutterimago teilten. Dies ist mit ein

Grund, weswegen die Bulimikerin in der Regel phallisch identifiziert ist (vgl. Schulte & Böhme-Bloem, ib., 41) bzw. den Phallus des Vaters repräsentieren soll (vgl. Fenichel, 1936), also von ihm unterstützt wird.

Der „schwache" Vater und seine Funktion

Im allgemeinen haben die Patienten das Bild eines „schwachen Vaters" introjiziert. Es bezieht seine Färbung zum einen aus den eigenen Erfahrungen mit ihm, zum anderen aus dem Verhalten der Mutter, die den Vater entwertet, oft vor den Augen der Tochter herabsetzt. Die Unzufriedenheit der Mutter, die ich bisher in der Mutter-Kind-Beziehung dargestellt habe, beschränkt sich nicht auf die Tochter, sie bezieht sich auch auf den Ehemann. Eine Patientin erzählte von ihrer Mutter: „Sie lud alles bei mir ab, auch ihre Eheprobleme, und erschütterte so mein Vater- und Männerbild enorm. Irgendwann habe ich meinen Vater nur noch verachtet" (Gerlinghoff, ib., 29). Diese Mutter hat kein maskulines Bild vom Vater in der Tochter entstehen lassen. Er konnte für die Tochter nicht Vater sein, weil die Mutter es nicht zuließ. Eine andere wollte immer einen „Dr." zum Ehemann haben, ein Wunsch, den ihr Mann nicht erfüllen konnte. Erinnert werden auch abfällige Bemerkungen über die Sexualität des Vaters. In den Augen einer weiteren Mutter war der Vater eine „Krankheit". Wenn er ihr habe etwas erklären wollen, sei ihre Mutter ganz ungeduldig und unwirsch geworden und habe ihn ermahnt, nicht so laut zu reden und sich zu beeilen. Vor anderen Leuten herrschte sie ihn an, so daß sich die Patientin sowohl für ihn als auch für ihre Mutter schämte. Im einen oder anderen Fall lag die Annahme nahe, daß die Mutter sich mit dem Urteil ihres eigenen Vaters identifiziert hatte. Bei einer Patientin stand im Hintergrund ein „riesiger" Großvater mütterlicherseits, der seiner Tochter keinen „starken" Mann erlaubte. Diese an den eigenen Vater gebundene Mutter hatte, gemessen an ihrem Vater, einen „Zwerg" geheiratet, der in der Ehe keine Rolle spielte, unbefriedigend blieb, dem Alkohol und Nikotin zusprach, „den Schlüssel leise im Schloß drehte" und in altmodischen Anzügen auftrat. In einer anderen Familie war der Großvater mütterlicherseits ebenfalls eine dominante Persönlichkeit. Seine Töchter verehelichten sich allesamt mit erfolglosen Männern, und bis auf den Vater meiner Patientin blieben sie alle kinderlos. Die Mutter einer anderen Patientin hing „abgöttisch" an ihrem eigenen Vater, so daß ihr Ehemann

„keine Chance" bei ihr gehabt hätte. Soweit ich beobachten konnte, war es bei meinen Patienten immer der Großvater mütterlicherseits, der die Männerwahl seiner Töchter dirigistisch beeinflußte, seltener – wie Pankow ausführte – die Großmutter.

Wenn Mitscherlich-Nielsen schreibt, daß der Vater als Berufstätiger und Vertreter der Gesellschaft höheres Prestige in Fragen der Intelligenz und des sozialen Einflusses genieße, innerhalb der Familie aber ein verwöhntes Kind sei, nicht gewillt, die Interessen anderer über die eigenen zu stellen, oder in fordernder Weise abhängig von seiner Frau geblieben sei und diese tyrannisch-infantile Seite des Vaters von der Mutter einerseits gefördert, andererseits insgeheim verachtet würde (vgl. 1978, 683), so trifft das für die Bulimie-Familie zum Teil zu. Die Väter sind allerdings keine „verwöhnten Kinder", und die Verachtung durch die Mutter wird offen gehandelt. Eine solche Mutter, so Mitscherlich-Nielsen, stelle für die heranwachsende Tochter ein verwirrendes Vorbild dar: „Denn die Tochter einer solchen Mutter (...) bemerkt sehr bald deren Minderbewertung alles Weiblichen, also auch der eigenen Person. Nicht selten macht sie diese ihr sonst unverständliche Haltung, die sie oft nur unbewußt wahrnimmt, an den anatomischen Körperunterschieden fest. Wenn sie sich dann aber, um dem Gefühl des eigenen Unwerts zu entgehen, mit dem höher geachteten Vater oder Bruder zu identifizieren versucht, wird ihr auch das schwer gemacht, weil ihr ja gleichzeitig die geheime Verachtung des infantilen Anteils des Vaters, der sich in der familiären Beziehung zur Mutter und zu den Kindern äußert, nicht entgeht (...) so übernimmt sie dann auch mit der Verachtung oder doch dem Gefühl der Zweitrangigkeit der eigenen Weiblichkeit die ambivalente Einstellung der Mutter zum Vater, zur Welt der Männer überhaupt" (ib., 684). Auch in dieser Hinsicht liegen die Verhältnisse in der Bulimie-Familie etwas anders. Da die Mutter offen verachtet, introjiziert die Tochter das Bild einer „kastrierenden Mutter", das sich an das Bild der „gierigen, unzufriedenen Mutter" ankoppelt und bei der Tochter zu einer offen gegen die Mutter gerichteten trotzigen männlichen Identifizierung führt, die in den künftigen Männerbeziehungen ihre Wirkung zeigt. Aber auch hier findet sich in der Bulimie-Familie die ambivalente Einstellung der Mutter zum Vater, zur Welt der Männer.

Die introjizierte Imago des „schwachen Vaters" bleibt nicht ohne Konsequenzen. Kohut schreibt über den Einfluß des Vaters auf eine mögliche Persönlichkeitsstörung: „Wenn er wegen eigener narzißtischer Fixierungen unfähig ist, einfühlend auf die Bedürfnisse des

Kindes zu reagieren, dann vertieft er die Schädigung; wenn jedoch seine psychische Struktur gut abgegrenzt ist und er z. B. in der Lage ist, sich erst vom Kind idealisieren zu lassen und dann dem Kind schrittweise zu gestatten, seine wirklichen Begrenzungen zu entdecken, ohne sich dem Kind zu entziehen, dann kann das Kind sich seinem gesunden Einfluß öffnen, sich mit ihm gegen die Mutter verbünden und verhältnismäßig ungeschädigt davonkommen" (1973a, 88). Der Vater der Bulimikerin ist weder gut abgegrenzt, noch scheint er idealisierbar zu sein. Als solcher nimmt er maßgeblichen Einfluß auf die Entwicklung der Bulimie. Die Unterwerfung unter die Ehefrau, die der Vater vorlebt, kann bei der Neutralisierung der Affekte, vor allem der Wut auf die Mutter, nicht behilflich sein und die Angst vor der Mutter mildern. Im Gegenteil, der Vater intensiviert die Angst. Indem er in seiner Rolle versagt, überläßt er seine Tochter der angstmachenden, weil vom eigenen Haß angereicherten als extrem feindselig erlebten Mutterimago, die dadurch allmächtig wird. Die Imago des „schwachen Vaters" verschafft also nicht die notwendige Distanz zu den gefährlichen Mutterbildern. Der schwache Vater verhindert damit die Möglichkeit zur benignen Fusion mit der Mutter, weil der Schutz ausfällt und die Fusion darüber maligne wird oder ganz vermieden werden muß. Mendel schreibt: „Psychisch nämlich entspricht der Orgasmus der regressiven Vereinigung des Ich mit der Mutterimago, aber eines durch Identifikation mit dem Vater gestärkten Ich. Der Sadist hingegen kann sich diese Regression nicht erlauben; er muß kühlen Kopf bewahren" (ib., 103). Dasselbe gilt für andere regressive Zustände, weshalb die Fusion angst machen muß und das Essen nie recht befriedigend werden kann, sondern reine Energieabfuhr mit partieller, aber nie ausreichender Verminderung innerer psychischer Spannung bleibt. Das zeigt, daß die Schwäche des Vaters maßgeblich an der Störung im Symbolsystem beteiligt ist. Die Affektintensität, kaum durch Symbole – die väterliche Funktion – gesteuert, überfordert den psychischen Apparat und kann allenfalls, wie beim Eßanfall beschrieben, kontraphobisch – manisch – verleugnend bewältigt werden. Dort nehmen die Patienten, kompensatorisch identifiziert mit einer idealisierten Vaterimago, sich selbst gegenüber die Haltung ein: Es macht mir nichts aus, ich kann alles aushalten, mir kann nichts schaden usw. Die manische Abwehr „Der-Körper-kann-Alles" ist eine Verschiebung der Probleme mit den Affekten auf den Körper. Macht der „schwache Vater" also einerseits angst vor der Regression, so fördert er sie andererseits, denn wegen der mangelnden Stärke kommt es immer wieder zum Kontrollverlust mit einem Abrutschen in den Primärvorgang, der maligne endet, wie der Eßanfall vorführt. In diesem Moment zeigt die fehlende Vaterfunktion – das Verneinungssymbol (vgl. Stork, 1974) – ihre psychopathologische Wirkung. Das Problem der Patienten mit dem „Nein" ist untrügliches Zeichen für das Fehlen eines Vaters, der der Mutter gegenüber „Nein" sagt, damit aus der Abhängigkeit von ihr heraushelfen und die von ihr ausgehende Funktionalisierung begrenzen würde. „Mit der Fähigkeit, eine Zweiteilung von Subjekt und Objekt herbeizuführen und eine Distanz zu erreichen, wird eine Art Filter zwischen Mutter und Kind eingeschoben, d. h. ein Symbolsystem. Der Vater tritt hier auf als derjenige, der 'nein' sagt zu der Verbundenheit des Kindes mit dem ersten Liebesobjekt" (Stork, ib., 273). Auch in dieser Hinsicht erweisen sich die Väter eher dem Oralcharakter zugehörig: „Er ist auch unfähig, 'Nein' zu sagen, und bleibt damit gleichzeitig großzügig (Großzügigkeit aus Schwäche) und arm (Unfähigkeit zu besitzen)" (Grunberger, 1976, 157). Nicht nur, daß er wegen der fehlenden symbolischen Funktion keine stabile Vaterimago herzustellen erlaubt, die Tochter kann auch kein Introjekt bilden, das zu einem idealisierbaren Überich beitragen, das sie vor Kontrollverlusten schützen könnte. Ein ungestörter Verlauf des Symbolbildungsprozesses ist außerdem unerläßlich für eine gelingende Triangulierung. „Ein Drittes zu kreieren wird möglich, wenn das Kind die Abwesenheit des ersehnten Objekts ertragen lernt und den Vater als dritte Dimension zu der Zweierbeziehung mit der Mutter miteinbeziehen kann. Die symbolische Repräsentanz des Dritten kann in diesem Zusammenhang als Folge und zugleich als Gewinn des erlebten Verlusts der Zweisamkeit gesehen werden" (Andina-Kernen, 1994, 367).

Gleichwohl übernimmt die Imago des schwachen Vaters eine wichtige Funktion. Sie bietet der Bulimikerin nämlich reichlich Projektionsmöglichkeiten für ihre eigene Schwäche, wie die späteren Männerbeziehungen zeigen, bei denen z. B. die Projektion der eigenen Abhängigkeitsprobleme eine große Rolle spielt. Insbesondere wenn der Vater wie ein Kind erlebt wird, das von der Mutter schlecht behandelt wird, erlaubt das z. B. die „Hänsel-und-Gretel-Phantasie": böse Mutter, armer Vater, die vom Vater bisweilen geteilt wird. Die „Verschwörung" der Leidensgemeinschaft gegen die Mutter erfolgt häufig mit oralen Geheimnissen, z. B. im heimlichen Vertilgen von Süßigkeiten oder Getränken, die die Mutter verbietet, wobei keineswegs nur der Vater die Tochter „verwöhnt", sondern die Tochter auch dem Vater heimlich Dinge zusteckt.

Im Kapitel über die Mütter sprach ich davon, daß die Imago der „gierigen Mutter" im Überich säße und ihre Ansprüche an die Tochter richte und somit am Eßanfall beteiligt sei. Im Überich der Bulimikerin sitzt auch ein „gieriger Vater". Bei einer Patientin war es der alkoholabhängige, bei einer anderen ein an Süßigkeiten fixierter Vater. Der „gierige Vater" unterstützt die Sucht und damit auch die Rebellion der Tochter gegen die verbietende Mutter, den „Feldwebel". In der Übertragung taucht er als Angst vor dem nach narzißtischer Zufuhr „gierenden Analytiker" auf (vgl. Ettl, 1988). Die Gier des Vaters beruht entweder auf Mangelerlebnissen in der eigenen Kindheit oder auf starker Verwöhnung durch seine Mutter. Bei einer Patientin war der Vater ein hungriges Kind geblieben, weil seine Eltern alles seiner Schwester hätten zukommen lassen, die er deswegen haßte, und die Patientin sollte das offenbar wiedergutmachen, indem sie bei ihren Eßanfällen unablässig genau jene Dinge in sich hineinstopfen mußte, die ihr Vater begehrte – indem sie den introjizierten Vater fütterte und ihm gab, was seine Mutter ihm verweigert hatte. Zugleich war sie in der Rolle seiner Schwester, denn sie nahm ihm damit auch alles weg, zumal sie Süßigkeiten zu verstecken pflegte, um zu prüfen, ob ihr Vater, vor dem man alles hätte in Sicherheit bringen müssen, sie „wegfutterte". So war sie für den Vater „bessere Mutter" und „böse Schwester" in eins. Eine andere Patientin hatte einen Vater introjiziert, der seine Frau finanziell ausnahm. Er hätte alles Geld der Mutter verspekuliert. Sie selbst hatte einen Mann geehelicht, der auf ihre Kosten lebte. Beide gierigen Introjekte, die wahlweise befriedigt werden wollen, kämpfen intrapsychisch in den Patientinnen gegeneinander. Das läßt sich an den Selbstvorwürfen erkennen: die introjizierte Mutter übt im Inneren der Patientin Kritik am introjizierten Vater oder umgekehrt (vgl. Abraham, 1924, 150), d. h., die Elternbeziehung ist introjiziert und wird dort als innere Szene weitergespielt. In der realen Elternbeziehung stellten sich die Patientinnen mal auf die eine, mal auf die andere Seite und waren hin- und hergerissen von Loyalitätskonflikten, die auf eine gestörte Triangulierung hinweisen.

Die Schwäche des Vaters bietet auch Anreiz für allerlei Rettungsphantasien, in denen der schwache Vater vor der „bösen Mutter" in Sicherheit gebracht werden muß. „Man ist bei einem solchen Vater von Wert", sagte eine Patientin und deutete damit an, wie stabilisierend ein „schwacher Vater" für den Narzißmus dieser Kranken ist. Und diese Phantasien wiederum lassen Spielraum für allerlei inzestuöse Phantasien, in denen die Patientin dem Vater die bessere Frau sein kann. Vor der durch das frühe Trauma und die Wut aufgeblähten gefährlichen Mutterimago müssen diese Tagträume jedoch verborgen werden.

Auch Symptome des Vaters werden zu wichtigen Verbündungskriterien gegen die Mutter. Eine Patientin, deren Vater Alkoholprobleme hatte, die sie identifizierend übernommen hatte, war eines Tages sehr darüber verärgert, daß ihr Vater „trocken" wurde, denn die intime Gemeinschaft mit ihm war gefährdet, und sie mußte befürchten, die gemeinsame Front gegen die Mutter könnte bröckeln, zumal sie überzeugt war, er habe wegen der „unausstehlichen" Mutter getrunken. Mit seiner Gesundung war er ihr untreu geworden, und sie mußte nicht nur ihr Vaterbild, sondern auch das Bild ihrer Mutter korrigieren.

Die Übertragung zeigt in der Regel eine Fülle solcher Komplizenschaftsangebote. Besonders naheliegend ist das bei den kleptomanischen Impulsen, in die der Analytiker regelmäßig eingeweiht wird; er soll alle Geheimnisse teilen – aber er soll nicht deuten, dann wäre die Komplizenschaft zerstört und bei den Patientinnen stellte sich sofort die Phantasie ein, man verbünde sich mit der Mutter resp. dem Überich gegen sie. Deshalb mußte eine Patientin meinen „Tankdeckel" prüfen, ob er „geschlossen", ob ich also verschwiegen sei. Nur wenn die Beziehung zum Vater ein Geheimnis bleibt, ist sie vor der zerstörerischen Entwertung der Mutter geschützt. Beim Durcharbeiten solcher Geheimnisse wird deutlich, daß in der Kleptomanie die Mutter die Bestohlene ist. Aber auch wenn nicht real gestohlen wird, hat die Bulimikerin wegen der Introjektionsneigung, d. h der unbewußten Raubphantasie, schnell das Gefühl des unrechtmäßigen Besitzens.

Eine Patientin hatte eine Freundin, die eine Jacke besaß, die ihr gut gefiel. Sie *kaufte* sich auch so eine, in anderer Farbe, durfte sie aber nicht tragen, weil sie fürchtete, ihre Freundin könne darüber wütend werden. Unbewußt hatte sie die Freundin „bestohlen", denn sie wollte sich mit ihr identifizieren, ein Synonym des Raubens. Daß sie eine andere Farbe wählte, war eine „Bestechung des Überichs". Wegen des Raubes der „Eigenschaften" der Freundin fürchtete sie deren Rache und durfte deshalb die Jacke nicht tragen, d. h. an ihr (Körper-)Selbst assimilieren. Da sie mir aber aus naheliegenden Gründen unbedingt die Jacke vorführen wollte, ging es wieder um ein „Geheimnis" zwischen ihr und mir, also dem Vater und ihr gegen die Mutter, das die Mutter ausschloß. Vielleicht hatte sie die Jacke aber auch gestohlen und den Kauf nur vorgeschoben. Ich habe auf die Probleme dieser Patienten mit der Ehrlichkeit hingewiesen.

Kurzum: Die Entwertung des Vaters durch die Mutter, seine eigene Abhängigkeit von frühen Mutterbildern und die labile Beziehung zwischen Vater und Mutter gibt offenbar einen guten Nährboden ab für Verschwörung und Komplizenschaft gegen die Mutter.

Der Vater muß auch „schwach" sein, weil man sich ihm dann ungefährlich, d. h., ohne von Triebwünschen irritiert zu werden und ohne den Verdacht der Mutter zu erregen, nähern kann. Eine Patientin wurde immer dann rührselig intim, wenn sie glaubte, ich sei krank. Sie stellte sich dann vor, wie sie mir Blumen mitbringen, Tee kochen und Wadenwickel machen würde. Die leibliche Annäherung ist unter diesen Umständen legitim und erlaubt die Phantasie, die bessere Mutter zu sein. Sah sie mich gesund, so mußte sie jede intime Phantasie vermeiden, denn ich könnte „eine Erektion bekommen", und dann wisse sie nicht, ob ich mich unter Kontrolle hätte und was geschähe. Sie fühle sich dann gelähmt und müsse flüchten, denn in diesem Falle wäre sie für mich erregend gewesen, was zwar einerseits ihren Narzißmus befriedigt, andererseits aber gestört hätte, denn ihre Mutter hätte recht behalten mit ihrem Vorwurf, sie würde „alle Männer geil machen". Würde sie mich geil machen, so wäre sie schuld. Um das zu vermeiden, hatte sie Vergewaltigungsphantasien, in denen sie schuldfrei bleiben konnte. Später stellte sich heraus, daß diese Angst durchaus mit im Spiel war, wenn sie mir „Tee kochen" wollte, war er doch letztlich als Aphrodisiakum gedacht oder so mit Rum angereichert vorgestellt, daß ich betäubt gewesen wäre. Aus dem nämlichen Grund hatte mich eine Patientin sofort im Interview als „nicht erotisch" taxiert. Bisweilen fühlte ich mich bei diesen Patientinnen an „Lots Töchter" erinnert. Der schwache bzw. eingeschlafene Vater ermöglicht, was mit einem phallisch-genitalen Vater angst machen würde. Dem „sexuellen Vater" durfte eine meiner Patientinnen in der Behandlung nur bei der Begrüßung begegnen – im Flur. Dort war sie lebendig, lachte und machte Scherze, beeilte sich dann aber, auf die Couch zu kommen, wo sie steif wurde. Im Flur würde sie unsicher, weil es da so „menschlich" zuginge. Auf der Couch sei sie sicher, da sei sie Analysandin und sicher vor mir, „weil dort die Psychoanalyse aufpaßt", also die Mutter. Im Flur waren nur sie und ich. Die Couch als Repräsentant der Psychoanalyse bekam Überichfunktion und diente ihr zur Vermeidung ihrer intimen Phantasien.

Der schwache Vater ist überdies der für die Mutter sexuell uninteressante Mann. Die meisten Patienten konnten sich nicht an sexuelle Szenen zwischen den Eltern erinnern, kaum daß Vater und Mutter sich geküßt hätten. Eine Patientin war überzeugt, ihr Vater müsse „dauernd erregt" sein, weil er keine sexuelle Beziehung zu seiner Frau habe. Damit konnte sie die Phantasie aufrechterhalten, ihr Vater sei an ihr sexuell interessiert, und zugleich über das Desinteresse der Mutter die Vaterbeziehung konkurrenzfrei halten. Wäre der Vater für letztere wertvoll, gäbe es einen Zusammenstoß und kaum zu ertragende Eifersucht und Neid. Ich habe beim Erbrechen erwähnt, daß manchen Patienten Urszenenbilder als Emetikum dienen. Diese Vorstellung ist eben „zum Kotzen".

Wenn der schwache Vater auch in mehrfacher Hinsicht eine wichtige Funktion übernahm, so waren die Patientinnen zugleich tief enttäuscht und sehr wütend, denn sie wünschten sich einen Vater, für den sie sich nicht hätten schämen müssen, der von der Mutter unabhängig gewesen wäre, sie in Schach gehalten und sich als Alternativobjekt dargestellt hätte. Die Kritik am Vater bezieht sich darauf, daß er in seiner Rolle als Vater versagt und seine Tochter einer verschlingenden, kontrollierenden und allmächtigen Mutterimago überlassen hat. „Ich lehnte ihn ab, weil er so wenig Selbstachtung zeigte, sich so verletzen, so beschämen ließ, daß es mir nur peinlich war, wie Menschen sich so etwas antun können, und er erwartete um des lieben Friedens willen, das mit mir auch machen zu lassen, damit er wenigstens ein bißchen Ruhe gehabt hätte." Zu den Vaterrettungsphantasien gesellen sich folglich auch Rachephantasien.

Ich erzählte bereits von einer jungen, klugen und hübschen Patientin, die eine Vorliebe für ältere, verheiratete Männer hatte, die sie aber regelmäßig, wenn sie sie erobert hatte, fallenließ, weil sie die Rache der Ehefrauen fürchtete. Obwohl ihr kindliches Gesicht eher den Eindruck machte, als hingen ihre Lippen noch am Teddybär, saß sie bei mir stets apart, zumeist in elegantes, den Körper betonendes Schwarz gekleidet, groß, schlank, mit langen Beinen, ihre Idealmaße deutlich unterstreichend, ganz vorne seitlich gewendet auf dem Sessel und ließ ihr langes, silbrig-blondes Haar linksseitig auf ihren Busen herabfließen. Es war, als säße Lorelei auf dem Felsen und kämme ihre goldnen Locken. Und wie die Schiffer auf dem Rhein mußte ich feststellen, daß die Patientin mit ihrer körperlichen, aber auch mit ihrer sprachlichen Inszenierung zunehmend meine Bilder- und Vorstellungswelt in Beschlag nahm. Ihre Kleidung fing an, mich zu irritieren, ich sah mich von meiner Arbeit abgelenkt und konnte mich nur schwer auf meine Gegenübertragung konzentrieren. Brachte sie ein Thema in die Stunde, war eine ihrer Eingangsbemerkungen: „Ach, kürzlich ist mir unter der Dusche eingefallen, daß ..." Derweil sie beim Erzählen mit ihren Fingern an den Spitzen ihres Haares zupfte oder sich in ihren Locken verfing (vgl. Chasseguet-Smirgel, 1981d, 204), kam ich nicht umhin, sie mir unter der Dusche vorzustellen. Unterdessen duschte sie bei mir tief unglücklich in ihren Tränen, denn die Inszenierung konnte nicht darüber hinwegtäuschen, daß sie sehr krank war. Bevor die Inszenierung aber deutungsreif wurde, wurde sie ins Ausland versetzt und entschwand für immer aus der Behandlung. Ich bin sicher, sie selbst hatte die Versetzung veranlaßt, weil ich als älterer Mann nicht zu haben war. Ich vermochte sie nicht aufzuhalten und zerschellte mit meinem „Behandlungskahn" wie die Rheinschiffer am Felsenriff im Fluß. Aber ich konnte zuvor noch erfahren, daß ihre Inszenierung gleichermaßen ihrem Vater wie ihrem Bruder galt, an denen sie sich rächen wollte, weil sie sich aus der offenbar sehr engen Vater-Bruder-Beziehung ausgeschlossen fühlte. Der Bruder hatte ihr den Vater genommen. Die Rache sollte darin bestehen, daß Männer wegen ihr „ganz verwirrt" sein sollten, ähnlich wie bei ihrer früher erwähnten Leidensgenossin, bei deren Anblick die Männer wie vom Blitze getroffen sein sollten.

Der Wunschvater

Wegen der Enttäuschung wird von den Patientinnen kompensatorisch ein Gegenbild, das Bild eines Wunschvaters, errichtet: eines präsenten Vaters, auf den sie hätten stolz sein können. So sehnte sich eine Patientin nach intellektuellen Männern, nach solchen, die „mit dem SPIEGEL unterm Arm" herumlaufen. Die Patientin, deren Mutter sich einen „Dr." wünschte, den der Ehemann nicht bieten konnte, suchte folgerichtig nach einem „Prof." (mit dem ich nicht dienen konnte), um den ersehnten starken Vater zu finden. Es handelt sich bei diesem Wunschvater, ich habe ihn „philosophischen Vater" (Ettl, 1996) genannt, um einen, der alle beim wirklichen Vater vermißten Eigenschaften in seiner Person vereinigt. Er soll über umfassende Erklärungskraft verfügen, von Frauen ganz unabhängig und nicht von der Mutter kontaminiert sein. Er soll helfen zu verstehen, warum die Mutter so hassenswert ist, und ihnen „die Welt" erklären. Ich bezeichne ihn auch deshalb als „philosophischen Vater", weil von einem solchen die Triebwünsche ferngehalten werden können. Er soll dem Ideal der von den Patientinnen erstrebten „Reinheit" entsprechen, wird aber nicht nur zur Triebabwehr gebraucht, sondern als ein Objekt, das die Notwendigkeit der Flucht vor der Mutter versteht und nicht Opfer einer „Sprachverwirrung" (Ferenczi) wird. Ich werde gleich darauf zurückkommen.

Zu Beginn einer Liebesbeziehung wird die Imago dieses Wunschvaters auf den Mann projiziert. Die Patientinnen idealisieren ihn und nehmen eine Zuschreibung von omnipotenten Eigenschaften vor, d. h., er wird mit „Engelsflügeln" (Balint) ausgestattet. Regelmäßig erzählen sie begeistert, wie „toll" sie sich mit ihrem neuen Freund unterhalten könnten, daß er sie „rundum verstünde", daß man über „alles" reden könne und er so einfühlsam sei. Am Anfang kommt es zu großem sexuellem Begehren, weil der Mann in der Position des „starken Vaters" ist, der die angstfreie sexuelle Fusion ermöglicht. Im Liebesakt mit einem solchen Mann umarmen die Patientinnen des narzißtischen Charakters der Beziehung wegen meist sich selbst, der männliche Teil in ihnen den weiblichen (vgl. A. Reich, 1953, 932).

Nun sind das fraglos Merkmale der Verliebtheit, aber diese magische Übereinstimmung kommt daher, daß die Patientinnen den Mann, seine Werte und Interessen restlos introjizieren und so in der Fusion an seinen (vermeintlichen) Eigenschaften partizipieren können. So entsteht der „Ein"klang, und sie bekommen auch „Engelsflügel". Die Eigenschaften, die introjiziert werden, sind in der Regel solche, die sich die Patientinnen für sich selbst immer schon gewünscht haben. Sie begegnen im Mann ihrem eigenen Wunsch, den sie auf ihn projiziert haben. So lernte eine Patientin eines Tages den Karatemeister kennen, der sie Jahre zuvor selbst sein wollte, aber wegen einer Verletzung (!) nicht werden konnte. Es handelte sich bei dieser Wahl um eine narzißtische Objektwahl, eine Spiegelbeziehung, die dazu diente, eigene Anteile im Partner wiederzufinden und daran zu partizipieren. Der Mann hat die Funktion des Stellvertreters bzw. des männlichen Doppelgängers. Mit anderen Worten: Der Mann war der Tagtraum des einstigen kleinen männlich identifizierten Mädchens. Die Objektwahl der Bulimikerin erinnert an Frauen des „Als-ob"-Typus, die A. Reich zufolge einen Mangel an Unterscheidungsvermögen bei der Wahl der Objekte zeigen würden. Einzelne von ihnen könnten was auch immer bewundern und sich bereitwillig mit jedem identifizieren, der zufällig in ihr Leben träte. Bei anderen wieder sei die Bewunderung an eine Bedingung gebunden: der Wert des Mannes muß allgemein anerkannt sein. Was seine eigentlichen Qualitäten sind, spiele keine Rolle. Solche Identifizierungen seien nicht wirklich internalisiert, sondern oberflächliche Imitationen, Versuche, auf diesem Weg Größe zu erlangen (vgl. A. Reich, ib., 937 f.). Die Patienten „müssen sozusagen den Partner aufblähen, damit er ihren Maßstäben entspricht. Es muß alles verleugnet werden, was ihrer Phantasie widerspricht, und eine Menge Gegenbesetzung wird nötig, um an dem überhöhten Bild des Partners festhalten zu können" (ib., 933). Mit der Zuschreibung von Omnipotenz schmeicheln die Patientinnen den männlichen Idealen und stellen dem Partner Befriedigung seines Narzißmus in Aussicht. Eine Patientin schreibt über ihren Freund: „Lukas (...) hatte das Gefühl, unersetzlich für mich zu sein. Er spürte, daß ich ihn brauchte, und er hatte sicherlich auch ein gutes Gefühl, wenn er mich beschützen konnte" (Gerlinghoff, ib., 69). Der Freund einer Patientin bat mich eines Tages, ich möge ihm für die Universität eine Bescheinigung ausstellen, daß er für seine Freundin eine „wichtige therapeutische Funktion" habe und deshalb am Ort bleiben müsse. Auch Analytiker kommen in den Genuß dieser Idealisierung. Hinz zitiert seine Patientin: „Sie sind der Einzige, der Zugang findet zu meiner bizarren und verrückten Welt" (ib., 11), und Trempler berichtet: „Irgendwann zwischen den Erstkontakten phantasiere ich mich in die Rolle eines guten Vaters, der die Patientin auf einem Fahrradkindersitz mitnehmen will, sie vor dem gefährlichen intrusiven mütterlichen Objekt schützen und retten möchte" (ib., 156). Die narzißtische Verführung des Mannes lautet also etwa so: Du bist so groß und stark, Du kannst mich vor der bösen Mutter schützen. Dem Mann wird die Rolle des glorreichen Retters vor den gefährlichen, verschlingenden Flammen des mütterlichen Drachens versprochen. In dieser idealisierenden Eröffnungsphase der Beziehung ist er noch in der frühen Vaterfunktion. Das Manische an der Verliebtheit hat denselben Grund wie die Entdeckung des Erbrechens mit dem Finger: das Glück, einen Mann als Gegenmittel gegen die böse Mutterimago gefunden zu haben. Die Männer bekommen also eine klare Funktion zugewiesen. Sie sollen dann omnipotent sein, wenn sie zum Schutz vor der Mutter bzw. anderen als gefährlich erlebten Frauen bzw. zur Befriedigung eigener narzißtischer Bedürfnisse gebraucht werden.

Der „Karatemeister" deutete es schon an: Manchen Bulimikerinnen würde anstatt eines „philosophischen Vaters" ein stattlicher, körperlich kräftiger und unerschrockener Mann völlig reichen, ein Vater mit „guter Laune", der sich in der Firma (Mutter) durchsetzt, pfeift, und an den man sich anlehnen kann, ein Mann – so recht „wie Anthony Quinn", brach es eines Tages voller Bewunderung und Sehnsucht aus einer Patientin heraus (vgl. A. Reich, ib., 932). Mehrfach ist mir der Wunsch nach Männern „mit großen Händen" begegnet, weil diese ihnen Zeichen für Lebenserfahrung waren und sie handwerkliche Fähigkeiten vermuteten, letztlich die Fähigkeit zuzupacken, d. h., die Mutter zu packen und sie zum Schweigen zu bringen. Das wäre der Vater, der es prächtig verstünde, mit Werkzeug umzugehen, der also einen Penis hat, den er zu bedienen versteht, nicht einer, über den die Mutter sagt, der „bringt nichts im

Bett", so eine Patientin. Schulte und Böhme-Bloem berichten von einer Patientin: „Als sie 18-jährig einen um 10 Jahre älteren Mann – wie der Vater Handwerker – kennenlernte, der sich für sie interessierte, war sie so beeindruckt von seinem Interesse, daß sie den Bildungsunterschied und seinen beginnenden Alkoholismus übersah und ihn gleich nach dem Schulabschluß heiratete" (ib., 46). Ich erinnere mich an eine Patientin, die eines Tages in meinem Praxisflur einen Hammer liegen sah. Durch ihre Augen ging ein Leuchten, und sie hatte sofort die Phantasie, ich sei ein „begnadeter Heimwerker", ein Euphemismus, über den sie dann selbst lachen mußte. Aber einen Moment lang verstieg sie sich in die Überzeugung, daß ihr die bei mir vermuteten Heimwerkertalente viel wichtiger seien als mein analytisches Handwerk. Eine andere forderte eines Tages, ich solle sie „endlich adoptieren", sie hätte gesehen, daß ich etwas gehandwerkt habe, und das habe sie beruhigt und ihr Sicherheit gegeben. Die Patientin mit dem Karatemeister hatte „endlich einen Freund, vor dem auch meine Mutter Respekt gehabt hätte". Ein solcher Mann wäre ein „starkes Mittel" gegen die Mutter, weil Worte in ihrer Familie keine Wirksamkeit zeigten (vgl. Schneider-Henn, ib., 155; Gerlinghoff, ib., 26). Die großen Hände sind Sinnbild schützender Potenz. Ein Mann mit großen Händen hat eben die Mutter fest im Griff! Er wäre „stark, weil er Gewalt über Dinge und Lebewesen hat, ohne allmächtig zu sein. Frei vor allem im Hinblick auf die Mutter, insofern er ihrer Macht nicht unterworfen ist" (Mendel, ib., 247). Für Freud steht die Vatersehnsucht in engem Zusammenhang mit der infantilen Hilflosigkeit (vgl. Freud, 1930a, 430).
Die Patienten suchen einen Vater, bei dem sie Zuflucht finden, einen Vater, der sich nicht zurückzieht, weil er sich in „Weiberangelegenheiten" nicht einmischt.

Als eine Patientin mit einer Arbeitskollegin zusammenprallte, die sie als unerträglich selbst- bzw. herrschsüchtig erlebte, stellte sie sich vor, wie ich der Kollegin „mit wenigen, aber treffenden Worten die Meinung sagen" würde. Eine andere hatte einen Traum, der ihr Schutzbedürfnis bebilderte: Sie betritt ein Haus, an dessen Wand eine dicke Spinne klettert. Sie will die Spinne töten, schafft es aber nicht. Statt dessen rückt ihr die Spinne auf den Leib, krabbelt über den Rücken in ihr Haar. Sie läuft schreiend ins Freie. Ihr Mann kommt und nimmt ihr mit „bloßen Fingern" die Spinne von Rücken. Mit dieser Geste war er der unerschrockene Mann, der vor der Mutter-Spinne keine Angst hat. Aber die Spinne war nicht nur die Mutter, sondern auch Symbol ihres Hasses auf ihre Mutter, von dem der Vater sie befreien, den er neutralisieren sollte.

Der Traum zeigte, daß der „unerschrockene Mann" zur Kontrolle der Affekte benötigt wurde, die wegen ihrer unbewältigbaren Intensität durchaus auch zu „bösen" Objekten werden und wie eine fette Spinne an der Hauswand des Selbst kleben können. „Während ihr sexuell anziehender Geliebter in vielen Eigenschaften sehr ihrer Mutter glich, nahmen wir doch an, daß sie in ihm eher eine Art schützenden Supervater suchte, eine machtvoll-erlösende Figur, die in allen Hinsichten stärker und aggressiver als ihre Mutter war und so gegen deren übermächtige Gegenwart wie gegen ihre eigene Wut und rachsüchtigen Impulse Schutz zu bieten versprach", schreibt Wurmser über eine Patientin (1986, 105).

Eine meiner Patientinnen benutzte ihre Analysetermine als „Bollwerk" gegen ihre Mutter, indem sie die Termine vorschob, wenn die Mutter ihren Besuch erwartete. Gelegentlich nannte sie ihr auch mal einen Termin, den es gar nicht gab, um gegen die bei solchen Besuchen befürchteten Übergriffe geschützt zu sein. Bei der Erörterung des Eßanfalls erzählte ich vom Traum einer Patientin, der in einem Omnibus spielte, in welchem sie den Fahrer zu sich auf die Rückbank lockte. Der Traum bot aufgrund der Assoziationen verschiedene Interpretationsmöglichkeiten. Eine will ich noch erwähnen, weil sie hier von Bedeutung ist. Die Träumerin hatte einige Stunden zuvor das Bild geprägt: „Meine Mutter sitzt vor meinem Hintern wie die Katze vorm Mauseloch", d. h., sie hatte Angst, von ihrer Mutter anal ausgenommen zu werden. Als sie schilderte, wie der Fahrer mit seiner Zunge ihren Anus benetzte, versprach sie sich und sagte: *vernetzte*. Ich verstand sie so, daß der Busfahrer sie wie eine Spinne einfängt, um ihr Inneres auszurauben. Oft werden die Mütter von den Patienten ja als intrusiv erlebt, als gierig und aussaugend, und holen – in nachträglichen Phantasien – die Kinder oder die Fäces aus dem Bauch, um sie zu fressen. In der Übertragung äußert sich diese Imago in der Angst, ich wolle etwas „einreden", „hineinreden" und „etwas hören". Nun sollte der Busfahrer aber auch mit seinem Finger in ihre Vagina verschließen, so daß man auch interpretieren könnte, mit Hilfe des Vaters sollten alle Körperöffnungen verschlossen gehalten werden, damit die Mutter nirgends Zutritt habe (vgl. Moré, ib., 320). Im Traum könnte sich die Patientin demnach vor der anal verfolgenden, ausräumenden ungeduldigen Mutter zum Vater geflüchtet haben, also auch vor mir als „eindringender Mutter" zu mir als „schützendem Vater". Warum das alles sexualisierend erfolgt, werde ich später erörtern. Nun hätte der Fahrer zum Schutz der gefährdeten Körperöffnungen auch beide Hände nehmen können, aber das wäre „unbulimisch" gewesen, da man der oft projizierten kophrophilen Neigung, den Problemen mit der Sphinkterkontrolle und den prägenitalen Befriedigungstechniken der Patienten Rechnung tragen muß, wie ihre Kindersymptome zeigen. Wie auch immer, den Finger im Ursprung, die Zunge am Ende der Welt, solchermaßen geschützt, konnte die Patientin daumenlutschend gelassen aus dem Fenster in die Welt schauen. Das scheint die Seelenruhe unter dem Schutz des Vaters zu sein. Trempler schreibt: „Die Regression ist mit und bei dem idealisierten Analytiker-Vater möglich" (ib., 158).

Wie sich das Bedürfnis nach Schutz vor der bösen Mutterimago szenisch in der Behandlung äußern kann, führte mir eine Patientin im Interview vor:

> Es war Hochsommer, es hatte geregnet, und die Patientin stand triefend naß vor mir, ein weißes T-Shirt klebte durchsichtig auf ihrem Busen. Sie kam buchstäblich, da ohne Schirm, schutzlos und nackt ins Interview. Mein Angebot, sich mit einem Handtuch zu trocknen, lehnte sie ab, ich berichtete davon. Dies alles diente dem Zweck, meine Aufmerksamkeit zu erregen. Meine Aufmerksamkeit für ihren Körper bot ihr – wie sich später in der Behandlung herausstellte – Schutz vor ihren bösen Introjekten. Diesen Schutz, so glaubte sie, kann ihr nur der an ihr interessierte, nicht der desinteressierte Mann geben. Sie durfte also kein Handtuch (an)nehmen, weil es ihrer Meinung nach ihr die Attraktivität genommen und sie sich somit ihren Introjekten ausgeliefert gefühlt hätte. Diese Schutzfunktion hat lange Zeit die Heilung verzögert, weil sie darauf nicht verzichten konnte. Eine Heilung hätte Trennung bedeutet. Die Interviewszene erinnert an die „Lorelei"-Patientin, hatte aber atmosphärisch eine andere Bedeutung. Diese Patientin weckte meine Fürsorge, ich kam also in die Position des guten mütterlichen Vaters, der die „böse" Mutter neutralisieren sollte. Hier ging es nicht um Rache, sondern um Werben um Aufmerksamkeit.

Das führt mich zu einer weiteren Funktion des Wunschvaters. Wird der Vater auf der einen Seite als Schutz vor der mächtigen Mutterimago benötigt, so soll er auf der anderen Seite die „bessere Mutter" sein. Weil die Mutter nicht idealisierbar ist, wird der Vater kompensatorisch überidealisiert. „Männer sind für mich wie Brötchen", sagte eine Patientin, die ihre Eßanfälle mit Brötchen bestritt (U. Grunert, ib., 27). Das heißt, der Mann ist Ersatz für die Nahrung, letztlich also für die Mutter. Borecký berichtet von einer Patientin, bei der der Vater allmählich aus der Vorstellung verschwand und „sein Platz vom Essen okkupiert" wurde (1992, 48). Zu ihrer Analytikerin sagte U. Grunerts Patientin eines Tages: „Ich glaube, eigentlich möchte ich hier bleiben. Die Männer sind nur ein Ersatz, weil ich hier nicht genug kriege" (ib., 28). Eine meiner Patientinnen zeigte ein triumphierendes Gesicht, als sie feststellte, daß sie einen „Stall voller Männer" hatte (so wie manche Patienten Stolz empfinden über die Menge Nahrung, die sie vertilgen können). Bei der Feststellung hingegen, daß nicht einer dabeigewesen sei, der sie „wirklich satt machen" konnte, verfinsterte sich ihr Gesicht. Schließlich meinte sie, sie habe wohl den Mann noch nicht gefunden, weil sie zu anspruchsvoll sei, worauf ich – im Bild bleibend – meinte, sie fände immer „ein Haar in der Suppe". Wie ein Mann bzw. der Vater zum Ersatz für die Mutter genommen wird, wird auch in folgender Episode erkennbar:

> Eine Patientin träumte, neben ihr liege eine Frau mit üppigen Brüsten. Sie möchte die Brüste anfassen, traut sich aber nicht. Daraufhin nimmt die Frau ihre Hand und legt sie sich auf die Brust. Die Patientin fühlt, daß die Brustwarzen ganz verstümmelt sind, und denkt sofort, von dieser Frau ist nichts zu erwarten. Eine ihrer Assoziationen zu diesem Traum lautete, daß sie des nachts ihre Hand auf den Hintern ihres Mannes lege, um einschlafen zu können. Er sei so rund und glatt – wie Brüste also mit intakten Warzen. Der Ersatzcharakter des Mannes für die unbefriedigende, beschädigte Mutter wurde aus ihrer Reaktion auf meine Bemerkung, es wäre schön, wenn hier auf der Couch eine Frau mit unversehrter Brust neben ihr läge, vollends ersichtlich: „Ja, das wäre toll, und ich bräuchte Sie nicht mehr." Dieselbe Patientin eröffnete eine der diesem Traum nachfolgenden Sitzungen mit der Bemerkung, sie hätte das Gefühl, daß sie heute keine Lust hätte. Dann klagte sie darüber, wie häßlich sie sich fühle, erzählte zugleich aber, daß die Männer ihren Po anfassen wollten, da sie ihn so schön fänden. Das war ein Signal an mich und der Wunsch, mir Lust zu machen. Das versuchte sie nicht nur mit Worten, sondern ließ Taten folgen. Sie kam in einem Träger-Shirt, legte im Laufe der Stunde ihren linken Arm unter ihren Kopf und rutschte mit dem Körper unruhig hin und her, woraufhin sich allmählich unter dem linken Träger eine Brust ihren Weg ins Freie suchte und mich begrüßte. Als ich sie fragte, ob sie bemerke, was sich auf ihrer Linken täte, zog sich die Brust zurück. Es lag auf der Hand, daß die Patientin mir Lust machen wollte, um sich nicht häßlich fühlen zu müssen, was bei diesen Patienten immer auch heißt, sich nicht der Mutter ausgeliefert zu fühlen. Letztendlich aber erfüllte sie sich ihren Wunsch nach einer „Frau mit großer Brust neben sich", wovon sie Stunden zuvor geträumt hatte, indem sie ihre Brust neben sich legte. Auch im folgenden Traum dürfte es um einen Mutterersatz gehen. Eine Patientin sieht mich nackt, schämt sich und schaut mir deshalb fest ins Gesicht, obwohl sie lieber weiter unten geschaut hätte, wie sie sagte. Sie erläuterte dazu, meine Nacktheit sei „wohltuend" gewesen, ein Adjektiv, das mir in die-

sem Zusammenhang ungewöhnlich erschien. Darauf aufmerksam gemacht, fiel ihr ein weiteres Traumstück ein: Ich hätte mich intensiv für *ihre* Lebensumstände interessiert. Diese Ergänzung machte ihren Wunsch klarer. Daß sie sich für mich schämte, zeigt, daß ich in der Regression Selbst-Objekt für die Patientin war. Sie wollte von mir „nackt" gesehen werden, und wenn mein Blick dann auf ihr ruhte, könnte sie sich angenommen fühlen, sozusagen wie ein Baby, auf dessen Körper die Mutter „mit einem Aufglänzen ihres Auges" (Kohut) reagiert. Das wäre in der Tat *wohltuend*, und das Adjektiv macht Sinn. Das Gesehenwerden wäre also die Befriedigung ihrer Sehnsucht nach narzißtischer Zufuhr für ihr frühes Körperselbst. Die weitere Arbeit am Traum ergab schließlich, daß meine Blöße für die entblößte Brust einer Frau stand, die Befriedigung in Aussicht stellte, die sie aber nicht annehmen durfte, wie das Wegschauen zeigt. Ein Hinschauen wäre wie ein Aufsaugen mit Blicken, also ein Raub der Brust (bzw. des Penis) gewesen.

Im Laufe der analytischen Behandlung dieser Patientinnen kommt es regelmäßig zu Episoden, in denen sie sich den Wunsch nach einer guten Brust in Form einer real gelebten oder in einer sehr intensiv vorgestellten homoerotischen Beziehung passager erfüllen, meist zum Vorteil der Stabilisierung der weiblichen Identität.

Eine andere Patientin träumte von einem Mann mit zwei Penissen. Einen hatte sie im Mund, den anderen hielt sie in der Hand, eine Stillsituation. Khan schreibt: „Diese Verschiebung der präödipalen Bindung an die Mutter auf den Vater kann außerdem zur Entstellung und Abschwächung der ödipalen Wünsche beitragen. Der Penis wird dann auf der ödipalen Stufe als ein Brust-Objekt gesucht und damit in seinen eigenen Möglichkeiten und Funktionen bedroht. Die Spaltung der Penis-Imago in ein gutes idealisiertes Brust-Objekt und ein entwertetes und gefürchtetes aggressives Objekt, auf das die persönlichen oral-anal-urethralen sadistischen Impulse und Phantasien projiziert werden, führt beim heterosexuellen Objekt in eine Sackgasse" (1983, 131). Bei der Kleptomanie, der introjektiven Identifizierung und schließlich im Eßanfall kann man als Prozeß verfolgen, was hier statisch als Spaltung beschrieben wird. Der gestohlene Gegenstand bzw. das Introjekt wird zunächst idealisiert, dann aber in seinen Möglichkeiten und Funktionen nicht in Anspruch genommen, sondern entwertet oder zerstört. Gleiches vollzieht sich, wie angedeutet, in den Männerbeziehungen, wie der Ersatzcharakter des Mannes und das Enden der Beziehung in der Sackgasse zeigen. Bei aller anfänglichen Idealisierung der männlich-väterlichen Eigenschaften suchen die Bulimikerinnen unbewußt nach feminin identifizierten Männern, auch wenn diese zunächst durch betont maskulines Auftreten als Abwehr dieser Identifizierung imponieren und von ihnen in dieser Abwehr bestärkt werden, da sie einen starken Vater wünschen und alles, was nicht ins Wunschbild paßt, verleugnen. Allmählich aber kommen die femininen Züge zum Vorschein, und dann werden die Männer, was ihre Schutzfunktion betrifft, als enttäuschend empfunden. Einer der Männer hatte offenbar schöne, seidige, schulterlange Haare und benötigte „zwei Stunden" im Bad, um sich mit allen möglichen Wässerchen, Cremes und Puder zu betupfen. Davon erfuhr die Patientin aber erst, als sie die erste Nacht bei ihm verbrachte.

Die feminine Identifizierung der Männer korrespondiert zunächst noch gut mit der männlichen Identifizierung der Kranken, kommt sie doch dem Wunsch entgegen, wie einst schon im Vater im Partner die „Amme", die gute Mutter, zu finden. Die Patientinnen suchen nach oral-narzißtischer Zufuhr und glauben die Amme auch gefunden zu haben, weil sie das fürsorglich-mütterliche Verhalten der Männer als ihnen geltend deuten bzw. mißdeuten. Der Penis wird jetzt als „sättigend", in der Bedeutung als Brust, nicht als genitale Lust bereitend oder als zeugend erlebt. „Genitale auf den Vater gerichtete Strebungen werden auch hier (bei Mädchen mit einer oralen Störung, T. E.) zur Ersatzbefriedigung oraler Abhängigkeitsbedürfnisse benutzt, die von der bedrohlich erlebten Mutter frustriert worden waren" (Kernberg, 1975, 65). Ödipale Wünsche sind damit entstellt bzw. abgeschwächt, wie Khan sagte. Wegen der prägenitalen Fixierung ist das Genitalprimat geschwächt.

Die Enttäuschung über den Vater

So groß der Wunsch nach einem idealisierbaren Vater ist, so groß ist die Angst der Patientinnen, dieses Bild könnte von ihm, von der Mutter oder von ihnen selbst zertrümmert werden. Eine Patientin mußte vor ihren Freundinnen strikt verheimlichen, daß sie zu einem Mann in Analyse ging. Als es eines Tages doch herauskam, blieb ihr nur, mich vor ihnen zu entwerten. Zugleich aber glaubte sie, mich vor ihr selbst schützen zu müssen, weil sie in die Rolle der den Vater entwertenden Mutter geriet. Im Kapitel über die Kleptomanie berichtete ich davon, daß der Vater manchmal durch Geld ersetzt würde, das dann die Sicherheit geben soll, die der Vater nicht zu geben vermochte. Das gestohlene schützende Geld muß jedoch gehortet werden, weil ein Ausgeben der Entwertung des Vaters gleichkäme. Ich habe auch von der Sorge berichtet, „kostbare" Behandlungsstunden könnten bei Berührung mit der Realität zerbröseln. Ich erzähle, daß eine Patientin nach ihrer Stunde den ganzen Tag nicht ans Telephon ging, um die Erinnerung nicht zu gefährden durch das Eindringen eines Dritten – der Mutter. Zugleich stand aber auch die Angst vor der eigenen Entwertungstendenz hinter dieser Sorge. Ein Motiv, warum der Vater entwertet werden muß, liegt darin, daß er als Entwerteter keine wertvollen Geschwister zeugen kann. Mit seiner Entwertung sind zugleich die Kinder der Mutter entwertet. Das gilt insbesondere für den nachfolgenden Bruder, der bei dieser Erkrankung eine große Rolle spielt. Er ist dann ebenfalls ein „schmutziges Kind". Ich erinnere mich an eine Patientin, der es gelungen war, die Idealisierung und Entwertung des Vaters in ein verdichtetes Traumbild zu fassen. Sie stattete ihren Ehemann mit einem ungewöhnlich langen Penis („bis ans Knie") aus. So war er einerseits potent, zugleich aber dem Spott preisgegeben. Die Entwertung des Vaters kann aber auch auf diesem Weg erfolgen: Der Tagtraum einer Patientin hatte zum Inhalt, daß sie die Tochter ihres Chefs in Gefahr brächte, aus der sie diese dann wieder retten konnte. Damit wäre sie – so ihre Phantasie – zur Lieblingstochter ihres Chefs avanciert. Die Tochter des Chefs in Gefahr bringen ist die Kastration des Vaters, über die sie selbst die Tochter des Chefs, also zu seinem Phallus würde (vgl. Fenichel, 1936; A. Reich, 1953). Im Traum einer anderen Patientin gibt es eine Szene, in der ich mich meiner Frau gegenüber nicht durchsetzen kann. Sie beobachtet dies, und ich tue ihr sehr leid. Aber sie denkt gleich: Bei dem Mann kann ich keine Analyse machen. Die Enttäuschung, die aus dieser Bemerkung sprach, ist dieselbe, die dem schwachen Objekt Nahrung gilt, darüber, daß es sich hat verspeisen lassen, und sie gilt auch dem Aufpasserobjekt, wenn es den Anfall nicht verhindert, sich wegschicken läßt und die Patientin der beschämenden Situation des Anfalls überläßt. Eine andere fragte mich gleich im Interview, ob ich auch in Supervision ginge. Sie hatte das Gefühl, ich sei ihr nicht gewachsen.

Die Behandlung von Bulimikerinnen bietet viele Gelegenheiten, die Labilität der Vaterimago zu beobachten. Stets ist man diesbezüglich auf die Probe gestellt. Eine Patientin sah mein „jugendliches Aussehen" und fürchtete darin eine Schwäche. Ob ich wohl kompetent sei? Ich brüte wohl den ganzen Tag über Bulimiebüchern, argwöhnte sie. Doch dann rettete sie meine (und ihre) Ehre, indem sie sich korrigierte, ich hätte mich „wohl eben in der Pause nur mal kurz orientiert". Das Beispiel zeigt darüber hinaus den Vorteil, den sie aus meiner Schwäche bezog: Brüte ich den ganzen Tag über ihrer Krankheit, so bin ich die ganze Zeit mit ihr beschäftigt. Regelmäßig bekam ich sofort die massive Enttäuschung zu spüren, wenn die Patienten glaubten, in mir den unerfahrenen Mann zu wittern, der, wie eine vermutete, „gleich von der Universität weg, blutjung und ohne Lebenserfahrung, in den Beruf gegangen ist". Dann schwärmte sie für einen Kollegen, von dem sie glaubte, er hätte eine „schwere Vergangenheit" hinter sich und könne demzufolge ihre „brüchige Lebensgeschichte" viel besser nachempfinden als ich. Die Angst, die ein solches instabiles Vaterbild macht, und welche Bedeutung es für das (weibliche) Selbstwertgefühl hat, demonstrierte sie in folgender Szene, die sie sich über uns ausdachte: Sie phantasierte, sich nackt rittlings auf mich zu setzen, während ich in meinem Sessel sitze. Sie wisse, so betonte sie, wie man einen Mann richtig erregt mache. Hinter dieser Szene verbarg sich ihre Angst, nicht erregend zu sein und daß ich sie für zu unerfahren und unweiblich halten könnte. Diese Patientin war immer auf der Suche nach dem „sexuellen Vater", ihr wirklicher Vater, so vermutete sie, sei impotent. Ist der Vater jedoch durch sie erregt, so kann sie ihn nicht nur „besitzen", sondern sich auch als Frau empfinden. Ist der Vater impotent bzw. unerfahren, ist all dies in Frage gestellt. Hinter dem geschilderten sexuellen Werben steht jedoch das „Urtrauma", auf die Mutter keinen Einfluß gehabt zu haben und sich die symbiotische Omnipotenz nicht einbilden zu können. Der „erregte Vater" soll diese narzißtische Wunde heilen.

Ich sagte zuvor, die Mutter habe bei ihrer Tochter kein maskulines Bild vom Vater entstehen lassen. Der Vater hat es seinerseits offenbar auch nicht geschafft, ein solches Bild bei seiner Tochter (ich formuliere es phallisch) „aufzurichten". Das entwertete Bild des Vaters, das die Patienten mit in die Behandlung brachten, beruhte zum Teil auf der Introjektion des schwachen Vaters und auf der der „kastrierenden Mutter", die den Vater herabsetzt, zum Teil darauf, daß sie ihn selbst aus Enttäuschung zur Strafe kastriert hatten. Die Enttäuschung kann für das Mädchen eine partielle Regression zum Oralen zur Folge haben, zu einer Neigung, den Vater durch Einverleibung festzuhalten (vgl. Fenichel, 1931, 147). Fenichel meint hier zwar die Ödipusenttäuschung, so weit kommt es bei der Bulimie jedoch kaum, bei ihr steht die Enttäuschung wegen „verhinderten Vaterseins" (Pankow) im Mittelpunkt.

Die Schwankungen des Vaterbildes bzw. der Zerfall des idealisierten Vaterbildes, wie sie sich in der Übertragung zeigen, kopieren später die Männerbeziehungen, die in der Regel immer nach dem selben Schema verlaufen: erst Idealisierung, dann Entwertung, die regelmäßig erfolgt, wenn der Mann eine Schwäche zeigt und damit seine Schutz- und Spiegelpotenz des Weiblichen verliert. Als die mit einem Karatemeister befreundete Patientin merkte, daß er sich vor bestimmten Situationen gerne drückte, war das ganze Sicherheitspotential, das er für sie repräsentierte, in Frage gestellt. Erbost trennte sie sich und ließ bei mir kein gutes Haar mehr an ihm. Sie erlebte ihn als ähnlich kastriert wie sich selbst durch ihre Verletzung, und ihre ganze Selbstverachtung traf ihn. A. Reich beschreibt eine Patientin, die das gut verdeutlichen kann: „In der positiven Phase hatte der Liebhaber im ganzen phallische Qualität, und in ihren Träumen sah sie ihn als Phallus, den sie zur Erektion bringen konnte. In der negativen Phase 'hatte sie ein Loch in den Geliebten gestochen', und er war dann wie ihre eigenen kastrierten Genitalien" (ib., 944).

Die Idealisierung bricht zusammen, weil die Männer (wie die Nahrung) nicht über die ersehnte und von den Patienten phantasierte Omnipotenz verfügen. „Bald wird deutlich, daß das Bild ihres Freundes weit entfernt ist von ihrem Ideal eines absolut starken Mannes, der sie trägt und der sie aushalten kann", schreibt Trempler über seine Patientin (ib., 162). Im Erleben der Kranken stürzen die Männer ab. Ist das Bild des Mannes erst geschwächt, wird die Angst vor der Verschmelzung zu groß und der Wunsch nach sexueller Fusion schwindet. In dieser Krise reagieren die Patientinnen anaphrodiesisch. Das idealisierte und dadurch klischeehafte „Allgood"-Bild der Männer beginnt sich aufzufächern in verschiedene bisher verleugnete Seiten, sei es, daß die Patientinnen in ihnen einen infantilen, für sie unkontrollierbaren Anteil befürchten, der „kleine Mädchen" überfällt, oder den Mann, „der in der U-Bahn BRAVO liest". Oder sie sehen in ihm den zwanghaft-asketischen Mann, ein Aspekt des „philosophischen Vaters" oder des „Beamten", der Sicherheit gibt, weil er berechenbar erscheint. Schließlich stürzt das Bild vom Mann weiter ab, und er wird, wiederum klischeehaft, nach dem „All-bad"-Muster zum „elenden Versager", so eine Patientin.

Ich sagte, die Patienten suchten in den Partnern die „Amme", eine Suche, die sich sexualisiert äußern kann. Die Männer ihrerseits mißdeuten diese Suche als genuin sexuelles Interesse an ihnen. Dieses beiderseitige Mißverständnis, – die „Sprachverwirrung" – führt zwangsläufig zu Enttäuschungen und schließlich zum Bruch. Ein neuer Mann wird dann dringend als Pflaster für die durch die eben zerbrochene Beziehung verwundete Seele gebraucht, womit ein nächstes Scheitern schon vorgezeichnet ist. Der Vorgänger, zum bösen weil enttäuschenden Objekt geworden, muß mit einem neuen, idealisierten Objekt beseitigt werden. Das kennen wir vom Symptom. Dort übernimmt diese Aufgabe das Nahrungsmittel.

Die Enttäuschung macht aber nicht traurig, sondern wütend. Die Reaktion auf die Trennung ist paranoid-schizoid. Ein Grund, weshalb die Männer so enttäuschend waren, war in der Regel, daß sie sich als noch abhängig von einem anderen Objekt, in den meisten Fällen von ihren eigenen – überwiegend dominanten – Müttern bzw. Surrogaten wie Tabletten oder Alkohol, erwiesen. Meinen Erfahrungen nach fiel die unbewußte Wahl der Patientinnen genau auf diese Kategorie von Männern. Bei einer war der Ehemann noch so an seine Mutter gebunden, daß die junge Familie ihr Haus ganz in deren Nähe bauen mußte, was Anlaß zu ständigen Reibereien zwischen meiner Patientin und ihrer Schwiegermutter gab. Sie klagte oft darüber, daß sie ihren Mann nicht als „Mann" erleben könne. Bei einer anderen rief die Mutter des Freundes, die ihren Sohn nach Auskunft der Patientin über alles liebte, oft just in dem Moment an, wenn er mit ihr im Bett lag. Er telephonierte dann ausgiebig mit seiner Mutter, und die Patientin hatte das Gefühl, er wolle diese beruhigen, daß er sie nicht vergessen habe, während sie sich neben ihm im Bett allmählich vergessen fühlte. Es kam zur Trennung, weil sie seine Mutter „nicht mit im Bett haben" wollte.

Die Abhängigkeit muß indes keine von der realen Mutter sein, obwohl das häufig der Fall war. Bei den Männern von zwei Patientinnen hatte der frühe Tod der Mutter eine Idealisierung ihrer Imago begünstigt. Dieses Mutterbild mit all den inhärenten Erwartungen versuchten die Männer nun in ihren bulimischen Freundinnen wiederzufinden. Dort trafen sie diesbezüglich aber nur auf eine Leerstelle, denn von der Imago einer guten bzw. idealisierten Mutter konnte bei ihnen keine Rede sein. Der Haß auf ihre eigene Mutter hatte das gute Bild in ihnen entweder verschüttet oder zerstört. Was die Männer indes in den phallisch identifizierten Patientinnen finden konnten, war das Bild einer narzißtisch-intrusiven Mutter.

Aber ebensowenig wie die Kranken ihren Partnern ideale Mütter sein konnten, vermochten die Männer, selbst noch abhängig, Schutz vor der gefährlichen Mutter zu bieten. Es kam hinzu, daß es sich oft um Männer mit labiler phallischer Kompetenz handelte, weil diese real keinen Vater hatten oder wegen der mütterlichen Dominanz – genau wie die Patientinnen – nur einen schwachen Vater introjizieren konnten. Im Hinblick auf die Beschaffenheit der Imagines und der ich-strukturellen Verhältnisse zeigten meinen Beobachtungen nach beide Partner eine auffällige Konkordanz.

Dem Schlankheitswahn bzw. Schönheitsideal kommt in diesem Zusammenhang wiederum Bedeutung zu. Die Imago des schwachen Vaters, die die Patientinnen und – wie sich immer wieder zeigte – auch ihre Partner introjiziert hatten, führte bei beiden Geschlechtern zur Angst vor der Fusion mit der archaischen Mutter, weil die nötige Sicherheit durch eine starke Vaterimago ausfiel. „Derjenige, der keinen Penis hat, ist den ältesten Zerstörungsphantasien, der Imago der bösen Mutter, ohne Unterstützung durch den Vater, preisgegeben" (Mendel, ib., 119). Deshalb ist die Schlankheit als Symbol des Phallus bzw. der Nicht-Mutter für *beide* Partner so wichtig. Mit einer phallischen Tochter bzw. Freundin fühlten sich die Väter/Partner geschützt. Die Schlankheit übernimmt die Funktion eines distanzschaffenden Objektes.

Bevor es zu einer Trennung kommt, regredieren manche Partner, sozusagen in einer „synchronen Regression" (Willenberg, 1989). Einer wurde zum „Kind", wie eine Patientin klagte. Er bekam selbst Eßprobleme, Hautausschläge und konnte weder sein Studium fortsetzen noch sich um eine Stelle kümmern. Da dies aber genau jene Symptome waren, an denen die Patientin selbst litt, hatte sie bewußt einen Mann gewählt, von dem sie Zuwendung und Billigung ihrer Eß-Störung erwarten durfte, unbewußt aber ein Objekt, das ihr in der Psychopathologie sehr ähnlich war. Grunberger sagt über den Depressiven: „Seine Versuche, Objektbeziehungen herzustellen, tragen immer schon den Keim ihres Scheiterns in sich, denn seine Unreife macht es dem Depressiven unmöglich, einen positiven oder negativen Unterschied zwischen dem eigenen narzißtischen Wert und dem des Objekts zu ertragen. Er kann also nur zu einem Spiegelobjekt eine Beziehung aufnehmen, entweder weil es ihm ähnlich ist, oder weil es die gleiche Struktur besitzt, vor allem aber, weil es den gleichen Reifegrad wie er selber erreicht hat" (1976, 260). Als der Mann krank wurde und ihren Wunsch nach einem omnipotenten Partner nicht weiter erfüllte, wurde er zum geeigneten Objekt für die Projektion ihrer eigenen Hilflosigkeit, ihrer Arbeitsstörungen, ihrer Angst vor dem Älterwerden, die sie nun an ihm beklagen und kritisieren konnte, wobei sie ein Gefühl von Triumph, Genugtuung und Überlegenheit empfand. Schließlich warf sie ihm allen Ernstes vor, er habe sich noch nicht von seiner Mutter gelöst, ohne zu bemerken, daß sie dabei von sich selbst sprach. An ihm konnte sie fortan die eigene Abhängigkeit bekämpfen und bei sich selbst verleugnen. Er wiederum, ihre Unzufriedenheit spürend, strengte sich noch mehr an, unterwarf sich und landete schließlich vor ihrer Tür, dort um Einlaß bettelnd.

Die Konkordanz der Partner bezüglich der Abhängigkeit wird jetzt ganz offenkundig. Sie erfüllt für die Patientinnen mehrere Funktionen: Sie können ihre eigene Mutterabhängigkeit am Partner abhandeln. Auf diese Weise läßt sie sich externalisieren und nur beim anderen wahrnehmen. Ferner können die Mütter der Partner um den Sohn beraubt werden. Der Wunsch, die eigene Mutter um den Vater zu berauben, kann so befriedigt werden.

Über die Dekompensation des Mannes kam die eben erwähnte Patientin in die Mutter-Position, und er wurde allmählich zu ihrem Kind, um das sie sich – inzwischen sehr unwirsch geworden – kümmern mußte. Eine andere Patientin formulierte diese Infantilisierung ihrem Lebensgefährten gegenüber einmal so: „Nimm Dein Brottäschchen, und ab mit Dir in den Kindergarten!" Die Beziehung mit den Männern endet in einer Mutter-Kind-Situation: der Umkehrung der früheren Situation zwischen Mutter und Tochter. Die Mutterabhängigkeit des Mannes war damit reinszeniert, und die Patientin agierte mit ihm die „Kind-mit-unzufriedener-Mutter"-Situation. Die Patientin kommt also in die Rolle ihrer Mutter, was zu vermeiden ihr ganzes Bestreben war, wie ich später zeigen werde. Das „Kind" übernimmt fortan die Rolle des bulimischen wahren Selbst der Patientinnen, das sie am Freund bekämpfen können: Es ist faul, unordentlich, läßt alles herumliegen, scheitert im Beruf, ist regressiv, passiv und narzißtisch bedürftig. Die Patientinnen dagegen können sich aktiv, forsch, über jeden Mangel erhaben, draufgängerisch, unverletzbar und von sich überzeugt fühlen – wie die eigene Mutter. Doch dieses „Kind" enttäuscht schließlich die Hoffnung, im Mann eine „bessere" Mutter zu finden, wie die Mutter das auf dem Wege der Parentifizierung von ihrer Tochter schon erhofft hatte.

Die Situation zwischen den Partnern gerät auch deshalb in eine Sackgasse, weil sie überdies sehr der nicht idealisierbaren Beziehung zwischen Vater und Mutter ähnelt, in der der Vater das „Kind" ist. Durch ihre Mutterabhängigkeit gerät das Bild des Partners besonders bei Patientinnen mit jüngeren Brüdern zusätzlich in bedrohliche Nähe zur gehaßten Bruderimago, eines Kindes, das an der Brust der Mutter saugt und den Penis besitzt, von dem sie glauben, er sei ihnen vorenthalten worden. D. h., sie werden neidisch auf die Mutterbeziehung ihrer Partner. Neid und Zerstörungslust der Kranken richten sich dann gegen dieses Paar Freund/Mutter. Einer Patientin reichten meine Interpretationen nie aus. Sie wußte immer alles schon, was ich als „kleiner Bruder" gedeutet hatte. Ihrem Mann warf sie im Bett vor, „es ginge nicht tief genug". Kein Mann konnte sie zufriedenstellen, weil sie voll Neid auf ihren jüngeren Bruder war, der sie von ihrem Platz an der Brust vertrieben hatte, und sie sich aus der befriedigenden Stillsituation Mutter/Bruder ausgeschlossen sah. Der Brust der Mutter und dem Penis des Mannes (Bruders) galten fortan ihre neidischen Zerstörungsversuche. Der Bruder an der Brust ist das Urbild der Mutterabhängigkeit – des „Muttersöhnchens". Wenn der Vater als „Kind" erlebt wurde, war es in der Übertragung oft schwer zu unterscheiden, ob die neidischen Impulse und die Entwertung dem Vater oder dem jüngeren Bruder galten.

Ich sagte, daß die Objektwahl Männer träfe, die auf irgendeine Weise abhängig seien. Zufall ist das nicht. Enttäuschende Erfahrungen mit dem eigenen, noch an Mutterbilder gebundenen Vater veranlassen die Bulimikerin, unbewußt nach Männern mit zumindest brüchiger männlicher Identifizierung zu suchen, die dann die geschilderten Funktionen des „schwachen Vaters" übernehmen. Sie suchen den starken Vater und finden das Korrelat des introjizierten schwachen Vaters, der sich gegen die Mutter nicht zu behaupten vermag. Sie finden in den Männern den oralen Charakter ihres Vaters wieder. Aber bei solchen Männern kann die Patientin wegen deren Mutter-Identifizierung selbst in die phallische Position gehen und kommt mit ihren Kastrationsängsten kaum in Konflikt. Schulte und Böhme-Bloem schreiben: „In der Partnerwahl wird sich die später bulimische Frau an den Erfahrungen mit ihrem Vater orientieren. Eine Unterordnung unter einen ichstarken und selbstbewußten Mann kann für sie nicht in Frage kommen, weil sie damit ihre restlichen Ich-Grenzen riskieren würde. In der Wahl eines schwachen und depressiven Partners geht die eßgestörte Frau sicher, daß sie mit ihren uneingestandenen Abhängigkeitswünschen nicht primär abgewiesen wird" (ib., 100 f.). Oft sei es bereits im Erstgespräch möglich, „daß die Patientin selbst auf Parallelen zwischen dem Verhalten des Mannes und früheren Erfahrungen mit dem Vater aufmerksam wird", schreibt Willenberg (1989, 187).

Bisweilen war die weibliche Identifizierung der Männer nur von sekundärer Bedeutung. Sozusagen unter Umgehung des Mannes hofften manche Patientinnen, direkt an dessen Mutter partizipieren zu können. Manchmal war der eine oder andere Partner nur wegen seiner Mutter von Interesse, insofern verständlich, als die Mütter dieser Männer engagiert waren und die Patientinnen die Hoffnung hatten, ihrerseits in die Gunst dieses Engagements zu kommen und bei ihr eine bessere als die eigene Mutter zu finden. Zunächst konnte es dann auch zu einem befriedigenden Austausch zwischen der Patientin und der Mutter des Freundes kommen, aber letztendlich duldeten diese Mütter keinen Dritten zwischen sich und ihrem Sohn und schon gar nicht eine junge Frau. Und die Patientinnen pochten ihrerseits auch auf Zweisamkeit und sahen in ihren Partnern lästige Brüder, so daß es über kurz oder lang zu den heftigsten Auseinandersetzungen mit der „Leih-Mutter" kam, in denen mühelos eine Neuauflage des alten Konfliktes mit der Mutter zu erkennen war. Alle Versuche, ihren Freund als Verbündeten im Konflikt mit der Leih-Mutter zu gewinnen, scheiterten an dessen Mutterbindung. Er hielt zu seiner Mutter und fürchtete seinerseits die Patientin als Schwester-Rivalin im Kampf um deren Gunst. Es war dann so, wie es jene Patientin mit ihrem Oberarzt in der Klinik erlebt hatte, von dem sie sich im Stich gelassen fühlte, weil er sich auf die „Weiberangelegenheiten" nicht einlassen wollte. Das ist aber der Vater, der vor der Mutter „zittert" und zum „Kiosk" flüchtet. Und in diesen Konflikt fügte sich auch ein, daß die Väter von Bulimikerinnen selbst noch sehr an ihren Müttern hingen, bisweilen mutterfixiert waren, was immer wieder Anlaß für Streitereien zwischen den Eltern gab. Mit anderen Worten, die Patienten suchen unbewußt nach einem Mann, der ähnlich mutterabhängig ist, wie es der Vater war, und dann wiederholt sich mit ihm die Vater-Beziehung.

Der „schwache Vater" beschämt. Eine Patientin zog eines Tages das Fazit: „Ich war immer nur in Arschlöcher verliebt", und dann überflutete sie die Scham, mit solch entwerteten Objekten liiert gewesen zu sein. Da ein Mann für diese Patientin den fehlenden Phallus repräsentieren sollte bzw. sie selbst phallisch identifiziert war, sprach sie, spätestens wenn der Mann zum Mutterersatz geworden und den Status eines Selbst-Objekts eingenommen hatte, auch von sich selbst als entwerteter Person, eine Entwertung, die durch die Beziehung auch noch öffentlich geworden ist. Sie erlebte sich selbst als das, als das sie den Mann erlebte.

Zum Schluß dieses Kapitels will ich noch ein Thema aufgreifen, das ich schon angedeutet habe. Bisweilen stellt sich in der Behandlung der Bulimikerin eine Tendenz ein, sich über eine dritte Person, die als „krank" vorgestellt wird, zu verständigen, worüber sich eine Supervisionsatmosphäre einstellt. Man hat den Eindruck, der eigentliche Patient sei jemand anders (vgl. Rey, 1988; Abraham, 1991), dessen Heilung vom Analytiker erwartet wird. Die Patientinnen beklagen, daß diese Person sie irritiere, ratlos mache, daß sie nicht wüßten, wie sie zu verstehen und wie man mit ihr umgehen solle. Sie erleben sie im wahrsten Sinne als „Fremdkörper". Es ist, als lieferten die Patientinnen diese Person, bei der es sich um ein nicht assimilierte Introjekt handelt, sozusagen beim Analytiker ab, wie Eltern ihr Kind beim Kindertherapeuten. Oder der „Fremdkörper" kommt „alleine", ohne das Selbst, wie das bei der Imitation der Fall ist, bei der sich das Selbst des Patienten so ans Introjekt akkomodiert hat, daß es ganz verschwunden zu sein scheint. Bei der Patientin, die ihre Mutter imitierte, konnte ich die mir sonst vertraute Person nicht „erkennen", und die imitierte war mir fremd, also auch für mich ein „Fremdkörper".

Diese Supervisonsatmosphäre dürfte auf dem Wunsch nach einem „starken" Vater, einem Wunschvater, beruhen und Neuauflage der Forderung der Tochter sein, vom Vater Aufklärung über das ihr unverständliche Verhalten der Mutter zu erhalten. Das kann die Suche nach einer Komplizenschaft gegen die Mutter bzw. der Wunsch nach einer „kollegialen" Beziehung, also einer „Ehe" mit dem Vater, sein, der zum Verbündeten gegen die Mutter gemacht werden soll. Die Deutung der Übertragungsbeziehung, die ich am Anfang der Behandlung bei diesen Patienten wegen der Beziehungsphobie für kontraindiziert halte (vgl. Balint, 1965; Green, 2000) – die persekutorischen Schuldgefühle würden insbesondere bei Deutungen der negativen Übertragung, solange noch keine Erfahrung einer stabilen therapeutischen Beziehung gemacht werden konnte, einen Abbruch heraufbeschwören –, ist jetzt indiziert, weil dieses Deuten den Charakter eines „Nein" hat und man nur dann der „starke" Vater ist.

Der Wunsch nach Aufklärung kann aber auch einer sein, der nicht übertragungsbedingt ist. Was die Patientinnen vom Analytiker erklärt haben möchten, sind ihre „beschädigten" Elternintrojekte bzw. die Projektionen der Eltern, die sie in Behandlung bringen und die sie, berücksichtigt man Rosenfelds Einschätzung, als Kinder und Heranwachsende nicht durchschauen konnten. „Meine Mutter ist mir ein unverständliches Gemisch aus Mimose und Felsklotz", sagte eine Patientin. Sie verstehen z. B. nicht, warum die Mutter bei ihnen etwas beklagt, was sie selbst macht. Die Patientinnen erleben das als „Trick" der Eltern. „Weshalb macht sie das mit mir, weshalb wirft sie mir das vor, sie macht es doch auch so!" Rosenfeld schreibt, daß das Kind „wegen des starken und überwältigenden Verheimlichungszwangs das Gefühl (hat), nicht wissen oder verstehen zu dürfen, was vorgeht" (ib., 250). Die Patientinnen wollen vom Analytiker wissen, wie man mit dieser Mutter umgehen, wie man sie „behandeln" soll, und hoffen beim Analytiker (gleich welchen Geschlechts) alternative Verhaltensweisen zu denjenigen der Mutter zu finden. In diesen Fällen ist der Behandler kein (narzißtisches) Übertragungsobjekt, sondern neutrales Objekt. Behandlungstechnisch muß man darauf achten, *wie* solche Fragen gestellt werden. Dienen sie der Anklage der Mutter oder der Komplizenschaft, deute ich – wie gesagt – die Übertragung. Habe ich den Eindruck, die Behandlung hat den Haß neutralisieren können und die Erklärung wird nicht zur Haßbefriedigung mißbraucht, entspreche ich dem Wunsch, weil hinter den Fragen das Bedürfnis steht, über das Verstehen der Introjekte diese assimilierbar zu machen. Ich gehe darauf ein, um die introjektive Identifizierung in Gang zu setzen und die Introjekte im Sinne Kohuts idealisierbar zu machen bzw. zum idealisierbaren Überich werden zu lassen oder – wie es Winnicott ausdrückt – um „etwas in der Mutter menschlich" zu machen, damit sie nicht magisch wird, „übermächtig bleibt und die mütterlichen Eigenschaften zugrunde richtet" (zit. n. Stork, 1974, 293). Ich schließe mich bezüglich der Technik der Auffassung Schurs an: „Wir unterscheiden gewöhnlich in den Reaktionen unserer Patienten zwischen intellektuellem und emotionalem Verstehen. Wir wissen auch, daß Intellektualisierung zu einer sehr hartnäckigen Widerstandsform werden kann. Bei den Patienten, um die es hier geht (psychosomatische Störungen, T. E.), kann jedoch intellektuelles Verstehen, zumal in der Anfangsphase der Therapie, bereits einen Fortschritt gegenüber der tiefen präverbalen Regression bedeuten. Der gezielte Einsatz auch solcher Mittel gehört zu den technischen Besonderheiten derartiger Behandlungen" (1955, 390). Und schließlich gibt Rosenfeld zu bedenken:

> „Wenn Kinder oder Erwachsene auf dem Wege der Projektion etwas von diesem 'osmotischen Druck' mitteilen, vermitteln sie häufig etwas, das sie selbst als fremdartig und verwirrend empfinden. Sucht der Analytiker sie mit dem von ihnen Vermittelten zu konfrontieren, dann fühlen sie sich verfolgt und glauben, der Analytiker projiziere seine eigenen Probleme in sie, und nicht, daß er etwas diagnostiziert, das von ihnen ausgeht. Klinisch ist dies überaus wichtig, weil Kinder, die so analysiert werden, als ob sie destruktiv und böse wären, dann dazu neigen, sich immer stärker verfolgt zu fühlen, wenn man in diese Richtung deutet. Man sollte ihnen jedoch zeigen, daß sie etwas Destruktives und Störendes erleben, das ihnen zugestoßen ist, und daß sie versuchen sollten, im Analytiker jemanden zu finden, der ihnen etwas Positiveres, Gutes und von störendem Druck Befreites zu erreichen hilft" (ib., 373 f.).

Tatsächlich sind diese Patienten in Gefahr, Deutungen depressiv-masochistisch als Kritik und Anklage zu verstehen bzw. paranoid zu verwenden, Deutungen also sofort mit dem Überich aufzusaugen und sadistisch gegen das Ich zu richten. Die analytische Arbeit wird dann als viel zu intim und intrusiv und mithin als Verfolgung erlebt, eine grundsätzliche Schwierigkeit bei der Behandlung von Bulimikerinnen (vgl. U. Grunert, ib., 32), die eine meiner Patientinnen mit der Bemerkung auf den Begriff brachte: „Mit Ihnen möchte ich nicht verheiratet sein, Sie sehen ja alles!" Das scheint insbesondere dann der Fall zu sein, wenn die Mutter-Übertragung aktuell wird. Freud hat darauf aufmerksam gemacht, daß man in der Mutterabhängigkeit „den Keim der späteren Paranoia des Weibes findet" (1931b, 519). Die Angst vor dem Introjekt nach dem Eßanfall bestätigt dies. Der Wunsch, während der Behandlung zu sitzen, kommt dann aus dem Drang, die Verfolgung dadurch unter Kontrolle zu halten, indem laufend geprüft wird, wo der Analytiker hinsieht bzw. was er sieht. Manche Patientinnen wiederum wollen ausdrücklich auf die Couch, um „nicht gesehen zu werden", wie eine sagte. Dieser Verfolgungsgefühle wegen halte ich mich mit Übertragungsdeutungen bei diesen Patienten sehr zurück. Am besten ist, man führt die Behandlung so, daß die Patienten selbst deuten. Die Patientin z. B., die meinen Tankdeckel kontrolliert hatte, erkannte schließlich selbst, nachdem wir zusammen über den „Riesling" gelacht hatten, wie sehr sie mich kontrollieren mußte und wie neugierig-intrusiv sie dabei vorging. Hätte ich ihr das gesagt, wäre sie vor ihrem verfolgenden Überich erschrocken.

VI. Die verhinderte Triangulierung

Nachdem ich in groben Zügen die Beziehung zu Mutter und Vater skizziert habe, möchte ich nun das Thema der Triangulierung wiederaufgreifen und die weitere Entwicklung der Patienten verfolgen. Ich sagte, daß sie vor der Mutter in die asymbiotische Distanz flüchten und daß das Fluchtziel der Vater sei. Green schreibt, daß die Bindung an die präödipale Mutter vom Mädchen durch einen Objektwechsel gelöst werden müsse. Der Vater müsse nicht nur in den Rang eines ödipalen Objekts erhoben werden, sondern es müsse auch das präödipale Objekt der Abhängigkeit in das ödipale Objekt des Rivalen verkehrt werden (vgl. 1996, 134). Beide Schritte gelingen der Bulimikerin selten. Zum einen ist durch die asymbiotische Distanz die Abhängigkeit von der Mutter keineswegs gelöst, zum anderen kann das Mädchen den Vater nur schwer zum ödipalen Objekt erheben, da er von der präödipalen Mutter entwertet worden ist. Zwar dürfte die eine oder andere hier geschilderte Episode mit dem Vater ödipal aussehen, aber genau besehen verbleiben die Patienten im präödipalen Modus verhaftet. Die Mutter verwickelt die Tochter in eine anale, der Vater in eine orale Objektbeziehung, und die Patientin sucht im Vater den „besseren" Dyadepartner. Daß es sich um keinen echten Objektwechsel handelt, hat Willenberg (1989, 179) dargelegt. Das schließt auch eine ödipale Triangulierung aus.

Folgende Sequenz von Träumen dürfte den Entwicklungsstand der Patientinnen bebildern. Eine schilderte, daß ich zu ihr nach Hause gekommen wäre, um eine Therapiestunde abzuhalten. Sie hat sich aber in der Zeit vertan und gibt noch einer Frau Klavierunterricht. Dabei plappert sie lauter „dummes Zeug", und schließlich entdecken wir auf der Tastatur ihres Klaviers eine Erdnuß. Sie schämt sich und fürchtet, ich würde mich abwenden, weil sie das Klavier „zur Küche" gemacht habe. Die Erdnuß stand sowohl für die Fixierung ans Orale als auch für die an den „Erd"-Boden, die Mutter. Die Dinge des späteren Lebens, die Vielfalt der Klänge, das Spiel auf der Tastatur usw. haben noch keine Bedeutung, als wäre sie auf den Vater noch nicht vorbereitet, noch nicht „empfangsbereit". Daß sie einer Frau Unterricht gibt, ist eine Umkehrung. Sie selbst bedarf noch der Unterweisung durch eine Frau, die sie auf das Leben vorbereitet, denn sie redet noch „dummes Zeug". Das könnte freilich ebensogut bedeuten, daß sie ihre bereits erfolgte Entwicklung vor der Mutter verbergen muß.
In derselben Nacht hatte die Patientin einen weiteren Traum. Diesmal kommt sie zu mir. Ich erwarte sie an der Tür in einem feuerroten Anzug, was sie sehr genießt. Wir fanden heraus, daß ich „entflammt", sie also erregt erwarten sollte. Das wäre eine große Bestätigung für ihr weibliches Selbst gewesen und eine Ermutigung für einen Schritt hin zum Vater. Die Flamme an der Tür ließe sich auch genitalsymbolisch deuten. In dem Traumstück, das sie anschließend erzählte, liegt sie auf der Couch, versucht ihren „ganzen Mist herauszuquetschen", kann aber nichts sagen. Ich sage auch nichts, was sie sehr wütend macht. Dieser letzte Traumteil ließ sich in verschiedene Richtungen interpretieren. Sie fühlte sich noch nicht reif für die Liebesbeziehung zum Vater, ist noch mit analen Themen beschäftigt, noch an die Mutter der Reinlichkeitsphase gebunden, als die sie mich jetzt erlebt. Es geht aber auch um eine Geburt, und ich nehme keine Notiz von ihrer Anstrengung, die ihr das Geschenk, das sie mir machen möchte, abfordert, als wäre ich der indifferente Vater, der mit „Weiberangelegenheiten" nichts zu tun haben will. Oder aber der „entflammte Vater" hat sie so erschreckt, daß sie die Regression in die Analität antritt. Die Sequenz zeigt, daß die Patientin

die Entwicklung sucht, den Ödipuswunsch aber nicht durchhalten kann. Auf der realen Ebene trat diese Patientin immer dann den Rückzug an, wenn ein Mann sich für sie zu interessieren begann, also in Flammen stand. Es war wie bei Giovanna (vgl. Liotti, ib.).

Die Fixierung an die Mutter, die Pseudoautonomie der asymbiotischen Distanz und die Flucht zum Vater erlauben keine gewachsene Triangulierung. Die Patienten haben nicht das Gefühl, gleichzeitig mit Vater und Mutter eine Beziehung unterhalten und frei zwischen Vater und Mutter hin- und herpendeln zu können, ohne daß ein Elternteil dies als Verrat empfände. „Oft hatte ich das Gefühl, ich verrate Frau G., wenn ich anders denke als sie oder etwas nicht machen möchte, was sie erwartet", schreibt eine Patientin über ihre Therapeutin (vgl. Gerlinghoff, ib., 134); die Beziehungen zu Mutter und Vater bleiben jeweils dyadisch. Weil an Bulimie Erkrankte im Vater den besseren Symbiosepartner zu finden hoffen, fällt er als Triangulierungspartner aus. Erfahrungsgemäß strebt die bulimische Beziehung immer die Dyade an, wie der Eßanfall zeigt. Die zu Müttern gemachten Väter vermochten aber ihrerseits auch nicht die Funktion eines Triangulierungspartners bei ihren Töchtern einzunehmen, weil sie sich als zu schwach erwiesen und vor ihren Ehefrauen kapitulierten und sich nicht als Alternativobjekt anboten. Eine allmähliche Loslösung von der Mutter über den Vater ist damit verlegt. Alle meine Bulimie-Patienten kamen mit der Illusion in die Behandlung, sich längst von ihren Müttern resp. den zu Müttern gemachten Vätern gelöst zu haben. Die Bindung an die Eltern aber lebte im Symptom weiter.

Aus Angst, die Mutter könnte die Flucht zum Vater als Verrat deuten, muß sie vor ihr verheimlicht werden. Ich habe erwähnt, daß in der Behandlung die geheimnisvolle Beziehung zum Vater weitergeführt werden soll, bzw. die Behandlung selbst kann zum Geheimnis werden, das sorgfältig vor der Umgebung gehütet wird. Eine Patientin versteckte vor einer Freundin, die sich wie sie in Analyse befand, alles, was mit mir zu tun haben könnte, z. B., daß sie psychoanalytische Literatur im Bücherschrank hatte. Sie fürchtete, die Freundin könnte entwertende Bemerkungen über mich machen, und sie sollte ferner nicht sehen, daß sie mit ihr konkurriert. Man muß indes auch mit dem Gegenteil rechnen, das aber dieselbe Angst zur Grundlage hat: Die Patienten tragen wegen ihrer persekutorischen Schuldgefühle Details aus der Analyse an die Öffentlichkeit und „verraten" den Vater.

Eine andere Patientin hatte Angst, zu einem Mann in Analyse zu gehen, weil ihre Mutter dann erzürnt sein und eifersüchtig werden könnte. Sie meinte, sie könne nur Zweierbeziehungen aushalten, weil ihre Angst vor der Eifersucht die Beziehung zu Frauen zu einer „Leistungsbeziehung mit Verkrampfung" mache. Eine andere mußte sich erst mit ihrem Freund streiten, bevor sie zu mir in die Stunde kam, um sich dann mit mir zu streiten. Einer von uns mußte auf Distanz gehalten werden. Eine Stewardeß hatte die freilich nicht unberechtigte Angst, wenn ihre Krankheit bekannt würde, an der „Bodenstation festgenagelt zu werden" und nicht mehr fliegen zu dürfen, eine gelungene Formulierung für ihre Befürchtung, nicht von der Mutter loszukommen. Die Angst bezieht sich freilich nicht nur auf die Männer bzw. den Vater. Eine Patientin empfand Schuldgefühle, wenn sie mit einer Freundin ausging, weil sie glaubte, eine andere Freundin billige das nicht. Auch sie konnte sich nur heimlich verabreden.

Die Befürchtungen, die Mutter könnte die Flucht zum Vater als Verrat erleben, bestehen nicht ohne Grund, schließlich soll mit den Geheimnissen und der Komplizenschaft zwischen Vater und Tochter die Mutter ausgeschlossen und wegen der präödipalen Versagungen Rache an ihr geübt werden. Das macht aber wieder angst vor dem Neid und der Vergeltung der Mutter. Dieser von der Mutter kommende befürchtete Neid beruht zum Teil auf Projektionen des eigenen Neides auf die Gebärfähigkeit und die Brust, der früher vorhanden ist als der Neid auf den penisbesitzenden Vater oder Bruder (vgl. Mitscherlich-Nielsen, 1975, 69). Es gibt allerdings Hinweise, daß die Mutter auch real auf ihre Tochter neidisch war, besonders in der Pubertät, wenn der Körper der Tochter zum Neidgegenstand für sie wird und sich z. B., wie bei einer Patientin, darin äußerte, daß sie sich bei ihrem Mann beklagte, er investiere zuviel in die Ausbildung seiner Tochter. Einerseits muß die Mutter wegen des auf sie projizierten Neides entwertet werden, andererseits beziehen die Patienten wegen der Angst vor ihrer Rache eine unterwürfige Position, um die „eiskalte" Mutter zu besänftigen. D. h., daß die Patientinnen alle jene Dinge, die der Vaterwelt angehören und auf die die Mutter neidisch sein könnte, (sich) bedeutungslos machen müssen. Heimlich bleiben diese Dinge jedoch besetzt. Diese Angst vor Neid und Rache, real oder phantasiert, ist mit ein Grund für das mißlungene Containment, denn alles, was mit der Vaterwelt zusammenhing, durfte der Mutter nicht mitgeteilt werden, sondern mußte Geheimnis bleiben. Diese Angst ist auch Motiv für die Heimlichkeit und das Stehlen. Beide haben die Funktion, die

Dinge vor dem Zugriff der rachelüsternen Mutter zu schützen bzw. sie sich von ihr unbemerkt anzueignen. Die gestörte Triangulierung hat zur Folge, daß die Patienten wirkliche Beziehungen meiden müssen und sich nur im Zwischenbereich der Heimlichkeit und Illegalität bzw. der Tagträume bewegen können.

Die Angst vor einer Gewichtszunahme nach dem Eßanfall, die ich u. a. als Angst vor der Rache des Introjektes interpretiert habe, ist die Angst vor der Rache der Mutter. Macht die Nahrung (die Mutter) die Tochter dick, gefällt sie dem Vater nicht, und die Flucht zum schützenden Objekt verläuft ins Leere. Eine Patientin sagte über eine Freundin: „Die hat mir die Blicke der Männer weggenommen", oder: „Die hat sich immer auf meine Freunde draufgelegt". Ist die Tochter dick, macht sie dem Vater möglicherweise sogar angst, weil sie in ihm die „böse Mutterimago" aktiviert; er könnte sich dann abwenden. Die Feststellung einer Patientin: „Wenn ich dick bin, ist für nichts anderes Platz", zeigt, daß „Dicksein" mit der Mutter verschmolzen sein heißt. Was „für nichts anderes Platz haben" meint, entnehme ich der Bemerkung einer anderen Patientin: "Nur wenn ich dünn bin, kann ich einen Mann zulassen und mich verlieben". In der Fusion mit der Mutter hat ein Vater keinen Platz. Dünnsein hingegen heißt autonom, von der Mutter unabhängig und mithin offen für den Vater sein.

Ich erwähnte die große, aber verleugnete Abhängigkeit der Patienten von ihren Eltern. Im Zuge der Behandlung tritt sie deutlich hervor. Die Eltern sind nach wie vor die wichtigsten Bezugspersonen, auch wenn die Patienten das Gegenteil behaupten und ihre räumliche Trennung von den Eltern als Beweis vorlegen. Aber sie haben zu einer Pseudoautonomie Zuflucht genommen, denn genau besehen bestehen noch vielfältige Bindungen, wie beispielsweise tägliche Telephonate zeigen. Die Bindung an die Eltern erfolgt über das Ichideal. Die Abhängigkeit von den gesellschaftlich vorgegeben Schlankheitsidealen ist die Weiterführung bzw. der Ersatz der Bindung an die Eltern. Wenn die Eltern ihr mangelhaft realisiertes ideales Selbst stellvertretend vom Kind darstellen lassen, scheitern die Kinder leicht daran, „ein persönliches, von den Eltern abgelöstes Ich-Ideal bzw. Über-Ich zu entwickeln", und es ließe sich ihr Bedürfnis verstehen, „sich selbst dann, wenn die Eltern nicht mehr existieren, in übergroßem Maße von anderen Personen oder äußeren Normen abhängig zu machen" (Richter, ib., 196). Und an anderer Stelle: „Zahlreiche Erwachsene, die sich nie von den elterlichen Rollenvorschriften befreien und kein eigentliches persönliches 'Selbst' entfalten konnten, orientieren sich später nach anderen

Autoritäten, die gewissermaßen nur das Erbe der Eltern antreten. Ihr Ich-Ideal oder Über-Ich bleibt externalisiert" (Richter, ib., 261). Die Bindung über das Ichideal zeigt sich in ihrer Sehnsucht nach einem idealisierbaren Objekt und äußert sich in der Idealisierung der Nahrung oder Personen, wie folgenden Bemerkungen zu entnehmen ist: „Die Therapeuten waren für mich Menschen, vor denen ich sehr großen Respekt hatte, denen ich aber auch unterstellte – so komisch das vielleicht klingen mag –, mein 'Schicksal in der Hand zu haben'. Ihre Meinung war mir extrem wichtig, und ständig war ich auf der Suche nach Lob" (Gerlinghoff, ib., 120); „Ganz am Anfang der Therapie hatte ich großen Respekt vor Frau Gerlinghoff, ich stellte sie auf den Podest und 'vergötterte' sie" (ib., 125); „Ich habe meiner Bezugstherapeutin lange eine 'Übermenschrolle' übergestülpt, ohne mir Gedanken zu machen, wie es ihr damit geht. Ihre Entscheidungen und Äußerungen waren für mich unwiderruflich und immer absolut richtig. Mir wäre nie in den Sinn gekommen, daß sie sich auch mal irren könnte" (ib., 144).

Die „hilflosen" Eltern

Diese Idealisierung hat ihren Grund. Meinen Erfahrungen nach tragen diese Patienten das Introjekt „hilflose Eltern" in sich, Eltern, die sich im Umgang mit den emotionalen Problemen ihrer Kinder wegen eigener Fixierungen als unzulänglich erwiesen haben. Hilflos waren die Eltern angesichts der progressiven wie auch der regressiven Wünsche, weil sie, die Mutter unnahbar, der Vater selbst hilfebedürftig, keinen Schutz vor der Regression und dem Kontrollverlust gaben bzw. die Regression nicht auffangen konnten. Vanderlinden et al. haben die Erfahrung gemacht, daß manche Familien „nahezu 'bulimische' Ansprüche" an die Hilfsbereitschaft des Familientherapeuten stellten (vgl. ib., 103). Dieses Introjekt bereitet Gefühle, unter- oder verlorenzugehen, zu ertrinken, abzustürzen, zu fallen, ohne Halt, ohne Boden zu sein, verbunden mit der Angst vor Identitätsverlust. Kernberg schreibt über Borderline-Patienten: „Die monströsen Zerrbilder, in denen die Eltern noch zu Beginn der Therapie geschildert wurden, erweisen sich zwar als phantasiebedingte Entstehungen; versagt haben diese Eltern aber, und zwar in einfachen menschlichen Dingen, nämlich da, wo es darum ging, Liebe zu geben und anzunehmen, Trost und Verständnis zu vermitteln oder mit intuitivem Geschick helfend einzugreifen, wenn ihr Kind in Not war" (ib., 205). Es sind diese Grundbedürfnisse, die bei Bulimikerinnen nicht befriedigt wurden, demzufolge gierig machten sowie die Wünsche an die Eltern und auch die Introjekte 'Eltern' dann ins Monströse wachsen ließen. Da die Eltern als Hilfs-Ich bei der Vermittlung und Regulierung von Gefühlen und Bedürfnissen ausfallen, wachsen letztere ins Unermeßliche, werden „maßlos", in ihrer Intensität vom psychischen Apparat nicht mehr beherrschbar, und es kommt zur traumatischen Affektüberflutung. Daß andere Traumen dann auf der Basis nichterfüllter Grundbedürfnisse als schwere Einbrüche der Realität in die psychische Welt erlebte wurden, läßt sich denken. Im Kapitel über die Kleptomanie berichtete ich von einer Patientin, die Geld für die Reparatur ihrer Waschmaschine oder für einen warmen Pullover stahl. Das war zwar einerseits eine Rationalisierung, andererseits aber hatte sie Eltern, die sich nicht als Eltern erleben konnten und ihre Kinder nicht als Ausdruck ihrer Beziehung und ihrer gemeinsamen Sexualität empfanden. Die Elternbeziehung bot ihr nicht jene „Brücke" (Ferenczi, 1921), über die sie hätte in Ruhe gehen können, vielmehr fühlte sie sich vom Zusammenbruch bedroht, so daß sie das gestohlene Geld zur „Sicherheit" brauchte, weil sie sich letztlich um den Phallus elterlicher Kompetenz betrogen sah. Das Geld war für das phallusberaubte Kind zur Krücke geworden. Der Grund, weshalb das Gestohlene und die Nahrung nie den Erwartungen entsprechen, liegt u. a. in der fehlenden Kompetenz der Eltern. Die Introjektion der „hilflosen Eltern" und die Wut über deren Nichtidealisierbarkeit, Ursache der Ohnmachtsgefühle der Patienten, werden meiner Ansicht nach entscheidend für den Ausbruch der Bulimieerkrankung in der Pubertät bzw. Adoleszenz.

Der Wunsch, die Eltern zu idealisieren, hängt sekundär mit der Sorge zusammen, mit ihrer Gier und Enttäuschungswut die Eltern zerstört zu haben. Mit der Idealisierung soll die Zerstörung ungeschehen gemacht werden. Die Idealisierung hat in dieser Hinsicht defensiven Charakter. Primär kommt der Idealisierungswunsch von der Scham, daß die Eltern nicht idealisierbar waren. Die Sehnsucht resultiert aus einem Defizit mit Folgen für das Selbstwertgefühl. Schon früh haben sich die Patienten ihrer Eltern geschämt, weshalb es schon früh und vorzeitig zur Desillusionierung der Eltern und folglich auch des Selbst kam. Obige Schilderungen zeigen, wie weit die Patienten regredieren müssen, um Anschluß an die Zeit vor der Desillusionierung zu finden. Green schreibt: „Bei den Grenzfällen mit Prädominanz der depressiven Problematik (...) (leidet) das Subjekt unter der Enttäuschung an beiden Elternteilen. Diese Fälle sind ganz besonders schwierig, denn dem Haß steht auf der anderen

Seite keine Liebe gegenüber, die die Lebensfreude garantieren könnte, außerdem ist der Narzißmus des Subjekts wegen Fehlens identifikatorischer Stützen stark belastet" (1997, 40). Überraschend für mich war, daß ich nur selten bei Bulimikerinnen Familienromanphantasien finden konnte, obwohl sie bei den Vorerfahrungen zu erwarten wären. Das könnte mit der Störung in der Phantasietätigkeit zusammenhängen. Wahrscheinlicher aber ist, daß die Patienten zu früh und deshalb so pathogen mit der Realität inkompetenter Eltern konfrontiert gewesen waren, daß Tagträume von besseren, idealisierbaren und (omni-)potenten Eltern jenseits jeder Vorstellungsmöglichkeit lagen, d. h., die Phantasietätigkeit reichte nicht aus, um die Realität zu kompensieren. Man könnte jedoch sagen, daß mit dem Nahrungsmittel eine Art „Familienroman" gelebt wird. Nicht zufällig tritt die Bulimie in der Pubertät auf, einer Zeit, in der sich üblicherweise Familienromanphantasien bilden. Mit ihr hoffen die Patientinnen die Möglichkeit zur Idealisierbarkeit zu finden und sich die Omnipotenz einbilden zu können, wenn schon nicht als Kind „königlicher Eltern", dann wenigstens als Besitzer eines „lachenden Käsekuchens".

Bei einer Patientin konnte ich eine ausformulierte Familienromanphantasie finden, die sie aber erst in der Behandlung, die Pubertät nachholend, entwickelte. Anlaß war, daß sie ein Paar Schuhe gesehen hatte, die ihr gut gefielen. Sie seien „weiblich, erotisch, von schlichter Eleganz und teuer" gewesen. Sie stellte sich nun vor, ich sei ihr Vater, mit einer Frau verheiratet, mit der ich mich prächtig verstünde, und ginge nun mit ihr diese Schuhe kaufen. Dieser „Familienroman" nennt alle Bedingungen, unter denen sie sich eine gelungene weibliche Entwicklung – die Schuhe sind Symbol dafür – vorstellen könnte: sich ungestört von elterlicher Pathologie entwickeln, sich frei zwischen den Eltern, die sich verstehen, emotional bewegen zu können, ohne Angst haben zu müssen, einer der beiden erlebe es als Verrat oder fühle sich ausgeschlossen. Zu ihrer Realität indes gehörten sexualisierende Kommentare ihrer Mutter über ihre Beziehung zum Vater, die ins Zentrum ihrer unbewußten Wünsche trafen, sie bloßstellten, diffamierten, das Intimste öffentlich machten und deshalb traumatisierend waren und sie zwangen, ihre Entwicklungsschritte zur weiblichen Identität im Verborgenen zu halten. Eine andere Patientin glaubte, sie sei „Waisenkind", auch eine Art Familienroman. Sie zog es vor, keine Eltern zu haben, um der enttäuschenden Realität ihrer Eltern zu entkommen. Mit dieser Phantasie konnte sie sich immerhin die Fürsorglichkeit ihrer Umgebung sichern und zugleich Anklage gegen ihre Eltern erheben, die sie als Paar ohne jede Kompetenz erlebte. Eine andere Patientin erinnerte sich, daß sie, als sie acht oder neun Jahre alt war, ihre Eltern zusammen im Bett, den Vater in den Armen der Mutter gesehen hätte. Ihre Eltern seien daraufhin so erschrocken gewesen, daß sie sich entschuldigt hätten. Die Patientin kommentierte ihr Erlebnis so: „Die konnten überhaupt nicht zu ihrer Sexualität stehen" – und damit auch nicht zu ihr.

Manchmal empfanden die Eltern ihre Tochter auch deshalb als „schmutziges" Kind, weil sie in ihrer Phantasiewelt ein verbotenes, ein Inzestkind war, weshalb manche Mutter die Schwangerschaft vor ihren eigenen Eltern verbarg. Die Heimlichkeit der Patienten führt dann die Heimlichkeit der Eltern fort. Eine Patientin hatte ihren Paß verloren, wollte ihn aber gar nicht erst wiederhaben, denn darin stand ihre ganze „unglückselige Vergangenheit" als „schmutziges Mädchen". Sie war die Tochter einer Mutter, die „abgöttisch" am Großvater hing. Die Inzestbedeutung kann dazu führen, daß die Tochter durch Vernachlässigung bis Ignoranz „ausgesetzt" wird. Ich konnte einen Fall beobachten, in dem die Tochter für ihre Mutter das phantasierte Kind mit einem heimlichen Geliebten war, von dem der Ehemann nichts wissen durfte, dem aber ihre ganze Sehnsucht galt. So verboten wie der Geliebte war auch die Tochter, die dem Ehemann überhaupt nicht glich, zumindest konnte die Patientin keine Ähnlichkeit mit ihrem Vater feststellen, was aber auch Ausdruck ihrer Scham über ihren Vater war. Sie hatte eine Familienromanphantasie gebildet, in der sie exakt die unbewußte Phantasie ihrer Mutter durchspielte. Sie war nämlich die Tochter dieses Paares, das sie sich als die besseren Eltern auserkoren hatte. In diesen Familienroman hatte sie zugleich auch ihre ödipalen Wünsche eingewoben, denn mit zwölf hatte sie Träume, in denen sie mit Männern im Bett lag, die eine auffallende Ähnlichkeit mit dem Geliebten der Mutter hatten. Sie war die einzige Bulimie-Patientin, bei der ich einen Familienroman finden konnte, ich vermute, weil sie im Geliebten ihrer Mutter einen von dieser begehrten und nicht entwerteten „Vater" fand.

Anstelle eines kompensatorischen „Familienromans" fand ich einen anderen Versuch, die Enttäuschung an den Eltern wettzumachen, einen Versuch, der auch die Hoffnung dieser Patienten beinhaltet: „In der ersten Zeit (ihrer Therapie, T. E.) versuchte ich, meine Mutter mit zu therapieren, weil ich sah, daß sie sehr unglücklich war. Ich gab dieses Ansinnen schnell auf, da ich merkte, daß es jede für sich allein schaffen muß. Trotz einiger Versuche, gute Gespräche mit ihr zu führen, merkte ich, daß ich keinen Zugang zu ihr finde, mich ihr tatsächlich nicht verständlich machen kann. Sie faßte bei ernsteren Themen immer alles anders auf, als ich es meinte, fühlte sich sofort angegriffen. (...) Deswegen richtete ich es so ein, daß wir uns ab und zu treffen (...) Wir gehen dann zusammen essen, quatschen nett über belanglose Dinge. Mehr Kommunikation ist zwischen uns nicht möglich. Ich mußte lernen, daß ihr eigenes Konstrukt aus heiler Welt und heiler Familie total zusammenbrechen würde, wenn sie versuchen würde, mich zu verstehen" (Gerlinghoff, ib., 146).

Diese „Therapie" als Hoffnung auf Änderung mußte scheitern. Die Patientin nennt die Gründe: Sie kann die Separation nicht aushalten, nicht akzeptieren daß ihre Mutter eine andere Person ist (ihre Mutter faßte alles anders auf). Ferner: Sie will ihre Mutter als Container gebrauchen (sich der Mutter verständlich machen), ein Wunsch, der aus dem bisher Gesagten zwar verstehbar ist, aber in einer „Therapie" nicht funktioniert, denn dort müßte die Mutter als Patientin für sich die Containerfunktion in Anspruch nehmen dürfen. Diese Patientin wollte ihre Mutter therapieren, um sie endlich für ihre Bedürfnisse in Anspruch nehmen zu können. Als das nicht gelingen will, zieht sie sich resigniert bzw. gekränkt zurück. Wir finden also in dieser „Therapie" alle jene Mechanismen wieder, die wir als Merkmale der Mutter-Tochter-Beziehung ausfindig gemacht haben, nur daß es jetzt die Tochter ist, die sich dieser Mechanismen bedient. Man könnte auch sagen, diese Tochter ist in die Fallstricke der Parentifizierung geraten. Sie übernimmt die Rolle der Mutter (Therapeutin), will aber Tochter sein und die Mutter gebrauchen. Es kommt zu einer Identitätsverwirrung zwischen „Patient" und „Therapeut". Schon von daher ist dieser „Therapieversuch" von Interesse, aber er liefert einen weiteren wichtigen Hinweis, denn tatsächlich bringen die Patientinnen ihre beschädigten Introjekte in die Behandlung (vgl. Rey, 1988), weil sie sie für krank halten und um sie dort heilen zu lassen, was zu der oben erwähnten Supervisionsatmosphäre beiträgt. Der Analytiker soll die Frage der Patienten beantworten, ob sie Mutter oder Vater mit ihrer Wut beschädigt haben und sie deshalb so unzulänglich und „unverständlich" reagieren oder ob es sich um Beschädigungen aus der Lebensgeschichte der Eltern handelt und ihre Wut berechtigt ist. Eine „Therapie" soll aus den Eltern nicht gesunde, sondern idealisierbare Eltern machen. „Die behandelten Eltern" wären dann solche, die sich für den Familienroman eigneten, und nicht solche – wie eine Patientin träumte –, die auf der Straße sitzen und betteln, wofür sie sich im Traum entsetzlich schämte. Aber wir erhalten noch einen wichtigen Hinweis. Auch die Mutter „fühlte sich sofort angegriffen", reagierte also auf die „Therapie" paranoid – wie die Patientinnen.

VII. Die Pubertät und Adoleszenz

Nachdem ich die Zeit vor dem Ausbruch der Bulimie-Erkrankung mit den dort auftretenden Problemen skizziert habe, will ich jetzt einen Blick auf die Zeitspanne werfen, in der es zu Veränderungen im Körperbild, in den Beziehungen zu Eltern und Freunden und in der Symptomatik kommt. Wurmser schreibt:

> „Als Kinder sind die Patienten schüchtern, zurückgezogen und verträumt. Ihr Phantasieleben ist ungewöhnlich lebhaft und kann manchmal ans Wahnhafte grenzen. Sie sind Musterkinder, oberflächlich gut angepaßt und folgsam, ja unterwürfig. In der frühen Pubertät, mit etwa 13 Jahren und um die Zeit der Menarche, beginnen die Entfremdungs- und Angstzustände. Im Alter von 14-17 Jahren treten die ersten Eßstörungen auf; typischerweise werden sie von einem sexuellen Erlebnis in Gang gesetzt. Mit etwa achtzehn wird die schleichende Depression, die diese Patienten vermutlich die meiste Zeit ihres Lebens schon begleitet hatte, stark und augenfällig: sie hören auf zu arbeiten und brechen alle oder doch die meisten ihrer früheren Bindungen ab" (1993, 329).

Das Körperbild

Wenden wir uns zunächst dem Körperbild und der Besetzung des Körpers zu. Der Körper der Bulimikerin beherbergt wenige Erinnerungen an befriedigende Erfahrungen. Ich habe ihn als Brachland in der Mutter-Kind-Beziehung bezeichnet. In ihrem Körper wohnt nicht die gute, eher die ungeduldige Mutter, der der Körper des Kindes lästig ist und die ihn für schmutzig hält. Gerlinghoff schreibt: „Gerade der Umgang mit dem Körper bereitet vielen Patientinnen mit Eßstörungen enorme Ängste. Dies ist vielleicht der am stärksten geschädigte Bereich ihrer Persönlichkeit. Dort fühlen sie sich am unsichersten und inkompetentesten und tragen viele schmerzliche Erinnerungen mit sich herum" (ib., 110). Ich habe von den Versuchen in der Kindheit, den Körper libidinös zu besetzen, berichtet. Sie waren wohl wenig erfolgreich. Den Grund nennt Grunberger: „Wenn die für eine adäquate Besetzung des Ichs nötige narzißtische Bestätigung zu Beginn durch ein Verschulden des Objekts (der Mutter) ausgeblieben ist, werden alle Versuche, die das

Subjekt später auf verschiedenen Ebenen unternimmt, um das gleiche Ziel zu erreichen, ebenfalls fehlschlagen" (1976, 259). Khan geht davon aus, daß „in der menschlichen Psyche auch noch ein archaischeres und primitiveres psychisches Agens existiert, nämlich das Ich-Ideal. Es vereint auf sich alle verdrängten oder aufgegebenen Körpererfahrungen, die mit der Säuglingspflege und guter mütterlicher Betreuung verknüpft sind, ist enger mit den Schicksalen der primitiven Körper-Ich-Entwicklung verbunden und ist auch Erbe des primären Narzißmus des Säuglingsalters. Die Pathologie dieses Ich-Ideals hängt von der Pathologie der frühen Beziehung zur Mutter ab" (1983, 167 f.). Das ließe den Schluß zu, daß aufgrund der biologischen Identität und verlängerten präödipalen Beziehung zur Mutter diesem Ichideal in der weiblichen psychosexuellen Entwicklung eine größere Bedeutung zukommt als beim Mann (vgl. Khan, ib., 168). Das hohe Ichideal der Bulimikerin beweist, daß es zuwenig narzißtische Bestätigung gegeben haben muß. „Die Diskrepanz zwischen Ich und Ich-Ideal ist um so geringer, je besser die narzißtische Bestätigung gelungen ist; dadurch wird das Ich-Ideal zum Teil überflüssig gemacht, und seine Forderungen verlieren an Schärfe" (Grunberger, 1976, 252).

Die Pathologie des Ichideals bei der Bulimie läßt sich sowohl am Perfektionszwang als auch an der Ignoranz dem Körper gegenüber ablesen. Ich erinnere an die Patientin, deren Mutter von gefährlichen Mängeln am Auto ihrer Tochter keine Notiz nahm und die in der Folge selbst die Bedeutung dieser Mängel verleugnete, so daß die mütterliche Ignoranz in eine selbstzerstörerische, eine präsuizidale Haltung führte. Versteht man das Auto als Symbol des (Körper-)Selbst, so richtet sich die Ignoranz gegen den Körper – bei den Eltern dieser Patientin traf dies tatsächlich zu –, und darum stehen die Patienten Gefahren für ihren Körper durch die Bulimie meist gleichgültig gegenüber und zeigen ein gegen Warnungen resistentes Verhalten, das mit der Enttäuschung über die Mutter und den Rachephantasien zusammenhängt. Gerade rachebedingte Ignoranz kann tödlich sein. Willenberg schreibt: „Wenn auch die Oberfläche des Körpers an Bulimia nervosa erkrankter Frauen gehegt und gepflegt wird und dem geltenden Schönheitsideal entsprechen mag und dieses nicht, wie bei der Kachexie karikiert, sollten die nachhaltigen, schädigenden Folgen der regelmäßigen Hyperphagie und des willkürlichen Erbrechens nicht übersehen werden" (1989, 199). Er zitiert den Fall einer 23jährigen Frau, die während eines Eßanfalls fast neun Kilogramm Nahrung zu sich genommen hatte, Stunden später mit schwerster Atemnot und abdominellen Schmerzen ins Krankenhaus eingeliefert wurde, extremen Zwerchfellhochstand und stark dilatierte Darmschlingen zeigte und einen bereits durch Mesenterialinfarkte irreversibel geschädigten Dünndarm aufwies, so daß sie kurz nach der Operation im septischen Schock verstarb. Eine Zwanzigjährige zeigte eine frische Ösophagusruptur, nachdem es ihr nicht gelungen war zu erbrechen. Eine 22jährige Patientin mit extremer Hyperphagie und willkürlichem Erbrechen sei morgens tot im Bett aufgefunden worden. Als Todesursache wurde eine akute Hypoglykämie im Anschluß an willkürliches Erbrechen vermutet (vgl. ib., 199). Das bisher Dargelegte läßt aber kaum Zweifel daran, daß der Mord am eigenen Körper unbewußt der Mutter gilt, was die Gleichgültigkeit der Patienten erklärt, denn subjektiv besteht für den eigenen Körper keine Gefahr, weil er ihnen nicht gehört. Von der Gleichgültigkeit sollte man sich dennoch nicht täuschen lassen. Die Bulimikerin hat noch einen anderen, einen heimlichen Nicht-Mutter-Körper, und der ist hoch besetzt, aber in der Pubertät kommt es zu einer Gegenbesetzung. Es ist wie bei den schwäbischen Frauen, von denen es heißt, sie trügen ihre Perlenketten *unter* der Bluse. Fenichel schreibt: „Wenn ein Organ aus dem Körperbewußtsein schwindet, so muß dies nicht immer einem Entzug der ihm zugehörigen Libidobesetzung entsprechen (...), sondern es kann gerade einer besonders erhöhten Libidobesetzung eine manifeste Erscheinungen verdeckende Gegenbesetzung entgegenstehen" (1931, 75). Ersetzt man „ein Organ" durch den ganzen Körper und „Libidobesetzung" durch narzißtische Besetzung, so findet man die Verhältnisse vor, die m. E. auf die Bulimie zutreffen. Die heimliche narzißtische Besetzung gilt der Attraktivität der Körperoberfläche und der Motorik. Weshalb beides diesen Patienten so existentiell ist, habe ich ausgeführt. Die Besetzung resp. Gegenbesetzung zeigt sich in der Kleidung, im Schmuck etc. Eine Patientin kleidete sich als „graue Maus", um ihrem feindlichen Überich keinen Anlaß zu Kritik zu geben. Gleichwohl bezog sie aus dem Zwang zur Farblosigkeit narzißtischen Gewinn. Sie war von der Attraktivität ihres Körpers so überzeugt, daß es keiner körperbetonenden, farbigen Kleidung, keiner kurzen Röcke als Blickfang bedurfte. Abschätzig äußerte sie sich über die Abhängigkeit anderer Frauen von solchen Dingen. Die hohe Besetzung des Körpers rührt auch daher, daß er als Darstellungsorgan für seelische Konflikte gebraucht wird, die aufgrund der passager gestörten Symbolisierung nicht in der Phantasie bewältigt werden können. Ich sagte früher, daß diese Patienten ihre Beziehungsängste auf den Körper verschieben.

Mit der Pseudogleichgültigkeit dem Körper gegenüber werden mitunter hypochondrische Befürchtungen bis hin zur Todesangst abgewehrt, die ich besonders bei Patienten fand, deren Eltern Kinderkrankheiten nicht emphatisch aufnehmen konnten, manchmal auch ignorierten und z. B. ihre Kinder nicht im Krankenhaus besuchten, wenn sie unter einer ansteckenden Krankheit litten. Eine Patientin agierte solche Ängste mit ihrem Hund, um den sie Todesängste ausstand, ständig mit ihm zum Arzt lief und dort schlechte Befunde erwartete. Sie selbst litt unter einer Arztphobie und verleugnete ihre Krankheiten. Ihre Angst bezog sich aber nur auf die inneren Organe, nicht auf den äußeren, sichtbaren und damit kontrollierbaren Körper. Bei einer anderen Patientin bedurfte es einer jahrelangen psychotherapeutischen Behandlung, bis sie es wagte, sich wegen ihrer Bulimie einer gründlichen internistischen Untersuchung zu unterziehen, während der Besuch beim Hautarzt keine Ängste machte.

Bestimmte Körperbereiche sind stark angstbesetzt, vorwiegend die Körperöffnungen, die im Kontext von Introjektion und Kontrollverlust, insbesondere der Sphinkterkontrolle, mit traumatischen Erfahrungen verknüpft sind. In einem Traum machte sich eine Patientin voll Kot, mit großer Angst, man könne es sehen oder riechen. Sie träumte sich aber keineswegs als Kind, sondern als Erwachsene. Körperöffnungen sind Introjektions- und Fusionszonen, in die die böse Mutter eindringen könnte und die zugleich sexualisiert sind, weil der Vater sich dort zum Schutz vor der intrusiven Mutter aufhalten soll, wie der Omnibustraum zeigte.

Der hohen Besetzung bestimmter Körperpartien steht ein lückenhaftes Körperbild gegenüber. Eine Patientin klagte: „Ich habe nichts in der Hand", und meinte den fehlenden Penis, hatte aber auch keine differenzierte Vorstellung von ihrem Genitale, denn sie ergänzte: „alles ist wie ein dunkles Loch, von dem ich nicht weiß, was da rauskommt". Eine andere meinte: „Mein Bauch ist keine gute Höhle für ein Kind, er ist ganz verwachsen." McDougall berichtet von einer Patientin, deren Verwirrung hinsichtlich der anatomischen Verhältnisse „nie einer Realitätsprüfung unterzogen worden waren. In den ersten Monaten ihrer Analyse sprach sie von ihrer Klitoris immer als von ihrem 'Penis' und von ihrer Vagina als 'After', ohne daß sie mir im geringsten zu verstehen gab, daß sie diese Worte im figurativen Sinne gebrauchte" (1981, 280). Für diese Patientin waren Anus und Vagina äquivalente Organe, von denen sie nicht nur glaubte, daß sie innen miteinander verbunden seien, sie war auch überzeugt, durch die Klitoris zu urinieren. Solche unklaren Vorstellungen über den Körper und seine Funktionen lassen sich durchaus auch bei Bulimikerinnen finden, wie ihre Phantasien, aus dem Darm der Mutter zu stammen, zeigen. Gerlinghoff schreibt:

„Den meisten Patientinnen fällt die Wahrnehmung des eigenen Körpers sehr schwer. Sie teilen ihren Körper in verschiedene Partien ein, häufig kommt es zu einer Zweiteilung in Körper und Kopf. Die Fremdeinschätzung der äußeren Erscheinung ist von großer Bedeutung. Die Patientinnen übernehmen Wahrnehmungen anderer, ohne dem eine eigene Einschätzung entgegensetzen zu können. Ebenso lassen sich viele Patientinnen leicht in ihrer Selbsteinschätzung verunsichern. So glauben manche, zugenommen zu haben, wenn eine frischgewaschene Hose enger sitzt als vor der Wäsche" (ib., 111).

Die Patienten können ihr Selbst nicht als kohärent, als körperliche und geistige Einheit, die räumlich zusammenhängt und zeitlich fortdauert, erleben, wie sich in der leichten Störbarkeit der „continuity of being" zeigt. Die „Zweiteilung in Körper und Kopf" löst sich im Eßanfall auf. Dort sind die Patientinnen „nur noch Bauch". Man könnte im Eßanfall also einen Versuch sehen, die Zweiteilung aufzuheben.

Was tut sich unter der Körperoberfläche? Dort liegt – nicht überraschend – eine hohe Besetzung der viszeralen, abdominalen Organe mit den jeweiligen Enden des „Urkanals", Mund und After (vgl. J. Grunert, 1977, 209), vor. Fenichel spricht vom „Eingeweidesinn" (1928, 127). J. Grunert schreibt: „Bleibt diese koenästhetische Organisationsstufe bzw. Funktionsweise durch ein Festhalten der libidinösen Besetzungen an den viszeral-abdominalen Organen bis ins Erwachsenenalter hinein erhalten, so bildet sich eine elementare Reaktionsbasis für Affektionen, die als im Leibesinnern lokalisiert erlebt werden und primärprozeßhaften Charakter tragen. Hierher gehören inzwischen stilisierte Empfindungen wie der 'Groll' bzw. 'die Wut im Bauch' oder das 'Mißtrauen, das ungute Gefühl im Bauch'" (ib., 208). Bulimikerinnen empfinden den Groll als Hungerreiz. Sie bilden eine Fülle von Körperphantasien, manchmal mit einer Drastik, wie ich sie sonst nur von Adipösen kenne, die aber die frühen Erfahrungen mit der Handhabung ihres Körpers widerzuspiegeln scheinen. Z. B. sagte eine Patientin, sie wolle ihr „Hirn ausscheiden, weil darin die schlechten Gedanken sitzen", eine andere bezeichnete ihren Mund als „Scheunentor". Anläßlich einer Entzündung der Ovarien phantasierte eine Bulimikerin: „Die Eier hängen wie vertrocknete Pflaumen am Baum. Jetzt fallen sie ab." Was aber scheinbar so unterbesetzt war, erwies sich später als hoch besetzt, wie ihre Angst vor einer Schwangerschaft – sie fürchtete, ihre Mutter könne neidisch werden – zeigte, die sie vermutlich die Besetzung von den Eierstöcken abziehen ließ, so daß sie „vertrockneten". Oft antwortet man als Behandler auf die viszerale Besetzung in der Organsprache: durch Magenknurren und Darmgeräusche, ein Hinweis, daß man in der Gegenübertragung einen Selbstanteil des Patienten, das „hungrige" Kind in ihm, übernommen hat. Nach Lampl de-Groot und Mahler gehören für den Analytiker koenästhetische Dispositionen und koenästhetische Empathie zu den Voraussetzungen des Verständnisses auch schwer regredierter Patienten (vgl. J. Grunert, ib., 208). J. Grunert schreibt über Patienten mit psychogenen Bauchschmerzen, die im Hinblick auf die Bedeutung des Bauches den Bulimikerinnen ähneln: „Nicht zufällig heischen diese Kranken, ähnlich den Kindern mit Nabelkoliken, nach koenästhetischer Empathie durch eine Mutterimago und sind diakritischen, über den Sekundärprozeß verlaufenden Maßnahmen weniger oder gar nicht zugänglich" (ib., 209). Deshalb meine ich, man solle körpernah, d. h. in Metaphern, die dem Körper abgeschaut sind, interpretieren. Erfahrungsgemäß können die Patienten damit viel anfangen. Meiner Patientin, die neben Bulimie auch an Neurodermitis litt, sagte ich, als sie von ihrer Kleidung sprach, daß sie ihre „zweite Haut" sei. Obwohl eine gängige Metapher, war sie das einzige, was sie von dieser Stunde behalten hatte; das kam zwar einer Abwehr der Stunde gleich, aber immerhin ließ sich über das Bewahren dieses Bildes ein Thema über einige Stunden hinweg bearbeiten; es wurde nicht gleich ausgespuckt.

Den körperlichen Hohlräumen gilt meiner Erfahrung nach die größte Angst, weil dort immer das böse Introjekt vermutet wird, das nicht unter Kontrolle gebracht werden kann. Ich habe auf die Phantasien der Patienten über Besuch in ihrer Wohnung, der „Höhle", hingewiesen, und gezeigt, welche Ängste sich damit verbinden. Die Unklarheiten über die Beschaffenheit und Funktion der Hohlräume fördern angstvolle Phantasien. Die Angst kann eine Überbesetzung oder eine Verschiebung der Besetzung bzw. ihren völligen Abzug erzwingen, so daß ein lückenhaftes Bild des Körpers entsteht, bis zur Vorstellung, „nur noch Bauch" zu sein.

Zu den Phantasien über den Körper gehören auch aggressive Vorstellungen über die Körpervorgänge, z. B. über die Menstruation. Ich erwähnte die Phantasie, die Menstruation sei die Folge einer Beschädigung des Bauches durch einen Kampf mit dem Introjekt, oder – wenn sie mit der Angst vor Strafe wegen Onanie in Verbindung gebracht wird – eines „Verprügeltwerdens im Unterleib". Die

Periode wird – wie in den Märchen – als Verletzung durch die böse Mutter phantasiert. In „Dornröschen" oder „Frau Holle" ist es die Stiefmutter, die böse Alte, die Hexe. Da die Angst vor Verletzungen des Körperinneren eine weibliche Angst ist und der Kastrationsangst des Knaben entspricht (vgl. Mitscherlich-Nielsen, 1978, 676), soll die hohe Besetzung des Mundes die Kastrationsangst verleugnen, weshalb Zahnarztbesuche durchaus schwere Kastrationsängste auslösen können.

Die „genervte" Mutter kehrt wieder, wenn die Menstruation als Last, als vom Körper aufgezwungene „Regel" und die Beziehung zum Körper als „Forderbeziehung" erlebt werden. Insbesondere ab der Pubertät empfinden diese Patienten ihren Körper wegen seiner Bedürfnisse und seiner physiologischen Vorgänge als Störenfried der „continuity of being", wie ich das für den Hungerreiz eingangs beschrieben habe. Zum „Reizschutz" wird der Körper von der Seele getrennt und folglich das Kohärenzerleben des Selbst gestört bzw. beeinträchtigt. Die Patienten fühlen sich unter dem Diktat des Körpers stehend wie früher unter der Dominanz des Narzißmus ihrer Mutter. Was sie bis dato nicht erreichen konnten: die omnipotente Kontrolle über die Mutter, suchen sie jetzt über den Körper zu erreichen. Manchmal konnte ich beobachten, daß Patienten, die sich besonders ihres Körpers schämten, sich als Kinder ihrer Mütter geschämt hatten, als habe die Scham über den Körper die Scham über die Mutter abgelöst. Unbewußt bleibt der Körper aber die Mutter. Zugleich kann er die Rolle des „Kindes" in der Patientin, mit dem sie als Erwachsene nicht einverstanden ist, übernehmen. In ihrem Verhältnis zum eigenen Körper spiegelt sich dann das Verhältnis ihrer Mutter zu ihr, als sie ein Kind war, wider. Ich habe beschrieben, daß im Eßanfall eine ähnliche Rollenzuschreibung an den Körper erfolgt. Sie lieben den Körper nicht, sondern trimmen ihn oder – wie eine Patientin sagte: „Ich schmeiße meinen Körper abends so ins Bett, wie ich früher abgelegt wurde." Bei mir flog sie krachend auf die Couch, so daß ich mir vorstellen konnte, wie das früher war.

Die sekundäre Amenorrhoe verschwindet meiner Erfahrung nach als erstes in der Behandlung. Vermutlich liegt das daran, daß dieses Symptom aufgrund der biologischen Gegebenheiten erst spät gebildet wird. Deshalb ist die Menstruation möglicherweise am wenigsten in den Konflikt involviert. Vielleicht kann man sich das wie bei einem überfluteten Stück Land vorstellen, bei dem, wenn es trocken gelegt wird, die höchsten Erhebungen als erste wieder zum Vorschein kommen. Dieses Phänomen könnte auch ein weiterer

Hinweis darauf sein, daß der Ursprung der Krankheit weit vor der Geschlechtsreife liegt. Der Verzicht auf die Amenorrhoe dürfte mit der Sehnsucht dieser Patientinnen nach Weiblichkeit zu tun haben, einer Weiblichkeit, die sich allerdings von der unterscheidet, die in der Kindimago der Eltern aufgehoben ist. Eine Patientin hatte Angst, daß sie von Männern nicht beachtet würde, solange ihre Periode dauerte. Sie war überzeugt, alle dächten über Weiblichkeit wie ihre Eltern und man könnte ihr das „schmutzige Kind" ansehen. Die relativ rasche Wiederkehr der Menstruation könnte auch mit der Übertragungssituation zusammenhängen, da die Patientinnen – wie die vielen Beispiele zeigen – die sexualisierte Flucht zum Vater zum Auftakt ihrer Behandlung machten, bevor ich dann in der Übertragung zur Mutter wurde. Anorexie-Patienten reagieren meiner Erfahrung nach auf die Rückkehr der Menses negativ, weil sie sie als „Niederlage" erleben. Meine Bulimikerinnen hingegen begrüßten sie durchweg als Rückgewinnung weiblicher Fähigkeit – wenn auch manche ihre Menses fortan zur Beruhigung von Schwangerschaftsängsten benötigten.

Gerade Patienten, die als Kinder unter ansteckenden Krankheiten litten und von den Eltern gemieden wurden, weil solche Krankheiten der Imago des „schmutzigen Kindes" Auftrieb gaben, haben bisweilen die Phantasie, ihr Körper sei eine Gefahr für andere. Diese Phantasie kann unter dem Einfluß des Traumas umgemünzt werden zum Wunsch, den Körper als Machtmittel zu benutzen. Ich erwähnte eine Patientin, die es verstand, sich raffiniert zu kleiden. Zu einem Rendezvous nahm sie sich vor, sich so aufreizend zurechtzumachen, daß der Mann „wie vom Blitz getroffen" sein sollte. Ihren Körper machte sie zur Waffe, aufgerüstet mit langen Fingernägeln. Der Mann sollte Appetit bekommen, dann aber hungrig bleiben. Mit diesem sowohl oral- wie auch anal-sadistischen Angriff brachte sie manchen Mann zum Weinen, wie sie triumphierend erzählte, wobei sie mich aus den Augenwinkeln musterte. Einer jedoch reagierte grob aggressiv. Hier waren Rachephantasien am Werk, wie sie von der malignen Hysterie bekannt sind. Sie ließ die Männer für die Kränkungen büßen, die sie durch sie hinnehmen mußte, und provozierte damit neue. Die Szene zeigte, wie sadistisch sie erlebt hatte, daß ihr Vater ihr ständig Versprechungen gemacht hatte, die er dann nicht einhielt. Das Weinen der Männer war ihr indes Beweis ihrer Weiblichkeit. Sie benötigte es als „Spiegel", der ihr ihre Attraktivität und daß die Rache der Mutter erfolglos blieb, beweisen sollte: Sie war nicht dick. Da die Weiblichkeit in ihrer Familie keinen Platz fand, mußte sie sich extrem exponieren. Ich habe solche Extreme als typisch für die Bulimie beschrieben und auf die unmittelbare Nähe von „extrem", „maßlos", „gierig" hingewiesen. Wo sich bei diesen Patientinnen Extreme äußern, muß man an einen Mangel oder eine Notsituation denken. Gier war uns ja sowohl als Ausdruck eines Mangels an narzißtischer Zufuhr als auch der Verzweiflung, nicht externalisieren zu können, begegnet.

Die bisherigen Ausführungen zur Besetzung des Körpers zeigen, daß es den Patienten schwergefallen sein mußte, ihn libidinös zu besetzen. Ihre Kindheit ist voller Hinweise darauf: Autoerotische Verrichtungen am Körper wie zwanghaftes Onanieren, Kotschmieren und Bettnässen dürften solche Versuche, den Körper libidinös zu besetzen, gewesen sein. Auch der Omnibus-Traum, in dem der Fahrer Anus und Vagina berühren und erregen soll, gehört mit dazu, wobei der Fahrer „vernetzen" sollte, d. h., ihm kam auch die Aufgabe zu, die verschiedenen Körper- und Introjektionsbereiche, die wegen der Introjektionserfahrungen bzw. den damit verbundenen angstmachenden Phantasien aus dem Körperbild dissoziiert werden mußten, zu integrieren, um ein kohärentes Körperbild herzustellen. Für die Behandlung bedeutet das, daß es nicht darum geht, eine Besetzung des Körpers erst herzustellen, vielmehr muß die Besetzung von der Abwehr wegen der ängstigenden Phantasien befreit werden.

Der Wunsch nach einem männlichen Körper

Zu den Problemen, die in der Pubertät auf die Patientinnen zukommen, gehört die Trennung von der Illusion, einen männlichen Körper zu haben. Diese Illusion ließ sich bis zur Pubertät aufrechterhalten, dann aber machte der Körper das Spiel mit den Trugbildern nicht mehr mit. Eine Patientin sollte als Zweitgeborene ein Junge sein, ein Wunsch ihrer Eltern, dem zu entsprechen sie sich immer sehr anstrengte. Sie war „immer vorneweg, die Oberste auf der Feuerwehrleiter", sagte ihre Mutter stolz. Aber irgendwann, längst erwachsen, brach sie auf einem morschen Bootssteg so unglücklich ein, daß sie sich am Oberschenkel eine stark blutende Rißwunde zuzog. Sie suchte bald darauf die Behandlung auf, angeblich wegen ihrer seit Jahren bestehenden Bulimie. Es dauerte nicht lange, bis klar wurde, daß sie nicht deshalb kam, mit ihrer Bulimie hatte sie sich arrangiert, sondern weil das phallische Selbstbild durch den Unfall beschädigt war. Sie fühlte sich kastriert. Bei einer anderen Patientin war ebenso offenkundig, daß sie ein Junge hätte werden sollen. Auch sie hatte eine ältere Schwester, und nach ihrer Geburt kam bereits nach neun Monaten ein Junge zur Welt, der prompt die maskuline Form ihres Vornamens bekam. Eine weitere Patientin hatte die Vorstellung, zum Mädchen würde man durch eine Operation, und entwickelte eine Phobie vor Ärzten. Wieder eine andere definierte ihre Klitoris als „kleinen Bubenpenis", womit sie zufrieden war, denn sie hatte, was ihre Brüder hatten. Mit ihrem „Bubenpenis" konnte sie sich gleichwertig fühlen, zugleich ihre Angst vor dem großen Penis des Vaters, dem freilich ihr eigentliches Interesse galt, in Schach halten. Diese Patientin unterhielt in ihrer späten Kindheit ein lebhaftes inzestuöses Verhältnis mit einem ihrer Brüder, das sich in ihren Träumen mit einem ihrer Söhne widerspiegelte: Sie steht nackt vor dem Spiegel, und ihr kleiner Sohn nähert sich von hinten mit erigiertem Penis, dringt aber nicht ein, vielmehr kommt sein Penis zwischen ihren Schenkeln vorne zum Vorschein. Das Gefühl im Traum sei unbeschreiblich gewesen – vermutlich wie bei der „genialen" Idee des Erbrechens. Als kleines Mädchen habe sie unbedingt Jungen beim Urinieren zusehen wollte, erinnerte sich eine Patientin. Die Neugier wollte offenbar obsessiv befriedigt werden, denn es kam zu massiven Konflikten mit der Umgebung. Andere Eltern hätten sich beschwert und ihren Jungen verboten, mit der Patientin zu spielen. Aus ihrer Schilderung wurde gut spürbar, daß sie den Penis gierig mit den Augen verschlingen wollte.

> Eine Patientin erinnerte sich, daß sie zwischen acht und neun Jahren „sehr glücklich" gewesen sei, denn damals hätte sie sich ganz als Junge fühlen können. Sie hätte mit „anderen Jungens" (!) Fußball spielen können und sich ihrem Bruder gleich gefühlt. In der Pubertät jedoch habe sich ihr Geschlecht nicht mehr verbergen lassen, und sie hätte alle Spielkameraden verloren. Die Jungen wendeten sich ab, sie wiederum lehnte ihre Geschlechtsgenossinnen ab, weil sie ihr Frausein ablehnte. Zur Zeit, als sie noch ein „Junge" war, hielt sie lange den Urin ein, um das Fußballspiel nicht zu unterbrechen, wie sie meinte. Die Buben jedoch hätten schnell das Spiel unterbrechen können, so räumte sie ein, um sich am nächsten Baum zu erleichtern. Mit vierzehn attackierte sie hübsche Klassenkameradinnen, schlug auf sie ein und leerte deren Handtasche auf dem Schulhof aus, verrichtete damit an den Mädchen, was sie selbst fürchtete: die öffentliche Bloßstellung ihrer Weiblichkeit auf dem Fußballplatz. Das öffentliche Ausleeren der Handtasche war die symbolische Zurschaustellung des Genitales. Zugleich war sie neidisch auf die Attraktivität ihrer Kameradinnen und verspürte den Impuls zu zerstören. Selbst adipös, erlebte sie die Pubertät als katastrophale Niederlage. Ihre Klassenkameradinnen hätten damals alle Jeans getragen,

was sie nicht konnte aufgrund ihrer Fülle. So war sie nicht konkurrenzfähig. Voller Wut auf ihren Leib schlug sie sich auf den Bauch oder trat ohne Schuhe heftig gegen Türen (das Genitale), so daß sie sich verletzte, als wolle sie ihrer Weiblichkeit einen Tritt verpassen. Die Angriffe galten sowohl dem Körperselbst als auch ihrer Mutter, die in ihrer Körperentwicklung und den damit einhergehenden Fusionsphantasien wiederaufzuerstehen drohte. Hauptangriffsziel waren jedoch ihre Brüste. Sie waren der introjizierten männlich orientierten Kindimago ihrer Eltern im Wege, sie wollte einen „flachen Oberkörper" wie die Jungen auf dem Fußballplatz. Sie empfand ihre Brüste als „Verunstaltungen", die sie ekelten, und bezeichnete sie als „Ersatzteil". Das "Originalteil" besaß ihr Bruder. Nicht immer bekennen sich die Patientinnen so offen zu ihrem Peniswunsch. Eine meinte, der Penis habe nur Nachteile. Er schlenkere zwischen den Beinen, „das muß doch stören", er könne erigieren, und dann könnte man die Lust sehen, wie ihre Mutter bei ihrem Bruder Onanieflecken entdeckte. Bartwuchs und Stimmbruch seien ihr erspart geblieben. Die Vorteile der Weiblichkeit sah sie darin, daß sie die weibliche Lust dem Blick der Mutter entziehen könne, so wie sie glaubte, es sei ihr gelungen, ihre ganze Entwicklung vor ihrer Mutter zu verbergen. Ihre Menstruation und ihr Brustwachstum hatte sie ganz verleugnet und auch, daß ihre Mutter ihre körperliche Entwicklung mit unempathischen, sexualisierenden Bemerkungen kommentiert hatte.

Die Episoden aus der Pubertät lassen sich durchaus generalisieren. Einige meiner Bulimikerinnen empfanden sich als „Ersatzteilwesen", ein treffendes Bild für ein Selbst, das aus Projektionen zusammengebaut ist, oder als „Pipi-Mädchen", was unbewußt der elterlichen Kindimago von der „schmutzigen" Tochter entsprach. „Glücklich" war die Fußballerin, wenn sie Tricks fand, um dieser Identität zu entkommen. Die obigen Beispiele zeigen schließlich, daß das Brustwachstum bei diesen Patientinnen deshalb ein heikles Körperereignis ist, weil ihm eine besondere Bedeutung bei der Zerstörung der Illusion, ein Junge zu sein, zukommt. Das verzweifelte Attackieren der Brust – Symbol der verlorenen Illusion, ein Junge zu sein – führt dies nachdrücklich vor Augen. Es ist gleichzeitig ein Angriff gegen die Mutter, die als Urheberin dieses Verlusts angeklagt wird. Die Brust ist auch der Ort, mit dem sich die Verweigerung der Mutter verbindet, die Beta-Elemente, die der Säugling projizieren möchte, anzunehmen. Die ersten Containing-rejection-Erlebnisse erfolgen an der Brust. Sie ist das Symbol dieser Zurückweisung. Da sie zugleich der Ort ist, an dem der Bruder sich labt und die er für seine Projektionen gebrauchen darf (zumindest aus der Sicht der Patientinnen), gibt es genug Anlaß, die Brust zu attackieren. Deshalb spreche ich künftighin vom Wunsch nach einem „männlichen Körper", denn es geht diesen Patientinnen nicht nur um den Wunsch nach einem Penis, sondern in gleichem Maße um den Wunsch, *keine* Brust zu bekommen. Die Brust soll ebenso weg wie das lästige Introjekt. Gleichzeitig existiert aber neben dem Wunsch bzw. dem elterlichen Auftrag, ein Junge zu sein, eine Vorstellung von Weiblichkeit, die ihnen erstrebenswert erscheint, einer Weiblichkeit jenseits der Kindimago von Vater und Mutter, die noch Vorstellungen der Großeltern enthält. Bei allen meinen Patientinnen fand ich eine tiefe Bewunderung für „schöne Frauen", die sich im Laufe der Behandlungen in passageren „lesbischen" Beziehungen äußern konnte, die der Spiegelung ihrer Weiblichkeit dienten (vgl. Berger, 1989).

Die Patientin mit der Neurodermitis in der Kindheit erlitt in der Pubertät einen Rückfall. Sie trat mit der Angst, nicht „richtig bekleidet" zu sein, den Rückzug aus der Objektwelt an und flüchtete sich mit der narzißtischen Phantasie: „Ich bin nicht so verwerflich wie die anderen" in die Welt der Literatur. In einem Traum jedoch lebte sie in einer pompösen Villa, in welcher sich lauter gut gekleidete Leute, vorwiegend Frauen, aufhielten. Sie selbst trug einen kurzen engen Rock – darunter nichts.

Der Wunsch der Patientinnen nach einem männlichen Körper hat vielerlei Gründe. Es ging nicht primär um den Wunsch nach dem Besitz eines männlichen Genitales. „Beim Penisneid ist nichts weniger wichtig als der Penis selbst", schreibt Torok (ib., 195). Der Penis stehe für die von der Mutter nicht zugelassene Allmacht (ib., 197). Bei meinen Patientinnen war er symbolischer Ersatz für alle in der Symbiose unbefriedigt gebliebenen narzißtischen Bedürfnisse, die des Körpers und der Seele, weswegen ich von Peniswunsch und nicht Penisneid spreche. Den Wunsch, den Penis zu zerstören, fand ich nicht so ausgeprägt, wie es ein Neid nahelegen würde. Vielmehr ging es bei meinen Patientinnen um ein dringendes Bedürfnis nach einem Phallus, symbolisiert im männlichen Körper, „zur omnipotenten Verschlüsselung einer lückenhaften Selbstrepräsentanz und zur ersehnten Kompensation aller unzulänglichen und unbefriedigenden Objektbeziehungen" (Moré, ib., 317). Der Peniswunsch dieser Patienten ist m. E. reaktiv die Folge des schwachen Vaterbildes. Hinter ihm verbarg sich der Wunsch nach einem starken Vater. Darum das Glücksgefühl bei der Entdeckung des Fingers. „Je geringer nun das Selbstwertgefühl einer Frau ist, je weniger sie in der Lage war, ein strukturiertes, in sich gefestigtes Selbstbild zu entwickeln, um so abhängiger bleibt sie von der Anerkennung durch äußere Objekte. Das macht sie zu einer leichten Beute von Neid- und Eifersuchtsgefühlen und bringt die Gefahr der Regression auf frühe Formen von Objektbeziehungen mit sich. Identifikationen bleiben dann in der Nähe der Imitation oder es bilden sich als fremd erlebte Introjekte, die Angst und/oder Schuldgefühle, Fragmentierungen des Selbst- oder Körperbildes auslösen können, die den Penisneid perpetuieren" (Mitscherlich-Nielsen, 1978, 692). Reaktiv war der Peniswunsch auch deshalb, weil die Patientinnen mit einem Penis dem Stigma der „schmutzigen Tochter" entkommen wollten.

Neid bestand allerdings durchweg auf den Penis des Bruders, insbesondere bei Patientinnen mit jüngeren Brüdern, deren Penis war ihnen das beneidete Sinnbild für die „Harmonie mit der Umgebung" (Torok, ib., 203), d. h. an der Brust der Mutter. Der Anblick jüngerer Geschwister, die die Brust erhalten, läßt sich oft als Ursache des empirisch aufgedeckten Zusammenhanges von Neid und Eifersucht mit der Oralerotik nachweisen (vgl. Fenichel, 1931, 161).

Eine Patientin erinnerte sich, wie sie neidvoll den Brüdern zusah, wie diese ins Waschbecken pinkeln konnten. Ihr Neid bezog sich auch darauf, daß den Brüdern größere Freiräume für aggressive Betätigung zugebilligt waren. Besonders gegen ihre jüngeren Brüder entwickelten die Patientinnen dann unverhohlene Mordphantasien. Der Haß wurde später mit Inzestwünschen abgewehrt. „Auch wenn wir beim kleinen Mädchen Reaktionen neidischer Art auf die Wahrnehmung der phallisch-exhibitionistischen Fähigkeiten des Knaben, die ihm selbst abgehen, beobachten können, ist dies m. E. nur dann die Ursache eines grundlegenden, über die anal-urethrale oder Individuations- und Loslösungsphase hinausgehenden, auf Penismangel beruhenden Selbstwertdefizits der Frau, wenn die Eltern die Minderbewertung der Weiblichkeit teilen und in der Einstellung zu ihrer Tochter bewußt oder unbewußt zum Ausdruck bringen", schreibt Mitscherlich-Nielsen (1978, 674).

Bei meinen Patienten hatte der Wunsch nach einem männlichen Körper deutlich eine Abwehrrolle. Er gehörte zum falschen Selbst. Mit ihm sollte die maskuline Kindimago der Eltern befriedigt werden. Die Patientinnen selbst sehnten sich immer nach der Anerkennung ihres weiblichen Genitales seitens der Mutter. Eine Patientin wünschte sich als Kind Barbie-Puppen als Spielzeug. Sie suchte über diesen Weg die Anerkennung ihrer Weiblichkeit. Sie wollte gern lange blonde Haare haben, aber ihre Mutter habe sie ihr immer ganz kurz geschnitten und ihr Märklin-Baukästen geschenkt. Die Puppen erinnern natürlich fatal an das falsche Selbst, die Schaufensterpuppe, aber die Anfälligkeit für solche Überstilisierungen resultiert aus den unbefriedigten Bedürfnissen nach einer Anerkennung, die aus dem wahren Selbst der Eltern kommen soll. Die (Zwangs-)Onanie hatte ja vermutlich den Sinn, wegen der Ignoranz der sexuellen Identität durch ständiges Berühren der Genitalien Orientierung zu finden und sich ein Bild von den anatomischen Verhältnissen machen zu können. Auch die Onanie gehört zu den Extremen der Bulimie. „In der Adoleszenz wächst das Bedürfnis nach einer Mutter, die noch einmal widerspiegeln soll, was sie erblickt – die anerkennen, beurteilen, abwägend zustimmen und für gut befinden soll" (Dalsimer, ib., 130). Da diese Anerkennung bei der Bulimikerin in der Regel nicht erfolgte, bildete sich die Vorstellung, die Mutter könne nur mit einem Penis zufriedengestellt werden, vor allem dann, wenn die Patienten Brüder hatten. Folglich mußte den Brüdern der Penis gestohlen werden, um damit die Mutter zu befriedigen. Im Traum kam eine Patientin verstohlen aus dem Zimmer ihres Bruders mit einem länglichen Gegenstand in einer Plastiktüte versteckt, ging in das Zimmer einer Frau und wollte mit ihr koitieren.

Wünschten sich die Patienten einerseits den Penis als symbolischen Ersatz für den als unzulänglich empfundenen Körper, so scheint er andererseits unerläßlich, um sich körperlich von der Mutter abgrenzen zu können (vgl. Schulte & Böhme-Bloem, ib., 124). Chasseguet-Smirgel schreibt: „Obwohl die allmächtige Mutter dem Mädchen die gleiche narzißtische Kränkung zugefügt hat wie dem Knaben, vielleicht sogar eine noch viel schlimmere, da das Mädchen von der Mutter nicht in der gleichen Art besetzt wird wie der Knabe, kann es sich von der mütterlichen Allmacht nicht befreien. Das Mädchen hat nichts, was es seiner Mutter entgegensetzen könnte, keinen eigenen, exklusiven narzißtischen Wert, den die Mutter nicht auch hätte. So gerät das Mädchen unter den Einfluß des Penisneides" (1981c, 162 f.). Diesen Penisneid definiert die Autorin als „Revolte gegen die Person, die als Ursprung der narzißtischen Kränkung erscheint: die allmächtige Mutter" (ib., 163). Die klinische Beobachtung bestätige, daß der Penisneid um so heftiger auftrete und um so schwieriger abzubauen sei, je stärker das Mädchen durch die Gewalt der Mutter traumatisiert worden sei (vgl. ib., 163). Die Patientinnen sahen in dem sich entwickelnden Körper, allem voran in der Brust, die Ähnlichkeit zur Mutter, die ihnen Angst vor einer Identitätsdiffusion machte (vgl. Hirsch, 1989b, 81). Durch die Körperentwicklung werden frühe archaische Teil-Imagines von der (rein körperlich erlebten) Mutter aktiviert. Aus diesen Gründen waren die Patientinnen in der Pubertät ängstlich darauf bedacht, dünn, d. h. knabenhaft zu bleiben, resp. männlich zu wirken, weil darüber die Differenz zur Mutter, die mit dem brustlosen Mädchenkörper noch leicht zu phantasieren war, aufrechterhalten werden konnte. Penis, Bartwuchs und Stimmbruch wären so wichtig, um sich von der Mutter zu unterscheiden. Jetzt in der Pubertät, wenn der Körper des Mädchens dem der Mutter ähnlich wird, heißt das für das Unbewußte, sie hat den Körper der Mutter verspeist, d. h., sie ist die Mutter. Die Ähnlichkeit der Körper hat dieselbe Bedeutung wie das Dickwerden, weshalb jetzt bald, wenn das Eßsymptom sich bildet, Dicksein der Mutter ähnlich sein heißen wird. Mahler schildert den Fall Alma, bei dem die introjizierte verfolgende Mutter die Vierzehnjährige Angst haben ließ, sie sähe viel älter, so alt wie ihr Mutter aus. Unter dem Eindruck der Introjektion verschmolzen ihr alle drei Repräsentanzen – Selbst, Mutter und die Welt (vgl. ib., 133). Jenny Erpenbeck schreibt:

> „Du wirst deiner Mutter immer ähnlicher, sagen sie mir, und ich erschrecke. Ich weiß es selbst, mein Nacken ist ihr Nacken geworden, mein Schweiß ihr Schweiß, meine Brüste ihre Brüste. All das, was ich an ihr gehasst habe, bin ich geworden. Ich hungere, ich will meine Mutter aus meinem Leib heraushungern, aber mein Körper bleibt sie, bleibt rund und groß wie er in den letzten Jahren geworden ist, es hilft nichts, ich werde immer ähnlicher, sagen sie. Ich spreche wie sie, als hätte sie mich übergezogen, wäre in meine Haut geschlüpft und spräche aus mir – wo ich indessen geblieben bin, weiß ich nicht. Ich huste wie sie, ich lache wie sie, und wenn man mich kränkt, schlage ich mit blinden und dummen Sätzen um mich wie sie. Ich bin alt geworden, damit meine Mutter wieder eine Haut bekommt, in der sie sich breit machen kann. Wo ich indessen geblieben bin, weiß ich nicht" (FAZ, 5.7.2000).

Soweit rekonstruierbar war, hatten die meisten meiner Patientinnen keine Angst, eine Frau zu werden, sondern Angst, wie die Mutter zu werden, offenbar ein großer Unterschied. Auf das Abgrenzungsbedürfnis wurde ich kategorisch hingewiesen, als ich eine Patienten mit „Frau S." begrüßte, worauf sie mich entrüstet korrigierte: „Frau S. – das bin ich vielleicht für Sie, für mich ist das meine Mutter", wobei sie die Nase rümpfte. In ihrer Angst, wie ihre Mutter zu werden, machte eine Patientin über die Verhaltensweisen ihrer Mutter, wie sie aussah, was sie tat etc. Eintragungen in ihr Tagebuch, um sich von Zeit zu Zeit vor Augen halten zu können, wie sie *nicht* werden wollte. Dies zeigt, als wie wenig idealisierbar die Patienten ihre Mütter erlebten. Im Ichideal dieser Patienten ist nicht nur das gesellschaftliche Ideal der Schlankheit, sondern auch das Ideal, nicht wie die Mutter zu werden, verankert. Streeck-Fischer zitiert eine Siebzehnjährige, die mit beginnender Adoleszenz eine Eßstörung entwickelte: „Es ist furchtbar, wenn ich mich im Spiegel angucke, dann sehe ich seit einiger Zeit genau das Bild meiner Mutter. Früher sah ich ganz anders aus" (1997, 299). Der Grund hierfür: „Weibliche Jugendliche können wegen ihrer noch mangelnden Trennung von der Mutter demgegenüber leicht von Selbstentwertungen, die oft auch das Körperselbst betreffen, überschwemmt werden und geraten dann in depressive Zustände. Diese unterschiedlichen narzißtischen Stabilisierungen hängen zusammen mit der Nähe zum gleichgeschlechtlichen Elternteil" (ib., 299). Eine Patientin artikulierte zu Beginn ihrer Behandlung sofort ihre Sorge, es könne herauskommen, daß sie wie ihre Mutter sei, und zählte allerlei Eigenschaften auf, die ihr und mir den Unterschied zur Mutter dokumentieren sollten. Einer Ähnlichkeit konnte sie dennoch nicht entkommen, denn eines Tages stellte sich heraus, daß ihre Mutter genau diese Angst auch hatte. Die hatte die Patientin nicht bemerkt. „Die Frau will kein Mann sein, sie will sich von der Mutter befreien und vollkommen, autonom, *Frau* sein", schreibt Chasseguet-Smirgel (1981c, 166). Bei der Bulimikerin hat man den Eindruck, daß sie Mann sein muß, um nicht wie die Mutter zu werden. Der Wunsch, „vollkommen, autonom, *Frau* (zu) sein", wird von dem Zwang, Mann zu sein, ganz überdeckt. Er meldet sich aber in der Angst, zu wenig weiblich zu wirken und in sexuellen Dingen für unerfahren gehalten zu werden.

Die Beschreibungen der Bulimikerin, wie sie sich im Eßanfall über die Inkorporation verändert, sind – fusionsbedingt – auch die Darstellung ihrer Mutterimago, die von Feindseligkeit und Enttäuschung verzerrt ist. Wenn also, wie Schulte und Böhme-Bloem zusammenfassend sagen, der „volle Leib ist einer, der gehaßt wird, ein 'Fremdkörper', 'voll', 'vergiftet', 'ein wilder knurrender Hund', 'die Bestie, die los ist'" (ib., 60), so muß dieses Selbstbild ergänzt werden um das, was die Bulimikerin verschweigt: ihre Angst, so zu werden, wie sie ihre Mutter in dem durch die narzißtische Wut entstellten Blick wahrnimmt: fett, weibisch, zwanghaft, unerbittlich. Die Verschmelzung mit einem solch unattraktiven, nicht idealisierbaren Objekt verletzt zutiefst den Narzißmus. Die Autoren ergänzen, daß es in dieser Stimmung zu Selbstverletzungen kommen könne (vgl. ib.). Manche Patientinnen schlagen sich dann wütend auf den Bauch oder die Brust, was als wütendes Schlagen nach der nicht idealisierbaren Mutter (und dem Selbst) zu verstehen ist. Das Brustwachstum drängt unerbittlich ins Ebenbild der Mutter. Die zunehmende Ähnlichkeit mit dem Körper der Mutter in der Pubertät kränkt, macht hilflos und wütend, weil sich das Körperwachstum jedem Einfluß entzieht. Es wird zum Sinnbild für andere nicht kontrollierbare Prozesse. Der Körper wird zum lästigen, „bösen" Objekt, das die Mutter ablöst, denn schon sie war nicht kontrollier- und beherrschbar. Bei der Fußballerin, die auf ihre Brust einschlug, hatte ich in der Behandlung Gelegenheit zu beobachten, wie sie ihre schöne große Brust oft wie in eine Zwangsjacke einschnürte, um Kontrolle über sie zu haben. Es ging ihr nicht darum, die Brust vor mir zu verbergen, denn oft ließ mir ihre Kleidung keinen Zweifel über ihren Reichtum, aber immer wenn sie mit Kontrollthemen befaßt war oder auf Kriegsfuß mit ihrem Selbst bzw. ihrer Mutter stand, hatte die Brust zu „leiden". Es schien dann, als habe sie ihre Brüste in den Achselhöhlen verschwinden lassen. Später in der Behandlung konnte sie lachen, als sie einmal wieder „weggeschnürt" zu mir kam, und ich sie scherzhaft fragte, ob sie heute mit mir Fußball spielen wolle, worauf sie sagte: „Ja, wenn ich als Frau mitspielen darf."

Ein männlicher Körper wäre darüber hinaus für die Abwehr der Parentifizierung von Nutzen. Die Angst lautet, daß über die biologische Reifung die Hoffnung der Mutter, in der Tochter eine Ersatzmutter zu finden, neue Nahrung finden könnte. Wenn die Brust wächst, könnte die Mutter ihre Ansprüche an die ersehnte „ideale Mutter" einklagen und den Fusionswunsch der Patienten radikal zunichte machen. „Ähnlichkeit verführt zur Identifizierung im Sinne von Vereinnahmung als narzißtisches Objekt. Der Ähnliche entzieht sich aber, eben aufgrund 'kleiner Differenzen', dieser Vereinnahmung und bedroht so den Narzißmus. Narzißtische Wut ist die Folge", schreibt Henseler (1986, 71 f.). Die Tochter will sich der narzißtischen Funktionalisierung durch die Eltern nun in der Pubertät entziehen, indem sie einen „anatomischen" Unterschied zur Mutter herstellen will: Sie kleidet sich phallisch.

Ist das Verlangen nach einem männlichen Körper Ausdruck des Bedürfnisses nach Abgrenzung gegenüber der Mutter, um einer Identitätsverwirrung zu entgehen, so ermöglicht er zugleich die lustvolle, weil angstfreie Fusion mit der Mutter, zu der das Ichideal drängt, um die Illusion der Allmacht, die von der Mutter nicht zugelassen wurde, wiederherzustellen (vgl. Chasseguet-Smirgel, 1981d, 178). Ein männlicher Körper, d. h. die Körperdifferenz, würde vor der bedrohlichen Diffusion in der sexuellen Fusion sichern (vgl. Berger, ib.). Ferenczi sprach von der Identifizierung der Frau mit dem Penis des Mannes im Koitus, die erst den Wunsch nach der Rückkehr in den Mutterleib und damit der primären Fusion ermögliche (1926, 313 f.). In dem bereits erwähnten Film *Being John Malkovich* kriecht eine Frau in den Körper des Schauspielers, um von dort aus mit einer anderen Frau sexuell zu verkehren und in dieser besonderen Konstellation ein Kind aus dieser lesbischen Beziehung hervorgehen zu lassen. Die Patientin, die ihre Brüste als „Verunstaltung" empfand, war in der Adoleszenz auf der Suche nach einer „guten Freundin mit schönen Brüsten", mit der sie sich hätte identifizieren können. Sie hatte selbst große Brüste, konnte aber offenbar nur über eine Stellvertreterin darüber verfügen. Wegen der darunterliegenden Störung in der Mutterbeziehung war es ihr jedoch nicht möglich, eine solche Freundin finden. Das durfte sie nur als „Mann". Über ihre männliche Identifizierung ließen sich zwei Wünsche erfüllen: In den schönen Brüsten anderer Frauen fand sie die frühe, idealisierte Mutter, die sie in ihren eigenen Brüsten beherbergte, und konnte zugleich auf Distanz zur Mutter bleiben. Die Patientin U. Grunerts erzählte: „Nach der gestrigen Stunde habe ich geträumt, daß ich ein Mann war. Ich saß im Zug gegenüber einer Frau, die gehörte irgendwie zu mir. Wir fuhren nach Sibirien. Ich wollte mit der schmusen, die küssen, ich war der Mann. Die anderen guckten, da ging's nicht mehr. Dann mußten wir aussteigen. Es war Sibirien. Wir wanderten und kamen an eine Brücke. Die sauste in den Abgrund. Alles war verzerrt, man wußte nicht, wo man herkam und wo man hinging. Ich wachte mit großer Angst auf" (ib., 28). U. Grunert interpretiert, daß in der Übertragung der Wunsch reaktiviert wurde, als Mann um die Mutter/ Therapeutin zu werben. „Wenn ich ein Mann bin, kriege ich ohne Gefahr (die Mutter, T. E.)", meinte die Patientin (ib., 28). Also nur wenn sie ein Mann (der Vater) ist, sich mit dem Vater identifiziert, darf sie die Mutter lieben. Anders erlauben es „die Leute", die Gesellschaft, nicht. Daß es dabei um die Frage nach der sexuellen Identität geht, zeigt die Bemerkung, „man wußte nicht, wo man herkam und wo man hinging". Ich will nur hinzufügen, daß die Brücke, ein Symbol des Vaters, mit dem die Mutter (Natur) bezwungen werden soll, die einstürzt, Hinweis auf eine schwache Vaterimago ist, die letztlich die Fusion mit der Mutter zum gefährlichen und angstmachenden, zum malignen Unterfangen werden läßt.

Aber nicht nur wegen der Angst vor der Identitätsdiffusion und dem Verschlungenwerden bedarf es des Unterscheidungssymbols Penis bzw. des männlichen Körpers. Auch das Überich der Bulimikerin erlaubt keine Fusion von Frau zu Frau. Die Mutter hat ja die Symbiose verweigert, und diese Verweigerung wurde introjiziert und Bestandteil des Überichs. Der Ekel am Ende des Eßanfalls wegen der homosexuellen Fusion ist das sichere Zeichen für dieses Verbot. Das Einverleiben erleben die Patientinnen als oralen Inzest mit der Mutter. Eine Patientin kam eines Tages zu spät zur Stunde mit der Begründung, sie wolle mir eine Pause gönnen, eine auf den ersten Blick einfühlsame Bemerkung. Später in der Stunde stellte sich indes heraus, daß sie ihrer Vorgängerin begegnet war und sich nicht gleich auf die Couch, also auf sie, legen wollte. Das sei eklig, meinte sie. Eine andere Patientin, die manchmal ein leichter Geruch nach Großküche umgab, zögerte, sich zu legen, weil sie das Parfüm ihrer Vorgängerin im Raum roch. Eine „parfümierte Großküche" schien ihr eine ungeeignete Fusion zu sein.

Man muß bei dieser Ekelreaktion berücksichtigen, daß das Überich bei Bulimikerinnen gleichgeschlechtlich ist und als solches introjiziert wird. Die Beziehung des Ichs zum Überich ist damit homosexuell. Folglich dürfen die Patientinnen nur als Mann mit der Mutter verschmelzen. Wie aber Mann werden? Das hat U. Grunerts Patientin erklärt. Man muß Brötchen = Mann essen, dann wächst ein Penis (vgl. ib., 27). Eine andere Möglichkeit zeigt der Traum von den zwei Penissen. Er ist eine verdeckte homoerotische Szene, weil die Penisse die Brüste sind. Zwar soll mit der Verdoppelung die Kastration des Mannes ungeschehen gemacht werden, denn einen Penis hatte die Patientin im Mund, also introjiziert. Wenn sie sich einen Penis angeeignet hat, so bleibt ihm noch der andere. So erspart sie sich die Schuldgefühle für die Objektschädigung. Aber die Kastration des Mannes war in diesem Fall ein Äquivalent der Mastitis, der phantasierten Beschädigung der Mutterbrust. Eine dritte Möglichkeit besteht darin, das ganze angstmachende Thema der Sexualität mit „Hunger" abzuwehren: „Die Beschäftigung mit dem Essen lenkt von sexuellen Konflikten ab" (Wurmser, 1993, 219). Hunger ist vor dem Überich unverdächtig, zumindest glauben die Patientinnen dies.

Die Onaniephantasie einer Patientin hatte zum Inhalt, daß sie ein Mann ist, der mit einem kleinen Mädchen den Inzest begeht. Diese knappe und relativ strukturierte Phantasie muß man sich als eine aus den oben skizzierten Schritten zusammengesetzte Geschichte vorstellen. Am Anfang steht ihr Wunsch, in einem phantasierten inzestuösen Verhältnis mit ihrem Vater dessen Penis zu introjizieren, um selbst im nächsten Schritt zum Mann zu werden. Da die Patientin diese Onaniephantasie nur dann hatte, wenn ihr Ehemannn, im Laufe der Ehejahre zur „Mutter" geworden, nicht anwesend war oder sie im Streit mit ihm lebte, war anzunehmen, daß die Abwesenheit der „Mutter" Verlassenheitsangst hervorrief, so daß sich Fusionsbedürfnisse meldeten. Diese konnte sie sich schließlich erfüllen, weil sie – nun männlich identifiziert – schuldfrei mit der Mann-Mutter fusionieren durfte. Die Fusion mit der Frau galt vor ihrem Überich als das Vorrecht der Männer, ihres Vaters und ihrer Brüder. Hinter der Onaniephantasie stand also eine klare Regieanweisung mit dem Ziel, angstfrei zur Mutter zurückkehren zu können, ohne mit ihr, geschützt durch die männliche Identifizierung, völlig zu verschmelzen. Die aber mußte erst hergestellt werden über die Phantasie mit dem Vater. Das „kleine Mädchen" tauchte auf, weil die Patientin den Inzest mit dem Vater immer dann wünschte, als die Mutter abwesend war. In ihrer Phantasie ist sie der Vater, der mit ihr verkehrt. Und schließlich: „Die Introjektion des Phallus über den phantasierten Inzest mit dem Vater bedeutet darüber hinaus im ödipalen Zusammenhang den phantasierten Besitz des mächtigen väterlichen Objekts, das Sicherheit und Macht über die Mutter verspricht" (Schulte & Böhme-Bloem, ib., 66).

Die Sexualität und die Sexualisierung

Ich habe im vorangehenden Abschnitt ausgeführt, daß sich die Patientinnen einerseits einen männlichen Körper wünschen, um sich von der Mutter zu unterscheiden, daß sie andererseits zugleich eine richtige Frau sein wollen, um sie selbst zu sein. Aber auch auf diesem Weg tun sich einige Probleme auf. In der Pubertät, vermutlich aber schon früher, wird die Flucht zum Vater sexualisiert, wie im Traum vom Omnibus erkennbar wurde, den die Patientin mit laszivem Unterton erzählte. In der Pubertät nimmt die Sexualisierung jedoch deutliche Formen an und zeigt, unter welchen Spannungen die Familienbeziehungen stehen, denn zu dieser Sexualisierung tragen alle bei, Mutter, Vater und Tochter. Der Wunsch der Tochter, beim Vater Schutz vor der als gefährlich erlebten Mutter zu finden, wird von allen Beteiligten mißverstanden. Alle drei sind Opfer einer „Sprachverwirrung" (Ferenczi). D. h., die Inzestgefahr liegt bei der Bulimie immer im Raum. Oft fühlten sich die Väter den Ansprüchen ihrer Ehefrauen nicht gewachsen und machten sich zu Komplizen der Töchter. Sie tendierten dann dazu, die Entwicklung ihrer Töchter zu erwachsenen Frauen zu verleugnen, um der Verführungsgefahr und eigenen Inzestneigung zu entkommen, oder aber sie erwarteten von ihnen, daß sie die Rolle der „besseren Ehefrau" übernahmen, womit einer Erotisierung der Vater-Tochter-Beziehung die Tür geöffnet war – und einer Überforderung der Tochter, nun auch von seiten des Vaters. Zur Desillusionierung durch die Mutter gesellte sich die Desillusionierung durch den Vater, ein Circulus vitiosus auf mehreren Ebenen. „So 'ist doch nichts dabei', wenn der Vater seine beiden nackten Töchter betrachtet und meint, sie hätten 'prima Titten'" (Schneider-Henn, ib., 110), eine Form visuellen Mißbrauchs. „Ich habe schon erwähnt, daß manche bulimische Jugendliche über die mangelnde Respektierung ihres ganz privaten Bereichs berichten und es doch nicht wagt, sich gegen das Eindringen in ihre Intimsphäre abzugrenzen. Sie fühlt die Blicke des Vaters 'brennend' oder 'abschätzend' auf sich liegen, wenn sie badet oder sich umzieht, und gelegentlich liegen gar die Hände des Vaters auf Po und Busen, was sie als 'eklig' empfindet, ohne sich wehren zu können" (ib., 56). Werden die sexuellen Körpermerkmale der Tochter verbal an die (Familien-)Öffentlichkeit gezogen, so führt das zu einer Zerrüttung der familialen Symbolstruktur, vergleichbar einem gut erzählten Liebesfilm, in dem die gesamte Atmosphäre plötzlich zerstört wäre, sollte sich eine erotische Szene nicht nur als angedeutete, sondern mit als konkreten Sexualorganen pornographisch vollzogene herausstellen. Schulte und Böhme-Bloem berichten von Hinweisen „auf eine signifikant erhöhte Rate sexuellen Mißbrauchs in der Kindheit" (ib., 86; vgl. auch Vanderlinden et al., 1992; Gerlinghoff, 1996). Bei einer Patientin von Chasseguet-Smirgel nahm der Vater bei seiner Tochter eine Abtreibung vor (vgl. 1981d, 204). Ich berichtete vom Traum einer Patientin, in dem ich meine Hände auf ihre Oberschenkel lege, was sie mir mit einer angewiderten Geste erzählte. In der Tat zeigen Bulimikerinnen in ihrer Persönlichkeitsstruktur Ähnlichkeit mit mißbrauchten Kindern:

„Das mißbrauchte Kind wird zu einem mechanisch-gehorsamen Wesen oder es wird trotzig, kann aber über die Ursache des Trotzes auch sich selber keine Rechenschaft mehr geben; sein Sexualleben bleibt unentwickelt oder nimmt perverse Formen an; (...) Das wissenschaftlich Bedeutsame an dieser Beobachtung ist die Vermutung, daß die noch zu schwach entwickelte Persönlichkeit auf plötzliche Unlust anstatt mit Abwehr, mit ängstlicher Identifizierung und Introjektion des Bedrohenden oder Angreifenden antwortet (...) Wir gelangen so zu einer Persönlichkeitsform, die nur aus Es und Über-Ich besteht, der also die Fähigkeit, sich selbst auch in der Unlust zu behaupten, noch abgeht, gleichwie für das nicht ganz entwickelte Kind das Alleinsein, ohne mütterlichen und sonstigen Schutz und ohne ein erhebliches Quantum von Zärtlichkeit, unerträglich ist" (Ferenczi, 1933, 520).

Ein Grund für die Angst vor der Sexualität ist demzufolge die Angst vor einem Kontrollverlust, vor einer Verletzung der „Abstinenzregel" durch den schwachen Vater. In der Behandlung tun sich die Patienten schwer, von ihren sexuellen Phantasien zu sprechen, weil sie Angst haben, der Analytiker könnte sich nicht unter Kontrolle haben und in die Tat umsetzen wollen, wovon sie sprechen.

Auch die Mutter sexualisiert die Vater-Tochter-Beziehung. Eine Patientin berichtete, wenn ihr Vater ihr erlaubt hätte, abends noch eine Weile auszugehen, obwohl ihre Mutter es verboten hatte, habe diese ihr erbost hinterhergerufen: „Da kannst Du Dich ja gleich zu ihm ins Bett legen." Andere Mütter machten abfällige Bemerkungen über das Genitale oder das Gesäß ihrer Tochter. Ich erwähnte, daß manche Patienten als Hure beschimpft wurden und dergleichen. Eine Patientin datierte den Beginn ihrer Eßstörung, zunächst in Form einer Magersucht, in die Zeit, als ihre Mutter bloßstellende Bemerkungen über ihren stimulierenden Körper und seine Wirkung auf den Vater gemacht hatte. Die Mütter treffen mit solchen Bemerkungen direkt ins Unbewußte sowohl ihrer Töchter wie ihrer Ehemänner, womit sie einerseits ihre Töchter traumatisieren und die Vaterbeziehung ans Körperliche fixieren, andererseits insgeheim die Attraktivität des Körpers der Tochter und damit ihre Macht über den Vater bestätigen.

Über die von der Mutter bestätigte Attraktivität des heranreifenden Körpers kann der Raub des väterlichen Genitales (die Blicke des Vaters), wie ihn die Kleptomanie vorführte, erfolgen. Die sich abzeichnenden weiblichen Formen wollen die Patienten vor der Mutter gern kaschieren, der Vater hingegen soll den Körper attraktiv und erregend finden. Darüber entsteht die Angst, die Mutter könnte auf den erblühenden Körper neidisch werden, nicht zu Unrecht, denn den Müttern ist die Schönheit der jugendlichen Körper ihrer Töchter schon sehr bewußt, und sie registrieren, selbst mit der eigenen körperlichen Hinfälligkeit beschäftigt, jede Veränderung. Hier geht es um den „Neid der Alten auf die Jungen (...) den Neid der Elterngeneration auf die Jugend, auf die Vitalität und Sexualität der Adoleszenz" (Dalsimer, ib., 99). Der Neid der Mutter wäre aber zu gefährlich, weshalb die ganze Beziehung zum Vater einer solchen Verschleierungstendenz unterliegt. Eine Patientin verhüllte – wenn sie Besuch von ihrer Freundin bekam – ihre Schreibmaschine mit einer Decke. Auf mein überraschtes Nachfragen gab sie an, die Freundin sollte nicht sehen, daß sie ihre Examensarbeit in der Maschine habe, d. h., sie mußte verbergen, daß sie sich entwickelte. Aber statt sich zu „ent"-wickeln, ihren Stolz zu zeigen und die

Freude der Freundin darüber als selbstverständlich vorauszusetzen, wickelte sie sich ein. Ähnliches tat sie mit ihrem Körper, den sie in unattraktive Gewänder hüllte. Die Schreibmaschine war der Menstruation vergleichbar: Beide waren Zeichen der Reife, die verborgen werden mußte.

Für die Mutter wird die Flucht der Tochter zum Vater bedrohlich, weil die Tochter sich der mütterlichen Funktionalisierung entzieht und zur Rivalin wird. „Häufiger kommt es indessen zu schweren innerfamiliären Spannungen, indem der Elternteil, der aus dem Intimverhältnis zwischen dem Ehepartner und dem Kind ausgeklammert bleibt, gegen seine Zurücksetzung revoltiert", schreibt Richter (ib., 117). Die Wendung zum Vater wird von der Mutter als Treuebruch ausgelegt und bereitet der Tochter Schuldgefühle. Eine Patientin erzählte, daß ihre Mutter mich angreifen und entwerten würde. Die Behandlung brächte nichts, und sie solle in eine Klinik gehen. Ich würde sie nur in ihren Zukunftsplänen manipulieren. Ihre Mutter mußte Angst haben, denn sie eigene Pläne mit ihr. Als sich die Patientin gegen diese Demontage wehrte, drehte ihre Mutter den Spieß um und warf ihr vor, sie würde mich verführen und in die Tasche stecken. Eine andere teilte einst ihrer Klavierlehrerin mit, daß sie eine Analyse mache, worauf die Lehrerin zu ihr sagte: „Paß auf, daß Du keinen Vogel bekommst!" Meinen Beobachtungen nach ist es vor allem die Kränkung der Mutter, ihre „Eiseskälte", die zu den abwertenden, mitunter gehässigen, meist aber entlarvenden sexualisierenden Bemerkungen veranlaßt. Die Mutter bedient sich bei ihren „Deutungen" klischeehafter Psychologisierungen und entindividualisiert, entmündigt und beschämt ihre Tochter. „Weibliche Jugendliche erfahren eine von eigenen Impulsen unabhängige Sexualisierung ihres Körpers und ihrer Ausdrucksgebärden häufig erst durch die Reaktionen anderer" (Streeck-Fischer, ib., 305). Der Klischeehaftigkeit wegen treffen die grob sexuell interpretierten Zärtlichkeitswünsche an den Vater immer (vgl. Ogden, 1995). Der Vater wird dabei gleich mit entwertet und verdächtigt, nicht zu Unrecht, denn die Mütter kennen die Schwäche ihrer Ehemänner. „Offensichtlich hängen seine (des Mädchens, T. E.) Chancen, ohne übermäßige Schuldgefühle und Depression zu psychischer Unabhängigkeit zu gelangen, weithin von der Bereitschaft der Mutter ab, ihre Tochter unabhängig werden zu lassen und ihr bei ihrer sexuellen Identifizierung zu helfen. Dies setzt seinerseits voraus, daß die Mütter ihre Töchter als Rivalinnen mit weiblichen Zielen und Wünschen anerkennen und die Liebe ihrer Töchter zum Vater akzeptieren. Deutlich setzt dies auch eine bestimmte Einstellung der Väter den Mädchen gegenüber voraus. Sie müssen bereit sein, ihnen ihre Kraft und Liebe anzubieten und ihnen dabei zu helfen, sich von ihren Müttern zu lösen" (McDougall, 1985, 89). Dazu ist die Bulimie-Mutter offensichtlich nicht der Lage. Unzufriedenheit und Ausgeschlossensein können sie dazu verleiten, die Tochter gegen den Vater einzunehmen: „Sie lud alles bei mir ab, auch ihre Eheprobleme, und erschütterte so mein Vater- und Männerbild enorm. Irgendwann habe ich meinen Vater nur noch verachtet" (Gerlinghoff, ib., 29).

Die Verletzung der „Abstinenz", die „Sprachverwirrung" durch die Eltern und die abwehrbedingten projektiven Interpretationen der Mutter werfen für die Behandlung Probleme auf. Die Patienten kommen sozusagen als „falsch Analysierte" in die Behandlung. Das macht eine „Desanalyse" (Mannoni, ib., 137) erforderlich. Die projektiven Etikettierungen müssen „gelöscht" werden und die Bedürfnisse als das, was sie wirklich sind, benannt werden, nämlich: Schutz- und Zärtlichkeitsbedürfnisse, das Bedürfnis nach einer „besseren" Mutter und normale – keine „egoistischen" Entwicklungsbedürfnisse.

Hinzu kommt, daß auch die Tochter ihre Flucht zum Vater sexualisiert. Ihre Flucht- und Symbiosewünsche äußern sich fortan in erotisierter Form. Der Vater soll die unerfüllt gebliebenen präödipalen Wünsche genital erfüllen. Nicht orale Befriedigung wird regressiv zum Ersatz für genitale genommen, sondern mit genitaler Sexualität sollen unbefriedigte oral-narzißtische und symbiotische Bedürfnisse befriedigt werden. Ich habe das als Wunsch nach dem Vater als „Amme" gekennzeichnet. Die Begleiterscheinungen des Eßanfalls führen die sexualisierte Symbiose vor: „Nicht selten kommt es nicht nur zu indirekter sexueller Befriedigung, sondern zu gleichzeitigem Onanieren. Manche Frauen geben sich dem Freßanfall im Bett hin, in einer Szenerie, in der sich die Symbiose mit der Sexualität schnell vermischt" (Schulte & Böhme-Bloem, ib., 59).

Offenbar erfolgt bei der Bulimie eine fixierungsbedingte Umkehrung der bei der Hysterie zu beobachtenden Verhältnisse, wie die Bemerkung: „Männer sind für mich wie Brötchen" (vgl. U. Grunert, ib.) nahelegt. Zur Hysterie würde passen: Brötchen sind wie Männer. Männer sind der Bulimikerin Ersatz für das Orale, nicht umgekehrt. Die Sexualisierung führt dazu, daß die Patienten die Genitalität oral erleben. „Einige Patientinnen zeigen auch Phasen sexueller Enthemmung. Eine Furcht, die Kontrolle zu verlieren, läßt sie 'sichere' Beziehungen aufsuchen, wobei die Wahl des Partners weniger wichtig ist als das zugrundeliegende Motiv, ihn als Schutz oder Sicherheit gegen die Leere in ihrem Leben zu gebrauchen. Es ist eine Art Suche nach sexueller Befriedigung, ohne bedeutende Verpflichtungen eingehen zu müssen. So konsumieren sie Sex (oder Männer) auf ähnliche Weise wie Nahrung, Alkohol oder Drogen" (Vanderlinden et al., ib., 35). Demzufolge werden genitale Sensationen von diesen Patienten mit oralen Metaphern veranschaulicht. Eine von ihnen beschrieb Kontraktionen der Gebärmutter als „Würgen". Nicht als kraftvoll, lustbereitend, schwängernd, sondern als „sättigend", „tröstend", beruhigend" wird der Penis erlebt, schöne Männerkörper sind für die Patienten „Leckerbissen", zum Verzehr geeignet. Der Penis ist – wie eine Patientin träumte – „die Nuckelflasche", ein Milch spendendes Organ. Das Prägenitale der Erlebnisweise zeigt der bereits erwähnte Traum einer anderen, die mit einem Mann im Bett liegt, der zwei Penisse hat. Den einen hat sie im Mund, den anderen hält sie in der Hand, wie ein Säugling an den Brüsten. Dieser Patientin war das „Vorher" beim Sex immer das Wichtigste. Der stets oral gefärbten genitalen Sexualität wegen findet man bei diesen Patienten häufig Fellatiophantasien oder -praktiken. Die Patientin U. Grunerts schwärmte: „Wenn ich mit jemandem schlafe, habe ich um den Mund rum ein ganz dolles Gefühl, heiß und kalt, ich zittere am ganzen Körper fiebrig, das ist ungeheuer aufregend" (ib., 27). Eine Patientin bezeichnete sich als „Schmusetyp". Gesucht wird die prägenitale Lust, und deshalb schauen sie sich gerne Frauen mit großen Brüsten an, Sinnbild der guten Mutter. Zärtlichkeit, Schmusen und Verschmelzen sind das eigentliche Triebziel der Bulimikerin.

Der polymorphen, collageartigen Verflechtung der psychosexuellen Phasen wegen werden orale Vorgänge wie genitale erlebt. Wenn die Patientinnen nach einem Eßanfall etwas „Gigantisches" in sich spüren, so ist dieses Gigantische nicht nur die mächtige Mutter, sondern auch der väterliche Penis, den sie sich einverleibt haben und von dem sie sich geschwängert fühlen. Das Erbrechen scheint dann in die Nähe des hysterischen Erbrechens zu rücken: „Wenn ich mir den Finger in den Hals stecke, so ist das für mich wie eine Geburt." Allerdings erscheint mir ein solcher Vorstoß in die Hysterie eher Zeichen einer „sekundären Hysterisierung" (Mentzos) und eine „Fehlinterpretation" seitens der Patienten, die aber die mütterlichen projektiven Interpretationen bestätigt.

Vor dem Hintergrund der entfalteten psychodynamischen Verhältnisse halte ich Phantasien dieser Art zudem für ein Ausweichen auf ungefährlicheres Terrain. Eine Funktion der pseudoödipalen

Sexualisierung liegt in der manischen Abwehr der Angst vor der viel gefährlicheren Aggression gegen die Mutter und vor ihrer Rache. Der Penis wird nämlich keineswegs nur als tröstend und oral-narzißtische Zufuhr bietend erlebt, er ist ja wegen der Spaltung ebenso „gefürchtetes aggressives Objekt, auf das die persönlichen oral-anal-urethralen sadistischen Impulse und Phantasien projiziert werden" (Khan, 1983, 131). Und als solches kann und soll der Penis zur scharfen Waffe werden. In Ermangelung eines eigenen Penis überträgt die Bulimikerin dem Mann (Vater) die Aufgabe, mit seinem Penis als Waffe im Sexualakt die innere böse Mutter zu besiegen, d. h., der väterliche Penis wird gebraucht, weil ihm die Fähigkeit zugeschrieben wird, die gefährlichen Objekte im Körperinneren zerstören zu können (vgl. Green, 1996). Der Vater bzw. der Mann soll den Exorzismus sexuell vornehmen. Eine Patientin meinte eines Tages: „Ich will mit einem Analytiker schlafen, weil nur er die Mutter in mir bezwingt. Er ist der einzige, dem ich die Stärke zutraue, meine Mutter in mir zu erledigen" (vgl. Ettl, 1996). Der Koitus und – orientiere ich mich an obiger Phantasie – offenbar auch die Analyse werden zur Befriedigung von Rachegelüsten mißbraucht und werden zum Triumph über die Mutter, zumindest bei einem männlichen Analytiker. Geht man diesen Phantasien genauer nach, so stößt der Mann mit seinem Penis in den Bauch, dort in den Magen, in dem ja das Introjekt vermutet wird. Manche Patienten haben erstaunlich unpräzise Vorstellungen über die tatsächlichen Vorgänge beim Akt. Sie glauben lieber, was ihnen ihr Wunsch nach einem Muttermord diktiert. Der Koitus wird – wie der Eßanfall – unbewußt zum „Raubmord", d. h., mit dem Koitus wird der Mutter der Vater „geraubt" und die Mutter „ermordet". Diese Funktion der Sexualität gibt den Patienten vermutlich das unbestimmte Gefühl, ein „Verbrechen" begangen zu haben. Und in diesen Phantasien begegnet man wieder dem Exzessiven, das diese Erkrankung wegen des ihr zugrundeliegenden Mangels auszeichnet. Hier ist es der Vater, der in seiner Funktion, die Mutter physisch „verdauen" zu helfen, ausfällt, eine Funktion, die schon Aro (vgl. Mahler, ib.) einklagte und sich in dem Wunsch einer Patientin nach mir als einem „Fettlöser" artikulierte. Der aggressiven Phantasien wegen muß der Koitus entweder vermieden werden, oder er darf keine Lust bereiten. Die Sexualität wird problematisch und muß ihrerseits nun regressiv abgewehrt werden, so daß beide Möglichkeiten zutreffen, die der sekundären Sexualisierung frustrierter symbiotischer Wünsche, wenn ein „als 'Reizschutz nach innen' angewandtes Mittel sekundär sexuelle Bedeutung annimmt und die sexuelle Struktur und Organisation verändert" (Fenichel, 1931, 60), was sich leicht mit der weiblichen Sexualität verlöten läßt, wie auch einer Regression in die Oralität wegen angstmachender sexueller Wünsche (vgl. Wurmser, 1993). Da die Genitalität ist wegen ihres Abwehrcharakters instabil ist, wie das ständige Oszillieren zwischen Progression und Regression zeigt, kann durchaus das eine Mal die Sexualität zum Ersatz für das Essen, das andere Mal das Essen zum Ersatz für die Sexualität werden.

Diese Phantasien geben der Sexualität eine aggressive Bedeutung und lassen die Rache der Mutter befürchten. Manche Mütter spüren die gegen sie gerichtete Aggression in der Flucht zum Vater und kommentieren entsprechend höhnisch-scharf. Ich habe von einer Patientin berichtet, die sofort nach dem Sex aufspringen muß, um im Spiegel nachzuschauen, ob sie noch anwesend ist. Das hing zwar mit ihrer Angst, sich in der Fusion aufzulösen, zusammen, hatte aber auch die Bedeutung, zu überprüfen, ob die Mutter sich an ihr gerächt habe. Eine Patientin erzählte beunruhigt, daß sie gelesen habe, die Mutter von Marilyn Monroe hätte ihre Tochter mit einem Kissen erdrosseln wollen, eine Schneewittchengeschichte (vgl. Schulte & Böhme-Bloem, ib.). Diese Angst zeigt, wie schön und verführerisch sich die Patientinnen erleben möchten – und wie unglücklich sie sind. Die andere Möglichkeit, mit dem Wunsch nach einem „philosophischen Vater" die aggressiv-sexualisierten Wünsche vom Vater fernzuhalten, ihn vom „Mordauftrag" zu entlasten, die Beziehung zu entsexualisieren und damit die Angst vor der Mutter zu mildern, käme einem Verzicht auf den Vater gleich, und der macht schließlich die Eßanfälle als Ersatz-Exorzismus erforderlich.

Wie oben schon angedeutet, kann auch die Analyse zum „Muttermord" mißbraucht werden. Eine Patientin erhoffte sich von mir ein Repertoire an „scharfen Worten", um ihrer Mutter „mit wenigen, aber treffenden Worten die Meinung sagen zu können". Viele Patientinnen hofften insgeheim, ihr Vater verfüge über „Tricks", wie man die Mutter entmachten könnte. Ihren Schilderungen konnte ich entnehmen, daß sie, wenn sie sich genital anboten, dies aus Dankbarkeit dafür taten, daß sie sich in den Armen des Mannes vor der Mutter geschützt fühlten, wenn auch illusionär. Ich habe dies andernorts als „sexualisierte Dankbarkeit" bezeichnet (vgl. Ettl, 1996). Die Beziehung zu Männern ist stark vom Gefühl bestimmt, diese befriedigen zu müssen. „Ist er befriedigt, dann läuft er mir nicht weg", sagte eine Patientin. Ganz selbstlos ist die Haltung indes nicht. Seine Befriedigung befriedigt den Narzißmus der Patientinnen. Die Sexualität hat – wie das Essen – ihre Funktion als genitale Befriedigung eingebüßt. Vielleicht erklärt sich so, daß manche Patientinnen, obwohl hübsch, wenig erotische Ausstrahlung haben. Die Dysosmie könnte Ausdruck dafür sein, daß die Erotik einem anderen Zweck dient. Die Funktion, die der Koitus bzw. die Analyse unbewußt erfüllen soll, kann zu erheblichen Widerständen führen, so daß beide unbefriedigend bleiben. Am Ende steht dann – wie beim Eßanfall – Erschöpfung.

Die Sexualität ist aber noch aus anderen Gründen problematisch. Die frühen Erlebnisse, Phantasien und Gefühle beim Introjizieren der Projektionen bekommen für die Patienten in der Pubertät eine sexuelle Konnotation. Die rezeptive Rolle in der Sexualität, die Gleichsetzung von Mund und Vagina und die damit mögliche Verschiebung, fördern die Konnotationen. Eine Mutter sagte zu ihrer heranreifenden Tochter, sie könne sich ja nun „von unten füttern lassen". U. Grunert berichtet von ihrer Patientin, daß bei ihr seit der Geburt ihres Bruders im dritten Lebensjahr die Onanie eine große Rolle gespielt habe. Ihre Mutter habe an ihren Fingern gerochen und sie mit Schlägen bestraft. Das Essen wäre dann für sie der beste Ausweg gewesen, weil sie da nicht Angst haben müsse, etwas Schreckliches anzurichten und dann alleine zu sein. „Ich such mir eine Befriedigung, wo man nicht bestraft wird, daß einer einen verläßt. Mund oder Vagina, das ist egal" (ib., 27). Wegen der Vorerfahrungen mit der Introjektion kommen bei der Bulimie konkrete weibliche Ängste bezüglich der Vagina hinzu. „Entsprechend dem Grundplan ihres weiblichen Körpers sind sie (die Jugendlichen, T. E.) von Ängsten bestimmt, die sich infolge ihrer unsicheren Körpergrenzen um Eindringen und Diffusion zentrieren" (Streeck-Fischer, ib., 301). Bestimmend wird nun die Angst vor dem, was vaginal in den Körper kommt und dort damit geschieht, eine Angst, die für die Bulimikerin von besonderer Bedeutung ist. Es kann so zu einer „sexualisierten Introjektion" als Abwehr kommen. Das Essen nimmt möglicherweise die Bedeutung von Geschwängertwerden an, das Erbrechen die der Rückgabe des Fötus an die Mutter. „In der späteren Charakterbildung formiert sich statt der weiblichen Aufnahmebereitschaft der leidenschaftliche, gierige Wunsch nach einer Einverleibung der Objekte und/oder eine verstockte Negativität" (Khan, 1983, 162). Die spezifisch weiblichen Merkmale des Aufnehmens und der Gebärfähigkeit erweisen sich als störanfällig, weil die Aufnahme des Essens und die sich daran anschließenden Ängste das Vorbild dafür abgeben. Diese Merkmale sind besonders geeignet, Konflikte des Aufnehmens und Behaltens auszulösen. Schulte und Böhme-Bloem schreiben: „Gilt für die ödipale Phase des anorektischen Mädchens eine 'pseudomännlich-negative-ödipale' Konstellation (...), so ist die Position des bulimischen Mädchens nicht so eindeutig: Es befindet sich in einer phallisch-weiblichen 'Hülle', mit einem unvollständigen Bild der eigenen Geschlechtsidentität, mit einer nicht besetzten Vagina. Seine in ihm ruhende Höhle wird zu einer Quelle beständiger Unruhe, weil es nicht einzuschätzen vermag, was damit geschehen kann" (ib., 87). Im Traum der Patientin, deren Körperöffnungen der Busfahrer mit Zunge und Finger verschließen sollte, spielten diese Ängste ein Rolle. Die oralen und analen intrusiven Erlebnisse werden auf die Vagina übertragen. Die Introjektionserfahrungen beherrschen nun die Sexualität und die sexuellen Phantasien. Der Penis als Waffe gegen die Mutter wird nun seinerseits zum gefährlichen Introjekt, das sich gegen das Selbst richtet. Die bange Frage ist, was richtet der Penis an. Plassmann schreibt: „Bei Frauen ist die Phantasie des Genitales als Ort gewaltsamer fusionärer Entgrenzung durch sexuellen Angriff außerordentlich häufig. Es bietet sich hierfür die Benennung als fusionär-inzestuöse Zone oder als symbiotisch-inzestuöse Zone an. Sexualität, Zeugung und Schwangerschaft sind in ganz besonderem Maße geeignet, hochgradig bedrohliche fusionäre Phantasien auf sich zu ziehen. Das 'eingedrungene' fremde Leben scheint den Körper von innen her aufzufressen. Die Folge können artifizielle Aborte oder andere, als Abtötungs- und Ausstoßungsversuche interpretierbare Manipulationen sein" (1993, 269 f.). Viele der Zwänge, die Bulimikerinnen in der Pubertät entwickeln, sind Ausdruck ihrer Ängste, die Kontrolle über die Körperöffnungen zu verlieren.

Einige meiner Patienten hatten im Alter von vierzehn Jahren ihren ersten Geschlechtsverkehr, den sie durchweg als „Vergewaltigung" erlebt haben. Eine Patientin fühlte sich bei ihrem ersten Verkehr mit achtzehn „aufgespießt wie ein Tier, mit dem man Experimente macht". Das Erleben zeigt, daß die Sexualität negativ, mit Phantasien von Gewalt, Beschädigung, Verunreinigung besetzt ist, wie wir es von den Eßanfällen kennen. Es besteht auch die Angst, daß mit dem Samen etwas Unkontrollierbares und damit Gefährliches in ihren Körper fließen könnte. Eine Patientin fürchtete das Ejakulat als eine „ätzende Flüssigkeit", die sie zerfresse. Eine früher erwähnte Patientin, die mit der Vorstellung erbrach, ein Mann wolle seinen Samen „loswerden", zeigt, welche unbewußte Bedeutung die Sexualität bei diesen Patientinnen hat: Der Mann will etwas ihm Lästiges, Schlechtes bei der Frau loswerden. Das aber ist das funktionalisierende projektive Verfahren, das sie von früher kennt.

Nachdem sie mit ihrem Freund geschlafen hatte, obwohl sie nicht wollte, weshalb sie den Verkehr wie eine Vergewaltigung erlebt hätte, mußte eine Patientin am nächsten Morgen kotzen, mit der Vorstellung, daß Penis und Samen, letztlich der ganze Mann, in einer Art Säuberungsaktion in hohem Bogen aus ihr herausfliegen würden, als habe sie ihn beim Verkehr verspeist. Die Bulimikerin versucht mit dem Erbrechen der mit Angst behafteten „Identifizierung und Introjektion des Bedrohenden oder Angreifenden" (Ferenczi, 1933, 520) zu entkommen, indem sie den Täter und die Tat kurzerhand externalisiert.

Der Vagina werden oral-verschlingende wie auch anal-zusammenpressende Funktionen zugeschrieben. Die Patienten haben nicht nur Angst, ein Kind in ihnen würde zu einem gigantischen Monstrum heranwachsen, das sie von innen her auffresse, ohne daß sie darauf einen Einfluß hätten, sondern auch die Angst, daß sie das Kind nie aus sich herausgebären, also externalisieren könnten, wie es das Erbrechen erlaubt, und sie platzen würden. Das erinnert an die Ängste vor dem Introjekt nach dem Eßanfall. „Ich hatte die Vorstellung, in meinem Bauch entsteht eine schwammige, schwarze Kloake menschlicher Gestalt, eine Ausgeburt des Bösen, die mich quält, immer größer wird in meinem Bauch, ohne etwas tun zu können." Eine andere Patientin sagte: „Ich muß zusehen, wie eine menschliche, ekelhafte Masse sich in meinem Körper ausbreitet, ohne mich wehren zu können." In der Angst vor der Sexualität und der Schwangerschaft kehrt die ganze Angst vor dem Verlust der Kontrolle über die Gefühle und den Körper, das Körperwachstum und die Körperfunktionen wieder: „Ich habe Angst, weil mein Bauch unkontrollierbar wachsen würde, über meine Grenzen hinaus", sagte eine Patientin. Mit dem Einsetzen der Menstruation kommt es zur Wiederbelebung früherer Ängste bezüglich der Kontrollierbarkeit der Vagina. Die Vagina hat Sphinkter-Bedeutung, wie die auftauchenden Ängste vor einer Schwangerschaft zeigen. Die Patienten fürchten, die Vagina bliebe fest verschlossen und ließe das Kind nicht heraustreten. Oder aber, sie ließe sich nicht verschließen (vgl. Moré, ib.). Die Angst vor einer Schwangerschaft ist vielfältiger Natur und hat mit den Vorerfahrungen der Patienten als Kinder zu tun (vgl. Hirsch, 1989b, 81). Da ist z. B. die Angst vor der Mutter:

> „Wenn ich ein Kind bekäme, würde ich das bis zum letzten Tag der Schwangerschaft vor meiner Mutter verheimlichen", ein Wunsch, dem wir bei den Müttern schon begegnet waren. Ich möchte auch an die Pati-

entin erinnern, die im Traum ein Kind gebar, sich und das Kind aber im Hochsommer in der Dunkelheit und im Pelz verstecken mußte. Oder die Angst, weil die Mutter sich im Falle eines Enkelkindes mit ihrer Rolle als Großmutter beschäftigen müßte, was sie aber „nicht wahrhaben will", so eine Patientin. Eine andere fürchtete, wenn sie eine Tochter bekäme, würde diese den Vater lieben und sie als Mutter wäre vergessen, was die Wiederholung ihrer Lebensgeschichte gewesen wäre. Die Angst vor einem Kind wurde von einer Patientin mit der Befürchtung begründet, das Kind falsch zu erziehen, nämlich so, wie sie von ihrer Mutter erzogen wurde. Eine weitere erzählte unter großer Scham von einer Überlegung, die sie am Vortag angestellt hatte: Sie habe sich überlegt, daß sie sich mit einem Kind doch beweisen könnte, daß sie eine Frau sei. Warum war ihr diese Überlegung so peinlich? „Weil das ja hieße, daß ich das Kind als Beweis, eine Frau zu sein, *mißbrauchen* würde." Das Kind würde also funktionalisiert werden. Auch die Überlegung, mit einem Kind von der Bulimie geheilt zu werden, wurde angestellt. In diesen Ängsten sind die Anklagen an die Mutter wegen der Funktionalisierung nicht zu überhören. Eine Patientin sah sich in der Geburtssituation breitbeinig und schreiend daliegen, dabei hilflos den Blicken der Umstehenden ausgeliefert. Schlimm war ihr die Vorstellung, beim Pressen könne Kot abgehen, die Ursituation der Scham aufgrund eines Kontrollverlustes. Sie fürchtete die Imago der analen, die Lust nicht billigenden, mit Blicken intrusiven und neidischen Mutter und deren Kommentare im Kreißsaal. Eine Patientin versuchte ihren diesbezüglichen Ängsten mit Hilfe einer Kompromißlösung zu entkommen: Sie wollte zwar gerne schwanger werden und den Zustand der Gravidität genießen, aber kein Kind bekommen.

Bezeichnenderweise sind die Patienten dann orgasmusfähig, wenn sie in der Sexualität die Regie übernehmen, wenn sie in der Onanie selbst Hand anlegen oder einen neuen Mann besetzt haben, der ihre Bedürfnisse zu erfüllen verspricht. Die „Illusion der autonomen Abhängigkeit" scheint ein zentrales Agens der Lust. Das Vorbild ist das Erbrechen mittels des Fingers, der die Abhängigkeit vom Vater bzw. von dessen Penis gelöst hat. Um einer sexuellen Abhängigkeit zuvorzukommen, mußte eine Patientin jedesmal, wenn ihr Freund mit ihr schlafen wollte, zuvor (heimlich) onanieren, „um nicht ausgenommen zu werden". Sie schützte sich damit vor einer eventuellen Erregung und ihrer vielfältigen Angst, was der Penis in ihr hätte anrichten können, und den Freund vor dem Raub (der Introjektion) seines Penis. Eine meiner Patientinnen mit Endlustproblemen blieb stets am Stundenende unzufrieden zurück. Es fehle ihr der „Schlußsatz", klagte sie, also ein Satz von mir, der die Stunde nochmals zusammenfassen sollte – letztlich aber der Orgasmus.

Diese Abhängigkeit von mir ärgerte sie maßlos. Die Probleme mit der Abhängigkeit zeigte die Onaniephantasie einer Patientin, die zum Inhalt hatte, daß ich mit erregtem Gesicht auf ihr liege, damit sie erregt sein konnte und damit existent. Meine Erregung übernahm eine ähnliche Funktion wie das Weinen der Männer bei der Patientin, die ihren Körper als Waffe benutzte.

> Eine Patientin verspürte beim Verkehr in dem Moment Ekel, wenn sie das Gefühl bekam, der Mann benutze sie als Objekt. Sie ziehe sich dann innerlich zurück, fühle nichts mehr und erlebe ihn in einer „anderen Welt", an der sie nicht teilnimmt, und sei ausgeschlossen. Als Heranwachsende teilte die Patientin mit ihrem jüngeren Bruder, mit dem sie, wie aus Träumen ersichtlich war, inzestuöse Phantasien verband, das Zimmer. Sie erzählte, daß ihr Bruder, wenn er eingeschlafen war, ganz regelmäßig geatmet hätte, während sie wach lag und sich in ihren Phantasien ausmalte: mit ihm im Bett zu liegen und zu verkehren. Ihre Phantasie wurde aber dadurch gestört, daß sie merkte, daß sie allmählich ihren eigenen Atemrhythmus verlor und sich ganz dem ihres Bruders anpaßte, was sie wie eine Auslöschung empfand. Das habe sie dann ganz wütend gemacht, aber nicht nur, weil sie ihren Rhythmus verlor, sondern auch wegen des Getrennt- und Ausgeschlossenseins. Er habe sie mit seinem Einschlafen „verlassen". Das Beispiel zeigt neben der Abhängigkeit die Probleme mit der gestörten Introjektion, hier dem Atmen. Wie aggressiv das Getrenntsein diese Patientin machte, veranschaulichte folgender Traum: Ich besuche sie, und wir schlafen zusammen, nachdem sie mich zuvor in einer Unterhaltung sagen ließ: „So ist das bei mir auch." Wir bilden also eine harmonische Einheit, was offenbar erregend ist, denn danach liegt sie auf mir und umarmt mich. Ich aber sage, daß sie „nicht zu ertragen" sei, womit ich die Fusion verweigere und sie zurückweise. Am Wochenende nach diesem Traum machte sie einen Spaziergang und befand sich „plötzlich" auf einem Friedhof, worüber sie erschrak. Als sie den Friedhof eiligst verließ, mußte sie an mich denken und wie das wohl wäre, würden wir uns jetzt begegnen. Würde sie nur kurz grüßen und flüchten, oder würden wir „eine Weile zusammen gehen"? Da sie in einer der vorausgegangenen Stunden mein Alter beschäftigt hatte, war sie mit Phantasien befaßt, mich auf den Friedhof zu bringen, weshalb dieser Ort sie erschreckt haben dürfte. „Eine Weile zusammen gehen" ist aber auch ein Koitus-Symbol, und daß es dabei auch eine Leiche gibt – die Mutter –, habe ich ausgeführt. Der Gang zum Friedhof war also mehrfach determiniert, zumal dort ja auch das bulimische wahre Selbst begraben liegt, wie wir von einer Patientin erfahren konnten. Auf die Nekrophilie dieser Patienten weist Chasseguet-Smirgel hin. Sie schreibt: „Ich tröstete mich damit, daß ich mir sagte, daß es nicht jedermanns Sache ist, eine Nekrophile auf der Couch zu haben." (1981d, 206).

Wegen dieser Abhängigkeit vom Objekt, auch in der Onanie, verzichten viele Patientinnen ganz auf die Phantasie. Die Onanie ist dann ein rein mechanisches Geschehen, der Zwangsonanie ähnlich.

Der Beginn der Eß-Erbrechanfälle

Wegen der intrusiven Vorerfahrungen, der Funktionalisierung, der Fixierung an die Introjektion als Abwehr und der Verlötung mit der weiblichen Sexualität, schließlich wegen der Schwäche der Fähigkeit zur Metaphorisierung und der Phantasiebildung, die die Intensität der Affekte nicht abzufedern vermag, wird die Pubertät entscheidend im Hinblick auf den Ausbruch des bulimischen Symptoms. „Wenn nun die Pubertät mit einem starken sexuellen und narzißtischen Schub beginnt, stellt sich das Problem der Synthese erneut mit aller Dringlichkeit. Das Problem der narzißtischen Aufwertung tritt wieder an erste Stelle, und man könnte die ganze Pubertät eine narzißtische Krise nennen, mit allen Konsequenzen, die sich daraus auf pädagogischer, sozialer und pathologischer Ebene ergeben" (Grunberger, 1976, 202). Meine Patientinnen schilderten häufig ein Gefühl der Heimatlosigkeit bzw. Bodenlosigkeit, das die körperlichen Veränderungen begleitete, weil die Pubertät das vertraute männlich-phallische Körperbild und die damit verbundenen Illusionen zertrümmerte, mit den skizzierten Folgen für die sexuelle Identität. Das Brustwachstum macht die phallischen Phantasien zunichte und zerstört die maskuline Illusion. Nach Auskunft der Patienten sind es häufig Bemerkungen anderer Personen über ihren Körper, die den Ausbruch der Bulimie bewirken (vgl. Streeck-Fischer, ib.). Bei einer Patientin spöttelte die Sportlehrerin, sie bekäme ja jetzt einen „dicken Hintern". Bei einer anderen mahnte eine Verkäuferin, daß der Osterhase nun wohl keine Schokoladeneier mehr bringen dürfe. Es handelte sich um die Patientin, die sich vom „Nikolaus" einen Schokoriegel wünschte. In beiden Fällen waren die Patientinnen zutiefst erschrocken. Oft aber waren es die Brüder, die in der Pubertät die körperliche Entwicklung ihrer Schwestern mit spöttischen Kommentaren begleiteten. Die Wut darüber und den Neid auf die Brüder, deren Körper dem Ichideal der Patienten als erstrebenswert erschien, konnten sie als Kinder noch ausleben, indem sie sich mit den Brüdern „bis aufs Blut" prügelten, wie eine erzählte. Später konnten die Mädchen ihre Aggression nicht mehr auf diesem Wege äußern. Und schließlich ist es die Sexualisierung der Beziehung zum Vater, die ihren Beitrag zum Ausbruch des Eßsymptoms leistet. Kurzum: Die durch die Pubertät erzwungene körperbedingte Desillusionierung trifft auf die frühe, traumatische Desillusionierung der symbiotischen Omnipotenz.

Das Gefühl der Bodenlosigkeit kommt auch von der Kündigung der bis dahin übernommenen Erfüllung der Kindimago. Das Körperwachstum ist sozusagen die anatomische Form der Abwehrmöglichkeit der elterlichen Funktionalisierung. Der Körper macht die Funktionalisierung nicht länger mit, auch wenn die Kranke es möchte. Er wird abtrünnig, beginnt zu wünschen, und damit wird die narzißtische Problematik der Eltern virulent, denn sie brauchen die Tochter weiterhin als Selbst-Objekt. Die sekundäre Amenorrhoe ist der Versuch der Tochter, den Wunsch der Mutter zu befriedigen bzw. sich selbst die Illusion noch zu lassen. Möglicherweise heißt die Phantasie der Patientin, die glaubte, ihre Mutter „mit Männern füttern" zu müssen, sie müsse ihr männliche Körper bieten als Ersatz für den verlorenen männlichen Körper der Tochter. Nach dem Motto: Ich bin nun also kein Mann wie Du wolltest, nimm dafür die Männer, die ich Dir biete. So wäre zugleich das Neidproblem der Mutter auf die schöne Tochter gelöst. Der Bruch zwischen Seele und Körper, der an dieser Stelle manifest wird – Bruchstellen haben sich schon früher gezeigt –, heißt, der Körper muß verleugnet, die Besetzung abgezogen und ihm die Gefolgschaft verweigert werden. Die durch die Anatomie erzwungene Verweigerung erzeugt bei den Patientinnen auch eine narzißtische Krise. Die Körperentwicklung wird als Niederlage vor dem Ichideal empfunden, da dort der Anspruch, den elterlichen Wunsch zu erfüllen, weiterbesteht. Der Konflikt mit dem Überich/Ichideal manifestiert sich nun in persekutorischen Schuldgefühlen, Scham, Perfektion und Überforderungsgefühlen. Die Schuldgefühle provozieren Aggression, die sich gegen das eigene Ich richtet und es kommt zu den Strafmaßnahmen bzw. selbstzerstörerischen Handlungen im Anfall.

Die Angst vor der „Eiseskälte" der enttäuschten und gekränkten Mutter wächst, weil die Situation in der Pubertät der asymbiotischen Distanz der frühen Jahre entspricht. Hinzu tritt das Bedürfnis des Adoleszenten, die Eltern und die elterlichen Vorstellungen „brutal" abzuweisen (vgl. Chasseguet-Smirgel, 1981d, 171). „Das Erwachen bislang unbekannter Impulse und Phantasien macht eine größere Distanzierung zwischen den Eltern und dem Kind erforderlich" (Dalsimer, ib., 19). Daher kommt es nun zu neuerlichen Trennungserlebnissen mit Gefühlen der Einsamkeit. In der Fusion mit der Nahrung können die unvermeidlichen Trennungserlebnisse der Pubertät bzw. Adoleszenz verleugnet werden. Die fehlende Idealisierbarkeit der Eltern, die an traditionellen Vorstellungen von Weiblichkeit festhalten und der Wunsch nach Anerkennung einer modernen Weiblichkeit tragen zum Ausbruch bei.

Die Angst vor der kalten Reaktion der Mutter besteht auch, weil in der Pubertät ein weiterer Funktionalisierungswunsch der Tochter seitens der Mutter hinzukommt, den die Patientinnen kaum zurückzuweisen wagen: „Die Mutter hat Schwierigkeiten damit, älter zu werden, fühlt sich häßlich, unbeachtet und meint, sie müsse über Diäten ihre jugendliche Figur erhalten. Sie bittet Esther um Bestätigung, fragt nach Anerkennung und wünscht sich Beschwichtigung ihrer Unzulänglichkeitsgefühle. Ob sie sich über ihren Mann ärgert, ihre Unausgefülltheit als 'Nur-Hausfrau' beklagt, Undank und Rücksichtslosigkeit der Familie registriert, Esther ist ihr Ansprechpartner. So übt die Tochter ihre mütterlichen Fähigkeiten bei der Mutter und fragt sich dabei, warum die erwachsene Frau so mächtig und bestimmend sein kann, und sich gleichzeitig so kindlich und schwach zeigt. Als verwirrend empfindet sie, daß dieser unvermittelte Wechsel zwischen der großen Mutter und dem kleinen Mädchen nie vorauszusehen ist" (Schneider-Henn, ib., 140).

Die Eßanfälle sind eine „direkte unbewußte Antwort auf eine unbewußte Frage oder Forderung von der Mutter, vom Vater oder von beiden zugleich" (Richter, ib., 84). Die elterlichen Ansprüche überfordern den psychischen Apparat und die Einigungsmöglichkeiten bis ins Erwachsenenalter. Die Überforderung ist wegen des hohen Ichideals, d. h. wegen des Perfektionszwanges, eine kränkende Niederlage, die nun mit dem Eßsymptom beantwortet wird, um die Omnipotenz wieder zurückzugewinnen und die narzißtische Wunde zu schließen. Wie aussichtslos den Patienten die Erfüllung der elterlichen Erwartungen erscheint, kann ich in Behandlungen immer wieder an ihren Phantasien darüber ermessen, welcher Frauentyp mir gefalle. Stets bevorzuge ich gerade den Typ, von dem die Patientin das Gegenteil verkörpert. So war eine kleine, zierliche, dunkelhaarige Patientin überzeugt, mein Interesse gälte großen blonden Frauen. Dieses mein vermeintliches Idealbild von einer Frau war aussichtslos weit davon entfernt, jemals erfüllt werden zu können. Die Aussichtslosigkeit, für mich zur „richtigen Frau" zu werden bzw. dem bei mir vermuteten Frauenbild zu entsprechen, stürzte die Patientinnen regelmäßig zuerst in Wut, dann in Resignation, verhinderte aber auch die gefährliche Fusion.

Die Kleptomanie wird zur Suche nach der „guten Mutter", die nicht überfordert, sondern die Fusion erlaubt. Ich habe sie als Ausdruck des Wunsches nach einer „primären Objektliebe" interpretiert. Das Eßsymptom wird zum Widerstand gegen die mit der

Kindimago der Eltern verbundenen Erwartungen. Es will sagen: „Das bin ich, der Säugling mit symbiotischen Bedürfnissen und nicht das Kind, das ich für Euch sein soll." In ihm, so sagten wir, lebt das dissoziierte Selbst: die Fusions- und Anklammerungswünsche, die entwicklungsbedingten Körper- und Seelenbedürfnisse und die Affekte wie Neid, Angst, Wut. Das bulimische Symptom beinhaltet den Zorn der Adoleszenten wegen der Enttäuschung über die Eltern und löst den Jähzorn der Kindheit ab. Eßsucht und Tobsucht liegen eng beieinander. Die Bulimie ist sozusagen der Tobsuchtsanfall der Adoleszenten. Von widerstandsloser Unterwerfung unter die Mutter konnte ja nie die Rede sein, wie die lärmende Symptomatik der Kindheit zeigte. Die Krankheit wird als „Frechheit" der Mutter gegenüber erlebt. Die Krankheit ist der Triumph der Tochter über eine bis dahin unbezwingbare, nicht beherrschbare Mutter. Symptom und Sexualität treten fortan in den Dienst der Haßbefriedigung (an der Mutter). „Es stellte sich rasch heraus, daß die Bulimie eine sadistische Form der Sexualität repräsentierte, 'ein Schlachtfeld', wie es andere Patientinnen ausgedrückt haben" (Wurmser, 1993, 330). Ab der Pubertät indes sollen die Eltern den Widerstand gegen ihre Kindimago nicht mehr sehen, darum die Heimlichkeit. Damit soll auch die Scham, die Erwartungen nicht zu erfüllen, vermieden werden. Weil Heilung einer Entwaffnung gleichkäme, darf es auch keine Heilung geben. Eßsymptome sind ausgesprochen resistent gegen eine Behandlung, wie der Fall „Dick" von M. Klein schon zeigte (vgl. Klein, 1962, 35). Da die Krankheit, die „Freß-Attacke", die Waffe gegen die Mutter ist, kann man auch von einem „Waffengang" sprechen, was der zum Teil militanten Sprache der Patienten entspricht. In dieser Hinsicht sind die Patienten durchaus Strategen „mit Raffinesse". Bei diesen Waffengängen rächen sie den Vater gleich mit, weil sie seine Schwäche der Mutter anlasten. Die Aggression ist im Eßsymptom gebunden, weil sie in ihm befriedigt wird. Alle Anamnesen zeigten, daß die Patienten nach Ausbruch des bulimischen Syndroms weniger manifest aggressiv waren. Mit dem Rückzug auf das Essen konnte die feindselige Beziehung gemieden werden. Wegen der aufkommenden Angst vor der Rache der archaischen Mutter, der Zerstückelungsangst bzw. der Angst, gefressen zu werden, wird der Waffengang mit dem Erbrechen beendet.

In der Pubertät, wenn sich der Penisbesitz und der erhoffte Schutz des Vaters als Illusion erweisen, muß Ersatz gefunden werden, um das „böse" Introjekt externalisieren zu können. Hierzu bietet sich die Bulimie an. Das Eßsymptom soll ersatzweise für den schwachen Vater resp. den fehlenden Penis diese Aufgabe übernehmen. Sollte einst der Vater Emetikum sein, so übernehmen nun Nahrung und Finger bzw. Laxantien die Funktion des väterlichen Penis. Insbesondere die Fingertechnik ist ein Versuch, sich mit einem starken, unabhängigen Vater zu identifizieren, wobei ich mit Absicht von „Technik" spreche, da die Technik die Vaterwelt bzw. die strukturierende Analität mit Kontrolle über die Mutter und das Selbst repräsentiert. Die Abhängigkeit vom Vater als Befreier von der mächtigen gefährlichen Mutter scheint damit gelöst. Die „böse" Mutter kann „eigenhändig" ungefährlich gemacht werden. Die manischen Gefühle bei der Entdeckung des Erbrechens haben hier ihren Grund. Indes werden nur alte Illusionen durch neue ersetzt. Nahrung und Finger erfüllen ihre Aufgabe ebensowenig, wie sie der Vater erfüllt hat, und deshalb werden zusätzliche Maßnahmen erforderlich, um in den Besitz der Macht über das böse Introjekt bzw. die gefährliche Mutter, d. h. in den Besitz des Penis-Phallus, zu kommen. Hierzu bietet sich die Kleptomanie an, mit der das von den Eltern Vorenthaltene von ihnen geraubt werden muß.

Ein Hinweis darauf, daß die Krankheit in der Pubertät den schwachen Vater ablöst, kommt aus einer anderen Richtung. Da die Patienten ihre Krankheit zu einem Objekt machen, dem ihre ganze Besetzung gilt, fühlen sich die Partner von Bulimikerinnen schnell ausgeschlossen, und manche reagieren eifersüchtig kontrollierend. Manchmal vermuten die Männer, die Patienten hätten einen anderen Freund (besonders dann, wenn sie von der Erkrankung nichts wissen) und suchen z. B. in deren Tagebüchern nach Zeichen einer heimlichen Liebschaft, was die Patienten als tiefen Vertrauensbruch und als Neuauflage bereits früher erlebter Grenzverletzungen empfinden, aber auch die Probleme mit der Triangulierung auf den Tisch bringt. Für den Kliniker ist diese Eifersucht des Partners diagnostisch interessant, zeigt sie doch, welche unbewußte Bedeutung das bulimische Symptom haben kann: die eines Liebesobjekts, mit dem eine "primäre Objektliebe" jenseits aller realen Beziehungen, die gemieden werden, gelebt werden kann. Und auch weil das Symptom Liebesobjekt ist, ist es gegen die Behandlung so resistent und wird mit Zähnen und Klauen verteidigt. „Ich habe wieder unheimlich gegessen. Ich lasse mir das Essen von Ihnen auch nicht nehmen. Ich will essen. Ich habe alles außer Kraft gesetzt, was mich bestimmen könnte. Ich umgehe alle Zwänge", so eine Patientin von U. Grunert (ib., 29). Mir warf eine Patientin vor, ich wolle ihr ihre „heißgeliebte Krankheit" wegnehmen. Die Angst ist verständlich. Ist die Krankheit nämlich Liebesobjekt, so ersetzt sie nicht nur den

Mangel an einem solchen, sondern wird auch zum Alternativobjekt gemacht, mit dem die Triangulierung hergestellt werden soll: „Die Beziehungspartner treten nicht mehr nur direkt in Kontakt, sondern das Symptom steht gewissermaßen als dritte Person, als Interaktionspartner, zwischen ihnen" (Schmidt, ib., 54). Schmidt meint, daß die Bulimie „gewissermaßen zu einem mächtigen zusätzlichen Familienmitglied (wird)" (ib., 66).

Resistent ist das Symptom auch, weil mit dem Eß-Erbrechanfall Identitätsprobleme gelöst werden sollen. Darum hat die Krankheit für die Patienten die Bedeutung eines Identitätsmerkmals, eines Passes. Man könnte den Anfall als Versuch verstehen, den weiblichen Körper, das wahre Selbst, als weiblich libidinös zu besetzen. J. Grunert schreibt: „Die unbewußte Gleichsetzung von Genital und Bauch, welche durch Monatsblutung und Schwangerschaft eine weitere Unterstützung erfährt, ist mit ein Grund für ein häufig erhöhtes libidinöses Besetzungsniveau des Bauches der Frau" (ib., 211). Das falsche Selbst, das veröffentlicht wird, ist das phallische Selbst der Patienten, das von den Eltern gewünscht wird. Die Heimlichkeit ist erforderlich, weil die Eßszenen unbewußt die Bedeutung eines Raubmordes haben, in dem sich die Tochter die Weiblichkeit – nicht die Identität als Mutter – von der Mutter aneignen will, was diese aber nicht merken darf, weil die Anfälle sie mit ihrem eigenen Mangel an Weiblichkeit konfrontieren würden und sie sich als „schlechte" Mutter empfände und der Anerkennung ihres Ichideals verlustig ginge. Das wirft die Frage auf, ob die Patienten nicht exakt das stehlen müssen, von dem ihre Mutter und, allerdings in anderem Sinne, auch der Vater, das Gefühl haben, es fehle ihnen? Kann man also von den antisozialen Tendenzen der Patienten auf antisoziale Tendenzen bei den Eltern schließen? Richter ist der Meinung, wenn das Kind stehle, könne das der unbewußte oder unterdrückte Impuls eines Elternteils sein, den das Kind auslebe (vgl. ib., 226). Das wäre aber nichts anderes, als die Tochter als „Drogenkurier" zu benutzen. Da hätte die Untersuchungskommission ein neues Feld ...

So aber will ich dieses Buch nicht enden lassen. Darum noch eine Nascherei. Eine Patientin brachte mir gegen Ende ihrer Analyse eines Tages ein goldverziertes Kästchen mit, in welchem sich, in eine feine Serviette eingehüllt, duftende Biskuits befanden, die sie selbst gebacken hatte. Es war bald klar, daß das Kästchen für ihren Körper stand, der nun von ihr geliebt werden konnte und der gut assimilierbare Introjekte beinhaltete. „Unter anderem besteht der Ertrag einer Analyse in einer Transformation des Körperbilds", schreibt McDougall (1985, 137).

Bibliographie

Abraham, K. (1908): Die psychosexuellen Differenzen der Hysterie und der Dementia praecox. In: Ders.: Psychoanalytische Studien, II, Frankfurt a. M., S. Fischer, 1971, 132-145
- (1916): Untersuchung über die früheste prägenitale Entwicklungsstufe der Libido. In: Ders.: Psychoanalytische Studien, I, Frankfurt a. M., S. Fischer, 1971, 84-112
- (1920): Zur narzißtischen Bewertung der Exkretionsvorgänge in Traum und Neurose. In: Ders.: Psychoanalytische Studien, I, Frankfurt a. M., S. Fischer, 1971, 241-244
- (1924): Versuch einer Entwicklungsgeschichte der Libido auf Grund der Psychoanalyse seelischer Störungen. In: Ders.: Psychoanalytische Studien, I, Frankfurt a. M., S. Fischer, 1971, 113-183
Abraham, N. (1991): Aufzeichnungen über das Phantom. Ergänzung zu Freuds Metapsychologie. Psyche, 45, 691-698
Abraham, N. & Torok, M. (1976): Kryptonymie. Das Verbarium des Wolfsmannes. Frankfurt a. M., Ullstein
Alexander, F. (1927): Psychoanalyse der Gesamtpersönlichkeit. Int. PsA. Verlag
Aliabadi, Ch. & Lehnig, W. (1982): Wenn Essen zur Sucht wird. Ursachen, Erscheinungsformen und Therapie von Eßstörungen. München, Kösel
Andina-Kernen, A. (1994): Über das Entstehen innerer Repräsentanzen. Eine Zusammenstellung von Erkenntnissen aus der Psychoanalyse und der Säuglingsforschung. Zft. f. psa. Theorie u. Praxis, 9, 353-370
Balint, M. (1965): Die Urformen der Liebe und die Technik der Psychoanalyse. Stuttgart, Klett, 1966
Beland, H. (1990): Technische Probleme bei projektiver Abwehr narzißtischer Spannungen ('Vorwurfspatienten'). Zft. f. psa. Theorie u. Praxis, 5, 38-56
Berger, M. (1989): Zur Bedeutung des „Anna-selbdritt"-Motivs für die Beziehung der Frau zum eigenen Körper und zu ihrem Kind. In: Hirsch, M. (Hrsg.): Der eigene Körper als Objekt. Zur Psychodynamik selbstdestruktiven Körperagierens. Gießen, Psychosozial, 1998, 241-277
Bick, E. (1990): Das Hauterleben in frühen Beziehungen. In: Bott Spillius, E. (Hrsg.): Melanie Klein heute. 1, Beiträge zur Theorie. München, Wien, Verl. Int. Psychoanalyse, 236-240
Bion, W. R. (1990): Lernen durch Erfahrung. Frankfurt a. M., Suhrkamp
Böhme-Bloem, C. (1996): Diagnostische Kriterien und psychodynamische Charakteristika. In: Herzog, W. et al.: (Hrsg.): Analytische Psychotherapie. Therapieführer. Stuttgart, New York, Schattauer, 7-19
Boor, C., de (1965): Erscheinungswandel im klinischen Bild der Hysterie. Dt. Ärztebl., 41
Borecký, M. (1992): Ein Fall von Anorexia nervosa. Zft. f. psa. Theorie u. Praxis, 7, 45-57
Bornstein, S. (1934): Unbewußtes der Eltern in der Erziehung der Kinder. In: Cremerius, J. (Hrsg.): Psychoanalyse und Erziehungspraxis. Frankfurt a. M., Fischer, 1971, 126-134
Brenman, E. (1997): Wie der Hysteriker versucht, die psychische Realität des Analytikers zu manipulieren. EPF Bulletin, 49, 75-85
Chasseguet-Smirgel, J. (1981a): Die Freud verwandten psychoanalytischen Ansichten über die weibliche Sexualität. In: Dies. (Hrsg.): Psychoanalyse der weiblichen Sexualität. Frankfurt a. M., Suhrkamp, 26-45
- (1981b): Freud widersprechende psychoanalytische Ansichten über die weibliche Sexualität. In: Dies. (Hrsg.): Psychoanalyse der weiblichen Sexualität. Frankfurt a. M., Suhrkamp, 46-67
- (1981c): Die weiblichen Schuldgefühle. In: Dies. (Hrsg.): Psychoanalyse der weiblichen Sexualität. Frankfurt a. M., Suhrkamp, 134-191
- (1981d): Das Ichideal. Psychoanalytischer Essay über die „Krankheit der Idealität". Frankfurt a. M., Suhrkamp

Dalsimer, K. (1993): Vom Mädchen zur Frau. Literarische Darstellungen – psychoanalytisch betrachtet. Berlin, Heidelberg, Springer
Damrow, H. (1969): Frauen vor Gericht. Ein Bericht über die weibliche Kriminalität. Frankfurt a. M., Berlin, Ullstein
Derrida, J. (1979): Die Winkelwörter von Nicolas Abraham und Maria Torok. In: Abraham, N. & Torok, M. (Hrsg.): Kryptonymie. Das Verbarium des Wolfsmannes. Frankfurt a. M., Ullstein. 5-58
Deutsch, H. (1942): Some forms of emotional disturbance and their relationship to schizophrenia. Psa. Quart., 11, 301-321
Ernst, C. (1979): Der Exorzismus. Psychologie der Kultur. Bd. 2, Weinheim, Basel, Beltz, 1982, 243-251
Erpenbeck, J.: Anzünden oder Abreisen. Das böse Märchen vom Altern. Frankfurter Allgemeine Zeitung, 5. 7. 2000
Essen, C. v. & Habermas, T. (1989): Hysterie und Bulimie. Ein Vergleich zweier ethnisch-historischer Störungen. In: Kämmerer, A. & Klingenspohr, B. (Hrsg.): Bulimie. Zum Verständnis einer geschlechtsspezifischen Eßstörung. Stuttgart, Kohlhammer, 104-123
Ettl, T. (1988): Bulimia nervosa – die heimliche unheimliche Aggression. Zft. f. psa. Theorie u. Praxis, 3, 48-76
– (1992): Rauh, aber keineswegs herzlich. Der Autor und sein Kritiker – Aspekte einer Psychodynamik. Zft. f. psa. Theorie u. Praxis, 7, 145-169
– (1996): Die direktive Therapie der Bulimie aus analytischer Sicht. Zft. f. psa. Theorie u. Praxis, 11, 277-304
Fenichel, O. (1925): Introjektion und Kastrationskomplex. In: Ders.: Aufsätze, I, Olten, Walter, 1979, 30-66
– (1927): Einige noch nicht beschriebene infantile Sexualtheorien. In: Ders.: Aufsätze, I, Olten, Walter, 1979, 110-115
– (1928): Über organlibidinöse Begleiterscheinungen der Triebabwehr. In: Ders.: Aufsätze, I, Olten, Walter, 1979, 116-137
– (1931): Perversionen, Psychosen, Charakterstörungen. Darmstadt, Wiss. Buchgesell., 1967
– (1936): Die symbolische Gleichung: Mädchen=Phallus. In: Ders.: Aufsätze, II, Olten, Walter, 1981, 9-25
– (1939): Über Trophäe und Triumph. In: Ders.: Aufsätze, II, Olten, Walter, 1981, 159-182
– (1945): Psychoanalytische Neurosenlehre. Bd. II, Olten, Freiburg, Walter, 1974
Ferenczi, S. (1913): Kindliche Vorstellungen von der Verdauung. In: Ders.: Bausteine zur Psychoanalyse, II, Bern, Huber, 1984, 252
– (1919a): Zur psychoanlytischen Technik: Das „Zum Beispiel" in der Analyse. In: Ders.: Bausteine zur Psychoanalyse, II, Bern, Huber, 1984, 47-49
– (1919b): Die Nacktheit als Schreckmittel. In: Ders.: Bausteine zur Psychoanalyse, Bd. II, Bern, Huber, 1984, 222-226
– (1919c): Ekel vor dem Frühstück. In: Ders.: Bausteine zur Psychoanalyse, II, Bern, Huber, 1984, 247-248
– (1921): Die Symbolik der Brücke. In: Ders.: Bausteine zur Psychoanalyse, Bd. II, Bern, Huber, 1984, 238-243
– (1926): Gulliver-Phantasien. In: Ders.: Bausteine zur Psychoanalyse, Bd. III, Frankfurt a. M., Berlin, Wien, Ullstein, 1984, 307-331
– (1931): Aphoristisches zum Thema Totsein-Weibsein. In: Ders.: Bausteine zur Psychoanalyse, Bd. IV, Bern, Huber, 1984, 248-249
– (1933): Sprachverwirrung zwischen den Erwachsenen und dem Kind. In: Ders.: Bausteine zur Psychoanalyse, Bd. III, Frankfurt a. M., Berlin, Wien, Ullstein, 1984, 511-525
Fliess, R. (1961): Ego and Body. New York, 1972
Fornari, F. (1970): Psychoanalyse des ersten Lebensjahres. Frankfurt a. M., Fischer
Freud, A. (1967): Eine Diskussion mit René Spitz. Psyche, 21, 4-15
Freud, A. & Burlingham, D. (1971): Heimatlose Kinder. Zur Anwendung psychoanalytischen Wissens auf die Kindererziehung. Frankfurt a. M., S. Fischer
Freud, S. (1908e): Der Dichter und das Phantasieren. GW, 7, 213-223
– (1910c): Eine Kindheitserinnerung des Leonardo da Vinci. GW, 8, 127-211
– (1912d): Über die allgemeinste Erniedrigung des Liebeslebens. GW, 8, 78-91

- (1914c): Zur Einführung des Narzißmus. GW, 10, 137-170
- (1914g): Erinnern, Wiederholen, Durcharbeiten. GW, 10, 126-136
- (1916-17a): Vorlesungen zur Einführung in die Psychoanalyse. GW, 11
- (1916-17g): Trauer und Melancholie. GW, 10, 428-446
- (1921c): Massenpsychologie und Ich-Analyse, GW, 13, 73-161
- (1923b): Das Ich und das Es. GW, 13, 237-289
- (1930a): Das Unbehagen in der Kultur. GW, 14, 419-506
- (1931b): Über die weibliche Sexualität. GW, 14, 517-537
- (1933a): Neue Folge der Vorlesungen zur Einführung in die Psychoanalyse. Die Weiblichkeit. GW, 15, 119-145
- (1937d): Konstruktionen in der Analyse. GW, 16, 43-56

Gerlinghoff, M. (1996): Magersucht und Bulimie – Innenansichten. München, Pfeiffer

Giovacchini, P. L. (1967): The frozen Introjekt. Int. J. Psycho-Anal., 48, 61-67

Green, A. (1996): Der Kastrationskomplex. Tübingen, edition diskord
- (1997): Chiasmus – Prospektiv: die Grenzfälle aus der Sicht der Hysterie; retrospektiv: die Hysterie aus der Sicht der Grenzfälle. EPF Bulletin, 49, 30-51
- (2000): Therapeutische Ansätze in Frankreich. In: Kernberg, O. F. et al. (Hrsg.): Handbuch der Borderline-Störungen. Stuttgart, New York, Schattauer, 633-640

Grinberg, L. (1997): Schmerzliche Affekte in Borderline-Zuständen. EPF Bulletin 49, 61-75

Grubrich-Simitis, I. (1984): Vom Konkretismus zur Metaphorik. Psyche, 38, 1-28

Grunberger, B. (1976): Vom Narzißmus zum Objekt. Frankfurt a. M., Suhrkamp
- (1986): Von der Reinheit. Zft. f. psa. Theorie u. Praxis, 1, 44-65

Grunert, J. (1977): Der Bauch: Vorstellungen, Empfindungen und Phantasien. In: Grunert, J. (Hrsg.): Körperbild und Selbstverständnis. Psychoanalytische Beiträge zur Leib-Seele-Einheit. München, Kindler, 1977, 181-225

Grunert, U. (1981): Die negative therapeutische Reaktion als Wiederbelebung eines gestörten Loslösungsprozesses in der Übertragung. EPF Bulletin, 16, 22-39

Haas, J.-P. (1997): Bions Beitrag zu einer psychoanalytischen Theorie der Emotionen. Jahrb. d. Psychoanal., 38, 137-193

Haesler, L. (1995): Auf der Suche nach einer erträglichen Welt. Darmstadt, Wiss. Buchgesell.

Heimann, P. (1948/49): Some notes on the psycho-analytic concept of introjected objects. In: Tönnesmann, M. (Hrsg.): Paula Heimann. About Children and Children-No-Longer. London, New York, Tavistock/Routledge, 1989, 61-72
- (1961/62): Notes on the anal stage. In: Tönnesmann, M. (Hrsg.): Paula Heimann. About Children and Children-No-Longer. London, New York, Tavistock/Routledge, 1989, 169-184

Hinshelwood, R. D. (1993): Wörterbuch der kleinianischen Psychoanalyse. München, Wien, Verl. Int. Psychoanalyse

Hinz, H. (1995): Einige Facetten paranoider und manischer Abwehr der depressiven Position und des Ödipus-Komplexes. Unveröffentlicht

Hirsch, M. (1989a): Der eigene Körper als Objekt. Zur Psychodynamik selbstdestruktiven Körperagierens. Gießen, Psychosozial, 1998
- (1989b): Körper und Nahrung als Objekte bei Anorexie und Bulimie. Praxis d. Kinderpsychologie u. Kinderpsychiatrie, 3, 1989, 78-82
- (1995): Fremdkörper im Selbst. Jahrb. d. Psychoanal., 35, 123-151

Henseler, H. (1986): Beobachtungen und Reflexionen zur Theorie des Narzißmus. Zft. f. psa. Theorie u. Praxis, 1, 66-81

Jacobson, E. (1937): Wege der weiblichen Über-Ich-Bildung. Psyche, 32, 764-775
- (1973): Das Selbst und die Welt der Objekte. Frankfurt a. M., Suhrkamp
- (1977): Depression. Frankfurt a. M., Suhrkamp

Joffe, W. G. & Sandler, J. (1967): Über einige begriffliche Probleme im Zusammenhang mit dem Studium narzißtischer Störungen. Psyche, 21, 152-165

Kämmerer, A. (1989): Zur Diagnostik der Bulimie. In: Kämmerer, A. & Klingenspohr, B. (Hrsg.): Bulimie. Zum Verständnis einer geschlechtsspezifischen Eßstörung. Stuttgart, Kohlhammer, 124-137

Kernberg, O. F. (1975): Borderline-Störungen und pathologischer Narzißmus. Frankfurt a. M., Suhrkamp, 1978

Khan, M. (1973): D. W. Winnicott – sein Leben und Werk. In: Winnicott, D. W.: Die therapeutische Arbeit mit Kindern. München, Kindler, VII-XLIII

- (1983): Entfremdung bei Perversionen. Frankfurt a. M., Suhrkamp
Klein, M. (1962): Das Seelenleben des Kleinkindes und andere Beiträge zur Psychoanalyse. Hamburg, Rowohlt, 1972
Kohut, H. (1973a): Narzißmus. Eine Theorie der psychoanalytischen Behandlung narzißtischer Persönlichkeitsstörungen. Frankfurt a. M., Suhrkamp
- (1973b): Überlegungen zum Narzißmus und zur narzißtischen Wut. Psyche, 27, 514-554
Kris, E. (1956): Die Aufdeckung von Kindheitserinnerungen in der Psychoanalyse. Psyche, 31, 732-768
Landauer, K. (1925): Äquivalente der Trauer. In: Rothe, H.-J. (Hrsg.): Karl Landauer. Theorie der Affekte und andere Schriften zur Ich-Organisation. Frankfurt a. M., Fischer Tb., 1991, 74-85
- (1939): Die Gemütsbewegungen oder Affekte. In: Rothe, H.-J. (Hrsg.): Karl Landauer. Theorie der Affekte und andere Schriften zur Ich-Organisation. Frankfurt a. M., Fischer Tb., 1991, 27-46
Langsdorff, M. (1985): Die heimliche Sucht, unheimlich zu essen. Frankfurt a. M., Fischer Tb
Leclaire, S. (1971): Der psychoanalytische Prozeß. Ein Versuch über das Unbewußte und den Aufbau einer buchstäblichen Ordnung. Olten, Walter
Lerner, H. E. (1976): Elterliche Fehlbenennung der weiblichen Genitalien als Faktor bei der Erzeugung von „Penisneid" und Lernhemmungen. Psyche, 12, 1980, 1092-1104
Lewin, B. D. (1982): Das Hochgefühl. Frankfurt a. M., Suhrkamp
Liotti, G. (1989): Ein kognitiv-interpersonales Verständnis der Bulimia nervosa. In: Kämmerer, A. & Klingenspohr, B. (Hrsg.); Bulimie. Zum Verständnis einer geschlechtsspezifischen Eßstörung. Stuttgart, Kohlhammer, 31-48
Loch, W. (1971): Zur Theorie, Technik und Therapie der Psychoanalyse. Frankfurt a.M., S. Fischer
Lorenzer, A. (1972): Zur Begründung einer materialistischen Sozialisationstheorie. Frankfurt a. M., Suhrkamp
- (1974): Die Wahrheit der psychoanalytischen Erkenntnis. Ein historisch-materialistischer Entwurf. Frankfurt a. M., Suhrkamp
- (1985): Der Analytiker als Detektiv, der Detektiv als Analytiker. Psyche, 39, 1-11
- (1986): Tiefenhermeneutische Kulturanalyse. In: Ders.: Kultur-Analysen. Psychoanalytische Studien zur Kultur. Frankfurt a. M., Fischer Tb., 11-98
Lüders, K. (1997): Bions Container-Contained-Modell. In: Kennel, R. & Reerink, G. (Hrsg.): Klein-Bion. Tübingen, edition diskord, 85-100
Mahler, M. (1972): Symbiose und Individuation. Bd. 1. Stuttgart, Klett
Mahler, M. et al. (1978): Die psychische Geburt des Menschen. Frankfurt a. M., S. Fischer
Mannoni, M. (1977): „Scheißerziehung". Von der Antipsychiatrie zur Antipädagogik. Frankfurt a. M., Syndikat
McDougall, J. (1981): Über die weibliche Homosexualität. In: Chasseguet-Smirgel, J. (Hrsg.): Psychoanalyse der weiblichen Sexualität. Frankfurt a. M., Suhrkamp, 233-292
- (1985): Plädoyer für eine gewisse Anormalität. Frankfurt a. M., Suhrkamp
Mendel, G. (1972): Die Revolte gegen den Vater. Eine Einführung in die Soziopsychoanalyse. Frankfurt a. M., S. Fischer
Mennell, S. & Simons, K. (1989): Die Soziologie der Bulimie. In: Kämmerer, A. & Klingenspohr, B. (Hrsg.): Bulimie. Zum Verständnis einer geschlechtsspezifischen Eßstörung. Stuttgart, Kohlhammer, 11-30
Meltzer, D. (1967): Die Beziehung der analen Masturbation zur projektiven Identifizierung. In: Bott Spillius, E. (Hrsg.): Melanie Klein heute. 1, Beiträge zur Theorie. München, Wien, Verl. Int. Psychoanalyse, 130-147
Mertens, W. (1993): Einführung in die psychoanalytische Therapie. Bd. 3, Stuttgart, Berlin, Köln, Kohlhammer
Mitscherlich, A. (1963): Auf dem Weg zur vaterlosen Gesellschaft. München, Piper
- (1967): Krankheit als Konflikt. Studien zur psychosomatischen Medizin 2. Frankfurt a. M., Suhrkamp, 2. Aufl., 1968

Mitscherlich-Nielsen, M. (1975): Theorien und Probleme der psychosexuellen Entwicklung der Frau. In: Sigusch, V. (Hrsg.): Therapie sexueller Störungen. Stuttgart, Thieme, 54-73
– (1978): Zur Psychoanalyse der Weiblichkeit. Psyche, 32, 669-694
Moeller-Gambaroff, M. (1983): Der Einfluß der frühen Mutter-Tochter-Beziehung auf die Entwicklung der weiblichen Sexualität. Materialien. z. Psychoanalyse und analytisch orient. Psychotherapie, 9, 47-69
Moré, A. (1997): Die Bedeutung der Genitalien in der Entwicklung von (Körper) Selbstbild und Wirklichkeitssinn. Forum der Psychoanalyse, 13, 312-337
Müller-Braunschweig, H. (1970): Zur Genese der Ichstörung. Psyche, 9, 657-677
Ogden, T. H. (1995): Frühe Formen des Erlebens. Wien, New York, Springer
Ophuijsen, J. H. W. v. (1920): Über die Quelle der Empfindung des Verfolgtwerdens. Int. Zs. f. PsA., VI, 68-72
Overbeck, G. et al. (1996): Der stationäre Therapieverlauf bei einer eßgestörten Patientin im Spiegel der formalen psycholinguistischen Textanalyse. Ein Beitrag aus der intensiven multimodalen Einzelfallforschung. Teil II. Zft. f. psa. Theorie u. Praxis, 11, 305-324
Pankow, G. (1968): Gesprengte Fesseln der Psychose. München, Basel, E. Reinhardt
Pines, M. (1996): Scham – was die Psychoanalyse sagt und was sie nicht sagt. PsA-Info, 47, 4-21
Plassmann, R. (1987): Der Arzt, der Artefakt-Patient und der Körper. Eine psychoanalytische Untersuchung des Mimikry-Phänomens. Psyche, 41, 883-899
– (1993): Organwelten: Grundriß einer analytischen Körperpsychologie. Psyche, 47, 261-282
Provence, S. (1967): Bemerkungen über Entwicklungsphasen und psychosomatische Symptome. Psyche, 21, 44-56
Rad, M. v. (1979): Weiterentwicklung psychoanalytischer Modelle. In: Hahn, P. (Hrsg.): Psychosomatik. Bd. 1, Weinheim, Basel, Beltz, 1983, 149-155
Reich, A. (1953): Narzißtische Objektwahl bei Frauen. Psyche 10, 1973, 928-948
Reich, W. (1925): Der triebhafter Charakter. Wien
Reik, Th. (1925): Der unbekannte Mörder. Frankfurt a. M., Fischer Tb., 1983
Rey, J. H. (1979): Schizoide Phänomene im Borderline-Syndrom. In: Bott Spillius, E. (Hrsg.): Melanie Klein heute. 1, Beiträge zur Theorie. München, Wien, Verl. Int. Psychoanalyse, 253-287
– (1988): That which patients brings to analysis. Int. J. Psycho-Anal., 69, 457-470
Richter, H. E. (1963): Eltern, Kind und Neurose. Die Rolle des Kindes in der Familie. Hamburg, Rowohlt, 1969
Rosenfeld, H. (1990): Sackgassen und Deutungen. München, Wien, Verl. Int. Psychoanalyse
Rothhaupt, J. (1997): Beta-Elemente und körperliches Leiden. In: Kennel, R. & Reerink, G. (Hrsg.): Klein-Bion. Tübingen, edition diskord, 140-148
Sartre, J. P. (1964): Die Wörter. Gütersloh, Bertelsmann
Schleske, G. (1999): Imaginiertes und reales Kind. Über den Einfluß mütterlicher Phantasien auf die frühkindliche Entwicklung und die Dynamik des Kindesmißbrauchs. Zft. f. psa. Theorie u. Praxis, 14, 438-463
Schmidt, G. (1989): Bulimie aus der Perspektive der Systemischen Familientherapie. In: Kämmerer, A., & Klingenspohr, B. (Hrsg.): Bulimie. Zum Verständnis einer geschlechtsspezifischen Eßstörung. Stuttgart, Kohlhammer, 49-70
Schneider-Henn, K. (1988): Die hungrigen Töchter. Eßstörungen bei jungen Mädchen. München, Kösel.
Schneider, G. (1995): Internalisierung und Strukturbildung: Einleitung und Überblick. In: Schneider, G. & Seidler, G. H. (Hrsg.): Internalisierung und Strukturbildung. Opladen, Westdeutscher Verl., 10-43
Schottky, J. (1932): Über ungewöhnliche Triebhandlungen bei prozeßhafter Entwicklungsstörung. Zeitschr. d. gesamt. Neurol. u. Psychiatrie, 143
Schulte, M. J. & Böhme-Bloem, Ch. (1991): Bulimie. Entwicklungsgeschichte und Therapie aus psychoanalytischer Sicht. Stuttgart, New York, Thieme
Schur, M. (1955): Zur Metapsychologie der Somatisierung. In: Brede, K. (Hrsg.): Einführung in die psychosomatische Medizin. Frankfurt a. M., Syndikat, 1980, 335-395

Segal, H. (1957): Bemerkungen zur Symbolbildung. In: Bott Spillius, E. (Hrsg.): Melanie Klein heute. 1, Beiträge zur Theorie. Verl. Int. Psychoanal., 1990, 202-224
– (1974/1973): Melanie Klein. Eine Einführung in ihr Werk. München, Kindler
Senf, W. (1989): Psychoanalytische Betrachtungen zur Bulimie. In: Kämmerer, A., & Klingenspohr, B. (Hrsg.): Bulimie. Zum Verständnis einer geschlechtsspezifischen Eßstörung. Stuttgart, Kohlhammer, 88-103
Sours, J. (1974): The anorexia nervosa syndrome. Int. J. Psycho-Anal., 55, 567-576
Sperling, M. (1973): Conversion hysterica and conversion symptoms: a revision of classification and concepts. Journ. of the Amer. Psychoanal. Ass., 21, 745-771
– (1978): Case histories of anorexia nervosa. In: Sperling, M. (Hrsg.): Psychosomatic Disorders in Childhood. New York, Aronson
Spitz, R. A. (1980): Vom Säugling zum Kleinkind. Stuttgart, Klett-Cotta
Stärke, A. (1919): Die Umkehrung des Libidovorzeichens beim Verfolgungswahn. Int. Zs. f. PsA, V, 285-287
Stephanos, S. (1973): Analytisch-psychosomatische Therapie. Bern, Huber
Stierlin, H. (1975): Von der Psychoanalyse zur Familientherapie. Stuttgart, Klett
Stork, J. (1974): Die Bedeutung des Vaterbildes in der frühkindlichen Entwicklung. In: Ders. (Hrsg.): Fragen nach dem Vater. Freiburg, München, Alber, 259-302
Streeck-Fischer, A. (1997): Dora, weibliche Adoleszenz und die „anstößige" Beziehung. Forum der Psychoanalyse, 13, 294-311
Striegel-Moore, R. (1989): Prävention der Bulimia nervosa. In: Kämmerer, A. & Klingenspohr, B. (Hrsg.): Bulimie. Zum Verständnis einer geschlechtsspezifischen Eßstörung. Stuttgart, Kohlhammer, 138-149
Ströter-Bender, J. (1994): Liebesgöttinnen. Köln, Dumont
Stern, M. M. (1972): Trauma, Todesangst und Furcht vor dem Tod. Psyche, 26, 901-928
Torok, M. (1981): Die Bedeutung des 'Penisneides' bei der Frau. In: Chasseguet-Smirgel, J. (Hrsg.): Psychoanalyse der weiblichen Sexualität. Frankfurt a. M., Suhrkamp, 192-232
Trempler, V. (1991): Bericht über die Psychoanalyse einer Bulimiepatientin. In: Schulte, M. J. & Böhme-Bloem, Ch.: Bulimie. Entwicklungsgeschichte und Therapie aus psychoanalytischer Sicht. Stuttgart, New York, Thieme, 152-167
Vanderlinden et al. (1992): Therapie der Bulimia nervosa. Stuttgart, New York, Schattauer
Willenberg, H. (1986): Die Polarität von Selbsterhaltung und Selbstdestruktion. Forum der Psychoanalyse, 2, 28-43
– (1989): „Mit Leib und Seel' und Mund und Händen". Der Umgang mit der Nahrung, dem Körper und seinen Funktionen bei Patienten mit Anorexia nervosa und Bulimia nervosa. In: Hirsch, M. (Hrsg.): Der eigene Körper als Objekt. Gießen, Psychosozial, 1998, 170-220
Winnicott, D. W. (1954): Metapsychological and Clinical Aspects of Regression within the Psycho-Analytical Set-Up. In: Ders.: Collected Papers: Through Paediatrics to Psycho-Analysis. London, Tavistock, 1958
– (1973): Die therapeutische Arbeit mit Kindern. München, Kindler
– (1974): Reifungsprozesse und fördernde Umwelt. München, Kindler
– (1988): Aggression. Versagen der Umwelt und antisoziale Tendenz. Stuttgart, Klett-Cotta
Wulff, M. (1932): Über einen interessanten oralen Symptomenkomplex und seine Beziehung zur Sucht. Int. Zeitschr. f. Psychoanalyse, 18, 281-302
Wurmser, L. (1986): Verleugnung, Impulshandlung und Identitätskonflikt. Zft. f. psa. Theorie u. Praxis, 1, 95-112
– (1993): Die Maske der Scham. Die Psychoanalyse von Schamaffekten und Schamkonflikten. Berlin, Heidelberg, Springer
Zepf, S. (1973): Zur Theorie der psychosomatischen Erkrankung. Frankfurt a. M., Fischer